GOTTFRIED BENN

ESSAYS · REDEN
VORTRÄGE

Gesammelte Werke in vier Bänden

herausgegeben von Dieter Wellershoff

Erster Band

KLETT-COTTA

Klett-Cotta
© J. G. Cotta'sche Buchhandlung Nachfolger GmbH, gegr. 1659,
Stuttgart 1977
Alle Rechte vorbehalten
Fotomechanische Wiedergabe
nur mit Genehmigung des Verlags
Printed in Germany
Auf säure- und holzfreiem Werkdruckpapier
gedruckt von Gutmann, Heilbronn
In Fadenheftung gebunden von Lachenmaier, Reutlingen
Einbandstoff: Regentleinen
Achte Auflage, 1994

Die Deutsche Bibliothek – CIP-Einheitsaufnahme
Benn, Gottfried:
Gesammelte Werke: in 4 Bänden / Gottfried Benn.
Hrsg. von Dieter Wellershoff. –
Stuttgart: Klett-Cotta.
NE: Wellershoff, Dieter [Hrsg.]; Benn, Gottfried: [Sammlung]
Bd. 1. Essays, Reden, Vorträge. – 8. Aufl. – 1993
ISBN 3-608-20590-X

ESSAYS
UND
AUFSÄTZE

DAS MODERNE ICH

. . . schaut er sich selbst in stygischer Flut.
Ovid, Verwandlungen (Narziß).

I

Meine Herren Kollegen, die Sie jetzt Medizin studieren
wollen, Kommilitonen, die Sie sich anschicken, die naturwissenschaftlichen Fächer zu beforschen, junge Leute, die
Teubners „Aus Natur und Geisteswelt" in ihren Frei-
stunden ergriffen lesen und die kleinen Göschenbücher,
meine Damen und Herren und alle Jugend, die antritt,
in Laboratorien und Instituten, die Binde von Sais zu
lüften, ich will Mißtrauen säen in Ihre Herzen gegen
Ihrer Lehrer Wort und Werk, Verachtung gegen das Geschwätz vollbärtiger Fünfziger, deren Wort der Staat lohnt
und schützt, und Ekel vor einem Handwerk, das nie an
eine Schöpfung glaubte.
Einige von Ihnen tragen ein Glasauge, einige den Arm
verbunden, fast alle waren im Krieg. Nach Schlammjahren,
nach Ypernjahren, nach Kinoabenden hinter der Front einmal in sechs Monaten, nach Nächten, wo Ihnen die Ratten
den Fettfleck aus der Jacke fraßen und aus den Mund-
winkeln den Krümel Brot, stehen Sie da und beben, was
der Geist für Sie ersparte. Es ist mit Ihnen so, daß Sie am
Abgrund stehn, wie Psyche in jenem Märchen, von Eltern
und Freunden auf Befehl eines Orakels wie zum Tode im
Leichenschmuck auf einen hohen Berg geführt und am Abgrund verlassen, ob der Gott sie entführe – der Gott wird
kommen, wenn Sie wissen werden, wen Sie rufen sollen.

Aber wenn man Ihnen einen Knochen in die Hand gibt und eine Brille vor die Augen, wenn man Sie in Räume führt, wo es so sachlich nach Jod und Alkohol riecht, wenn dann ein Glatzkopf hinter den Ladentisch tritt und „Auf, auf, junge Freunde" ruft und das Ding an sich und den Schleier der Maja, so bemörsern Sie diesen kaufmännischen Vertreter, unter dem Hinweis, daß es galt, alljährlich der Maja zu opfern eine trächtige Sau, denn die Ferkel, die dieser Ihnen werfen wird, sind Sülze und seine Wahrheit ein Fakultätsbeschluß.

Die Maschine ist ein ehrbares Institut, die Blasenbeleuchtung sauber wie eine Semmel, in Gottes Namen: in Raum und Zeit geschehe die Welt. Aber schließen Sie das Auge, eratmen Sie einen Duft, er mag fern her[1] sein und weit verflogen, erwärmter Wälder, eine Lade des Glücks – Sie sind verstrichen, Sie sind ermattet im Kardinalpunkt der Struktur, und nun entschwirrt es wie lauter Tauben: geh über – über –, und nun der Wind, tief aus der Wüste und auf die Inseln, meerüberwandernd, el Levante. –

Man hängt Ihnen Röhren in die Ohren, die Umwelt zu erlauschen, aber hinter den Augen schweigt der Traum. Man wird Sie sammeln lehren, aber Sie sollten akten – Unwiederbringliche, Damen und Herren, mit Ihren Verzweiflungen und Glücken, röten Sie die Wüstenei, scharlachen Sie sich in die Schlacken von vier Jahrtausenden, die um Sie rauchen, Mohn, Sie kennen Mohn? Lefzen der Glut, Rothäute, Funkelschauer, viehisch berstende Kaldaunen –, meine Damen und Herren, vom System zur Katastrophe, zur Ekthese von dieser letzten Impression!

Es ist die Zeit der Türme, dessen zu Babylon, den der Herr zerschlug, und dessen zu Siloah, wo die Unschuldigen fielen. Es ist die Zeit der Fluten, der Wolken aus der Wüste und der Meere über das letzte Land. Es ist das

Bersten, es ist der Taumel weit über die Trümmer von Selinunt, um die Hügel am Meer, über die Fieberhalden der Götter Asche und der Hermen Leid.[2]
Aber, meine Herren, in Hamburg ist ein Institut, das betreibt Berufsberatung. Ein Professor der Psychologie, ein großer Apparat. Sie sprechen drei Zahlen nach, Sie müssen sagen, wann eine Kugel niederfällt, dann werden Sie Clown oder Kalkulator – meine Herren, was fordern Sie von Ihrem Staat? Einen Vertrag wegen Abtretung von Sibirien, ein Schwefelbergwerk, eine argentinische Salpetergrube für dies Gemäche – meine Herren, was sind Ihre Ordinarien? Eine Oberpostdirektion mit Telegrafendrähten auf dem Dach – – auch hier 'Εκτίθημι: einen Tritt ins Kreuz!
Es wird so viel zerstört, lese ich in Ihren Augen, wir wollen nur arbeiten und vergessen, was mit Deutschland geschah. Aber daß Deutschlands Zusammenbruch aus irgendeiner sogenannten inneren Notwendigkeit heraus erfolgt sei, ist eine Behauptung, die gänzlich unerwiesen ist. Daß etwa der Staat der Untertanen, der Maske und der Thönyfiguren reif gewesen sei zur Katastrophe, ist eine Phrase ohne Hintergrund – denn welches Volk war weniger reif?
Gab es überhaupt noch Völker? War überhaupt noch etwas nicht europäisch vor dem Krieg? Die Schlafwagen und die Modebäder, die Hochstapler und die Futuristen, die Dieselmotore und der Hochadel, die Tenöre und die Sozialen, die Nierenspezialisten und die Kohlenbarone – konnte überhaupt noch der Roßapfel einer Idee auf Europas Boden fallen, ohne daß die Journalisten kamen und die Fäkalien für ihr Publikum berochen?
War einem Volk von seinen Propheten der Untergang nicht bestimmt? Ich erinnere daran, was Taine 1889 über

Frankreich schrieb: „Napoleon hat in diese Maschine als
zentralen Motor, als allgemeine Triebfeder den Drang
emporzukommen, den skrupellosen Ehrgeiz, den nackten
Egoismus eingeführt, und die ungeheure Spannung dieser
Feder bewirkt ein Knarren und Krachen in allen Fugen
der Maschine. Nach ihm gingen seine Nachfolger vor wie
er. Bisher die längste Periode in diesem Jahrhundert hat
keine zwanzig Jahre gedauert" – und wenn das letzte
Wort in dem letzten von Taine selbst herausgegebenen
Band seines Werkes über Frankreich lautete: „und geht
seinen Gang dem Bankerott entgegen", wenn da nicht
Frankreich entgegenging, sondern Deutschland unterlag,
soll man da vielleicht den Sieg der Tanks als Dialektik[3]
anerkennen?

Fades Dakapo! Ach, die Idee in der Geschichte![4]

Wer „Die Götter dürsten" oder Salammbô gelesen hat, erinnert sich, wie es damals war. Valenciennes belagert,
Fontenay von den Leuten der Vendée genommen. Lyon
in Aufruhr, die Cevennen in heller Empörung, die spani-
sche Grenze offen, zwei Drittel aller Departements in
Feindeshand oder im Aufstand, von den österreichischen
Kanonen bedroht, ohne Geld und Brot. Man brauchte
Kanonen, und die Glocken mußten ins Gießhaus, es fehlte
Pulver, und die Kellerwände wurden abgekratzt, die Bausteine ausgelaugt, um Salpeter zu gewinnen. Generale kamen vor das Tribunal wegen verlorener Schlachten, es
tagten Ausschüsse und Räte, die sich aufhoben und ver-
hafteten, ja sogar: „der Konvent hatte einen Höchstpreis
bestimmt, und sofort waren Korn und Mehl verschwunden." Wie das Volk Israel in der Wüste mußten die
Pariser vor Tagesanbruch aufstehen, wenn sie etwas essen
wollten. Vor der Tür der Bäckerläden war eine Leine
gespannt, die jeden in Reih und Glied zwang, aber die

Hände, die sich an der Leine drängten, gerieten in Streit. Ein Plakatankleber erschien mit einer Leiter und schlug eine Preisbestimmung der Kommune für Schlächterwaren an; eine Kohlenverkäuferin kommt mit ihrer Kiepe vorbei und sagt: Das schöne Ochsenfleisch ist futsch, wir müssen die Kaldaunen schlucken.

Und da die Punier in den Gärten des Hamilkar. Die geschlagene Meute breit fressend auf den Terrassen um das Schloß, aus dem der Herr entflohn: Dreitausendzweihundert euböische Talente für unser um Karthago verspritztes Blut, und die Schalen, die Schalen der heiligen Legion, und die Fische des Barkas, die Uraale, die das mystische Ei ausgebrütet hatten, in dem die Göttin sich verbarg –, wo ist Gisko, wo der hohe Rat? Los! Wein, Fleisch, Gold! In Stücke die Fußbänke aus Elfenbein, die tyrischen Glasgefäße, die kampanischen Amphoren – Feuer in die Bäume, die Löwen frei, wehe Karthago!

Oder wer las Plutarch? Wer behielt auch nur die Reiche alle, die aus der Hand des einen Demetrius drangen wie Beeren aus einer Traube, bis sie in die Tonne warf ein Syrer oder ein Skythe? Wer gähnt noch nicht, wer ist noch nicht entflohn? Wer sieht noch nicht das Kasuistische der Schlachten, die Rhythmik der Katastrophen und der Kriegshistorie zirkuläres manisch-depressives Irresein?

Fades Dakapo! Die Idee in der Geschichte! Sie sahen sie ja, die Pneumatiks und Scherenfernrohre[5], erstklassig, gar nicht zu sagen! Da war doch einmal Gelegenheit, sich vorzuführen, die gesamte Chemie, Nahrungsmittel wie auch Gase. Was für ein Leben und Weben in den technischen Künsten, ganze Autogenkolonnen unter Wasser, was für ein rüstiger Fortschritt vom Mantelgeschoß bis zur Lydditgranate!

Da war es versammelt, dies Jahrhundert des Wirklichen

und des Erkennens, in dem der Geist Statistik schuf und
Urinkontrolle, wo die Tabelle hochging und die Schöpfung
sank, wo man Ordinarius wurde, wenn man die Neben-
höhlen der Nase beherrschte, und Vorsitzender von Kon-
gressen, wenn man drei Pickel gesehen hatte und der
Nebenmann nur zwei, wo kein Haus in keiner Straße war,
wo nicht ein Zahnklempner wohnte und ein Patentanwalt,
ein Harnarzt oder ein Geodäte – zur Eroberung der Erde
und zur Beherrschung der Welt.[6]
Hat sich vielleicht jemand die Zeit genommen, festzustellen, welcher Art in den letzten Jahrzehnten beispielsweise in Deutschland die sogenannte geistige Arbeit war,
die der freieste, aufgeklärteste, der führende Stand verrichtete? Eine Elektrode auf einen Froschschenkel zu setzen,
genügte für das Bakkalaureat, mit Zahlen über Zucker-
krankheit im preußischen Heer nach Armeekorps geordnet
erwarb man akademischen Rang und Titel, waren es fünfzig Seiten geworden und der Produzent kein Konkurrent,
gelang damit die Habilitation. Die meisten Arbeiten begannen mit: Es erscheint nicht unangebracht, oder: Es
dürfte des Interesses nicht entbehren, oder neuerdings: Der
Krieg, der große Lehrmeister, hat auch über die Beziehungen zwischen orthotischer Albuminurie und Filzläusen ein
neues Licht geworfen.[7]
Oder hat vielleicht gar jemand die Werke der naturwissenschaftlichen Ordinarien gelesen? Meistens sind es
Handbücher mit zwölf anderen zusammen und einigen
Rentnerassistenten, damit auch alle Gesichtspunkte zur
Geltung gebracht werden. Daß der Lachs im Frühjahr zum
Laichen den Rhein herauf bis Basel zieht, daran berauschen
sie sich immer noch untereinander und widmen ihm mehrere Gedankengänge, daß Hafer, schwarzähriger mit gelb-
ährigem gekreuzt, mal schwarz oder gelb wird, je nachdem.

das nennen sie eine Induktion. Geschiebe von Argumenten, Tabellen, Definitionen im allgemeinen, Kasuistik von Masseurniveau in den speziellen Teilen – und das alles gegen einen versinkenden[8] Hintergrund.[9]

Meine Herren, ich will hier nicht vor Ihnen den Darwinismus bekämpfen, das ist seit einiger Zeit geschehen, vor allem von *Hertwig* in Berlin in seinem Werk: „Das Werden der Organismen" und besonders aktuell in seinem 1918 erschienenen Buch: „Zur Abwehr des ethischen, des sozialen, des politischen Darwinismus". Sie finden ferner in dem Buch von *Norman Angell* „Die falsche Rechnung" Literatur über diese Frage, und *Nicolai* weist in seinem Buch darauf hin, daß die Russen besonders früh an der Gültigkeit der Darwinschen Gesetze zweifelten. Von ihnen ist vor allem das Buch des Fürsten Krapotkin zu nennen, das *Landauer* übersetzt hatte. Ich nenne Ihnen dann noch aus Frankreich *Nowikow*, aus England *Carl Pearson*. Ich weise Sie aber in diesem Zusammenhang in allererster Linie auf ein Buch hin, das schwer, dunkel, ja geradezu üppig und vielleicht das tiefste Buch ist, das aus naturwissenschaftlichen Kreisen entstanden ist, und von dem ich nie gehört habe, daß jemals ein Naturwissenschaftler es gelesen hätte. Es ist das Buch von *Semi Meyer*, einem nicht – habilitierten, unbekannten Arzt aus Danzig, „Probleme der Entwicklung des Geistes. Erster Band: Die Geistesformen".

Dieses Buch legt die eigentliche Bresche in das naturwissenschaftliche Prinzip und setzt ein bei der Frage nach dem Entwicklungsbegriff. Denn hatte *Bergson* zwar eindringlicher als jeder Vorgänger die schöpferische Seite der Entwicklung gezeigt und in seinem Prinzip des „élan vital" der Schaffenskraft einen Namen gegeben und damit eine Art Urkraft eingeführt, die mit Notwendigkeit das Leben vorwärtstreibt, so kam er doch bei aller Tiefe schließlich nur einer Gedankenfolge entgegen, die von der Griechenzeit her überall, wo von Entwicklung die Rede war, die Fragestellung verwirrt hatte. Es sollte eine Art Denknotwendigkeit sein, daß in der Ausgangsform einer Entwicklung alle Ergebnisse irgendwie schon enthalten seien. *Meyer* aber stellt die Entwicklung dar als das Prinzip, das nicht abläuft oder entfaltet, sondern auf den vorhandenen Grundlagen schöpferisch das Unberechenbare erbaut.

Der Geist ist entstanden und kämpft täglich um sein Reich. Das Licht erschuf die Linse nicht, die Organismen haben sie geschaffen im Licht und für das Licht, und der Geist ist frei und der Schöpfung trächtig. Meine Herren, Sie haben die Zeiten nicht mehr erlebt, wo nach ewigen Gesetzen sich die Körper bewegten und die Energieformen wirkten, wo die Welt ein Ablauf war mechanischen oder energetischen Geschehens. Sie können es vielleicht nicht ganz ermessen, was für eine Erkenntnis von unermeßlichem Gefühl es ist, wenn ich Ihnen sage, Sie haben ein Schicksal, und das ruht ganz in Ihrer Hand.

Nun aber, meine Herren, werfen Sie noch einen Blick auf den Vertreter hinter dem Ladentisch, der sich mit Tabellen um Sie bemüht, wie er dasteht in der Fülle seiner Gedankenwelt; doch sehen Sie, krümmt er sich nicht, hat er nicht etwas im Gedärm? Hat sich etwa bei ihm der Biß in den Apfel der Erkenntnis, von einem harmlosen Mesopotamier unter günstigeren hygienischen Bedingungen vor mehreren Jahrtausenden vorgenommen, zu einer schweren Obstvergiftung entwickelt? Horchen Sie, welch eine ergiebige Flatulenz, hinten stößt ihm der Wahrheitstrieb 'raus und vorne die freie Forschung; in der Rechten wischt er mit der sauberen Denkungsart, in der Linken mit dem Antispekulativen, um den Hals bläht sich die hohe Warte, aus dem Hosenschlitz das statistische Fundament – steht er nicht da wie aus der Arche Noah, wie auf dem Ararat unterm Regenbogen, oder ist das nicht vielmehr der Maorihäuptling aus dem Völkerschaftsmuseum, Kleider und Schurz aus australischem Flachs, Ohrbommeln aus Walroßzahn mit Knochennadel, auf der Brust ein Tiki aus Nephrit? Möchte man nicht sprechen: Hallo, Sie, steigen Sie ein in Ihr Kanu, stoßen Sie ab zwecks Privatleben in Ihre Grunewaldvilla, die Ihnen Ihr Geistesringen abwarf?

Abfahrt! Was nun? Der zweite Tag Europas ist vergangen, war Glaube Schuld, wurde Erfahrung Zufall, es ist die Nachtwache zum dritten Tag. Gerädert von Determiniertheit, gehetzt von Ablauf, gesteinigt jeden Tag von neuem von einer Wirklichkeit, vor der es kein Entrinnen gab, sind wir erlegen. Sie dürfen sich erschaffen, Sie sind frei. Sahen Sie Timurs großen Brand oder Benkals trunkene Vision, sahen Sie Picassos Geige wie eine Axt gegen diese Wirklichkeit oder vielmehr die Splitter ausgeborstener Kosmen neu verbunden zu einer Geige aus Blut? Wohin gehen Sie, sich zu erschaffen?

Um die Mumie Gottes, über den Wassern, die die Feste schlagen, irrt Ungestalt: am Rand der Leere, gelb und voll Samun, steht tot das Wüstenschloß, die Ranke in der Wand. Vier Jahrtausende Menschheit sind gewesen, und Glück und Unglück war immer gleich: Wende dich ab von deinem Nächsten, wird die Lehre sein, wenn jetzt die Memnonsäule klingt. Liebten Sie sich nicht, trugen Sie sich nicht, schliefen Sie nicht beieinander – doch wo Sie hinsehen, Gram und schweres Herz? Wenn wir aber lehrten den Reigen sehen und das Leben formend überwinden, würde da der Tod nicht sein der Schatten, blau, in dem die Glücke stehen?

Des Endens Süße, des Vergängnisses Rausch; um jeden

Abend der Schimmer des letzten, durch jede Stunde das
orphische Ermatten, des Sinkens Schauer, der Sichheit grau-
envolles Glück?
Schon sehe ich hinter Ihren Häuptern, die ermatten, den
Kopf des Sperbers, dessen Fittichpaar Sie schützt, des
großen Vogels, der vom Nil kommt, des Schakalsköpfigen,
der aus den Tamarisken kommt, und seinen Ruf, der geht:
Der Tod steht heute vor mir wie ein Geruch von Myrrhen,
wie ein Geruch von Lotosblumen, wenn man am Ufer der
Trunkenheit steht.

II

Meine Herren, die Umstellung zum sozialen Ich im neunzehnten Jahrhundert war unausweichlich: Gott vertrieben,
wo immer er stand; noch um 1800 herum die Beschreibung
einer Ameisenart als Beschreibung von Gottes Allmacht
und Wunderwirken im Einzelfall der hier vorliegenden
Rüssel und Facettenaugen, als Fachwissenschaft im Rahmen
der Theologie, und nach drei Jahrzehnten die beziehungs-
lose kausalanalytische Deskription: – wohin mit der Ge-
betsmaterie, den Aufstiegsenergien, die, seitdem die Geschichte der Menschheit aus der Mythe auf die Schreib-
täfelchen[10] aus gebranntem Ton zwischen Memphis und
Theben trat, durch Vererbung und Neuerwerb diese ungeheure paraboloide Spannung des menschlichen Gefühls in
die schlechthinnige Abhängigkeit gespeist hatte?
Oder was sollte die kleinformatige und rein voluntaristisch
emotionierte Genossenschaft, deren Verdienst die Bevölkerungsdichte von Europa darstellt, mit dem bedingungs-
losesten Gedanken, der je gedacht war, dem Gedanken des
autonomen Ich beginnen, aus dem kein Kleingeld abzu-

schachern, keine Pressewerte auszumelken waren, was tat das Geschmeiß vor dem Befehl des Absoluten: – es wurde sozial.

Der Mitmensch, der Mittelmensch, das kleine Format, das Stehaufmännchen des Behagens, der Barrabasschreier, der bon und propre leben will, auf den Mittagstisch die vergnügten Säue, die sterbenden Fechter ins Hospital –, der große Kunde des Utilitaristen –: eines Zeitalters Maß und Ziel.

Wo der Schmerz belästigt wie eine Fliege, gegen die man eine Klappe schneidet, wo der Schmerz wie Flechte kommt und wie Schuppung geht, wo das Affektproblem wirklich so liegt, wie es die Utilitarier für die Menschheit möchten: die Gefühle als eine einheitliche Reihe, die sich von einem Nullpunkt aus gleichmäßig ausbreitet, oder als Reziprok eines Verhältnisses, dessen Aufrechnung zur Plusseite mit ihren Meliorationen sie dann geschäftig manipulieren könnten –: ganzer Geschlechter Rhapsodie.

Erinnern Sie sich nicht, schon bei Schopenhauer die Vorstellung gefunden zu haben, die man als das Gesetz von der Konstanz der Affekteinstellung des Mittelmenschen bezeichnen könnte, womit gesagt werden soll, daß für ihn Glück und Schmerz überhaupt nicht existiert, daß er seine Fleischlichkeit erlebt, seine eigene körperliche Organisation, daß er mit Platon ἐνκολος oder δύσκολος ist, daß er kein Schicksal hat und kein Schicksal kennt, daß er geboren wird, genießt und fortgehauen wird in ein frühverwehtes Grab?

Schmerz, Faustschlag gegen das Pamphlet des Lebens aus dem ausgefransten Maule hedonistischer Demokratien, Schmerz, Chaos, das die Rieselfelder bürgerlicher Ratio überfegt und tief vernichtet und den Kosmos sich neu zu falten zerstörend zwingt, – Wort aus den Reichen, wo das

Schicksal waltet, und des Genius schauerndstem Geschehen – prostituierter Klamauk, wenn der Utilitarier dich verwendet für des Mittelmenschen Dyskrasien.[11]

Meine Herren, die Biographie des Ich ist nicht geschrieben, aber wo Sie sich in die Geschichte des Verhältnisses von Welt und Ich vertiefen, sehen Sie mit großer Deutlichkeit diese Entwicklung vor sich: die Erstarkung des Gefühls der Selbständigkeit des individuellen Subjekts. Das Ich, sich zunächst durchaus in die äußere Welt hineinstellend, in seinem Bewußtsein anfangs kaum die Stellung der eigenen Person und der es umgebenden Lebewesen in seinem Weltbild unterscheidend, sammelt und konzentriert allmählich das subjektive Lebensgefühl zu der Bewußtheit von einer individuellen Existenz.

Aber dies, der Individualismus der attischen Epoche und der hellenistischen Zeit, noch durchaus objektivistisch wie das gesamte Weltbild der Periode, vollendet sich in zwei parallelen Entwicklungsreihen zu dem heutigen Bewußtsein im Sinne des Trägers der rein phänomenalen Welt.

Der Veränderung des Weltbildes, ausgehend von der durchaus pluralistischen Weltauffassung des Animismus: die Welt zerklüftet in unzählige objektive Einzelexistenzen, unter denen das Ich, ein Einzelwesen wie jene, keine irgendwie ausgezeichnete Stellung einnimmt, über des Polytheismus allmählich sich verschärfende Trennung zwischen Göttern und Geistern: dem vielspältigen, unberechenbaren, launischen Wirken der Geister das irgendwie gesetzliche Walten der Götter gegenüberstellt, bis zu des Monotheismus Einheitsidee: der Welt von *einem* Willen, *einem* Gesetz geregelt, von *einem* Prinzip des Lebens beseelt, geht eine Entwicklung des Lebensgefühls des Menschen parallel, indem das Ich Zug für Zug jenen Gedanken des Sub-

jektivismus in sich bildet, daß die ganze äußere Welt als
ein inneres Erlebnis ihm gegeben ist.

Sie kennen den Weg von Heraklits dunklem und fast ver-
schollenem Werk über Marc Aurels Buch an sich selbst,
die Lyrik Gregors von Nazianz und Augustins Konfessionen
bis zu dem großen Aufstand in der Renaissance, als das
Ich es aufgab, sich nur „als Korporation oder sonst in irgendeiner Form des Allgemeinen" (Burckhardt) zu fühlen;
Ihnen steht vor Augen die dunkle Fülle subjektivistischer
Motive aus der christlichen Mystik des Mittelalters, Sie
erinnern sich des grundsätzlichen Zweifels an aller Realität des Descartes, des Neookkasionalismus von Male-
branche, für den alle uns mögliche echte Erkenntnis sich
in der Erfassung von Ideen und deren Beziehungen erschöpft, des Psychologismus Lockes und seiner Nachfolger,
der Trennung Kants von Dingen an sich und Erscheinungen
und schließlich vor Ihren Augen des modernen Positivismus
Relativierung von Zeit und Raum geradezu orgiastischen
Finales.

Nun steht es da, dies Ich, Träger alles erlebten Inhaltes,
allem erlebbaren Inhalt präformiert. Anfang und Ende,
Echo und Rauchfang seiner selbst, Bewußtsein bis in alle
Falten, Apriori experimentell evakuiert, Kosmos, Pfauen-
rad diskursiver Eskapaden, Gott durch keine Nieswurz zu
Geräusch lanciert; – Bewußtsein, fladenhaft, Affekte Zere-
brismen; Bewußtsein bis zur Lichtscheu, Sexus inhärent;
Bewußtsein, Fels mit des Königs Inschrift, krank von der
Syntax mythischem Du, letzter großer Buchstabe: persisch,
susisch, eleamitisch, drohend Gewalt unterworfenen Ebe-
nen: Erbe und Ende und Achämenide.

Erloschenes Auge, Pupille steht nach innen[12], nirgends mehr
Personen, sondern immer nur das Ich; Ohren verwachsen,
lauschend in die Schnecke, doch kein Geschehnis, immer

nur das Sein; überreif, faulig, giraffig, unbeschneidbar, ohne Glauben und ohne Lehre, ohne Wissenschaft und ohne Mythe, nur Bewußtsein ewig sinnlos, ewig qualbestürmt –: von den Küsten an die Strände, von den Wüsten an die Belte, über die Meere, auf die großen Schiffe, durch die Brisen, zwischen die Azorenmöwen, zwischen die springenden Fische, durch die Golfströme über New Yorkens hellstes Weib –: verfluchtes bräunliches Gestöhne, Cowboygerammel, Prärienotzucht, womöglich in Wäsche, schneeleinern, etwas abstehend, wo Kaliforniens große Frucht und Kanadas glühender Stoß des Sommers –, oder von Giften, letzten, die die Schleimhäute zerfressen, an den Abgrund, der Vergehen bringt.

Erwachend: witternd: nach südlichem Wort; in die Runde: nach ligurischem Komplexe – tödlicher, nördlicher, nebliger Fluch, abendländisches Funèbre.

Hellstes Griechenland, die Taineschen Hellenen, wie kräftig der Hals und wie hoch die Brust. Arme, sparsame, junge Rasse, Hirten von drei Oliven lebend, einer Knoblauchszehe und einem Sardellenkopf; schlafend auf Straßen, die Frauen auf den Dächern, helle Winde, Glücke um ein Nichts –, ihre Götter, die nicht sterben, die die Winde nicht erschüttern, die der Regen nie durchnäßt, die der Schnee nicht erreicht, „wo wolkenlos der Äther sich öffnet und das weiße Licht leichtfüßig läuft".

Hellstes Griechenland, die Taineschen Hellenen, arme sparsame junge Rasse und plötzlich: aus Thrazien: Dionysos.

Aus den phrygischen Bergen, von Kybeles Seite, unter dem Brand von Fackeln um Mitternacht, beim Schmettern eherner Becken, einklingend ihm tieftönende Flöte von der Lippe taumelnder Auleten, umschwärmt von Mänaden in Fuchspelz und gehörnt, tritt er in die Ebene, die sich ergibt.

Kein Zaudern, keine Frage: Über die Höhen geht der Nächtliche, die Fichte im Haar, der Stiergestaltete, der Belaubte: Ihm nach nun, und nun das Haupt geschwungen, und nun den Hanf gedünstet, und nun den ungemischten Trank –: nun ist schon Wein und Honig in den Strömen – nun: Rosen, syrisch – nun: gärend Korn – nun ist die Stunde der großen Nacht, des Rausches und der entwichenen Formen.

Es ist eine Esse von Haschisch auf der Welt, zwischen Haiti und den Abiponen, es ist ein Schrei, von einer Insel an der Mündung der Loire bis zu den Tlinkitindianern nach dem Übergang, nach den Epiphanien. Es ist ein Tanz zwischen den beiden Reichen der Brüder, die Sie so umschlungen sehen: die zu Boden gesenkte Fackel halten Sie und Sie den Mohnstengel, Sie träumen und dem andern ist es schon geschehen.

Es ist Mittag über dem Ich oder Sommer, es schweigt von Früchten, über allen Hügeln, es schweigt von Mohn. Es ruft; Echo ruft – das ist keine Stimme, keine Antwortstimme, kein Glück, kein Ruf.

Nun eilt es durch den Hain, durch die Räucherungen der Lentisken, es ist lange nach den Adoniden, es ist Sommer, Pan glüht.

„Wo bist du, dessen Schatten vor mir geht, durch gelbe Wiesen, durch Wiesenschaumkrautwiesen, rotdörniges Land und fliedriges Gedörfe, wo bist du, ich sah dich doch am Wasser, zwischen den Ulmen, am Rand."

„Wo ist Wasser, dort ist Meer. Es war Wasser ohne die Delphine, wo gurrt es, es ist doch Sommer, ich streifte eine Distel, von Honig ein Atem haftete an meiner Hand. Die Myrte sirrend – Rosmarin, Salbei, Lavendel stürmend ihren Traum; das Land räuchert, es brennt wie Harz die Insel. – wo ist Oleander, der den Bächen folgt?

Wo bist du? Ich bin einsam, ich bin immer auf den Triften,
im Wachtelland bei meinen Netzen, in den Wäldern, wo
verschlungen Kräuter, Iltis und Orions Stern –"

Es ist Mittag über dem Ich oder Sommer, es schweigt
von Früchten, über allen Hügeln, es schweigt von Mohn.
Es ruft, Echo ruft, das ist keine Stimme, keine Antwortstimme, kein Glück, kein Ruf.

Aber es sind Felder über der Erde, die tragen nichts als
Blumen des Rauschs – halt an, Narziß, es starben die
Moiren, mit den Menschen sprichst du wie mit[13] Wind –,
wie weit du fühltest, wie weit du spültest, dir ward dein
eignes lyäisches Bild.

Narziß, Narziß, es schweigen die Wälder, die Meere schweigen um Schatten und Baum: – Du, Erde, Wolken, Meer,
um deine Schultern, schreiend nach Zeugung, hungernd in
den Fäusten, dir Stücke aus dem Leib der Welt zu reißen,
sie formend und sich tief in sie vergessend, aus aller Not
und Scham der Einsamkeit – dann: über die Lider des
Baumes Hauch, dann: Gurren, dann: zwischen Asphodelen
schaust du dich selbst in stygischer Flut.

PARIS

Nordfrankreich, durch das man von Berlin nach Paris fährt, ist flaches Land, es könnte Ostfriesland oder Jütland sein; Tiefebene der Seine, nirgends durch höhere Gebirge gegürtet. Es trägt die Orte, die man lieber vergäße: Maubeuge, Charleville, Laon, Compiègne; in St. Quentin die Kathedrale sieht groß und in gewisser Weise schamlos aus; sie steht mit hohen, graublauen, unbedeckten Schenkeln in dem abrasierten Land. Dann die Champagne, sehr dürftig, kein Wald, kein Feld, nur zu Weidegang benutzt und ohne Dörfer; aber an den Abhängen auf dem Kalkboden unter einer Pflege ohnegleichen der weltberühmte Mousseux.

Zwischen den Pyrenäen und Ardennen liegt die große Weinebene Europas; der jährliche Ertrag ist zweihundertsiebzig Millionen Francs; man unterscheidet zweihundertfünfzig Sorten; an Gesamtmenge liefert Frankreich vierzig Millionen Eimer im Jahr, während Deutschland viereinhalb, Spanien achteinhalb Millionen liefert; in Paris kommen jährlich auf den Kopf beziehungsweise die Gurgel der Bevölkerung hundertundzwölf Liter Wein. Außerdem ist Frankreich das pompöseste Obstland des Erdteils, und zwischen Cannes und Grasse werden Blumen in weiten Feldern gebaut wie andernorts Rüben und Getreide. Im Jahr werden zwei Millionen Pfund Orangenblüten, eineinhalb Millionen Pfund Rosen, fünfundsiebzigtausend Pfund Veilchen gewonnen, Lavendel und Rosmarin sind so häufig, wie bei uns Klee und Gras, – hier sind die kleinen Orte, die starke Gerüche kilometerweit in ihre Umgebung treiben, die Fabriken der illustren Firmen, die in der Rue de la Paix ihre Niederlage haben.

Nimmt man von Berlin den Kurfürstendamm und die Linden zusammen, multipliziert es mit zehn, dann hat man zwanzig solcher Straßen, wenn man vor der Madeleine steht. Rechts ist ein Haus, das führt nur blaue Straußenfächer, links das führt nur Perlen. Strümpfe, dreifarbig in der Längsrichtung, regenbogenfarbig ineinanderfließend, werden der Charme des Sommers sein. Jetzt ist das Unumgängliche Cape und Hermelin. In Hermelinmantillen von der Größe eines Theatervorhangs, am Hals geschlossen von einer Hand unter dem Feuer haselnußgroßer Solitärs, betreten die Damen nach dem Theater um Mitternacht das Restaurant. Die Austern sind aus Portugal, haben einen großen Bart, wenig Fleisch, aber es ist fest und hat das Salz des Meeres. Die Oliven sind fett von taraskonischem Öl; den Poularden, erweicht von burgunderschweren Saucen, blättert das Mastfleisch von den Knochen; über das Pistazieneis gießt man Champagner; wer abends keinen Frack anhat, ist ein Mann vom Lande. Da ist Potin, Geschäft für Lebensmittel. Geschäft! Wertheim für Delikatessen, maurischer Durchbruch durch drei Boulevards zum Stapel kanaanitischer Gehänge. Pilaster, erstickt von Ananas; Pfeiler, grün von Feigen und Artischocken; eine Stromschnelle für Forellen; Schnepfen, Fasanen serienweise. Anhäufungen von Spargel, eine Miete Kiebitzeier, Kuchensorten bis auf die Trottoirs. Zwanzigtausend Hektoliter Olivenöl braucht Paris jährlich für Salat und Mayonnaisen, – ja, wir sind Mangeurs du choucroute, Sauerkohlfresser, genannt Jean Potage.

Oder da ist Moulin Rouge. Teppiche von einem bestimmten Rot zwischen Lachs und Glaskirsche liegen vom Pflaster über die Freitreppe bis in alle Winkel des Theaters. In einer Ecke eine Dixie-Band vom Red River, in der andern ein Haifischbeschwörer aus Kolombo. Und auf der Bühne

New York-Montmartre, la grande Revue du Moulin Rouge, zwei Akte, fünfzig Bilder, etwa sechzig Erzeuger, alle namentlich genannt einschließlich der Autoren, der Schnallen und Steine der Schuhbänder, des Perlmutters der Muscheltänzerinnen und des Produzenten der telefonischen Organisation.

Ich glaube nicht, daß das Budget des preußischen Staats genügt, um diese Revue zu finanzieren. Alle Erdteile sind ausgeraubt. Der Mann aus Chinatown hat die fremden Bewegungen, und das Land des Geheimnisses tut sich auf. Der Irokese zischt sonderbare Laute, der Tomahawk flirrt und Musik und Melancholie des Indian Territory. Und Tanz, Tanz, Tanz; unerträglich allmählich im übrigen Europa, hier erregend, unflätig und elegant: Buck dance, Flicker dance, Peacock's mirror dance, Jazz dance, Leopard dance, Danse des gigolettes, Danse des candélabres. – Und Bilder, Erdteile, Kulturgeschichten; Aufsteigendes aus Falltüren, Niedergleitendes aus Bonbonschachteln, Reitendes, Fahrendes, Sprünge in den Nil, Familienszenen, schwarze Messen, Ball auf dem Dachgarten der Astors, Versuchungen des heiligen Antonius, Pantherzug der Königin von Saba: Apachen, Magier, Standartenschwinger, Lotosträgerinnen, Lustknaben, Amazonen und – „ah, viens dans mes bras" – der Sklave.

Paris ist Palmyra, in der der Purpur wuchs, der Hafen Sluys, in den sich hundertundfünfzig Kauffahrteischiffe in einer Stunde drängten, das Brügge jenes Brabant, in das die Mütter aus den umliegenden Provinzen in der Woche ihrer Niederkunft zogen: für das Kind ein Teil am Reichtum dieser Stadt. Es ist der Stapel der Welt und die Messe der Nationen; es hat in seinen endlosen Komplexen Schätze angehäuft, die sich mit nichts vergleichen lassen; es hat in seinen angeschwärzten Straßen einen Atem der Welt, den ich berauschender fand als in New York.

Es ist nicht das Technische, die Autos, das Voluminöse in den Bewegungen, die die Masse treibt. Allerdings, wenn in der Tauentzienstraße zwei Limousinen hintereinander fahren und ein Autobus in der Ferne sichtbar wird, ist das ein lebhafter Verkehr. Hier rasen fünf bis sechs Taxis in breiter Front nebeneinander die Boulevards hinunter, entgegen ebensoviel, keine Kilometerzahl vorgeschrieben oder innegehalten, Renntempo; wer auf den Damm geht, ohne daß der Polizist stoppt, ist ein ausgemachter Nekrolog –, es ist nicht die Dimension der Architektur, immerhin: Louvre und Palais-Royal, aus Jahrhunderten, wo Paris zweihunderttausend Einwohner hatte, haben jetzt noch mehr als die Maße, die die Viermillionenstadt verlangt –, es sind nicht die viertausend Raritäten der Museen und nicht die Glasfenster von Sainte Chapelle –, niemand kann bestreiten, daß Berlin eine monumentale Geschäftsstadt ist, aber Paris ist das Genie einer Nation und entfaltet es in jeder Stunde.

Es ist die Stadt der Künste seit den Kapetingern, des Reichtums durch die bourbonischen Jahrhunderte, die Stadt Napoleons in einem glanzvollen Schein. Nichts ist vergangen, jeder hat teil an allem; die Geschichte nimmt das Gegenwärtige auf und gibt sich ihm hin. Das Pantheon ist gewiß ein akademisches Walhall, aber zu Füßen Jeanne d'Arcs, auf dem Sockel der düsteren Hirtin, liegen achtzehn kleine Sträuße, frischere und welke. Wie oft lebte sie wieder vor ihrem Land, „dem schönsten, das die ewige Sonne sah": mittags, wenn das Geschäftsfräulein ihr die Veilchen brachte oder abends das Pärchen die kleine Tüte mit Schlüsselblumen –, wie tritt umgekehrt das Jüngste an die Stätten alten Ruhms: in der Comédie Française

zwischen Molière und Corneille die Statuen zweier Fünf-
undzwanzigjähriger, die an der Marne oder bei Laon ihr
Leben ließen; was werden sie geleistet haben? – nicht mehr
als die Gleichaltrigen in unserer Nation, aber ich habe nie
gehört, daß Franz Marc oder Lichtenstein oder Trakl auch
nur einen Lorbeerzweig irgendwo um ihren Namen erhielten.

Es ist die Stadt des Aufwands, der Antiquitäten, der
Porzellane, der Bijous und eines ruhelosen Modedrangs.
Aber der Luxus wirkt nicht unsozial, das ist sonderbar.
Es ist die Nation, die verschwendet; auf dem Weg sieg-
beschenkter Jahrhunderte erwarb sie genug. Es liegt hier
eine Erscheinung vor wie beim Stil, der sein Unwieder-
bringliches durch Übertreibung gewinnt: die leere Auto-
matie des Technischen hat durch die frappante Notdurfts-
entfernung im Luxus einen seelischen Zauber gewonnen.
Es ist ein Irrtum, daß die Wilden bessere Leute sind. Wer
es bezweifelt, lasse es sich von Schiller bestätigen, der in
seiner Niederländischen Geschichte die Verschwendung,
den Reichtum, die Wollust des burgundischen Hofes dahin
absolutionierte: – „aber wieviel erfreuender ist selbst dieses
Übermaß dem Freunde der Menschheit, als die traurige
Genügsamkeit des Mangels und der Dummheit barbari-
scher Tugend, die beinahe das ganze damalige Europa
darniederdrücken." –

Ist Paris deutschenfeindlich? Ich habe nichts davon bemerkt.
Die Sachen stehen da, wo sie hingehören. Im Hof des
Invalidenhotels links, auf den echten Schienen, umschirmt
von hundert deutschen Mörserschlünden, der Salonwagen
des Maréchal Foch, in dem er „imposait" am 11. November
1918, fünf Uhr morgens, in Franc-Port den Besiegten die
Bedingungen des Waffenstillstands; die beauftragten Deutschen waren Erzberger, v. Winterfeld, Vanselow. Aber das

Invalidenhotel ist das Armeemuseum. Eine sonderbare Trophäe steht nicht weit davon ab: ein altes Pariser Droschkenauto, bedeckt mit den Fahnen der Entente. Die Geschichte dazu: im September 1914, zur Zeit der Marneschlacht, gab es nicht genug Beförderungsmittel für die Truppen an die Front. Die Taxis wurden requiriert. Paris war autoleer, ein unvorstellbarer Gedanke. Die Taxis sind alt und klein, zwei bis drei Mann in Rüstung gehen höchstens hinein; sie werden daran geklebt haben wie die Bienen. So jagten sie zur Front. Es sind alte Gestelle, die Fahrt wird ihnen schwergeworden sein. Eins davon hat man nun in das Museum gestellt, und breit rollt die Trikolore über das abgenutzte Chassis.

Aber das ist das Gemütsleben der Zeughäuser. In der Stadt selber sieht man nichts vom Krieg und Sieg – sehr im Gegensatz zum Beispiel zu Italien, wo jedes Dorf ein Kriegerdenkmal hat, und zwar eins mit Flaggen und Schwertern und einem faschistischen Spruch. In der Stadt ist der Deutsche vollkommen unbehelligt, auch wenn er seine Zeitung liest. Ich hörte im Autobus zwei Landsleute in der bekannten lauten Art ihre Heimatsprache sprechen und dazu mit Stöcken um sich fuchteln, ohne daß dies jemand zu bemerken schien. In den Geschäften wird man französisch, englisch, deutsch angeredet, in dieser Reihenfolge, wenn die Verständigung nicht sofort erfolgt. In den Kiosken gibt es eine Menge deutscher Zeitungen; an einem einzigen Stand sah ich folgende Journale: Berliner Tageblatt, Vossische Zeitung, Deutsche Allgemeine Zeitung, Tag, Rote Fahne, Frankfurter Zeitung, Hannoverscher Kurier, Die Weltbühne. Für die Frankfurter Messe sieht man große Holzschilder: „Foire de Francfort" in vielen Straßenzügen. In der Grande Opéra spielt man Wagner mindestens zweimal die Woche, französisch, aber die Vorstellungen sind ausverkauft. Ich hörte das Konzert einer russischen Sängerin, deren augenblickliches Engagement an der Berliner Staatsoper auf dem Programm keineswegs verschwiegen war. Ich las im „Figaro" eine begeisterte Kritik über den Nibelungenfilm, der gerade lief. Die zahlreichen deutschen Filme werden mit den deutschen Schauspielern angekündigt; ich las auf einer Seite des „Journal" die Namen Krauss, Steinrück, Veit, Lucie Mannheim. Im allgemeinen hat man den Eindruck, daß die alte Generation, die Leute von siebzig, die Clémenceau-Garde, anders denkt; aber die Jugend ist abgeschliffen und snobistisch wie die Jugend in allen Städten von Welt.

Wie ist es mit der Kunst, wie spielt man Oper und Theater? Uninteressanter als in Berlin. Hedda Gabler in der Comédie Française, anscheinend kein Gemeingut der Pariser: très bizar, rief meine Nachbarin immer wieder, très bizar! Einzig gut die Maske der Hedda: die gereizteste Frauenphysiognomie, die ich je gesehen habe, aber das Spiel wie bei uns vor vierzig Jahren, naturalistisches Salonstück, und Lövborg ein sentimentaler Schwätzer, Halstuch statt Kragen zum Zeichen sozialen Abstiegs, der Rest à la schwindsüchtiger Poet. – Zwei Pirandellos in einem Vorstadttheater, Versuchsbühne auf Montmartre, Adresse unbekannt bei sämtlichen Hotelportiers. Dem Programm nach das früheste Stück Pirandellos: „Chacun sa vérité (così è)", dasselbe Kitschproblem mit dem Pilatuszinnober „Was ist Wahrheit" wie in den „Sechs Personen" mit einem Schuß teuflisch, aber prägnanter, spannender, härter durch die drei Akte getrieben und mit zwei Bombenrollen, von den Akteuren épatant hingelegt. In der Grande Opéra „Le Crépuscule des Dieux" und „La Valkyrie" würde die Bayreuther nicht entzücken: man spielte Meyerbeer und sang Puccini. Die Stimmen kaum mittelmäßig, Wotan ein wohltemperierter Salondämon, Brünhilde die elegante Lyrische, die ganze Schlußszene vom Souffleurkasten ins Publikum ariend ohne Rücksicht auf Grane, ihr Roß, und die heimfliegenden Raben, und die starken Scheite, geschichtet am Ufer des Rheins, wirkten mehr wie eine Illumination zu einem Metabend, als das Debakel einer Mythenwelt. Aber man darf vielleicht hier die Bemerkung einflechten, daß die stundenlang monologisierenden Germanen und Germaninnen mit ihren ungeklärten sexuellen Auswirkungen von Natur aus zwischen Rue Pigalle und Lafayette keinen rechten Schick haben. –

Im vorigen Sommer war die Olympiade in Paris, jetzt eröffnet man die internationale Ausstellung für dekorative Kunst und Kunstgewerbe; alle Nationen außer Norwegen und Deutschland haben ihr weißes Haus erbaut. Es wird wieder das Unsinnigste an Leistungen und Produkten herbeigeführt und verglichen werden, einiges wird erwählt werden, einiges wird versinken, die Welt verknotet sich zu neuen Moden und Gestalten, bald werden sie über den Broadway, bald durch die Goldwäscherstädte von Virginia gehen. Dann werden sie erledigt sein, dann ist es aus. Aber auf irgendeinem Wege werden sie wieder eingehen in die Stätte, die eine der Gebärerinnen der Welt ist, la grande Isis, die diademene Stadt.

Das ist Paris, im Flug genommen, Lutetia, Stadt des Fiebers, Stadt des Traums. Vom Bois weht es durch die Tuilerien um den Obelisk des Sesostris an die Platanen vor der Statue Charlemagnes. Dreißig Brücken über den Fluß, und auf den Bogen die Triumphe und die Genien eines Volkes und darunter das Herz des Inconnu. Stadt der Liebe und der Blutlachen, der Kronen und der Kommunarden, Stadt der armen und der großen Söhne – ah, viens dans mes bras!

MEDIZINISCHE KRISE

– steht die Schöpfung, und
wahrscheinlich steht sie still.

Ein Badearzt schreibt in einer Serie: „Der deutsche Arzt
als nationaler Faktor" eine Broschüre über hohen Blutdruck. Nachdem er im ersten Teil die äußerst ungeklärten
wissenschaftlichen Analysen dieses Vorganges dargestellt
hat, geht er über zur Vorbeugung und Therapie. „Maß-
halten in Speise und Trank." „Der Sonntag soll ausschließlich der Erholung gewidmet sein." „Gemischte und dabei
reizlose, leichtverdauliche Kost." Ferner: „die Vergnügungen der Großstadt sind im allgemeinen keine Erholung;
ein gutes Buch dagegen, leichtverständliche Musik, eine
ruhige Stunde im Kreise der Familie oder guter Freunde
geben die erforderliche Abspannung und Ablenkung."
Schließlich rückt er damit heraus, daß das Heilbad, in dem
das ihm gehörige Sanatorium liegt, ganz besonders wirkungsvoll gegen die beregten[1] Schäden sei.
Sonderbar! Es handelt sich um das Bad X, urkundlich
seit 824; mit einer mittleren Feuchtigkeit von 74,7 – laut
Badeprospekt – kann dort die Luft den Wettstreit mit
jeder Sommerfrische aufnehmen, von höchstem Wert ist
die allnächtliche Erfrischung durch wohltuende Abkühlung.
Das zugegeben, ist doch seit 824 nie etwas anderes erwähnt worden, als daß X ein phänomenales Bad für
Verdauungskrankheiten sei. Wieso also plötzlich Herzbad?
Unser Badearzt in seiner Broschüre klärt uns auf: „die
Unruhe und Hast des modernen Lebens und der immer
härter werdende Kampf ums Dasein haben eine gewaltige
Zunahme der Erkrankungen der Kreislauforgane erzeugt"
– nun haben sich also auch die Quellen umstellen müssen,

und der Sprudel, um der Geschäftsaufsicht zu entgehen, saniert sich mit einer neuen chemischen Analyse.

Das ist keineswegs eine Manipulation, das ist ein Wandel der wissenschaftlichen Anschauung. Mackenzie, der englische Spezialist, widmet in seinem Lehrbuch der Herzkrankheiten ein Kapitel den Bädern von Nauheim. Ihm war aufgefallen, daß viele seiner Herzkranken ungeheilt oder verschlimmert aus Nauheim zurückgekommen waren. Er begab sich infolgedessen an Ort und Stelle, um die Art der Behandlung zu studieren. Dabei bemerkte er, daß keiner der dortigen Ärzte daran glaubte, daß in schweren Fällen die Quellen an und für sich genügend heilende Eigenschaften besitzen, sondern daß noch andere Hilfsmittel in Anspruch genommen werden mußten, wenn man ein Resultat erzielen wollte. Der eine sagte, daß man Bewegungsübungen mit Zanderapparaten machen müsse; der andere verlachte diese Apparate und hatte eine besondere Übungsmethode; ein dritter fügte den Bädern selbst noch etwas hinzu, zum Beispiel den elektrischen Strom. Als vor zehn bis zwanzig Jahren die Ansicht vorherrschte, daß zu einem gesunden Herzen auch ein gespannter Puls gehörte, erhöhten diese Bäder den Druck um 20 bis 40 mm Hg. Heute aber, wo die Mode herrscht, einen harten Puls weicher zu gestalten, hat die Quelle die Wirkung, den Druck herabzusetzen. Die Stärke der Bäder wurde verschieden gegeben, aber es ließ sich keine Regel finden. Patienten mit leichten Beschwerden oder mit schwachem frequentem Puls erhielten die gleichen Bäder wie schwerkranke und solche mit hartem langsamerem Puls. Von dem Bade selbst war nie eine direkte Wirkung zu sehen, als manchmal etwas Langsamerwerden des Pulses; das konnte aber genau gleich bewirkt werden mit Leitungswasser von gleicher Temperatur. Und gerade diese Herabsetzung hat man als eine spezifische Wirkung des Nauheimer Wassers hingestellt. So weit Mackenzie[2].

Es ließe sich noch viel erzählen von diesen Heilfaktoren mit der allnächtlichen Erfrischung, diesen einzigen windgeschützten Stätten, wo ausgedehnte, unmittelbar den Ort umsäumende Forsten in Verbindung mit dem Ozongehalt der Luft die Festigung der Körperlichkeit vollziehen! Welch eine Sicherheit gegen rauhe Nord- und Oststürme, welche Wald- und Seenflächen zum Wandern und Schauen, welche unvergleichlichen Radiumquellen in enger Fühlung mit den übrigen balneotechnischen Institutionen, freien und abgestuften Solebädern, Gradierbauten, Strahlenduschen, herrlichen Rundblicken, Stunden der Stille und Vokalkonzerten am Sonntag –: im Mittelalter waren es die Maienbäder, denen schrieb man eine besondere Heilkraft zu. Aber sei es, daß nicht genug gebadet wurde, sei es, daß die balneologischen Voraussetzungen übertrieben waren, in fünfzig Jahren starben im Gebiet des heutigen Abendlandes fünfundzwanzig Millionen an der Pest. Im Augenblick tritt man für Frühlingskuren ein. Ja man geht so weit, es auszusprechen, daß es nur die Unkenntnis über die klimatologischen, balneologischen, meteorologischen, barometeorologischen Verhältnisse ist, die so viele es versäumen läßt, gerade während der sozusagen Präraffeliten der Sommertage unter Einlogierung in die zahlreichen, das Persönlichste des verwöhntesten Geschmacks berücksichtigenden Häuser in Wald und Heide, auf Wiese und Strand das innere Geheimnis der Natur als ein seelisch fruchtbringendes und damit körperlich aufbauendes Erlebnis an sich herantreten zu lassen.

Vielleicht hat es sich allmählich herumgesprochen, daß hier eine Art von Industrie an der Arbeit ist. Eine andere Art ist die der chemischen Medikamentenfabrikation. Bekannt

ist der Ausspruch eines berühmten Klinikers, eine Lungen-
entzündung dauere mit einem guten Arzt drei Wochen,
ohne einen Arzt einundzwanzig Tage, und mit einem
schlechten Arzt könne sie viel länger dauern. Nicht weniger
deutlich ist der Satz von Sydenham: Die Ankunft eines
Hanswurstes in einem Städtchen ist nützlicher für die Gesundheit als die Ankunft von zwanzig mit Medikamenten
beladenen Eseln. Heute belädt man nicht die Esel mit
Medikamenten, aber die Fachzeitschriften mit Inseraten.
Nimmt man das Ärztliche Vereinsblatt in die Hand, das
Organ des deutschen Ärztevereinsbundes, der die Gesamtheit der deutschen Ärzte umfaßt, Auflage 34 500, so besteht es aus acht Seiten eines kümmerlichen Textes berufs-
ständischer Belange („Wegegebühren für Impfärzte“, „Zur
ärztlichen Titelfrage“), eingebettet in achtzehn Seiten
medizinisch-industrieller Inserate. Nichts wäre nun allerdings verkehrter, als auf eine Abhängigkeit der Ärzteschaft von der chemischen Industrie in irgendeiner Weise
zu schließen. Das wäre vollkommen irrig. Es kann ja wohl
überhaupt ein Stand nicht in den Verdacht geschäftlichen
Überinteresses kommen, dessen materielles Empfinden sich
damit begnügen läßt, nach fünf Jahren Studium und drei
Jahren Assistentenzeit als freier Beruf ohne jeden sozialen
oder staatlichen Rückhalt die Krankenkassenmitglieder, das
heißt fünfundsiebzig vom Hundert der Bevölkerung, für
eine Mark achtzig im Monat zu behandeln. Wohlgemerkt:
nicht eine Mark achtzig für jede Behandlung; nein, der Arzt
erhält von der Kasse eine Mark achtzig im Monat für jeden
Kranken, ganz gleich, mit welchen Methoden und wie oft
im Monat er ihn behandeln muß. Einem solchen Stand kann
man vielleicht infantile Organisation und konfuse Ideologie, aber keinesfalls kapitalistische Tendenzen vorwerfen.
Die Beziehungen zwischen der chemischen Industrie und

der Ärzteschaft sind ganz andere, sozusagen ideelle: die Industrie lebt ihr blühendes Leben infolge der vollkommenen Hilflosigkeit der internistischen Therapie.

Jeder hat gelesen, daß sich zur Zeit die Ärzteschaft in Kampfstellung befindet. Hundert Jahre alt, Ergebnis der Arbeit von drei Generationen, steht die moderne Medizin in einer Krise, deren allgemein bemerktes Zeichen der Terrainverlust gegen die nichtapprobierten Heilmethoden ist. Biochemie und Isopathie gewinnen ein Publikum, Odmagnetismus und Heliodastrahlen bauen Paläste. Mesmerismus, Komplexchemie, Psychophysiognomik, Gall redivivus erneuern ihr System. In der Fakultät der Hochschule selbst entbrennt ein Streit über eine, wie man annahm, längst einstimmig abgelehnte pharmakologische Idee. Telepathen, Irislesern, Wünschelrutenbesitzern wenden sich die Kranken in immer steigendem Maße zu, und sie fühlen sich geheilt, wie durch die Rezepte der bombastischsten akademischen Titel. Der gedankliche Hintergrund der unzünftigen Systeme ist ein eigener, er entbehrt der Geschlossenheit des naturwissenschaftlichen Milieus. Der elfjährige Knabe Ignatz Peczély aus Niederungarn fing eine Eule. Diese wehrte sich, schlug die Krallen in die Hände des Knaben, und er vermochte sich nicht anders zu befreien als dadurch, daß er der Eule das Bein abbrach. In diesem Augenblick hatte er die Übersicht zu bemerken, wie in der Regenbogenhaut des Vogels ein schwarzer Strich entstand. Er pflegte die Eule gesund, und im Verlauf des Zusammenlebens mit der dankbaren Eule machte er weitere Beobachtungen an ihrer Iris, bis er den ganzen Organismus projektivistisch in ihr angeordnet sah. So entstand die Diagnose aus der Iris. Einige Jahrhunderte früher war es der Urin gewesen, den man im Glas sich setzen und dann das Verborgene entschleiern ließ: das obere Drittel manife-

stierte den Kopf, das mittlere den Leib, das untere die
Beine. Es gehört zu den Drängen der Menschheit, das Sein
als Totalität auf engem Raum geordnet zu erblicken.

Trotzdem hätte wohl diese Eule des Knaben Peczély keine
weitere Bedeutung bekommen, wenn nicht eine andere
Eule, nämlich die der Minerva, in einer bestimmten Richtung so ratlos herumgeflogen wäre. Die Heilwissenschaft
der Hochschule, die therapeutische Bewegung in der neu-
entstandenen Pathologie blieb abseits von dem sogenannten
Siegeszug der offiziell gewordenen experimentellen Biologie. In den ersten Jahrzehnten noch guter Hoffnung, von
der reinen Wissenschaft eine Kritik ihrer Grundbegriffe
Krankheit und Gesundheit, Leben und Tod zu erhalten,
die sich heilwissenschaftlich verwenden ließe, befand sie
sich nach dem Schwinden dieser Hoffnung bereits gedanklich zu stark verbunden mit den zellulären, mikroskopisch-
ätiologischen Tendenzen der Pathologie, um die Richtung
einzuschlagen, im Kranken nicht die analysierfähigen Organe, sondern das psychische Faktum einer leidenden Individualität prüfend zu umfassen. So arbeitete sie weiter
mit dem Arzneischatz des Mittelalters, so verschrieb sie
weiter Quecksilber und Schwefel und Arsen. So verließ sie
auch als approbierte Therapie den Rahmen des Empirischen, Experimentellen, Zufälligen und Widerrufbaren
kaum, und abgesehen von wenigen bestimmten bakteriellen
Krankheiten, für die sich spezifische Maßnahmen ergaben,
baute sie sich logisch-kausal nicht auf.

Das ist keineswegs eine ketzerische Formulierung – in
den akademischen Kreisen selber spricht man es aus. Bleuler, Ordinarius der Psychiatrie in Zürich, in seinem unvergleichlichen Buch mit dem verdeckenden Titel: „Das autí-
stisch-undisziplinierte Denken in der Medizin", das den
Stoff enthielte, ein sensationelles Kulturdokument zu sein,

schildert die Lächerlichkeiten der internistischen Manipulation: „Sauerkraut war in Zürich eine der bei jeder Gelegenheit, wo man sich um die Nahrungsaufnahme kümmern konnte, verpönten, weil schwer verdaulichen Speisen;
in Bern war es nicht nur an sich leicht verdaulich, sondern
es half noch andere Sachen verdauen, gestützt auf gelehrte
chemische Überlegungen, nicht etwa populären Vorstellungen folgend." Einmal wird für das Hohlwerden der Zähne
der Säuregehalt des Speichels verantwortlich gemacht und
dementsprechend behandelt, kurze Zeit später ist aber dann
das Gegenteil, nämlich die Alkaleszenz des Mundes die
Ursache davon. Einige Jahre wischt man den Säuglingen
den Gaumen aus, um sie vor Infektionen zu schützen,
dann gilt das für gefährlich, und das Unterlassen ist wissenschaftlich wahr. Eine Zeitlang bekämpft man die Blutvergiftung durch Alkohol, der „handhoch" im Magen stehen
muß, dann ist seine Verdünnung so schwach, daß er eher
für gefährlich gilt. Alles in allem: „in Wirklichkeit konnte
man bis vor kurzem nur ganz wenige Krankheiten heilen;
und auch jetzt noch nicht viele; die meisten heilen entweder von selbst oder gar nicht." – Nicht weniger offen
sind Bemerkungen von Grote, Professor in Halle, hinsichtlich des Approximativen, rein Gelegentlichen der Arz-
neimittelwirkungen: „Die fraglos ungeheuer merkwürdige
Tatsache, daß es soundso viel organische und anorganische
Substanzen gibt, die eine spezifische Wirkung auf die
Organzelle des Wirbeltierkörpers haben, läßt sich nur
aus Zufällen begreifen. Den inneren Zusammenhang zwischen dem Digitalistoxin und der Herzmuskelzelle, dem
Opiumalkaloid und der Nervenzelle, dem Chinaalkaloid
und dem Malariaplasmodium stehen wir einstweilen ohne
Verständnis gegenüber."
„Einstweilen", sagt Grote. Nun, wir werden ja sehen. Die

moderne Medizin nahm immer die Stellung ein, als sei
sie erschienen und hätte das Vakuum verdeckt. Obschon
es vor ihr auch schon allerlei gab, es gab Amputationen
und Trepanationen, Resektionen, Wendungen bei der Geburt und Kaiserschnitt. Im Jahre 30 nach Christus operierte
Galen den Grauen Star, es gab obligatorische Fleisch-
beschau, es gibt heute bei unzivilisierten Völkern Entfernung der Eierstöcke, es gibt in Java künstliche Rück-
wärtsknickung der Gebärmutter zum Zweck der Schwan-
gerschaftsverhütung, es gab die Narkose bei den Azteken.
es gab Prothesen und Zähne aus Gold. Aber abgesehen
von den praktischen Erfolgen, wie steht es mit den Hintergründen, was heißt „innerer Zusammenhang" und „Verständnis", welches ist das Verhältnis von Erkenntnis und
Experiment? Die Einstellung der Moderne: die Heilkunde
der Alten oder die Heilkunde der Kurpfuscher mußte sich
damit begnügen, an den Äußerungen der Krankheiten zu
haften, ihr Wesen blieb ihnen verschlossen, ist grotesk.
Das Wesen blieb den induktiven Biologen genauso verschlossen wie den Heilklapperern von Afrika. Eine einheitliche Nomenklatur von großem Umfang ist noch keine
Erkenntnis, und ein Milieu von breitbasiertem, ja selbst
pyramidalem Aufbau erschließt ein Visavis in seinem
Wesen noch nicht. Nein, etwas anderes ist der Fall: die
moderne Biologie, aufgestiegen mit den Naturwissenschaften, besonnt von ihrem sogenannten Glanz, hat sich in
einer Weise durchgesetzt, die einzigartig ist für ein soziales
Phänomen von ihrer Art. Eine Hierarchie der Fakultäten,
eine Inquisition mit Hilfe der Sektion; die Gottheit von
Mexiko mit Menschenblut an ihren Pfeilern, als Idee und
Organisation im Staat von heute absolut. Aber gerade
etwas Wesenhaftes, Wachstum aus inneren Zusammenhängen, das entwickelte sie nicht, oder jedenfalls nicht

mehr. Sieht man für einen Augenblick die moderne Biologie ohne den enormen gesellschaftlichen Apparat, mit
dem sie arbeitet, und ohne die Stellung, die ihr der Staat
und das geistig unerfahrene Kollektivphänomen der
Öffentlichkeit zuweist, ist die Kulissenhaftigkeit ihrer
Existenz vollkommen evident. Längst verausgabt die lebendige Energie, die sie in den explosiven ersten Dezen-
nien des neunzehnten Jahrhunderts schuf und trug. Längst
eine erklärte Zivilisationsspielerei internationalen Charakters mit einer ausschließlich technisch-industriell gerichteten Verwertungsproblematik, längst eine muntere kon-
greßdurchflochtene Biedermannsbetriebsamkeit zwecks Ab-
sonderung von Resultaten, um mit deren Hilfe zu Lehrstühlen und Syndikaten zu gelangen. Wo immer von einzelnen Fächern der Versuch einer Erweiterung in neue
innere Zusammenhänge, zum Beispiel mit Hilfe geistes-
wissenschaftlicher Methoden versucht wurde (Psychologie:
Typenlehre; Psychiatrie: Psychoanalyse, Kunstwissen-
schaft), rigoros ablehnend, aber bereit zu den verkniffen-
sten Definitionen und unzulänglichsten Perioden (Erb-
lichkeitslehre!), um um den heißen Brei herumzukom-
men, der ihr in der Tatsache des Einmaligen, der regel-
losen Fülle und des Unerrechenbaren gegenübersteht.
Nebukadnezar – und nun erscheint die Schrift an der
Wand. Was den totalistischen, den spekulativen Methoden
ihr Gewicht gibt, sind ja nicht die einzelnen therapeutischen
Maßnahmen und Verordnungen, über die sich streiten
ließe, es ist das Hereinströmen eines neuen seelischen
Milieus. Eines Milieus, das auch andernorts in Erscheinung
tritt, zum Beispiel in der Philosophie, wo es bereitsteht,
die Psychologie abzulösen durch ein universalistisches Prinzip, vor dem nicht mehr die naturwissenschaftliche Genera-
lisierbarkeit des Einzelfalls, sondern der schöpferische Akt

individueller Perspektive als Kriterium der Wahrheit gilt. Wer will also sagen, ob nicht ein zentralistisches Prinzip in kurzer Zeit die moderne Medizin beherrscht? Wenn nach dem interessanten Wort von Kraus das Gehirn der Doppelgänger ist, den sich der Körper organisiert hat für eine Vereinigung aller spezifischen Energien, deren er selbst fähig ist, ist es dann idiotisch, nicht a limine abzulehnen, daß durch diesen Doppelgänger nun seinerseits unter bestimmten Bedingungen der Körper materiell organisiert werden kann? Also vielleicht eine Ära psychoanalytischer oder suggestiver Pathologie?

Das Unbewußte wendet sich her; und der Verstand als solcher und in seinem Wesen ist es, dem die Krise gilt. Seinem flachen Milieu, seinem engen Schema des Denkens, das alles nur unter dem Verhältnis von Zweck und Mittel sieht; seinem rüden Opportunismus, der die weiten Vorstellungen Leben, Fortpflanzung, Rasse als verengt eudämonistischen Inhalt in seine Systematik einstellt und die metaphysischen Begriffe Individualität und Entwicklung in dem genant kleinbürgerlichen Sinn des demokratischen Fortschritts statistisch, undialektisch in sein Gesichtsfeld zieht. Nun erlebt er seine eigene Dialektik, er ruft die Gegenvorstellung hervor, dieses Schema kann das Leben ja nicht sein. Über Blutdruckaposteln und Kardiogrammschamanen, über dem Hund Pawlows und dem Meerschweinchen Wassermanns, über windgeschützten Stätten und Vierzellenbädern steht die Schöpfung, und wahrscheinlich steht sie still. Jedenfalls außerhalb der humanen Begriffe von normal und pathologisch und in weiteren Zusammenhängen als die Gedankengänge einer prophylaktischen Biologie.

KUNST UND STAAT

Die Herren Ponten, Musil, Levin schildern in der „Literarischen Welt" ihre außerhalb der Literatur liegende Tätigkeit als Jugenderinnerung, Vorspiel, Zufälligkeiten, sie widmen sich seit langem allein ihrem schriftstellerischen Beruf. Nicht jeder kann das. Was mich angeht, so lebe ich ausschließlich von einem gewerblich erworbenen Einkommen, meine künstlerischen Arbeiten haben mir, wie ich gelegentlich meines vierzigsten Geburtstages berechnete, im Monat durchschnittlich vier Mark fünfzig, während eines Zeitraumes von fünfzehn Jahren, eingebracht. Einen Versuch, mich wirtschaftlich zu verbessern, will ich im folgenden schildern und daran einige Fragen allgemeiner Natur knüpfen.

Ich habe seit zehn Jahren eine Praxis für Haut- und Geschlechtskrankheiten in Berlin. Die Geschlechtskrankheiten gehen, wie allgemein bekannt, auffallend zurück. Die Syphilis verschwindet infolge des Salvarsans aus Europa, wie die großen Seuchen des Mittelalters daraus verschwunden sind. Die Gonorrhöe hängt eng zusammen mit allgemeinen Weltanschauungsstimmungen, sozialen und erotischen, sie ist, kann man sagen, eine Folge von Idealismus, das heißt unterlassener Desinfektion, auch sie hat ihren Höhepunkt überschritten. Außerdem ist es der Zug der Zeit, den frei praktizierenden Arzt zu antiquieren: das kommunale Forum ist es, das die Behandlung übernimmt, das Gesundheitswesen, sogenannte Prophylaxe, dringt mit Fürsorge- und Beratungsstellen vor gegen ein Jahrhundert der Sprechzimmerintimitäten; es ist die Epoche der internationalen Vertrustungen unter Staatsaufsicht, die die Pferdestärkenversicherung des Individuums als sozialisierten Keimträgers und Kalorienstapels aufzieht bis zu einem Grade von Fließsanierung der taylorisierten Muskelplastik vom Anlegen an die indexberechnete Mutterbrust bis zum drei Tage nach der Beisetzung an die Kommune rücklieferbaren Einheitssarg.

Dies vor Augen, unternahm ich Schritte, meinem Untergang entgegenzuarbeiten. Ich sagte mir, in der Metropole gibt es authentisch, und wird es mit jedem Jahr mehr geben, städtische Arztstellen: Schularzt, Polizeiarzt, Fürsorgearzt und so weiter, wo man vormittags arbeitet, festes Gehalt bekommt, eine Grundlage seiner Existenz hat, günstige Stellen mit Zeit für eigene Belange, man muß nur hingelangen, dann fällt dieser Drei- und Fünfmarkverdienst fort, diese Kassenbons, dies Aus-der-Hand-in-den-Mund-Leben, man ist nicht untüchtiger als andere, man muß es versuchen, und ich wandte mich an eine Persönlichkeit, die Stellen zu besetzen hat.

Ich sagte ungefähr folgendes: Herr Professor, Sie kennen mich von früher, Sie wissen, daß ich arbeiten kann. Wenn ich Gehalt beziehe, arbeite ich mehr, als es wert ist, ich schnorre nicht. Meine Ausbildung ist ersten Ranges, nur an Universitätskliniken erfolgt, ich nehme es in meinem Fach mit jedem auf. Ich habe keinen Ehrgeiz, ich will nicht Karriere machen, ich will niemanden verdrängen. Ich möchte eine Stellung mit festem Einkommen, damit ich etwas mehr für mich arbeiten kann. Ich bin über vierzig und habe nie in meinem Leben länger als vierzehn Tage Ferien machen können, ich möchte auch einmal vier Wochen verreisen und doch am Ersten meine Miete zu bezahlen wissen.

Der Professor antwortete etwa folgendes: Ich habe mich nach Ihnen erkundigt, und der Schriftsteller B. hat sich günstig über Sie und Ihre Verwandten ausgesprochen. Ich persönlich habe nicht viel Veranlassung, Ihnen eine Stelle zu verschaffen, aber – und nun seine Worte: *„Wenn Sie anständig und pflichttreu arbeiten wollen, können Sie in Betracht gezogen werden."*

Das klang nicht nach Florenz, auch hatte ich dem Staat in Krieg und Frieden gedient, auch war ich nicht vorbestraft, aber ich wartete nun auf den Betracht, in den ich gezogen werden sollte. Der Betracht war folgender: eine Tätigkeit außerhalb meines Spezialfachs, fünfviertel Stunden Bahnfahrt von Berlin, dann in sechsstündiger Arbeitszeit zweitausend Kinder ärztlich zu versorgen, nachmittags wieder fünfviertel Stunden Vorortbahn zurück, täglich um sieben aufstehen und allnächtlich in Bereitschaft, die Tour nochmals machen zu müssen, und das alles für ein Gehalt, von dem ich nicht leben konnte. Aber während ich noch über Einzelheiten verhandelte, wurde ich ohne Angabe von Gründen fallengelassen, die Amtsstelle verstummte, der Professor schwieg. So endete mein Vorstoß in die Kommune, so endete meine Hoffnung auf die Metropole, das Kulturzentrum meines Vaterlandes, von der ich keine Wohltat erbat, sondern Arbeit im Rahmen dessen, was ich gelernt hatte und konnte.

Wenn also die öffentlichen Einrichtungen nicht einmal den Schriftstellern oder Dichtern zu helfen geneigt sind, die sie um Anstellung bitten im Umfang eines von ihnen erlernten Handwerks, wird es mit den Ungelernten noch schlechter stehen. Doch ich will nicht fortfahren, von mir zu reden, das wäre wirkungslos, da ich keinen öffentlichen Namen besitze. Aber in Berlin ist noch ein Arzt, der von Kassenpraxis lebt und, wie ich annehme, nicht aus Leidenschaft: *Döblin*, ruhmreicher Epiker, selbst vor Bonzen ein gestarteter Mann. Ihn, den ich persönlich weder leiblich noch telefonisch, noch schriftlich kenne, will ich einsetzen

und mir die Frage erlauben, wie steht es mit der Kunst-
pflege des Staates und der Kommunen, wie mit ihrem
Zartsinn für die Dichtung, wie mit der Soziologie der Kunst
überhaupt?

Wenn man die sprachlichen Absonderungen von öffentlichen Persönlichkeiten sowie Badeprospekten liest, kommt
man auf die Idee, Staat, Kommune, Gesellschaft, Zivilisation, Geschmack, Kultur und Kunst das sei alles eins,
ein internationales Glück. Eröffnung einer Industrieaus-
stellung: die Leonoren-Ouvertüre und der Bläserchor;
Grundsteinlegung und: „Die Himmel rühmen". Deauville,
der Blumenrausch am Meeresstrand: im September die
große künstlerische Ovation. Lido, der sonnige Lido, alles
im Pyjama – und flott die mit staatlichen Titeln versehenen
Favoriten·der Kulisse: Festspiele, Mirakel für diese Py-
jamalazarusse. Eine Theaterausstellung – und ein Extra-
zug fährt schleunigst achtzig Abgeordnete heran. Ein Re-
gencezimmer für die Sammlungen erworben –: reicher
Segen über das schöne Verhältnis von Museen und Kunst-
handel. In der vornehmen Ruhe des Gasteiner Badelebens
eine dämonische Ballettsuite –: Höhenstunden für den zur
Kur weilenden Reichswirtschaftsminister und die Fraktions-
gewaltigen – – –: sublimierter Kapitalismus ist die Kategorie, in der der Staat und die von ihm vertretene Öffentlichkeit die Kunst empfindet und gelten läßt.

Hohenzollern oder Republik, das ist Jacke wie Hose.
Günther, Hölderlin, Heine, Nietzsche, Kleist, Rilke oder
die Lasker-Schüler – der Staat hat nie etwas für die Kunst
getan. Kein Staat. Phidias starb im Kerker an Gift, sein
Denunziant erhielt vom Volk Steuerfreiheit. Vergil, Dante.
Petrarca, – die Verbannten unter Cäsaren oder Demokra-
tien. Der Staat, immer bereit zu dem Geschwätz, daß die
Nation sich aus inneren Kräften erneuere, hat der Kunst

gegenüber keine andere Geste als die, die vom Fehlgriff
lebt. Er beruft eine Akademie: zwei oder drei Konzessions-
lose, die unübersehbar sind, aber dann die Masse der Schie-
ber, die flüssigen Epiker, die Rülpser des Anekdoten-
schleims, die psychologischen Stauer von Mittelstandsvor-
fällen, Schund und Schmutz, nicht harmlos erotisch, aber
produktiv verderbt. Der Staat, der das Wild durch Jagd-
gesetze schützt und den Nachwuchs der Wälder durch
Gatter und Forstakademien, der Irre und Psychopathen
hochzieht, Eheberatungsstellen und Geschlechtskrankheits-
fürsorgen gratis serviert, immer hoch die Düngerprobleme,
die Beamtenbezüge und die Bullenauktionen –: der Staat
und die Kommune immer nur auf den Knien vor einer –
theoretisch wie in bezug auf ihre Verwirklichung gleich
fragwürdigen – vegetativ-agrarischen Züchtungsideologie.

Wer sagt, es sei kein Geld da, der irrt. Ich las kürzlich
im Handelsteil einer bürgerlichen Zeitung, der preußische
Staat hat im Jahre 1925 fünfunddreißig Millionen ausgeworfen zur Belebung der Stettiner Werftindustrie. Die
Werften wurden nicht belebt, keine Planke wurde gebaut,
aber die fünfunddreißig Millionen gingen gewiß ihren
Weg und belebten mancherlei. Wann aber hätte er einen
Dichter mit tausend Mark belebt? Oder wie ist es zum Beispiel mit den Zahlungen für die Staatstheater? Wie sieht
der Etat, wie die Kunstleistung eines Stadttheaters aus?
Zweiundzwanzig Schöne mit Dauerverträgen und noch
mehr männliche Bretterbetreter, damit „Charleys Tante"
und das „Weiße Rößl" monatelang dem preußischen Volke
nahegebracht wird; an der Spitze Intendanten und Regisseure, die nebenberuflich Filme in ihre Tasche drehen;
Kapellmeister mit ihren langjährigen enormen Verträgen,
fortwährend auf Gastspielen zu ihrem eigenen Ruhm und

für ihr eigenes Bankkonto; Stars fünftausend Mark Fixum
monatlich in Berlin und die Hälfte des Jahres auf privaten
Tourneen –: Intendanten, Regisseure, Tenöre, Kapellmeister, also Bearbeiter, Vermittler, geistig-wirtschaftlich betrachtet: Ausbeuter, Produktive dritter, vierter Hand – die
erhält der Staat mit großem Train. Oder wie steht es mit
der Wissenschaft, insonderheit dieser smarten Biologie?
Für jeden Spaltpilz ein Forschungsinstitut, für jede Ratten-
kreuzung eine Domäne. Dahinein diese Forscher, die ewig
die Epoche in Atem halten und dauernd Marksteine errichten und nach einem Quinquennium ist alles Kaff. Hundertfünfzig Jahre bebten sie und ihre Welt in einem Ge-
setzmäßigkeitsparoxysmus, und nun kommt ein anderer,
dänischer Physiker, Nobelpreisträger und sagt, daß der ato-
mare[1] Einzelvorgang wahrscheinlich überhaupt nicht durch
Gesetze kausal bestimmt werden kann. Das ist das Versagen des Gedankens der Naturgesetze überhaupt. Das ist
das Fiasko. Aber die Forscher beziehen ihre Gehälter
weiter, als ob man von vornherein angenommen hätte, daß
sie nur Unfug produzieren, und wer sie attackierte, dem
würden sie Lessing zitieren, daß es sich nicht um Erkenntnis handle, sondern um den Kampf um die Erkenntnis –
ach, wie sie alle kämpfen auf ihren Lehrstühlen, bei ihren
Witwenpensionen, auf ihren bankettdurchwürzten Kon-
gressen und die Ministerialräte mit Festreden immer oben-
an! Mögen sie es tun, aber wenn der § 142 der deutschen
Reichsverfassung lautet: „Die Kunst und die Wissenschaft
und ihre Lehre ist frei. Der Staat gewährt ihnen Schutz"
und nimmt an ihrer Pflege teil" – so sollte der zweite Satz
lieber heißen: er gewährt nicht ihnen Schutz, sondern ihren
Surrogaten, da sie der Industrie Anregungen und den
Ministern ihre Redensarten liefern.
Es ist schwierig, in die Problematik der Kunst und ihrer

Stellung einzudringen, da sie die Problematik der geschichtlichen Bewegung an sich umschließt, ihrer Regungen, ihres Charakters und ihres Unterganges. Es ist schwierig, in diese Problematik einzudringen, da es, wie bekannt, eine grundlegende Soziologie der geschichtlichen Bewegung nicht gibt. Immer wird die kollektivistische Hypothese der individualistischen gegenüberstehen. immer die Theorie vom Sichtbarwerden allmählicher Veränderungen beim Reifwerden der Umschichtung der des Führers, des großen säkularen Typs, in dem das Besondere und das Allgemeine magisch koinzidiert. Aber von wo immer man sich dem Phänomen des historischen Prozesses nähert, ob mit der synoptischen oder mit der kausalgenetischen Methode, ob man das Einheitliche betont oder das Katastrophale, eines wird sich wohl beschreiben lassen, wenn man die Beziehungen überdenkt: erhielte sich ein Staat durch Straßenbeleuchtung und Kanalanlagen, wäre Rom nie untergegangen –: immanente geistige Kraft wird es wohl sein, die den Staat erhält, produktive Substanz aus dem Dunkel des Irrationalen. Und hier könnte die Stelle sein, wo es politisch wird: das an sich nihilistische Problem der Kunst.

Es scheint mir eine Tatsache zu sein, die wenig anerkannt ist, daß es sehr viel weniger produktive Substanz in einem Zeitabschnitt gibt, als im allgemeinen angenommen wird. Ferner, daß Kunst viel seltener ist, als es scheint. Dieser Schein hängt mit dem verbreiteten Irrtum zusammen, daß Kultur, Zivilisation, Bildung und Kunst im Grunde identisch seien. Kunst aber ist ein isoliertes Phänomen, individuell unfruchtbar und monoman. Das bestimmt ihren Rang. Darum, wo immer man sie vermutet, sollte man sie schützen. Als seelische Tatsache psychologisch nicht weiter zurückführbar, substantiell aus Vorzeiten im Menschen liegengeblieben, Mammutmasse und Schöpfer des Gehirns.

Es erschiene mir daher keineswegs utopisch, vielmehr historisch konfessionell oder, wenn nicht aus einer Philosophie der Geschichte, dann aus einem sehr tiefen historischen Affekt hergeleitet, wenn der Oberbürgermeister der Metropole in die Frankfurter Allee ginge und folgendermaßen spräche: „Herr Döblin, Arzt in der großen Stadt, die ich regiere, Träger der produktiven Hyperämie und des dialektischen Affekts, treten Sie bei uns ein, nehmen Sie uns mit in Ihre Kurven, glühen Sie uns an! Viel können wir Ihnen nicht bieten, Gehaltsklasse XII mit Zulagen, aber am Ersten pünktlich Ihr Geld. Sie mögen kommen und gehen, wann sie wollen, Subalterne könnten sagen: ‚wenn Sie anständig und pflichttreu arbeiten wollen, können Sie in Betracht gezogen werden‘ – kleine Geister, Subalterne, Haymarketkreaturen, die das Roß verschacherten, das der Äther trug – nein, umgekehrt, vielmehr Sie werden die Arbeit lehren, was ihr steht und welches ihre Pflicht ist, was mehr als Pflicht ist: Richtung und Berufung.

Kommen Sie, der Wurm nagt mir am Fuß. Auf Krepphacken, Gummisohlen, Lodensocken feuchtet dieser Verwaltungsapparat um mich herum. Paragraphenurologen, Frühstücksverpauser und die abgefeimten Mittler des Geschäfts. Das große Ganze, aber erst Privatprofite; Gesinnungen, aber nach Honorar. Die Arena der Kommune: Punchingball und Irrigatoren, Deckengemälde und Stethoskope – immer flott hinauf und hinan! Immer dies Hinauf und Hinan – ah, manchmal sehe ich geradezu ein Bild: Fleisch, das wuchert, eine schaurig rote und rohe Pyramide, Zeugung und Muskulatur, Phallen und Därme, Zuckungen, bewegt auf eine Gestalt mit einem Loch im Schädel, die Vögel lassen es hineinfallen, der Regen spült es heraus und spült es über ihre Züge, aber niemand sieht es, niemand sieht hin, barbarische Dränge, schaffenstolle

Horden, Leitungsdrähte in die Nike, in eine Nike, die
blutet, schmachtend und todgeweiht.

Manchmal des Nachts überfallen mich Visionen von
Städten, die vergangen sind, ich sehe Ruinen, dort von
Säulen, dort von Lehm. Vom Tigris bis zur Spree ist nur
ein Schritt, dort ist der Kollege aus Babylon, der die
Ziegelöfen inspiziert und dort der Patriarch von Kanobia,
der Steine mit Erde mischt, um neuen Boden zu gewinnen,
ich bin der Dritte, ich halte einen Leitungsdraht.

Ich weihe Funktürme ein und empfange Ozeanflieger,
meine Rechte ist lahm vom Handdruck der Rekordbrecher,
aber in der Ferne ist ein Licht: der Leuchtturm von Coruña,
Spanien, antik, zweitausend Jahre alt, Qualität, noch heute
in Betrieb! Technik – ach uralt! Wollte Nero in Rom baden,
öffnete er den Hahn und die Wogen des Tyrrhenermeers,
zwanzig Meilen ab, ergossen sich in seine Marmorwanne –
Rekord und Technik, uralt und leer!

Es ist immer nur ein Schritt. Dort ist der Präfekt und hier
der Liktor mit dem Rutenbündel, dort eine Sänfte und hier
ein Baldachin. Noch ist die Stunde der Antonine, sie spielen
auf dem Lande wie auf einer Harfe, die Welt ist wie ein
Garten des Mäzen – dann eine Stunde – von dort zu ihm –:
der letzte Kaiser baut einen Palast am Meer, der große
Jovius kehrt heim, wo sein Vater Fischer war, sie müssen
beide sterben, er und der dreitausendjährige Gott. Was
nützt es nun dem, daß er die Riesen schlug und die Phalangen der Titanen, und diesem, daß er das weiße Diadem
von Perlen trug und den purpurnen Talar, in die Marmor-
kolonnaden, wo er ruht, schlägt das Illyrische Meer die
Wucht des Ozeans und das Unaufhörliche. Nur eine Stunde
von dort zu uns, von ihrem Rutenbündel zu meinem
Leitungsdraht.

Der Tigris ist eine Pfütze geworden, auch die Spree wird

sich verlaufen; das Rathaus wird fallen wie Bab-i-ali, die Pforte der Götter, fiel. Es ist immer nur ein Schritt und wir mangeln der Erfüllung, wir wohnen, um mit Jeremias zu reden, in den Felsen und tun wie die Tauben, die da nisten in den hohlen Löchern – –: nur *Sie* nisten in den Reichen, wo das Unverlöschliche brennt, das nicht erhellt und nicht erwärmt, das sinnlos ist wie der Raum und die Zeit und das Gedachte und das Ungedachte und doch allein von jenem Reflex der Immortalität, der über versunkenen Metropolen und zerfallenden Imperien von einer Vase oder einem geretteten Vers aus der *Form* sich hebt unantastbar und vollendet – –: treten Sie ein in die Verwaltung, Gehaltsklasse XII mit Zulagen, kommen Sie, großer Don! –"

Und Döblin würde antworten:

„Worte, die auf Taubenfüßen kommen, regieren die Welt. Die großen Götter, von drei Parzen gelenkt, Gesang am Rocken: *dünne* Fäden sind es, an denen alles hängt, Schleier, Gespinste, Gebrechlichkeiten.

Ihrem Verwaltungsapparat, Herr Oberbürgermeister, gegenüber sehe ich einen anderen Zug: Kruziferen, Flüchtlinge, Nervenbrüchige, Verlust von Rechten, Schweigendes, das keine Früchte kennt. In der City leben Sie mit Ihrem Organischen und Anorganischen und Ihrem festgefügten Eiweißstoff, aber an der Peripherie da schälen sich die Hirne in der schöpferischen Wandlung des Begriffs. Denken Sie doch nie, daß das, was Sie aus Ihren fraßsüchtigen Schädeln hervorstochern, damit zu vergleichen wäre.

Sie rufen mich – gut, ich werde Ihnen folgen. Sie bezahlen Ihre Marmelade, Ihre Schuhsohlen, Ihre Gummiartikel, aber Ihre Redensarten, Ihre Flötentöne, Ihre Volksweisen, mit denen Sie sich hochschieben, die bezahlen Sie nicht. Sie leben von Dingen, die Sie liehen. Die Impressionen

Ihres Lebens entwendeten Sie denen, die da sterben mit Schmach. Aus einem Mammutrest, individuell unfruchtbar und monoman, leihen Sie sich einen Schimmer für Ihr vergängliches Gewese, – vergessen Sie nie: was bleibt – um einen billig erworbenen Nationalbesitz, vierzig Jahre Irrsinn zu Lasten seiner Mutter, Hölderlin, zu zitieren –: ‚was aber bleibet, stiften die Dichter‘."

DEIN KÖRPER GEHÖRT DIR

. . . nun aber auf ins Pipapo.

Man kann vielleicht nicht behaupten, dies Buch von Margueritte[1] sei künstlerisch so interessant, daß es durch eine Übersetzung dem deutschen Publikum hätte erobert werden müssen. Aber sein Thema ist menschlich so weittragend, die Durchführung des Themas ist gesellschaftlich so enthüllend, daß man wünscht, es würde in Deutschland von aller Welt gelesen.

Der Inhalt des Romans ist die Geschichte eines Mädchens vom Lande, das wider Willen Mutter wird, von der Familie verstoßen, in der Fremde, in Marseille, niederkommt, zu arm ist, um das Kind aufzuziehen, es ins Findelhaus bringt, in eine Affäre wegen gewisser Strafrechtsparagraphen verwickelt wird, mit einem Wort, das Thema ist die ungewollte Mutterschaft, das Findelhaus und die Abtreibung.

Thema der Armut, Schwierigkeiten der kapitalschwachen Schichten, Problematik der Dienstmädchen, die Streichhölzerköpfchen schlucken und den Thermometerinhalt auf die Schmalzstullen schmieren, damit sich die Gebärmutter in Bewegung setzt. Demgegenüber die Gesellschaft, die Damen der höheren Schichten, für die dies keine Problematik ist.

Bei der Premiere von Rose Bernd, die kürzlich mit so großem Erfolg stattfand, standen die Wagen, wie man bemerkte, die Packards und die Chrysler, bis zum Lehrter Bahnhof. Der Portier pfiff, Rose war tot, und die Kavalkade setzte sich in Bewegung, die aus Gummi und aus Lack. „Ein erschütterndes Weibtum" hörte man die Herausströmenden murmeln, während sie sich in die Wagen zwängten, nun aber auf ins Pipapo, da hatten sie einen Tisch bestellt! Das Dienstmädchen aber liegt auf dem Boden, meineidig, das Kind erwürgt, verzweifelt, verblutet – der Dichter hat doch wohl etwas kraß geschildert, die Damen hüllen sich tiefer in ihre Nerze, bei ihnen kann diese Tragödie nicht recht Fuß fassen, sie haben Geld und treiben ab.

Weniger gegen das All wie die Schlesierin, mehr gegen die Gesellschaft richtet Roses französische Schwester Spi Arelli, die Heldin unseres Buches, ihre Anklagen, während sie durch die Straßen von Marseille irrt: sie ist erst achtzehn Jahre alt, kommt aus einer Entbindungsanstalt, sie muß ein Kind ernähren, sie selbst kann nicht weiter. Sie ist kein Straßenmädchen, keine Faulenzerin, keine Diebin, wenn man ihr nur die Hand reichen, sie aufheben möchte. Und während sie geht, denkt sie vor sich hin: – „Die Erde kann doch nicht nur von Sklavenhaltern bewohnt sein. Wenn man sie so durch die Zeitungen betrachtet, schaut die Gesellschaft doch so aus, als hätte sie so viel Mitleid mit den Armen. Ein Wohltätigkeitsfest, ein Konzert, eine Sammlung für die Armen jagt die andere. Wo stecken die biederen Philanthropen, deren Fotografien man veröffentlicht und deren Namen man druckt?“

Die Erde durch die Zeitungen betrachtet, die Moral infolge der Inserenten, die Rangstufe infolge des Bildercourier! Spi ist in der Tat sehr jung, wenn sie sich so etwas fragt. Um sie aufzuklären, nehmen wir eine Zeitung zur Hand, in der die Wohltätigkeit feiert, nehmen wir sie aus Berlin und aus diesem Jahr: – „In den mit kostbaren Teppichen drapierten Sälen mischten sich die Uniformen höherer Schupo- und Reichswehroffiziere und tadellose, mit den Ehrenzeichen ruhmvollen Kolonialdienstes geschmückte Fracks mit den farbenfrohen Kleidern der Damen.

Seide, Lamé und Tüll, allen voran aber die Allbeherrscherin, das Stilkleid. Schwer für den Ballbesucher, sich zu
entscheiden: sollte er sich in den Trubel der Tanzenden
mischen, denen bis zum frühen Morgen aufgespielt wurde,
oder sollte er sogar – und hierfür machten zwei tanzende,
waschechte Kamerunneger und ein früherer Askari mit
einer Werbetrommel wirksam Reklame – der vielverhei
ßenden Bar, ‚Wanawake wazuri' in der grünen Veranda
einen Besuch abstatten, wo das stimmungserhöhende Naß
von Damen des Bundes kredenzt wurde? Hier wie überall
auf diesem Feste galt als oberster Grundsatz: *Wohltätigkeit
zugunsten der kolonialen Wiederaufbauarbeit*, deren eifrigste Förderin und Helferin die erste Bundesvorsitzende
Frau von X. ist –". Frau von X. in Ehren, aber bei Spi
verhält sich die Sache gerade umgekehrt; während dort
die gesellschaftlichen Kreise ihre Wohltätigkeit den Kolonien zuwenden, muß hier die Kolonie das Mutterland sanieren: niemand hilft Spi und ihrem Kinde, ausgenommen
ein kranker Neger, der im selben Haus wohnt, Kulibaly,
der ihr seine Milch bringt, die er selber nötig hätte, er
stirbt an Schwindsucht und spuckt Blut.
Schließlich bringt Spi ihr Kind ins Findelhaus. Sie hat es
ohne Verstand empfangen, sie hat es nicht gebären wollen.
Sie vermag es nicht zu ernähren, es stirbt ihr unter den
Händen. Es hindert sie daran, Arbeit zu finden, sie müssen
beide an Hunger untergehn. Nun trägt sie es in das Gebäude, wo man einen falschen Namen angeben kann und
eine Nummer dafür erhält. Es ist vorbei. Sie gab ihr Kind
der Anonymität zurück, die von ihr verlangte, daß sie es
gebäre. Ihr Körper gehörte nicht ihr, wem diente er, gewissen weiteren Ansichten und Verbänden, gewissen einflußreichen und geltungsvollen Organisationen, die sie selber gar nicht übersieht: der Biologie mit ihrem Quantitäts-

schwindel; der Soziologie mit ihren Klassenfälschungen; der Geschichtswissenschaft mit ihren Ergebnislosigkeiten; der Eugenik mit ihrem Feuilleton; der Medizin mit ihrer Biospsychose; der Politik mit ihrem Traum von der stärksten Hand an der Gurgel – mit einem Wort, dem Staat, der für das keimende Leben dies riesige Interesse bekundet, das er für das ausgekeimte dann schnell verliert.

Paradoxie der Legislative! Der Staat – denken wir Spi und Roses Schicksal zu Ende –, der in dieser Richtung Gesetze erläßt, die überall gleichartig, aber, beschränken wir uns auf unser Land, von folgender Wirkung sind. Bei einer schätzungsweisen Bevölkerung Deutschlands von zweiundsechzig Millionen, gleich einunddreißig Millionen Frauen, gleich zehn Millionen schwangerschaftsfähiger Frauen, werden im Jahr nach einer von keiner Seite angefochtenen wissenschaftlichen Statistik 875750 Abtreibungen vorgenommen. Da auf jede Abtreibung fünf Jahre Zuchthaus stehen, sind das viereinhalb Millionen Jahre Zuchthaus pro anno für die deutsche Frau. Dazu kommen die je zehn Jahre Zuchthaus für die – meistens wohl – entgeltliche Beihilfe, das ergibt zusammen über dreizehn Millionen Jahre Zuchthaus, die die Bevölkerung in einem Jahr ihrem Staat gegenüber verwirkt. Zur Aburteilung kommen etwa sechshundert Fälle jährlich, – Pechvögel, Unglücksraben, die nun büßen müssen.

Den Verurteilten gegenüber stehen die Toten, die Frauen, die infolge des Eingriffs verstorben sind. Ihre Zahl ist so ungeheuer, daß man sich wappnen muß: etwa vierundvierzigtausend rechnet man im Jahr. Natürlich gehören diese nicht zu den führenden Schichten vom Kolonialball, eine kurze Überlegung klärt die Gründe hierfür auf. Arme Kreise sind es, die die Toten stellen, Proletarier, Dienstmädchen, die zu Abtreiberinnen laufen, die für zehn Mark

mit schmutzigen Spritzen arbeiten und Seifenlauge in die
Bauchhöhle drücken, Verzweifelte, die alles an sich aus-
probieren vom Petroleum bis zur Tafelkreide, vom stun-
denlangen Kitzeln an den Brüsten bis zum fortgesetzten
Beischlaf mit mehreren täglich, um die Gebärmutter zu
sprengen. Vierundvierzigtausend Opfer lebender Leben,
dargebracht dem keimenden, dem ungeborenen, noch zu
gebärenden; vierundvierzigtausend Opfer eines Gesetzes,
dessen Sinn doch wohl die Erhaltung des Lebens war.
Der Staat beruft sich auf seine Wissenschaften, wenn er
dies Gesetz vertritt. Theologie und Philologie geben ihm
an die Hand, daß die alten Griechen und Römer an der
Abtreibung zugrunde gingen oder an der Hurerei im allgemeinen, demgegenüber sich die Juden jahrtausendelang
so rassestark erhielten wegen ihres tiefen Familiensinns.
Die Biologie tritt ihnen zur Seite. Sie, nach Wesen und
Tendenz normativ indifferent, die jede Philosophie außer
ihrer empirischen, die keine ist, und jede Wertlehre ab-
lehnt, entdeckt sich plötzlich vor einem Idol: das Leben
an sich, das Protoplasma als solches, die organische Quantität um ihrer selbst willen en masse, katexochen und à
tout prix. Ob es nach vierundzwanzigstündigem Quallen-
dasein an Hunger eingeht, im ersten Jahr an Epilepsie,
nach zwei Jahren an Tuberkulose, nach sechs an Erb-
syphilis; ob es die Male der väterlichen Trunksucht, des
mütterlichen Hungers, der außerehelichen Ächtung trägt;
ob es im Kohlenkasten unter Papier liegt oder zum Bettler
gebracht wird, der ihm zur Mitarbeit die Schenkel zerbricht: „der ist versorgt" – – ausgekeimt muß werden, vor
allem ausgekeimt, § 218, so will es das Idol.
Scheinbar unabänderlich. Der Kampf gegen diesen Paragraphen ist über hundert Jahre alt, er wurde begonnen von
Anselm von Feuerbach, große Strafrechtslehrer schlossen

sich ihm an, aber vergeblich. Hier scheint eine der Tragödien des modernen Schicksals zu liegen. Der Staat braucht diesen Paragraphen als eine Chance seiner Macht. Selbst wenn er nicht unternehmungsmäßig, sondern individuell dächte, könnte er diese Frage des Strafrechts gar nicht einzeln herauslösen aus dem Komplex der allgemeinen Politik und des wirtschaftlichen Systems. Dieser Paragraph ist zu sehr der lebendigste Ausdruck seiner religiösen und staatsphilosophischen Ideologie. Solange also Kapitalismus als Moral und Staat als Rüstung besteht, werden die Rose und Spi weiter durch die Jahrhunderte ziehen und sich immer von neuem einem Schicksal opfern, das die Armen erleiden und die Reichen umgehen. Spi selber weiß es. Für sich selber hat sie sich freigekämpft von den Schatten ihrer Jugend, aber was die Allgemeinheit angeht, denkt sie so:

„. . . sie überholten eine Schafherde und wurden plötzlich traurig. Alle Tiere waren mit dem roten Kreuz gezeichnet, ein Gelegenheitshirte führte sie dem Schlachthaus zu.

‚Arme Schäfchen‘, flüsterte sie.

Sie erinnerten sie an die Proletarierviertel, wo Scharen von Kindern emporwuchsen, um mit ihrer armseligen Haut den Luxus der einen und den Ruhm der anderen zu erkaufen, während in der schmutzigen Enge ihrer Höhlen Vater und Mutter sich viehisch paarten, als Erneuerer ihrer eigenen Sklaverei, damit sich in Ewigkeit das Menschenmaterial für Kasernen, Fabriken und Bordelle erneuern könne. Und beide dachten beim Anblick der blökenden Herde an eine andere Herde – an das finstere Bild der menschlichen Herde. Ihr Begleiter zuckte die Achseln:

‚Sie sind in der Mehrheit! Wenn sie ihre Kräfte nur erziehen wollten!‘ – Werden sie sie erziehen?“

So endet das Buch.

FRANKREICH UND WIR

I

Ich habe seit dem Krieg vier größere Reisen durch Frankreich gemacht, sowohl nach Paris, wie in die Provinz. Zwei von ihnen waren Autofahrten, mehrere Wochen dauernd, zahlreiche tausend Kilometer fuhren wir auf den prachtvollen Routes nationales, glatt wie Billards, geteert, staublos, den besten Autostraßen des Kontinents, und nicht weniger auf den schwierigeren Nebenstraßen. Wir fuhren kreuz und quer durch das Land, vom Mittelmeer zum Atlantik, von Palavas bis Arcachon, von Longwy bis Hendaye und von Jeumont nach Perpignan, wir durchfuhren die Argonnen und die Pyrenäen, wir berührten die Provinzen seines keltischen, seines baskischen und seines ligurischen Bluts. Wir wohnten in den großen Hotels, um die die Golfplätze liegen, und in den kleinen Provinzgasthöfen, wo um neun die Nacht beginnt. Wir waren am Typ unseres Wagens und an unserem Abzeichen jederzeit als Deutsche zu erkennen. Wir sprachen in allen Hotels und Restaurants, am Strand, in Bars, in Kaufläden ruhig deutsch, lasen deutsche Zeitungen, unser Chauffeur konnte kein Wort Französisch, er verstand nicht mal die Ausdrücke für rechts und links. Wir machten auf diesen Reisen geschäftliche, ärztliche, persönliche Bekanntschaften, hatten in Orten zu tun, wo sicher seit dem Krieg kein Deutscher gewesen war, und zusammenfassend muß ich sagen, ich habe nirgends eine Animosität gegen uns als Deutsche bemerkt.
Im Gegenteil, wenn wir uns als Deutsche bekanntgegeben hatten, erwachte vielfach eine besondere Nuance von Höflichkeit, eine Art spannungsvollen Interesses, häufig wur-

den dann die früheren und jetzigen Beziehungen zu
Deutschland hervorgesucht, alles was man wußte und vor-
zuweisen hatte. Germaine hatte einen Vater, der Deutsch
sprach, Lucy hatte eine Nacht in Trier verbracht. Ein Chirurg in Montpellier fragte nach einigen deutschen Kollegen
und erklärt dann unerwartet, die Engländer hätten uns
im Versailler Vertrag der Kolonien beraubt, nicht die
Franzosen. Ein Bischofssekretär, der uns die Bibliothek
einer Abtei zunächst sehr zögernd zeigt, gibt sich, nachdem
wir ihm unsere Herkunft nannten, als Musikschriftsteller
zu erkennen, der vor dem Krieg mit vielen deutschen Komponisten und Organisten in Beziehung gestanden hat, und
bittet uns, ihm behilflich zu sein, diese Verbindungen zu erneuern. Oder wir halten an einer Bahnschranke, vor uns
ein französischer Wagen, der Herr ist ausgestiegen, steht
an der Hecke und nascht; „Schöne Brombeeren", sagt mein
Freund auf deutsch zu mir, der Herr dreht sich um, hält
uns eine Hand voll Beeren hin: „Guter Wagen", bemerkt
er, „Horchwagen, kenne ich." Die Schranke geht hoch, wir
grüßen und fahren weiter. Oder wir haben eine Panne,
keinen Brennstoff mehr im Tank, es ist mitten in der Nacht,
zwanzig Kilometer von der nächsten Stadt. Wir stehen
mitten auf der Chaussee, können keinen Meter vorwärts,
keinen Meter zurück. Nichts zu machen, als den nächsten
Wagen anzuhalten und um Benzol zu bitten. Der Wagen
hält, ein Herr und eine Dame steigen aus, sie geben uns
von ihrem Vorrat ab, der Herr selbst führt den Schlauch
in seinen Tank, muß ansaugen, „un fameux Apéritif",
ruft die Dame, und in der Tat, es ist heroisch, der Herr
wird den Geschmack nach Petroleum den ganzen Abend
und die Nacht nicht los, sie arbeiten eine halbe Stunde mit
uns herum, nehmen den Brennstoff nicht bezahlt und fahren weiter. Ein andermal fährt unser Chauffeur von der

Digue in den Sand und kann nicht zurück. Je mehr der
Wagen arbeitet, um so tiefer bohren sich die Räder in die
losen Massen, wir sitzen fest. Wir müssen den Wagen aus-
graben, wir brauchen Spaten und Bretter, alles wird uns
gebracht, alles hilft uns, der ganze Strand kommt in Bewegung, und mit Hilfe der Badegäste werden wir wieder
flott. Ich will diese Dinge nicht überschätzen, ich hüte mich
auch, sie zu verallgemeinern, aber ich habe den Eindruck,
daß ein Deutscher wegen seiner Nationalität in Frankreich
keine Schwierigkeiten haben wird, vorausgesetzt, daß er
sich in den exakten Formen der Höflichkeit und Zurückhaltung bewegt, die der Franzose allerdings unbedingt verlangt.

II

Denn in diesem Verlangen nach Form äußert sich des Franzosen innere Struktur. Für ihn ist die Form nicht die tadellose Verbeugung, der Abenddreß, das Fischessen ohne
Messer (à propos, man ißt in ganz Frankreich den Fisch
mit gewöhnlichem Messer und trinkt den Champagner aus
Weingläsern, dies nebenbei), das ist die großbritannische
Problematik, die Dinnerjacketkonfession. Hier bedeutet
Form das primäre Verlangen nach Konvention, das eine
ganze Nation durchzieht, nach gesellschaftlicher Gebundenheit, nach regulärer Verhaftung des Einzelnen an das Gros.
In ihr kämpft um ihren Ausdruck die Haltung gegenüber
dem Nonchalanten, die Ordnung gegenüber der Schwam-
migkeit, die Klassizität gegenüber dem Verschwärmten, die
Tradition gegen die Anarchie. Hier steht der Gallier gegen
den Germanen, dies ist die Antithese franco-allemande.
Man denke eine Nation, zweitausend Jahre kriegerischen

Ruhms, geistiger Eroberungen, moralischer Verfeinerung
hinter sich, forensisch, ästhetisch, linguistisch abgeschlossen
und ausbalanciert, einzigartig historisch durchfühlt: die
Übernahme der römischen Tradition, die religiöse Glut
der Kreuzzüge, der romanische wie der gotische Affekt in
Vollkommenheiten hingeströmt, dann die Aufklärung,
dann die Revolution, dann Napoleon und dies alles in
jedem Atem, in jedem Oui, in jedem Non; eine Mentalität,
seit langem ohne Perioden des Sturms und Drangs, sowie
der Romantik, ohne neurotische Überladenheiten, ohne
Barock, Vatermordserhitzungen, ohne die Krisen aus Über-
gängen und Pubertät; eine Anlage zu denken, die die Qual
nicht kennt vom Ding an sich, Identität und Aprioristik,
dagegen als Start der modernen Physik und der chronome-
trischen Zeit Ausgangspunkt für die Zuweisung der Historie
an die Naturwissenschaften zwecks kausaler Analyse aus
Erbmasse und Milieu, der sozialen Physik; ein Gefühl für
das Nationale, zwar heftig und gelegentlich infantil, aber
mit Zügen des Charmes und, wie die Geschichte bewies,
oft von seelischer Verve; ein Geist, weniger orphisch als
artistisch; ein Herz, das immer seine Geste findet, noch die
schmerzlichste Innerlichkeit steht blendend im Raum. –
Diese Nation, diese Mentalität, dieses Herz züchtet sein
Genie in eine Stadt, die der Stapel der Welt wird und die
Messe der Nationen: Palmyra, in der der Purpur wächst, der
Hafen Sluys, in dem sich hundertundfünfzig Kauffahrteischiffe in einer Stunde drängen, das Brügge jenes Brabant,
in das die Mütter aus den umliegenden Provinzen in der
Woche ihrer Niederkunft zogen: dem Kind ein Teil vom
Reichtum dieser Stadt. Der Sitz der Künste seit den Kape-
tingern, der Schätze durch die bourbonischen Jahrhunderte,
die Stadt Napoleons in einem glanzvollen Schein. Hier
entschied sich die Welt, hier sammelte sich ihr Glanz, hier

trieb unser Erdteil Frucht und Blüte, als noch die Wälder
Berlin bedeckten und Wendenfischer ihre Angel in die
Panke hielten. Zur Zeit des Großen Kurfürsten hatte Berlin
sechstausend Einwohner, es war das Jahrhundert Lud-
wigs XIV., und Paris umfaßte schon eine halbe Million.
Und früher am Ufer der Seine baute man Sainte Chapelle,
die Kirche mit den schönsten Glasfenstern der Welt, wäh-
rend sich über die Spree nichts als ein Forst mit wilden
Ebern zog, in dem die Slawenfürsten jagten. Da ist also
Paris, eine Ahne der Welt, eine der Gebärerinnen der
Ökumene, Lutetia, Stadt des Fiebers, Stadt des Traums.
Vom Bois weht es durch die Tuilerien um den Obelisk des
Sesostris an die Platanen vor der Statue Charlemagnes.
Dreißig Brücken über den Fluß, und auf den Bogen die Triumphe und die Genien eines Volkes und darunter das Herz
des Inconnu. Die Stadt der Liebe und der Blutlachen, der
Kronen und der Kommunarden, die Stadt der armen und
der großen Söhne – und nun hört sie von Verständigung
mit dem berüchtigten Nachbarn, er selber trägt sie ihr an,
nach dem glorreichsten aller ihrer Siege, nun denkt sie
Kinder und Enkel, nun über die Augen hält sie die Hand,
die voller Narben und Trophäen, und blickt nach Osten
und, in der Tat, am Rhein beginnen die Kirgisen.
Frankreich hat keine Wälder, es hat weithingedehnte offene
Baumbestände, an jedem Stamm eine Wunde und ein Napf
zur Harzgewinnung. Drüben aber beginnen die Wälder.
das Dumpfe, Feuchte, das Unübersichtliche ohne Horizontale, durch das Arminius schreitet, beginnt der Teutoburger
Wald. Oder wogt nicht Wotan die Wolle des Bartes immer
noch im deutschen Musikdrama, das zweimal wöchentlich
über die Bretter der Grande Opéra zieht, in „La Valkyrie"
und „Le Crépuscule des Dieux", hat der Alte nicht sexuelle
und metaphysische Krisen, spricht er nicht sehr unklar von

FRANKREICH UND WIR 63

dem alten Göttergeschlecht? Haben sie nicht alle dort
Rätsel und Runen, ein geheimnisvoller Schatz ruht in den
Wogen des Rheins, sind sie nicht alle etwas hürnen und
wurzelstark und der Metkrug schäumt? Sicher eine fleißige
Gemeinschaft von gutartiger Durchschnittlichkeit, auch mit
gehobener Volksschulbildung, aber weite Strecken der Öde
und des Nichts, und dazwischen erheben sich ihre Sphinxe
und Giganten.

Ein Volk, politisch uneins, ohne Tradition und ohne Geschmack für das Innere der Tradition, eine etwas amorphe
Masse, jahrhundertelang unter Kartoffelrittern. Die No-
bilität – wo wären Namen von internationaler Klasse,
etwas weiche, von den Jahrhunderten angebrochene, vielleicht sagenartige Namen, die eine Stellung hätten in der
Fremdenliste von Vichy oder La Nêgresse? Ein schmuck-
loses Volk; große Gedanken, aber das Ganze abnorm und
hyperboreisch, keine Klarheit, keine runde Sache, keine
Latinität. Was sie schreiben, ist so unverbindlich, entzieht
sich der Kontrolle, es ist unhistorisch und ejakulativ;
eigentlich, wenn man ehrlich ist, abgesehen von der Musik,
hat uns nur Goethe innerlich berührt, alles andere ist mehr
Schwelgerei als Bildung, mehr Orakel als Stil; auch herrscht
drüben die Sprache der Astrologen, bei uns der Schwung
und die Woge der Advokaten, drüben singt der Einsame,
hier ist es die Nation, die sich der Wendungen bedient. Ein
Land der Ebene, vom Rhein an ohne Obst und ohne Wein,
überall Humus, fette Erde, nirgends der helle Staub der
Méditerranée. Kalte Flächen, von Heeren zerstampft, nichts
für Brunnen und Bosketts, darin ihre Gärten etwas zweckmäßig, etwas vollgestopft, Melancholie der Territorien,
kein Schwung im Ganzen, nichts zentripetal. Sah man nicht
neulich bei uns im Kasino die Pantomime von den schönsten
Gärten der Welt: der Garten Armidas. Teppiche über den

Stufen, in blauen Palmen haftet das Licht. Der japanische
Garten spielt sich ab unter den Ästen einer Sykomore.
Granadas Park ist stumm wie aus Feuer und Stein. In den
schottischen Schlössern blühen Malven um die Beete, und
die Meute zerrt an ihren Koppeln, aber in den Gärten
Frankreichs stehen Masken und Amoretten, und hinter
einem Geflecht von Pfirsichzweigen singt ewig Louise und
in der Ferne glühen Lichter und glühen Wogen, in der
Ferne glüht Paris.

III

Durchreist man das Land, durchstreift man die Stadt: ja,
so ist es. Diese Welt, aus sich selbst geschichtet, grandiose
Welt, Welt für viele Welten, Mittelpunkt eines großen
Teils der afrikanischen und südamerikanischen Welt ist
gänzlich ungermanisch, allem Deutschen fremd und unver-
mischt. Ohne Übertreibung, einige Berliner Gassenhauer
als Motive in Revueschlagern und Rollmops auf der Speise-
karte ist der Beitrag Deutschlands zur französischen Welt.
Der industrielle Einfluß reicht weiter, aber der kulturelle
ist damit erschöpft. Nicht aus politischen Gründen, nicht aus
Animosität, nicht aus Tendenz, rein aus Rasse, aus Unbe-
wußtem, aus Element. Daran muß man sich erinnern, über
diese Situation muß man sich klar sein, wenn man von
Verständigung mit dem französischen Volke spricht. Wor-
über soll man sich denn eigentlich verständigen, es gibt ja
gar keine Mißverständnisse, die Beziehungen sind völlig
klar. Es besteht eine Fremdheit, primär in der Anlage
und historisch durchgeführt, und diese Fremdheit wird vom
Gefühl aus schwer zu beeinflussen sein.

Aber der Franzose und der Deutsche könnten beschließen, politisch vernünftiger miteinander zu leben als bisher, und ihre Bildung, ihren geistigen Besitz, ihre menschliche Gesinnung, auch ihre Nachsicht in den Dienst dieses Beschlusses zu stellen. Um ihn zu verwirklichen, dazu sehe ich nur einen Weg: die Sprache lernen und die Länder besuchen. In den deutschen Schulen die französische Sprache lernen, nicht wie es jetzt modern ist Spanisch statt Französisch, nein, Französisch auch in den Gemeindeschulen. Die Schulen sollten französische Zeitungen halten, französische Bücher lesen, und von dieser Lektüre ausgehend, die Unterschiede zwischen den beiden Völkern analysieren, damit das Interesse an ihnen wachgerufen wird. Und der Franzose lerne Deutsch und besuche unser Land, dann wird er wahrscheinlich finden, daß hier noch vieles andere ist als das, was man drüben immer hört: Deutschland „kolossal". Vielleicht wird er sogar die Beobachtung machen, daß wir durch das, was wir in den letzten Jahrzehnten erlebten, als Volk abgeschliffener und skeptischer wurden, ja daß wir unter amerikanischem Einfluß eine Art Urbanität zu entwickeln im Begriff stehn, die vielleicht der französischen verwandter werden dürfte, als es heute noch scheint.

ZUR PROBLEMATIK DES DICHTERISCHEN

Das Thema vom Dichter und Schriftsteller, ihrem Wesen, ihrer Lage und ihren Beziehungen zueinander, ist in letzter Zeit wiederholt Gegenstand literarischer Unterhaltung gewesen, und zwar fast immer in dem Sinne, daß die Zeit für den Dichter vorüber sei, an seinen Platz sei eine andere Erscheinung getreten. Bis in die allerhöchsten geistigen Schichten hinein erstreckte sich diese Diskussion, und nach unten abgestuft bis in die Region der etwas einfachen Organe, die einen reinen Parteicharakter der künstlerischen Äußerung fordern. In der „Neuen Rundschau" machte dann Flake kürzlich einige Bemerkungen, die grundlegenden Charakter haben. Er hält nichts von der Dichtung, über ihr stehe der Roman. Der Roman sei weit umfassender, meint er, mehr Stimme der Zeit, moderne Menschen seien nur mit seinen Mitteln darzustellen. Dieser ewige Ruf nach dem Dichterischen, erklärt er! Die sozialen Voraussetzungen für eine Dichterschaft seien gar nicht mehr gegeben, seien nicht mehr glaubhaft, mit jedem Tag weniger. Ferner bemerkt er: „Das Dichterische versteht sich von selbst wie das Moralische, es ist nicht nötig, es auf jede Zeile zu bringen, wenn es nur zwischen den Zeilen steht." Dies letztere muß man sich dann wohl also so vergegenwärtigen, daß das Kunstwerk, das beispielsweise Rilke hinterließ, auch in den modernen Romanen Platz gefunden haben könnte, „zwischen den Zeilen", wenn es jemandem angelegen gewesen wäre, es einzuflechten. Dann spricht Flake von der Kluft, die zwischen Dichter und Gegenwart besteht. Schließlich gebraucht er ein Wort, allerdings nicht für die Dichtung als solche, sondern für eins ihrer Ausdrucksmittel, den Vers, das sehr bedeutungsvoll ist, er sagt: archaisch. Allen diesen Arbeiten, Äußerungen und Bemerkungen gemeinsam ist, daß es nicht ganz klar wird, was sie eigentlich genau meinen: den Dichter oder das Dichterische, den Lyriker oder die Literatur, etwas Thematisches oder etwas Methodisches, das Werk oder den Prozeß des Schaffens selbst. Die vorliegende Arbeit wendet sich von vornherein nicht Wertabschätzungen zwischen den einzelnen Kunstformen zu, beschreibt auch nicht den Dichter in seiner gesellschaftlichen Erscheinung und historischen Entfaltung, sondern unternimmt den Versuch, das Dichterische als Begriff und Sein mit einer neuen Hypothese zu erfassen und als Phänomen von primärem Charakter innerhalb des biologischen Prozesses zu lokalisieren.

Die anfangs angeführten Meinungen zusammengefaßt könnten als die soziologische Theorie des Dichterischen bezeichnet werden. Ihr zugrunde liegen folgende Gedankengänge allgemeiner Art. Wir leben in einer Zeit der Kollektivbildungen, weite Schichten der Bevölkerung sind zu Verbänden zusammengefaßt, die keineswegs nur einen sozialen oder lohnkämpferischen Zusammenhalt bedeuten, sondern geistige Gliederung, gesinnungshafte Ordnung. Alle diese Schichten sind festgelegt auf eine grundsätzlich optimistische, technisch-melioristische Weltanschauung, die die Übel für prinzipiell institutionsbedingt und korrigierbar hält und daher mit Sinn und Recht eine Kunst verlangt, die ihrer Gesinnung entgegenkommt, ihre Tendenzen aufnimmt, ihnen im wörtlichen Sinn die Zeit vor der Erfüllung ihrer wirtschaftlichen Hoffnungen vertreibt. Eine grundsätzlich pragmatische und positive Einstellung, die übrigens merkwürdigerweise nicht im entferntesten politisch oder sozial begründet oder begrenzt ist, im Gegenteil, je höher im Augenblick die Geistigen stehen, um so mehr bemerkt man an ihnen Äußerungen von einer erklärten

Neigung zur Freudigkeit und Helle, einer überraschenden
Bejahung des Lebens, eines unerwarteten Glaubens an Erkenntnis, eine Jugendlichkeit, bereit, alle Schwarzseher zu
verbannen, dem berühmten Chthonischen das Rationale als
höhere Ordnung entgegenzuhalten und, was dunkel ist,
abzulehnen als faulen Zauber, Demagogie und Pessimismus der die Flöte bläst.

Den Rahmen um all diese Meinungen, Einstellungen, Gesinnungen bildet sehr betont der Begriff der Zeit, dann
der des Jahrhunderts, selten oder nie im Gegensatz zu
früheren Perioden der des Volks, schließlich das Ganze
umfassend der heutige europäische Typ der menschlichen
Rasse, den eine Reihe dokumentarisch nachprüfbarer Gei-
stesperioden legitimiert. Gemessen wird mit einem Wort
am Zivilisationstyp, ein Ausdruck, der nichts weiter bezeichnen soll als den durchschnittlichen Typ, den das verflossene Jahrhundert schuf.

„Das große neunzehnte Jahrhundert", wie es kürzlich
Thomas Mann nannte, dessen Herabsetzung und Schmä-
hung zu den insipidesten Gewohnheiten eines modernen
Literatentums, wie er sich ausdrückte, gehöre, dessen romantische Züge er in sein Bild zu zeichnen bevorzugt,
jene, die sich heute sammeln, um eine „Genialisierung der
Wissenschaft", nämlich mit Hilfe von Intuition, Schau,
Einfühlung vor unseren Augen herbeizuführen, ein Vorgang „menschlich beglückend". Das große neunzehnte Jahrhundert, wie Hoche, der Ordinarius für Psychiatrie in
Freiburg, gerade im entgegengesetzten Sinne ausruft, nämlich gerade in Abwehr von Intuition, Schau, Einfühlung
und in Beschwörung gegen diese Genialisierung der ra-
tionalen Disziplinen, die er für den Untergang der Wissenschaft hält. Jedenfalls, das muß man erwähnen, das
Jahrhundert, dessen Standardbegriffe vor unseren Blicken

in vehementer Weise ihre historische Sendung beenden:
der Entwicklungsbegriff, aus der Zoologie und Embryologie
eliminiert, in der Psychologie, den Kunstwissenschaften,
der Symbolgeschichte, der Mythologie durch andere Prinzipien ersetzt, als Ganzes aus dem Seinsgefühl der Zeit
entlassen, um nur noch in der politischen Nomenklatur
unter dem Namen des Fortschritts ein bescheidenes Propa-
gandadasein zu führen; der andere, von dem alternden
Patriarchen aus seinem liebsten Stamm, der Biologie, als
Isaakopfer, aber als vollzogenes, von keinem Engel ge-
hemmtes, dargebracht: der Individualitätsbegriff, Erbe des
aristotelischen Zeitalters, Träger des nachmittelalterlichen
Denkens, gesellschaftlicher Mittelpunkt der aufklärerischen
Idee, als Sieger in den Schlachten vom Darwinismus mit
den Skalpen aller Tiere behängt, das freie Ich, das Berg-
steigerideal der protestantischen Glaubensrichtung, der
autochthone Wille, die aufrechtgehende Weltvernunft, vom
Kollektivismus unterminiert, von der Psychoanalyse und
ihren Grenzwissenschaften dem Unbewußten zurückgege-
ben und zur Libido regrediert.
Eine Frage muß man nun in diesem Zusammenhang dem
Jahrhundert vorlegen, da man ja doch dazu bestimmt sein
sollte, ihm und seiner Zeit zu dienen: ganz genau nach
der Uhr, welches war denn immer seine Zeit? Es war doch
sicher das Jahrhundert der Wissenschaften, der Physik,
es galt den Gesetzen, den Naturgesetzen, den Kategorien.
Es war die zusammengekniffene Lippe, das Unerbittliche.
Da steht also solche zusammengekniffene Lippe und gibt
folgendes über ihren Rand: Raum und Zeit! Eben war die
Geometrie ein axiomatisches System, in euklidischen Formeln ergab sich die Natur, und Kant schloß jahrhundertelange Gedankengänge für immer und entscheidend ab.
Dreißig Jahre dauerte diese Wahrheit. Der nie rastende

Menschengeist, insonderheit das fortschrittliche neunzehnte Jahrhundert, fand, daß mehrere Parallelen zu einer Geraden möglich seien, nichteuklidische Gleichungen, sphärische Geometrie. Vier Jahrzehnte dauerte diese Wahrheit. Seitdem spricht man nur noch von Zuordnungsdefinitionen, Raum und Zeit sind Bezugssysteme zwischen starren Körpern, die berühmte und wahrhaft große Theorie. Aber schon scheint es unstatthaft, den Raum in das physikalisch Kleine, das Atom, hineinzunehmen, für die Quantenmechanik gilt die Kausaltheorie des Raumes nicht. Jedoch besteht die berechtigte Hoffnung, daß der nie rastende Menschengeist in kürzester Frist auch hierfür wieder allgemeingültige dauernde, wenn auch etwas komplizierte Formeln finden wird, so daß auch in dieser Richtung bald ein befriedigendes und harmonisches Denkergebnis die Arbeit des Forschers, wenn man sich eines etwas bildhaften und idealistischen Ausdrucks bedienen darf: „krönt".

Und neben ihm steht der unerbittliche Abstammungsforscher, der große Präger der Zeit, und tritt hiermit auf: der Mensch, die darwinistische Deszendenzschlacke, der zur Geschlechtsreife gelangte Primatenföt, der infantile Affe mit gestörter innerer Sekretion, heute steht er da als die hohe Potenz des Schöpfungsaufgangs. Im Anfang war der Europäide. Der Aurignac, sein Ahn, der in der vierten Eiszeit scheinbar unvermittelt diesseits des Ural auftrat, hatte die deutliche Kinnpyramide, die schön ansteigende Stirnwölbung, keine Spur von Augenbrauenwülsten, die klar ausgebildeten Stirnhöcker – einen primär menschlichen Schädel, während der jüngere Neandertaler, le rameau bestialisé der französischen Paläontologie, nach der äffischen Richtung geht. Der Homo sapiens ist der Primitive. Grundform (aquatile) – weißer Mensch – Affe – Lemure ist die neue Skala, „je weniger der Affe vom Ursprünglichen verloren hat, um so menschenähnlicher erscheint er", sagt er wörtlich, das Gehirntier ist die älteste und die omnipotente Form. Gerade aus dem Gegenteil von Evolution entstehen nun die Arten, nämlich aus Abspaltung, Herabminderung der primären Spezifität, Schritten vom Weg. Ausscheidung, nicht Auslese; Senkung, nicht Züchtung. Dem Entwicklungsprinzip seine kosmische Theorie entzogen, einer der berühmtesten Begriffe des neuzeitlichen Denkens, eine der affektumbrandetsten Positionen des modernen Gefühls, eine der grundlegenden[1] Vorstellungen des nachantiken Menschen von der gleichen Disziplin, die sie championierte, auf die Bretter gelegt.

In welcher Stunde also begann in diesen Fällen die Mission, die den Künstler rief? Wem sollte er seine Kräfte leihen, dem Aurignac oder dem Neandertaler, den evolutionistischen oder den stationären Tendenzen, bei der Entwicklung zugreifen oder warten, bis die Ausscheidung beginnt? Die euklidische oder die sphärische Geometrie entfalten, Relation oder Apriori? Wenn aber nun gar, wie heute, die Basis des wissenschaftlichen, und damit des modernen Weltbilds überhaupt schwankt, das Gesetz von Kraft und Stoff durch die Vitamine und Katalysatoren bedroht, die Entwicklungsmechanik zu sehr unmethodischen teleologischen Gesichtspunkten, Gesetzen von doppelter Sicherung und synergetischen Prinzipien gezwungen wird, das Kausalgesetz selbst Sprünge zeigt, mit einem Wort die langen Launen, wie es Winter 85/86 aus dem Engadin genannt wurde, nämlich die Naturgesetze, in geradezu panischer Weise offenbaren, bis zu welcher Tiefe alles launisch war, wo soll dann der Dichter sich befinden, jede neue Bulle des wissenschaftlichen Ordens erst studieren, feststellen, was die Haute Couture diese Saison liefert, euklidische Muster oder akausale Dessous, oder

genügt er schon seiner Charge, wenn er einstimmt in das
allgemeine Gejodel über die Größe der Zeit und den Kom-
fort der Zivilisation?

Der Dichter und seine Zeit, die beliebte Formulierung –
welche Harmlosigkeit, welche glatte Sicherheit in Bereichen,
in denen alles fragwürdig ist! Denn was ist die Zeit,
spricht sie mit uns, sprechen wir mit ihr, wie heißt sie,
ruft sie sich selbst, wie es der Kuckuck tut, oder ruft sie
später die Brut, die in fremden Nestern wuchs? Woher
ihre Gestaltung, wer begleitet ihre Verwandlung, soll es
wirklich der Dichter sein als Propagandist für ihren Mittelstand? Dahinter aber steht die schwierige Frage: Ist
künstlerische Größe überhaupt historisch wirksam, greift
sie in den Prozeß des Werdens ein? Griff Nietzsche ein?
Mit der kleinen Gruppe der[2] Literaten, die bei ihm Zitate
sucht? Goethe? Michelangelo? Jeder Condottiere, jeder
höfische Intrigant wäre ihnen an Möglichkeiten und Gelin-
gen über. Ist der Künstler nicht vielleicht a priori geschichtlich unwirksam, rein seelisch phänomenal, muß man
ihn nicht vielleicht allen historischen Kategorien entrücken,
der Macht und ihrer Entfaltung, dem Gesellschaftlichen
und Forensischen, den Begriffen der Entwicklung und des
Fortschritts als einer rein naturalistischen Vorstellungs-
methode, einer Sphäre rein empirisch, augenscheinlich, undialektisch, einer Kausalität von Fall zu Fall?
Mit einem Wort: wie ist es mit dem historischen Prozeß,
kann er, kann jemand für ihn fordern, daß ihm die Kunst
oder die Erkenntnis dient? Enthält er irgendwelche außer-
empirischen Begriffe, Vorgänge von anderem als kasuisti-
schem Charakter, Ausdrücke von anderer als summativer
Wirkung, irgendeine Mythe, irgendeine Transzendenz?
Was ist das vor unseren Augen, welche uralte Gegen-

wart, welche vom Gebrauch schon mechanisch anmutenden
Spannungen, welches Hin und Her dort der naturwissenschaftlichen, hier der ökonomischen Wahrheit: die Wirt-
schaftstheorie, die die neue Gesellschaft trug, gerät ins
Wanken; eine Theorie wie viele, Aufguß der alten Lohn-
fondstheorie, für die Landwirtschaft a limine nicht gültig,
auch das Gesetz der kapitalistischen Akkumulation eine
unfundierte Perspektive. Streit. Die Monomanen des Materialismus werden die Imbezillen der Wirklichkeit. Die
Fanatiker einer reinen Hypothese, die Flagellanten einer
extrem hyperbolischen Spekulation bekommen die Aggressivität von Arenazweihufern gegen alles, was an der von
ihnen akzeptierten Hegelschen Idee von der dialektischen
Fortbewegung der Geschichte das ins Auge faßt, was über
sie selbst hinausgehen könnte. Kampf um die Ideologien
derer, die sie angreifen und derer, die sie halten. Metaphorische Aufschneiderei einmal von rechts, einmal von
links. Utopischer Blague einmal östlich, einmal westlich.
Erkenntniswidrige Begriffsbildung einmal von der Macht
und einmal von der Schwäche. Das Ganze der Geschichte
gewinnt doch allmählich und von langher den Charakter
eines Schulfalls von Massenstürzen, zum Beispiel Alexander, ein Zufall führte den Hinkenden ins Pendschab,
Schlachtenglück[3], Rastaquärchance; zum Beispiel Dschingis-
Khan: Reitervölker, Nahrung Stutenmilch und Roßblut
von den Beipferden, aus der Gobi bis nach Liegnitz, die
Fahne mit den neun Yakschwänzen von Karakorum bis
zur Elbe: Chinesen, Inder, Turkmenen, Polen verstümmelt
fünf Millionen, nach hundert Jahren Herrschaft gebrochen,
abgelöst, erledigt –: typischer historischer Prozeß: unmoti-
viert und sinnlos. Eines Schulfalls des Fragmentarischen:
ein Motiv Orient, eine Mythe Mittelmeer, sie übersteht den
Niagara, um in der Badewanne zu ertrinken, die Not-

wendigkeit ruft und der Zufall antwortet; sie geht über
zu dem, der an der Reihe ist: Konstantin läßt die Nägel
vom Kreuz des Friedensfürsten in seine Zügel schlagen,
wenn er in den Krieg zieht, und es hilft ihm siegen.

Dies ist die Geschichte und die Zeit im allgemeinen. Betrachtet man nur ihre Gegenwart, aus der der Dichter
weichen soll, da seine sozialen Voraussetzungen nicht mehr
gegeben seien, unsere- spezielle Stunde, diesen Tag mit
seiner ideellen Forderung nach einer auf täglichen Abbruch
eingestellten Aktualität, seinen nützlichen Schriftsteller mit
der Plausibilität für alle, Erfahrbarkeit mit öffentlichen
Mitteln, Prophetie, flachschichtig um das schmunzelnde
Gebein; betrachtet man einen Augenblick den weitesten
historischen Begriff, der hinter dem Milieu aller dieser
Bildungen steht: der Zivilisation, der Wissenschaft, Induktion, Baconschem Zeitalter, stählernem Säkulum,
Opportunität, Liberalität, betrachtet man einen Augenblick
das, was man summarisch als Aufklärung ansieht, jene
im zwölften Jahrhundert, einem geisterhaften Jahrhundert
der Unruhe, der Angst, des Zweifels und der Erwartung
des Antichrist einsetzende, dann auf breiter Front schwerfällig vollzogene Lösung des Denkens von dem, was der
Rationalismus nachträglich als scholastische Orthodoxie,
Gnostizismus, Anthropomorphismus, Aberglauben und Fetischismus tendenziös und a tergo stigmatisierte –

Diese Aufklärung, die über ein halbes Jahrtausend davon
zehrte, vom Standpunkt des sicheren und ungefesselten
Geistes verächtlich herabzusehen auf eine Macht, die immerhin mit Hilfe ihrer Kirchenväter und Mönche der Arbeit im volkswirtschaftlichen wie agrarischen Sinne zum
erstenmal in der Geschichte der Rassen einen menschlichen,
kulturellen, sittlichen Charakter errang; Städte und Gärten
baute, Handwerke und Gilden schuf, durch Aufträge für

die Gotteshäuser den ersten Impuls zum Kunstgewerbe gab, die Kirchenglocke, die Orgel und den gotischen Dom erbaute; gegenüber einer Tradition, die den Kindesmord zuließ und Waisen zur Prostitution zu erziehen nicht verwarf, Findlingsasyle und Krankenhäuser einrichtete, mit Fremdenherbergen und Hospitälern begann; für das Gebrechen um Mitleid warb, um die Stirn des Kummers zum erstenmal einen Glanz von Heiligenschein und geheimnisvollem Reiz ersann und damit Gebiete des Gefühls berührte, die die großartigen Systeme des Altertums niemals getroffen hatten –

Diese Aufklärung, die nun als definitiv und endliche Schöpfung kam, die damit begann, dem klaren und befreiten Geist das Mannesalter seines Denkens aufzureden und durch eine Philosophie der positiven Erfahrung und mit Hilfe wieder eines Gesetzes, des Dreistadiengesetzes, zu der Einsicht zu bewegen, daß das letzte endgültige und universale Zeitalter nun mit den Naturwissenschaften angebrochen sei, „ein notwendiges und unveränderliches Gesetz" (Comte), daß „es ein völlig sinnloses und aussichtsloses Unternehmen sei, nach ersten Ursachen und letzten Zielen zu forschen" (Comte), ihm dafür aber ein Dasein pries, „so weit als möglich frei von Leid und so reich als möglich an Genüssen nach Qualität und Quantität zugleich" (Mill); und die damit endete, daß ihre heutigen erlauchten Koryphäen, Koryphäen aus der Universitas litterarum, den doch durch eine längere Geschichte als die der Hochschulen als elementar dokumentierten Drang nach Universalität und Totalität „ein logisches Spiel zur Befriedigung autistischer Gelüste" nennen; für den Künstler und die schöpferische Begabung in einem Sammelwerk über den Menschen nichts als folgende drei Sätze finden: „Künstlerische Begabung, freilich meist außerhalb der Schule entdeckt, findet sich häufig. Oft sind mehrere Veranlagungen zugleich vorhanden, gute Intelligenz, Anlage zum Zeichnen, Malen und so weiter. Es ist dann oft dem Zufall unterworfen, welche Veranlagung zum Beruf und zur weiteren Ausbildung gelangt"; hinsichtlich der Genealogie des Innenlebens aus Anlaß der Frage der männlichen Impotenz folgende psychophysische Zusammenhänge referieren: „Intelligente Patienten sind darauf hinzuweisen, ein mehr geistiges Leben zu führen, also Beschäftigung mit Literatur, Malerei, Philosophie, einfachere Leute finden häufig Trost in der Religion oder durch irgendein Steckenpferd" – dann kann man in Anbetracht dessen, daß dies das grüne Holz ist, das Salz der Hirne, wohl davon sprechen, daß der Szientifismus, in dem die Aufklärung vor unseren Blicken endet, auch nur ein neues System von Dogmatismus, Orthodoxie, Scholastik, Fetischismus ist, nur mit anderen, trostloseren Symbolen.

Daß dem zu dienen oder den Weg zu bereiten niemals die Aufgabe und Berufung des großen Mannes, des Dichters sein kann, daß seine Größe vielmehr gerade darin besteht, daß er keine sozialen Voraussetzungen findet, daß eine Kluft besteht, daß er die Kluft bedeutet gegenüber diesem Zivilisationsschotter, substantiell gar nicht mehr äußerungsfähigen Typen, analytisch applanierten Psychen, hedonisierten Genitalien, Flucht in die Neurose: Happy-End. Daß er dies alles hinter sich läßt, die Perspektive seiner Herkunft und Verantwortung weiterrückt bis dahin, wo die logischen Systeme ganz vergehn, sich tiefer sinken läßt in einer Art Rückfallfieber und Sturzgeburt nach innen, Niederem bis er in jene Sphären gelangt, von denen der berühmteste und befugteste Forscher der intellektuellen und soziologischen Zusammenhänge, Lévy-Bruhl in Frankreich, folgendes sagt: „Das logische

Denken, welches sich in reinen Begriffen und durch die
vernunftgemäße Organisation dieser Begriffe zu verwirklichen strebt, hat nicht denselben Umfang wie die Geistesart, die in früheren Vorstellungsweisen ihren Ausdruck
fand", und: „sie liefert kein Äquivalent für die Elemente,
die sie eliminiert hat", und: „die logische Denkweise kann
niemals die Universalerbin der prälogischen Geistesart
sein", und: „verglichen mit der Unwissenheit, wenigstens
mit der bewußten Unwissenheit, ist die Erkenntnis zweifellos im Besitz ihres Objekts. Aber verglichen mit der Partizipation, welche die prälogische Geistesart realisiert, ist
dieser Besitz immer nur unvollkommen, unzureichend und
gewissermaßen äußerlich", denn: „dies ist tiefer und kommt
von weiter her", und: „die Seele trachtet nach Tieferem
als der Erkenntnis, nach etwas Tieferem, das ihr Ganzheit
und Vollendung gibt" – also bis in jene Sphären, wo in
der Totalität uralt die Sphinxe stehn, wo das Denken nicht
mehr als Stundenbuch ewig für die Platoniker und Physiker, die Transzendentalen und Realisten vom Himmel gefallen ist, auch nicht als Konditionalsatz für die Biologen
oder als Imperfekt für die Romanschriftsteller, sondern in
den dunklen Kreis organischer Belange tritt, der Her-
kunftseinäugigkeiten, der Schöpfungspolyphemien. Wo es
eine Existenz hat als Regelung der Triebe und Spannung
des Vegetativen, promiskuitiv in seinem Wirken mit Inzest
und Polyandrie und Lauten der Vermischung; wo es das
Naturalistische des Meeres hat: bestimmte Strömungen,
bestimmte Salzmengen, aber über den Wassern immer den
kontuitiven Gott; in gewisser Weise festgelegt, aber immer
ambivalent, a priori, aber immer zweideutig, wo es die
Woge ist, wo es das Meer ist, es hat die Wirklichkeit des
Meeres, aber ist das Meer eine Wahrheit – nein, es ist ein
Traum.

Wer träumt den Traum? – Das Ich ist eine späte Stimmung der Natur und sogar eine flüchtige, Innen und Außen erst spät geschieden und für gewisse selten kontrollierte Schichten nicht einmal exakt: ein Kranker wird trepaniert, mit dem Schmerz verschwindet in der Narkose zugleich das Ichbewußtsein, aber er spürt den Meißel an seinem Schädel und ruft: Herein! Das Ich gehört nicht zu den überwältigend klaren und primären Tatsachen, mit denen die Menschheit begann, es gehört zu den bedingten Tatsächlichkeiten, die Geschichte haben, es tritt hinzu, es tritt auf innerhalb eines Früheren, dessen Analyse fortführt von jeder Entwicklungsvorstellung, das zu einer Vorstellung drängt von spontanen Impulsen und einer gewissen Periodizität bei Identität des psychischen Seins. Ganz außerordentliche Erfahrungen aus der letzten Zeit: der Grundstock der Psyche filtriert Identitäten durch alle Rassen und durch alle Zeiten. Keine „Migration des Symboles", keine Ausbreitungstheorie oder Übermittlungsanalyse klärt dies auf. Reinrassige Neger der nordamerikanischen Südstaaten, traumanalytisch untersucht, produzierten Motive aus der griechischen Mythologie. Jung beschreibt einen Geisteskranken, der sozusagen wortgetreu einen längeren symbolischen Zusammenhang hervorbrachte, der sich in einem einige Jahre später zum erstenmal publizierten Papyros fand. Gestaltung – Rückgestaltung. Wenn die Seele sich entwickelt, bildet sie sich – abwärts. Dämonisch diese Erkenntnis, für Melancholie kein Raum, der Acheron hat den Olymp überflutet; der Ganges setzt sich in Bewegung nach Wittenberg. Das Ich, gelöst vom Zwang, im Abbau der Funktionen, reines Ich im Brand der Frühe, akausal, erfahrungs-a-priori, greift rückwärts, den „tempelschänderischen Griff nach⁴ rückwärts", hinter den Schleier der Maja: τὸ ἓν καὶ πᾶν.

Das Ich ist eine späte Stimmung der Natur. Hier aber nähern sich Komplexe ohne Nützlichkeit und ohne Geschichte, tief nihilistisch in der Spannung einer dunklen Lust. Nun aus dem Zeitalter mit allen groben Wuchten der Gewalten, Opportunitätspsychologie dornenkränzig um die Schläfe, zwischen Schöpfungskronen, die die Industrie beliefern, humanitären Idealen bis zur Zwangsneurose, Sexualbetrieben wie auf lauter Madonnen –: in seinen Qualen reißt das Ich es nieder, mit seinen Tränen ruft es die alte Flut, winkt dem Mund, der aus der Hand lebt, greift zum Messer und tanzt auf seiner Schneide, beschwört die Mischwesen vom Tartarus gezeugt –: zurück, o Wort: einst Brunstruf in die Weite; herab, o Ich, zum Beischlaf mit dem All; heran zu mir, Ihr Heerschar der Gebannten: Visionen, Räusche, Völkerschaft der Frühe.

Ekstase, süße, die ihm die Ferne bringt; Stimme, ganz dunkle, die von der Frühe[5] singt. Nun sieht es die Welt tröstender, als der Tag gedacht, nun sieht es auf ihr das Viele und das Eine, durchflochten, ohne Last. Es sieht eine rote Feder, eine Adlerfeder, die als Fahne über der Meskalpflanze weht. Eine Adlerfeder und den Feuerwärter mit geneigtem Haupt in die Prärie. Im Zelt ist rote Erde, am Eingang Brennholz, nun schwenkt der Führer das Tuch, in dem der Pilzsaft sich befindet, nun aus einer Knochenpfeife imitiert er den Schrei des Adlers, der aus großer Höhe kommt. Nun viele Adler, ausgebreitet, jede Feder eine eigene Zeichnung, der schönste Anblick! Nun auf dem Arm eines, der mit dem Kürbis rasselt, eine kleine Person mit blauer Mütze, gerade hingesetzt vom Erdmacher Gott. Herrliche Dinge, die ganze Nacht, Visionen bis in den Morgen, Hingebungsorgien, Gemeinschaftsgefühle – Peyotekult der Arapahos.

Es geht eine Lehre durch die Welt, uralt, die Wallungs-

theorie. In Indien sehr zu Hause, Brahman bedeutet die
Ekstase, die Schwellung des Gemüts. Die Realitäten des
Landes: die breiten Ströme, die großen Tiere, die Hun-
gersnöte –: erwehre dich ihrer anders, bemächtige dich ihrer
durch Bezauberung und durch Zucht: wer halluziniert, erblickt das Reale, wer betet, bekommt Macht über die
Götter, wem die Blütenträume nicht reifen, der schmeckt
die Frucht. Das Jogasystem: Praxis der Introversion, Pro-
pädeutik für willkürlichen Stupor –: vierhundert Millionen
Menschen seit Jahrtausenden –: eine Neigung der Seele.
Es sieht Züge des Ich: den Schizophrenen mit der tiefen
Schicht. Zwischen den Orbitalbögen, prälogisch, emotio-
nale Reflexion; jahrtausendelang, viele, viele Jahrtausende
lang, viel, viel länger als unsere auf dem Satz vom Widerspruch beruhende Geistesgeschichte, lebte die menschliche
Rasse bei Zauberkausalität und mystischer Partizipation.
Ja, das Ich ist dunkler, als das Jahrhundert dachte. Nein,
das Gehirn ist nicht das kleine Praktikum der Aufklärung,
um seine Existenz zivilisatorisch zu umreißen. Das Gehirn,
das so viele Jahrtausende die Schöpfung über Wasser hält,
wird selber von den Müttern tiefgehalten. Das Leben,
das aus den Schlünden stammt, sich eine Weile organisiert,
um im Inferno zu verschwinden, das Leben wird seinen
Rachen aufreißen gegen diese Zivilisationshorden, die das
Meer als ein Nährklistier achten um ihre Austernbänke
und das Feuer als Bierwärmer unter ihre Asbestplatten.
Weil es diese Früchtchen zur Vermehrung läßt, weil es
diese Wasserfarben sich mit ihren Samenflecken hochpin-
seln läßt an seinen Basaltwänden, ist es noch lange nicht auf
die Postille gebückt. Der Tag wird kommen, wo die Monts
Pelées diese fruchtbaren Siedlungen mit ihrer Lava ersticken und die Ozeane diesen Meliorationsmodder ohne
Gebrüll überfluten werden – o schöner Tag der Reue der

Natur, wenn auf einer Eisscholle zwei Tranherden mit
Grätenkeilen wieder um die Seehundsstellen boxen, o
Heimkehr der Schöpfung, wenn gelackte Doppelhorden ihre
Lippenpflöcke salben und unter Hakenschnabelmasken das
Opfer bringen im Schrei des Totemtiers.

Das archaisch erweiterte, hyperämisch sich entladende Ich,
dem scheint das Dichterische ganz verbunden. Was aber
bedeutet das, was spricht sich darin aus, was schließt es
aus, wo drängt es her? Ein Schritt ins Dunkle, eine Theorie
von reinem Nihilismus für alle, denen Positivismus Glück,
Opportunität und Fortschritt bedeutet, ein Schritt jenseits
jeder Ideologie als lyrischer Hormonisierung historischer
Systeme, jenseits jeder Realität als der Anfurt vom Geschrei der Quantenquerulanten, ein Schritt aus Flüchtlings-
elend zu einem Stundengott. Was bleibt als Transzendenz
nichtmetaphorischen Geschlechts, als Realität mit Wahn-
symbolen, Kanon des Natürlichen und Hieroglyphe aus
Phantasmen, die Materie ohne Idee und doch das Medium,
aus ihm das Magische zu trinken –: der *Körper* ist es mit
seinem der Willkür entzogenen Terrain, auf dem wir dop-
pelzüngig wohnen, seinem nur zu zwei Dritteln geborenen,
zu einem Drittel ungeborenen Sein, seinen in Traum wie
Wachen gleich unerforschlichen Regionen, Schattenreich,
von dem es keine Rückkehr gibt, stygisches Land, bei dem
die Götter schwuren.

Von weither liegt in ihm ein Traum, ein Tier, von weither ist er mit Mysterien beladen, von jenen frühen Völkern her, die noch die Urzeit, den Ursprung in sich trugen,
mit ihrem uns so völlig fremden Weltgefühl, ihren rätselhaften Erfahrungen aus vorbewußten Sphären, in deren
Körpern das Innenbewußtsein noch labil, die Konstruk-
tionskräfte des Organismus noch frei, das heißt dem Bewußtsein als dem Zentrum der Organisation zugängig

waren, noch beweglich war, was heute längst der Willkür
entzogen ist, biologisch von uns differenter Typ, archaische
Masse, Frühschicht, die im Totem noch das Tier begriff
mit warmer Wunde.
Der Körper ist der letzte Zwang und die Tiefe der Notwendigkeit, er trägt die Ahnung, er träumt den Traum.
Der Schwellungscharakter der Schöpfung ganz evident:
in ihm erschuf sie ihre Korrelate und fordert in den Räuschen nach Gestalt. Alles gestaltet sich aus seiner Hieroglyphe: Stil und Erkenntnis, alles gibt er: Tod und Lust.
Er konzentriert das Individuum und weist es auf die Stellen seiner Lockerungen, die Germination und die Ekstase,
für jedes der beiden Reiche einen Rausch und eine Flucht.
Es gibt – und damit endet diese hyperämische Theorie
des Dichterischen – nur eine Ananke: den Körper, nur einen
Durchbruchsversuch: die Schwellungen, die phallischen und
die zentralen, nur eine Transzendenz: die Transzendenz
der sphingoiden Lust.
Es gibt nur den Einsamen und seine Bilder, seit kein
Manitu mehr zum Clan erlöst. Vorbei die mystische Partizipation, durch die saughaft und getränkeartig die Wirklichkeit genommen und in Träumen und Ekstasen abgegeben wurde, aber ewig die Erinnerung an ihre Totali-
sation. Es gibt nur ihn: in Wiederholungszwängen unter
dem individuell verhängten Gesetz des Werdens im Spiele
der Notwendigkeit dient er diesem immanenten Traum.
Seine sozialen Voraussetzungen kümmern ihn nicht: unter
Menschen ist er als Mensch unmöglich, das sagt Nietzsche
von Heraklit, also Gelächter über sein Leben. Mögen andere, zwischen den Zeilen und ohne Kluft, von Dingen
reden, die erst später wurden, Beziehungen schildern, die
vorübergehen, von Fragen leben, die sich schnell zerlösen,
immer und zu allen Zeiten wird er wiederkommen, für

den alles Leben nur ein Rufen aus der Tiefe ist, einer alten und frühen Tiefe, und alles Vergängliche nur ein Gleichnis eines unbekannten Urerlebnisses, das sich in ihm Erinnerungen sucht.

Eine dunkle, eine unverbrüchliche Gestalt. Sein großes Tier die Krähen: „sie schrein und ziehen schwirren Flugs zur Stadt, bald wird es schnein, weh' dem, der keine⁶ Heimat hat". Und wenn es schneit, er sinkt, gibt alles ihn zurück, die Mitternacht, die Mutternacht: „Daß du nicht enden kannst, das macht dich groß, und daß du nie beginnst, das ist dein Los; dein Lied ist drehend wie das Sterngewölbe, Anfang und Ende immerfort dasselbe."⁷

GENIE UND GESUNDHEIT

Genie – sonderbar als Wort, Vorstellung und Tatsache in einer Zeit, die mit allen ihr gegebenen Talenten und Machtmitteln den Begriff des Durchschnitts, der Norm und des Allgemeinen schützend umgibt. Nicht nur die Rohstoffe, die Nahrungsmittel, das Kapital und die Vergnügungen sollen allen gemeinsam und zugängig sein, nein, neuerdings auch die Begabung. Nach der Lehre der Individualpsychologie gibt es eine Einheitsbegabung, ein intellektuelles Unisono, das mit der Erbmasse mitgeboren wird, und aus dem dann mit Hilfe des sogenannten Mut- und Trainingskomplexes der Staat und seine Pädagogen den nutzbringenden Normaltyp herauspolieren können. Hochgespanntes Glücksgefühl des Forschers, der sich rühmt, bereits eine Dreiviertelübereinstimmung seiner Intelligenzprüfungen mit der Schulrangordnung feststellen zu dürfen! Perspektive voll Kühnheit und eines – sozial gestatteten – Triumphes, daß die Methode vielleicht bald so weit gesichert ist, daß man einem Anwärter die enorme Prädestination für einen Rechtsanwalt oder einen Farbenfotografen voraussagen könnte!

Genie – und neben dem Pädagogen der Samariter. In seiner Hand, als des Biologen, ruhen die Werte der Zucht. Dort holt er mit der Malariakur den Paralytiker auf den Kontorschemel, mit Hilfe der Analyse den Neurotiker zur Geschlechtsfreudigkeit zurück: Wäre Schopenhauer nicht der neurotisch schwer gefesselte Mann gewesen, schreibt ein namhafter Analytiker, hätte er sich einer Analyse unterzogen, seine Metaphysik trüge ein anderes Gesicht – nämlich ein behaglicheres, gemütlicheres, hausväterchenhaftes, angenehmes Gesicht, so wünschte er. Oben spendet er

Drüsen und unten Hormone: mit dem Hinterlappen nivelliert er die Exzentrik, mit dem Vorderlappen führt er den Debilen zum Gesangbuch empor – mit einem Wort: es gibt kein Schicksal mehr, die Parzen sind als Direktricen bei einer Lebensversicherung untergekommen, im Acheron legt man eine Aalzucht an, die antike Vorstellung von dem Furchtbaren des Menschen wird bei der Eröffnung der Hygieneausstellung stehend und unter allgemeiner Teilnahme, während die deutschen Ströme in verschiedenfarbigen Gewändern vorüberziehen, in tiefer Ergriffenheit auf ihren Normalgehalt zurückgeführt.

Wäre es doch schon die verflossenen Jahrhunderte geschehen! Hochbetagte edle Greise ständen neben uns, Barden, staatlich anerkannte Geistesringer, Ehrenbürger ihrer Vaterstadt, vitamingesichert und prohibitioniert. Leider soffen sie: *Opium:* De Quincey, Coleridge, Poe. *Absinth:* Musset, Wilde. *Äther:* Maupassant (außer Alkohol und Opium), Jean Lorrain. *Haschisch:* Baudelaire, Gautier. *Alkohol:* Alexander (der im Rausch seinen besten Freund und Mentor tötete und der an den Folgen schwerster Exzesse starb), Sokrates, Seneca, Alkibiades, Cato, Septimius Severus (starb im Rausch), Cäsar, Muhamed II.; der Große (starb im Delirium tremens), Steen, Rembrandt, Carracci, Barbatello Poccetti, Li-T'ai-po („der große Dichter, welcher trinkt" starb durch Alkohol), Burns, Gluck (Wein, Branntwein, starb an Alkoholvergiftung), der Dichter Schubart, Schubert (trank seit dem fünfzehnten Jahr), Nerval, Tasso, Händel, Dussek, G. Keller, Hoffmann, Poe, Musset, Verlaine, Lamb, Murger, Grabbe, Lenz, Jean Paul, Reuter (Dipsomane, Quartalssäufer), Scheffel, Liliencron, Reger, Hartleben, Löns, Beethoven (starb bekanntlich an alkoholischer Leberzirrhose) – zitiert nach Lange-Eichbaum: Genie, Irrsinn, Ruhm.

Es starben an *arteriosklerotischer Verblödung:* Kant, Stendhal, Faraday, Linné, G. Keller, Böcklin. Litten an *Epilepsie:* van Gogh, Platen, Flaubert, Dostojewskij. Hatten
klinisch manifeste *Schizophrenien:* Hölderlin, van Gogh,
Tasso, Newton, Strindberg, Panizza. Starben an *Paralyse:*
Manet, Makart, Maupassant, Nietzsche, Lenau, Hugo Wolf,
Baudelaire, Donizetti, Jules de Goncourt, Lautensack.
Waren ihr Leben lang *asexuell:* Newton, Kant, Menzel
(die berühmte Stelle aus seinem Testament: „Gleicherweise
kann niemand auftauchen, irgendwelche Namensrechte geltend zu machen. Nicht allein, daß ich ehelos geblieben bin,
habe ich auch lebenslang mich jederlei Beziehung zum anderen Geschlecht [als solchem] entschlagen. Kurz, es fehlt an
jedem selbstgeschaffenen Klebestoff zwischen mir und der
Außenwelt") – wo immer also man hinsieht: das Produktive einer Masse durchsetzt von Psychopathien, Stigmatisierungen, Rausch, Halbschlaf, Paroxysmen; ein Hin und
Her von Triebvarianten, Anomalien, Fetischismen, Impotenzen – gibt es überhaupt ein gesundes Genie?
Ja. Es gibt eine durch die enormste geistige Gewalt lebenslänglich kompensierte Antinomie, es gibt die immer wieder
durch spirituelle Leistungen gelöschte primäre Dyshormonie, Goethe ist der Fall dafür, auch Schiller, ähnlich
Leibniz. Es ist überhaupt nicht so, daß psychopathologische
Züge an sich irgend etwas mit Genie zu tun hätten. Im
Gegenteil, die Masse der Geisteskranken und Psychopathen
sind Minusvarianten sowohl im Sinne ihrer Intelligenz wie
ihres soziologischen Wertes. Ja, Kretschmer, wohl der be-
deutendste Spezialforscher dieses Gebiets, geht so weit,
zu sagen, ein kräftiges Stück Gesundheit und Spießbürgertum gehöre zum ganz großen Genie meist mit hinzu. Dies
Stück gesunder Normalbürgerlichkeit mit dem Behagen an
Essen und Trinken, an solider Pflichterfüllung und Staats-

bürgerlichkeit, an Amt und Würden, an Weib und Kind, dies breite Stück Normalbürgerlichkeit ist es, sagt er, was durch seinen Fleiß, seine Stetigkeit, ruhige Geschlossenheit und frische Natürlichkeit das große Genie in seinen Wirkungen weit über die lauten und vergänglichen Anläufe des Genialischen hinaushebt. Dies dürfte zweifellos richtig sein, zweifellos empirisch wahr. Und dennoch sagt auch er: die biologische Benachteiligung des Genies gegenüber dem geistigen Durchschnitt kommt sowohl in der psychopathologischen Individualstatistik wie in seiner Stellung im Erbgang klar zum Ausdruck. – Und an anderer Stelle: Genie entsteht im Erbgang besonders gern an dem Punkt, wo eine hochbegabte Familie zu entarten beginnt. – Und schließlich zusammenfassend: „Je mehr man Biographien studiert, desto mehr wird man zu der Vermutung gedrängt: dies immer wiederkehrende psychopathologische Teilelement im Genie ist nicht nur eine bedauerliche äußere Unvermeidlichkeit biologischen Geschehens, sondern ein unerläßlicher innerer Wesensbestandteil, ein unerläßliches Ferment vielleicht für jede Genialität im engsten Sinne des Worts."

Also kein Zweifel, der individuelle Organismus als medizinischer Begriff ist der Gestalter des Genies. Die geistigen Spannungen sind Korrelate körperlicher Anomalien, nicht im vagen Sinne der Parallelität, sondern des Identischen. Geschlossenes System, Monismus der Krisen. Das „le style c'est l'homme" des achtzehnten Jahrhunderts, verwandelt unter dem Einfluß der Konstitutions- und Typenforschung der letzten Jahrzehnte in ein „le style c'est le corps"; die Kabbalistik einer Psychologie der Seele und ihrer Vermögen verflüchtigt vor einer von Geisteswissenschaften und Pathographie angesetzten Analyse biologischer Zusammenhänge. Junge Wissenschaft, erst im Entstehen. Aber schon spürt sie die unwillkürlichen Ausdrucksbewegungen, die Muskelspannung, das motorische Agens aus dem Werk: in der Handschrift des Meißelhiebs oder des Pinselstrichs: rundbogig bei Raffael, spiralig bei Michelangelo, flott und breit bei Rubens und Frans Hals, tiftelnd bei Meissonier. Sammelt die sonderbare Mitteilung über Mozarts Ohr: sein äußeres Ohr auf einer tieferen Entwicklungsstufe stehengeblieben, ein zurückgebliebenes und mißgebildetes Ohr vom deutlichen Charakter des Atavismus. Durchforscht systematisch Beethovens Krankheiten, er litt bekanntlich an einer Otosklerose, einer schweren Erkrankung, die zur Ertaubung führt. Er hatte dabei Gehörs-Parästhesien: kontinuierliche Geräusche in höchsten Tönen, Pfeifen, Zischen, lang ausgehalten, teils Sausen im Pulsschlag: daher, sagt der Untersucher, in seinen Schöpfungen die häufige Kontrastierung hoher Diskantpassagen gegen tiefe rollende Bässe, daher hielten sich seine Tempi immer im Rahmen des menschlichen Pulsschlages (sechzig bis achtzig in der Minute). Außerdem litt er an Arteriosklerose und Herzfehler mit allen Folgezuständen, Angina pectoris – auch dies erscheint in seinen Werken: in der Cavatina des einen Galitzinschen Quartetts opus 130 musikalisch gemalt, Vorschrift: „Beklemmt", im Herzschlag eines Arteriosklerotikers mit unvollständig kompensiertem Herzen. Überläßt man sich anschließend einen Augenblick den von der Psychoanalyse enthüllten Zusammenhängen zwischen Triebsublimierung und Kunstschaffen, also zwischen Sexualität, diesem extrem biologischen Besitz, und ihrer Übernahme in das Werk: Michelangelos homo-erotische Komponente führt zu jenem unermüdlichen Erschaffen männlicher Schönheit unter starker Vernachlässigung oder auch maskuliner Umbildung weiblicher Motive. Ähnlich Dürer: bei seiner sehr unentwickelten Sexualität seine Idealtypen fast alle nur männlich. Byron, homosexuell, sowie frühzeitig und intensiv an seine Mutter fixiert, dichtet Kain und Manfred zur Selbstbefreiung von der Sehnsucht nach der inzestuös geliebten Schwester (Rank): man stößt auch hier auf den körperlichen Grund, die biologische Prämisse und durchspürt von dieser aus das Werk. Man kann ferner jene Vorfälle heranziehen, jene panischen Krisen einer fieberhaft gesteigerten Produktivität, die sich vor dem Ausbruch einer luetischen Hirnerkrankung einstellten, über mehrere Jahre erstreckten, und sich in unheimlich eindrucksvoller Weise bei Nietzsche, Maupassant, van Gogh, Schumann dokumentierten, nicht anders auslegbar, als daß hier die Toxinwirkung einen positiven biologischen Reiz zur Produktionsauslösung gewann. Schließlich sei ein Wort von Goethe, der in sich wohl allen Dyshormonierungen des antinomischen Charakters gegenüberstand, ein merkwürdiges Wort erwähnt, er schreibt von der italienischen Reise folgendes: „Ich lebe sehr diät und halte mich ruhig, damit die Gegenstände keine erhöhte Seele finden, sondern die Seele erhöhn." Welche eigentümliche Nähe von Ernährung und Erlebnis! Welche direkte physiologische Installation der expressionistischen und impressionistischen Antithese! Aus all dem klingt doch wohl mehr als ein Ahnen, daß der Körper der letzte Zwang und die Tiefe der Notwendigkeit ist, der Monolog der Schöpfung und, wenn er in bestimmter Weise entartet, manchmal die Prämisse des Genies.

DER AUFBAU DER PERSÖNLICHKEIT

Grundriß einer Geologie des Ich

In die vorliegende Arbeit reichen Gedankengänge aus einigen jüngeren Wissenschaften hinein wie Typenlehre, Ausdruckslehre, Gestalttheorie neben der Psychoanalyse, die sich durchflechten mit solchen aus älteren, aus: Erbbiologie, Prähistorie, Paläontologie. Bekannt sind die großen Namen, unter deren Schutz sie aufwuchsen: Freud, Driesch, Dacqué, Breysig, ferner Johannsen, der dänische Erbforscher, der die beiden wichtigsten Begriffe der modernen Erbwissenschaft schuf: *Phänotyp* als die Summe aller in einem einzelnen Individuum tatsächlich erscheinenden Wesenszüge, gegenüber dem dahinterstehenden, sehr viel weiteren *Genotyp* als der Summe aller aus diesem bestimmten Stamm möglichen, latenten, auslösbaren Phänotypen. Also wenn man diese Gegenüberstellung einmal genau durchdacht hat, kann man sie ungefähr als das Gegenüber von Individuum und Art gebrauchen, mit der Vorstellung von Präpotenz und Dauer auf Art, und der von Labilität und Variabilität auf Individuum. Weniger bekannt sind wahrscheinlich die jüngeren hierhergehörenden Autoren: Birnbaum, Kretschmer, Storch, Kronfeld, Schilder, Jung und ihr literarischer Sammelpunkt, das von Utitz herausgegebene Jahrbuch für Charakterologie. Wenn man sich dem Problem der Persönlichkeit nähern will, hier findet man Andeutungen für ihr neues Gesicht. In diesem Milieu[1] spielt sich wohl alles ab, was heute im Geistigen erregend ist, in ihm wird die Mutation, in der wir uns befinden, am stärksten empfunden und am fesselndsten formuliert. Hier mehr als in der Dramatik

lösen sich die alten Zusammenhänge und werden die zu-
künftigen geprägt, hier mehr als in der Novellistik ent-
rätseln sich die Züge des werdenden Ich, hier an ihren
Gründen und Abgründen kämpft die menschliche Gestalt,
um sich ahnend oder auch schauend[2] schöpferisch zu er-
neuen.

Um uns der neuen Idee nähern zu können, unter der wir
beim folgenden Versuch die menschliche Persönlichkeit sehen wollen, und die eine biologische Idee ist, müssen wir
uns zunächst darüber orientieren, was als die physiologische
Grundlage der Persönlichkeit anzusehen ist. Daß sie eine
solche hat, wurde in keinem Zeitalter weniger bezweifelt
als in dem unseren: „schreibe mit Blut und du wirst sehen,
daß Blut Geist ist" und: „einige Stunden Bergsteigens
machen aus einem Schuft und einem Heiligen zwei ziemlich gleiche Geschöpfe. Die Ermüdung ist der kürzeste Weg
zur Gleichheit und Brüderlichkeit" und: „seit ich den Leib
besser kenne, ist mir der Geist nur noch gleichsam Geist" –
das alles ist ja bekannt als der Grundgedanke der modernen, man könnte sagen: diätetischen Psychologie.

Was nun diese biologische Grundlage angeht, zu der wir
uns jetzt wenden, so stehn wir am Ausgang einer Welt-
anschauungsepoche, für die die Persönlichkeit nur ein wissenschaftlicher Begriff innerhalb ihrer intellektualistischen
Systeme war. Ihre biologische Fundierung war daher bis
vor kurzem nichts als ein zerebrales, hirnphysiologisches
Problem. Der Hirnmantel im speziellen, die Hirnrinde
galten als alleiniger Träger des Bewußtseins, alles psychischen Geschehens und aller jener Funktionen, die die
Persönlichkeit bilden. Das heißt: gewisse Hirnrindenge-
biete sollten sowohl die Zentralstelle für die Sinnesein-
drücke, Bewegungsantriebe und assoziativen Funktionen
sein, als auch der Sitz für die einzelnen Persönlichkeits-

seiten: Affektivität, Triebleben und sonstige charakterolo-
gische Dispositionen. Es war eine Art nach innen gewen-
deter Schädellehre, eine Gallsche Hypothese auf dem
Negativ des Schädeldachs, es waren verselbständigte seelische Kräfte, die man lokalisierte ganz im Sinne der damals rein anatomisch denkenden Biologie: in der Zelle saß
das Leben, im Organ saß die Krankheit, und die Persönlichkeit, als eine gefährliche ideologische Krankheit, einen
mittelalterlichen Dämon, legte man auf die Großhirnrinde
fest, begegnete ihr mit der Elektrode, desillusionierte sie
mittels des Zuckerstichs und löste sie in Assoziationen auf,
die durch anatomische Leitungsbahnen verliefen. Es war
das Zeitalter einer konstruktiven mathematischen Seelen-
lehre, es war klinisch das Zeitalter Flechsigs und Wer-
nickes, es reicht bis in unsere Tage, in gewissen Psychologien
und Erkenntnistheorien ist es noch heute lebendig.
Aber um 1900 begann eine Gegenströmung, die schon das
ganze Jahrhundert bereitgelegen hatte, den lokalisatori-
schen Neigungen zu begegnen, eine totalistische Strömung,
uralt, in der Antike wurzelnd, von Kant belebt, wachge-
halten von Carus, Goethe und der idealistischen Philosophie, die nun dazu vordrang, die zerebrale Hypothese
der Persönlichkeit zu verändern. Eine Strömung, die von
vielen Seiten aufgenommen und weitergeführt wurde: die
Psychoanalyse entnahm die Individualität den Hirn-Re-
gionen und verband sie mit einem allgemeineren körperlichen Medium. Die Embryologie in Drieschs Händen kam
mit den mechanistisch determinierenden Begrifflichkeiten
nicht mehr aus und führte ein ganzwollendes Agens ein,
das die Entwicklung trieb. In den Geisteswissenschaften
wendete sich die Diltheysche Charakterologie von einem
analytischen Psychologismus zu einer Persönlichkeitslehre,
in deren Mittelpunkt Erlebnis und Verstehen stand, also

nicht die dialektischen, sondern die triebhaften Bestände
des Ich. Die Soziologen entdeckten beim Studium der primitiven Völker ganz andere geistige Organisationen als
hirnlich ableitbare, nämlich eine allgemein biologische Be-
wußtseinsgliederung mit dazugehörigen fremdartigen Kör-
pergefühlen, einer an einer anderen Wirklichkeit gebildeten Erfahrung, einer Besitzergreifung der Welt mittels
einer mystischen Partizipation, die auch zu einer Art Weltbild geführt hatte auf Grund einer universellen körperlichen Basis für die Erlebbarkeit des Seins. In der Medizin
entstand die moderne Konstitutionslehre, das heißt, man
rückte die allgemeine Lage, die erbmäßig festgelegte oder
auch erworbene Gesamtsituation, das Konstellative des
Körpers in den Vordergrund der klinischen Beurteilung,
und Kraus entwickelte in großartiger Systematik gegenüber
der Virchowschen die personalistische Pathologie. Hinzu
trat als besonders richtunggebend die Hormon- und Drü-
senforschung, indem sie zeigte, daß das Blutdrüsensystem
mit seinen Absonderungen in den Körper die Tätigkeit
der nervösen Zentralapparate bestimmend beeinflußte, sie
reizte und erregte, sie hemmte und lähmte, das bedeutete,
daß ein über den ganzen Körper verteiltes Organsystem
am Aufbau der Persönlichkeit unausschaltbar beteiligt war.
Um es zusammenzufassen: man sah nun nicht mehr das
zerebrale, sondern das körperliche Gepräge der Persönlichkeit, man sah sie als eine über den ganzen Körper
verteilte komplexe Einheit vor sich, als eine nur vom gesamten Organismus zusammenfaßbare und dirigierbare
Totalität, aus den gegensätzlichsten körperlichen Systemen
aufgebaut, von peripheren Strömungen belebt und in jedem
einzelnen des vollen Ausdrucks fähig.
Parallel mit diesem Stimmungswandel der Zeit vollzog
sich innerhalb des besonderen Fachs der Hirnforschung eine

Umstellung, die fast symbolisch aussieht, aber wissenschaftlich tatsächlich ist, nämlich eine Umwertung gewisser Hirngebiete in ihrer Bedeutung für den Aufbau der Persönlichkeit, die sich als eine Degradation der Großhirnrinde (Birnbaum) darstellt. In diesem entwicklungsgeschichtlich jüngsten Teil der menschlichen Nervenorganisation, den man vor hundert Jahren als den großen Adlerhorst entdeckte und beschrieb, sieht man heute im wesentlichen nur noch die Funktionszentrale für die Sinnes-, Gedächtnis- und Assoziationsleistungen, also vorwiegend für die intellektuelle Geistestätigkeit, die für die psychische Persönlichkeit im engeren Sinne mehr sekundäre Bedeutung hat. Was primär die psychische Persönlichkeit ausmacht und ihr Fundament bildet: die Affektivität im allgemeinen, das Trieb- und Instinktleben, auch die Motorik, hängt funktionell mit den entwicklungsgeschichtlich weiter zurückreichenden, biologisch älteren Teilen des Gehirns zusammen: dem sogenannten Stammhirn und den sogenannten Stammganglien. Wir stoßen also hier auf ein höchst bemerkenswertes Verhältnis: der intelligible, der rationalistische Teil des Ich bildete sich in und mit dem stammesgeschichtlich spätesten Teil des Gehirns, die frühere Stufe lebte ein reines Affekt- und Triebleben auf der Basis des Hirnstamms, über dem sich dann erst der Großhirnmantel schloß. Wenn wir die Prähistorie und die Geologie zu Rate ziehen, erfahren wir, daß dies längst vor der letzten Sintflut, längst vor der letzten Eiszeit geschehen sein muß, denn das Gedächtnis dieser Rinde, realisiert in den Urmythen und Kosmogonien reicht noch zu den Sauriern und ihrem Untergang im Sekundär, reicht zu den letzten Weltkatastrophen und endet anscheinend erst im Primär. Hier scheint der Anfang aller Dinge zu liegen. Darauf kommen wir zurück.

Es spielt weiter neben diesen beiden Hirngebieten das sogenannte vegetative Nervensystem eine Rolle beim Aufbau der Persönlichkeit. Dies ist ein den Körper durchziehendes Nervengeflecht, geteilt in Sympathikus und Parasympathikus, das die emotionellen Vorgänge: Atmung, Blutkreislauf, Blutdruck, regelt, zur Spannung und affektiven Ansprechbarkeit, zur peripheren Durchblutung, Erröten, Erblassen Beziehungen hat und damit der Träger des psychomotorischen Ausdrucksapparates ist. Es ist als ein vom Großhirn unabhängiges, spezifisch nervöses Element anzusehn. Als dem Mittelpunkt der biologischen Grundlage der Persönlichkeit nähern wir uns nun dem Hormonkreislauf, der dem Nervensystem als solchem überhaupt nicht mehr zugehört, sondern dem Blutdrüsensystem. Von diesem Blutdrüsensystem war ja in den letzten Jahren viel die Rede, jeder weiß, es handelt sich um Drüsen, die gewisse Stoffe, meistens noch ziemlich ungelichteten Charakters, in den Organismus absondern. Ihre Namen sind bekannt: die Keimdrüsen, Schilddrüse, Zirbeldrüse (zurückentwickeltes Parietalorgan, Scheitelauge, einst spezifisches biologisches Wahrzeichen einer tertiären erdgeschichtlichen Epoche, darüber später), Nebenniere, Hypophyse oder Hirnanhang. Als einfachstes Beispiel für den sichtbaren Beitrag dieser Drüsen zum Aufbau der menschlichen Persönlichkeit sei die Keimdrüse erwähnt, ihre Rolle während der Pubertät: ihre Sekretion ruft die psychologische Veränderung der Persönlichkeit im Sinne der Erotisierung und geschlechtsspezialisierten Wandlung hervor, während eine Störung der Drüsenfunktion ein Zurückbleiben der Persönlichkeit auf einer niederen Entwicklungsstufe im Rahmen des Infantilismus hervorruft. Ebenso plastisch ist es bei der Schilddrüse, bei der die Überproduktion mit dem charakteristischen Persönlichkeitsbild starker

affektiver Spannung, überdurchschnittlicher Aktivität und
seelischer Erregbarkeit einhergeht, demgegenüber die her-
abgesetzte Hormonisierung zum abgestumpften, passiven,
apathischen auch intelligenzgefährdeten Typ gehört. Es
besitzt also jede dieser Drüsen, sei es allein, sei es in der
antagonistischen Effektkoppelung mit den übrigen, Poten-
zen, die in weitgehendem[3] Maße in das Letzte der Struktur
des Individuums hineinreichen – (Berman in England hat
als erster Biographien auf Grund der individuellen Drüsenformel versucht, zum Beispiel Napoleon: „seine Schilddrüse
war glänzend, daher die unersättliche Energie; seine Streit-
lust, Animalität und sein praktisches Genie sind Zeichen
seiner tadellosen Nebenniere." Austerlitz, Jena, Friedland
– alles Drüsenhintergrund. Aber seine Hypophyse ließ ihn
schließlich im Stich, daher, wörtlich: „der Aufstieg und der
Niedergang Napoleons folgte auf den Aufstieg und den
Niedergang seiner Hypophyse.") – ja, wie man annimmt,
auch der Rassen: Besonderheiten der Schilddrüse sollen
den Mongolentyp, der Nebenniere den Negertyp bedingen,
und Entartung von Rassen führt man auf Schädigungen
der inneren Sekretion zurück. Es liegen also ganz unlös-
liche Bindungen zwischen diesem Blutdrüsensystem und
der Persönlichkeit vor, so daß es falsch wäre zu sagen,
daß es Elemente zur Persönlichkeit beisteuerte oder die
etwa anderweitig schon gegebene Persönlichkeit nuancierte,
es ist vielmehr so, daß dies Blutdrüsensystem grundsätzlich
die Persönlichkeit trägt, die Persönlichkeit *ist*: als die ins
Biologische gewendete Seite einer Anlage, die ins Psychische gewendet den charakterologischen Tatbestand abgibt.

Rücken wir nun diesen Sachverhalt noch einen Augenblick
unter den erbbiologischen Gesichtspunkt, so kann man auch
hier eine genotypische und phänotypische Lage unterschei-

den: die Persönlichkeit ist in ihrer Wurzel, als charaktero-
logisches Radikal, innerhalb dieser biologischen Grundlage erbmäßig festgelegt, aber charakterformenden Außen-
reizen zugängig. Es läßt sich nicht verkennen, daß äußere
Einflüsse, sei es milieuhafter Art, sei es toxischer Art wie
bei bestimmten Giften, sei es bakterieller Art wie bei gewissen Krankheiten, die Persönlichkeit nachdrücklich und
grundsätzlich ändern. Aber es hat sich erwiesen, daß die
in der Anlage verwurzelten, spontan hervortretenden Elemente im allgemeinen die konstanteren sind und eine
höhere Wirklichkeits- und Wertigkeitsstufe haben als die
durch äußere Lebensreize hervorgerufenen; diese erweisen
sich als reaktiv entstanden, zufällig und variabel.

Fassen wir die Resultate unserer Untersuchung bis hier
zusammen: *Erstens:* die biologische Grundlage der Persönlichkeit ist nicht, wie eine frühere wissenschaftliche
Periode annahm, das Großhirn, sondern der ganze Organismus. *Zweitens:* innerhalb dieses Organismus hat sie bestimmte Schaltstellen oder Regenerationszentren: das Blutdrüsensystem, das vegetative Nervensystem, vor allem den
Hirnstamm und dann das Großhirn. *Drittens:* innerhalb
dieser biologischen Grundlage ist die Persönlichkeit als erbmäßig festgelegt zu betrachten, ihre Gene liegen verankert
im Hirnstamm und Blutdrüsensystem, ihr Phänotypisches
sammelt sich im Großhirn, das innerhalb des Erblaufs der
stammesgeschichtlich jüngste Teil der menschlichen Nervenorganisation ist. Zusatz zur Positionsbestimmung des Großhirns: Die Großhirnhemisphären, die bei der menschlichen
Rasse die Stammganglien als mächtige Masse überlagern,
während sie zum Beispiel beim Elefanten nur als kleine
Anhänger des Gehirns bemerkbar sind, sind zweifellos
der Sitz und das Aktionszentrum der menschlichen Intelligenz. Es hat sich auch erwiesen, daß sich diese Ge-

hirnteile im Laufe der kulturellen und geistigen Entwicklung der Rasse vergrößern: Broca hat festgestellt, daß sich
die Schädelkapazität der Pariser innerhalb der letzten
siebenhundert Jahre um fünfunddreißig Kubikzentimeter
vergrößert hat. Untersuchungen an deutschen Schülern bestätigen diesen Zusammenhang: Der durchschnittliche
Schädelumfang und damit die Gehirngröße bei Schülern
der höheren Schulen war größer als bei denen auf niederen
Schulen, nicht anders auslegbar, als erbmäßig bedingt.
Diese Entwicklung ist so handgreiflich, daß die Rasseforscher schon davon sprechen, die kontinuierliche Schädelvergrößerung infolge Überspezialisierung des Großhirns
könne als Geburtshindernis flagrant werden und das Wei-
terbestehen der Rasse gefährden. Dies alles gilt von der
heutigen Lage des heutigen Gehirns. Es liefert also wesentliche Komponenten zu der gegenwärtigen Persönlichkeit
hinzu, aber wir können in ihr einen Kern abgrenzen, der
sich mehr an das erbmäßig Ältere, das arthaft Gesicherte,
stammesgeschichtlich Frühere anlehnt, als an diesen Neuerwerb, das Großhirn, das Leitorgan des Quartär, der
Homo-sapiens-Periode.
Nun wenden wir uns zu psychologischen Tatbeständen.
„Nacht ist es: nun reden lauter alle springenden Brunnen.
Und auch meine Seele ist ein springender Brunnen"[4] – der
Vers aus Zarathustra. „In das Nachtleben scheint verbannt"
– dies sind die berühmten Worte aus Freuds Traumdeu-
tung – „in das Nachtleben scheint verbannt, was einst am
Tage herrschte" – dieser Satz enthält die gesamte moderne
Psychologie. Ihr großer Gedanke ist der Schichtungscharak-
ter des Psychischen, das geologische Prinzip. Die Seele ist
in Schichten entstanden und gebaut, und, was wir vorhin
im Organischen gelegentlich der Bildung des Großhirns
entwicklungsanatomisch aus verschollenen Äonen vernah-

men, offenbart der Traum, offenbart das Kind, offenbart die Psychose als noch vorhandene seelische Realität.

Wir tragen die frühen Völker in unserer Seele, und wenn die späte Ratio sich lockert, in Traum und Rausch, steigen sie empor mit ihren Riten, ihrer prälogischen Geistesart und vergeben eine Stunde der mystischen Partizipation. Wenn der logische Oberbau sich löst, die Rinde, müde des Ansturms der vormondalten Bestände, die ewig umkämpfte Grenze des Bewußtseins öffnet, ist es, daß das Alte, das Unbewußte, erscheint in der magischen Ichumwandlung und Identifizierung, im frühen Erlebnis des Überall und des Ewigseins. Das Erbgut des Stammhirns liegt noch tiefer und lustbereit: ist der Mantel destruiert, im psychotischen Zerfall, stößt, aus dem primitiv-schizoiden Unterbau empporgejagt von den Urtrieben, das ungeheure, schrankenlos sich entfaltende, archaische Trieb-Ich durch das zerfetzte psychologische Subjekt empor (Kronfeld).

Das geologische Prinzip! Man vermute aber nicht, daß der Gedanke vom allmählichen stammesgeschichtlichen Aufbau des Seelischen eine Liebhaberhypothese der psychoanalytischen Schule sei, sie ist eine historisch und wissenschaftstechnisch weit verbreitete und gesicherte Idee. Schon Carus, Anfang des neunzehnten Jahrhunderts, hatte die Vorstellung, die krankhaften Stimmungen der Seele seien die Wiederholung des Lebens auf einer niederen Stufe der organischen Natur. Jackson, im Anschluß an Spencers Evolutionstheorie, sprach von der Auflösung komplizierter Funktionssysteme in der Psychose unter Rückbildung auf ein niedrigeres Niveau. Ribot in Frankreich schuf 1882 den später berühmt gewordenen Begriff der Regression und bildete ein Regressionsgesetz des Gedächtnisses, dessen Zerstörung er als einen Rückschritt von Neuerem zu Älterem, vom Zusammengesetzten zum Primitiven, vom Will-

kürlichen zum Automatischen beschrieb. Die Völkerpsychologen Lazarus und Emminghaus schilderten das Absinken
des Geisteskranken zur Phantasiewelt des Naturmenschen.
Janet sprach vom hierarchischen Stufenbau der Funktionen.
Kraepelin sah ganz scharf die stammesgeschichtlich vorge-
bildeten frühen Formen des psychischen Organismus, denen
die Äußerungen der Irren verfielen. Und Nietzsche, vor
allen er, sah den engen Zusammenhang von Traum und
primitiver Denkweise, er spricht von dem uralten Stück
Menschentum in uns als der Grundlage, auf der die höhere
Vernunft sich entwickelt habe: der Traum, sagt er, bringt
uns in ferne Zustände der menschlichen Kultur zurück und
gibt uns ein Mittel an die Hand, sie besser zu verstehen.
Es ist heute demnach eine Übereinstimmung aller: von der
Mythenforschung bis zur Völkerpsychologie, von der Erbbiologie bis zur Phänomenologie: wir tragen die Reste
und Spuren früherer Entwicklungsstufen in unserem Organismus, wir beobachten, wie diese Spuren realisiert werden
im Traum, in der Ekstase und bei gewissen Zuständen der
Geisteskranken, wir sehen diese Vorstufen unseres heutigen
Ich vor allem erscheinen als neuropathologische Symptome,
wir lernen: „das Abnorme ist das Primitive" (Freud).
Es ist vorhanden, es ist immer bereit. Zweihundert Rudimente trägt unsere menschenbiologische Gegenwart in
ihrem Körper – wieviel die Seele trägt, sagt keine Zahl.
Man bedenke, daß ein, wie man wohl meinen könnte,
so unkomplizierter und elementarer Akt wie das Sehen
aus zahllosen Teilfaktoren entsteht, zahllose Funktionssysteme heranziehen muß, um zur heutigen optischen Ge-
samtleistung zu kommen. Es arbeitet mit Spezialleistungen
für die optischen Reflexe, für das Blinzeln, Einstellen
des Auges auf die Lichtquelle, Schutz- und Orientierungs-
maßnahmen, mit eigenen Systemen für die Raumorientie-

rung, für das Erkennen von Formen, Farben und Objekten, um zu den höheren Leistungen des Wiedererkennens von Objekten in ihrem räumlich-zeitlichen Zusammenhang und nach ihrer persönlichen Bedeutung zu gelangen. Jedes einzelne dieser Funktionssysteme wurde aber einmal isoliert gebildet, bedeutete eine eigene bestimmte Entwicklungsstufe, hatte einmal sein Reich und seine Stunde, blickte vielleicht in den mondlosen blauen Himmel des Tertiär, arbeitete vielleicht zusammen mit dem dritten Auge, dem Parietalorgan der diluvialen Medien, dem elektromagnetischen Wunder des Mesozän; erkrankte, verfiel, oder wurde eingebaut in neue Schichtungen und trägt nun heute alt und angereichert alle Schicksale der menschlichen Gesichte von der ersten amorphen Lichtempfindung der zellprimitiven Augenblase bis zum prismenzersplitterten Glanz der Ultraskope.

Es ist immer vorhanden und immer bereit. In jener berühmten Geisteskrankheit, die in den letzten dreißig Jahren so intensiv durchforscht wurde und schon so bedeutungsvolle Aufklärungen über den Aufbau der Persönlichkeit brachte, der Schizophrenie oder Spalthirnigkeit, sehen wir in der Tat durch diesen Spalt tief in das Geheimnisvollste und Nächtigste des Seins. Hier hat der Kranke Organempfindungen mit deutlichem Anklang an die Pubertätsriten der Wilden, hier ist Spiegel und Original identisch wie beim Bildzauber der Primitiven, hier geht in seinen Wahnvorstellungen die Gedankenübertragung durch die Haare vor sich wie in der Simsonmythe aus dem typischen magischen Kreis. Hier durchleidet einer nochmals alle Gänge der menschlichen Geschichte, Dinge, die er nie bewußt in seinem Ich besaß: das Tierhafte, das Dämonische, das Metaphysische, das Titanidische[5], alles spiegelt sich bei ihm auf dem kosmischen Plan im Aufeinanderprall mythischer

Mächte wider. In den blühenden und schöpferischen Perioden, die die Krankheit manchmal mit sich bringt, erhebt er sich zum zauberhaften Meister mit alten Kräften aus einer anderen biologischen Welt, aus archaischen Tiefenschichten steigt es empor, ein rauschhaft starkes dionysisches Weltgefühl, eine grandiose Phantasiewelt entsteht, er wächst ins Kosmische, wird zum Mythos, er kämpft mit den Dämonen seines Schicksals, in der mystischen Ekstase der indischen Introversion schwillt er bis zum Erschauern[6] letzten Sinnes, er wird zum Gott (Storch). Und dann der Untergang, ein läppischer Zerfall, ein Rest Zerstörung, in dem die Atavismen spielen.

Woher das alles? Nicht aus dieser Welt. Aus früheren Welten, viele biologische Grundlagen haben die menschliche Persönlichkeit getragen. Wir übersahen bis vor kurzem etwa höchstens fünf bis zehn Jahrtausende, die ungefähr im Lichte einer historischen Erfassung stehen. Aber mindestens dreihunderttausend Jahre lebt die menschliche Rasse auf der Erde, ja es liegen Untersuchungen vor, die es rechtfertigen, eine noch viel weiter, eine sich ins Millionenjährige verlierende Vergangenheit des Menschengeschlechts mit vielhunderttausendjährigen Kulturperioden anzunehmen. Sei es nun Atlantis oder Lemurien, Arktis oder Antarktis, seien es eine oder viele Keimanlagen, in denen die menschliche Persönlichkeit begann, mag es wohl auch unbezweifelbar sein, daß sie von Anfang an als Mensch, das heißt mit dem Gegengriff des Bewußtseins auf der Erde begann, so war sie doch jedenfalls oft und immer wieder eine andere innerhalb der jeweiligen geologischen und atmosphärischen Bedingungen, vor allem aber innerhalb der keinerlei Erfahrung und Beobachtung zugängigen allgemeinen schöpfungskonstruktiven Bedingungen. Sie vollzog Wendung um Wendung innerhalb eines allgemeinsten planetarischen Prinzips: es machte die ummodellierenden und neuschattierenden Evolutionen der Tiergeschlechter mit, einmal nähert sie sich den Beuteltieren, einmal den Säugern. Sie beugt sich den jedem erdgeschichtlichen Zeitalter zugehörigen spezifischen Tiersignaturen: sie trägt Schwimmhäute im Zeitalter der siegreich herrschenden Amphibien, Fell zur Zeit der Affensignatur. Sie verzeichnet alle diese Wendungen: geistig im Gedächtnis der Menschheit, den Urmythen, Ursagen, Urepen und der Körper summiert sie in seinen Rudimenten: alle diese Arten von Halbmenschen und Tiermenschen, die Arten mit Schuppen und Fischkörpern, die Arten mit Schwänzen, mit Affenfellen, die Riesen, die Chimären. In gar keiner Weise übersehen wir das Prinzip, das diese Entwicklung leitet und treibt. Die Darwinsche Theorie vom Kampf ums Dasein und vom Überleben des Stärksten und biologisch Tüchtigsten war ein Anthropomorphismus und genügt methodisch in gar keiner Weise zur Erklärung des psychologischen, paläontologischen und fossilen Materials. Wir können nur sagen innerhalb eines ungeheuren tellurischkosmischen Geschehens, Eisäonen und Weltbrandzeiten, Sturz des Tertiärmonds auf die Erde, Verfinsterung des Himmels, Kataklysma aus Feuer und Zyklonen, in immer neuen spontanen Entwicklungstrieben: halb Kausalität und halbe[7] Schöpfung, halb geologische Notwendigkeit und halber Akt der Transzendenz –: so vollzog sich die epileptoide Mischung unserer Persönlichkeitsentstehung.

Mag nun auch heute der menschliche Geist als ein anderes Prinzip als das des Lebens erscheinen, mag er diesem Prinzip entgegenstehen, mag er, wie Scheler meinte, aus dem Biologischen überhaupt nicht ableitbar sein und nirgends eine Parallelität, eine Anlage oder Klarstellung im Kosmos finden, den wir um uns sehen; mag er immer mit dem Biologischen kämpfen, um sich seiner Kausalität und Determiniertheit zu entziehen, immer das Nützliche und zu Erwartende unterlassen, um das Ferne und Berauschte als Ziel zu sehen; mag er sich innerhalb seiner kulturellen Rubriken mit eigenem Rhythmus bewegen; mag er sich einer Erkenntnis freun, von der er wähnt, daß die Sphären sie erfüllten; mag er den relativierten oder apriorischen Raum umkämpfen: den Rindenraum der quartären Ananke oder den Hirnstammdämmer des Drüsenparaboloid; mag sein Zärtliches und Süßes, das ihm allein eignet, während wir in der außermenschlichen Natur nichts Gütiges sehn, nichts dem Glauben sich Ergebendes, nichts der Hoffnung sich Neigendes, mag es vielleicht nicht allein als Sublimierung der Lust erscheinen, mag es, wollen wir sagen, vielleicht auch bei den Göttern sein –: in der Persönlichkeit ist er für immer mit dem Körper verbunden, in ihrer Geschichte für immer mit dem Körper zur Gestaltung des Seins vereint, – immer stoßen wir auf diesen Körper, seine unheimliche Rolle, das Soma, das die Geheimnisse trägt, uralt, fremd, undurchsichtig, gänzlich rückgewendet auf die Ursprünge, beladen mit Erbgut rätselhafter und unerklärlicher Zeiten und Vorgänge, ewig raumsicher, ewig fundiertes Erlebnis und ewig natürlicher Regulator der Norm: das Biologische als Richterin der Wahrheit: das Prinzip von Nietzsches orgiastischer Philosophie; der Organismus als der große Konstruktor der Erkenntnis bei Goethe: er schreibt von der italienischen Reise die merkwürdigen Worte: „Ich lebe ganz diät und halte mich ruhig, damit die Gegenstände keine erhöhte Seele finden, sondern die Seele erhöhen" –: welche eigentümliche Nähe von Ernährung und Erlebnis, welche direkte physiologische Installation der schöpferischen Antithese, welche Wendung auf eine im Körper wirkende Totalität, von Geschichte und Bewußtsein unzerstört:

Will er uns vielleicht eine neue Wahrheit schenken, haben
wir ihm vielleicht ein neues Urwort entlockt? Will er
uns hinsichtlich der Persönlichkeit, der unsere Erkenntnis
mittels geschichtlicher, experimenteller und psychologischer
Methoden das Geheimnis einer Trennung in einen Kern
und erdgeschichtlich begrenzte Zusatzelemente nachwies, mit
einer neuen Perspektive – noch halb im Dämmer, doch
schon umrissen, noch erste Witterung, doch bald Begriff –
einer *horizontalen* Perspektive aus seiner Biologie beleihen?
Wir sahen an ihm das Amphibische, das Reptilische, das
Beutelhafte, das Säugerische, das Äffische: alle diese Stigmen seiner Unterwerfung unter ein weites erdgeschicht-
liches Prinzip, alle diese Stigmen seiner alten Untergänge
und seiner neuen Lust im Wogen eines großen organischen
Motivs, das jedesmal durch alle tierischen Formen der
gleichen geologischen Periode ging, im Wirken einer Spannung, die alle gleichzeitig lebenden zoologischen Gestalten
aus ihrem Artenkern heraus zu neuen körperlichen Lagen
und Funktionen trieb. Horizontale Wogen, deren letzte
setzte ein am Ende des Tertiär. Beim Aufgang des Quartär,
im Anfang unserer jetzigen organischen Äone, begann
bei allen Säugern das Großhirn zu wachsen, es begann die
Hemisphärenwoge, sie wuchsen zum Leitorgan unserer geologischen Epoche, sie wurden die erdgeschichtliche Tier-
signatur, es begann die Großhirnstunde, die an den Menschen ging. Heißt vielleicht die neue Wahrheit, daß dieser
Körper, der schon großartigere Persönlichkeitsspannungen
als die unsere trug: sicher bei den mesozoischen und tertiären Völkern, den Genies unter den Rassen, denen mit
dem Parietalorgan, das die damalige Zeitsignatur beherrschte, das Scheitelauge, das die Natursichtigkeit verlieh, das magische Gefühl, die Telepathie und Telekinese,
mit der sie ihre schwerelos gemachten Riesenquadern über

Berge und durch Fluten zu gigantischen Tempeln mühelos
bewegten; der auch schon niedrigere Spannungen trug: im
Urhomo, Affen imitierend und entartetes Reptil –: auch
dieses Großhirn einst zu seinen Runen nehmen wird, wenn
es müde ist oder neue Katastrophen den Planeten über-
ziehn? Daß er noch in den Bann neuer Leitorgane treten
wird; daß er diese Persönlichkeit wieder zum Hirnstamm
zurückholen wird, wenn neue Spezialisierungen beginnen?
Immer weiter die Rufe, immer weiter die Unterwerfungen,
bis er vielleicht alle Rudimente noch einmal reaktivieren
muß zum letzten Kampf, wenn der große biologische Abbau
alles Lebendigen beginnt –, daß dann vielleicht auch unsere
– quartäre – Persönlichkeit noch einmal als Sage aufsteigen
wird in das große Gesetz, unter dem alles geschah: das
Gesetz einer unausdenkbaren Verwandlung?

DAS GENIEPROBLEM

Die moderne Wissenschaft der Pathographie, so bezeichnet man die von psychiatrischer Seite unternommene Lebensdurchforschung berühmter Männer, gesammelt in den Werken von Kretschmer und Lange-Eichbaum, legt ein erbwissenschaftliches und individualstatistisches Material vor, das, in eine bestimmte Beleuchtung gerückt, von einer bestimmten soziologischen Hypothese bearbeitet, zur Entwicklung einer der merkwürdigsten Ideen führt. Es betrifft die Geniefrage, und zwar ihr zentrales Problem, es betrifft eines der leidenschaftlichst umkämpften Themen der Menschheit überhaupt, aktuell seit zwei Jahrtausenden, seit Sokrates meinte, der Wahnsinn sei kein Übel schlechthin, sondern durch ihn seien die größten Güter über Hellas gekommen, seit Platon lehrte, das Lied des nichts als Vernünftigen verklinge neben dem des Verzückten, die Frage: Genie und Irrsinn.

Beginnen wir die Untersuchung nicht damit, zu definieren, wer ein Genie sei, wer nur ein Talent und eine Begabung, das ist unfruchtbar; gehen wir davon aus, daß aus der Stimmung der Zeit heraus eine ziemlich genau bestimmte Gruppe von Namen als Genie bezeichnet wird, vielleicht hundert oder hundertfünfzig, meistens Tote, meistens Männer, wenig Gelehrte, einige Feldherren, meistens Künstler, Dichter, Philosophen und die Legierungen zwischen ihnen. Der Rahmen, der sie umspannt, ist riesig weit, er reicht von Plato bis Baudelaire, von Weininger bis Goethe, von Menzel bis Palestrina; die meisten hinterließen Dokumente künstlerischer oder schriftstellerischer Art, einer färbte sich die Haare grün, einer schnitt sich das linke Ohr ab, um das Freudenhaus zu bezahlen; Heerführer, die durch alle Völkertore brachen, Exzellenzen, Armenhäusler, Hermaphroditen, halbe Knaben.

Wer waren sie, wo kamen sie her, wer war ihre Familie, was wissen wir von ihrer Biologie? Zunächst, sie stammten keineswegs aus der Hefe des Volks, ihre Geschichte lehrt, daß sie eher im Rinnstein enden als aus ihm kommen. Die Erbforschung hat nämlich festgestellt, daß im Gegenteil alte hochgezüchtete Talentfamilien eine der häufigsten Vorbedingungen für die Entstehung von Genie sind. Nicht nur in den berühmten Sonderfamilien, die vier bis fünf Generationen hindurch die größten Talente trugen, die Bachs in Deutschland, die Couperins in Frankreich, Bernoulli in der Schweiz, Strauß in Österreich, es wird, wie die Erbforschung feststellt, an sich die geistige Begabung ebenso als Erbgut weitergegeben wie die körperliche Anlage. Man kann also sozusagen und innerhalb einer gewissen Grenze Genie züchten, aber, um das gleich hinzuzufügen, vererben kann man es nie. Um diese Verhältnisse näher zu studieren, hat Galton, ein Vetter Darwins, in England in ausgedehnten Ahnenforschungen berechnet, daß ein Mensch aus hochbegabter Familie mehr als die hundertfache Wahrscheinlichkeit besitzt, einen Großen in seiner Verwandtschaft zu haben, als der Durchschnitt der Menschen. Woods hat in Amerika die Verwandtschaft von dreitausendfünfhundert bekannten Yankees verfolgt und während irgendein amerikanischer Durchschnittsbürger die Wahrscheinlichkeit von eins zu fünfhundert hatte, mit einem der Berühmten näher verwandt zu sein, betrug die statistische Wahrscheinlichkeit der Verwandtschaft dieser bedeutenden Männer untereinander ein Fünftel. Diese merkwürdige Tatsache anders ausgedrückt lautet: diese bedeutenden Amerikaner sind unter sich hundertmal verwandter als mit den übrigen Amerikanern. Ganz entsprechende Verhältnisse finden wir in der deutschen Intelligenzzüchtung. So wurde die enge Blutsverwandtschaft und die erbmäßige Beziehung eines großen Teiles der schwäbischen Denker und Dichter nachgewiesen. An dem Stammbaum der Familie Burckhardt-Bardili zeigt sich die gemeinschaftliche Abstammung von Schelling, Hölderlin, Uhland und Mörike, von denen dann wieder verwandtschaftliche Verbindungslinien zu Hauff, Kerner, Hegel und Mozart hinüberführen. Die Abstammung Goethes von Lucas Cranach ist ja bekannt und durch Stammbaumstudien sichergestellt.

Es sind ferner einzelne ständische Gruppen an bestimmten Richtungen der Talent- und Geniezüchtung in Deutschland stärker beteiligt als die übrigen. Da sind zunächst die Kunsthandwerkerfamilien, die in der Abstammung besonders der großen Musiker und Maler eine nachweislich erhebliche Rolle spielen. Dies gilt für die Abstammung folgender berühmter Musiker, in deren Abstammungsmilieu sich Kantoren, Musiklehrer, Organisten, Dirigenten, Orchesterspieler finden –: d'Albert, Beethoven, Boccherini, Brahms, Bruckner, Cherubini, Hummel, Löwe, Lully, Mozart, Offenbach, Rameau, Reger, Schubert, Richard Strauß, Vivaldi, Stamitz. Von berühmten Malern, bei deren Eltern- und Vorelternschaft sich Kupferstecher, Lithographen, Goldschmiede, Uhrenmaler finden: Böcklin, Cranach, Dürer, Holbein, Menzel, Piloty, Raffael, L. Richter, Hans Thoma. Als zweite speziell für die deutsche Geniezüchtung hervorragend wichtige Gruppe finden wir die alten Gelehrten- und Pastorenfamilien. In ihnen erfolgte jahrhundertelang die Begabtenauslese ausschließlich unter humanistischem Gesichtspunkt unter Herausarbeitung der sprachlichen und logisch-abstraktiven Fähigkeiten. Diese Begabungsrichtung erwies sich als eine so einseitig scharf bestimmte, daß man von einer fast geschlossenen einheitlichen Erbmasse sprechen kann, die die vererbungsmäßige Hauptgrundlage für den spezifisch deutschen Typ, die Kombination von Dichter und Denker oder Gelehrten, bildete. In diese Gruppe gehören Schelling und Nietzsche, Lessing, Herder, Schiller und Hölderlin.

Was das Elternpaar angeht, so scheint möglichst differentes Keimmaterial oft der Ausgangspunkt für Geniebildung zu sein. Blut- und Rassenfremdheit, slawisches mit deutschem Blut: bei Nietzsche, Leibniz, R. Wagner; – oder auch starke Differenz des Charakters und der Konstitution: extrem schizothymer[1] und zyklothymer Typ, – kurz alles, was auf Unvermischbarkeit, Unausgeglichenheit, Bastardierung, ungelöste Spannung zielt. In dieselbe Richtung geht die von der modernen Erbforschung bestätigte alte Reibmayrsche Ansicht, daß Genie am häufigsten in Gegenden und Landschaften von Blut- und Rassenmischung entsteht. Zeichnen wir uns auf einer Karte von Europa die Heimatsorte der wichtigsten genialen Köpfe und ferner die Standorte der wichtigsten kulturellen Dauerdenkmäler ein und legen diese Geniekarte auf die Rassenkarte, so tritt die ganz überwältigende Bedeutung der nordisch-alpinen Vermischungszone für die neuere europäische Kultur schlagend hervor. Diese nordisch-alpine Vermischungszone umfaßt den größeren Teil von Frankreich, ferner Flandern, Holland, den mittleren und südlichen Teil des deutschen Sprachgebietes mit Einschluß von Rheinland und Thüringen, endlich Ober- und Mittelitalien. Dies ist die Stammzone der neueren europäischen Kultur und die Zentrale ihrer Genies. Die Rassen sind also gewissermaßen erweiterte Elternschaften und die Keimspannung beginnt, wenn von weither Fremdes oder schwer Vereinbares zur Vermischung drängt. Man hat für dieses Verhältnis sogar den Ausdruck „Keimfeindschaft" geprägt.

Natürlich, um auch das zu erwähnen, finden wir immer wieder Fälle, wo Genie ohne eine solche Vorzüchtung als Zufallstreffer an unvermuteter Stelle aus der Masse des Volkes hervorragt, wo also weder eine besonders hohe Begabung, noch eine etwa in der Berufsart erkennbare vorwiegende Veranlagung in der Familie nachweisbar ist (Kant, Fichte, Hebbel, Händel). Daß solche günstigen Zufallskombinationen verborgener Begabung unter Millionen von Menschen gelegentlich sich ergeben, ist nach dem Gesetz der Wahrscheinlichkeit zu erwarten. Sie würden aber bei weitem nicht ausreichen, meint die Erbforschung, um den Führerbedarf eines Volkes zu decken.

Nun erhebt sich die für unsere Untersuchung besonders wichtige Frage, zu welchem Zeitpunkt, unter welchen Bedingungen tritt innerhalb einer Familie die geniale Begabung auf? Auch darauf ist die Antwort wissenschaftlich klar: wenn die Familie zu entarten beginnt. Wenn nach den Generationen der Tüchtigkeit der Abstieg beginnt, der wirtschaftliche Konkurs, der Selbstmord, die Kriminalität, dann ist auch die Stunde des Genies. Diese Entartung der Geniefamilie meldet sich entweder in der Generation des Genies selbst oder schon in der Generation voraus. Sie findet sich mit besonders überraschender Häufigkeit und Schwere gerade bei den größten Genies, man braucht nur an die Familien von Goethe, Byron, Beethoven, Bach, Michelangelo, Feuerbach zu erinnern. Aber lassen wir nunmehr die Formulierung Genie und Irrsinn fallen, da Irrsinn ein psychiatrisch-diagnostischer Begriff ist, und sagen wir lieber Genie und Entartung, erläutern wir dazu, daß Entartung nicht klinische Idiotie und Tobsucht ist, aber andererseits auch etwas anderes als kulturelle und nervöse

Differenziertheit gegenüber dem rustikalen Mehrheitstyp;
sagen wir, Entartung ist eine Kombination von körperlicher
Minusvariante und einem psychischen Geschehn, das ein
Leben nach dem Mehrzahltyp der Art nicht mehr ermög-
licht und die Fortdauer des Individuums in Frage stellt
oder aufhebt; fügen wir aber auch gleich hinzu, daß die
Psychopathen als solche Minusmenschen sind sowohl in der
Richtung ihrer intellektuellen wie sozialen Leistung, daß
die Psychotischen in der ganz überwiegenden Mehrzahl der
Fälle Ausfallsmaterial sind ohne Leistungshöhe, daß also
für die Gruppe, von der wir sprechen, etwas anderes, das
wir undefiniert lassen, hinzukommen muß, um zu dem
Typ zu gelangen, der uns hier beschäftigt –: so finden wir
zusammenfassend gegenüber der Frage: Genie und Entartung eine erste Position: jawohl, Genie ist eine bestimmte
Form reiner Entartung unter Auslösung von Produktivität.
Beweis: die Stellung des Genies im Erbgang, sein Auftreten in der Generationsfolge zu einem Zeitpunkt, wo
deutlich und allgemein das psychopathisch-degenerative
Geschehen in den Phänotypen beginnt.
Wenden wir uns nun dem biographischen Material zu,
das kein Feuilletonismus ist, sondern strenger wissenschaftlicher Befund. Zu den Resultaten von Lange-Eichbaum
und Kretschmer nehmen wir die von Binder hinzu, einem
württembergischen Psychiater, der zunächst von der Kombination Genie und Irrsinn nichts wissen wollte, aber
gleichwohl unter den Genialen ohne Schwierigkeiten hundert mit regulärer Psychose feststellen konnte. Dazu Birnbaum, der in seinem Buch „Dokumente" psychopathologi-
sches Material von hundertfünfzig genialen Persönlichkeiten sammelte. Wenn man dabei dann noch bedenkt,
daß sich die feinsten und intimsten Dinge vielfach der
Registrierung entziehn, vieles, was in das Gebiet der Ab-

sonderlichkeit, gesellschaftlicher Merkwürdigkeit, des Häus-
lich-Querulanten, des geheimst Körperlich-Stimmungs-
mäßigen fällt, daß sich ferner über viele Verstorbene natürlich kein Untersuchungsstoff mehr finden läßt, wird
man ermessen, was die folgenden Statistiken bedeuten.

Es litten an ausgesprochener klinischer *Schizophrenie:*
Tasso, Newton, Lenz, Hölderlin, Swedenborg, Panizza,
van Gogh, Gogol, Strindberg, *latent schizophren* waren:
Kleist, Claude Lorrain. An *Paranoia:* Gutzkow, Rousseau,
Pascal. *Melancholie:* Thorwaldsen, Weber, Schubert, Chopin, Liszt, Rossini, Molière, Lichtenberg, mit *Vergiftungs-
ideen:* Mozart, mit *Selbstmord:* Raimund. *Hysterische An-
fälle* hatten: Platen, Flaubert, Otto Ludwig, Molière. Es
starben an *Paralyse:* Makart, Manet, Maupassant, Lenau,
Donizetti, Schumann, Nietzsche, Jules Goncourt, Baudelaire, Smetana. Es starben an *arteriosklerotischer Verblödung:* Kant, Gottfried Keller, Stendhal, Linné, Böcklin,
Faraday. Es starben durch *Selbstmord:* Kleist, van Gogh,
Raimund, Weininger, Garschin. Es hatten *Triebvarianten*
in *homoerotischer* Richtung: vierzig. Es waren ihr Leben
lang *asexuell:* Kant, Spinoza, Newton, Menzel (die berühmte Stelle aus seinem Testament: „es fehlt an jedem
selbstgeschaffenen Klebestoff zwischen mir und der Außenwelt"). Es *tranken,* wobei Trinken keine bürgerliche Flüs-
sigkeitsaufnahme bedeutet, wie zum Beispiel bei Goethe,
der sein Leben lang täglich ein bis zwei Flaschen Wein
trank, sondern Trinken mit der erklärten Absicht des
Rauschs: *Opium:* Shelley, Heine, Quincey (fünftausend
Tropfen pro Tag), Coleridge, Poe. *Absinth:* Musset, Wilde.
Äther: Maupassant (außer Alkohol und Opium), Jean
Lorrain. *Haschisch:* Baudelaire, Gautier. *Alkohol:* Alexander (der im Rausch seinen besten Freund und Mentor
tötete und der an den Folgen schwerster Exzesse starb),

Sokrates, Seneca, Alkibiades, Cato, Septimius Severus (starb im Rausch), Cäsar, Muhamed II., der Große (starb im Delirium tremens), Steen, Rembrandt, Carracci, Barbatello Poccetti, Li T'ai-po („der große Dichter, welcher trinkt", starb durch Alkohol), Burns, Gluck (Wein, Branntwein, starb an Alkoholvergiftung), der Dichter Schubart, Schubert (trank seit dem fünfzehnten Jahr), Nerval, Tasso, Händel, Dussek, G. Keller, Hoffmann, Poe, Musset, Verlaine, Lamb, Murger, Grabbe, Lenz, Jean Paul, Reuter (Dipsomane, Quartalssäufer), Scheffel, Reger, Beethoven (starb bekanntlich an alkoholischer Leberzirrhose). – Fast alle waren ehelos, fast alle kinderlos, über glückliche Ehen weiß man eigentlich nur von einem halben Dutzend Musikern, dann von Schiller und Herder. Viele körperliche Mißbildungen: Mozart hatte verkrüppelte atavistische Ohren, Scarron war ein Krüppel ohne Beine, Toulouse-Lautrec von Kindheit an gelähmt, Verlaine hatte Henkelohren, der einen Wasserkopf, jener einen prognathen kriminellen Oberkiefer, der eine tierische fliehende Stirn, der idiotische Kinder –, das Produktive, wo immer man es berührt, eine Masse durchsetzt von Stigmatisierungen, Rausch, Halbschlaf, Paroxysmen; ein Hin und Her von Triebvarianten, Anomalien, Fetischismen, Impotenzen –: gibt es überhaupt ein gesundes Genie?

Es gibt eine durch die enormste geistige Gewalt lebenslänglich *kompensierte Antinomie,* es gibt die immer wieder durch *spirituelle* Leistungen gelöschte *primäre Dyshormonie:* Goethe ist der Fall dafür, ähnlich Schiller, auch Leibniz. Aber doch auch Goethe ist, wie Möbius nachgewiesen hat, ein äußerst empfindsamer, höchst reizbarer Psychopath und Gefühlsmensch gewesen, ja daneben lief, einwandfrei festgestellt, eine ganz leichte Form von Zyklothymie mit Depressionen, wo die Produktion völlig dar-

niederlag, und dann wieder Perioden von Hypomanie
und übertriebener Jugendlichkeit. Und auch Lombroso, der
immer nach den Génies intègres suchte und Voltaire zu
ihnen rechnete, wird heute dahin korrigiert, daß Voltaire
bei näherem Zusehn ebenfalls ein gefährlicher, reizbarer
und hypochondrischer Psychopath gewesen sei. Man bedenke auch folgendes: es gibt einige scheinbar Gesunde,
aber in ihrer nächsten Erbumgebung sehen wir klassische
Psychopathien: Hegel selbst gesund, seine Schwester geisteskrank; Hauff und Kerner Schwesternsöhne, aber die dritte
Schwester geisteskrank, die Großmutter somnambul; Balzac scheinbar gesund, aber sein Vater legte sich eines Tages
ohne jedes Motiv ins Bett und stand erst nach zwanzig
Jahren wieder daraus auf: es sind dies alles wohl nur
latent Labile, scheinbar Geschonte bei schon begonnener
erbmäßiger Entartung. Doch will ich eine Bemerkung von
Kretschmer hier erwähnen, der meint, daß ein kräftiges
Stück Gesundheit und Spießbürgertum zum ganz großen
Genie dazugehöre, ein Stück, das unter Behagen an Essen
und Trinken, an solider Pflichterfüllung, an Staatsbürger-
lichkeit, an Amt und Würden dem großen Genie erst jene
Qualität von Fleiß, Stetigkeit und ruhiger Geschlossenheit
verleihe, die seine Wirkungen weit über die lauten und
vergänglichen Anläufe des Genialischen hinauszuheben
vermöge. Das scheint mir eine vorzügliche Beobachtung zu
sein. Kein Zweifel, daß es in den geologisch weiträumigen,
namentlich den epischen Genies immobile bürgerliche
Schichten gibt, an denen das Dämonische sich besonders
wirkungsvoll bricht und an deren Borden die Blumen des
Bösen ganz besonders sicher und überzeugend wachsen.
Das ändert aber nichts an unserer These, für die wir jetzt
auf Grund des individualstatistischen Materials eine zweite
Position gefunden haben: Genie und Entartung – jawohl,

das psychopathische Element ist ein unentbehrlicher Teil-
faktor in dem psychologischen Gesamtkomplex, den wir
Genialität nennen.

Also: Genie ist Krankheit, Genie ist Entartung, davon
muß man sich, glaube ich, für überzeugt erklären. Aber
es erhebt sich nun die Frage, muß man nicht dem ganzen
Problem noch eine andere Wendung geben? Wie sieht die
Analyse von Genie und Irrsinn aus, wenn man sie aus der
biologischen Idee in die soziologische übernimmt? Wir
stoßen nun auf einen Gedanken, der die moderne Geniekunde durchzieht, ein Gedanke, der vielleicht zunächst etwas Enttäuschendes und Abkühlendes besitzt, der aber
seine Fruchtbarkeit und methodische Überzeugungskraft in
den grundlegenden neueren Werken der Geniekunde bewiesen hat, ein Gedanke immerhin, der eigentlich eine
noch abgründigere Perspektive eröffnet als der vom direkt
und persönlich himmelstürmenden und anlangenden Genie.
Der Gedanke lautet: Genie wird nicht geboren, sondern
entsteht. Nicht die Anlage, die Leistung, auch nicht der
Erfolg allein genügt, um ein Genie zu werden, sondern
es muß etwas anderes hinzukommen, nämlich die Aufnahme bei der Gruppe, beim Volk, bei der Zeit, häufig
einer späteren. Genie muß erlebt werden. Man müßte also
weniger von Genie sprechen als von Genie*werdung*, es ist
ein extrem soziologischer Prozeß, der aber nichts zu tun hat
mit einer metaphysischen und unklaren Reifung der Zeit
für Persönlichkeiten und Ideen, es ist ein kollektivistisches
Umformungsphänomen, am Ausgang steht die historische
Figur und am Ende steht das Genie. Natürlich gehören sie
zusammen, natürlich haben sie Entsprechungen und Identität, aber genetisch liegen sie auseinander. Nehmen
wir einen konkreten Fall: Rembrandt: er war zu Lebzeiten
zunächst ein angesehener Maler, aber gar nichts Einzig-

artiges, in der zweiten Lebenshälfte galt er als manieriert und bekam keine Aufträge mehr und verkam schließlich bekanntlich trunksüchtig und gepfändet im Armenhaus. Dann war er verschollen. In den achtziger Jahren des vorigen Jahrhunderts galt er als mittlere Qualität, dann erschien das Buch des Rembrandtdeutschen, und nun wurde er die welthistorische Persönlichkeit und das Genie. Typischer Fall von Geniebildung, lehrt die Soziologie, sehr wahrscheinlich, daß es mehr Rembrandts gibt, bei denen sich dieser Prozeß nicht vollzogen hat – warum hier, warum nicht woanders? Oder Walther von der Vogelweide: der war nicht nur vergessen, sondern völlig und absolut unbekannt, sein Name lag überhaupt gar nicht vor, bis Uhland 1822 die berühmte Biographie über ihn schrieb, und nun wurde er mit einem Schlag der größte Lyriker des Mittelalters. Sehr wahrscheinlich, es gibt mehrere solcher Minnesänger, also warum gerade er? Zunächst sind in beiden Fällen zwei deutliche äußere Anlässe vorhanden, dort der Rembrandtdeutsche, hier Uhland. Aber das allein genügte nicht. Doch jener Umformungsprozeß, von dem ich sprach, hatte Gelegenheit, einzusetzen: der Maler rückt in das Blickfeld einer Zeit, man geht seinem Leben nach, man stößt auf Abstieg von der Höhe, elendes verkommenes Alter, sehr suggestiv ist Armenhaus, aufgedunsenes Gesicht, trübe Augen, nun setzt die Mythe ein, nun arbeitet die Gruppe an einem Lieblingsthema seit der Sagenzeit: der Schöpfer, der sich um Geld prügelt, der alte Seher, dessen Beerdigung niemand bezahlen will, es tritt jene Gefühlslage dem Objekt gegenüber ein, die die moderne Psychologie, von der Religionswissenschaft belehrt, als *numinos* bezeichnet, eine Mischung aus Heiligkeit und Grauen, und die Genieerklärung und Geniebildung nähert und vollzieht sich bis in jene Höhe, die wir heute sehen.

Beachten Sie wohl, das hat nichts zu tun mit Mode, Schiebung, Reklame und Konjunktur, das kann der Ausgangspunkt sein, das kann hinzukommen, aber der eigentliche Prozeß spielt sich in ganz tiefen Regionen ab, liegt nahe bei dem Religiösen und den archaischen Schaltungen der frühen Schicht. Walther von der Vogelweide wiederum ist der irrende, der unbehauste Vagant, der ein Lehen hatte, aber vertrieben wurde, doch die Heimat treu liebt, ein häufiges Motiv bei der Geniebildung, das wir bei Rimbaud, Verlaine, François Villon, Li T'ai-po, den deutschen Balladentalenten wiederfinden, es fällt unter die Akkorde unstet und flüchtig und das Kainszeichen auf der Stirn.

Es ist dies nicht im entferntesten eine rationalistische Erklärung, eine antiheroische Relativierung, ein amerikanisches Smart, es ist überhaupt keine Erklärung, sondern eine Untersuchung über den Ruhm, seinen Weg und seine Auflösung ins Kollektive. Es hat sich nämlich herausgestellt, daß der Ruhm und später die Geniebildung eigentlich niemals unmittelbar an die Leistung anknüpft, sondern *immer an Akzidentelles,* an das Schicksalhafte der Figur, das Äußere und das Innere. Es gibt da ganz typische Ausgangsstationen: für die äußere gebe ich Burckhardt das Wort: „Selbst Erwin von Steinbach oder Michelangelo würden in der Kunstgeschichte nicht als die größten Baumeister gelten, wenn nicht zufällig der eine den höchsten aller Türme und der andere den Haupttempel einer Weltreligion in Auftrag bekommen hätte. Nicht darum ist Phidias der berühmteste aller bildenden Künstler, weil er der größte war, sondern weil er die repräsentativen Kunstbauten eines sehr reichen Zeitalters in Auftrag bekam." Also man muß den höchsten Turm bauen oder mit der stärksten Macht liiert sein, um hochzukommen. Nicht das

Werk als solches bringt den Ruhm. Nicht einmal bei
Michelangelo! Aber gerade sein Name, der der einer der
psychopathischsten Naturen der Kunstgeschichte ist, mit
Triebvarianten und schwersten depressiv-schizoiden Zügen,
leitet uns sofort auf die sehr viel wichtigeren inneren
Ausgangsstationen hin: die sind Krankheit, Selbstmord,
früher Tod, Rauschsucht, Kriminelles, Abnormität und ganz
besonders deutlich und massiv: die Psychose. Nun betrachte man unsere Statistiken einmal von rückwärts: dann
steht plötzlich das Verhältnis Genie und Irrsinn in der
Beleuchtung da, der Genieträger ist zwar entartet, aber
das genügt nicht zur Geniewerdung, sondern das Kollektiv
vollzieht wegen der Entartung, ihres dämonischen Reizes,
ihrer rätselhaften Züge die Umformung zum Genie.

Man denke, welche sonderbare Stellung des Kollektivs!
In welchen Kreislauf es sich schaltet: es tritt in die Reiche
früher Schichten mit dem primitiven Verlangen nach dem
geopferten Gott! Man denke, welche Färbungen es annimmt: die Färbungen der Sagen und Mythen, durch die
so viele kranke und mißbildete Götter gehen: Odin ist
einäugig, Thyr einhändig, Loki lahm, Höder blind, Vidar
stumm, Gunther und Wieland lahm. Man denke, es leiht
sich das Verfahren der Muse gegenüber Homer: sie entnahm ihm die Augen und gab ihm dafür süßen Gesang,
also: er sollte im Dunkel leben, er sollte sich auf *Schatten*
verstehen, – und Ruhm und Geniebildung, vom individuellen, historischen und normativen Standpunkt aus vielfach etwas geradezu Widersinniges, gewinnt in diesen
soziologisch-genetischen Zusammenhängen den Charakter
einer kollektiven Symbolik des Degenerativen und einer
religiösen Aphoristik der Entartung.

Vergegenwärtigen wir uns, was das bedeutet! Vergegenwärtigen wir uns, zwischen welchen Welten, welchen Wer-

ten dies Jahrhundert sich verbrachte. Es waren alles biolo-
gische Werte, möglichst große Gesundheit, möglichst große
Leistungs- und Lebensfähigkeit, günstige Arterhaltung,
Vermehrung nicht nur als völkische Forderung, sondern
aus einem echten biologischen *Furor* für alles Fleischliche,
Organische, Wabernde und Wuchernde, als sogenannten
Triumph des angeblichen Lebens; es waren alles Züchtungs-
werte, geordnet nach ihrem Rang als Aphrodisiaka, eine
Yohimbinmoral mit Lustakkord, immer getrieben von der
Vorstellung der höheren Art und der Entwicklung. Und
nun stoßen wir bei der Betrachtung des Genialen plötzlich
auf Vorbedingungen, die diesen Werten entgegenstehen.
Wir stoßen auf Abnormes und Entartung und aus ihnen
entsteht der Menschheit die große Suggestion der Kunst.
Wir sehen Abwärtsgerichtetes, letale Varianten, und diese
bilden die Mischung von Faszination und Verfall. Es trennt
sich hier vor unseren Augen ein Gegenkomplex von der
Idealität der soziologischen und medizinischen Norm, es
löst sich hier als einziger Fall innerhalb der naturwissen-
schaftlich-hygienisch-technischen Welt ein Gegenwert und
sammelt alle Skalen vom Genuß bis zur Unterwürfigkeit,
von der Bewunderung bis zum Grauen. Der Begriff des
BIONEGATIVEN (Lange-Eichbaum) entsteht vor uns,
wir sehen ihn nicht nur personell an der naturalistischen
Figur des Trägers des Genialen, wir sehen, und dies ist
viel merkwürdiger, ihn verehrt, gefordert und umworben
von der sozialen Gruppe, von der kulturellen Gemeinschaft, sie sucht gegenüber dem Harveyschen Kreislauf
diesen Kreislauf aus Psychopathie und Minusvarianten,
sie bildet neben der Gesundheit und auf ihre Kosten die
moderne Mythologie aus Rausch und Untergang und nennt
es Genie.

Fassen wir zusammen: die schöpferischen, die vulkanischen

Gehirne, sagen wir: die Genialen: Manche steigen hoch,
manche ergreift die Stunde, manche werden Genies, viele
bleiben unten wie nie geschehn. Es drängt sich dies Bild
auf: hier die Vagabunden, die Alkoholiker, die Armenhäusler, die Henkelohren, die Huster, die kranke Horde
und dort Westminsterabtei, Pantheon und Walhalla, wo
ihre Büsten stehn. Das Pantheon gebaut, die Büste geformt,
nicht aus Dank für ihre Leistungen, wer sollte denn danken, sie lieferten ja schließlich auch nur ihre Zwangs- und
Liebhaberprodukte, nicht aus Bewunderung für ihre Standhaftigkeit, wer weiß denn, was Standhaftigkeit ist und wie
Standhaftigkeit tut, vielmehr aus Hang der Gruppe nach
Entartung und Verfall, betont in Anbetracht des Genuß-
wertes, den dem Normalen die Bacchen verschaffen, die in
ihren Ketten tanzen, wegen des unbezahlbaren Besitzes
jenes kostbaren Opfers, das unter seinen eigenen Räuschen
fiel.

Spannung und Verfall der Spannung – und daneben die
bürgerlichen Ideologien. Monolog der Schöpfung: Eis-
schollen werfen sich ihr letztes Leben zu und Wunden,
die im Chor einander ihre Räude weisen – und zu sieht die
Yohimbingesellschaft unter Lustakkord. Niemandes Schuld,
nicht einmal tragisch; nur sage keiner, daß diese Kreise
ineinandergingen, daß sie logisch und kausalgenetisch aufeinander wirkten, daß das Genie eine postume Rechtferti-
gung erhielte im Sinne einer historischen Qualität, wie es
die Werthypomanen der Heroenapologetik: Carlyle, Emer-
son, die Rankeschüler behaupten –: Rousseau *soll* die Französische Revolution vorbereitet haben, Onkel Toms Hütte
soll den Bürgerkrieg gegen die südamerikanischen Sklavenstaaten entfacht haben – soll, rückblickende historische
Behauptung, biopositiver Stimmungs-Feuilletonismus! –

halten wir uns lieber an das, was wir vor unseren Augen
sehen: griff Nietzsche ein, hielt Nietzsche auf? Dies unendliche Genie, vulkanisches Massiv gegen den Aufstieg
der mittleren Größe – griff er ein? Keineswegs! Ohne
Wahnsinn wäre er vielleicht unbekannt geblieben, längst
vergessen. Alle diese großen Spannungen aus Erbitterung
und Leid, diese Schicksale aus Halluzination und Defekten,
diese Katastrophen aus Fatum und Freiheit –: nutzlose
Blüten, machtlose Flammen und dahinter das Undurchdringliche mit seinem grenzenlosen Nein.

FAZIT DER PERSPEKTIVEN

I

Umbau des Ich, Fazit der Perspektiven, Saldo der Zeit. Am Ende das erste Drittel des Jahrhunderts, dessen Beginn wir einläuten hörten von den Kirchtürmen der Dörfer oder Städte, wo wir Kinder oder junge Leute waren, als wir ausläuten hörten das Jahrhundert unserer Geburt, das sich so stählern gab und das wir heute hinter uns erblicken wie ein Idyll. Ausgebreitet über eine Ethnographie vom Beringmeer bis nach Patagonien, unter einem spektralanalytisch tief erkannten Himmel, voll von jenem geographischen und historischen Lustgefühl, das seit Herder und Humboldt in ihm wuchs und ihm die Fähigkeit verlieh, Niegesehenes der Erde sowie die Abstraktionen der Geschichte mit naturalistischen Affekten zu erleben; bei einer Mentalität, in gleichem Maß um die technische Spezialisierung eines maschinellen Einzelfalles bemüht, wie um die metaphysische Fragestellung nach jahrtausendelang verschollenen Gründen und Hintergründen; in direkter, fast nonchalanter Nähe mit dem bisher räumlich Fernsten, gestikulativ in einer Art totipotenter Form, wie sie in vergangenen Epochen sein inneres Geheimnis war, lebt, viel auf Reisen, das heutige Ich.

In weiteren Zusammenhängen, als je es ahnte. Die Kartoffel ist lebensmüde, auf allen Feldern, man muß versuchen, durch Pfropfungen eine neue Art zu züchten. Die Ulmen[1] sterben aus, im Norden wie im Süden, seit man den aus dem Orient eingeführten Mutterstamm im Park von Dessau fällte: ein Stamm, ein Saft, das Ulmenleben[2]. Mit der La-France-Rose geht es zu Ende in allen Gärten der Welt: ein einziger großer Busch, der nun verblüht. Das Zurückbleiben und das Vorrücken der Arten! Die menschliche Masse setzt sich in Bewegung in geradezu abenteuerlicher Art, in hundert Jahren hat sie sich verdoppelt, in Europa lebten 1914 vierhundertsechsundvierzig Millionen, 1924 trotz Weltkrieg vierhundertsiebzig, die gleiche Erscheinung in Amerika, die gleiche in Japan, vor unseren Augen ein Ereignis so elementarer Art wie in früheren Epochen die Eiszeit, die Zerstörung der australisch-asiatischen Festlandsbrücke, der Untergang von Atlantis. Kein Zweifel, daß jeder einzelne von uns in diesem Augenblick persönlich körperlich teilhat an dieser ungeheuerlichen Wucherung des menschlichen Fleisches, an diesem Vordringen in den Raum unseres alten Protoplasmas.

Das alte Land soll es ernähren. Sei es durch Steigerung der landwirtschaftlichen Nahrungsmittelproduktion infolge mendelisierter Kombinationskreuzung der Getreidesorten oder durch Hinausrücken der bestellbaren Agrarzone in Richtung der Pole, sei es – es ist das sprengstofflose Zeitalter, Dynamit gehört zum alten Eisen, durch Kondensatorentladungen werden Metalle und Steine lautlos vergast – sei es, daß der Physiker einen Draht in ein Bohrloch tut, den Schalthebel betätigt, und ein Alpenmassiv wird zermahlen zu Weizenfeldern. Das alte Land soll es ernähren, aber das Gehirn lebt in den großen Städten. Bis vor ihre Tore war die Geschichte ein landschaftliches Aggregat, für unsere Breiten war sie ein Wandern aus der Wüste in die Baumbestände, es kämpften die Rassen, es kämpften die Pflanzen. Das Altertum war der subtropische Baum, die Neuzeit war der Rasen, die durchwässerte Natur. Noch vor zweihundert Jahren in Strophen an den Mond entdeckte sich das Naturgefühl, heute hat die Natur etwas Unnatürliches und Wind und Wetter wirken übertrieben. Der

Mensch von heute gehört in eine Etagenwohnung, und seine Ölfeuerung beschäftigt ihn mehr als jedes Sphinxgefühl. Eine neue Geschichte beginnt, die Geschichte der Zukunft, es wird die Geschichte des mendelisierten Landes sein und der synthetischen Natur.

Genotyp ist das moderne Wort für Stamm und Art. Von der zytologischen und statistischen Erblehre in ihrem Phänotyp, das heißt Individualismus im Rahmen der Variationskurve und unter Berücksichtigung der Grenzwerte errechnet, leben mit ihrer schizoiden oder zykloiden Konstitutionsnuance die hypophysär oder adrenal stigmatisierten Persönlichkeiten als junges Paar. Der Mann ist der Vorderlappentyp, die Frau der Hinterlappentyp. Einfache Häuslichkeit, links eine Kammer zur Überprüfung der Stickstoffrestbestände, oben ein Hängeboden zur Konzentration und rationalem Fakirismus. Zwei Kinder, das eine hat das Aufsatzthema: „Wirft der Zahnwechsel seine Schatten in den Mutterleib voraus. Eigene Erlebnisse." Das andere: „Inwiefern ist Goethes Iphigenie eine christliche Frau, unter Berücksichtigung der Wohlfahrtspflege." Glückliche Gruppenschwingung, Mutter und Tochter haben dreißig Prozent Assoziationsakkordanz; abends gemeinsame Lektüre, der Autor hat auf der ersten Seite neben den Namen die von der Endokrinologie errechnete Drüsenformel des Helden anzugeben, das Weitere ergibt sich dann von selbst, etwa so: Schilddrüsenhelga bekam eine Geschwulst in der rechten Nebenniere, die linke Brustwarze wuchs ins Unermessene und stach dem Liebhaber in die Flanke – sonst fischt er im Trüben.

Immer formelhafter das Individuelle, immer genormter der Betrieb. In die Schulbücher das Evangelium aus Philadelphia, die Geschichte vom Abtrünnigen vom Delaware, vom Mann, dem mit einem Stück Bleirohr der Schädel einge-

schlagen wurde, weil er am vierzehnten Mai einen Strohhut
trug. Sakramentale Schädelfraktur: Saison ist Saison. Masse
verlangt Gliederung, Einheitsidol. Ausdruck metaphysischen Schwungs, Stimmung eines Religiösen, Schimmer des
Gral: je exakter die Normung, um so magischer die Dynamik, die sie bewegt. Sagte schon Novalis, die Physik sei das
Negativ der Dichtung, enthüllen heute Rationalismus, Induktion, Psychologismus ihren Charakter als standardi-
sierte Mythologie.

II

Fazit der Perspektiven. Die Weltkraftköpfe tagen. In Zen-
traleuropa vereint Stahlwerke aus Bengalen, Staudämme
vom Amazonenstrom, Quecksilberhütten aus Ungarn, ko-
reanische Kohle. Die Wandelhalle prangt im Schmuck der
Flaggen von fünfzig Nationen, von der Decke des Rund-
raums hängen Banner in Grün, Lila, Orange, Rosa, Blau
und Rot, die Embleme der fünf Kontinente. Der Präsident
schlägt mit dem silbernen Hammer an den silbernen Gong.

Der weiße Mann ist in den Erdteilen. Nigger, geheuert aus
tief im Busch verstecktem Kral, einen Kürbis voll Trank
auf dem Rücken, treibt er durch Gefilde ohne Wasser
zwischen Löwen und Hundshyänen in den ausgewaschenen
Sand der Silbermine, nachts in den Blechhütten auf den
zementenen Massenbänken brechen Räusche aus mit Fä-
kalgenuß und Sodomie. Durch Sklaven, am Kongo billig
eingekauft, in den Südstaaten gegen Schnaps und Flinten
teuer losgeschlagen, auf dem Rückweg ein spanisches Silber-
schiff beraubt im Namen der jungfräulichen Königin, gründete er sein Riesenvermögen; mit der Palmadorra in die

Handflächen, der durchlochten Riemenpeitsche, die Blasen
zieht, wird er biblisch: wer hat, dem wird gegeben, also das
Kreuz auf die Missionshäuser und die Kokosnüsse in die
Lagerschuppen. Wo er hintritt, grünen Stores um seinen
Fuß: Feuerwasser, Lackschuh, Aluminiumpötte für die Kin-
der der Wildnis; die Hindufrauen, von der Witwenver-
brennung befreit, schickt er zu geordneter Arbeit mit ihren
Kindern sechzehn Stunden in die Bergwerke; die zarte
Pfirsichblüte führt er zum Leben: in der Bar des Majestic-
Hotels in Shanghai lehrt er sie den Cocktail mit der Eleganz
eines kleinen Vogels trinken.

Auf den alten Schlössern der Großmogule klatschen die
Antennen; Vernichtung des Raums: an den Hängen des
Himalaya, am Rand Tibets. im Anblick des Mount Everest
steht der Achtröhrenapparat und hier diktiert Grimsby und
Königswusterhausen. Erst die Piraten, dann die Militärs,
jetzt die Wissenschaftler. Magie der Technik: Der Atlantik
wird in die Kalahari geschleust, neue Himmel, neue Nie-
derschläge, neue Klimen, und vom Sudan bis zum Njassa-
land pflanzen die Baumwolltrusts von Lancashire ihre
eigenen Malvazeen.

Fahrräder nach Uganda! Im Pendschab wiederum umfaßt
sein Blick die Wälder, das jungfräuliche Schweigen. Das
sind Blicke, das sind tiefe Blicke, das sind geradezu Tran-
spirationsblicke-: da schwitzen die Palmen Margarine aus
und die Akazien Rubber, – von den zweitausendachthundert
verschiedenen Bäumen der indischen Forsten sind fünfhundert im Welthandel. davon sechzig stark gefragt, dieser Blick ruht auf Blattdachamortisationen, Bambuspfand-
briefen, Kindern Floras. träumerisch aus dem Erdreich
wachsen Pfunde und Guineen.

Der Abend sinkt. In Nanking Road. Shanghai, der pom-
pösesten Geschäftsstraße Asiens. treibt der Korso der Li-

mousinen, Lackglanz, Träume der Fraun. Der Bully Ton
in Ton mit den Sesseln des Fond, das Grammofon bezogen
mit dem Leder der Polster, Handtasche wie Faltboot in den
heimatlichen Valeurs vom Gelben Fluß, matte Seidenschals,
neu bestickt: der Drache der Mandschu und der Leoparde
des King.

Noch[3] *ein* Reich: die englisch-chinesische Diarchie, Zentrale
Delhi, Imperial Delhi: Australien nicht weiter als Süd-
afrika, Kairo so nah wie Singapore – der Abend sinkt, noch
herrscht die weiße Rasse, aber sie hat die gelbe gelehrt,
schon ist sie ihr über, schon Hochhäuser am Brahmaputra,
schon blühn am Ganges die Reben, noch fünfzig Jahre weiter und das Unaufhörliche schwingt zurück. Ein neuer Khan,
eine neue Fahne, eine neue grüne Fahne des Propheten,
Wischnu erwacht, Asien kolonisiert, durch die Ruinen der
indischen Campagna, über die gelbe Erde, aus den weißen
Blüten der Teefelder, über die Große Mauer, steigt, um-
schwebt von den Geistern der Minggräber, ein gelber Gott.

Die weiße Rasse ist zu Ende. Technische Magie, tausend
Worte Rebbach, Text genormt, Partitur aus Zahlen, das
war ihr letzter Traum. Import aus Asien: Fahrräder nach
Ulster, Lutscher nach Halberstadt, Bierwärmer fürs Ge-
werkschaftshaus. Farewell, Opportunismus von der Börse
bis zur Psychiatrie! Kornloses Land, erschöpfte Schächte,
leere Docks. Wer weinte um die fallenden Geschlechter –
Iliaden hin und her! Das Unaufhörliche besucht den Pol,
streut Erde auf Scotts Grab, bald werden die Feuerländler
dort Rosen ziehn. Das Unaufhörliche, von Meer zu Meer,
mondlose Welten überfrüht, hinan, hinab.

HEINRICH MANN
ZUM SECHZIGSTEN GEBURTSTAG

Wieviel Stellen aus seinem Werk, wieviel Gestalten aus seinen Büchern müßte man rufen, um den Zauber dieses Tages zu beschwören. Nino: hier ist der weichste Rasen, die lieblichste Sonne, der laueste Schatten, der widerspenstige Fels spürt auf ewig das Siegel seines Traums. Propertia: nichts dringt bis zu seiner Schönheit, sie ist ganz unerbittlich; die Engel singen, rote Fahnen schlagen hinter ihnen zusammen um weiße Säulen, was für ein Fest! Ein Herz des Vollendeten schlägt, ein Leben nackt und unerschöpflich: – es ist Violante: die Mänade taumelt, die Nymphe lacht und ein Widerschein ihres ewigen Prangens fällt auf die vergängliche Hand.

In wieviel Lagern müßte man ihn suchen, in wieviel Gesichter blicken, aus denen alle seine Züge sehen. Überall am Mittelmeer wächst der Lorbeer und überall die Zypresse – sieh, ich will dir folgen in den Wald, so finster, auf das Meer, so treulos, durch Hellas und selbst zu den Barbaren. Zum Norden, aus dem Björn Jerside kam, bis nach Schloß Assy, einen Büchsenschuß von der Küste im Meer; von Düren bis zum Posilipp, von den Hochöfen der Ruhr bis zu dem Flecken im Sabinergebirge –: überall seine Spuren, seine Glieder, seine Ketten: diese Helden, die dunklen und die hellen, die Untertanen und Tyrannen, die Hirten und Heiligen, Kardinäle und Komödianten, immer dies Gemisch aus Kälte und Brand, Gemisch aus Bewußtheit und Trieben: glühend und eisig, süß und bitter wie die Tränen der Liebenden.

Immer das Panier hoch, Redensart von Utes Gönner, immer
das Panier hoch, Herr Andreas Zumsee, Augenweide von
Adelheid Türkheimer, dreißig Jahre, bevor der Gigolo
kulturhistorisch und soziologisch in Erscheinung trat. Das
Panier hoch, San Baco, herrlicher Grande, die Degenspitze
voraus, sanguinisch, offen und mit Gewalt. Attaché von
Tolleben: „Ich bin der Mann der rücksichtslosen Leidenschaft" („Haben Sie zehn Pfennig bei sich für Ihren Leier-
kasten?"). Später dann: „Ein ehrenhaftes Auskunftsmittel
wird sich finden lassen, um die Frau wieder loszuwerden
und die Mitgift zu behalten." Lannas, Reichskanzler, Schlüsselfigur, charakterologisch tiefgründig bestätigt durch gewisse heutige Denkwürdigkeiten. Ganz hoch die kleine
Matzke, so jung und schon an einen alternden Tyrannen
geschmiedet, die bei der Einweihung ihrer Villa Bienaimée,
während es die Trüffeln gibt, schwarze, violette und weiße
Trüffeln, ganze Trüffeln und Trüffeln in Scheiben, Trüf-
felsoßen, Trüffeln in Champagner und Püree von Trüffeln,
von ihrer hohen Verantwortlichkeit als Hausfrau ganz erfüllt ihrem Tischherrn, Freiherrn von Hochstetten, sein Glas
aus der Hand nimmt, um es mit der Serviette auszuwischen:
„Reinlichkeit muß sind"; um sie herum sitzen Schmerbauch,
der sich entleibt, Notnagel, der sich an sich selbst aufhängt,
Kapeller, Künstler aus Inowratzlaw, Pimbusch, den Zylin-
der mit sieben Glanzreflexen und die Tuberose mit dreizehn Blättern, Schlaraffenland, die leben, die genießen, mit
den ersten Detonationen, – im Buch des Fünfundzwanzigjährigen in den neunziger Jahren! – dem Sprengstoff, den
vorgeschobenen Posten der großen Ereignisse unserer Epoche: „Wenn eine Gesellschaftsordnung kaputtgeht, was ist
das doch sozusagen für ein feierlicher Sonnenuntergang."
Tempi peccavi, pater passati – dieser Art sind die grotes-
ken, die cleveren, die animalisch mechanisierten Typen, der

dunklen, der kämpfenden, der schattenvollen sind mehr.
Die Blà, aschblond ihre Flechten über einem Kragen von
Rosen, die frei ist, wenn sie leiden darf, das besorgt ihr
dann gründlich Piselli, übertrieben spannkräftig, schmal-
lendig wie eine Herme, Erpresser und rollt große süße Augen. Die Branzilla, die in einem Garten stand und den
Frauen sang, die um sie auf dem Rasen saßen, wieviel Sonne
auf ihnen, wieviel Glanz; Fräulein Adelaide, die im Palaz-
zo Doria sang, das klare Vogelprofil gegen den Haufen,
erst das erhabene Wort: „Keiner ist das Herz der Branzilla
wert, nur Gott verdient es", und dann verfallen, knochig
aufgereckt, die Geieraugen am verhaßten blinden Gatten,
zwischen Wirtinnen, die man nicht bezahlen kann und
nachts in den Mund, der so sang, strömen die Tränen. Da
ist Arnold, wohl die dunkelste Figur in dem großen Werk,
ganz Seele, offenes Gefühl, deutsch und weich, Arnold und
Lola, die sich verlassen, die sich lieben; Pandion und Heliodora, sie schmecken Honig und frisches Gras, indes sie sich
küssen, die sich lieben, die sich verlassen, denn der Straßen
sind unzählige in Hellas und noch auf vielen begegnen wir
uns: Pandion und Heliodora. Die nackten Herzen und das
Glück, alle die Träume, alle die Spiele, alles des Lebens,
meistens nur zum Durchschautwerden gut, aber manchmal
zufällig auch zum Beweinen.
Die deutsche Dichtung sah in ihrem letzten Jahrhundert
seinesgleichen nicht. Vielleicht Ähnliches an Eruptivität großen Stoffs in Kleist, Penthesilea; an dunklen tragischen
Träumen bei Hebbel, aber dann kam der Naturalismus.
Nichts gegen ihn, nichts gegen den deutschen Geist, der Gesinnung liebt im Gewande der Kunst, Dichterisches mit der
Neigung zu bilden, das ist wohl das Echte, das Zugängliche,
das Dauerverbürgende der humanistischen Realität, der sich
das verflossene Jahrhundert zugewogen hatte mit seinem

ganzen Gewicht an intellektuellem und sozialem Resultat. Da kamen um 1900 die Brüder Mann und phosphoreszierten. Lehrten einer literarischen Generation das Gefährliche, das Rauschnahe, den Verfall, der notorisch zu den Dingen der Kunst gehörte, brachten aus ihrem gemischten Blut: „Ihr Negerknaben meines Vaters", sang Lola und sah nun alles, was sie sang, sah die Heimat, Heimat aber auch der kalte Ort mit dem feuchten Nordostwind, der den Geruch brachte von einem nordischen Meer –, brachten die Kunst als die hohe geistige Korruption, zu fühlen, was keiner fühlte; die erst zu erfindenden Verfeinerungen, brachten – der Leser ist vorbereitet auf das Wort – brachten die Artistik, ein für Deutschland nie wieder zum Erlöschen zu bringendes Phänomen. Ahnen hatten sie hierzulande nur einen, der aber geistig geschlagen war und nichts galt. Die Delikatesse in allen fünf Kunstsinnen, die Finger für Nuances, die psychologische Morbididät, der Ernst in der Mise en scène, dieser Pariser Ernst par excellence, das Artistenevangelium: „die Kunst als die eigentliche Aufgabe des Lebens, die Kunst als dessen metaphysische Tätigkeit", das finden wir in dessen Theorie – und diese hinreißende Art von Können mit einem Fonds von Krankheit, von Unheilbarkeit im Wesen, dazu den Fanatismus des Ausdrucks, Virtuosentum großen Stils, das finden wir in der Art dessen, den wir heute feiern.

Diese fremde, zauberhafte, diese tödliche Art, die uns so beschenkte! Eine Handlung ohne Rast, eine Fabel unaufhörlich sich erneuernd, Themen an Themen, Spiel im Spiel, und die Handlung jeden Augenblick auseinandergedrängt von den Bildern, von den Hyperbeln, von den Räuschen. Sätze ohne Verben, rein prismatisch konstruiert; Adjektiva, üppig verwendet, episch malend wie nicht mehr seit Homer. Alles gesteigert, alles erkämpft. „Ich werde sehr viel arbeiten, das ist alles, was ich weiß. Fünf, mag sein sieben Jahre,

muß ich drangeben, bis ich Mailand erreiche, aber dann."
– Ein Visionär, dem seine Höhle in Flammen steht, dem
jedes Schneckenhaus zum Feenpalast aufschießt, hinter jedem Felsblock Satan hervorschnellt und lechzende, schwarze
Blicke aus allen Morgennebeln brechen, das war er sieben
Jahre, aber dann –. Dann fand er heim in das Reich, in
dem er sich selbst erkannte in den Bildern, die alle auf
Größe und Lust aus waren, zu den Gefilden der Helden,
worin keine Träne lange hängenblieb, zu dem ewig jüng-
linghaften Volk, – heim zu jenen Werken, jenen Wogen,
jenen weiten Ländern, die er bevölkerte mit seinen Halb-
göttern, verschlossen, langsam, stark und ohne Lachen –:
die italienischen Romane.

„Der große Dichter nimmt alles aus seiner Realität bis zu
einem Grade, daß er hinterdrein sein Werk nicht mehr aus-
hält" (ecce homo), dies war vielleicht der schöpferische Hintergrund, der sich schon in „Zwischen den Rassen" auftat,
aus dem Mann dann die Wendung zu den forensischen, den
sozialen, den publizistischen Themen vollzog, dies sowie
das Studium seiner großen Vorbilder und seines Wesens
primäre geistige Latinität. Der große Dichter will sein Volk
erobern – welcher seiner Helden wollte das nicht? Moi
haïssable, moi divin –, es ist Mittag über dem Ich, es schweigt
von Früchten, ach, ich lebe in meinem eigenen Licht, ich
trinke die Flammen zurück, die aus mir brechen –: „Ach, in
die Welt hinausfahren, in die großen Städte, über das Meer,
mein Werk dirigieren und, indes sie jubeln, fühlen, daß ich
spende! Nirgends fremd, überall schon bekannt sein durch
die Taten meiner Seele und, nun ich erscheine, tausend Ge-
liebte vorfinden, die mir danken." Ein Hunger wächst aus
meiner Schönheit, ach, trinkt euch Milch und Labsal aus des
Lichtes Eutern: „Ein Mädchen, das meine Arie aus einem
Fenster singt! Ein Junge, der mit seinem Korb voll Gips-

figuren durch den Staub zieht und dem eine Melodie von
mir die Straße weniger heiß macht! Ja, ich werde euch wohl-
tun, durch mich werdet ihr glücklicher werden und einander
lieben." Moi haïssable, moi divin.

Einander helfen, einander lieben, sagte schon Lola, aber
das wurde nun politisch. Oder aus den „Armen": „Die
Macht, das ist mehr als Menschenwerk, das ist uralter Widerstand gegen unser Atmen, Fühlen, Ersehnen. Das ist der
Zwang abwärts, das Tier, das wir einst waren. Das ist die
Erde selbst, in der wir haften. Frühere Menschen, zu Zeiten,
kamen los aus ihr und künftige werden loskommen. Wir
Heutigen nicht. Ergeben wir uns" –: also tiefe Blicke, aber
das wurde nun zersetzend. Sein Schwärmen für die Französische Revolution: „Dies Jahr war da, sein Gedanke ist
mein Trost" – das wurde nun antinational, wo Schiller doch
noch viel tiefer schwärmte. Wenn man nämlich gewisse
öffentliche Stimmen beachtet, müßte man folgern, wir be-
fänden uns hiermit bei der Huldigung auf einen Defaitisten,
Stimmen, die aus der gleichen Affekttrübung heraus die
heroische Intransigenz Nietzsches für ihren unfundierten
Imperialismus in Anspruch nehmen und Bataillone bei ihm
ausheben, obschon er es doch war, der schrieb: der deutsche
Geist ist meine schlechte Luft, ich atme schwer in der Nähe
dieser Instinkt gewordenen Unsauberkeit in psychologicis.
Aber andererseits wächst auf dem entgegengesetzten Flügel
ein literarisches Geschlecht heran, das die Mannschen Aus-
brüche und Eroberungen, seine Evolution nicht mehr miterlebte, das niemand auf sie hinweist, ja die man ihm ver-
schweigt bis zu einem Grade, daß harmlose junge Leute bei
ihm den Begriff des nützlichen Schriftstellers ausliehen, mit
dem sie sich etwas Rouge auflegten, in dem sie ganz vergehen vor Opportunismus und Soziabilität. Beides, *was für
Verdunkelungen!*

Sind nämlich, darf man wohl einmal untersuchen, seine weltanschaulichen Neigungen, mit denen er in den letzten Jahren bevorzugtermaßen hervortrat, die Schärfe ihrer Diktion, ihre tiefe Beredsamkeit, sind sie überhaupt politisch? Ist diese soziale Gesinnung überhaupt gesellschaftlich, ist sie nicht – „der Roman ist gleichmacherisch von Natur, diese Enthüllung der weiten Welt, dieses große Spiel aller menschlichen Zusammenhänge", (in „Goethe und Voltaire") – ist sie nicht vielmehr episch? Welches ist die Freiheit, die er meint, jeder denkt sich bei solchem Wort, das alle lieben, sein Liebstes, sagt die Herzogin, „ich denke an einige Dutzend Hirten, Bauern, Banditen, Schiffer und andere hagere feine Leiber, die zwischen den Steinen meiner Heimaterde vor meinen Blicken aufwuchsen. Sie waren dunkel, starr, ihr Schweigen war wild, Fell und Glieder bildeten eine einzige Linie aus Bronze. Ich will, daß Luft und Land so stark werden wie sie: das nenne ich Freiheit" – ist diese Freiheit nicht lyrisch? Nie ist bei ihm das kollektive Problem ohne die schmerzlichste geistige Antithese: „Wir haben zu lernen, daß der Wille aller ehrwürdiger ist als ein einzelner, mag er sich selbst auf Regeln und Gesetze berufen", so sagt einer, aber Flora Garlinda: „Welch ärmlicher Betrug! Als ob man etwas hätte außer sich. Güte? Alles Große ist ohne Güte!" – „Das Volk hat recht, o wie recht! In jedem Fall hat es recht, das Volk" – der eine, aber Dorlhengi: „Sollte ich, um einen Spritzenwagen herauszuziehen, meine Messe verbrennen lassen und meine Oper? Was bedeutet ein Haus, das abbrennt, gegen Italien, gegen die Menschheit, die auf meine Werke wartet?" Also wer hat recht? Gibt es überhaupt recht? Gibt es überhaupt Recht? Vertritt der überhaupt die fragwürdige Kategorie von Wahrheit und Irrtum, der sich zu dem Abschiedswort von Anatole France bekennt: „Ich liebe die Wahrheit. Ich glaube, die Menschheit braucht sie, sicher

aber braucht sie noch viel mehr die Lüge, die ihr schmei-
chelt, Trost spendet und ihr endlos Hoffnung macht. Ohne
Lüge würde sie umkommen vor Verzweiflung und Langeweile –"; vertritt der nicht vielmehr eine tiefe Melancholie,
nahezu Nihilismus, Nihilismus gegenüber allem Ideologischen, Erkenntnismäßigen, allen allgemeinen Werten, eigentlich allem gegenüber, das sich nicht auflöst in das Schweigen von Gestaltung und Form? Oder wie steht er zu dem
Fortschritt? „Sie umschritten den Brunnen, die Tauben flogen auf. Sie fliegen auf und setzen sich wieder, sagte der
Sekretär, das ist der menschliche Fortschritt –", steht er nun
also gegen den Fortschritt, steht er nun für den Fortschritt,
betreibt er überhaupt Wahlpropaganda, oder ist das nicht
vielleicht etwas, das man sieht, ist das nicht vielleicht Ausdruck, ein Bild, ein klares Bild? Oder atmet vielleicht ein
Satz innerhalb des liberalen Schwunges, der öffentlichen,
also opportunistischen Sphäre, der im Zusammenhang politisch ansetzt, aber dann ansteigt zu seinem bitteren, hyperboreischen Glück: „Über Trümmern von hundert Zwing-
burgen drängt der Geist der letzten Erfüllung der Wahrheit und Gerechtigkeit entgegen, ihrer Vollendung und sei
es die des Todes –", das ist doch wohl keine demokratische
Wirtschaftsfuge, keine Sanierungsperspektive, kein Partei-
taggedanke, keine Abstraktion, sondern Gesicht, in Deutschland: Gesicht, das ist Form, Wuchs zum Ausdruck, Begna-
dung zum Stil, das ist Geist, reiner Geist – descende in
hortum nostrum!
Es ist Kunst. Oder richtet sich die „Große Sache" vielleicht
gegen ein Währungssystem, gegen den Stand der Reichskanzler, gegen den Hansabund oder die Volkspartei? Sie
richtet sich gegen die Zeit, das ist sicher, aber mit welchen
Mitteln? Kaum noch Mitteln: mit dem Sturm und Drang
einer ganz extremen karikaturistischen Potenz, der jugend-

lichen Spannung eines artistischen Könnens, das es in Europa nicht zum zweitenmal gibt, zehnmal Th. Th. Heine, zwanzigmal Gulbransson, und in Kurven, phantastisch aber sicher, haarscharf aber irreal, figural fit, aber unpsychologisch, nämlich in der Verwirklichungsweise des Traumes und der Inspiration überschneiden sich Zeit und Raum und springen Brüstung und Mulle in der Arena an. Und was drücken sie aus, was zeichnen die Kurven, was bleibt zurück? – Kein Börsenmenetekel, kein Aufbauroborans, zurück bleiben ein Liebespaar dort vorn unter den endlich erreichten Wipfeln und ein Sterbender hinten allein. Ein Sterbender mit all seinen Irrtümern, Anläufen von Erkenntnis und einem eigenen Gleichnis des Lebens bis auf den ungelösten Rest. Die große Sache – das ist immer der ungelöste Rest. Die große Sache, von jeher, niemals anders und immer sie: der Glaube an Jenes über den Schlünden jedes Abgrunds und hinter den Sternen jedes Himmels, mehr als das Sein und mehr als das Vergehn. Von Violante bis Birk, die große Sache: wenn die Farben verfallen, die Strahlen schräg stehen, wenn von den Decken und Wänden übereinanderstürzen die weiten Schatten, lehnt in der Dunkelheit einer gegen eine Säule und hält die Hände hinter den Kopf gekreuzt, sein Fuß tritt lässig auf eine gelöschte Fackel, er ist nackt, er hat große, aufwärtsgebogene Locken, seine Augen blitzen blau, sein Mund mit kurzer, roter Lippe ist vor Kühnheit fast töricht, und siehe – es lächelt aus den Schatten.

Was lächelt? Es lächelt die Kunst. Die Kunst, die große Ausschweifung, das Laster mit Erschlaffung, immer auf die Eroberungen und Niederbrüche des einzelnen gestellt. Ist ihre Erscheinung wie im vorliegenden Falle sehr groß, kann sie mancher unter seine Kollektivbegriffe beugen: als Fortschritt, als Pädagogik, als Bildung, als Partei, wer sie aber

ganz eingehend durchdenkt, erblickt in ihr immer die Abart
und nicht die Norm. Hier berauscht sich etwas in Gesängen,
instrumentiert den weiten Chor der Masse, monologisiert
das Ahnen des lyrischen Traums. Hier liegt offenbar nicht
Mitteilung vor, sondern Ausdruck, nicht Teilnahme, sondern Differenzierung, hier lebt etwas nicht aus Gesinnung,
sondern aus Inspiration. Hier liegt offenbar etwas ganz
Unerträgliches vor, da man es mit den Namen von so viel
Bequemlichkeiten lindert, etwas Fernes, das das Individuelle verneint und dem Magischen sich verkettet, etwas, das
weit, weit fühlt wie in jenem Finale am Schluß von „Auferstehung": in Don Roco, schon umschattet dämmert es, der
Traum, der die Menschheit von ihrer Wiege hierhergelei-
tet hat, in der Stunde des Todes erst wird er erfüllt sein,
„so wird all ihr Kampf dem Tode gedient haben, das ist es,
was ich erfuhr, wir leben dem Tode". Nein, der Liebe, erwidert seine Stimme, die Gefährtin seiner Jugend. Aber dan
beide: dort hinten, wo es schon ins Feld hinausgeht, am Ende
der Laube: oh, die Nymphe! Sie wenigstens ist jung geblieben: „sie lächelt mit ihrem zweitausendjährigen Mund
über unser kurzes Leben und alle unsere Schmerzen". Die
Nymphe aus Marmor, am Ende der Laube: die Kunst.
So feiern wir also die Kunst. Feiern die erregendste Dichtung der Zeit, lyrisch phänomenal und episch von der gleichen primären Evidenz wie bei Conrad und Hamsun, die
enfaltetste deutsche Sprachschöpfung, die wir seit Aufgang
des Jahrhunderts sahn. Wir feiern den Meister, der uns alle
schuf. Ihn, zu dem die Kunst heute sagen würde, was in
seiner Novelle „Die Rückkehr vom Hades" zu Helena Menelaus sagt, unerlahmt von all den Schlachten, traumhaft
fortgewendet von Waffen und Blut: „Auf deinen Lidern,
o Helena, trägst du den ganzen Trojanischen Krieg." Auf
seinen Lidern – was seit dreißig Jahren aus unserem Ge-

schlecht die Sterne sahn. Was zu ihnen aufstieg aus einem
Volk, rassenmäßig schwer und selten innerlich voll zu lösen,
nach Nietzsche aufstieg an Schönheit des Wortes, heller
Vollkommenheit des Stils, Schimmer schöpferischen Glanzes: auf diesen Lidern. Anemonen und Hyazinthen, Dolden
der Mythe aus Asche und Blut, zu diesem Fest im Monat
der Adoniden. Und wenn nicht alle feiern, wenn nur wir
es sind, wenn nicht aller Blicke sich mit Rührung füllen,
wenn welche nur glotzen, wollen wir ihm wiederholen, was
er selber zum sechzigsten Geburtstag an Gerhart Hauptmann schrieb: „Wer wirkt, frage niemals auf wen. Genug,
daß er Keime legt. Sie verbreiten sich, indes er vielleicht
zweifelt. Sie treiben – sieh, sie treiben schon in würdigeren
Herzen."

IRRATIONALISMUS UND MODERNE MEDIZIN

Ein Arzt, der heute in Deutschland praktizierte und neben seiner täglichen Arbeit Zeit fände, die wissenschaftliche biologische Literatur zu lesen, dabei auf das Buch von Erwin Liek stieße: „Das Wunder in der Heilkunde" (Lehmann Verlag, München), angeregt durch dieses Buch, über gewisse Bemerkungen etwa von Kraus, von Krehl, Goldscheider – berühmte medizinische Universitätsordinarien – nachdächte, ferner Interesse hätte, selber bestimmte Nachprüfungen bei seinen Patienten vorzunehmen, könnte durch die im folgenden entwickelten Gedankengänge, deren Ausgangspunkt etwas so Banales wie die Behandlung von Warzen ist, in eine Krise geführt werden, die eine ernstliche Gefährdung seiner Persönlichkeit bedeutete.

Dieser Arzt – nennen wir ihn Dr. Rönne und lassen wir es ihn direkt erleben – geht eines Tages auf der Straße und trifft einen Kollegen. „Nun, haben Sie schon das neue Warzenmittel angewandt?" fragt der Kollege, „nein", erwidert Rönne, sie unterhalten sich darüber, reden hin und her, Rönne schüttelt den Kopf, lächelt, geht nach Hause, wo die Sprechstunde beginnt. Rönne ist Hautarzt, er hat viele Warzenpatienten in seiner Klientel, Warzen, diese harmlosen kleinen Geschwülste, meistens flache, hornige Wucherungen, die mitunter ziemlich tief in das Unterhautzellgewebe hinabreichen und die zuweilen namentlich die Handrücken von Jugendlichen zu Hunderten störend bedecken. Man muß sie meistens einzeln wegätzen; nun hat Rönne das wohl schon öfter gehört, daß man angeblich nur eine Hand zu behandeln braucht, dann heilt die andere mit, gesehen hat er es selbst nie, doch, wie gesagt, ver-

nommen, aber nun die Mitteilung über das *neue* Warzen-
verfahren rückt es allerdings in ein völlig neues Licht.

Rönne beginnt seine Nachprüfungen. Der erste Patient
tritt ein, ein Warzenjüngling. „Ich behandele Ihnen nur
die eine große Warze", sagt Rönne, und zwar sagt er es
mit einer besonders melodiösen Stimme, „ich ätze sie mit
Salpetersäure, dann verschwinden auch die anderen alle
mit, das Mittel verteilt sich unter der Haut weiter und
beizt sie an der Wurzel weg, kommen Sie nach acht Tagen
noch mal wieder." Der Patient erscheint auch nach acht
Tagen, und beide Hände sind glatt und heil. Natürlich ist
Salpetersäure kein Mittel, das sich unter der Haut oder
irgend sonstwohin verteilte, es bleibt an Ort und Stelle
liegen und verflüchtigt sich sofort. Man wird gleich erfahren, was es mit dieser Redewendung auf sich hat.

Rönne arbeitet weiter. Er tritt nun seinen neuen Warzenpatienten folgendermaßen entgegen: Er läßt sie die Hände
auf ein Papier legen, zeichnet deren Umrisse nach und
trägt auf die Zeichnung die Warzen in natürlicher Größe
ein. Dann verbindet er den Patienten die Augen, reibt die
Warzen leicht mit einem Stäbchen, indem er dabei sagt:
„Von heute an werden Sie die Warzen nicht mehr spüren,
sie werden verschwinden, Sie dürfen sie nicht mehr berühren." In hartnäckigen Fällen, besonders bei großen
Warzen, wiederholt er die Sitzung mehrere Male; im
äußersten Falle verlangt er, daß der Kranke eine Fotografie seiner Hände mitbringe, – eine Fotografie, also
fast eine Kontrolle und Bedrohung, warum die Warze noch
immer da sei. Und in jedem Falle verschwinden die Warzen. Der Autor, dem er in dieser Methode folgt, gibt an,
in dreißig Jahren nie einen Mißerfolg erlebt zu haben.

Rönne variiert das Thema. Jetzt läßt er die Patienten
aus dem Sprechzimmer mit verbundenen Augen in einen

Nebenraum führen und dort die warzenbedeckten Hände auf einen elektrischen Apparat legen. Der Apparat wird angelassen, ohne daß der elektrische Strom auch nur im geringsten den Körper des Patienten berührt, nur das Geräusch ist vernehmbar, ein zischendes Geräusch. Es folgen die nun schon bekannten Angaben, daß die Warzen heilen werden, dann wird der Betreffende in das Sprechzimmer zurückgeführt, die Binde wird abgenommen. Resultat: neunzig Prozent Heilungen, und zwar im Gegensatz zu anderen Behandlungsarten Heilung ohne Narben. Bei einzelnen handelt es sich um Fälle mit Tausenden über den ganzen Körper verstreuter Warzen.

Schließlich erprobt Rönne die Methode, von der der Kollege auf der Straße damals zu ihm gesprochen hatte, er spritzt an eine beliebige Stelle der Haut, meistens am Oberarm, etwas reines Wasser durch eine Kanüle ein, sagt obenhin: „Sie werden während der Einspritzung ein leichtes Brennen in den Warzen spüren, das vergeht bald, aber es kommt noch einige Male wieder, aber dann fallen die Warzen ab." Und in der Tat, das leichte Brennen stellt sich ein, und die Warzen fallen ab.

Ein Anruf, und die Warzen fallen ab, überlegt Rönne, also Warzen, pathologisch festumrissene Gebilde hundertfach mikroskopisch untersucht, verschwinden auf Zureden. Durch ein lebendes Virus, wahrscheinlich Bakterien, hervorgerufene kleine Neubildungen trocknen ab durch das eindringliche Wort. Ganz offenbar ist der Mensch etwas völlig anderes, etwas ganz unfaßbar anderes, als meine Wissenschaft es mich lehrte, nichts so Herabgesetztes, nichts so Dickflüssiges, nichts, dessen Kadaver man mit Gasschläuchen und Gummidrains bearbeiten müßte, um es zu heilen und sein Wesen zu erspähen.

Er sieht sich nun auf anderen medizinischen Gebieten um

und sucht nach ähnlichen Beobachtungen wie den seinen. Ein großer Chirurg, findet er, führt die Magensenkung auf zu enge Bauchdecken zurück und macht eine erweiternde Operation, worauf die Kranken ihre Beschwerden verlieren. Ein zweiter, vielleicht noch größerer Chirurg findet im Gegenteil, die Bauchdecken seien zu weit und macht eine verengernde Operation, und auch diese Kranken verlieren ihre Schmerzen. Der sensationell gewordenen Methode, durch salzfreie Diät die Heilung einer bestimmten chronischen Infektionskrankheit zu erzielen, ging in einem anderen Land eine Zeit voraus, wo die gleichen Kranken auf allerdringendsten ärztlichen Rat ihre Speisen ganz besonders scharf nachsalzen mußten, und mit beiden Methoden wurden Kranke gerettet, die aufgegeben waren. Ein Thema für sich die Verjüngungskuren, die alle auch tatsächlich die Verjüngung bringen; einmal mit Hilfe des Saftes von uralten Elefanten, die in den Dschungeln die Beeren ewiger Jugend fraßen; dann auf dem Umweg über Kaninchen, die, nach Einnahme des betreffenden Zaubermittels, fotomatonisch vorgeführt, vor Lebenslust nicht mehr zu halten sind und vor Jugendlichkeit über Tische und Bänke springen; bald sind es ungeheuer komplizierte chemische Extrakte, einmal aus Hirn und ein andermal aus Hoden; selbst die ägyptischen Papyri, mit dem Bauchfett des langlebigen Krokodils verknetet, treten als Verjüngungssalbe auf: und alles hilft, die Säfte quellen, die Haare sprossen, die Stimmung ist von Kopf bis Fuß auf Jugend eingestellt, wenn es nur der geeignete Mann in der geeigneten Weise verordnet.

Die moderne Medizin, erkennt Rönne, die sicher in gar keiner Weise irgendeinen Schwindel gutheißt, sondern eine ungeheuer ernste und verantwortungsvolle Arbeit an der Allgemeinheit verrichtet, setzt also gar nicht an bestimmten Organen und mit bestimmten spezifischen Mitteln an, sondern sie wendet sich an etwas ganz Allgemeines, an den Organismus als Ganzes, an seine Totalität. Wenn meine Warzen durch Bestreichen mit ganz indifferenten Mitteln unter Wortbegleitung verschwinden; wenn man in Japan auf die Warze das Zeichen der Taube malt, weil das Wort „Mame" sowohl Warze wie Erbse bedeutet und die Taube die Erbse frißt: und die Warzen verschwinden, so wird hier das Wort zu Fleisch, so wird das Blut zu Wasser, dann ist es nur ein Schritt, an den Sarginhalt zu treten und zu sagen: Stehe auf und wandele, – dann gibt es Möglichkeiten und Übergänge, die ohne Ende sind.

Der Körper ist offenbar etwas Flüchtiges, nicht der chemisch-physikalische Morast des neunzehnten Jahrhunderts mit den Absätzen des Positivismus im Gesicht, sondern er ist nichts als ein inneres Prinzip, und wenn man daran rührt, bewegt sich alles. Wenn der geeignete Mann daran rührt mit dem geeigneten Wort, das allerdings scheint die Bedingung zu sein. Aber dieser geeignete Mann kann der Tlinkitschamane sein, der um den Kranken tanzt, auf dem Kopf eine Krone aus Holzstäben, die den Hörnern der Bergziege gleichen und die aneinanderschlagen wie zu einem Fest. Es kann der Zauberer sein mit siderischem Pendel, der Schäfer, der Lehmpriester, der Masseur mit der mystischen Apparatur, er kann in Lourdes sein und in der Christian Science. Er muß nur an dies innere Prinzip rühren, an dies Herz aus Seele, an dem man sterben kann wie an einem Fels, der auf einen niederschlägt. An dem man stirbt, wie Penthesilea starb: sie gab den Dolch an Prothoe und sagte: „Willst du die Pfeile auch?", sie selber grub sich ein vernichtendes Gefühl hervor und starb so ohne die blutigen Rosen und ohne den Kranz von Wunden um ihr Haupt.

Offenbar ist der Mensch etwas viel, viel Primitiveres, als die intellektuelle Clique des Abendlandes behauptet, etwas ganz Allgemeines hinter einem schemenhaften Ich. Offenbar sind auch Leben und Tod gar nicht die Katastrophen, die der Individualismus aus ihnen machte: Stevenson berichtet aus der Südsee: junge Menschen, die sich gegen[1] die Tabuvorschriften vergangen haben oder auch nur fälschlich dies glauben, ziehen sich in eine Hütte zurück und sterben ohne jeden erkennbaren Anlaß in wenigen Tagen. Sterben offenbar an diesem inneren Prinzip, dem inneren Schöpfer, dem überirdischen Plan, der das ganze Tierreich durchzieht. Ja, ein Plan –: woher sonst zum Beispiel folgende voraussehende Anpassung, die individuell unerklärbar ist: die Larve des Hirschkäfers richtet sich einen Klumpen harten Lehms mit einer glatten Höhle darin als Ort der weiteren Metamorphose her. Die männliche Larve macht ihre Höhle viel größer. Woher weiß sie, daß wegen der mächtigeren Kiefer des künftigen endgültigen Insekts eine größere Höhle nötig sein wird? Man denke nicht, daß in der Puppe etwa das kommende Insekt vorgebildet liegt. Das Innere der Puppe zerfällt in einen formlosen Brei. Es bleiben nur wenige Zellen übrig, aus denen sich dann das fertige Insekt entwickelt. Es ist das innere Prinzip, das, wie man anfängt zu bemerken, auch das sogenannte Unbelebte bewegt: die Geologie wird darauf aufmerksam, daß bestimmte Kristalle immer zusammen in den Lagern vorkommen, andere sich immer zu meiden scheinen, also auch hier bei den Steinen, bei dem Stummen Sympathie und Antipathie, Erregung, Kräfte, Verbundenheit.

Durch die ganze Natur zieht sich das Warzenmotiv, sieht Rönne: Gefühl und das erregende Wort. Man beginnt es wieder zu erkennen, mehr: man beginnt es zu verwerten,

die ganze medizinische Literatur ist voll von dem Wort
als realem Reiz, seinen handgreiflichen therapeutischen
Möglichkeiten. Also Wort, das berauscht, Wort, das tötet,
denkt Rönne. Der geeignete Mann mit dem geeigneten
Wort, durchdenkt er nun nochmals die Lage, diesmal aber
viel präziser: also nicht der reine Mann mit dem reinen
Wort, nicht der große Mann mit dem großen Wort, nicht
das Wort für irgendein Ideal, einen Glauben, nicht als
Stück der großen einstigen Gemeinschaft, nicht als Laut aus
jenem inneren Erinnern, nein: das geeignete Wort –: übernommen in die moderne Therapie, verschoben in den allgemeinen kulturellen Zusammenhang –: wie sah das dann
aus, was würde das bedeuten?

Wen würde das Abendland mit dieser neuen Methode nun
also noch dringender, narbenloser, klassischer heilen, welchen Typ und diesen wiederum wozu? Die Biologie des
induktiven Zeitalters, die er um 1900 gelernt hatte, diese
Art objektiver Sicherung der Ablaufsgemütlichkeit des
Einzellebens, eine Art Säftepazifismus oder anders ausgedrückt: das individuelle Drüsenidyll als letztes Idol der
weißen Rasse, das war die Kraft- und Stoffperiode, das
Darwinsche Zeitalter, es war der Lehrstoff und man nahm
ihn hin. Wenn sie nun aber auch noch das andere übernahm, das Irrationale, das Vage, aber in dieselben Hände
und unter denselben gesellschaftlichen Bedingungen – also
doch auch nur wieder als neuen Trick, neue Mode, neue
Strömung, neues Palaver, kurz als Beschwörung mit Saldo,
die Schöpfung als Geschäft – war das etwa mehr? Hatte es
für das menschliche Problem irgendeinen erfüllteren Sinn,
das rationalisierte Einzelwesen vielleicht drei Tage oder
drei Wochen oder selbst drei Monate länger in körper-
lichem Unverfall zu bewahren, wenn die Epoche doch nichts
weiter hinter ihm erblickte, nichts weiter aus ihm machte

als Pferdekräfte, Brauchbarkeiten, Arbeitskalorien, Kaldaunenreflexe, Drüsengenuß? Hatte es überhaupt noch irgendeine historische Bedeutung, den Abendländer mit Spritzen, Salben, Bruchbändern und nun auch noch mit Suggestionsmethoden körperlich zu sanieren, wenn sein Hintergrund doch nur dieselbe verrottete Ideologie des Nützlichkeitspositivismus, dieselbe abgetakelte, hilflose, leergelaufene Hymnologie auf den von der Wiege bis zur Bahre mit Nasenduschen und Nährklistieren hochgepäppelten Fortschrittsfavoriten immer blieb?

Gesundheit als Wirtschaftsgut – die amerikanische Formulierung, stammend von I. Dublin, Leiter des Statistischen Büros der Metropolitan Life Insurance Company-New York, übernommen von den kapitalistischen Konglomeraten östlich und westlich des Atlantik. Da sitzen die modernen Napoleons: die Hygieniker, Röntgenologen, Statistiker, und überschauen die Armeen: die Herzen sind früh abgenützt: die Kriege, die Krisen, die Valutabaissen; der Blutdruck allgemein erhöht, Tonus der gereizten und gespannten Masse –: sechs neue Institute mit zwei Millionen Dollar Forschungsquote zur Stützung des Kreislaufs und der Gefäße verzinst sich bei Hinausschiebung der Arbeitsunfähigkeit um durchschnittlich zehn Tage volkswirtschaftlich als Anlage mit vier Prozent. Ferner der Vagus, Nerv der Labilitäten, der Bedürfnishäufigkeit und der Darmneurosen –: Kantinen mit Kalknahrung, Stabilisierungstherapie, als Neuanlage abgeschrieben, industriell berechnet, bedeutet eine PS-Steigerung um 3,27 Prozent. Während der Prosperity mit Kalk und Brom von der Wirtschaft für die Riemen saniert und hinterher als Schlacke in die Prärien verstickstofft –: das ist die Gesundheit des Zeitalters, kaum die Gesundheit von Mücken, weniger als die von einem gepflegten Hund.

Dieses Zeitalter! Der Kanzler Bacon kommt mir vor, schrieb Goethe an Jacobi, wie ein Herkules, der einen Stall von dialektischem Mist gereinigt hat, um ihn mit Erfahrungsmist zu füllen. Die moderne Wissenschaft, das induktive Zeitalter – Erfahrungsmist! Aufschlußreich, denkt Rönne, ja, man darf ihn wohl einmal so beleuchten, diesen Gleitballon, eingefettet in Formeln, man darf ihn ja wohl mal anstechen, diesen von allen Rentengasen des Staats und der öffentlichen Hand aufgedunsenen Balg, diese amorphe, augenlose Masse, begnügsam, vor den Dingen herumzuliegen wie ein Spiegel mit hundert Augen. Ja, man darf sie wohl einmal abschreiten, diese von einem ganz besonderen Kitt zusammengehaltenen Fronten: die Zahlen rechtfertigen die Proportionen, und die Proportionen rechtfertigen die Gesetze, und die Gesetze rechtfertigen wieder die Zahlen, und die Mathematik rechtfertigt die Physik, und die Physik rechtfertigt die Chemie, und die Chemie rechtfertigt wieder die Mathematik – bildhaft gesprochen: eine Bauernfängerei, ein reguläres Falschspiel, ein Kümmelblättchen, das niemand aufdeckt, da sie alle die Karten zinken.

Und darin eingebettet die Biologie. Nun sind sie alle zusammen und ermöglichen die Perzente. Wo du hingehst, da will ich auch hingehn, und wo du verdienst, da will ich auch verdienen. 1870 hatte der Neugeborene eine Chance, vierzig Jahre zu werden, heute sechzig –: das ist die Grundlage. Zwanzig Jahre – für die Masse an die Riemen und für die Oberschicht an die Sprudel von Gastein und Karlowy Vary. Und nun tritt auch noch der Geist herzu und spricht im Konzernjargon: stehe auf und wandele, laufe dir noch zwei Jahrzehnte die Stiefelsohlen durch, großer Sohn der intellektuellen Ära, die billigsten Ersatzteile bekommst du bei meinem Vetter nebenan und die

billigsten Verjüngungsdrüsen bei meiner Tante um die
Ecke, und nun gehe hin und wandele, und deine Warze
soll verfliegen, und mäste deinen Kadaver und achte auf
deinen Blutdruck, und wenn dann doch die Kampfersprit-
zen und die Herzmassage und die Sauerstoffapparate und
auch meine anregenden Redensarten versagen und du bist
erledigt und kommst nur noch als Bodenverunreinigung
in Frage, dann jedenfalls nur auf jenen Friedhof, dessen
Modell auf der internationalen Hygienemesse in Atanana-
rivo so allgemeinen Beifall fand, da es sowohl die affektive
wie die sanitäre Seite der Erdbestattung so mustergültig in
sich vereinte, jener wahrhaft hundertprozentige Friedhof mit
Abwehrapparaten gegen den ruhestörenden großstädtischen
Lärm bei gleichzeitiger Entkeimung der Luft nach dem System Ozon- und Aufbauspray für Hinterbliebene!

Das also ward der Mensch und sein Bild vom Leben und
Tod. Dafür mußte er auch noch zahlen, kleben, stempeln,
kämpfen, hungern bis in die Qualen seines Traums. Das
Bild, das den Göttern gleich sei. Das war die Zeit. Große,
grausame, unmenschliche Gedanken stiegen in Rönne auf.
Im Zwielicht sah er die Schöpfung, in silbernen, wie nach
Wolkenbrüchen verbreiteten Schleiern und Schein. In ihr
ein Geschlecht, ein besonderes zwischen den Tieren, die vor
ihm waren und es überdauerten. Unter diesem Geschlecht
sah er eine Rasse, eine weiße, herrschsüchtig und ohne
Götter, positivistisch: Zersetzungshybris und Schöpfungs-
apathie. Die fühlte ihre Stunde nahen. Mit der ganzen
Grausamkeit ihrer Hirne bekämpften sich die Gruppen,
jede wollte überstehn, jede wollte überdauern; Sieg und
langes Leben, alles für sie, immer für *sie, ihr* Hunger,
ihre Knochen, *ihr* Leben, selbst gemessen an den Tieren
war sie von großer Gier. Aber ihre Stunde war beschlossen,
nach den Steinkohlenwäldern begann es, und zwischen den

Eisfeldern wird es enden, keinen Augenblick länger, als es
im Anfang hieß. Das sah Rönne einen Augenblick, dann
kehrte er zurück und sah in seine Räume: die Instrumente,
Gläser, Spritzen, die Röhren, die ganze entwickelte biologische Industrie. Und so groß diese Industrie auch war,
sie erschien ihm zu klein für seine Perspektive. Wenn –
und das stieg nun mit starken Affekten in ihm auf –, wenn
die Produktionskraft seiner Rasse offensichtlich nur noch
darin bestand, immer periodisch eine neue Zeit mit einem
neuen Pathos zu begrüßen, in einer Art Drehkrankheit von
Weltwenden, einer Art Bandwurm von frohen Botschaften,
wenn sie jetzt dazu überging, das Irrationale, das Vage,
den schöpferischen Grund auch nur als neues Geschäft einzustellen in ihre sinn- und ziellose Aufbautherapie – dann
fort aus diesem Milieu, dann weg aus dieser Methode des
Denkens, die ja eine reine Rentenneurose, in jahrhunderte-
langer degenerativer Latenz entwickelt, war. Dann über
sie das Chaos, der Sturz, das tiefe Verhängnis und alle
Panik der Agonie.

Dies könnten für einen Arzt abschließende Gedanken sein,
und es könnte eintreten, wovon im Anfang die Rede war,
daß eine ernstliche Gefährdung seiner Persönlichkeit, ja
seines Lebens für ihn vorläge. Das würde sich darin
äußern, daß er aus der Gesellschaft verschwände und auch
seine Praxisräume nicht mehr beträte, es wäre ihm musku-
lär unmöglich geworden, den ihn umgebenden menschlichen Typ karitativ zu stützen, unmöglich, seine Gedanken,
seine Arbeit dem individuellen Drüsenidyll des Weißen
restaurativ zuzuwenden. Er verschwände: unbeirrbar den
Blick auf einen ewigen mythischen Rest unserer Rasse gerichtet, von dem er glauben gelernt hatte, daß ihm allein
wir es verdanken, wenn wir zu Zeiten herrlich waren und
es vielleicht für Stunden auch noch sind.

NACH DEM NIHILISMUS

In den hier vorgelegten Aufsätzen und Reden[1], die keineswegs systematisch ein gemeinsames Thema behandeln, sondern aus den verschiedensten Anlässen und Stimmungen entstanden sind, nehmen der immer wieder in einer ganz bestimmten Richtung vorstoßenden Denkvorliebe des Verfassers zufolge zwei Begriffe den Vordergrund ein: der der progressiven Zerebration und der des Nihilismus. Ihnen wird dann an einigen Stellen der Begriff des konstruktiven Geistes gegenübergestellt als der Ausdruck für Kräfte und Versuche, den lethargisierenden Strömungen jener entgegenzugehen. Haben wir noch die Kraft, so fragt sich der Verfasser, dem wissenschaftlich determinierenden Weltbild gegenüber ein Ich schöpferischer Freiheit zu behaupten, haben wir noch die Kraft, nicht aus ökonomischen Chiliasmen und politischen Mythologemen, sondern aus der Macht des alten abendländischen Denkens heraus die materialistisch-mechanische Formwelt zu durchstoßen und aus einer sich selbst setzenden Idealität und in einem sich selbst zügelnden Maß die Bilder tieferer Welten zu entwerfen? Also konstruktiver Geist als betontes und bewußtes Prinzip weitgehender Befreiung von jedem Materialismus, psychologischer, deszendenztheoretischer, physikalischer, ganz zu schweigen soziologischer Art –, konstruktiver Geist als der eigentliche anthropologische Stil, als die eigentliche Hominidensubstanz, die, mythenbildend sich entfaltend, ewig metaphorisch überglänzt, den Menschheitsweg vollendete in der Irrealität des Lichts, in dem Phantomcharakter aller Dinge, in einer Art von weither betriebenem Spiel zwischen die Sterne ihren Raum und ihr

Unendliches ergießend und die Genien der eigenen Brust mit den Himmeln und den Höllen weiter Schöpferscharen mischend.

Was die beiden Ausgangsbegriffe angeht, so sind sie nicht zu trennen, beide inhaltlich und chronologisch verbunden, beide erst im vergangenen Jahrhundert ins europäische Bewußtsein gehoben, der erste sogar erst in der allerjüngsten Zeit. Dieser Begriff progressive Zerebration stammt aus der kombinierten Wissenschaft von Anthropologie und Hirnforschung, von Economo in Wien hat ihn aufgestellt. Er soll sagen, daß die Menschheit im Verlauf ihrer Geschichte einen deutlich erkennbaren, unaufhaltsamen Zuwachs an Intellektualisierung, an Verhirnung aufweist. Die biologisch-organische Grundlage dieser Vorstellung habe ich in meinem Aufsatz „Der Aufbau der Persönlichkeit" eingehend dargestellt und perspektivistisch umrahmt. Für ihre psychologische Korrespondenz, die man als eine Frigidisierung des Ich bezeichnen könnte, die Richtung ginge vom Affekt zum Begriff („Erkenntnis als Affekt"), enthält die Akademie-Rede einige charakterisierende Einzelheiten.

Was den Nihilismus angeht, so ist ja vieles über ihn bekannt, einiges zu seiner Entstehungsgeschichte in dem Aufsatz „Goethe und die Naturwissenschaften" von mir[2] beigetragen. Aus ihm ersehen wir, daß ein Zeitalter, in dem sich das schöpferische Leben der Nation in einem geschlossenen geistigen Raum vollzog, den auch die inneren Kämpfe, die der Generationen gegeneinander, die der Weltanschauungen untereinander, nicht durchbrachen, da *ein* Glaube, *ein* Gefühl unangetastet über allen Verwandlungen blieb, ein solches Zeitalter für Deutschland das siebzehnte und achtzehnte Jahrhundert gewesen zu sein scheint, und wir sehen es enden etwa mit Goethes Tod.

Der Glaube oder das Gefühl, das über dem Aufgang dieser Epoche stand, hieß: Gott, das über dem Ende hieß: die Natur. Aber eine Natur, deren Vorstellung sich unter dem Einfluß von Leibniz und Spinoza gebildet hatte, Natur: ein pantheistisches All, zwar schon atomisiert oder vielmehr, da es den Ausdruck Atom noch nicht gab, er entstand erst 1805 durch die chemischen Untersuchungen von Dalton, schon ein in Monaden aufgeteiltes All, aber die oberste Monade hieß noch Gott, und wir lesen ja auch bei Goethe diesen Ausdruck noch sehr häufig. Noch häufiger allerdings den unpersönlich universalistischen Ausdruck Natur, der sein eigentlicher Ausdruck ist, einer Natur, noch ganz irrational empfunden, lyrisch in Strophen an den Mond begrüßt, noch einmal die alte verhüllte mütterliche Natur, man reißt ihr keine Erklärungen vom Leibe, sagt er, sie ist alles, ich vertraue mich ihr, sie mag mit mir schalten, ich preise sie in all ihren Werken –, und diese Sätze aus dem Hymnus an die Natur vom Jahre 1782, die im Tiefurter Journal standen, sind gewissermaßen die Abschiedsworte des Abendlandes an eine Welt, die seit zweitausend Jahren, also seit der griechischen Mythologie, als durchseelt empfunden, in Bäumen und Geschöpfen als von Göttern durchlebt dem Menschen beigegeben galt.

Um die Zeit von Goethes Tod begann die Auflösung dieses Gefühls. Es entstand das Weltbild, dem jede Spannung zu einem Jenseits, jede Verpflichtung gegenüber einem außermenschlichen Sein fehlte. Der Mensch wurde die Krone der Schöpfung und der Affe sein Lieblingstier, von ihm ließ er sich nun phylogenetisch bestätigen, bis zu welcher Herrlichkeit er sich in seinem Kraft- und Stoffwechsel ertüchtigt hatte. Zwei Daten sind auf diesem Weg von außerordentlicher Wichtigkeit, sie verleihen dem neuen

Zeitalter seine chronologische Basis und seiner Wahrheit ihren angeblichen Halt. Das erste Datum ist der 23. Juli 1847, es ist das Datum jener Sitzung in der Berliner Physikalischen Gesellschaft, in der Helmholtz das von Robert Mayer aufgeworfene Problem von der Erhaltung der Energie[3] mechanisch begründete und als allgemeines Naturgesetz vorrechnete. An diesem Tag begann die Vorstellung von der völligen Begreiflichkeit der Welt, ihrer Begreiflichkeit als Mechanismus. Dies Datum ist genauso epochal wie ein früheres, das mit post und ante unter uns lebt. Man vergegenwärtige sich, daß bis zu diesem Tage die Welt für die Menschheit nicht begreifbar, sondern erlebbar war, daß man sie nicht mathematisch-physikalisch anging, errechnete, sondern als Gabe der Schöpfung empfand, erlebte, als Ausdruck des Überirdischen nahm. Um es ganz deutlich zu machen: Goethe hatte gesagt: „im Erlebnis findet sich der Mensch schon recht eigentlich in der Welt, er braucht sie nicht noch begrifflich zu übersteigen" – jetzt begann die begriffliche Übersteigung, begann die moderne Physik.

Das zweite Datum ist das Jahr 1859, das Erscheinen der Darwinschen Theorie. In die Zeiten rassenhafter Hausse, in das unentwirrbare Konglomerat von riesenhafter Vermehrung des Geschlechts, Eingreifen Wallstreets in den Kapitalmarkt, Kolonisationsräuschen, Trieb- und Luxussteigerung ganzer Kontinente, Wirtschaftsaufstieg wucherungsbereiter Stände, Gründerklemmen, Kaiserreichproklamationen und -debakels fiel diese Theorie von der Ertüchtigung der tierischen Rasse und vom Lohn des Starken für Kampf und Sieg. Aus diesen beiden Daten bekam Europa den neuen Schwung, aus ihnen entstand der neue menschliche Typ, der materialistisch organisierte Gebrauchstyp, der Montagetyp, optimistisch und flachschichtig, jeder

Vorstellung einer menschlichen Schicksalhaftigkeit zynisch
entwachsen, möglichst wenig Leid für den einzelnen und
möglichst viel Behaglichkeit für alle, so hatte ja Comte
das neue Zeitalter philosophisch begrüßt.

Es begann das Zeitalter, dessen Lehre dahin ging, der
Mensch sei gut. Ein Wandel von welcher Tiefe und um-
wälzenden Formkraft des Seelischen sich in dieser Auffassung ausspricht, hat Ricarda Huch in ihrem Buch „Alte
und neue Götter" unvergleichlich geschildert. Es sind die
innersten Sphären, deren Umschichtung hierin ihre Formel
fand. Aus dem glühenden Dunkel der vielen Kirchen, so
schrieb Ricarda Huch, bebte es tränenschwer, donnerte es
mit Drommetenton, das Trachten des menschlichen Her-
zens ist böse von Jugend auf. Das stete Mitklingen dieses
tragischen Akkords, das Bewußtsein der Erlösungsbedürf-
tigkeit gab dem mittelalterlichen Leben die Tiefe und das
Grenzenlose. Durchdrungen von dem Gefühl der eigenen
Beschränktheit, wendete sich der Mensch anbetend dem
Vollkommenen zu, das die Menschen denken konnten, ohne
es angeschaut oder erlebt zu haben, einem ewigen Reich
jenseits der verwilderten Erde. Und dieser Gegensatz
zwischen Jenseits und Diesseits, die, verschieden wie Feuer
und Wasser, sich doch durchdringen, machte die Atmosphäre
gewitterhaft, erzeugte Taten wie Blitze und erhellte
wetterleuchtend das Herz mit Erkenntnis. Aber nun entstand das neue Lied, der Mensch ist gut, dessen flotte
Weise den strengen Choral der Vergangenheit verdrängte.

So weit Ricarda Huch. Der Mensch also ist gut, das heißt
sofern er schlecht erscheint, ist das Milieu daran schuld
oder die Abstammung oder die Gesellschaft. Alle Menschen sind gut, das heißt alle Menschen sind gleich, gleich
wertvoll, gleich stimmfähig, gleich anhörenswert in allen

Fragen, nur keine Entfernung vom Durchschnittstyp, nichts
Großes, nichts Außergewöhnliches. Der Mensch ist gut,
aber nicht heroisch, man übertrage ihm nur ja keine Verantwortung, verwertbar soll er sein, zweckmäßig, idyllisch
–: Entwertung alles Tragischen, Entwertung alles Schicksalhaften, Entwertung alles Irrationalen, nur das Plausible
soll gelten, nur das Banale. Der Mensch ist gut, das heißt
nicht etwa der Mensch soll *gut werden,* er soll sich durch-
kämpfen zu einer Güte, zu einem inneren Rang, zu einem
Gutsein, nein, der Mensch soll überhaupt nicht kämpfen,
er ist ja gut, die Partei kämpft für ihn, die Gesellschaft,
das Zeitalter, die Masse, leben soll er und genießen, und
wenn er jemanden ermordet, soll man ihn trösten, denn
nicht der Mörder, sondern der Ermordete ist schuldig.
Der Mensch ist gut, sein Wesen rational, und alle seine
Leiden sind hygienisch und sozial bekämpfbar, dies einerseits und andererseits die Schöpfung sei der Wissenschaft
zugänglich, aus diesen beiden Ideen kam die Auflösung
aller alten Bindungen, die Zerstörung der Substanz, die
Nivellierung aller Werte, aus ihnen die innere Lage, die
jene Atmosphäre schuf, in der wir alle lebten, von der wir
alle bis zur Bitterkeit und bis zur Neige tranken: Nihilismus.

Dieser Begriff gewann in Deutschland Gestalt im Jahre
1885/86, als das Werk „Der Wille zur Macht" teils kon-
zipiert, teils geschrieben wurde, dessen erstes Buch ja den
Untertitel führt: „Der europäische Nihilismus". Aber dieses
Buch enthält schon eine Kritik dieses Begriffes und Ent-
würfe zu seiner Überwindung. Wollen wir ihn noch weiter
zurück verfolgen, wollen wir feststellen, wo und wann dieser schicksalhafte Begriff zum ersten Male in der europäischen Geistesgeschichte als Wort und seelisches Erlebnis
auftritt, müssen wir uns, bekanntlich, nach Rußland wenden.

Seine Geburtsstunde war der März 1862, der Monat, in
dem der Roman „Väter und Söhne" von Iwan Turgenjew
erschien. Weiter können auch russische Geschichtsforscher
diesen Begriff nicht zurückverfolgen. Aber der Held dieses
Romans, namens Basaroff, das ist schon der fertige Nihilist,
und Turgenjew stellt ihn mit diesem Namen vor. Dieser
Name wurde dann ungeheuer schnell populär, der Autor
erzählt in einem Nachwort zu seinem Roman, wie er schon
nach wenigen Monaten in aller Munde war, als er im Mai
desselben Jahres nach Petersburg zurückkehrte, es war die
Zeit der großen Brandstiftungen, des Brandes des Apraxin-
hofes, rief man ihm zu: „Da sehen Sie Ihre Nihilisten, sie
stecken Petersburg in Brand." Für unser Thema äußerst
interessant ist nun, daß der Nihilismus dieses Basaroff
eigentlich gar kein Nihilismus in absoluter Form war, kein
Negativismus schlechthin, sondern ein fanatischer Fort-
schrittsglaube, ein radikaler Positivismus in bezug auf Naturwissenschaft und Soziologie. Er ist zum erstenmal in der
europäischen Literatur der siegesgewisse Mechanist, der
schneidige Materialist, dessen etwas fragwürdige Enkel wir
ja heute noch lebhaft tätig unter uns sehen – hören wir,
welche vertrauten Klänge aus den sechziger Jahren zu uns
herüberklingen: Ein tüchtiger Chemiker, hören wir, ist
zwanzigmal wertvoller als der beste Poet. Ein Stück Käse
ist mir lieber als der ganze Puschkin. Halten Sie nichts von
der Kunst? Doch, von der Kunst Geld zu machen und Hä-
morrhoiden zu kurieren! Jeder Schuhmacher ist ein größerer
Mann als Goethe und Shakespeare. George Sand ist eine
zurückgebliebene Frau, sie verstand nichts von Embryologie.
Und neben diesen Wahrheiten tritt das Kaschemmenmilieu
in Leben und Kunst als letzter Schrei auf, hier und damals
entstand also der Stil, den wir bis in gewisse moderne Opern
und Opernbearbeitungen verfolgen können: der Kult des

Athleten, der Hymnus auf den Normalmenschen, die kindische Gesellschaftskritik: die Gerichte sollen abgeschafft werden, die Erziehung soll abgeschafft werden, die alten Sprachen als ungenial verboten werden, dafür hat man es mit den Trieben: dreckig soll der Mensch sein, die Frauen soll man tauschen und von anderen erhalten lassen, trinken soll man, denn Trinken ist billiger als Essen, und außerdem stinkt man danach, ja, selbst den Dadaismus, dessen Auftreten in Zürich und Berlin unsere Gegenwart kürzlich so interessant fand, finden wir in einem Roman der sechziger Jahre, dem Roman „Was tun" von Tschernischewsky, schon vor: Kunst heißt, lesen wir dort, zwei Klaviere in einen Salon rücken, an jedes eine Dame setzen, um jedes soll sich ein Halbchor bilden, und jeder Beteiligte singt oder spielt dann gleichzeitig recht laut ein anderes Lied vor sich hin. Dies wurde als die Melodie der Revolution und die Orgie der Freiheit bezeichnet. Wir sehen also, die geistigen Auswirkungen des geschichtsphilosophischen Materialismus beginnen in den sechziger Jahren, sind also mindestens achtzig Jahre alt, also eigentlich sind sie das Alte und das Reaktionäre. Eigentlich, und damit stoßen wir in die Zukunft vor, ist heute aller Materialismus reaktionär, sowohl der der Geschichtsphilosophie wie der in der Gesinnung: nämlich rückwärts blickend, rückwärts handelnd, denn vor uns liegt ja schon ein ganz anderer Mensch und ein ganz anderes Ziel. Ein Ziel, vor dem der Mensch als reiner Trieb- und Lustpfleger ja schon eine ganz verdämmernde Theorie bedeutet. Montierung des Seelischen, Einsatzstücke für einen sogenannten Kollektiv- und Normalmann, das ist ja direkt fades Rokoko. Alle diese Angriffe gegen den höheren Menschen, die wir nun achtzig Jahre lang mitangehört haben, einschließlich der Farcen Shaws, das ist ja schon ausgesprochen altmodisch, platt und geistig unbeschenkt. Es gibt nur den höheren, das heißt den tragisch kämpfenden Menschen, nur von ihm handelt die Geschichte, nur er ist anthropologisch vollsinnig, die reinen Triebkomplexe sind es ja nicht. Es wird also doch der Übermensch sein, der den Nihilismus überwindet, allerdings nicht der Typ, den Nietzsche ganz im Sinne seines neunzehnten Jahrhunderts schildert. Er schildert ihn als neuen, biologisch wertvolleren, als rassemäßig gesteigerten, vitalistisch stärkeren, züchterisch kompletteren, durch Dauer und Arterhaltung gerechtfertigteren Typ, er sieht ihn *biologisch positiv,* das war Darwinismus. Wir haben inzwischen die *bionegativen* Werte studiert, Werte, die die Rasse eher schädigen und sie gefährden, die aber zur Differenzierung des Geistes gehören, die Kunst, das Geniale, die Auflösungsmotive des Religiösen, das Degenerative, kurz alles, was die Attribute des Produktiven sind. Wir setzen also heute den Geist nicht in die Gesundheit des Biologischen ein, nicht in die Aufstiegslinie des Positivismus, sehen ihn allerdings auch nicht in einer ewig schmachtenden Tragödie mit dem Leben, sondern *setzen ihn als dem Leben übergeordnet ein,* ihm konstruktiv überlegen, als formendes und formales Prinzip: Steigerung und Verdichtung – das scheint sein Gesetz zu sein. Aus dieser gänzlich transzendenten Einstellung ergibt sich dann vielleicht eine Überwindung, nämlich eine artistische Ausnutzung des Nihilismus, sie könnte lehren, ihn dialektisch, das heißt provokant zu sehen. Alle die verlorenen Werte verloren sein zu lassen, alle die ausgesungenen Motive der theistischen Epoche ausgesungen sein zu lassen, und alle Wucht des nihilistischen Gefühls, alle Tragik des nihilistischen Erlebnisses in die formalen und konstruktiven Kräfte des Geistes zu legen, bildend zu züchten eine für Deutschland ganz neue Moral und Metaphysik der Form. Manches deutet ja darauf hin, daß wir vor einer ganz allgemeinen entscheidenden anthropologischen Wendung stehn, banal gesagt: Verlagerung von Innen nach Außen, Verströmen der letzten arthaften Substanz in die Gestaltung, Überführung von Kräften in Struktur. Die moderne Technik und die moderne Architektur deuten ja in dieser Richtung: der Raum nicht mehr philosophisch-begrifflich wie in der Kantischen Epoche, sondern dynamisch-expressiv; das Raumgefühl nicht mehr lyrisch-vereinsamt angesammelt, sondern projiziert, ausgestülpt, metallisch realisiert. Manches, wie der Expressionismus, der Surrealismus, die Psychoanalyse, deutet ja in der Richtung, daß wir *biologisch* einer Wiedererweckung der Mythe entgegengehn und *kortikal* einem Aufbau durch Entladungsmechanismen und reine Expression. Unsere Widerstände gegen rein Episches, externen Stoffzustrom, Begründungen, psychologische Verkleisterungen, Kausalität, Milieuentwicklung, dagegen unser Drang zu direkter Beziehung, zum Schnitt, zum Gliedern, zum reinen Verhalten sagt es ja auch. Die letzte arthafte Substanz will *Ausdruck,* überspringt alle ideologischen Zwischenschaltungen und bemächtigt sich nackt und unmittelbar der Technik, während sich die Zivilisation inhaltlich zurück zur Mythe wendet – das scheint das Endstadium zu sein. Der uralte, der ewige Mensch, der primäre Monist, entflammt vor seinem Endbild, einem Bild unter dem Goldhelm: wieviel Strahlen noch durch die Runen, wieviel Glanz noch am Rande der Schatten, wie vielfältig: mit Bindungen an Räusche und an Züchtung, mit Spannungen vom Aufgang zum Finale, er, die elementare Synthese der Schöpfung im Erinnern und die progredient zerebralisierte Analyse seiner historischen Sendung im Gehirn, verschleudernd Europas genormte Massen, streifend Yukatans weißen zerfallenen Stein, der Osterinsel transzendente Kolosse, sinnt der Ahnen, der Urmenschen, der Proselenen, sinnt seines unerrechenbar alten, aber immer gleichgerichtet mörderischen anti-dualistischen, anti-analytischen Kampfes und erhebt sich noch einmal zu einer letzten Formel: der konstruktive Geist.

„Eine antimetaphysische Weltanschauung, gut – aber dann eine artistische", dies Wort aus dem „Willen zur Macht" bekäme dann einen wahrhaft finalen Sinn. Es bekäme dann für den Deutschen den Charakter eines ganz ungeheuren Ernstes, als Hinweis auf einen letzten Ausweg aus seinen Wertverlusten, seinen Süchten, Räuschen, wüsten Rätseln: das Ziel, der Glaube, die Überwindung hieße dann: das Gesetz der Form. Es bekäme dann für ihn den Charakter einer volkhaften Verpflichtung, kämpfend, den Kampf seines Lebens kämpfend, sich an die eigentlich unerkämpfbaren Dinge heranzuarbeiten, deren Besitz älteren und glücklicheren Völkern schon in ihrer Jugend aus ihren Anlagen, ihren Grenzen, ihren Himmeln und Meeren unerkämpft erwuchs: Raumgefühl, Proportion, Realisierungszauber, Bindung an einen Stil. Also ästhetische Werte in Deutschland, Artistik in einem Land, wo man von Haus aus so viel träumt und trübt? Ja, die gezüchtete Absolutheit der Form, deren Grade an linearer Reinheit und stilistischer Makellosigkeit allerdings nicht geringer sein dürften als die inhaltlichen früherer Kulturepochen, selbst bis zu den Graden vor dem Schierlingsbecher und vor dem Kreuz-, ja nur aus den letzten Spannungen des Formalen, nur aus der äußersten, bis an die Grenze der Immaterialität vordringenden Steigerung des Konstruktiven könnte sich eine neue *ethische* Realität bilden – *nach* dem Nihilismus!

GOETHE UND DIE
NATURWISSENSCHAFTEN

In der großen Weimarer Ausgabe füllen die naturwissenschaftlichen Arbeiten vierzehn Bände; rechnet man hinzu,
daß in den fünfzig Bänden Briefe und siebenunddreißig
Bänden Tagebücher viele und umfangreiche Stellen von
eben diesen Themen handeln, gibt schon dieser statistische
Überblick einen Eindruck von der Bedeutung des naturwissenschaftlichen Werks. Vergegenwärtigt man sich, daß es
historische Arbeiten von ihm, wie von Schillers Hand, gar
nicht gibt, philosophische nur eine, wird dieser Eindruck
noch vertieft[1]. Die Studien zu ihnen begannen in den Stu-
dentenjahren in Leipzig und Straßburg, die eigentliche
Produktion kann man mit dem Aufsatz „Die Natur" im
Tiefurter Journal vom Jahre 1782 beginnen lassen, enden
sieht man sie, wenn man den Brief Eckermanns vom 3.
April 1832, die Todesanzeige, an Kiesewetter, zugrunde
legt, erst in den letzten Lebenstagen. Eckermann schreibt:
„Nachdem der zweite Teil seines unsterblichen Faust im
vorigen Sommer beendet war, beschäftigte er sich vergangenen Winter vorzüglich mit Naturstudien. Er nahm teil
an den Pariser Differenzen zwischen Cuvier und St.-Hilaire
und schrieb noch in der letzten Zeit einen dahin zielenden
bedeutenden Aufsatz über osteologische Gegenstände und
das synthetische und analytische Verfahren bei der Behandlung der Naturwissenschaften im allgemeinen. Dieser Aufsatz ist kurz vor seinem Hinscheiden an die Redaktion der
Berliner Jahrbücher gesandt und wird in jener Zeitschrift
wahrscheinlich nächstens erscheinen. Außerdem beschäftigte
ihn mit mir gemeinschaftlich eine abermalige Redaktion
des zweiten Teils der Farbenlehre, so daß er auch während

seiner Krankheit sehr viel über Farben gesprochen hat."
Dies waren also seine letzten Beschäftigungen.

Gesehen vom Standpunkt der absoluten Wissenschaft sind
diese naturwissenschaftlichen Schriften wohl mehr eine
Hinterlassenschaft als ein Werk. Aphorismen, Buchrezen-
sionen, Paralipomena, Autobiographisches stehen neben
den grundlegenden und folgenreichen Untersuchungen; vieles ist nur notiert, vieles nur Skizze, von Goethe selbst veröffentlicht wurde nur etwa die Hälfte der heute vorliegenden Seiten. Denn selbst die fertigen und abgeschlossenen
Arbeiten zu publizieren, war für ihn schwierig, zum Beispiel die Arbeit über die „Metamorphose der Pflanzen",
von deren Erscheinen im Frühjahr 1790 doch heute viele
Kulturhistoriker den Beginn der naturwissenschaftlichen
Epoche in Deutschland datieren, wollte Göschen nicht druk-
ken, die kleine, zwei Bogen umfassende Schrift ging an
einen anderen Verlag, und erst 1817 war es möglich, die
längst vergriffene Schrift zum zweitenmal zu edieren. Die
Arbeit über den Zwischenkieferknochen, die Herbst 1784
als Manuskript an Soemmering, Kamper und Blumenbach
abging, wurde zum erstenmal 1830, und zwar von der Leo-
poldinisch-Karolinischen Akademie in Halle, gedruckt. Aus
Fragmenten, Bruchstücken, undatierten Handschriften wurden die jetzt vorliegenden Bände um das Jahr 1900 herum
zusammengestellt und herausgegeben, unter den Heraus-
gebern findet man die Namen S. Kalischer und Rudolf
Steiner.

Goethes Gedanken als Forscher sammeln sich ihrem Inhalt
nach im wesentlichen um drei Hauptgebiete: die Farbenlehre, die vergleichende Gestaltlehre (Morphologie) sowie
die Gesteins- und Witterungskunde. Aber damit sind nur
drei Kreise bezeichnet, die Themen und Stoffe seiner Arbeiten nicht erschöpft. Man findet, um nur einige heraus-

zugreifen, so überraschende Titel wie: Von dem Hopfen
und dessen Krankheit, Ruß genannt – Monströses Runkel-
rübenblatt – Beschreibung eines großen Falterschwammes –
Durchgewachsene Nelke – Durchgewachsene Rose – Die
Skelette der Nagetiere – Die Faultiere und die Dickhäuti-
gen – Probleme böhmischer Erdbrände – Uralte neuent-
deckte Naturfeuer und Glutspuren – Über das Gerinnen –
Über Löwenzahn, Dattelpalmen, Türkisches Korn –, und
hierzu vielfach Zeichnungen, Karten und Tabellen.

Einmal in Weimar angesiedelt, beginnt er und läßt nicht
mehr davon ab, das Buch der Natur, „das einzige, welches
auf allen Seiten großen Gehalt bietet", zu studieren, und
er studiert es systematisch, vielfältig, fachmännisch, kasu-
istisch und allgemein. Er seziert Kokosnüsse, analysiert Muscheln, konstruiert ein geologisches Modell, erweitert die
Charpentiersche mineralogische Karte. Seine ganze Umgebung reißt er mit, Frau von Stein muß ihm Moose suchen
lassen, feuchte mit Wurzeln; der Apotheker Buchholtz in
seinem Garten Pflanzen für ihn ziehen; der Berginspektor
Mahr in Ilmenau ihn fortlaufend mit Petrefakten und Mi-
neralien versorgen; Knebel muß Eisenkörper nach gewissen
Modellen zur Herstellung magnetischer Versuche für ihn
gießen lassen. Er selbst hält sich wochenlang in Jena auf,
wandert des Morgens im tiefsten Schnee in das fast leere
anatomische Auditorium, um bei Loder die Bänderlehre zu
hören, dann weiter zu Döbereiner, um die neue Wissenschaft der Stöchiometrie zu lernen. Wieder in Weimar hält
er anatomische Kurse in der Kunsthochschule, veranlaßt die
Herzogin Amalie, mit elektrischen Versuchen zu beginnen,
sie hat einen Elektrophor gekauft, schreibt sie, welcher sehr
gut und stark ist, und diese Beschäftigung mache ihr viel
Freude. „Sie müssen noch eine Erdfreundin werden", ruft
er Frau von Stein zu, und bald schreibt sie: „Durch seine

Vorstellung wird jedes äußerst interessant, so sind mir's
durch ihn die gehässigen Knochen geworden und das öde
Steinreich." Keine ministerielle Repräsentation, kein höfi-
scher Auftrag hält ihn von dieser Arbeit ab: Auf der Kam-
pagne in Frankreich begleitet ihn Gehlers physikalisches
Lexikon, doziert er dem Fürsten Reuß ein eben beobachte-
tes physikalisches Phänomen. Während der Belagerung von
Mainz macht er wiederholt Jagd auf pathologische Knochen,
im schlesischen Lager in Breslau treibt er vorzugsweise
vergleichende Anatomie. Auf der italienischen Reise hat er
seinen Linné mit, über den er sagt, daß nach Shakespeare
und Spinoza von ihm die größte Wirkung auf sein Leben
ausgegangen sei. In Rom, Padua, Frascati, überall beschäftigen ihn seine „botanischen Grillen", „das Pflanzenreich
rast in seinem Gemüt". Der sanfte Wind bewegt nicht nur
lyrisch die Myrte und den Lorbeer, sondern bringt ihm
Gedanken über die Luftperspektive und die durchsichtigen
Medien vom blauen Himmel herab. Unmittelbar symbolisch wird der Vorgang von Palermo, den er in der Italienischen Reise schildert, nämlich wie er eines Morgens mit
dem festen, ruhigen Vorsatz, seine dichterischen Träume
fortzusetzen, nach dem öffentlichen Garten geht, allein ehe
er sich's versah, von einem anderen Gespenst erhascht wurde, das ihm schon diese Tage nachgeschlichen war: Die
Fülle in freier Erde und unter freiem Himmel wachsender
Pflanzen, die er sonst nur in Kübeln und Töpfen, ja in der
größten Zeit des Jahres nur hinter Glasfenstern in Sälen
gewohnt war, regte ihn zu botanischen Betrachtungen auf.
„Gestört war mein guter poetischer Vorsatz, der Garten
des Alcinous war verschwunden, ein Weltgarten hatte sich
aufgetan." Nichts überläßt er dem Zufall, in keiner Richtung ist er lässig, auch einem Fach, zu dem er seiner Anlage
nach keinen Hang besaß, ja das eigentlich seine Natur be-

drängte, wie die Astronomie, wendet er sich immer wieder
zu, er installiert sich im August und September 1799 in
seinem Garten am Stern, richtet sich ein, um einen ganzen
Mondwechsel zu beobachten, opfert auch im folgenden
Jahre, ohne die Winterkälte zu scheuen, manche Nacht der
Beobachtung des Mondes, des Saturns und anderer Planeten
mit Hilfe eines von Knebel gekauften sechsfüßigen Her-
schelschen Teleskops und lädt wiederholt auch Schiller zu
einer solchen astronomischen Partie ein. Nicht das Alter,
keine äußere Beschwerlichkeit hält ihn davon zurück, zu
suchen, zu lernen, „der großen formenden Hand nächste
Spuren zu entdecken", noch als Achtzigjähriger plant er
eine Reise nach Freiberg behufs mineralogischer und geo-
gnostischer Studien zu unternehmen, im gleichen Alter, wo
er bekannte, daß ihm in den drei vergangenen Jahren, in
denen er gegen seine Gewohnheit den Sommer in Weimar
bleiben mußte, unter allem, was er vermißte, am empfind-
lichsten war, für mineralogische und geognostische Studien
aller Nahrung zu entbehren. Bis kurz vor seinem Tode vernehmen wir diese rastlose, diese rührende Stimme, selber
nun schon in jener einsamen stummen Nähe der großen
leise sprechenden Natur: „Die naturwissenschaftlichen Aufsätze rekapituliert", hören wir aus dem letzten Winter bei
Eckermann, „Chromatica besprochen, die Dorl-Versuche
(Dorl = farbige Kreisel) werden wiederholt." Ein halbes
Jahr vor seinem Tode bittet er brieflich noch um Auskunft,
was es mit den „verglasten Burgen" auf sich habe, von
denen der amtliche Bericht über die Naturforscherversamm-
lung 1830 in Heidelberg meldet, und zieht seine eigenen
derartigen Beobachtungen heran. Er wünscht noch am 21.
Januar 1832 in einem Brief an Wackenroder von diesem
die Luftart, wodurch die Schoten der Calutea arborescens
sich aufblähen, näher bestimmt zu sehen –, ja er durfte von

sich sagen, was er ausgangs seines Daseins an den Grafen
Sternberg schrieb, er sei der alte Schiffer gewesen, der sein
ganzes Leben auf dem Ozean der Natur mit Hin- und
Widerfahren von Insel zu Insel zugebracht und die seltsamsten Wundergestalten in allen drei Elementen beobachtet habe.

Auch Voltaire beschäftigte sich eine Weile mit Naturwissenschaften, besaß in Cirey physikalische Apparate, Laboratorium, Dunkelkammer und bearbeitete die Preisaufgabe
der Akademie der Wissenschaften in Paris vom Jahre 1738:
„Wesen und Fortpflanzung des Feuers", aber das war bei
ihm eine Episode, die schnell vorüberging, kein innerer
Zwang vollzog seinen Eintritt in dies Erfahrungsgebiet.
Die Veranlassung war Madame Chatelet, seine Freundin,
die große Mathematikerin, die Newton und Leibniz übertrug, in deren Schloß in der Champagne saß man mit Mau-
pertuis, Clairaut, Samuel König, das neue Réaumursche
Thermometer ging von Hand zu Hand, und nach der
Abendmahlzeit diskutierten sie auf der Terrasse über die
Erhaltung der Energie, bis die Kerzen tief in die Leuchter
brannten. Es war das Thema der Zeit, die Aktualität der
Stunde, den reinen Spiritualisten führte keine innere Fügung, kein unausweichliches Verlangen vor die Fragen nach
der Gesetzlichkeit des Seins; es war eine Liebhaberei, nicht
aufgenommen in die innere Organisation, wie sie nicht aus
ihr entstand, höchst rudimentär hängt sie seiner literarischen Entwicklung an. Es ist wichtig, vergleichsweise darauf
hinzuweisen, da die Geringschätzung von Goethes naturwissenschaftlichen Arbeiten, die im zweiten Drittel des
neunzehnten Jahrhunderts einsetzte und in der Berliner
Rektoratsrede von Du Bois-Reymond vom Jahre 1882:
„Goethe und kein Ende" einen nahezu ausfälligen Charakter annahm, Voltaire als den eigentlichen Naturforscher

unter den Dichtern ansprach und Goethes Arbeiten die tot-
geborene Spielerei eines autodidaktischen Dilettanten nannte. Shakespeare, Molière, Schiller, ruft der Rektor aus, blieben schaffensfreudig bei der Stange – wir wollen schon
hier, ohne an dieser Stelle auf das Jahrhundert einzugehen,
bemerken, daß wir die Stange und die Schaffensfreudigkeit
anders sehen, wir sehen die Korrespondenz des ganzen
Werkes, die Geschlossenheit in der unauflöslichen Ver-
schlungenheit der Teile: die Differenzierung in der lyrisch-
anschaulichen Individuation, aber das Erkenntnismäßige als
Integration im Sinne des Spencerschen Evolutionsschemas,
als die basierende, grundlegende, als die form- und maß-
gebende Konzentration: aus ihr die Sicherheit, die Ruhe,
von der das Differenzierte ausgeht, in die es zurückkehrt;
aus ihr die Atmosphäre der Diesseitigkeit, des Irdischen,
der Plastizität: „man suche ja nicht hinter den Phänomenen,
sie selber sind die Lehre"; aus ihr die breite Wendung ins
Ethisch-Volkshafte, ins Gültig-Normenmäßige, – die Naturwissenschaft: „sie beweist und lehrt so bündig, daß das
Größte, das Geheimnisvollste, das Zauberhafteste so ordentlich, einfach, öffentlich, unmagisch zugeht, sie muß doch
endlich die armen unwissenden Menschen von dem Durst
nach dem Dunklen, Außerordentlichen heilen, da sie ihnen
zeigt, daß das Außerordentliche ihnen so nahe, so deutlich,
so unaußerordentlich, so bestimmt wahr ist"; aus ihr die
Herrschaft, die erworbene Gewalt über das Individuell-
Dämonische: wenn wir die tiefsinnige Bemerkung von
Thomas Mann heranziehen dürfen: „Wer zweifelt, daß in
Goethe Möglichkeiten einer Größe lagen: wilder, üppiger,
gefährlicher, natürlicher als die, welche sein Selbstbändi-
gungsinstinkt zu entfalten ihm gestattete", so lag offensichtlich wohl hier, darf man fortfahren, in dieser Art Arbeiten eines der Bändigungsmotive dieser großen, in der

Anlage sicher nahezu malignen Macht, in dieser Bitte an seinen guten Genius, die tägliche Bitte, wie er an Knebel schreibt, „mich immer auf dem ruhigen bestimmten Wege zu leiten, den uns der Naturforscher so natürlich vorschreibt".

Um Goethes Erscheinung als Naturforscher anschaulich zu sehen, müssen wir uns nun aber einen Augenblick fragen, was eigentlich zu seinen Lebzeiten in Deutschland als Naturwissenschaft galt. Das Lehrbuch, aus dem er in Straßburg Chemie, Anatomie, klinische Medizin lernte, stammte von Boerhaave und aus dem Jahre 1727, Boerhaave, der, halb Theologe, halb Mediziner, Anfang des Jahrhunderts in Leyden Professor für Botanik, Chemie, Medizin und Pharmakologie war, ein Gebiet, das heute von etwa sechs Ordinarien und vierzig Privatdozenten pro Universität verwaltet wird. Die Chemie, die er bei Spielmann hörte, der gleichzeitig Vorsteher des botanischen Gartens war, war im Grunde Alchimie, die mittelalterliche Scheidekunst voll Verwandlungsträumen, mehr als die vier Elemente des Altertums waren nicht bekannt (heute arbeitet man mit neunzig), man kannte keine einheitliche Reduktion, nicht die Vorstellung eines Äquivalents, der Begriff des Atoms entstand erst 1808 durch Dalton. In der Physik kannte man das Wort Elektrizität seit 1672 durch Guericke, man nannte sie ein Fluidum der Körper, unterschied Glas- und Harzelektrizität; 1789 war der Froschschenkelversuch Galvanis in Bologna, der bekanntlich die Zeit in ungeheure Erregung versetzte, 1800 konstruierte Volta die erste unabhängige Elektrizitätsquelle, das erste Element. Wir finden bei Goethe, undatiert, auf einem Bogen Konzeptpapier folgendes merkwürdige Schema mit der Überschrift: „Physikalische Wirkungen": „magnetische, turmalinische, elektrische, galvanische, perkinische, chromatische, sonore Wirkungen", und über die elektrischen bemerkte er: „wirkt stark auf die Nerven, gibt verlorene Stimmung wieder" – also das, was wir unter Elektrizität verstehen, kannte er noch nicht. Das ist wissenswert insofern, als ihm die elektrischen Reizungsversuche an Sinnesnerven, die das ganze Problem Licht, Farbe, Sinnesphysiologie und -psychologie neu fundierten, also zeitlich noch nicht zugehörten. In der Optik galt die Emissionstheorie des Lichts von Newton. Newton, dessen Name das achtzehnte Jahrhundert beherrschte wie Darwins das neunzehnte, wie Einsteins das zwanzigste, – Sir Isaac Newton, der schwärmerisch Verehrte, unter den Ulmen von Cambridge, der größte der Sterblichen; bei Voltaire lesen wir, wie er am 8. April 1727 den Sarg Newtons durch sechs Herzöge und Grafen nach der Westminsterabtei geleitet sah. Dies muß man sich vor Augen halten, will man die Polemik Goethes gegen Newton in ihrer ganzen Qualität verstehen, ihn, den er doch immerhin mit Redewendungen bedachte wie: „bis zum Unglaublichen unverschämt" – „barer Unsinn" – „fratzenhafte Erklärungsart" – „aber ich sehe wohl, Lügen bedarf's und über die Maßen" – oder: „was ist denn Pressefreiheit, nach der jedermann so schreit und seufzt, wenn ich nicht sagen darf, daß Newton sich in seiner Jugend selber betrog und sein ganzes Leben anwendete, diesen Selbstbetrug zu perpetuieren" – oder wenn er nur von dem „ekelhaften Newtonschen Weiß" sprach, wo doch Newtons Theorie des Weiß sich vom Standpunkt des physikalischen Wissens aus als richtig erwies. Vollenden wir diesen summarischen Überblick: die Paläontologie war im Entstehen, Blumenbach, der im Zwischenkieferstreit eine Rolle spielte, hatte die erste Archaeologia telluris, die Altersbestimmung der Erdschichten auf Grund eingeschlossener tierischer Überreste, im letzten Viertel des Jahrhunderts begonnen. Goethes größtes Interesse gehörte ihr; den unvergleichlich schönen Aufsatz „Fossiler Stier" verdanken wir dieser seiner Neigung. Sie führte ihn dazu, „das ungeheure Alter der Erde" klar zu sehen, in eine Zeit, „wo die Elefanten und Rhinozerosse auf den entblößten Bergen bei uns zu Hause waren", ließ sie ihn durch die Knochentrümmer blicken. Eine Mineralogie und Kristallforschung, zu der Goethe so viele Beiträge lieferte, gab es in seiner Jugend nicht, der Schwede Bergman, der Franzose Romé de l'Isle begannen um 1790 ihre grundlegenden Werke; Goethe war nicht durch Bücher zu dieser Materie gekommen, praktische Aufgaben wie die Wiedereröffnung des Ilmenauer Bergwerks, die ihm als Präsidenten der Bergwerkskommission zufiel, wiesen ihn der Steinforschung zu, bald aber nicht weniger allerdings sein Trieb, seine Neigung, schon bezeichnet er sich als „der Granitfreund", „mein ganzes Heil kommt von der Geologie", schreibt er ein andermal, und wirklich welche Hingebung: „Wir sind auf die hohen Gipfel gestiegen und in die Tiefen der Erde eingekrochen, in Klüfte, Höhlen, Wälder, in Teiche, unter Wasserfälle, bei den Unterirdischen immer nach einem Stück Stein lüstern." Ein verhältnismäßig alter und ausgearbeiteter Teil der Naturforschung war die Witterungskunde, man kannte schon Thermo-, Baro-, Hygrometer, im Jahr 1781 gab es ein internationales Netz von Wetterstationen, siebenunddreißig an Zahl, darunter die Station Goodhab in Grönland. Die Beiträge Goethes zu dieser Materie sind sehr zahlreich; als Beispiel seiner Art, ein naturwissenschaftliches Thema anzuschlagen, höre man die ersten Sätze des Vorworts zur „Wolkengestalt", eine Einführung zu den Arbeiten von Luke Howard, man hört aus ihr die autobiographische, die naive, die seelenvolle Art, die chronologisch gesehen noch ganz achtzehntes Jahrhundert ist:

„Mit kindlich, jugendlich frischem Sinn, bei einer städtisch

häuslichen Erziehung, blieb dem sehnsuchtsvollen Blick
kaum eine andere Ausflucht als gegen die Atmosphäre. Der
Sonnenaufgang war durch Nachbarhäuser beschränkt, desto
freier die Abendseite, wie denn auch der Spaziergang sich
wohl eher in die Nacht verlängert, als daß er dem Tag zu-
vorkommen wollte. Das Abglimmen des Lichts bei heiteren
Abenden, der farbige Rückzug der nach und nach versinkenden Helle, das Andrängen der Nacht beschäftigte gar
oft den einsamen Müßiggänger. Bedeutende Gewitterregen
und Hagelstürme erregten entschiedene Aufmerksamkeit.
Weder dem Auge des Dichters noch des Malers können
atmosphärische Erscheinungen jemals fremd werden, und
auf Reisen und Wanderungen sind sie eine bedeutende Beschäftigung, weil von trockenem und klarem Wetter auf
dem Lande, sowie zur See von einem günstigen Winde das
ganze Schicksal einer Ernst- oder Lustfahrt oft allein ab-
hängt."
Auf diesem Hintergrund, von dem die günstigen Winde
noch fast in das homerische Zeitalter reichen, die „bedeutende Beschäftigung" noch etwas gravitätisch die Naturbe-
obachtung und -erfahrung sanktioniert, können wir nun
Goethes Forschungsarbeit erkennen, und zwar in ihrer Dop-
pelrichtung des Faktisch-Wissenschaftlichen wie des Er-
kenntnistheoretischen, und wir wollen dazu von der Arbeit
ausgehen, die seine populärste ist, nämlich die über den
Zwischenkieferknochen.
„Ich habe gefunden weder Gold noch Silber, aber was mir
unsägliche Freude macht, das Os intermaxillare beim Menschen", so schreibt er am Tage der Entdeckung an Herder,
und an Frau von Stein: „es ist mir ein köstliches Vergnügen
geworden, ich habe eine anatomische Entdeckung gemacht,
sage aber niemand ein Wort." Mit dieser Entdeckung hat
es folgende Bewandtnis: das Os intermaxillare, wie es Blu-

menbach, das Os incisivum, wie es Kamper, beide Zeitgenossen Goethes, in der tierischen Osteologie genannt hatten, gilt nach der Beschreibung der heutigen Anatomie als ein paarig angelegter kleiner Knochen des Oberkiefers, der im frühen embryonalen Leben innerhalb seiner selbst sowie mit seiner Umgebung aufs engste verwächst. Es ist das Knochenstück, das die vier oberen Schneidezähne trägt. Die Verwachsung ist beim Menschen so vollkommen, daß man sie am Schädel des Erwachsenen nicht mehr feststellen kann, während sie beim tierischen Schädel, einschließlich des Affenschädels, zu erkennen bleibt. Es galt daher das Fehlen dieses Knochens bei der Anatomie des achtzehnten Jahrhunderts als spezifische Eigentümlichkeit des Menschen und, da man ihn als „Schnauzenknochen" charakterisiert und als Träger des niederen animalischen Ausdrucks des Tiergesichts dargestellt hatte, galt er als das anatomische Stigma der Trennung zwischen Mensch und Tier. Goethe entdeckte nun Spuren dieser Naht auch am menschlichen Schädel und wies als erster das Vorhandensein dieses Knochens beim Menschen nach. Seine Untersuchung stieß zwar zuerst in der Fachwelt auf Widerspruch, aber im Anfang des neunzehnten Jahrhunderts ging sie als anerkannte Tatsache in die Lehrbücher der Anatomie über, die betreffende Naht (Naht = sutura), zwischen Eck- und zweitem Schneidezahn gelegen (Schneidezahn = incisivus), heißt heute offiziell in der topographischen Nomenklatur: Sutura incisiva Goethei. Goethe fand nun diesen Knochen nicht von ungefähr. Er trug die Überzeugung von der „Konsequenz des osteologischen Typus durch alle Gestalten hindurch", die Überzeugung, „daß die Natur ihre großen Maximen nicht fahrenlasse", als eigenen Besitz, fand ihn vermehrt und bestätigt durch Spinozas Einheitsgedanken, lebte ihr im unaufhörlichen Austausch mit Herder und dessen bedeutender, erst

heute in ihrer ganzen Großartigkeit erkannten Entwick-
lungsidee, daher die obenerwähnte Mitteilung an Herder
den Schlußsatz trägt: „Es soll dich auch recht herzlich freuen,
denn es ist wie der Schlußstein zum Menschen, fehlt nicht,
ist auch da. Aber wie! Ich habe mir's auch in Verbindung
mit deinem Ganzen gedacht, wie schön es da wird." Aus
dieser Überzeugung heraus suchte er sich, schuf er sich, entdeckte er die Methode, die an sich noch viel bedeutungsvoller wurde wie ihr Resultat der Knochen selbst: die genetische Methode, die Methode der anatomischen und em-
bryologischen Vergleichung, heute als vergleichende Morphologie bekannt, diese spezifische Methode des neunzehnten Jahrhunderts. Ganz systematisch war er vorgegangen,
hatte lange Zeit alle ihm erreichbaren Tierschädel durch-
studiert, in Jena alle Schädelknochen, frisch und solche in
Spiritus, präpariert und analysiert. Hatte sie alle zeichnen
lassen, „von vier Seiten und jede im Umriß und ausschat-
tiert." Hatte Merck auf Reisen geschickt, um ihm Schädel
fremder interessanter Tiere zu kaufen, zum Beispiel Myr-
mecophaga, Bradytypus, Löwen, Tiger und dergleichen. Er
selbst reist nach Braunschweig, „um einem ungeborenen
Elefanten ins Maul zu sehen". Er bittet Soemmering, ihm
den Kasseler Elefantenkopf auf vier Wochen zu borgen und
ihn nach Eisenach zu senden, sofort bricht er dorthin auf
und schreibt an Frau von Stein: „Zu meiner großen Freude
ist der Elefantenschädel aus Kassel hier angekommen und,
was ich suche, ist über mein Erwarten daran sichtbar. Ich
halte ihn im innersten Zimmerchen versteckt, damit man
mich nicht für toll halte. Meine Hauswirtin glaubt, es sei
Porzellan in der ungeheuren Kiste." Fast zwei Jahre beschäftigen ihn immer nur die Schädel, einmal ist er beschäftigt mit dem einer Meerkatze, den man gegen das
Licht halten muß, um die Sutur zu sehen; einmal schreibt

er wieder aus Jena: „Wir haben auch den Ober- und Unterkiefer eines Physeters in Jena, wir hatten in Jena auch einen Babirussakopf"; „wir haben Löwen und Walrosse gefunden, alles zur Ausarbeitung des Knöchleins", und am 27. März 1784 findet er das Knöchlein, und ein neues wissenschaftliches Zeitalter ist geboren.

Die genetische Methode, dazu die vergleichende Morphologie – das dialektische Instrumentarium der neuen biologischen Ära: hier ist es! Sein Inhalt der Entwicklungsgedanke, der Gestaltwandel des Individuums wie der Art, die „Versatilität des Typus" („dieser Proteus"), „aus der die vielen Geschlechter und Arten der vollkommenen Tiere durchgängig abzuleiten sind". Eine Idee gegen Linné, gegen dessen zu eng gefaßten oder im Konditionalen nicht scharf genug gefaßten Begriff von der Konstanz der Art; eine Idee gegen die Biologie der Zeit, gegen Haller, dessen „nil noviter generari", nichts Neues entsteht, das Standardzitat des Jahrhunderts war; eine Idee gegen die Einschachtelungs- und Präformationslehre, die im Samen die fertig vorgebildete, nur verkleinerte Pflanze erblickte, im Ei das schon gestaltmäßig vorhandene Miniaturgeschöpf: ein reines Auswachsen, eine Auswicklung, eine rein quantitative Voluminisierung, die Bewegung aus dem Keim in Leben und Tod hinein. Eine Idee über Spinoza hinaus, über dessen kristallisiertes Sein, über dessen Welt aus Ausdehnung und Gedanke, seine immobile Ontologie –: hinaus in eine Identität, die sich bewegte, eine Realität, die dialektisch wurde, eine Diesseitigkeit, in der die Transzendenz sich aktivierte. Eine Idee, die mit dem neuen Begriff, der auf der ersten italienischen Reise bei botanischen Studien ans Licht trat, dem Begriff der *Metamorphose*, die größte Konzeption des nachbaconschen Zeitalters wurde: sie umschloß die Identität und war gleichzeitig das naturwissenschaftliche Prinzip

der Gestaltung; sie war Kontinuität, aber eine, die sich im
Individuum unterbrach; sie war Monismus, aber sie hatte
Nuance: Ausdehnung und Zusammenziehen, sie hatte Stil:
Eile und Erschlaffen, sie hatte Mittel: Äußern und Verbergen; sie war eine Interpretation der Welt aus sich selber,
aber sie umschloß die ruhelose Dialektik des ἓν καὶ πᾶν,
ein Begriff, der vermittelte zwischen der Gesetzlichkeit
ewiger Formen und der schöpferischen Freiheit des Lebens,
wie es, ins Geisteswissenschaftliche gewendet, Korff so vollendet sagt.

Diese genetische Methode nun, unter der Idee der natürlichen Gestaltwandlung durch die organische Welt geführt,
ergab die weittragendsten Resultate. Die Wirbeltheorie des
Schädels: der Wirbel war das osteologische Urphänomen,
die Schädelknochen waren aus diesem Wirbel abzuleiten,
eine Theorie, die mit gewissen Einschränkungen und Er-
gänzungen bis heute gilt. „Sagen Sie Herder", schreibt
Goethe 1790 aus Venedig an Frau von Kalb, „daß ich der
Tiergestalt und ihren mannigfaltigen Umbildungen um
eine ganze Formel näher gerückt bin und zwar durch den
sonderbarsten Zufall." Hier stoßen wir zum erstenmal auf
diesen Zufall und müssen ihn kurz betrachten. Es war der
typische Goethesche Zufall, auch gelegentlich als „Aperçu"
vorgestellt oder als der „prägnante Punkt", von dem sich
alles ableiten läßt, vom Autor als das bewußte Hilfsmittel
seiner intuitiven Methode angesehen. Aus mehreren Jahrzehnten rückblickend, schreibt er hierüber: „Ebenso war es
mit dem Begriff, daß der Schädel aus Wirbelknochen be-
stehe. Die drei hintersten erkannte ich bald, aber erst im
Jahre 1790, als ich aus dem Sande des dünenhaften Juden-
kirchhofs in Venedig einen zerschlagenen Schöpsen aufhob,
gewahrte ich augenblicklich, daß die Gesichtsknochen gleich-
falls aus Wirbeln abzuleiten seien, indem ich den Übergang

vom ersten Flügelbein zum Siebbein und den Muscheln
ganz deutlich vor Augen sah, da hatt' ich denn das Ganze
im Allgemeinsten beisammen." Das Ganze im Allgemeinen
oder oben der sonderbare Ausdruck: Formel, es ist für ihn
immer dieselbe monistische Totalität, aus der sich das Besondere konkretiert. Aus diesem Geist heraus sollte eine
allgemeine Morphologie über die Gestalt der Tiere geschrieben werden; der uns erhaltene Aufsatz „Das Skelett
der Nagetiere" ist ein Fragment daraus, ein Fragment,
über das Johannes Müller, Deutschlands größter Physio-
loge, noch Schüler und Zeitgenosse Goethes, schrieb: „Nichts
ähnliches ist aufzuweisen, was dieser aus dem Mittelpunkt
der Organisation entworfenen Projektion gleichkäme. Irre
ich nicht, so liegt in dieser Andeutung die Ahndung eines
fernen Ideals der Naturgeschichte." Von hier aus sollte der
Typus der höheren Tiere und seine Ableitung ins Besondere und die Gesetze der Organisation überhaupt dargestellt werden. Von hier drang mit Notwendigkeit der Weg
zu deszendenz-theoretischen Fragen vor: „Der Mensch ist
aufs nächste mit den Tieren verwandt" lesen wir; und: „daß
man nämlich den Unterschied des Menschen vom Tier in
nichts einzelnem finden könnte", also darwinistische Klänge,
aber außerhalb der Begrenztheit der späteren stilisierenden
Theorie: „Man behauptet zum Beispiel, es hange nur vom
Menschen ab, bequem auf allen vieren zu gehen, und Bären,
wenn sie sich eine Zeitlang aufrecht hielten, könnten zu
Menschen werden", daran glaubte er nicht, an diese Art
Giraffenhalsanalyse also glaubte er nicht, er sah ja alles
Entstehen immer weit mehr vom Grund aus, vom Schöpferischen, vom primär Generativen der Natur: „Sie macht
keine Sprünge. Sie könnte zum Exempel kein Pferd machen,
wenn nicht alle übrigen Tiere voraufgingen, auf denen sie
wie auf einer Leiter bis zur Struktur des Pferdes heran-

steigt." Er sieht ja immer alles gestalthaft, immer denkt er universalistisch: „Die Übereinstimmung des Ganzen macht ja ein jedes Geschöpf zu dem, was es ist, und der Mensch ist Mensch so gut durch die Gestalt und Natur seiner oberen Kinnlade als durch Gestalt und Natur des letzten Gliedes einer kleinen Zehe: Mensch. Und so ist jede Kreatur nur ein Ton, eine Schattierung einer großen Harmonie, die man auch im großen und ganzen studieren muß, sonst ist jedes einzelne ein toter Buchstabe", das bedeutet also, im allermodernsten Sinne, Leben als Symbol. Das große wissenschaftliche Werk aber entsteht aus den botanischen Studien: „Die Metamorphose der Pflanzen" – das erkenntnistheoretische Leitmotiv: „Die sinnliche Form einer übersinnlichen Urpflanze" zu suchen; das Methodische: „Vorwärts und rückwärts ist die Pflanze immer Blatt, mit dem künftigen Keim so unzertrennlich vereint, daß man eins ohne das andere nicht denken darf"; systematisch formuliert: alle Seitenorgane einer höheren Pflanze – nur von solchen handelt die Schrift –, also Samenblatt, Stengelblatt, Kelchblatt, Blumenblatt, Staubfäden, in wie verschiedener Gestalt sie auch erscheinen mögen, sind auf ein Grundorgan zurückzuführen, welches Goethe Blatt nennt, er meint also, alle jene der Pflanzenachse anhängenden Glieder seien nur modifizierte oder metamorphosierte Blätter. Was die Entstehung dieser Arbeit und ihrer Gedanken angeht, so fehlt auch hier das „Aperçu" nicht: beim Anblick einer Fächerpalme in Padua erkennt er plötzlich, wie mannigfaltig die Übergänge zwischen den verschiedenen Formen der sich nacheinander entwickelnden Stengelblüten einer Pflanze sein können. Hier also entstand jenes Werk, das nach einer Bemerkung Auguste St.-Hilaires zu der kleinen Zahl der Bücher gehört, welche nicht nur ihren Urheber unsterblich machen, sondern die selber unsterblich sind. Dies Werk, auf

das bis heute auf jeder Lehrkanzel für Botanik und in jeder
Systematik des Pflanzenlebens Bezug genommen wird, ein
Werk, das bei anfänglicher Ablehnung die Gegenbewegun-
gen des Jahrhunderts alle überstand, ja heute als besonders
weitsichtig anzusehen ist; der Vorwurf, der zeitweise dem
Verfasser gemacht wurde, daß er im geheimen Linnéist sei
und an die schematische Konstanz der Arten glaube, ist
gegenstandslos geworden, da die Botaniker von heute (Alm-
quist) die biologische Konstanz der Arten in der Natur seit
der Eiszeit für absolut gegeben ansehen und alle dagegen-
sprechenden Züchtungsversuche als unter fremden Bedingungen erfolgt für unverbindlich erklären. Wenn wir also
das Vorhergehende bis hierher zusammenfassen, würden
wir als erste Etappe Helmholtz zustimmen, der Mitte des
vorigen Jahrhunderts schrieb, jedenfalls gebühre Goethe
der große Ruhm, die leitenden Ideen zuerst vorausgeschaut
zu haben, zu denen der eingeschlagene Entwicklungsgang
der Naturwissenschaft hindrängte; aber wir könnten, die
ganze Epoche überblickend, noch weiter gehen und hinzufügen, wenn man gewisse technische Großentdeckungen der
letzten hundert Jahre wie den Augenspiegel, die Röntgen-
strahlen, die Hertzwellen in die Reihe der nicht weniger
glänzenden und folgenreichen Erfindungen der vorausge-
gangenen Epochen setzt: zu Schießpulver, Buchdruck, Kompaß, Luftpumpe, Blitzableiter, so bleiben aus der biologischen Forschung des ganzen Jahrhunderts übrig zwei Lehr-
sätze von Lamarck (vergleiche Oskar Hertwig, Das Werden
der Organismen) und die Mendelschen Gesetze, beides innerhalb der Goetheschen Lehre gelegen, innerhalb seiner
theoretischen Normen, seines naturwissenschaftlichen In-
stinkts –: der Rest ist Diskussion, Züchtungstohuwabohu,
Brutschrankeuphorie, und die Kardinalfrage der neuzeit-

lichen Lebensforschung: wie entstehn neue Gene, blieb bis
heute ungelöst.

Aber es gibt Reiche, die ohne Werden sind, Sphären ohne
Gestalt und ohne Vergleich: das Licht ist ein solches Reich,
die Farbe eine solche Sphäre – wie verhält sich vor ihnen
die morphologische Methode? Was den berühmten Streit
zwischen Goethe und Newton angeht, so kann man es zunächst einmal so formulieren, daß eigentlich gar keine Differenz zwischen ihnen bestand, insofern als Goethe sich mit
der Psychologie und Physiologie der Farben befaßte, Newton mit den physikalischen Formeln des Lichts. Newton
hatte dargestellt, daß das Weiß aus allen Farben des Spek-
trums zusammengesetzt sei, und diese Farben entstünden
bei der Brechung. Goethe, ausgehend von der Einheitlichkeit der Weißempfindung, wollte auf die Einheitlichkeit
ihrer physikalischen Ursache geschlossen sehen und bildete
eine Theorie, die nicht die Farben aus dem Licht zu entwickeln suche, sondern davon überzeugen wolle, „daß die
Farbe zugleich von dem Licht und von dem, was sich ihm
entgegenstellt, hervorgebracht wird", also, das Licht ist
weiß, und das Auge entwickelt die Farben. Ganz eindeutig,
daß hier das Weiß zu dem Urphänomen gestempelt werden
sollte in Parallele zu Urwirbel, Urpflanze, Urtyp (übrigens
nicht wörtlich zu nehmen, denn in der Chromatik bezeichnet
Goethe als „Urphänomen" gewisse Farbenerscheinungen in
trüben Mitteln: „Wir sehen auf der einen Seite das Licht,
das Helle, auf der anderen die Finsternis, das Dunkle, wir
bringen die Trübe zwischen beide"), aber prinzipiell sucht
sein Denken auch in dieser Materie den prägnanten Punkt,
von dem aus sich, in diesem Fall nicht Anschauungen, aber
die Farben entwickeln; wir sehen auch hier jenen Grundriß:
das Urphänomen (die Trübe), die menschliche Totalität

(das Auge), das aus dem ersteren die Metamorphose (des Lichts zur Farbe) abwandelt. Etwas gespannter wird die Lage schon, wenn man sich folgenden Spruch aus den Paralipomena mit den Folgerungen vergegenwärtigt: „Das Ohr ist stumm, der Mund ist taub, aber das Auge vernimmt und spricht." Wenn das Auge nämlich spricht, spricht es nicht von Brechungsindex, Newtonschen Spalten, Fraunhofer-schen Linien, virtuellen Bildein, sondern es spricht von seiner Welt, dem Licht, „es bildet sich am Licht fürs Licht, damit das innere Licht dem äußeren Licht entgegenträte". Wenn das Auge spricht und sich bewegt, so bewegt es sich innerhalb einer Physik ohne Mathematik, einer Physik von: Physis, Natur, Natur des Menschen: „Mathematischen Formeln verbleibt immer etwas Steifes und Ungelenkes, mechanische Formeln sprechen mehr zu dem gemeinen Sinn, aber sie sind auch gemeine und behalten immer etwas Rohes, sie verwandeln das Lebendige in ein Totes, sie töten das innere Leben, um von außen ein Unzulängliches heran-zubringen." Wellenlänge, Einfallswinkel, Emission – gewiß: „Farben und Licht stehen zwar untereinander in dem ge-nauesten Verhältnis, aber wir müssen uns beide als der ganzen Natur angehörig denken, denn sie ist es ganz, die sich dadurch dem Sinne des Auges besonders offenbaren will" –, also: die Natur will sich offenbaren, im übrigen: „Die Art, sich die Sache vorzustellen, können wir nieman-dem aufdrängen."

Noch immer könnten die Newtonsche und die Goethesche Existenz nebeneinander hergehen, ohne sich zu vernichten, aber nun beginnen von Goethes Seite die hartnäckigen, vom rein Charakterologischen aus gesehen kann man fast sagen: störrischen Versuche, die Newtonsche Theorie, deren ma-thematische Richtigkeit für jeden, abgesehen von Goethe, außer Frage stand, fortgesetzt zu attackieren, zu mißkredi-

tieren und herabzusetzen. Zwei Züge seines Wesens, nein
ein äußeres Erlebnis und dann allerdings die intimste und
innerste Struktur seines Seins vereinigten sich, um ihn in
einem dreißigjährigen Kampf nicht erlahmen zu lassen,
gegen „das Papsttum der einseitigen Naturlehre vorzugehen, welches sich anmaßt, durch Zeichen und Zahlen den
Irrtum in Wahrheit zu verwandeln", und „gegen die knüffliche Behendigkeit dieses Pfaffengeschlechts". Das äußere
Erlebnis war seine Erfahrung mit den Gelehrten, die er
gelegentlich seiner früheren wissenschaftlichen Arbeit gemacht hatte. Gegen die Arbeit über den Zwischenkieferknochen zum Beispiel verhielten sie sich völlig ablehnend,
diesen Knochen gibt es nicht, behaupteten sie nach wie vor
weiter; Soemmering nannte die Arbeit „in manchem Betracht recht artig", aber auch „ein wenig schulfüchsig";
Kamper, ein sehr bedeutender und, soweit man sich unter-
richten kann, auch universeller Geist, Anatom in Holland,
dem Goethe persönlich das Manuskript geschickt hatte,
äußerte sich in einem Brief an einen Dritten, er habe ein
sehr elegantes Manuskript erhalten, bewundernswert gut
geschrieben, glänzende Handschrift, „c'est-à-dire d'une
main admirable", aber der Inhalt sei unmöglich, was solle
er damit anfangen, niemand interessiere sich für diesen
Knochen, den es nicht gibt. Auch die „Metamorphose der
Pflanzen" hatte eine äußerst laue Aufnahme in der Öffentlichkeit gefunden, es war also nicht so weit abliegend für
Goethe zu schließen, er habe auch diesmal recht, und die
Zunft würde es schon allmählich begreifen, die Gelehrten,
denen er bekanntlich zutraute, ihre fünf Sinne abzuleugnen,
nur um in ihrer Begriffswelt ungestört dahinleben zu können, diese der Weisheit tägliche Vermehrer, nach Vorschrift sammelnd Lebenselement. Aber in diesem Fall hatten sie nicht umzulernen, vielmehr seine eigenen Freunde

gingen zu ihnen über, Lichtenberg, Johannes Müller – nur
sein unersetzlicher Schiller begriff[2], wie wir lesen, durch die
Natürlichkeit seines Genies schnell die Hauptpunkte, auf
die es ankam. Übrigens stand er isoliert nur hinsichtlich
seiner Polemik mit Newton, seiner handgreiflichen Miß-
deutungen von dessen Experimenten, seiner Gegenbeweise
gegen dessen Theorie, nicht jedoch mit seiner Farbenlehre,
die seit dem Erscheinen bis auf den heutigen Tag eine seiner
bewundertsten Schriften ist. Nicht mit Unrecht sagt Georg
Brandes in seinem Goethebuch über sie: „Niemand wird es
bereuen, sie zu lesen, und sei es auch nur um der Sprache
willen. Die Darstellung ist klassisch, anschaulich, schön, wie
ein schönes Gedicht." Und selbst ihr letzter Kritiker, der
Nestor der deutschen Naturforscher, Spezialist für Farben,
in einem Buch aus dem Jahre 1931, der es im allgemeinen
an Ausfällen, ja man kann schon sagen anstößigen Bemerkungen gegen Goethe nicht fehlen läßt: er hält ihn für
mitschuldig an dem Irrweg, an der mißachteten Stellung,
in der die deutsche Naturforschung im ersten Drittel des
neunzehnten Jahrhunderts dahinkümmerte, haltloses Geschwätz an Stelle treuer Forschung setzend; Goethes Far-
benkrankheit, sagt er, eine ähnlich mißgegangene Leidenschaft wie die Liebe zu Frau von Stein, wenn doch in diesem
Augenblick ein Fachmann zugegen gewesen wäre, dieser
Irrweg wäre vermieden; dieser also, ein Nobelpreisträger,
aus dessen Mund es jedenfalls nicht sehr angenehm ist, bei
solcher Gelegenheit folgendes zu vernehmen: „Statt wäre
nicht das Auge sonnenhaft, wie könnten wir das Licht erblicken, kann man mit gleichem Recht fragen, wäre nicht
das Auge tintenhaft, wie könnten wir die Schrift erblicken
oder irgendeinen anderen Satz von gleicher ‚Tiefe'" – also
auch er muß hinsichtlich der Farbenlehre zugestehen: „Die
Wissenschaft hat nach allen Richtungen ungeheure Fort-

schritte, und zwar größere gemacht als in irgendeinem früheren Jahrhundert, und dennoch steht die Farbenlehre bis
auf unsere Tage fast noch ebenso da, wie Goethe sie hinterlassen hat. Zwar haben geniale Köpfe wie insbesondere
Helmholtz, Fechner, Brücke und Hering ungemein Wert-
volles zu ihrer Entwicklung beigebracht. Die benachbarten
Wissenschaften haben sich weitgehend vervollkommnet und
zahllose einzelne Fragen, welche noch Goethe wegen des
Zustandes des zeitgenössischen Wissens im Dunkel lassen
mußte, haben inzwischen ausreichende Aufklärung gefunden. Aber ein Blick in die zeitgenössische Literatur läßt erkennen, daß jene große synthetische Arbeit, deren Bedürfnis der Genius empfunden hatte, der in dieser wie in so
mancher anderen Richtung seinen Zeitgenossen um ein
Jahrhundert voraus war, noch bis auf die neueste Zeit nicht
geleistet worden ist."
Also, sie war keineswegs resultatlos, diese mißgegangene
Leidenschaft, diese Leidenschaft ohne Fachmann, dies Da-
hinkümmern mit Geschwätz statt treuer Forschung, sie war
nur nicht mathematisch-physikalisch, sie war nur nicht analytisch, sie war nicht erklärt voraussetzungs-, das heißt
ideenlos, sondern diese Leidenschaft ging auf Anschauung,
sie war „anschauliches Denken", und damit rühren wir an
die intimste und innerste Struktur des Goetheschen Seins,
betreten sein zentralstes Reich, auch das erregendste, das
unabsehbarste, für uns heute von so enormer Aktualität:
denn dies anschauliche Denken, ihm von Natur eingeboren,
aber dann in einer sich durch das ganze Leben hinziehen-
den systematischen Arbeit als exakte Methode bewußtgemacht und dargestellt, als heuristisches Prinzip mit aller
polemischen Schärfe dem mathematisch-physikalischen Prinzip gegenübergestellt, es ist, auf eine kurze Formel gebracht,
der uns heute so geläufige Gegensatz von Natur, Kosmos,

Bild, Symbol oder Zahl, Begriff, Wissenschaft; von Zuordnung der Dinge zum Menschen und seinem natürlichen Raum oder Zuordnung der Begriffe in widerspruchslose mathematische Reihen; von Identität alles Seins oder Chaos zufälliger, korrigierbarer, wechselnder Ausdrucks- und Darstellungssysteme; mit einem Wort, es ist die Problematik, die uns aus jedem Vortrag in jedem Hörsaal, in jeder Akademie, in jedem Institut heutigentags entgegentritt, uns, mitten, wie wir hören, im Zusammenbruch des zweiten großen rationalistischen Erfassungsversuchs der Welt, Parallele zum Ausgang der Antike, uns, vor deren Augen die Relativitätstheorie durch Auflösung des physikalischen Raumes den idealen, den aus den ästhetischen Kategorien Kants, doppelt beschwört, die Philosophie thematisch wie in ihren repräsentativen Dialektikern sich zur reinen Ontologie wendet, die Quantentheorie aus dem Munde Plancks in seinem Vortrag vom vorigen Jahr in der Kaiser-Wilhelm-Gesellschaft: „Der Positivismus und das physikalische Weltbild" den Begriff der Realität, diesen, wie er selber sagt, metaphysischen Begriff in hoher Inbrunst ehrt, mit einem Wort uns, in deren Gegenwart die geistig-wissenschaftliche Gesamtvernunft das komplizierte, zerfaserte, hybrid übersteigerte Begriffsnetz der modernen induktiven Naturexegese beiseite schiebt und eine neue, die alte, Wirklichkeit durch Wiedergewinnung eines natürlichen Weltbildes sucht.

Kann man sich dabei auf Goethe berufen? Was heißt bei ihm im speziellsten Sinne anschauliches oder gegenständliches Denken? Was zunächst diesen Ausdruck „gegenständliches Denken" betrifft, der in der Tat das ganze Thema umschließt, so stammt er nicht von Goethe, sondern wurde über ihn geprägt, und zwar von Heinroth in seiner „Anthropologie"; aber Goethe greift ihn sofort in einem längeren Aufsatz, betitelt: „Bedeutende Fördernis durch ein einziges geistreiches Wort", mit großer Genugtuung auf und erläutert an ihm seine geistige Art. In einer These zusammengefaßt heißt diese Art: Goethe lebte der Ansicht, daß die Natur ihre Geheimnisse von selbst darlegen müsse, daß sie bedenken, sie beschreiben nur die durchsichtige Darstellung ihres ideellen Inhalts sei. Dies die Helmholtzsche Definition des Goetheschen „gegenständlichen Denkens". Das bedeutet also und stellt sich uns dar als eine höchst merkwürdige Verflechtung von Platonismus und Erfahrung: einerseits enthält die Natur Ideen, und ihre Gegenstände befinden sich innerhalb dieser Ideen, und diese Ideen tragen sich dem Denken zu, bieten sich ihm dar infolge der unauflöslichen Einheit von Natur und menschlicher Anschauung, aber andererseits ist dies Denken bei Goethe von nie erlahmender Aktivität, von klassischer Exaktheit in Beobachtung und Deutung, unermüdlich im Sammeln, im Tabellenanlegen, rastlos hingegeben dem Material, es ist sogar betont weitsichtig im methodischen Gefühl: tritt vom Gegenstand zurück, wenn er sich nicht ohne weiteres erschließt, wartet ab, greift ihn wieder auf, umzieht ihn mit Gedanken, bildet ihn in jahrzehntelangen Prozessen geistig um. Es ist ein produktives Denken im Rahmen wissenschaftlicher Themen, ein weittragendes perspektivisches[3] Erfühlen von Zusammenhängen und Ursprüngen, ein Eintauchen des Denkens in den Gegenstand und eine Osmose des Objekts in den anschauenden Geist. Ein imposantes Denken, was die Resultate angeht, die wir im vorhergehenden sahen, aber eines, das sich als Methode nicht völlig klarstellen und übertragen läßt. Ein ausgesprochen affektgeführtes Denken, körperlich umwogt, mit starker Hirnstammkomponente, will man es biologisch basieren, im Gegensatz zum Rindentyp des intellektualistischen *Professionals*; man höre die zahlreichen emotionellen Hinweise in den Briefen: „ein peinlich süßer Zustand" die Arbeit in der Osteologie, als „Herzenserleichterung" wird die Pflanzenmetamorphose niedergeschrieben, das Os intermaxillare macht dem Entdecker „solche Freude, daß sich ihm alle Eingeweide bewegen", eine Arbeit wird ihm „versüßt", wenn Herder zuschaut, alles entfaltet sich aus dem Inneren, aus dem Ich, darum „muß man tüchtig geboren sein, um ohne Kränklichkeit auf sein Inneres zurückzugehen". Ein gegenständliches Denken, dem dichterischen sehr nah, eine Stelle aus dem obengenannten Aufsatz „Bedeutende Fördernis" ist höchst aufschlußreich: „Was von meinem gegenständlichen Denken gesagt ist, mag ich wohl auch ebenmäßig auf eine gegenständliche Dichtung beziehen. Mir drückten sich gewisse große Motive, Legenden, uralt-geschichtlich Überliefertes so tief in den Sinn, daß ich sie vierzig, fünfzig Jahre lebendig und wirksam im Inneren erhielt; mir schien der schönste Besitz, solche uralte Bilder oft in der Einbildungskraft erneut zu sehen, da sie sich zwar dann immer umgestalten, doch ohne sich zu verändern einer reineren Form, einer entschiedeneren Darstellung entgegenreiften." Wir sehen also ein Denken, das auf den Typus, das große Motiv, das Legendäre, die letzten arthaften Schichten zielt. Dies Denken übernommen, eingelebt in die exakte Forschung, eingelebt, nicht eingeschwärmt, will heißen keineswegs beiläufig, keineswegs zufällig, vielmehr durchgearbeitet, bewußtgemacht, systematisch, methodisch angewandt, ja polemisch von hoher Virulenz: „Widersacher kommen nicht in Betracht, denn mein Dasein ist ihnen verhaßt, sie verwerfen die Zwecke, nach denen mein Tun geleitet ist. Ich weise sie daher ab und ignoriere sie." Ein andermal: Unterstehe sich keiner, gegen mich induktiv vorzugehen, induktive Einwände gegen mich vorzubringen, da könnte dann

ein dritter und vierter kommen, und mit Versuchen hat
schließlich jeder recht. Erinnern wir uns: „durch Zeichen
und Zahlen die Wahrheit in Irrtum verkehren" und: „das
knüffliche Pfaffengeschlecht".

Wir haben also bei Beginn des neunzehnten Jahrhunderts
die beiden Typen des Denkens: den Goetheschen Typ: „Ich
achte darauf, daß sich mein Denken von den Gegenständen
nicht sondere, daß die Elemente der Gegenstände, die Anschauungen, in dasselbe eingehen und von ihm auf das
Innigste durchdrungen werden, daß meine Anschauung
selbst ein Denken, mein Denken ein Anschauen sei", und
den Typ der aufsteigenden Naturwissenschaft: „Das Experiment ist die geistige Geburt des Gegenstandes, den wir
erst *zertrümmern* müssen, um seine gelösten Glieder zu
einem neuen Ganzen zu verbinden" (Dove). Es entsteht also
die Frage: gibt es eine primäre Identität von Denken und
Sein? Kann man durch innere Anschauung die Naturgesetze ohne Zuhilfenahme der „rohen" Empirie erkennen?
Wie verhält sich die Empirie des gesunden natürlichen
Menschen („ich raste nicht, bis ich einen prägnanten Punkt
finde, der vieles *freiwillig* aus sich *herausbringt* und mir
entgegenträgt" – oder: „im Erlebnis findet sich der Mensch
schon recht eigentlich in der Welt, er braucht sie nicht erst
begrifflich zu übersteigen") zu der Empirie der willkürlich
und wiederholt angewandten Bedingungen, zu der Empirie
des Experiments? Wie verhält sich das Weltbild des „anschaulichen Denkens", in dem „der Geist in seine alten
Rechte wieder eingesetzt wird, sich unmittelbar gegen die
Natur zu stellen" („gegen" im Sinne des gleichwertigen,
gleichrangigen Gegenüber ohne die theologischen und teleologischen Zwischenschaltungen der vergangenen Jahrhunderte), von dem Goethe meinte, daß es die bedeutende
Hinterlassenschaft seiner Epoche an das neunzehnte Jahr-

hundert darstelle, zu dem dann von diesem Jahrhundert
tatsächlich entwickelten mathematisch-physikalischen, also
gänzlich unanschaulichen Weltbild? Wie verhält sich das
Weltbild des primären Synthetikers zu dem des kasuistischen
Analytikers, der nach Goethe in Gefahr gerät, wenn er
seine Methode da anwendet, wo keine Synthese zugrunde
liegt? Welche Mittel, welche Methode, um es ganz klar
auszusprechen: welche menschliche Art führt tiefer in die
Anschauung des Lebens, vor sein Bild, sein Symbol, oder ist
beides abstammungsgemäß und charakterologisch etwas
ganz Verschiedenes: dort der emotionaltranszendentale Akt
der Anschauung und hier der rein naturalistische Griff
zwecks Ausnutzung und Verwertung? Was ist es also mit
Goethe und dem neunzehnten Jahrhundert, Goethe und der
induktiven Ära, wie entstand trotz Goethe, gegen Goethe
der Positivismus der reinen Begreiflichkeit, wie verhielten
sich diese beiden Wahrheiten: seine und die dann kam?

Es ist längst entschieden, daß Goethe kein Gegner des Experiments war. In seinen Briefen an Soemmering, an Jacobi lesen wir wiederholt: „Ich höre nicht auf zu experi-
mentieren und die Experimente zu ordnen." In dem Brief
an Jacobi vom 29. Dezember 1794 schildert er seine Ar-
beitsmethode als dahin zielend: „Die Phänomene zu erha-
schen, sie zu Versuchen zu fixieren, die Erfahrungen zu
ordnen und die Vorstellungsarten darüber kennenzulernen,
bei dem ersten so *aufmerksam,* bei dem zweiten so *genau*
als möglich zu sein, beim dritten *vollständig* zu werden und
beim vierten *vielseitig* genug zu bleiben, dazu gehört eine
Durcharbeitung seines lieben Ichs, von deren Möglichkeit
ich auch sonst nur keine Idee gehabt habe." Wir hören, wie
er dem Herzog Ernst dankt für ein physikalisches Kabinett,
dem Prinzen August für übersandte englische prismatische

Linsen, wir erfahren sogar, welchen Aufwand er selber zur
Beschaffung von Instrumenten betreffend die Farbenlehre
gemacht hat; sie haben ihm, wie er mitteilt, über zweitausend
Gulden gekostet. Es ist kein Zweifel, er hat sein Leben
lang experimentiert, allerdings mit der Skepsis, die bei
seiner Gesamtlage unvermeidlich war; wir finden in seinem
streng wissenschafts-theoretischen Aufsatz: „Der Versuch
als Vermittler von Objekt und Subjekt" jenes Paradoxon,
daß sich aus Versuchen nichts unmittelbar beweisen lasse;
wir finden Sätze von so frappanter Aktualität, von so un-
mittelbarer Modernität, als ob sie aus den heutigen Kritiken
über die Induktion, zum Beispiel Dinglers „Zusammenbruch
der Wissenschaften" kämen. Aber er beherrschte das Experiment, das ist keine Frage; interessant ist nur die Frage,
wie entstand um ihn herum unter Auflehnung gegen diese
Majestät des anschaulichen Denkens, unter Ausschaltung
der pompösen Suggestion dieser doch auch sehr resultat-
reichen intuitiven Art der bis heute kausal-analytisch völlig
rätselhafte, monographisch völlig ungeklärte Ausbruch des
Positivismus mit seiner aus dem Affekt losgelösten mechanischen Anhäufung von Stofflichkeiten, seiner gegen das
Erlebnis erkämpften Konglomeration von Begriffen, Daten,
Exaktheiten, denen keine menschliche Synthese mehr zugrunde lag?
Welches immer sein Ausgangspunkt war: die Renaissance
mit ihrer Mobilisierung des Vitalen im Verein mit den verstreuten arabischen Kulturelementen, innerhalb derer sich
Mathematik, Astronomie, Medizin vergangener Kulturen
in den Laboratorien der Alchimisten und den Warten der
Sterndeuter bewahrten – oder ob hinter beiden der trei-
bende Begriff einer absoluten Wahrheit stand, der von den
monotheistischen Religionen, Judentum, Christentum, Is-
lam, jahrhundertelang von Geschlecht zu Geschlecht ent-

wickelt und zu letzter dialektischer Verfeinerung geführt,
nun den bei den polytheistischen Völkern rudimentär ge-
bliebenen Reduktionstrieb mit in der Richtung riß, daß
überall der Urgrund der Dinge nur einer sei, dieser eine
aber sei zu erfassen und erfahren –; welche Impulse immer
von Kant ausgingen, von seiner Darstellung des Allgemein-
gültigen und Notwendigen der Erkenntnis gegenüber dem
Zufälligen und Ungeordneten der rein naturalistischen Erfahrung, also von dieser Verklärung der reinen Theorie;
was immer von den französischen Ereignissen dazukam
mit ihrer Verbreiterung in die Maße von Genuß und Macht,
dem Erwachen großer Schichten zur Verirdischung ihrer
Triebe, in der sich die Technifizierung entband: die eigentliche Geburtsstunde dieses Seinsbildes wurde jener 23. Juli
1847, jene Sitzung in der Berliner Physikalischen Gesellschaft, in der Helmholtz das von Robert Mayer aufgeworfene Problem von der Erhaltung der Kraft mechanisch begründete und als allgemeines Naturgesetz vorrechnete. An
diesem Tag begann die Vorstellung von der völligen Begreiflichkeit der Welt, ihrer Begreiflichkeit als Mechanismus. Dies Datum ist genau so epochal wie ein früheres, das
mit post und ante unter uns lebt. Von hier ging das aus,
was Du Bois-Reymond wenige Jahre darauf so formulieren
konnte: „Es gibt kein anderes Erkennen als das mechanische,
keine andere wissenschaftliche Denkungsform als die ma-
thematisch-physikalische." Und die Naturwissenschaft, erklärte er weiter, ist das absolute Organ der Kultur, die
Geschichte der Naturwissenschaften die eigentliche Geschichte der Menschheit. Hier mündet vieles, Fernes und
Nahes, Klöster und Scheiterhaufen, der Dom des Buschetto
und der Gutshof von Ferney. Hier wurde aus Deutschland
geerntet, was nach dem ersten Totenfest des Idealismus um
1800, als Klopstock, Herder, Kant, Schiller innerhalb zweier

Jahre dahingingen, begann, was nach dem zweiten um 1832 sich entfaltete, als Niebuhr, Stein, Hegel, Schleiermacher, W. von Humboldt neben Goethe innerhalb eines Lustrums schieden; was aus den zerstörerischsten Büchern der Epoche, denen von D. F. Strauß und Feuerbach, um sich brannte; was in Doves Gesetz der Stürme an Kurven, Parabeln, Inklinationen sich in die nun errechenbaren Sphären trug; was anstelle des Humus, der Erde, der chthonischen Macht als künstlicher Dünger vertrieben wurde: handgreiflich gemachte Erkenntnis, verifizierbares Gesicht, Wahrheit der Suppenwürzenpromethiden, ihre Transzendenz bewies und rechtfertigte sich ja bis in die Guanohaufen von Paraguay: Liebig, experimentell und merkantil, der erste in der uns heute so geläufigen Reihe der Konquistadoren zwischen Induktion und Industrie.

Nun mußte allerdings das Goethesche Massiv umschifft werden zwecks sonorer Entfaltung der Empirie. Nicht ohne Verbalinjurien, wie Geschwätz, Irrweg und Phantasie. Es brauchte Raum und Flußbett das mechanische Weltbild, Vorspiel des materialistischen: prästabiliert, aber nicht harmonisch, stupider Treibriemenparoxysmus: die sechs Huxleyschen Affen vor die Front: wenn sie in ihrem blinden Unverstand Billionen Jahre auf der Schreibmaschine klapperten, brächten sie notwendigerweise die ganze britische Staatsbibliothek hervor und auch die Shakespeareschen Sonette. Zellenananke: der Kopf Homers, das Haupt Vergils als Skalpe auf die Elektroden, Reizung, billig zu haben, Aggregate von Molekeln, aus denen die Ilias, die Äneis im Zwangsverfahren diffundierte. Begreifbarkeit, interastral: wollte man den Marsbewohner sprechen – nur Ketten von Holzstößen in der Form des pythagoreischen Lehrsatzes in der Sahara in Brand gesteckt und schon beblinzelten die Planetarier die intergalaktale Hieroglyphe. Dies alles

wälzte sich nun, keineswegs geheimnisvoll am lichten Tag,
sondern im Gegenteil von Morgens bis Mitternacht platt
und jedem eurasischen Schädel konform, durch das knos-
penüberblähte, zum Massenabsprung geduckte Jahrhundert.

Ist es nach einem Aphorismus Goethes das Glück des Genies, zu Zeiten des Ernstes geboren zu werden, war es offenbar die Chance der verifizierbaren Wahrheit, ihren frischen
Inhalt in die Zeiten rassenhafter Hausse zu entleeren. In
das unentwirrbare Konglomerat von riesenhafter Vermehrung des Geschlechts, Eingreifen Wallstreets in den Kapitalmarkt, Kolonisationsräuschen, Trieb- und Luxussteigerung ganzer Kontinente, Wirtschaftsaufstieg wucherungsbereiter Stände, Gründerklemmen, Kaiserreichsproklama-
tionen und -debakels fiel die Theorie von 1859: Ertüchtigung, Kampf und Sieg! Im schlichten Schafspelz des Ignorabimus, im Stangenkittel des Laboremus, als Bläserchor
der Weltwende mit dem Auroramarsch des dritten Zeitalters Comtescher Instrumentierung rückte sie vor. Einzige
Laute denkähnlicher Praktiken das Brodeln in Kolben aus
Jenaer Glas, in dem die Anilinfarben destillierten, das
Knirschen verrußter Trommeln, auf denen Muskelzuckun-
gen sich registrierten. Und die Zeit schlug an mit ihrer
Hippe und erntete eine ablesbare Wahrheit, eine Wahrheit
mit Betriebssicherheit, eine Wahrheit für Berufsschichten,
der ganze ranglose Consensus omnium konnte sich an ihr
erbauen; und es stimmte doch alles, das war doch alles
greifbar: objektive Welt, Zahl, Statistik, Ballistik, Dauer-
ware, es ging doch glänzend, großer Aufstieg, die Magni-
fizenzen konnten neben die Hofprediger treten, und Dom
und Aula lieferten gemeinsam dem Imperium die Grundlage für seine Panthersprünge. Wer aber sollte das Genie
verifizieren, alle Monisten zusammen hatten nicht so viel

Tiefsinn es abzuleiten; wer sollte Goethe verifizieren, diese Distanz des anschaulichen Denkens, und was heißt das: „die Natur hat kein System?" – nun, dann müssen wir ihr eines beibringen. Vielleicht Dramatiker, aber selbst sein Faust nur zum Nationalgedicht geworden, weil sein Held ein Magister und Doktor, ein Gelehrter war, ein Kollege, und die Universitäten seit jeher einen so bedeutenden Platz im deutschen Geistesleben innegenommen hatten (Du Bois-Reymond); dieser Orphiker, der orakelt, alles Lebendige habe eine Atmosphäre, was ist das für eine Atmosphäre? – kennen wir nicht, keine Hygro-, Thermo-, Barometer dafür angegeben; unseretwegen zur Erbauung, stille Stunden, großer Gefühlskünder, aber keine Ahnung vom mechanischen Wärmeäquivalent, oder was heißt das: „Daß er nicht enden kann, das macht ihn groß, und daß er nie beginnt, das ist sein Los" – wo bleibt da die Auslese der Tüchtigen? –, einzig Nietzsche, obschon auch er im Kiel der Zuchtwahl, der Übermensch eine rein selektive und kolonisatorische Vision, adaptierte mit der untrüglichen Raubvogelpupille diese Triebvarianten, zwischen Seeigelbarden und Rattenzüchtern transmutierend, und sprach es aus: „Darwin neben Goethe setzen, heißt die Majestät verletzen, majestatem genii."

Wir sind nun an dem Punkt, wo die Frage entsteht, was hat es für uns überhaupt für einen allgemeinen Sinn, daß sich Goethe mit dem Zwischenkiefer beschäftigte, was hat es überhaupt für einen Sinn, daß dieser Zwischenkieferknochen von irgendwem gelegentlich einmal entdeckt wurde, ist denn diese wissenschaftliche Ananke sehr großartig, nein, sie ist höchst fragwürdig, oder wollte jemand Goethe nun gegen das neunzehnte Jahrhundert stellen, das wäre doch völlig sinnlos, es gibt Grade von Größe, die gänzlich unverbindlich sind. Was hat es also für einen Sinn, ihn in diesen Zusammenhang faktischer, beweisbarer und bestreitbarer Vorfälle von neuem einzustellen, in den konventionellen historischen Verlauf weltanschaulicher Antithetik, in die Sphäre des wurmartigen Betastens und Herumkriechens niederer Erkenntnisgrade, wie Nietzsche die Wissenschaft charakterisiert, ihn aus jenem Reich, das mit einer Gesetzgebung der Werte beginnt, ein Namengeben ist mit ihr verbunden? Auf diese Frage gibt es keine materielle Antwort, aus dieser Frage entwickelt sich nur eine Perspektive und dann ein Bild.

Noch nie hatte sich die Natur innerhalb ihrer zu uns gehörigen Regionen, auch nicht in den beiden allein Vergleichbaren: Dante und Shakespeare, mit einem solchen Ausdruck an ein menschliches Sein gebunden, und zwar sowohl in bezug auf ihre naturalistische Kraft wie in bezug auf ihr Symbol. Es geschah in dem Augenblick, als die menschliche Rasse zum letztenmal mit einem alten Blick, mit einem alten Gedanken über die Erde sah, noch die Schwingen gebreitet, doch schon den Flug bereitet, dem Abflug nah. Es schlägt sich ein Bogen, es zieht sich eine metaphysische Spannung von des Thales Primärvorstellung: alles ist Wasser, das heißt alles ist Eins, zu jenem Hymnus über die Natur aus dem Jahr 1782 und zu der Vorstellung der Urphänomene, die Goethes ganzes Schaffen durchzieht: die Spannung der Anschauung gegenüber der Analyse, der Idee gegenüber der Erfahrung, der Größe gegenüber dem Beweis. Es verbinden sich zwei epochale Erscheinungen, wenn die Grundlage der antiken Physik, daß der Mensch das Maß aller Dinge sei, der Mensch, seine Physis, sein Leben, in den vielen Worten über die niedere und höhere Erfahrung wieder aufklingt, in den Worten *gegen* die Erfahrung, *für* den Menschen, seine Natur, seine Herkunft:

„Alles Denken hilft nichts zum Denken", denn: „Man muß
von Natur richtig sein", oder: „Alle, die ausschließlich die
Erfahrung preisen, bedenken nicht, daß die Erfahrung nur
die Hälfte der Erfahrung ist"; oder das einschneidendste:
„Hätte ich nicht die Welt durch Antizipation bereits in mir
getragen, ich wäre mit sehenden Augen blind geblieben,
und alle Erfahrung wäre nichts gewesen als ein ganz totes
und vergebliches Bemühen."
Es ist aus dem Hellenischen geschöpft, um im Olympischen
zu enden, wenn er das höchste Glück des Menschen nennt,
das Erforschliche erforscht zu haben und das Unerforsch-
liche ruhig zu verehren. Es ist die antike, die primäre, noch
einmal vor der relativierten, der raumneurotisch entarteten
Ratio in dieser Kombination von Kausalität und Mythe, die
die größte Erkenntnis, die vom Wesen und Kern der Dinge,
als für den Menschen erreichbar und erreicht betrachtet. Es
ist ein wahrhaft alter und beladener Blick, der die Camera
obscura haßt wie das Fernrohr, auf jene Sterne gerichtet,
die dann nicht mehr seine Sterne sind, die über seinem
Haus, die über seinem Garten. Er sagt: „Der Mensch an
sich selbst, insofern er sich seiner gesunden Sinne bedient,
ist der größte und genaueste physikalische Apparat, den es
geben kann, und das ist eben das größte Unheil der neuen
Physik, daß man die Experimente gleichsam vom Menschen
abgesondert hat und bloß in dem, was künstliche Instrumente zeigen, die Natur erkennen will" – das kommt von
weither, das ist ptolemäisch.
Das zielt auf die Gene, die Erbmasse, es sind die Mütter,
die Altväter, es ist das Urphänomen, das entwickelt ein
innewohnendes Bild. Auf antiken Tempeln, da wohnen wir
und wissen es nicht mehr, wie die Frau in dem Gedicht
„Der Wanderer", geboren über Resten heiliger Vergangenheit, die Worte weggewandelt, die Urworte orphisch. Es ist

ein Wissenschaftler, der dies denkt, die Stuben vollgestellt mit Wirbeln, Föten und Gestein, ein Beobachter, exakt wie Faraday, ein Stilist, wo es sein soll, rationalistisch kalt wie Voltaire, der sich dahin wendet. Noch einmal das Archaische, noch einmal das Dasein, das von einem Tag zum anderen sich durchhilft, die Blätter abfallen sieht und nichts dabei denkt, als daß der Winter kommt. Noch einmal das Haus und der steingefaßte Brunnen, die Urbeschäftigung auf der Weide und dem Acker, die begleitenden Tiere: Hund und Roß, die Geräte: Ruder, Schaufel und Netz – und dann die Zivilisation. Noch einmal Luna in der großgemessenen Weite, noch einmal die Sterne im alten Raum, noch einmal der Regenbogen, in dem sich ein Gott versöhnte – und dann die optischen Trivialitäten. Noch einmal die ungetrennte Existenz, der anschauende Glaube, die Identität von Unendlichkeit und Erde, noch einmal das antike „Glück am Sein": „Denn wir sind denn doch auf das höchste Altertum gegründet, und diesen Vorteil wird uns niemand entreißen", schreibt er an Schopenhauer. „Laß uns so viel als möglich an der Gesinnung halten, in der wir herankamen", schreibt der fast Achtzigjährige an Zelter, „wir werden, mit vielleicht noch wenigen, die letzten sein einer Epoche, die so bald nicht wiederkehrt" – ja, die nicht wiederkehrte, der Physikalismus siegte, Newton Imperator, Darwin Rex, und die progressive Zerebration, unter welchem Begriff die Anthropologie das Menschheitsschicksal verzeichnet, die noch einmal verhalten hatte bei der Einfalt, der Unschuld und ihrem heiligen Wert, nun rührte sie an des Daseins unendlicher Kette und trug den Fortschritt vor, die intellektualistische Potenzierung des Werdens, die degradative Dezimierung der Genesis und des Seins –, das bestimmte Integral des Nihilismus.

Die progressive Zerebration – phylogenetisch gesehen, ganz

exakt historisch gedacht: immer zwanghafter die Distanz
zwischen Instinkt und Rinde, zwischen Anschauung und
Begriff, zwischen Farbe und Zahl, immer gefährlicher die
Spannung, immer zerstörerischer der Funken: Geruch von
Vernichtung und verbranntem Fleisch durch das Jahrhundert: Nietzsche –, hier am Anfang noch einmal: „Das ungeheure Reich simplifiziert sich mir in der Seele", noch
einmal: „Beschaun mit Denken."

Die uralte Antithetik zwischen Werden und Sein, zwischen
Wirken und Sein, die abendländische Grundfrage, die
Sphinxfrage, hier von einem, den man auf allen Gebieten
gelten lassen muß, entschieden im Sinne des Seins. Nicht
im quietistischen, nicht im buddhistischen, nicht im morbi-
den Sinne: „In keinem Fall darf es ruhn", hören wir, gemeint ist das ewige lebendige Tun: „Alles muß in Nichts
zerfallen, wenn es im Sein *beharren* will", sagt er aktivi-
stisch; nicht im epigenetischen Sinne: „sondern und umbil-
den, ganz ins Unendliche geht dies Geschäft der Natur",
ach, er hat es uns ja gelehrt: Gestaltung, Umgestaltung
wallet auf, wallet ab –, aber es ist: *das Sein*. Das Sein,
„von einem unbekannten Zentrum zu einer nicht erkennbaren Grenze", das Sein, die Natur: man reißt ihr keine
Erklärungen vom Leibe, sie ist alles, ich vertraue mich ihr,
sie mag mit mir schalten, ich preise sie mit allen ihren
Werken – hier, über alle soziologischen, materialistischen,
selektiven Theorien seiner augenblicklichen Lage hinaus,
für das Sein des Menschen die bis heute letzte große gültige
Instanz.

Und diese große gültige Instanz keineswegs olympisch,
keineswegs mythisch, auch sie in der ruhelosen Dialektik des
ἕν καὶ πᾶν. Hören wir noch einmal, wie sie sich äußert,
sie äußert sich innerhalb unseres Themas, sie eignet dem
Präsidenten der Bergwerkskommission, es ist der 24. Fe-

bruar 1784. Nach acht Jahren Arbeit an Flözen, Flözkalk, Stollen, Untersuchungen und Expertisen in Mineralogie und Geologie, nachdem das Sturmheider Werk hat aufgegeben werden müssen, „jene ersoffene, abgeleerte Tiefe den Wassern und der Finsternis auf immer überlassen", soll an einem Punkt, der durch die Sorgfalt unserer Herren Geschworenen bestimmt ist, der neue Johannisschacht eingeschlagen, das alte Ilmenauer Bergwerk wiedereröffnet werden. Ich heiße der Mangel, ich heiße die Schuld, ich heiße die Sorge, ich heiße die Not – gebannt für diese graue Stadt, eine Ecke Thüringens, neue Knappschaften sind angeworben, eine Genossenschaft im Entstehen, die wird ergreifen, was man erkannt, die wird feststehen und hier sich umsehen. Nun spricht diese Stimme, und was ist das für eine Stimme, die sagt:

„Lassen Sie uns also die geringe Öffnung, die wir heute in die Oberfläche der Erde machen werden, nicht mit gleichgültigen Augen ansehen, lassen Sie uns die ersten Hiebe der Keilhaue nicht als eine unbedeutende Zeremonie betrachten. Nein, wir wollen vielmehr die Wichtigkeit dieser Handlung lebhaft empfinden, uns herzlich freuen, daß wir bestimmt waren, sie zu begehen und Zeuge derselben zu sein."

Was ist das für eine Stimme, treten wir einen Augenblick zu den Bergleuten, hören wir ihr zu, sie erläutert sich selbst: „Ich freue mich mit einem jeden, der heute sich zu freuen die nächste Ursache hat, ich danke einem jeden, der an unserer Freude auch nur entferntesten Anteil nimmt." Das ist doch die Stimme des Erzvaters vor der Hütte, der die Herden ruft, die Silhouette des Hirten steht am Abendhimmel. Nun fährt sie fort: „Ich bin von einem jeden, der bei der Sache angestellt ist, überzeugt, daß er das Seine tun wird. Ich erinnere niemanden mit weitläufigen Worten an

seine Pflicht, ich will und kann das Beste hoffen. Meine
Herren, ein jeder Ilmenauer Bürger und Untertan kann
dem aufzunehmenden Bergwerk nutzen und schaden. Es
tue ein jeder, auch der Geringste, das Seinige, was er in
seinem Kreis zu dessen Beförderung tun kann, und so wird
es gewiß gut gehen" – das ist doch noch einmal die Stimme
der Polis, der Feste und der Epen, die Stimme der Stätten
vor der Mauer, die Stimme der Quelle und des Grabes. Und
nun der Schluß, sie wollen das Bergwerk besichtigen, sie
werden ihm folgen, er wird vorangehen. „Wenn es Ihnen
gefällig ist", sagt diese große Instanz, gleichzeitig große
Instanz und Hochgericht für alle Dämonen, keineswegs
olympisch, keineswegs mythisch, auch sie in der ruhelosen
Dialektik des ἕν καὶ πᾶν, sie kann und will das Beste hoffen:
„Wenn es Ihnen gefällig ist, wollen wir gehen."

GEBÜHRT CARLETON EIN DENKMAL?

Die folgende Geschichte hörte ich von amerikanischen
Rückwanderern, die ich auf Reisen traf. Was sie erzählten,
klang so sonderbar, daß ich es zunächst nicht glauben
wollte, aber ich habe mir dann Bücher darüber beschafft
und in der Tat, sie hatten die Wahrheit erzählt. Es ist
die Geschichte der amerikanischen Weizenzucht, die amerikanische Weizentragödie und ihr Held ist Carleton, der
erst vor wenigen Jahren starb. Sein Biograph, de Cruif,
schließt seine Studie[1] mit dem melancholischen Hinweis,
daß in den Staaten keine Rede sei von einem Denkmal
für ihn, von einer Bronzetafel oder einem Kranz aus Blech
oder Eisen, der nicht allzu oft erneuert werden müßte.
Diese Monographie, etwa zehn Jahre alt, ganz gestimmt
auf den Tenor vom technisch-züchterischen Großzeitalter,
schäumend von Prosperity, diese Frage nach dem Denkmal
– wie klänge sie heute aus?
Folgen wir zunächst de Cruif[2]:
Kansas und die angrenzenden Gouvernements sind die
Weizenkammer Amerikas, Weizen ist dort Getreide
schlechthin, das Korn für Brot. Die Farmer, fünf bis sechs-
hunderttausend an der Zahl, führten in den neunziger
Jahren ein schweres Leben, eiskalte Winter, glühende
Sommer, wer sechs Jahre in Kansas lebte, lebte vier in der
Hölle, heißt dort ein Wort, und der Weizen, den sie säten,
litt mit. Trostloses Land, Stürme vom Felsengebirge reißen
die Wintersaat aus der Erde, was übrigbleibt, erstickt der
Sommer mit einer unerträglichen Glut. Grausames Klima,
brutale Temperaturschwankungen, und was Eis und Sonne
übriglassen, das frißt dann noch der Rost, der Halmrost,

der Tod des Weizens, er fliegt von Farm zu Farm, saugt
den Saft aus den Halmen, die Körner aus den Ähren, im
Sommer 1897 waren von tausend Feldern keine hundert
mehr am Leben. Schlimme Herbste für die Farmer, keine
Nahrung für Kind und Vieh, Verzweiflung der Frauen,
harte Jahre, Armut, man hatte im Schweiße des Angesichts
gearbeitet, aber man hatte kein Brot.

Die Farmer wenden sich an die Landwirtschaftskammer
ihrer Regierung, gebt uns eine Weizensorte, die das Klima
unserer Prärie verträgt, damit wir Nahrung haben und
Korn zum Verkauf. Die Landwirtschaftskammer weist sie
an ihren Angestellten, den Leiter der Staatlichen Versuchs-
station Manhattan-Kansas, der zuständig ist für den Bezirk. Das ist Marc Alfred Carleton, Sohn des mittleren
Westens, zehnjährig mit den Eltern in diese Weizenbe-
zirke eingewandert, Baccalaureus der Naturwissenschaften
von einer nicht ernst genommenen Barackenuniversität,
Sonderling, nebenbei verheiratet, vier Kinder, zweitausend
Dollar im Jahr Gehalt, also ein armer Schlucker, ein kleiner
Beamter, unbeträchtlicher Exponent der Washingtoner
Herren. Aber er ist ein Weizenfanatiker, seine Nase war
nie weit entfernt von der schwarzen Erde, aus der der
Weizenhalm seine Stärke und sein Glutin saugt, wie sein
Biograph schreibt, stets und ständig schnüffelte er nach
unmöglichen Ernten aus einem neuen Erdreich. Der sitzt
also in seiner Baracke, überall in der Welt herum schreibt
er nach Weizen, und in kleinen Päckchen strömen über
tausend Varietäten der berühmtesten Weizen heran, der
bärtige Onigara aus Japan, der Haffkani aus der Türkei,
der kahle Kaiserweizen aus Deutschland, der glänzende
Prolifero aus Italien in der Nähe Roms. Er sät sie aus, er
züchtet sie, er variiert sie, aber nichts nützt, sie sind zu
zart, genau wie der amerikanische Weizen.

Da begegnet er eines Tages auf seinen Wanderungen russischen Mennoniten, eingewanderten gottesfürchtigen Wei-
zenbauern aus Südrußland, denen es selbst in jenem bittersten Weizenjahr von 1895 gut gegangen war. Eine Viertel-
million Siedler hatte dieser Winter aus Kansas vertrieben,
aber diese Mennoniten hatten ihn überstanden, sich sogar
stattliche Wohnhäuser errichtet. Was bauten sie für einen
Weizen? Er hält sich bei ihnen auf, er läßt sich von ihnen
erzählen, es ist türkischer Weizen, ihre Eltern hatten ihn
aus Taurien in Rußland mitgebracht, sie schildern, wie
ihre Eltern auf dem Zwischendeck saßen, jeder Familien-
vater neben seinen Kindern und neben seinem Gepäck
einen Sack voll dieses Weizens, diesen Weizen, den die
Heimat gesegnet hatte, wetterharter Weizen, der drüben
die neue Existenz begründen sollte. Es ist der alte Weizen
Rußlands, sagten die Mennoniten, und er gedeiht wunderbar in diesem neuen Land.

Achtzig Morgen prächtigsten mennonitischen Weizens inmitten einer Welt von Verödung, das hält Carleton nicht
aus. Er lernt Russisch, ohne es zu begreifen, er nimmt
Urlaub, den man ihm gewährt, um ihn loszuwerden, mit
einem Stapel von Grammatiken und Wörterbüchern, auf
eigene Faust, ohne jede Unterstützung zieht er los. Groß,
breitschultrig, mit Schlapphut, eine seltsame fremdartige
Gestalt, streift er durch die baumlose Steppe Rußlands,
trinkt Wodka, ißt überall das heiße russische Brot, in ge-
brochenem lächerlichem Russisch, bald auf Englisch oder
mit Hilfe der Zeichensprache fragt er sich durch, wo ist der
widerstandsfähigste Weizen, heißt seine Frage, der Weizen
trotz Dürre und Rost. Da gelangt er auf seinem Zug nach
Osten in die Turgaier Steppe, vierzig Meilen südöstlich
von Orenburg, das ist eine Prärie so heiß wie die Sahara,
da gräbt er mit den Händen in der Schwarzerde herum,

kriecht in die einsamen häutebedeckten Jurten mürrischer gelbwangiger Kirgisen, nur wilde Exnomaden bringen es fertig, in diesem verfluchten Land Korn zu bauen, und hier unter den Tataren endet seine Pilgerfahrt, hier findet er den harten Weizen, den härtesten Weizen der Welt, den Durum-Weizen, Kubanka genannt.

Es ist ein Weizen, der nur schwer von Gerste zu unterscheiden ist, wächst in einer Erde, die nur mit rohen Werkzeugen, kaum Pflügen bearbeitet wird, kurze kräftige Halme, die Ähren tragen stachlige Bärte, sie werden gemäht von den Kirgisen noch mit Sicheln, die glasharten Körner werden mit Dreschflegeln ausgedroschen oder noch primitiver, indem man Ochsen und Kamele über die ausgestreuten Halme treibt. Dies ist der Kubanka, und dann findet er noch den Charkow und noch einige andere robuste prachtvolle Brüder des Kubanka. Er verfrachtet Proben von ihnen nach Kansas, studiert noch bei diesen Horden, die alle ohne Ausnahme weder lesen noch schreiben können, wie sie schlau mit der Geduld von Gletschern, mit einer Weisheit, die Jahrhunderte tödlichen Ringens mit dem Hunger sie gelehrt hatten, den Boden bearbeiten, und kehrt nach Kansas zurück. Wieder sät er, züchtet er, und der Versuch gelingt vollkommen. Der russische Weizen übersteht Kälte und Glut, widersteht dem Rost, trägt das Dreißig- und Vierzigfache der amerikanischen Sorten. Das Jahr 1904 wird sein großer Triumph, der schwarze Rost überzieht die Felder von Nord- und Süd-Dakota bis an die Grenze von Saskatchewan, sechzig Prozent des amerikanischen Weizens gehen zugrunde, die Kubankafelder bleiben unberührt. Die Öffentlichkeit ist überwältigt, durch die ganzen Staaten fliegt die Kunde von diesem Carletonschen Weizen, der auch in Rostjahren den Säckel füllt. Die Konkurrenz greift ein, natürlich, und will ihn vernichten.

Die Körner sind zu hart, sagt sie, die Müller können sie
nicht mahlen, es ist Schweineweizen. Gut, sagt Carleton,
dann werden wir neue Mühlen bauen. Das Mehl ist nur
für Makkaroni gut, sagt die Konkurrenz, Nudelweizen;
Carleton antwortet mit einem Werbefeldzug für Nudel-
gerichte, schickt Prospekte bis nach Lyon und Marseille,
gibt Kochbücher heraus wie früher Regenkarten, koferiert
mit den berühmtesten Küchenchefs, verfaßt wissenschaftliche Regierungsberichte mit Rezepten für Makkaroni und
Grießpudding. Dann eröffnet er die Gegenpropaganda,
veranstaltet Wettessen, schickt Brote aus amerikanischem
und russischem Mehl mit einem Fragebogen an zweihundertfünfzig Prominente, ob sie die Qualität unterscheiden
können und der Erfolg ist ganz für ihn. Und alle diese
Arbeiten verrichtet er allein, er hat ja keine Angestellten,
er schläft kaum in diesen ersten Jahren des zwanzigsten
Jahrhunderts und er siegt.
Weizenbauen ist schlimmer als Glücksspiel, hieß es früher.
Jetzt also gibt es einen Weizen, der reift früh im Sommer,
in dürren wüsten Gegenden, wo der Regen eine Million
Dollar pro Kubikzoll wert ist, blüht er üppig und gedeiht.
Die Farmer müssen ihn anbauen, trotz des niedrigen Prei-
ses, den die Müller dafür bieten, und trotz der Spottnamen
Bastard- und Gänseweizen. Ein Triumphzug ganz ohne-
gleichen beginnt, in den ersten fünf Jahren erhöhte sich der
Ertrag des Carletonschen Weizens von 0,0 auf zwanzig
Millionen Scheffel, im Jahre 1907 wurde der Jahreswert
dieses Weizens auf dreißig Millionen Dollar geschätzt, im
Jahre 1914 bestand die Hälfte der Ernte der gesamten
amerikanischen Nation aus diesem harten roten Winter-
weizen aus der Carletonschen Varietät, dem Charkow,
Amerika hatte die Weizenmärkte der Welt erobert.
Ein Augenblick Pause für Carleton selbst! Carleton war

der kleine Beamte geblieben, sein Gehalt von zweitausend Dollar hatte sich nicht erhöht. Mitten in dem Siegeszug seines Weizens erkrankte eine seiner Töchter an Kinderlähmung, er gab alles Geld, das er besaß, für ihre Behandlung aus, und er brauchte mehr Geld, und er mußte es borgen. Der neue Weizen warf in einem einzigen Jahr genau dreitausendmal soviel ab wie seine Einführung der amerikanischen Regierung seinerzeit gekostet hatte, aber als 1918 eine siebzehnjährige Tochter Carletons erkrankte und starb, mußte er sie aus Sparsamkeitsgründen verbrennen, für eine Beerdigung war er zu arm. Schließlich hatte er bei einem der Getreidemagnaten, der seinen ganzen Reichtum dem Kubanka-Weizen verdankte, eine Schuld von viertausend Dollar. Davon hörte die Regierung, und da ein Beamter keine Schulden derart machen darf, gewährt sie ihm einen unbezahlten Urlaub von neunzig Tagen, innerhalb welcher Frist er seine Schulden abzudecken hätte. Er kann sie nicht abdecken, er wird entlassen. 1919 stieg die Anzahl Morgen, die mit Kubanka-Weizen bedeckt waren, auf einundzwanzig Millionen, es war der dritte Teil der gesamten mit Weizen bebauten Bodenfläche von USA. Carleton aber mußte die Staaten verlassen, vermietete sich von Panama bis Honduras in immer neue heiße schlechter bezahlte Stellungen, deckt noch ab und zu einen Wechsel nach Amerika ab, um seine Familie, die er hatte zurücklassen müssen, der Verfolgung durch die Gläubiger zu entziehen. Er, der das Nationalvermögen vertausendfacht hatte, stirbt im April 1925 in Peru in einer Baracke ohne Pflege zwischen Moskitos an akuter Malaria und, wie ein Augenzeuge hinzufügt, an Heimweh nach den Seinen.

Das ist Carletons privates Schicksal, das er ja mit vielen Züchtern, Entdeckern, Eroberern teilt, nicht so originell, aber seine Weizengeschichte wächst jetzt ins Dämonische. Nun war nämlich die Produktion dank Carleton so riesenhaft geworden, daß die Produkte lagern mußten. Der Absatz stockte, die Krise begann. Der Weizen hielt zu sehr den Wintern stand, der Dürre, dem Rost, früher hatte die Glut ihn erstickt, jetzt begann er sich selbst zu ersticken. Die ganze Welt konnte nicht mehr so viel Weizen konsumieren, wie Kanada und Kansas bauten, zumal seit Rußland wieder selber auf dem Markt erschien. Der Carletonsche Weizen hatte zu viel getragen, er war zu gut gezüchtet, zu widerstandsvoll variiert. Er hatte die ungeheuren Weizenspeicher überfüllt, die Preise ins Bodenlose gestoßen, man mußte die Vorräte mit Schwefel räuchern, um ihr Faulen zu verhindern. Im Mittelpunkt Chikagos hatten sich die Getreideherren gerade ein neues Haus gebaut, es war vierzig Stock hoch und hatte zwanzig Millionen Dollar gekostet. Ein prachtvolles modernes Bauwerk, das die komfortabelsten Häuser in Wallstreet noch in Schatten stellte. Es hatte nur einen Fehler. Als es 1930 fertiggestellt war, war es gerade überflüssig geworden.

Wie steht es also mit Carleton? Gebührt ihm ein Denkmal? Was ist aus seinen Farmern geworden? Sie hatten längst Sense und Pflug mit Motoren vertauscht, infolge Carleton vermochten sie es, sich das Teuerste zu kaufen. Spät am Morgen, wenn der Tau verschwunden ist, zu gemütlicher Stunde, fahren sie mit dem Mähdrescher aufs Feld. Auf der einen Seite schneidet die Maschine den Weizen dicht unterhalb der Ähre ab, auf der anderen Seite fließt der fertig ausgedroschene und gesäuberte Weizen in einen besonderen Kastenwagen und fährt handelsfertig auf die Schienen. Was früher der Bauer mit fünf Pferden an einem Tage umpflügte, bricht er heute mit dem Traktor in einer Stunde um, ohne sich die Hände schmutzig zu

machen. Die Farmhäuser entwickelten sich zu Sommer-
villen, der Hühnerstall verwandelte sich in eine Bibliothek,
die Räucherkammer in einen Musiksalon, ja die Besseren
waren überhaupt Städter geworden, fuhren wohl noch zweimal in der Woche hinaus, um die Arbeit der Motore zu
kontrollieren, sie waren Unternehmer, Industrielle, ihre
manikürten Finger konnten überhaupt nicht mehr pflügen
und mähen, der Carletonsche Weizen hatte sie dessen über-
hoben.

Wie steht es also mit Carleton?

Auf den alten Farmen mußten die Farmerfrauen Kühe
melken, Hühner füttern, buttern, am Waschfaß stehen,
in der Erntezeit von morgens vier bis abends elf für
zwanzig bis dreißig hungrige Männer riesenhafte Berge
von Braten, Kuchen, Gemüse, Kompott zubereiten, – dann
aber kauften sie das Brot vom Lieferwagen wie die Leute
in der Stadt, das Geflügel lieferten die Hühnerzüchtereien
billiger und bequemer, die Brut- und Legeinstitute schlugen
das altmodische Nestsystem völlig in die Flucht, das Fleisch
wurde aus den Kühlhäusern geliefert dreißig Kilometer
ab: Vieh war überflüssig geworden, das Land war überflüssig geworden, die Arbeit war überflüssig geworden –
angenehme Jahre, breite Autos, Zeit für Cocktailpartien
und die Winter in Kalifornien.

Wie steht es also mit Carleton? Er hatte den Wohlstand
gebracht, den Luxus, wogende Felder, keimendes Grün,
aber auch die Trägheit, die Sicherheit, die Erleichterung
des Lebens, den Kauf der Motore, die Entlassung von
Arbeitern und die Auflösung der Wirtschaftsform und
nun das Ende. Denn nun wurden die Bodenflächen gar
nicht mehr bebaut, den Weizen nahm ja niemand mehr ab,
die Herstellungskosten infolge der Traktoren und der Motore waren so hoch, daß bei den niedrigen Weizenpreisen

jeder Verdienst völlig ausgeschlossen war, die Felder liegen da glattgeweht wie die Wüste, die Straßengräben zugeweht, wieder Prärie, wieder wie *vor* Carleton, die Geräte rosten, die Schuppen stehen offen, die Farmenfenster sind zugenagelt, man wirft den letzten Kochtopf auf den Ford und zieht in die nächste Stadt, um zu verhungern.

Wie steht es also mit Carleton? Als am 1. September 1931 die größte bis dahin existierende, nichtkommunistische Bauernkorporation, die Kanadische Weizenverkaufsgesellschaft, in Konkurs ging, mußten die sieben kapitalstärksten nordamerikanischen Banken einspringen, um den kompletten Ruin von zweiundzwanzig Prozent der gesamten amerikanischen Bevölkerung zu verhindern. Diese Banken aber wiederum mußte die Regierung stützen, die Regierung mit dem Geld der Steuerzahler – was dachten sie nun alle wohl über den kleinen Landwirtschaftsangestellten aus Kansas, der diesen ganzen Weizenunflat heraufbeschworen hatte? Er hatte das Nationalvermögen vervielfacht, das ist sicher, die achtundvierzig Staaten glänzten von Korn, endlose Reihen von Wagen, die in staubiger Prozession an die Eisenbahnlinien von Oklahoma, Montana, Nebraska, Kansas rumpelten, rumpelten direkt Dollars, fettes Money, in die Farmerhäuser zurück, aber plötzlich stand die endlose Reihe still und die Farmer waren ärmer als zuvor: verweichlicht, der Arbeit entwöhnt, des Gefühls für die Erde beraubt, jedes inneren Berufs ledig, hatten sie früher die harten Jahre in Vieh- und Menschengemeinschaft in den alten Ställen mühend überstanden, – jetzt flogen sie aus den Musiksalons und den Bibliotheken auf die Straße.

Wie steht es also mit Carleton? Gebührt ihm ein Denkmal öder nicht? Das ist die Frage. Es ist die Frage des technischen Fortschritts überhaupt. *Hat die Erleichterung der Lebensbedingungen den großen menschlichen Sinn,*

den das vergangene Jahrhundert ihr zusprach? Welche
Seite enthüllt mehr des Menschen speziellen Rang: Erfolg
und Genuß oder Opfer und Mißlingen? Das sind die Fragen, die entschieden werden müssen, bevor Carleton sein
Denkmal erhält. Zwei Antworten liegen auf der Hand.
Die erste, es genügt, wenn einer seiner Generation dient,
Carleton konnte nicht wissen, daß die Produktionskrise
so schnell und radikal in eine reine Verteilungs- und Ab-
satzkrise umschlagen würde –: diese Antwort ist vernünftig,
sie ist etwas platt, aber gerecht. Die andere Antwort kommt
mehr aus dem Erkenntnismäßigen und geht dahin, daß
alle Dinge ihren Widerspruch in sich tragen, daß auch der
Weizen umschlagen kann vom Vorteil in die Vernichtung,
daß auch die Kornfrucht nicht losgelöst ist aus dem Lebens-
gesetz tragischer Dialektik: – „Unendlichkeit", würde man
dann auf das Denkmal schreiben, und es müßte stilistisch
antike Motive aufweisen – „Unendlichkeit, wo Lilien sind
wie Gift und Schlangen wie Libellen: zart und tödlich
in Einem" –, aber vielleicht ist diese Antwort zu philosophisch, also entscheide jeder selbst.

DIE EIGENGESETZLICHKEIT
DER KUNST[1]

Der Feiertag der nationalen Arbeit und die Kunst, haben sie etwas miteinander zu tun? Die Kunst mit ihrem strengen Gesetz, ihrem langsam reifenden Verfahren, kann sie sich aktualisieren lassen von den Schwingungen dieses Tages? Die Kunst fühlt sich immer aktualisiert, überall erregt, wo sie Großartiges wahrnimmt, sei es in der Natur oder in der Geschichte, und hier ist ein großartiger geschichtlicher Moment: die Arbeit soll herausgeführt werden aus ihrem Makel als Joch, aus ihrem Strafcharakter als proletarisches Leid, den sie die letzten Jahrzehnte trug, und wird als ein Band des Volkes gefeiert, als Bund einer neuentstehenden Gemeinschaft, es wird jener Charakter an ihr gefeiert, durch den die Schöpfung durch die Reihe aller Völkerwandlungen hindurch die menschliche Gesellschaft zu immer neuen, geschichtlich erarbeiteten, kulturellen Einheiten prägte. Dieser vertieften großartigen Proklamation der Arbeit wird niemand, auch der Künstler nicht, ohne sehr berührt zu sein, zusehen.

Aber noch etwas anderes könnte der Künstler, der die letzten Ereignisse in Deutschland innerlich kämpfend erlebte, an diesem Tag in sich aktualisieren, nämlich das äußerste Erstaunen über die Vollkommenheit, mit der bei diesem Aufbruch der nationalen Macht gewisse geistige Probleme für ihn versinken und über die Klarheit, mit der andere bedeutungsvolle entstehen. Eines der wichtigsten von diesen letzteren scheint dies zu sein: der neue Staat und die alte Qualität. Ist ein neuer, revolutionär entstandener Staat verpflichtet, das, was aus anderen historischen Epochen als sogenannte Qualität in ihn hineinragt, hinzunehmen und zu schützen? In einem kürzlich hier gehaltenen Rundfunkvortrag führte ich aus, daß eine derartige Verpflichtung an sich wohl nicht gut bestehen könne, da die neue geschichtliche Bewegung ja immer auftritt, um eine neue anthropologische Qualität und einen neuen menschlichen Stil zu bringen, um aus ihrem politischen Grundbegriff heraus neue intelligible und ästhetische Werte zu entwickeln. Ja, man könnte sogar sagen, es sei eine schwächliche geschichtliche Macht, die sich nicht unterfinge, die Qualität zu bestimmen, die Qualität zu bilden, sie überzuleiten in neue inhaltliche Bindungen, sie zu prägen, sie zu richten. Man braucht dabei nur an gewisse bekannte Tatsachen, zum Beispiel aus der Kunstgeschichte, zu denken: das attische Reichsgefühl zerbrach die Mauer, die den ägyptischen Hof umschloß, entwickelte das Fernbild, den perspektivistischen Stil. Aus der neuen Dynamik des Geistigen, die der Orient nicht kannte, brachen in Hellas die großen heroischen Götter, aus dem politischen Grundbegriff seines fünften Jahrhunderts, dem des Sieges, der dorische Tempel, die Nike und die Statue des Polyklet hervor.

Aber auch ein Gegenzug liegt vor, und man sollte seiner an diesem Tage, der zu großer nationaler Arbeit aufbricht, gedenken. Auch das Reich der Qualität lehrt die Geschichte, auch die Sphäre des Stils bindet ihrerseits die Politik. Qualität und Stil bedeuten ja, daß im Menschen, in ihm allein, neben den naturhaften, die formalen Gesetze stehen, daß sie zu seinem Schicksal gehören, daß sie nicht fortzudenken sind aus einer kompletten psychologischen Gestalt. Wenn im Menschen gewisse formale Grundlagen von Dauer, gewisse Anordnungsforderungen seiner ästhetischen Anschauung, gewisse Wirkungsfolgen in ihm bei bestimmter quantitativer Gliederung erbmäßig und überdauernd bestehen, so weist das auf eine Absolutheit des Formalen, die zur Substanz der menschlichen Rasse gehört. Das bedeutet hinsichtlich der Kunst eine Eigengesetzlichkeit des Geistig-Konstruktiven, das bedeutet, daß nicht alles Artismus ist, was sich nicht programmatisch zum Volksliedhaften bekennt, daß nicht alles Intellektualismus ist, was sich nicht an Feiertagen der Nation plastisch verwerten läßt, daß nicht alles destruktiv ist, was sich nicht für die aktuelle Politik als konstruktiv erweist, das heißt, es gibt Bereiche, die sich der Verwirklichung entziehen.

Beider Tatsachen möge man am Tage der nationalen Arbeit gedenken. Wenn diese beiden Wahrheiten sich treffen, wenn der politische und der ästhetische Aspekt sich vereinen, dann kann in der Tat die ganze Nation sich erheben, um das Bild Deutschlands so großartig, so genial darzustellen, wie es seiner vielfältigen, nahezu unausgeschöpften produktiven Substanz entspricht. Dann wird der Künstler am Ersten Mai kameradschaftlich neben dem Arbeiter gehen und auf den Straßen das Grün tragen, das ihm der neue Staat an diesem historischen Frühlingstag gibt.

ZÜCHTUNG I

Wer lange herrschen will, muß weit züchten.

Niemand zweifelt mehr, und aus den vorliegenden Aufsätzen steigt vielleicht von neuem der Eindruck davon auf, daß hinter den politischen Vorgängen in Deutschland eine geschichtliche Verwandlung steht, die unabsehbar ist. Der kulturelle Lack einer Epoche ist brüchig und springt. Aus den Nahtlinien des Organischen stößt die Erbmasse, aus den Defekten der Regenerationszentren das menschliche Gen ans Licht. Dort sinken Werte, echte, gewesene in die Schatten, dort verwandeln sich Leistungen und verlieren ihr Gesicht –: hingesäte Jahrhunderte sind am Ende.

Die unabsehbare geschichtliche Verwandlung formiert sich politisch zunächst unter dem zentralen Begriff: der totale Staat. Der totale Staat, im Gegensatz zum pluralistischen der vergangenen Epoche, dem Durchkreuzungsstaat, tritt auf mit der Behauptung völliger Identität von Macht und Geist, Individualität und Kollektivität, Freiheit und Notwendigkeit, er ist monistisch, antidialektisch, überdauernd und autoritär. Er ist der höchstgezüchtete Exekutivbegriff, den die abendländische Geschichte kennt, aus vergangenen Kulturkreisen stehen ihm Ägypten und Yukatan nahe. Das Neue, Aufrührerische, aber gleichzeitig auch Synthetische der Verwandlung zeigt sich in dem spezifischen Führerbegriff. Führer ist nicht der Inbegriff der Macht, ist überhaupt nicht als Terrorprinzip gedacht, sondern als höchstes geistiges Prinzip gesehen. Führer: das ist das Schöpferische, in ihm sammeln sich die Verantwortung, die Gefahr und die Entscheidung, auch das ganze Irrationale des ja erst durch ihn sichtbar werdenden geschichtlichen Willens, ferner die ungeheure Bedrohung, ohne die er nicht zu denken

ist, denn er kommt ja nicht als Muster, sondern als Ausnahme, er beruft sich selbst, man kann natürlich auch sagen,
er wird berufen, es ist die Stimme aus dem feurigen Busch,
der folgt er, dort muß er hin und besehen das große Gesicht.
Diesem Führer übergab sich nun in unserem Fall auch noch
sukzessiv die Masse: in einem zehnjährigen, öffentlich ge-
führten, vor aller Augen sich abspielenden Kampf haben
sie gemeinsam das Reich erobert, keine Macht konnte sie
hindern, keine Widerstände sie zurückhalten, es war überhaupt keine andere Macht mehr da –, auch hierin zeigt sich
das Elementare, Unausweichliche, immer weiter um sich
greifend Massive der geschichtlichen Verwandlung.

Eine geschichtliche Verwandlung wird immer eine anthropologische Verwandlung sein. In der Tat, jede politische
Entscheidung, die heute fällt, ist eine Entscheidung anthropologischer und existentieller Art. Hier beginnt eine Trennung von Zeitaltern, die die Substanz berührt. Welchen
Wesens ist der Mensch? Aus der Stellung zu dieser Frage
steigt alles auf. Bis vor kurzem war der Mensch ein Vernunftswesen und sein Hirn der Vater aller Dinge, heute ist
er ein metaphysisches Wesen, abhängig und von Ursprung
und Natur umrahmt. Einst war seine Geschichtsdeutung der
Fortschritt im zivilisatorischen Sinne, heute die Bindung
rückwärts als mythische und rassische Kontinuität. Eben war
er im Wesen gut, bedurfte keiner Erlösung, keines inneren
Prozesses, nur einiger sozialer Polierungen, heute ist er
tragisch, erbsündig, bedarf der Reinigung, der Stützung und
einer starken Rechtsprechung zu seiner eigenen Läuterung
wie zum Schutze der Gemeinschaft. Bis vor kurzem war er
gut und selber von lauter guten Pazifisten individueller und
nationaler Art umgeben, heute wird er groß durch den Begriff des Feindes, nur der bildet sich, der Feinde sieht. Das
neunzehnte Jahrhundert sah seine Konstitution empirisch,

bald – noch einige Institute mehr, noch einige Professoren
extra – und irgendeine intellektualistische Theorie klärte
seinen Stammbaum auf, heute sieht man ihn nicht morpho-
logisch, sondern symbolisch, rauschentsprungen, trieber-
nährt. Sein Letztes war, sich der Natur experimentell zu
nähern, über ihr seine eigentliche Welt aus Klammern und
Zahlen zu errichten, in dieser Stunde nähert er sich ihr an-
schauend, empfangend, wieder in jener alten inneren Bereitschaft: Partizipation. Das alles sind Äußerungen tiefer
anthropologischer Verwandlung.

Er erscheint mir nun nicht zweifelhaft, daß aus dieser Verwandlung noch einmal ein neuer Mensch in Europa hervorgehen wird, halb aus Mutation und halb aus Züchtung: der
deutsche Mensch. Er wird sich gegen niemanden erheben,
aber er wird sich abheben vom westlichen wie vom östlichen
Typ. Alle Vorbedingungen für seine Entstehung sind da:
hinter ihm ein Vierteljahrhundert grundlegender Krise,
echter Erschütterungen, eines Aufgewühltseins wie bei keinem anderen Volk der Welt und im letzten Jahrzehnt eine
Bewußtmachung der biologischen Gefahren im Sinne jenes
Satzes, daß ein Volk, das sich seiner Gefahren bewußt wird,
den Genius erzeugt. Er wird sich abheben gegen den östlichen wie gegen den westlichen Typ, nachdem sich seine
Aszendenz innerlich und in verschmelzenden Prozessen beiden Richtungen, ihrem Sein wie ihrer Methode, während
zwei bis drei Generationen geistig überließ. Vom östlichen
überkam sie das Auflösende, das schwermütig Weite, das
Entformende, das Panische, das aus der Landschaft steigt
wie aus der Angst und aus den Trieben – das Dostojewskij-
dunkel; vom Westen über Sils-Maria die Ahnung von Latinität, Raumgefühl, Proportion, Fanatismus des Ausdrucks,
das Artistenevangelium innerhalb des allgemeinen europäischen Verfalls „die Kunst als die eigentliche Aufgabe des

Lebens, die Kunst als ihre metaphysische Tätigkeit" (Nietzsche). Vom Osten also der substantielle Nihilismus, Herkunft Turgenjew, Väter und Söhne, 1862; vom Westen die Sinngebung alles Inhaltlichen allein durch die Form, der Blick nur auf die Form, Herkunft Flaubert, ziemlich genau im selben Jahre. Die Verdrängung des Inhalts, die Übersteigerung jedes noch effektiven Erlebens ins Formale, das wurde dann der Grundzug der ganzen Epoche, ihr apokalyptischer und Untergangszug: Aufgabe der Realität überhaupt, Transferierung aller Substanz in die Form, in die Formel, in diesem gigantischen Schattenzug von Abkürzungen, Diminutiven, Chiffren, Fremdworten wie sie die modernen Naturwissenschaften, insonderheit die Chemie und Physik, vollzogen und die eine tatsächlich neue Welt von Begriffen oberhalb der alten naturhaften schuf: die funktionale Welt. Diese wurde nun zu einem real erlebbaren und weiterzeugend vorhandenen Sein, in ihm ließ sich die letzten Jahrzehnte ein körperlich störungsfreies, staatlich bestätigtes, innerlich wägendes Berufsleben zwischen Instituten und Experimentiersälen führen –, hier ist die historische, die bürgerliche, um nicht zu sagen berufsständische Unterlage des *Intellektualismus* und auch sein Ende. Als Ganzes gesehen wohl angesetzt zur Abwehr mythischer, introvertierter, biologisch alter Reste und begonnen mit großem produktiven Elan, endet er selber als Neurose, als Raumneurose, als Verdrängung, aber seine Geschichte zeigt, daß er keineswegs während des letzten Jahrzehnts widernatürlich und sozusagen frivol unter uns war, sondern daß er wie der Industrialismus und die Großstadt zu der Ananke des zwanzigsten Jahrhunderts gehörte. Als solche und mit ihren beiden Quellen, dem panischen und dem sublimierten Typ, wird er um die Wiege des neuen deutschen Menschen stehen.

Welches werden sonst seine Züge sein? Halb aus Mutation und halb aus Züchtung hieß es im vorigen Abschnitt, wieviel Natur und wieviel Geist, mehr Zentaur oder mehr aus der Phiole, fragen wir uns, und wieder stoßen wir, und zwar in geistigen Bereichen, auf das Wort *Züchtung,* von dem viele meinen, daß es den neuen Menschen infolge eines gewissen legislativen Drucks von vornherein moralisch belaste und jeder inneren Höhe beraubte, wir müssen daher zur Verteidigung des neuen Menschen diesen Begriff genau und aus seiner eigenen Geschichte sehen.

Wo wir nämlich alle wären ohne diese Völkerzüchtung, das wären die weißen Stiere des Mithras oder die goldenen Kälber des Baal. Es hat sich nämlich herausgestellt, daß der größte völkische Terrorist aller Zeiten und großartigste Eugeniker aller Völker Moses war. Der Achtzigjährige, der Stotterer, der die in fünfhundertjähriger Zwangsarbeit zermürbten Israeliten zum Abmarsch bewegte, in der Wüste die Alten, die Ägyptischen, die Fleischtopfmaterialisten, die Rotte Korah buchstäblich und bewußt zugrunde gehen ließ, um allein die Jugend, das gute Material, nach Kanaan zu führen. Sein Gesetz hieß: quantitativ und qualitativ hochwertiger Nachwuchs, reine Rasse –; aus ihm seine brutalen Maßnahmen gegen sein Volk wie gegen die ihnen begegnenden fremden Stämme; Prügelstrafen, Handabhauen, Steinigung, Erschießen, Feuertod gegen Rassenvermischung. Aus ihm, daß er ein Volk, die Medianiten, die „die Plage", eine Geschlechtskrankheit, eingeschleppt hatten, ausrotten ließ, nämlich folgendermaßen: als man nur die Männer erschlagen hatte, ergrimmte er, weil man die Weiber hatte am Leben gelassen, ließ auch sie noch hinschlachten, nur die Jungfrauen durften übrigbleiben, das waren nach der Bibel zweiunddreißigtausend, hingerichtet wurden also oberflächlich geschätzt etwa hundertfünfzigtausend Menschen wegen – man stelle es sich vor, man denke darüber nach – wegen Gonorrhöeverdacht. Aus den gleichen rassehygienischen Gründen gebot er die völlige Vernichtung aller in Kanaan, also dem usurpierten, dem Wirtsland angetroffenen Stämme, verbot, Bündnisse mit ihnen zu schließen, Gnade an ihnen zu üben, sich durch Ehe mit ihnen zu verbinden. Dies war Moses. Und sieben Jahrhunderte später tritt Esra auf, der eigentliche Gründer, Gesetzgeber, Führer des Thoravolkes, und verbietet nicht nur zukünftige Mischehen, sondern fordert von den Männern, die schon fremdstämmige Frauen haben, diese aus dem Haus zu jagen und Stammesgenossinnen zu heiraten, im letzten Kapitel des Buches Esra ist das eingehend geschildert. Ein heute lebender Geschichtsschreiber der israelitischen Geschichte äußert sich zu diesen Maßnahmen: „Mit einer Zähigkeit, die oft hart ist, aber gerade deshalb historische Bedeutung hat und weittragend gewesen ist –", über die hinausgejagten Frauen jedoch äußert er sich nicht. Ich trete nun nicht für Wiederholung dieser Maßnahmen ein, in dieser Frage hat allein die exakte Rassenforschung und Psychopathologie das Wort, aber es scheint mir doch sehr bemerkenswert, ja fast sensationell, darüber nachzudenken, daß ohne diese ungeheuerlichen Maßnahmen eugenischer Art, an denen bisher von keiner Seite Kritik geübt wurde, zwei Religionen, welche den größten Teil der bewohnten Erde beherrschen, das Christentum und der Islamismus, also der Monotheismus an sich, voraussichtlich gar nicht zur Entfaltung gekommen wären. Mir scheint aus diesen Tatsachen, die bisher gar nicht öffentlich beachtet wurden, hervorzugehen, daß Rassenzüchtung uralt ist, heimisch in allen Geschichtskreisen, daß sie keineswegs von vornherein ein Volk moralisch belastet, auch nicht nur auf der Hordenstufe vorkommt, das Volk um Schloß und Tempel Salomos war

sicher ein Kulturvolk, und Esra lebte fünfhundert Jahre
später, sondern daß sie aus dem tiefen politischen Instinkt
stammt: wer lange herrschen will, muß weit züchten.
Entscheidend aber ist für uns nun die Frage, was wird aus
Natur und Züchtung entstehen, was soll gezüchtet werden,
was verlangt der Genius des Volkes, was verlangt die Stunde, was muß entstehen? Ein Jahrhundert großer Schlachten
wird beginnen, Heere und Phalangen von Titanen, die Pro-
methiden reißen sich von den Felsen, und keine der Parzen
wird ihr Spinnen unterbrechen, um auf uns herunterzusehen. Ein Jahrhundert voll Vernichtung steht schon da,
der Donner wird sich mit dem Meer, das Feuer mit der
Erde sich begatten, so unerbittlich werden die Endgeschlech-
ter der weißen Rasse aneinandergehen. Also gibt es nur
eins: *Gehirne* muß man züchten, große Gehirne, die Deutschland verteidigen, Gehirne mit Eckzähnen, Gebiß aus Don-
nerkeil. *Verbrecherisch, wer den neuen Menschen träumerisch sieht,* ihn in die Zukunft schwärmt, statt ihn zu häm-
mern; *kämpfen* muß er können, das lernt er nicht aus Märchen, Spukgeschichten, Minnesang, das lernt er unter Pfei-
len, unter Feinden, aus Gedanken. Frieden in Europa wird
es nicht mehr geben, die Angriffe gegen Deutschland werden erst beginnen: vom Westen, vom Osten, vom Liberalismus, von der Demokratie –, also Gehirne mit Hörnern,
dessen Hörner sind wie Einhornshörner, mit denselben
wird er die Völker stoßen zu Hauf bis an des Landes Enden.
Dies Psalmenwort, nicht militaristisch gedacht, aber mili-
tant. Eine militante Transzendenz, ein Richtertum aus hohen wehrenden Gesetzen, Züchtung von Rausch und Opfer
für das Sein verwandlungsloser Tiefe, Härte aus tragischem
Gefühl, Form aus Schatten! Züchtung gegen sein zerstören-
des Gesicht: Vergehen der Welten, Musik, der Nornen-
zug: dies ganz verschlossen, nordisch, darüber Schwerter.

Noch einmal die weiße Rasse, ihr tiefster Traum: Entformung und Gestalt, noch einmal, im Norden: der Sieg des Griechen. Dann Asien, der neue Dschingis-Khan. Das ist die Perspektive.

Militante Transzendenz –: der neue deutsche Mensch, nie rein irdisch, nie rein formal, solange er jung ist, sehr promethidisch, wenn er altert, am ehesten unter allen Typen einer Reife nah. Nicht intellektualistisch, aber extrem ins Denkerische gespannt, in eine Eigengesetzlichkeit des Geistig-Konstruktiven. Nicht artistisch, aber immer und zur Verteidigung gegen jede Macht bereit, gestellt in Reiche, die sich nur der Anschauung ergeben und die sich der Verwirklichung entziehen. Aus diesen Reichen das Gericht, aus ihnen die Schwerter. Noch alles im Wogen, im Wehen der Schatten. Noch kaum eine Hand, die die Nacht zerteilt, keine Züchter, die sich früh erheben. Wo sind sie alle, die nicht nur berufen, sondern in vielen Jahrzehnten von der Nation auserwählt wurden, in der Stunde der Not für sie zu zeugen, wo sind sie alle, die Olympischen, die Nektarschlürfer, die großen Erfolgreichen, die hohen Festredner bei den internationalen Gelegenheiten, die Gekrönten, die Nobelpreisträger, die Lotsen, wo es gilt, hinauszufahren und für Deutschland etwas zu sein? Ach, sie haben gewiß andere Ideale, das „heimliche Deutschland", das war ja auch so bequem; viele wollen wohl auch erst sehen, wie der Hase läuft, später laufen sie dann mit, überholen ihn sogar, sind ihm weit voraus, dann sind sie wieder die Adler, altmodische Modelle, diese Hasen –:

Nun gut also: wenn die Adler ihre grauen Köpfe träumerisch zwischen die Flügel bergen und auch die Eulen, statt ihren Flug zu wagen, sich lieber an die Stämme ins Dunkel drängen, müssen die Fledermäuse das Leben durch die Nacht tragen, bis der Morgen es größeren Geschöpfen über-

gibt, denen übereigne ich meine Gedanken. Ich weiß, sie
werden kommen. Ich sehe die schwarzen Scharen, die Lit-
toria bauten, die Stadt über Sümpfen und Fieber; ich höre
Faust als Letztes zum Augenblicke sagen: Auf freiem Grund
mit freiem Volke stehen. Ich weiß, dies Volk wird frei werden, das kein Glück mehr will, sondern seine Züchtung;
man denke, sie alle wollen Gruben, Kohlenbecken, Kolonien,
Siege, Besitz, und hier ist ein Volk, das weiß, es kann dies
alles nicht besitzen, und es entschließt sich trotzdem, sich zu
erheben zu sich selber aus einem großen inneren Gesicht.
Ich weiß, dies Volk wird frei werden und seine großen Geister werden kommen mit Worten, die wieder Sinn haben,
Geltung unter den Völkern und Fruchtbarkeit. In ihren
Lauten wird alles sein, was wir erlitten, das Überirdische
und das Vergängliche, das Erbe unseres denkerischen Leids.
Ich weiß, sie werden kommen, keine Götter, auch nur halb-
gut wie Menschen, aber aus der Reinheit eines neuen Volks.
Die sollen dann auch richten und die Pfühle zerreißen und
die Wand umwerfen, wo man mit losem Kalk getüncht hat
und wo man entheiligt hat um eine Handvoll Gerste und
einen Bissen Brot – sie allein. Ich weiß, sie werden kommen,
ich bin sicher, es sind ihre Schritte, die hallen, ich bin sicher,
ihnen gelten die Opfer, die fallen –: ich sehe sie nahen.

DER DEUTSCHE MENSCH

Erbmasse und Führertum

Der deutsche Mensch – wer ist das? Welches ist sein Wesen, welches sind seine Züge? Das Inland und das Ausland fragt nach ihm, beschäftigt sich mit ihm, bei uns rückt er in den Mittelpunkt aller öffentlichen Diskussionen, aller Diskussionen über Rechtsfragen, über Dichtung und Kunst. Der Staat sucht diesen Begriff möglichst genau zu bestimmen, denn er muß ja über ihn entscheiden, muß ihn bilden, ihn erziehen. Die Wissenschaften untersuchen seine Herkunft, seine geographische und seine rassenmäßige; wo kamen sie her die Wenden, die Kelten, die Germanen, wo und wann vermischten sich ihre Ströme, in welchen Blutaustauschzonen vollzog sich die Synthese dessen, was jetzt als Deutscher vor uns steht.

Der deutsche Mensch also, welches sind seine Bausteine, gibt es ihn überhaupt? Wir kennen aus der Geschichte einen romanischen Menschen, einen gotischen, einen Renaissancemenschen, einen Mittelmeermenschen. Dieser letztere wird gerade wieder sehr aktuell. In Nizza, lesen wir, soll eine Mittelmeerakademie entstehen, an ihre Spitze soll der Dichter Paul Valéry treten, sie soll ein Sammelpunkt werden für die Fragen des romanischen Menschen, des lateinischen Menschen, des Erben der Antike, also eine Akademie für die Fragen des inneren französischen Seins. Es wäre also das Gegebene, eine nordische Akademie ins Leben zu rufen als Gegenzentrum und Sammlung für alle Probleme des nordeuropäischen Menschen, seiner produktiven und geistigen Elemente. Ein Beitrag für diese Sammlung soll das Folgende sein; es ist ein Kapitel aus der Familienforschung.

eine Untersuchung mit der ganz nüchternen und unroman-
tischen Fragestellung, aus welcher Art von Familien, aus
welchem Stand, aus welchem züchterischen Milieu sind
eigentlich jene Deutschen hervorgegangen, deren Werke
und Leistungen die geistige Erbmasse schufen, die wir heute
vor uns sehen; wo stammen sie her, die den seelischen Fonds
erarbeiteten, mit dem wir heute in eine neue Periode der
deutschen Geschichte eintreten?

Diese Fragestellung wäre zu allgemein, um sie in einem
Aufsatz zu beantworten, wenn nicht die Untersuchung selbst
eine ganz eigentümliche Beschränkung mit sich brächte. Es
hat sich nämlich die merkwürdige Tatsache ergeben, daß in
den vergangenen drei Jahrhunderten aus einem bestimmten Stand ganz unverhältnismäßig viel große Deutsche hervorgegangen sind, nämlich über die Hälfte. Es ist der namhafte altkatholische Essayist von Schulte, der sich vor einer
Reihe von Jahren der Mühe unterzogen hat, die Allgemeine
Deutsche Biographie unter dem in Frage stehenden Gesichtspunkt durchzuarbeiten. Er hat eintausendsechshundert
Biographien berühmter Deutscher untersucht, bei denen genaue Angaben über die Abstammung vorlagen. Er hat sich
dabei auf Biographien beschränkt, die bis 1900 abgeschlossen waren, und sein Resultat ist, daß das evangelische Pfarrhaus achthunderteinundsechzig, also über fünfzig vom
Hundert dieser bedeutenden Geister hervorgebracht hatte.
Er hat sich bei seiner Arbeit ausschließlich mit der Herkunft von Gelehrten befaßt, von Dichtern und Schriftstellern nur insoweit, als ihre Arbeiten auch dieses Gebiet
streiften. Seine genaue Berechnung lautet, daß dreißig vom
Hundert aller berühmten Ärzte, vierzig vom Hundert der
Juristen, neunundfünfzig vom Hundert der Philologen vier-
undvierzig vom Hundert der Naturforscher, zweiundfünfzig
vom Hundert aller übrigen Prominenten aus dem Pfarr-

haus stammen. Von dieser Berechnung nimmt er ausdrücklich Künstler aller Art, auch Komponisten, aus. Diese kämen
also noch hinzu, sofern sie aus Pfarrhäusern stammten. Es
sei allerdings gleich erwähnt, daß Musiker wie Maler ganz
erstaunlich selten aus Pfarrhäusern hervorgegangen sind.
Auf die Gründe kommen wir zu sprechen.

Was von Schulte gefunden hat, deckt sich mit dem, was
Felix Dahn früher behauptet hatte, daß nämlich seit der
Reformation kaum ein bedeutender Mann in Deutschland
erstanden sei, dessen Stammbaum nicht irgendwie mit dem
evangelischen Pfarrhaus zusammenhinge. Gustav Freytag
ergänzte es sogar dahin: überhaupt keiner. Das ist übertrieben. Jedenfalls zunächst und auf den ersten Blick. Jeder
kann an der Hand viele Namen großer Deutscher herzäh-
len, die aus anderem Stand hervorgegangen sind. Ja, auch
aus Kreisen, wo es den Begriff des Standes noch gar nicht
gibt, wo eine handwerkliche, geschweige denn eine intellektualistische Vorzüchtung noch gar nicht vorhanden sein
konnte, wo jede freie Stunde des Lernens und der Selbst-
bildung der bittersten Not und der nacktesten Armut abge-
kämpft werden mußte, sind die größten Geister hervorgegangen, man braucht nur Namen zu nennen wie Kant,
Fichte, Winckelmann, Hebbel. Aber gleichwohl ist dieses
evangelische Pfarrertum ein so erstaunliches Massiv be-
gabter Erbmasse innerhalb des deutschen Volkes, daß es
sich lohnt, es eingehender zu betrachten.

Werfen wir also zunächst einmal einen Blick über die Reihe
dieser Gestalten, soweit sie noch heute allgemein geistes-
geschichtlich prominent sind. Da stehen an der Schwelle der
deutschen Literatur Gottsched und Bodmer, der eine ein
sächsischer, der andere ein Schweizer Pfarrerssohn, mit
ihrem bekannten Streit, der für die Geschmacksbildung ihres
Jahrhunderts so folgenreich war; es handelte sich darum,

ob man die französische oder die englische Literatur in
Deutschland propagieren solle. Hinzu tritt Gellert, aus
einem Pfarrhaus im Erzgebirge, Dichter geistlicher Lieder
und Fabeln, einer der bewundertsten und auch gelesensten
Dichter der ganzen deutschen Literatur, verehrt von allen
Schichten des Volkes; erst Schiller konnte ihn entthronen.
Wir finden Wieland aus Schwaben, eine europäische Be-
rühmtheit; Napoleon lud ihn ein zu einer Unterhaltung
1808. Da ist Lessing aus Kamenz. Vorher war in der schle-
sischen Dichterschule mit Fleming und Gryphius, dann im
Hainbund mit seinem Gründer Boie das Pfarrhaus vertre-
ten. Oder überblicken wir jene Lyriker: Bürger, Hölty,
Matthias Claudius, Matthisson, Otfried Müller, Gerok,
Geibel und dazu den Stürmer und Dränger Lenz – alles
Pfarrersöhne. Die Romantik war eine reine Pfarrhausange-
legenheit: die Gebrüder Schlegel, Schelling, Schleiermacher
und der große Jean Paul stammen von da. Nehmen wir die
Historiker: Pufendorf, Johannes von Müller, Schlözer,
Mommsen, Droysen, Karl Lamprecht, Harnack, Ranke, al-
les Söhne, letzterer Enkel eines Geistlichen. Desgleichen die
Ärzte: Boerhaave, Jenner, Heim, Bergmann, Langenbeck,
Billroth; die Naturforscher: Linné, Berzelius, Mitscherlich,
Blumenbach, Encke, Euler, Brehm, Ostwald; die Philoso-
phen: Pierre Bayle, Hobbes, Fechner, Deußen, Kuno Fischer,
Wundt. Nähern wir uns dem Ausgang des neunzehnten
Jahrhunderts, so sind ja gewiß Namen wie Philipp Spitta,
Julius Stinde, Heinrich Seidel, Adolf Schmitthenner reine
deutsche Angelegenheiten. Aber denken wir an Namen wie
Burckhardt, Nietzsche, van Gogh, Herman Bang und Björn-
son, so ist aus zwei deutschen, einem holländischen, einem
dänischen und einem norwegischen Pfarrhaus ein großer
Teil des genialen Europas um 1900 hervorgegangen. Hinzu
kommen einige besondere Männer, wie der Turnvater Jahn,

Nachtigal, Schomburgk, Karl Peters, einige Führer des Weltkrieges: von Stein, von Scholz, der Kommandant des U-Boots „Deutschland": König. Aus den letzten Jahrzehnten ist Friedrich Naumann zu nennen, Theobald Ziegler, der jetzt verstorbene Prinzhorn und der lebende Albert Schweitzer. Im vorstehenden sind in einigen wenigen Fällen die Pfarrhäuser der nordeuropäischen Länder miteinbezogen worden. Man kann das tun: als Milieu, als Stimmung, als Bildungssphäre ähneln sie den deutschen ungemein. Das englische hat als besonderen Zug das Aristokratische und Wohlhabende aufzuweisen; vielleicht kommt es daher, daß es seinem Land mehr Staatsmänner und Offiziere gegeben hat, so Lord Nelson, General Hardinge, den Staatsmann Lord Colchester, den berüchtigten Warren Hastings neben geistigen Berühmtheiten wie Swift und Tennyson. Übrigens hat auch das französische mehr Politiker und mehr aktive und Unternehmertypen hervorgebracht als das deutsche.

Wenn wir nun aber nochmals diese ganze Abkommenschaft des rein deutschen Pfarrhauses an uns vorbeiziehen lassen, so wirkt es doch sehr auffallend, daß die großen Musiker und Maler nicht aus ihm hervorgegangen sind. An Musikern ist eigentlich nur Robert Schumann als Sohn eines Geistlichen zu nennen, unter den Malern sind es Gebhardt, Feuerbach, Wilhelm Hensel und der geniale Stauffer-Bern, die aus einem Pfarrhaus stammen, von Architekten der große Schinkel und der bei uns nicht sehr bekannte Christopher Wren, der Erbauer der Paulskirche in London. Also die Maler und Musiker stammen ganz offenbar aus einem anderen Erbmilieu. Was bedeutet das? Wie ist das erbbiologisch zu erklären?

Seine ganz besondere Aufmerksamkeit hat diesen Fragen Ernst Kretschmer zugewendet, der so bekannt gewordene

Verfasser des Werkes „Körperbau und Charakter" sowie des Buchs „Geniale Menschen". Kretschmer, selbst in einem süddeutschen Pfarrhaus geboren und durch seine Mutter mit den ältesten württembergischen Predigerstämmen verwandt, ist ein besonderer Kenner aller dieser Verhältnisse. Er hat uns gelehrt, in der deutschen Erbmasse einige Gruppen von Züchtungszentren für die Hochbegabungen zu erkennen. Da ist zunächst die Gruppe der Kunsthandwerkerfamilien, der Lithographen, Kupferstecher, Goldschmiede, Uhrenmaler, die in der nächsten Blutverwandtschaft der großen bildenden Künstler zu finden sind. Dann die Gruppe der Kantoren und Dorfschullehrer zusammen mit den Berufsmusikern, Orchesterspielern, Kapellmeistern, die in der Abstammung der großen deutschen Musiker eine ausschlaggebende erbliche Rolle spielen. Und dann, als dritte, unsere Gruppe der alten Gelehrten- und Pastorenfamilien, die diese Kombination von Dichter- und Denkertum geschaffen hat, die eine spezifische Form der deutschen Begabung darstellt. Kretschmer erweitert also den Pfarrhausbegriff, indem er die Pfarrer- und Gelehrtenfamilien als ein einheitliches Erbmilieu anspricht. Das ist sehr berechtigt, denn die Pfarrer waren früher ja auch Lehrer, hatten die Lehrkanzeln der Hochschulen inne, betrieben Sprachwissenschaft, Altphilologie, Moralwissenschaft und Fächer der Rechtspflege. Sie waren eigentlich auch der Ausgangspunkt aller landwirtschaftlichen, hygienischen, naturwissenschaftlichen Schriftstellerei wie auch für die Geschichtswissenschaften und die Volkskunde. Sie waren der Grundstock, aus dem sich die späteren Gelehrtenberufe und -stände abzweigten. Man kann das sogar innerhalb einzelner Familien verfolgen; die eine Generation springt aus dem theologischen Milieu heraus, die nächste kehrt dahin wieder zurück. So war Mörikes Vater Arzt, aber die ganze Familie bildet in ihrer Herkunft seit Luther Pfarrhausmilieu; er selber wurde ja bekanntlich auch wieder Geistlicher. Auch bei Schiller, dem einzigen der großen Namen, der außerhalb der alten schwäbischen Intelligenzaristokratie steht, deutet sich, nach Kretschmer, eine ähnliche Beziehung an: ein Vetter ist Pfarrer, der Vater schriftstellerisch tätig, Schiller selbst zum Theologen bestimmt. Es liegt also zweifellos in diesem Pfarrhausmilieu der vergangenen Jahrhunderte ein Erbstock ganz bestimmter denkerischer, weltanschaulicher sprachlicher Fähigkeiten und Interessen vor, der immer neue Kräfte anzieht und immer neue Sprossen, darunter Hochbegabungen ersten Ranges, von sich gibt. Es gibt nun allerdings wohl auch in der ganzen Geschichte der abendländischen Zivilisation überhaupt keinen Stand, der so konservativ und traditionsgebunden durch die Jahrhunderte zog wie dies protestantische Pfarrhaus, ganz auf Sammlung, Schließung, Verdichtung einer inneren Lage eingestellt, also äußerst erbbestimmend wirkend. Betrachtet man nämlich Statistiken über die Generationsfolge in den deutschen Pfarren, so findet man, daß seit der Reformation bis heute immer über fünfzig vom Hundert des Nachwuchses wieder Pfarrerssöhne waren. Eine Statistik aus der Mark Brandenburg vom Jahre 1900 macht ersichtlich, daß ein Viertel aller brandenburgischen Pfarrer bereits in der dritten Generation norddeutsche Pfarren innehatten. Daraus erklärt sich diese fast geschlossene einheitliche Erbmasse, die wir ja auch an den vorher angeführten Persönlichkeiten deutlich erkennen konnten: die Philosophen, die zugleich Dichter, und die Dichter, die zugleich Denker und Gelehrte sind. Man kann also auch sagen: Aus diesem Erbmilieu ging die gesamte geistig produktive, kulturschaffende Macht des deutschen Volkes hervor.

Aber auf etwas noch sehr viel Merkwürdigeres müssen wir

beim Schluß zu sprechen kommen. Eines der interessantesten Ergebnisse der modernen Erb- und Familienforschung ist nämlich die Feststellung, daß innerhalb eines Volkes die Hochbegabungen offenbar noch sehr viel enger untereinander und stammhaft verbunden sind, als es dem Augenblick der Gegenwart zunächst erscheint. In Amerika hatte man festgestellt, daß ein Durchschnittsamerikaner die Chance von eins zu fünfhundert hat, mit einer der Berühmtheiten seines Landes verwandt zu sein; die Berühmtheiten aber alle untereinander waren im Verhältnis eins zu fünf verwandt. In England fand sich das gleiche. Und bei uns haben die neuesten Forschungen ein frühes gemeinschaftliches Abstammungszentrum für Schelling, Hölderlin, Uhland und Mörike ergeben, von denen wir doch drei bisher nicht ohne weiteres in unser Milieu einbeziehen konnten; von diesen führen aber noch wieder weitere verwandtschaftliche Verbindungslinien zu Hauff, Kerner, Hegel und Mozart. Das würde also bedeuten, daß die Erbmasse unseres Volkes an Genialität noch viel zentrierter angelegt ist, als es der Philologie und Statistik zunächst erscheint, und daß sie ihre verborgene Virulenz durch viele Jahrhunderte und nach den verschiedensten Richtungen senden kann. Es könnten sich also auch vielleicht für das von uns im vorliegenden dargestellte Pfarrhausmilieu viel weiter reichende Berechnungswirkungen ergeben. Aber andererseits soll zum Schluß noch einmal ganz ausdrücklich betont werden, daß selbstverständlich auch spontane Hochbegabungen und autochthone Geniebildung aus nicht vorgezüchteten Kreisen hervorbrechen kann; allerdings, sagt die Rassenforschung, nicht in genügender Menge, um den Führerbedarf eines Volkes zu decken. Es wird also immer Pflege und Sicherung der Intelligenzschichten eine der wichtigsten Aufgaben des Staates und seiner Gesetzgebung bilden müssen.

Zum Schluß stellt sich der Verfasser dieser Skizze selbst als Abkömmling des geschilderten Milieus vor. Sein Vater und sein Großvater waren Pfarrer in Norddeutschland, einer seiner Brüder setzt die Tradition der Familie fort. Er wurde geboren in einem Pfarrhaus aus Lehm und Balken, erbaut im siebzehnten Jahrhundert, von einem Schafstall nicht zu unterscheiden. Wuchs auf in einem großen roten Steinbau, nahe der Kirche, Blumen und Obstgärten herum und der Pfarracker hinter der Scheune. Er beendete seine Jugend in einem villenartigen Bau, errichtet 1910, zwar noch zwischen Wäldern und Seen, aber doch schon von der Struktur einer kommunalen Baracke. Auch das Pfarrhaus verfiel der Nivellierung und der Zivilisation. Würde es weiter seine Ursprünglichkeit bewahren, die Geschlossenheit der Erbmasse, die Dichte seines intellektuellen und moralischen Fonds noch mal durch Jahrhunderte seines Volkes tragen – das schien die Frage. Alles Landpfarrhäuser, von denen wir gesprochen haben, die Heimat dieser bedeutenden Geister. Heute scheinen ihnen neue Aufgaben bevorzustehen. Die Rückführung der Nation aus den Großstädten aufs Land, die Erziehung zu einem neuen Ackergefühl, vielleicht wird das ihr neuer Sinn. Von guter Rasse sein heißt Heimatgefühl haben. Vielleicht werden, nachdem die alten Pfarrhäuser der deutschen Nation Bildung, Kultur und Besitz an Genialität, also die Reiche des Geistigen, erschaffen und hinterlassen haben, ihre jungen Söhne dazu bestimmt sein, dem leidenden Volk den Segen der Erde zu erneuern.

GEIST UND SEELE KÜNFTIGER
GESCHLECHTER

Der Begriff Züchtung, Züchtung eines Volkes, der bei uns jetzt eine so große Rolle spielt, geht nach zwei Richtungen, nach einer kritischen und nach einer produktiven. Die eine strebt nach Ausschaltung des unerwünschten, die andere nach Erhöhung der Fruchtbarkeit des erwünschten Lebensmaterials. Mit diesem zweiten Gedanken verbindet sich dann die Vorstellung, daß bei einer zahlenmäßigen Erhöhung der aus gutem Erbmilieu stammenden Lebendgeburten sowohl an sich mehr Chancenbreite für Begabungsnachwuchs vorliegen wird, daß aber auch bei bewußter methodischer Auswahl und Behandlung der Ausgangspartner eine bestimmte Richtung von Begabungen, Typen, Formkreisen gefördert und angelegt werden kann. Dies letztere wäre also eine ideenprägende Tendenz, eine Lebendmachung von Strebungen, Willenssetzungen, Machtzielen, sei es geistiger, sei es politischer Art, deren Maßstäbe und Ausgangspunkt die Ideen- und Gedankenwelt der Führer wären. Dies muß man von vornherein beachten: Züchtung an sich gibt es nicht, die Degenerationsformen, wie das Aussterben von Arten, stammen ja auch aus der Natur, Züchtung ist gegen die Natur, ist Überlisten der Natur, ist Prägung, politische Entschließung, Weltanschauung, Werterklärung, Willensakt.

Man kann den Begriff deutsche Züchtung nicht rein national sehen, es vertieft seine Ideenwelt, wenn man ihn auf dem Hintergrund der Rasse sieht. Es ist also die weiße Rasse in unserem Fall. Eine alte Rasse, seit dreieinhalb Jahrtausenden die führende; in Kreta vollzog sich die Umlagerung der orientalischen Hochkulturen zu den abendländischen, das minoische Reich war das erste Zentrum, es war 1500 vor Christus mächtig. Seitdem herrscht das Mittelmeer, später dann auch der Norden: Dänemark, England; die Reiche am Atlantik: Portugal, Holland, das Primat der Macht wanderte, aber es herrschte Europa. Jetzt sind es die vier Staaten Italien, Frankreich, England und Deutschland, die die vergangenen Jahrhunderte herausgearbeitet haben und auf deren Schultern heute die Hegemonie der weißen Rasse liegt. Wie verhalten sich bei ihnen ihre Chancen oder auch ihre Neigungen, sich zu regenerieren, sich zu züchten, ich meine nicht die imperialistischen Neigungen, sich zu vergrößern, sondern das Innere, das Zeugende, das Erbmäßige, das Unvollendete? Italien ist das älteste Reich, schicksal- und kunstbeladen wie keines, das Europa mit die größten geistigen Geschenke brachte, das aber als geklärte Rasse seine ganze, so ungeheure formale Wucht nicht ins Biologisch-Selektive, sondern in das steinern Irdische des Architektonischen entlud. Frankreich, seit fünfzehnhundert Jahren national geschlossen, das lückenloseste Reich, das glücklichste, geschichtlich heute wohl vollendet, es schuf die Latinität, dieses spezifisch romanische Sein, den vollkommensten geistigen Raum, in den das Abendland nach dem Hellenentum blickte, biologisch ist es heute, wo es sich politisch von Europa fort dem Riesenblock seines nordafrikanischen Kolonialreichs zuwendet, ganz auf Rassenvermischung und Rassenverwischung, also auf dysgenische Neigungen eingestellt. England, etwa tausend Jahre alt, hat insularisch den stabilsten körperlichen Typ entwickelt, einen Typ nahezu gläsern von Anglikanertum, fast spezifisch in bezug auf innere und äußere Konstitution, Teint und Skelett, völlig seßhaft und außer bei Golf und in Henley biologisch unbeweglich. Es bleibt als Volk ohne Vollendung nur Deutschland, eben erst ein Reich geworden, enormer Rassenkessel mit sechzig vom Hundert nordischem Anteil, der Rest ostischer und dinarischer Bestand, Mischung, die vor fünfzehnhundert Jahren begann, aber noch heute nicht definitiv ist, mit seiner Geschichte immer voll Spannungen, aber ohne Lösung, voll Ansätzen, aber auch immer voll Verlusten, und jetzt hinter ihm ein Vierteljahrhundert grundlegender Krisen, echter Erschütterungen, eines Aufgewühltseins wie bei keinem anderen Volk der Welt –: hier liegen Möglichkeiten vor, Gärungen, Bereitschaften, Biegsamkeiten, eine Art Züchtungslatenz, hier liegt, wie die letzten Ereignisse gezeigt haben, auch noch jene innere Befeuerung, Unruhe, Hingabe an Ideen vor, die auf Züchtungslabilität hindeuten und die Möglichkeit zu Entwürfen eines neuen europäischen Typs umschließen könnten. Hier also, im Reich, allein bei ihm unter den großen Völkern des Erdteils, innerhalb der Alten Welt, läge die Möglichkeit vor, eine neue synthetische Variante, einen neuen Hochtyp zu gestalten, und was hier gezüchtet würde, würde dann wohl auch das letzte Erbe und die letzte Größe der weißen Rasse sein.

Verhältnismäßig einfach liegt bei dem Züchtungsproblem die Frage, wovon sich das Volk entlasten muß, um einer geschlossenen Zukunft entgegenzugehen. Dies Problem wird ja heute international sehr viel diskutiert. Besonders in Amerika, wo man in dieser Richtung sehr radikal denkt. Nach einem Gutachten, das ein eugenischer Ausschuß in Amerika erstattet hat, wird ein bis 1980 ansteigender Satz von jährlich vierhunderttausend Sterilisierungen gefordert, wodurch bis dahin etwa fünfzehn Millionen Minderwertiger aus der Fortpflanzung ausgeschieden würden. Was Deutschland angeht, hält Lenz, ein grundlegender Forscher über diese Dinge, zehn vom Hundert Sterilisierungen in jeder Generation für eugenisch richtig. Grotjahn schätzt den Gesamtteil Untüchtiger, also auszuscheidender Volksgenossen, noch weit höher ein, nämlich fast auf ein Drittel.

Daß diese Reinigung des Volkskörpers nicht nur aus Gründen der Rasseertüchtigung, sondern auch aus volkswirtschaftlichen Gründen erfolgen muß, wird einem klar, wenn man hört, daß in Deutschland die an sich viel zu geringe Kinderzahl heute nur von den Schwachsinnigen erreicht wird, diese aber überschreiten den Durchschnitt sogar um vierundsechzig vom Hundert, und ihr meistens auch wieder schwachsinniger Nachwuchs kostet dem Staat enorme Summen: wenn nämlich der staatliche Aufwand für ein normales Kind jährlich hundertzwanzig Mark beträgt, so für ein schwachsinniges Hilfsschulkind zweihundertfünfzig Mark, für einen idiotischen Anstaltszögling neunhundert Mark. Die Formulierung, die Muckermann für diese Verhältnisse gefunden hat, ist wirklich sehr vielsagend: „Man muß deutlich minderwertig sein, um Hilfe zu finden." Und diese Hilfe geht natürlich zu Lasten der Gesunden. Die Ergänzung dieses auszuscheidenden minderwertigen Volksteils soll durch qualitativ hochwertiges Menschenmaterial erfolgen. Die spezielle Lage Deutschlands in den eugenischen Fragen ist die, daß es seine heutige Bevölkerungszahl nicht bloß vermehren will, da es keinen Raum hat, keine Kolonien und an sich schon eine sehr große Bevölkerungsdichte. Es will seinen Bestand erhalten und qualitativ verbessern. Um ihn zu erhalten, muß die Geburtenziffer von 1,8 je Ehe, die in den Jahren 1927 bis 1930 vorlag, auf 3,4 erhöht werden. Bleibt die jetzige Geburtenziffer von 1,8 bestehen, ist nach den nicht zu bezweifelnden Berechnungen von Lenz und Burgdörfer das deutsche Volk im Jahre 1960 nur noch im Besitz von zwei Dritteln der heutigen Elternzahl, um das Jahrhundertende nur noch von vierzig vom Hundert des ganzen gegenwärtigen Volksbestandes. Das Programm Deutschlands heißt also, die Bevölkerung nicht nur zahlenmäßig vermehren, sondern sie verbessern, und damit beginnt eigentlich erst die Problematik: Was heißt und in welcher Richtung will es verbessern?

Zunächst muß man sich klarmachen, daß man ja keineswegs beliebig, visionär oder träumerisch in einen unbestimmbaren und unbestimmten deutschen Raum züchten kann und daß aus solchen Träumen durch irgendwelche eugenische Maßnahmen ein Zug heller nordischer Leiber hervortreten könnte, hervorstürmen, wie auf jenem Bild die weißen schwedischen Dragoner auf ihren Pferden ins Meer. Züchtung ist natürlich immer an das Ausgangsmaterial gebunden. Das Erbe und die Rassentradition sind hier ebenso bestimmend, ja, wie die neuesten Untersuchungen an eineiigen Zwillingen bewiesen haben, weit mehr bestimmend als Einflüsse, Milieu oder eine neue Idee. Man kann nicht Generationen von Menschen züchten, wie Luther Burbank, dieser berühmteste amerikanische Gartenzüchter, ohne viel Schwierigkeiten plötzlich weiße Brombeeren, steinlose Pflaumen züchtete. Für die Botanik mag sein Wort gelten: „Ich glaube an die Allmächtigkeit der Einflüsse" – für die tierischen Arten gilt es nicht. Seit hundertfünfzig Jahren beschäftigt sich ja die moderne Biologie mit fast nichts anderem als Versuchen, Arten zu verwandeln, sie zu variieren, neue Gene zu bilden, Millionen Brutschränke, chemische und Bestrahlungsreize setzte sie dafür in Bewegung, aber bis heute selbst bei den niedersten Arten nahezu ohne jeden Erfolg. Wir leben offenbar in einem Zustand der astrologischen Welt, in der die tierischen Arten der Erde stabil geworden sind. Daß aber andererseits Völker einen bestimmten neuen physischen na-

tionalen Typ entwickeln können, dafür ist Nordamerika
ein vollendetes Beispiel, das aus den zahllosen bei ihm zu-
sammenströmenden Rassen der ganzen Welt den so konkreten amerikanischen Typ weithin erkennbar entwickelte.
Es gibt also Möglichkeiten, aber sehr viel mehr noch Grenzen derartiger Völkerzüchtungen.

Es ist nun sehr bedeutungsvoll, sich darüber zu orientieren,
unter welchen Gesichtspunkten die deutsche Eugenik – und
sie vertritt ganz ausgesprochen die neue deutsche Weltanschauung – den deutschen Typ züchten will. Ausdrücklich bemerkt sei, daß das Folgende nicht aus Regierungs-
verlautbarungen und politischen Aufsätzen stammt, sondern aus Veröffentlichungen der wissenschaftlichen Kreise.
Hiernach sollen offenbar Erbgesundheitsämter innerhalb
des Landes eingerichtet werden, die als beratende und be-
aufsichtigende Behörden die ganze Bevölkerung nach einer
Art Punktsystem aufnehmen und registrieren sollen, wobei
aus dem genauen Studium der Vorfahren wie der persönlichen Konstitution des einzelnen die Punktsumme errechnet wird. Dieses Punktsystem wird dann zur Grundlage
für Eheschließungen gemacht. Ehen würden also dann
staatlich geschlossen oder verhindert, genehmigt oder auch
ganz besonders gutgeheißen werden. Es soll offenbar eine
Gruppe staatlich ganz besonders wünschenswerter und sub-
ventionierter Ehen herausgesondert werden, die das wert-
vollste Erbmaterial des Volkes hüten und weiterführen.
Die Perspektive für die Gruppe besonders begünstigter
Ehen ist schon so weit entwickelt, daß man vom Staat er-
wartet, daß er vom Jahre 1960 an achtzig vom Hundert
seiner Beamtenschaft nur aus den Sprossen dieser eugenisch
besonders wertvollen Bünde nimmt. Nach welchen Maßstäben dies Punktsystem angelegt werden soll, dafür liegen
erst sehr wenig Sonderangaben vor, darum sind einzelne

Bemerkungen um so interessanter. Wir lesen zum Beispiel
in einem sehr maßgeblichen ärztlichen Blatt folgendes:
„Hohe geistige Leistungsfähigkeit müßte hoch bewertet,
doch in isolierter Stellung keineswegs überschätzt werden."
Das ist insofern sehr treffend, als je höher die Einzelbe-
gabung liegt, um so weniger Chance da ist, daß sie sich
vererbt. Genie vererbt sich bekanntlich meistens gar nicht,
auch wenn es Kinder haben sollte, was ja auch meistens
nicht der Fall ist, im Genie bricht die Begabungsentwick-
lung einer Familie in der Regel ab. Ein anderer Satz, der
in bezug auf das Punktsystem unsere größte Aufmerksamkeit erregt, lautet: „Der Fußballsieger bringt neben hohen
körperlichen auch wertvolle geistige Eigenschaften zur Geltung"; ferner: „Heeresdienstfähigkeit wäre sehr hoch zu
bewerten." Aus beiden Sätzen spricht die ja von uns in der
Gegenwart so klar erlebte Wahrheit, daß in einem Volk
und in einem Zeitalter erst ein körperlich durchgeprägter,
neuer Menschentyp dasein muß, um aus seinem unge-
schwächten Dasein und seinem unverbrauchten Elan einer
neuen Weltanschauung zum Siege zu verhelfen. Dies Primat des körperlichen Typs sieht ja gerade unsere Zeit sehr
deutlich. Andererseits ist natürlich hier auch die Stelle, wo
unser Zeitalter die Frage nach dem Verhältnis von Geist
und reinem Leben, von Idee und Natur, von Intellektualität und Biologie stellt. Ist der gesunde Körper an sich eine
Garantie für vollendete Menschlichkeit? Genügt reine Gesundheit, um ein Volk zu universalgeschichtlicher Größe zu
führen? Dies ist ja bekanntlich die Grundfrage unserer
Zeit seit Jahrzehnten gewesen: Leben und Geist: als
Widersacher oder als sich durchdringende Gemeinschaft,
welches sind die entscheidenden Werte des menschlichen
Seins: das biologisch Natürliche und Gesunde oder die
hohe Züchtung des Geistes? Diese Frage ist so viel disku-

tiert worden, daß man ihr durch Betrachtungen nicht mehr näherkommt, der Geschichte selbst wird es überlassen bleiben, in dem neu zu erwartenden deutschen Menschen ihre Entscheidung hierüber zu treffen.

So viel wird man allerdings wohl vermuten können, daß es Rasse ohne Geist nicht gibt. Daß also Rasse züchten auch immer heißt: Geist züchten. Nur der Geist – Geist als Entscheidungsfähigkeit, Maßsinn, Urteilshärte, Prüfungsschärfe – bildet das Körperliche eines Volkes oder eines Einzelnen dahin aus, daß man von Rasse und Züchtung sprechen kann. Die Griechen liebten und bildeten gewiß den Leib, aber sie bildeten auch die Dialektik, die Rhetorik, die Geschichtsschreibung, die Tragödien und die ersten Ansätze des Individualismus aus. Es wird also doch wohl in erster Linie intellektuelle und moralische Züchtung sein, die man bewerkstelligen muß, und bewerkstelligen heißt wohl auch nur: das Volk in Bewegung setzen, denn nur aus ihm, aus seinem eigenen neuen Erleben und Glauben stellt sich der vorwerfende und zeugende Wille ein. Allerdings wird in diesen Willen alles das eingehen, was Deutschland heute erlebt: seine Einheit, die politische Einigung und die metaphysische Gemeinschaft, dazu die Vorstellung seines noch unerfüllten Schicksals, einzig seines unter allen den Völkern Europas, ferner das Disziplinäre seiner jetzigen Führung und der unnachgiebige Wille der Selbstgestaltung – dies alles wird aufsteigen in die Wirklichkeit einer neuen großartigen, geistig-körperlichen Form: der deutschen Züchtung.

EXPRESSIONISMUS

Das Maß an Interesse, das die Führung des neuen Deutschlands den Fragen der Kunst entgegenbringt, ist außerordentlich. Ihre ersten Geister sind es, die sich darüber unterhalten, ob in der Malerei Barlach und Nolde als deutsche Meister gelten dürfen, ob es in der Dichtung eine heroische Literatur geben kann und muß, die die Spielpläne der Theater überwachen und die Programme der Konzerte bestimmen, die mit einem Wort die Kunst als eine Staatsangelegenheit allerersten Ranges der Öffentlichkeit fast täglich nahebringen. Der enorme biologische Instinkt für das rassenhafte Vervollkommnen, der über der ganzen Bewegung schwebt, läßt sie in all dem Wirbel von außen- und innerpolitischen, sozialen und pädagogischen Problemen, die sie umdrängen, nie diesen einen Gedanken aus den Augen verlieren: hier ist, fühlt dieser Instinkt, der Schwer- und Hebepunkt der ganzen geschichtlichen Bewegung: die Kunst in Deutschland, Kunst nicht als Leistung, sondern sie als fundamentale Tatsache des metaphysischen Seins, das entscheidet die Zukunft, das ist Deutsches Reich, mehr: die weiße Rasse, ihr nordischer Teil; das ist Deutschlands Gabe, seine Stimme, sein Ruf an die abgleitende und gefährdete abendländische Kultur, und für uns ist es ein neues Zeichen für das, was Europa bis heute nicht sehen kann oder nicht sehen will: wie sehr diese Bewegung Pflichten auf sich genommen hat, Verantwortung trägt, mit ungeheuren geistigen Kämpfen sich beladen hat, Kämpfen, die sie für den ganzen Erdteil austrägt, dessen Mitte sie bildet.
Diese großartige Bereitschaft für Dinge der Kunst wird sicher geneigt sein, den geringen Einwand gelten zu lassen, den ich im folgenden über ein bestimmtes Kunstproblem

aussprechen möchte. Diese starke Front von Glauben an
eine neue große deutsche Kunst ist nämlich zur Zeit nicht
weniger eine starke Front von Ablehnung des Stils und
Formwillens der letzten deutschen Epoche. Es hat sich dabei
die Gewohnheit herausgebildet, diese ganze Epoche als Expressionismus zu bezeichnen, und gegen ihn steht jene Front.
In einer großen politischen Versammlung, die kürzlich im
Sportpalast zu Berlin stattfand, und über die die Presse
ganz besonders eingehend berichtete, nahm zu diesem Thema in Gegenwart von Reichsministern der Kustos der rhei-
nischen Heimatmuseen das Wort und bezeichnete den ma-
lerischen Expressionismus als entartet, anarchisch-snobistisch
und den musikalischen als Kulturbolschewismus und das
Ganze als eine Verhöhnung des Volks. Es trifft sich, daß
im gleichen Augenblick der literarische Expressionismus
ebenfalls noch einmal öffentlich verurteilt wird: ein berühmter deutscher Dichter steht nicht an, sich dahin zu äußern, daß Deserteure, Zuchthäusler und Verbrecher das
Milieu dieser Generation bildeten, daß sie mit enormem
Spektakel ihre Ware heraufgetrieben hätte wie betrügerische Börsianer eine faule Aktie, er nennt sie von einer
völlig zuchtlosen Unanständigkeit und er führt Namen an
und darunter auch den meinen.
In der Tat, ich[1] werde in einigen Literaturgeschichten, zum
Beispiel in der von Soergel: „Im Banne des Expressionismus", mit Heym als Begründer des literarischen deutschen
Expressionismus bezeichnet und ich gebe zu, mich psychologisch in seinem Reich zu bewegen und seine Methode, auf
die ich zu sprechen kommen werde, als mir eingeboren zu
empfinden; und so will ich denn aus diesem Schicksal heraus
und zumal ich der einzige von dieser ganzen zersprengten
Gemeinschaft bin, der die Ehre hat, in der neuen deutschen
Akademie der Dichtung einen Sitz zu haben, noch einmal

vor diese Gemeinschaft treten. Vor ihren Namen treten,
die Erinnerung an ihre innere Lage wachrufen und auf gewisse Dinge zu ihrer Verteidigung hinweisen, zur Verteidigung einer Generation, deren erste Blüte der Krieg zerstörte, in dem viele von ihnen fielen: *Stramm, Stadler,
Lichtenstein, Trakl, Marc, Macke, Rudi Stephan* und auf
deren Schultern und in deren Hirnen ungeheure existentielle Lasten lagen, die Lasten der letzten Generation einer
in großem Umfang untergangsgeweihten Welt.

I

Zunächst muß man einmal richtigstellen, daß der Expressionismus keine deutsche Frivolität war und auch keine
ausländische Machenschaft, sondern ein europäischer Stil.
Es gab in Europa von 1910 bis 1925 überhaupt kaum eine
naive, das heißt gegenstandsparallele Gestaltung mehr,
sondern nur noch die antinaturalistische. *Picasso* ist Spanier;
Léger, Braque Franzosen; *Carra, Chirico* Italiener; *Archi-
penko, Kandinsky* Russen; *Masereel* Flame; *Brancusi* Ru-
mäne; *Kokoschka* Österreicher; *Klee, Hofer, Belling, Poelzig, Gropius, Kirchner, Schmidt-Rotluff*[2] Deutsche; das
Abendland ist versammelt und keiner von den Genannten
ist etwas anderes als ein Arier. In der Musik ist *Strawinsky*
Russe; *Bartók* Ungar; *Malipiero* Italiener; *Alban Berg,
Krenek* Österreicher; *Honegger* Schweizer; *Hindemith*
Deutscher, und alle sind von europäischer Rasse. In der
Dichtung sind *Heym, Stramm, Georg Kaiser, Edschmid,
Wedekind, Sorge, Sack, Goering, Johannes R. Becher, Däub-
ler, Stadler, Trakl, Loerke, Brecht*[3] rein Deutsche. Übrigens
ist auch *Hanns Johst* aus dieser großen Talentbewegung
hervorgegangen. Wir haben also hier eine große geschlos-

sene Front von Künstlern ausschließlich europäischer Erbmasse vor uns. Der Ausbruch eines neuen Stils auf so breiter Front spricht ohne jede Erklärung für das vollkommen
Autochthone, Elementare seiner Formen, für eine neue naturhafte Lage des europäischen Geschlechts. Er ist auch
keineswegs zu erklären als Auflehnung gegen vorhergehende Stilarten: Naturalismus oder Impressionismus, es ist einfach ein neues geschichtliches Sein. Ein Sein sowohl nach der
formalen wie nach der menschlichen Seite hin von erklärt
revolutionärem Charakter, der Träger dieses Seins in Italien, *Marinetti,* verkündete in seinem grundlegenden Manifest von 1909 „Die Liebe zur Gefahr", „Die Gewöhnung an
Energie und Verwegenheit", „Den Angriffspunkt", „Den
Todessprung", „Die schöne Idee, für die man stirbt". Der
Faschismus hat übrigens diese Bewegung in sich aufgenommen, Marinetti ist heute Exzellenz und Präsident der römischen Akademie der Künste. Aufgenommen ist nicht einmal
das richtige Wort, der Futurismus hat den Faschismus mit-
geschaffen, das schwarze Hemd, der Kampfruf und das
Schlachtenlied, die Giovinezza, stammen aus dem „Ardi-
tismus", der kriegerischen Abteilung des Futurismus.
Der Futurismus als Stil, auch Kubismus genannt, in Deutschland vorwiegend als Expressionismus bezeichnet, vielfältig
in seiner empirischen Abwandlung, einheitlich in seiner
inneren Grundhaltung als Wirklichkeitszertrümmerung, als
rücksichtsloses An-die-Wurzel-der-Dinge-Gehen bis dorthin, wo sie nicht mehr individuell und sensualistisch gefärbt,
gefälscht, verweichlicht, verwertbar in den psychologischen
Prozeß verschoben werden können, sondern im akausalen
Dauerschweigen des absoluten Ich der seltenen Berufung
durch den schöpferischen Geist entgegensehen –, dieser Stil
hatte schon seine Vorankündigung im ganzen neunzehnten
Jahrhundert. Wir finden bei *Goethe* zahlreiche Partien, die

rein expressionistisch sind, zum Beispiel Verse jener berühmten Art: „entzahnte Kiefer schnattern und das schlotternde Gebein, Trunkener vom letzten Strahl" und so weiter, hier ist eine inhaltliche Beziehung zwischen den einzelnen Versen überhaupt nicht mehr da, sondern nur noch eine ausdruckshafte; nicht ein Thema wird geschlossen vorgeführt, sondern innere Erregungen, magische Verbindungszwänge rein transzendenter Art stellen den Zusammenhang her. Eine Unzahl solcher Stellen gibt es im zweiten Teil des „Faust", allgemein im Werk namentlich des alten Goethe. Dasselbe gilt für *Kleist,* „Penthesilea" ist eine dramatisch geordnete, versgewordene reine Orgie der Erregung. Dann finden wir es bei *Nietzsche,* seine und ebenso *Hölderlins* bruchstückartige Lyrik sind rein expressionistisch: Beladung des Worts, weniger Worte, mit einer ungeheuren Ansammlung schöpferischer Spannung, eigentlich mehr *ein Ergreifen von Worten aus Spannung,* und diese gänzlich mystisch ergriffenen Worte leben dann weiter mit einer real unerklärbaren Macht von Suggestion. In der Moderne kann man bei *Carl Hauptmann* reiche Stücke von Ausdrucksdichtung nachweisen, und wir finden in der Literaturgeschichte von *Paul Fechter,* die keineswegs dem Expressionismus freundlich gesonnen ist, den sehr interessanten Hinweis auf *Hermann Conradi* (1862–90), bei dem Fechter die *Joyce, Proust* und *Jahnn* vorgefühlt sieht, ja auch Freud; „bei Conradi ist die Analyse Selbstzweck", sagt Fechter, er dringe vor zur „inneren Realität". Diese innere Realität und ihr unmittelbares Aufsteigen in formale Bindungen, das ist ja wohl die in Frage stehende Kunst: wir finden sie in der Komposition schon bei *Richard Wagner* in seinen Partien absoluter Musik, „seine Flucht in Urzustände" nannte es[4] Nietzsche. In der Malerei sind *Cézanne,* Frankreich, *van Gogh,* Holland, *Munch,* Norwegen, Vorboten und gleichzeitig auch schon Vollender dieses Stils. Wir können also wohl sagen, daß ein Bestandteil aller Kunst die expressionistische Realisation ist und daß sie nur zu einer bestimmten Zeit, nämlich der eben vergangenen, repräsentativ und stilbestimmend aus vielen Gehirnen in Erscheinung trat.

II

Ich sagte, es gab in Europa zwischen 1910 und 1925 überhaupt kaum einen anderen als den antinaturalistischen Stil, es gab ja auch keine Wirklichkeit, höchstens noch ihre Fratzen. Wirklichkeit, das war ein kapitalistischer Begriff. Wirklichkeit, das waren Parzellen, Industrieprodukte, Hypothekeneintragung, alles was mit Preisen ausgezeichnet werden konnte bei Zwischenverdienst. Wirklichkeit, das war Darwinismus, die internationalen Steeple-Chasen und alles sonstwie Privilegierte. Wirklichkeit, das war dann der Krieg, der Hunger, die geschichtlichen Demütigungen, die Rechtlosigkeit, die Macht. Der Geist hatte keine Wirklichkeit. Er wandte sich seiner inneren Wirklichkeit zu, seinem Sein, seiner Biologie, seinem Aufbau, seinen Durchkreuzungen physiologischer und psychologischer Art, seiner Schöpfung, seinem Leuchten. Die Methode, dies zu erleben, sich dieses Besitzes zu vergewissern, war Steigerung seines Produktiven, etwas indisch, war Ekstase, eine bestimmte Art von innerem Rausch. Aber Ekstasen sind ethnologisch gesehen nicht anrüchig, Dionysos kam in das nüchterne Volk der Hirten, es taumelten diese unhysterischen Bergstämme in seinem orphischen Zug, und später *Meister Eckhart* und *Jakob Böhme* hatten Gesichte. Uraltes Glücksbegegnen! Natürlich blieben *Schiller, Bach, Dürer* vorhanden, diese Bodenschätze, diese Nahrung, diese Lebensströme, aber sie trugen eine andere Seinsart, trieben aus einem anderen anthropologischen Stamm, waren anderer Natur, aber auch *hier* war Natur, die Natur von 1910 bis 1925, ja, hier war mehr als Natur, hier war Identität zwischen dem Geist und der Epoche.

Wirklichkeit –, Europas dämonischer Begriff: glücklich nur jene Zeitalter und Generationen, in denen es eine unbezweifelbare gab, welches tiefe erste Zittern des Mittelalters bei der Auflösung der religiösen, welche fundamentale Erschütterung jetzt seit 1900 bei Zertrümmerung der naturwissenschaftlichen, der seit vierhundert Jahren „wirklich" gemachten. Neue Wirklichkeit –, da die Wissenschaft offenbar nur die alte zerstören konnte, blickte man in sich und blickte zurück. Draußen lösten sich ihre ältesten Restbestände auf, und was übrigblieb waren Beziehungen und Funktionen; irre, wurzellose Utopien; humanitäre, soziale oder pazifistische Makulaturen, durch die lief ein Prozeß an sich, eine Wirtschaft als solche, Sinn und Ziel waren imaginär, gestaltlos, ideologisch[5], doch im Vordergrund saß überall eine Flora und Fauna von Betriebsmonaden und alle verkrochen hinter Funktionen und Begriff. Auflösung der Natur, Auflösung der Geschichte. Die alten Realitäten Raum und Zeit: Funktionen von Formeln; Gesundheit und Krankheit: Funktionen von Bewußtsein; selbst die konkretesten Mächte wie Staat und Gesellschaft substantiell gar nicht mehr zu fassen, immer nur der Betrieb an sich, immer nur der Prozeß als solcher –: frappante Sentenz von *Ford,* gleich glänzend als Philosophie wie als Geschäftsmaxime: *erst die Autos ins Land, dann entstehen auch Straßen;* das heißt: erst die Bedürfnisse wecken, dann befriedigen sie sich von selber; erst den Prozeß in Gang setzen, dann läuft er von alleine; – ja, er lief von alleine, geniale Psychologie der weißen Rasse: verarmt, aber maniakalisch; unterernährt, aber hoch-

gestimmt; mit zwanzig Mark in der Hosentasche gewinnen
sie Distanz zu Sils-Maria und Golgatha und kaufen sich
Formeln im Funktionsprozeß –. Das war 1920–25, das war
die untergangsgeweihte Welt, der Betrieb, das war der
Funktionalismus, reif für den Sturm, der dann kam, aber
vorher war nur diese Handvoll von Expressionisten da,
diese Gläubigen einer neuen Wirklichkeit und eines alten
Absoluten, und hielten mit einer Inbrunst ohnegleichen, mit
der Askese von Heiligen, mit der todsicheren Chance, dem
Hunger und der Lächerlichkeit zu verfallen, ihre Existenz
dieser Zertrümmerung entgegen.

III

Diese letzte große Kunsterhebung Europas, diese letzte
schöpferische Spannung, die so schicksalhaft war, daß sich
aus ihr ein Stil entrang, wie merkwürdig diese Ablehnung,
die man ihr heute entgegenbringt! Im Grunde war ja doch
dieser Expressionismus das Unbedingte, die antiliberale
Funktion des Geistes zu einer Zeit, als die Romanschriftsteller, sogenannte Epiker, aus maßlosen Wälzern abgeta-
keltste Psychologie und die erbärmlichste bürgerliche Weltanschauung, als Schlagerkomponisten und Kabarettkomiker
aus ihren Schänken und Kaschemmen ihren fauligsten gereimten Geist Deutschland zum Schnappen vorwarfen. Da
war doch jedenfalls Kampf, ja klares, geschichtliches Gesetz.
Die Frage, mit der *Kant* hundertundfünfzig Jahre früher
eine Epoche der Philosophie beendet und eine neue einge-
leitet hatte: wie ist Erfahrung möglich, war hier im Ästhetischen aufgenommen und hieß: *wie ist Gestaltung möglich?*
Gestaltung, das war kein artistischer Begriff, sondern hieß:
was für ein Rätsel, was für ein Geheimnis, daß der Mensch

Kunst macht, daß er der Kunst bedürftig ist, was für ein
einziges Erlebnis innerhalb des europäischen Nihilismus!
Das war nichts weniger als Intellektualismus und nichts
weniger als destruktiv. Als Fragestellung gehörte es zwar
in die Zwangswelt des zwanzigsten Jahrhunderts, in seinen
Zug, das Unbewußte bewußtzumachen, das Erlebnis nur
noch als Wissenschaft, den Affekt als Erkenntnis, die Seele
als Psychologie und die Liebe nur noch als Neurose zu begreifen. Es hatte auch Reflexe von der allgemeinen analytischen Erweichungssucht, die uralten Schranken stummer
Gesetzlichkeit zu lösen, die in anderen Menschheitsepochen
mühsam erkämpften Automatismen physiologischer und or-
ganhafter Art individualistisch zu lockern, immer eindringlicher jenes „Es" bloßzulegen, das noch bei Goethe, Wagner,
Nietzsche gnädig bedeckt war mit Nacht und Grauen. Aber
diese Fragestellung war echte Bereitschaft, echtes Erlebnis
eines neuen Seins, radikal und tief, und sie führte ja auch
im Expressionismus die einzige geistige Leistung herbei, die
diesen kläglich gewordenen Kreis liberalistischen Opportunismus verließ, die reine Verwertungswelt der Wissenschaft
hinter sich brachte, die analytische Konzernatmosphäre
durchbrach und jenen schwierigen Weg nach innen ging zu
den Schöpfungsschichten, zu den Urbildern, zu den Mythen,
und inmitten dieses grauenvollen Chaos von Realitätszerfall und Wertverkehrung zwanghaft, gesetzlich und mit
ernsten Mitteln um ein neues Bild des Menschen rang. Es
ist heute leicht, das als abnorm und zersetzend und volksfremd zu bezeichnen, nachdem diese großartige nationale
Bewegung an der Arbeit ist, neue Realitäten zu schaffen,
neue Verdichtungen, neue Einlagerungen von Substanz in
die völlig defekten Schichten vorzunehmen und sie offenbar
die moralische Härte hat, einen Grund zu legen, dem eine
neue[6] Kunst entsteigen kann. Aber wir reden ja von einer

Zeit, wo das noch *nicht* da war, alles leer war, wo nicht der
Geist Gottes, sondern der Nihilismus über den Wassern
schwebte, wo Nietzsches Wort für eine Generation von
Deutschen galt, daß die Kunst die einzige metaphysische
Tätigkeit sei, zu der das Leben uns noch verpflichte.

Die Kunst, dies enorme Problem! Seit zahllosen Generationen war die abendländische Menschheit auf Kunst angelegt, maß sich an ihr, überprüfte bewußt oder instinktiv alle
kulturellen, rechtlichen, erkenntnismäßigen Grundlagen immer wieder an deren geheimnisvollem Wesen, deren vielfältigem undurchdringlichen Sein, und nun sollte sie plötzlich in allen ihren Leistungen ausschließlich volkstümlich
sein, ohne Rücksicht auf die Lage dieses Volkes, ob Blüte,
ob Untergang, ob stillste Ruhe oder fortstürmende Zeiten?
Man verschloß sich der Tatsache, daß ein volkhafter und
anthropologischer Substanzschwund eingetreten war, der
eine Versenkung ins Stoffliche der früheren Epochen gar
nicht mehr zuließ, sondern griff die Kunst, die sich ihren
Stoff nun in ihrem eigenen Innern suchte, einfach als abnorm und volksfremd aufs äußerste an. Man sah nicht das
Elementare, erstaunlich Rigorose dieses eklatanten Stilwil-
lens, sondern entledigte sich der zweifellos vorliegenden
Schwierigkeiten, indem man immer wieder sagte: das ist
rein subjektiv, unverständlich, unverbindlich und vor allem
immer wieder: „rein formalistisch“. Diese Vorwürfe sind
äußerst paradox im Munde von Zeitgenossen, die ein solches Wesen mit der modernen Physik trieben, diese zu einem
so aufgedunsenen Balg aus angeblich weltanschaulicher Bedeutung und ruhmvoller Erkenntnis öffentlich aufbliesen,
daß der Zeitungsleser in der Morgen- wie in der Abend-
ausgabe seine Atomzertrümmerung verlangte. Diese mon-
ströse Wissenschaft, in der es nichts gibt als unanschauliche
Begriffe, künstliche abstrahierte Formeln, das Ganze eine

im Goetheschen Sinne völlig sinnlose konstruierte Welt.
Hier werden Theorien, die auf der ganzen Erde nur von
acht Spezialisten verstanden werden, von denen sie fünf
bestreiten, Landhäuser, Sternwarten und Indianertempel
geweiht; aber wenn sich ein Dichter über sein besonderes
Worterlebnis beugt, ein Maler über seine persönlichen Far-
benglücke, so muß das anarchisch, formalistisch, gar eine
Verhöhnung des Volkes sein. Offenbar treibt die Kunst völlig frei durch die Luft, schwebt wie eine Flocke herab, taut
nieder, taumelt zu Boden völlig außerhalb der Zeit, ihrer
Zwänge, ihrer kulturellen und intellektuellen Struktur;
volksfremde Snobs betreiben arroganten Unfug. Offenbar
darf die Kunst, die niemandem etwas kostet, nur bringen,
was vor zwanzig Jahren bereits in den Volksschulen geläufig war, aber die Wissenschaft, die dem Staat, den Ländern, der Öffentlichkeit, den Steuerzahlern Unsummen
kostet, darf ihren spezialistischen Humbug bei festen Ge-
hältern, Witwen- und Waisenpensionen bis zur Alters-
grenze vor sich hinpusseln. Einen solchen Widersinn wird
das neue Deutschland bestimmt nicht mitmachen, die Leute,
die es führen, selber ja artistisch produktive Typen, wissen
zuviel von der Kunst, von der Zwitterhaftigkeit aller synthetischen Bemühungen, um nicht auch zu wissen, daß die
Kunst eine spezialistische Seite hat, daß diese spezialistische
Seite in gewissen kritischen Zeiten ganz besonders in Erscheinung treten muß und daß der Weg der Kunst zum
Volk nicht immer der direkte einer unmittelbaren Aufnahme der Vision von der Allgemeinheit sein kann. Eigentlich dürfte doch wohl keiner, auch der nicht, der im Expressionismus gar nichts ästhetisch Positives sehen will, ihm
die Identität mit seiner Zeit bestreiten, auch mit deren
unangefochtenen Leistungen, ihrem nicht als volksfremd
empfundenen Stil: er war die komplette Entsprechung im

Ästhetischen der modernen Physik und ihrer abstrakten Interpretation der Welten, die expressive Parallele der nichteuklidischen Mathematik, die die klassische Raumwelt der letzten zweitausend Jahre verließ zugunsten irrealer Räume.

IV

Es wäre ja auch gar nicht anders zu erklären, daß alles, was in den letzten zwanzig Jahren in der europäischen Kunstwelt interessant, man kann schon sagen, sinnvoll war, Entstehungsbeziehungen zu diesem Expressionismus hatte. Man kann heute diese europäische Welt bekämpfen, und ich tue es erbittert aus geschichtlichen wie aus geistigen Gründen, aber man muß der Vergangenheit ins Auge sehen: hier plante das alte Europa aus seinem liberalistisch-individuellen Geist noch einmal einen neuen Stil und alles, was an klassischen, romantischen, naturtalenthaften Schulen und Persönlichkeiten seine Stellung behielt, wandte sich doch tief beeindruckt nach dieser seltsamen Erscheinung um. Was aus ihr geworden wäre, wenn nicht der Krieg und dann die geschichtlichen Wendungen dieses gesamte Europa unterbrochen hätten, das läßt sich nur individuell und utopisch erschließen. Ich bin aber sicher, und ich sehe und höre es von anderen, daß alle die echten Expressionisten, die jetzt also etwa meines Alters sind, dasselbe erlebt haben wie ich: daß gerade sie aus ihrer chaotischen Anlage und Vergangenheit heraus einer nicht jeder Generation erlebbaren Entwicklung von stärkstem inneren Zwang erlegen sind zu einer neuen Bindung und zu einem neuen geschichtlichen Sinn. Form und Zucht steigt als Forderung von ganz besonderer Wucht aus jenem triebhaften, gewalttätigen und rauschhaften Sein, das in uns lag und das wir auslebten, in die Gegenwart auf. Gerade der Expressionist erfuhr die tiefe sachliche Notwendigkeit, die die Handhabung der Kunst erfordert, ihr handwerkliches Ethos, die Moral der Form. Zucht will er, da er der Zersprengteste war; und keiner von ihnen, ob Maler, Musiker, Dichter, wird den Schluß jener Mythe anders wünschen, als daß Dionysos endet und ruht zu Füßen des klaren delphischen Gottes.

Expressionismus also war Kunst, die letzte Kunst Europas, ihr letzter Strahl, während schon ringsumher die lange, großartige, zerfurchte Epoche starb. Die Epoche mit Kunst, für immer vorbei! Die frühen Griechen hatten noch keine Kunst, das waren sakrale und politische Steinbehauungen, Oden im Auftrag, rituelle Arrangements, bei Äschylos beginnt sie, dann sind zweitausend Jahre auf Kunst angelegt, nun ist sie wieder zu Ende. Was jetzt beginnt, was jetzt anhebt, wird nicht mehr Kunst sein, es ist mehr, es ist weniger, wir werden gleich bei unseren Vermutungen sein. Wenn ich im folgenden noch von Kunst spreche, meine ich ein vergangenes Phänomen.

V

Ein Vorwurf also trifft dies letzte Geschlecht in seinem Wesen entschieden zu Recht: eine geschichtlich volkhafte Sendung hatte es nicht übernommen, es hatte die letzten Jahre politisch ziemlich instinktlos verbracht, aber das praktisch Apolitische[7] war ja bei uns zu Hause, so war Goethe, Hölderlin, so war Rilke und George. Außerdem, in den Jahren, als wir begannen, in den Jahren, die uns prägten, gab es das große, wunderbare, glück- und freiheitdurchrauschte Deutschland, das verlangte unsere Aufmerksamkeit nicht, wenn wir malten und dichteten. Dann kam der Krieg, und wie die obige Angabe zeigt, haben die Expressionisten von ihm ihren Anteil übernommen. Und die letzten Jahre hieß Politik Marxismus, hieß Rußland, Mord aller bürgerlichen und intellektuellen Schichten, Mord aller Kunst als „Privatidiotismus" (Tretjakow), hieß Antiheroismus, dialektisches Gewäsch und eben jener Funktionalismus, den ich vorhin schilderte. Diesem Destruktionismus trat der Expressionismus mit anderen inneren und äußeren Mitteln entgegen als politischen, nämlich mit seinem jedes Chaos ausschließenden formalen Absolutismus. Einige Romanschriftsteller betrieben ja wohl auch politische Propaganda, die Geschichtsräume beruhigten sie hinsichtlich der Weitschweifigkeit ihrer Prosa, und im Parlamentarismus fanden sie Entsprechungen für die Geschwätzigkeit ihrer Epik, aber die Expressionisten suchten keine gesellschaftlich beschwatzbare, sondern eine abstrakte Welt, sie machten ja Kunst.

Sie waren also politisch ohne Instinkt, es mögen sich auch auffällig viel biologische Minusvarianten unter ihnen befunden haben, auch moralisch Defekte, ja, kriminelle Vorfälle, das ist erwiesen, spielten sich bei einigen ab, ich will das nicht beschönigen. Aber gegenüber so summarischen Behauptungen, wie Deserteure, Zuchthäusler, Verbrecher, entartet, zuchtlos, faule Aktien, betrügerische Börsenmanöver, drängt sich geradezu die Frage auf: sah nicht vielleicht Kunst von nahem immer so aus? Es gab doch wohl nie eine zivil und gepflegt entstandene Kunst, seit Florenz keine mehr, keine, die unter dem beifälligen Gemurmel der Öffentlichkeit von irgendeiner anerkannten Baumart der Erkenntnis fiel, Kunst war in den letzten Jahrhunderten immer Gegenkunst, Kunst war immer Geburt. Später, wenn die Epochen sich schließen, wenn die Völker tot sind und die Könige ruhen in der Kammer und in der Vorhalle

schlummert für immer das Gesinde, wenn die Reiche vollendet liegen und zwischen den ewigen Meeren verfallen die
Trümmer, dann sieht alles nach Ordnung aus, als hätten
sie alle nur hinaufzulangen gebraucht und hätten herabgeholt die großen, die leuchtenden, die fertig liegenden Kränze, aber es war einst alles ebenso erkämpft, behangen mit
Blut, mit Opfern gesühnt, der Unterwelt entrissen und den
Schatten bestritten. Vielleicht verweilt man heute doch etwas zu sehr nur bei den Defekten und will nicht sehen, daß
doch wohl auch hier einige Werke und einige Männer bleiben werden, die mit dieser expressiven Methode sich, ihren
Geist, die aufgelöste, qualvolle, zerrüttete Existenz ihrer
Jahrzehnte bis in jene Sphären der Form erhoben, in denen
über versunkenen Metropolen und zerfallenen Imperien der
Künstler, er allein, seine Epoche und sein Volk der menschlichen Unsterblichkeit weiht. Ich glaube es und ich bin sicher,
daß die es glauben werden, die ich kommen sehe.
Es wird nie wieder Kunst geben im Sinne der jüngsten fünfhundert Jahre, dies war die letzte, man kann sich unsere
innere Lage gar nicht final und kritisch genug vorstellen, es
geht hier um Verwandlung, ein neues Geschlecht steht Europa bevor. Sehr viele Freunde der nationalsozialistischen
Bewegung betrachten die Züchtungs- und Rassenfragen
skeptisch, das ist zu naturalistisch gesehen, sagen sie, zu
materialistisch –, wir wollen uns an den Tisch setzen und
träumen, indessen die Raben fliegen und durch den Stein
wächst Barbarossas Bart. Man kann diese Dinge gar nicht
naturalistisch genug sehen, sage ich, man kann sie nur naturalistisch sehen: Propaganda berührt die Keimzellen, das
Wort streift die Geschlechtsdrüsen, es ist gar kein Zweifel,
es ist die härteste Tatsache der Natur, daß das Gehirnleben
auf die Beschaffenheit des Keimplasmas Einwirkung hat,
daß der Geist ein dynamisches und gestaltendes Element

ist im entwicklungsgeschichtlichen Werden, hier ist Einheit: was politisch geprägt wird, wird organisch erzeugt.

Was politisch geprägt werden wird, wird nicht die Kunst sein, sondern ein artneues, schon klar erkennbares Geschlecht. Es ist für mich kein Zweifel, daß es politisch in die Richtung jener ghibellinischen Synthese geht, von der Evola sagt, die Adler Odins fliegen den Adlern der römischen Legion entgegen. Dieser Adler als Wappen, die Krone als Mythos und einige große Gehirne als Beseeler der Welt. Mythologisch heißt das: Heimkehr der Asen, weiße Erde von Thule bis Avalon, imperiale Symbole darauf: Fackeln und Äxte, und die Züchtung der Überrassen, der solaren Eliten, für eine halb magische und halb dorische Welt. Unendliche Fernen, die sich füllen! Nicht Kunst, Ritual wird um die Fackeln, um die Feuer stehen. Ich sehe drei große Genieepochen des deutschen Menschen: um 1500 die unzähligen Maler, darunter die größten nach der Mittelmeerwelt. Das siebzehnte und achtzehnte Jahrhundert erklingt von Musik. Im achtzehnten beginnt die Dichtung, erhebt sich das lange Massiv, das sich bis heute erstreckt, der Expressionismus ist der extreme Ausläufer, mag sein die Maladettagruppe, die Monts Maudits, das nackte Inferno, aber er gehört zum Massiv. Latenz von zwei bis drei Generationen, und die vierte Epoche beginnt, wieder schwärmt – nah ist und schwer zu fassen – der Gott.

Da steht das Geschlecht: Geist und Tat, transzendenter Realismus oder heroischer Nihilismus, die Male der individualistisch tragischen Ära sind nicht ganz zu löschen, doch als Ganzes mehr in Glück gebettet als wir, das Individuum geschlossen, weniger faustisch als allgemein. Zusammengeschmolzen die Architektur des Südens und die Lyrik des Nebellandes; Hochwuchs der Atlantiden; ihre Symbolwerke werden große Gesänge sein, Oratorien in Amphistadien,

Strandchöre der Meerfischer, Muschelsymphonien in Kalk-
hallen und mit den Hörnern der Urjäger. Unendliche Fernen, die sich füllen, ein großer Stil bereitet sich vor.
Da steht das Geschlecht: es sieht rückwärts in die Zeiten: *unser* Jahrhundert, Götterdämmerung, Ragnarök –,
„menschliche" Zeiten, liberale: Aufwartungs- und Halb-
tagsvorstellungen von allen Dingen, nichts wird rund gesehen, nichts allgemein. Alles ist uferlos, ideologisch und
jeder darf entweichen. Aber da hämmert eine Gruppe das
Absolute – ihm verfallend, aber es geistig überwindend –
in abstrakte harte Formen: Bild, Vers, Flötenlied. Arm und
rein, nie an bürgerlichen Erfolgen beteiligt, am Ruhm, am
Fett des schlürfenden Gesindes. Lebt von Schatten, macht
Kunst. Auch die kleine Gruppe vor der letzten Wende der
Welten: lebte der Kunst, das heißt: lebte in Todbereitschaft
und lebte aus Deutschlands gläubigem Blut.

DIE DICHTUNG BRAUCHT INNEREN
SPIELRAUM

Was die Frage des volksfremden Schrifttums und die letzten fünfzehn Jahre angeht, so möchte ich es mit den Worten von Herrn Staatskommissar Hinkel halten, daß man nicht mehr über das Schlechte der Vergangenheit sprechen, sondern an der Verbesserung der Zukunft mitarbeiten solle. Es waren doch diese vergangenen fünfzehn Jahre eine andere Epoche, sie ist überwunden, und man kann sie nicht mit den neuerstandenen Maßstäben messen. Wenn Sie allerdings unter volksfremdem Schrifttum auch die Übersetzungen aus anderen Sprachen meinen, so möchte ich dazu bemerken, daß ich es rückblickend gerade jetzt sehr gut finde, daß uns die Verlage mit viel ausländischer Literatur bekannt gemacht haben. Sie haben allerdings natürlich ein gewisses Maß von Interesse der deutschen Leserschaft auf ausländische übersetzte Autoren gelenkt, aber doch nicht in einem Umfange, daß nicht auch die ausgezeichnetsten deutschen Erzähler und Dichter in der gleichen Zeitepoche riesige Auflagen erleben konnten, man denke an Bonsels, Bloem, Hauptmann, Paul Keller, Hermann Hesse, von Münchhausen, Ina Seidel, von Molo, Frenssen, deren Auflagen doch alle über fünfzigtausend waren, das soll also heißen, die Übersetzungen ausländischer Autoren haben der Verbreitung guter deutscher Volksliteratur nicht im Wege gestanden und ihr nicht den Aufstieg versperrt.

Heute nun finde ich es sogar ausgezeichnet, daß wir die ausländische Literatur kennen. Wir können heute behaupten, daß sie nicht besser war als die bürgerliche deutsche, und wir vermochten uns darüber ein selbständiges Urteil

zu bilden, daß in den anderen Ländern von großer litera-
rischer Tradition die Produktion der letzten Jahrzehnte
auch gänzlich jenen absterbenden Charakter trug, der das
Europa außerhalb der faschistisch-nationalsozialistischen
Revolution auszeichnet. Man kann es heute mit Bestimmt-
heit aussprechen und es literarisch belegen, daß aus dieser
Art Kunst, Dichtung, Schriftstellerei keine wesentlichen Dokumente der europäischen Rasse mehr hervorgehen werden.
Nehmen Sie in England *Galsworthy,* diese kapitalistische
Fregatte, über dessen Familientragödien heute bereits die
Backfische lachen, oder diesen berühmten *Lawrence,* Ero-
tiker mit Tannenduft, der die Dämonien des Menschen
immer an die verkehrten Organe ansetzt, oder selbst *Joyce,*
der sein Leben lang diese eine literarische Methode herun-
terklappert, die ein wirklicher Genialer in einem Buch
realisiert und für die Öffentlichkeit klargestellt hätte; –
nehmen Sie in Frankreich den alten *Gide,* der frühere ist
bewundernswert, aber jetzt auf der einen Seite ein kalvi-
nistischer Puritaner und auf der andern ein pedantischer
Exhibitionist; *Valéry,* der es noch genauso mit „den Sinnen" und „dem Geist" hat wie Pascal, eine rein gesellschaftliche Arabeske, ein Nachzügler, der sich in der sub-
limsten Weise empfindet und sich und uns in der ernstesten
langweilt; oder nehmen Sie *Jules Romain, du Gard,* es sind
alles dieselben Gesellschaftstypen, dieselben psychologischen
Mixer, es ist dieselbe hochstehende Substanzlosigkeit, es ist
Können, aber selbst in diesem Können bleiben sie Zwerge,
gegen die Flaubert ein Troglodyt war. Mit einem Wort:
es ist die europäische Makulatur, und es war vollkommen
logisch, daß zu diesem Begriff von Kunst in den letzten
Jahren auch die Fotografen gerechnet wurden und die
Filmoperateure, die Feuilletonisten und die Psychoanalytiker. Hierüber ein Urteil zu haben, ist doch für uns heute

sehr wichtig, wo sich gerade diese Länder aus angeblichen geistigen und kulturellen Gründen so schroff gegen uns stellen, als ob sie allein die letzten geistigen Mysterien und produktiven Wundenmale trügen, während am Rhein die Kirgisen beginnen, und wir alle hier in Turnschuhen und unter Kommersgesängen durch die Wälder schlurfen. Dem ist ja nun nicht so, wissen wir heute bestimmt, dort ist das Alte, und aus *unseren* Erschütterungen entstehen die Züge der neuen Welt.

Ich möchte aber auch erwähnen, daß wir den Übersetzungen der Verlage doch auch vieles Positive verdanken. Sie haben immer wieder Hamsun gebracht, dazu den neuen Joseph Conrad und den interessanten Ortega. Diese drei in ihrer Aristokratie unbeirrbaren ausländischen Granden waren doch ganz außerordentliche Erscheinungen in dem mediokren europäischen Kunstbetrieb, und ich glaube, daß sie einen wesentlich größeren Anteil an der Auflösung des sozialistisch-demokratischen Weltbildes bei uns haben, als man heute sieht.

Was die Zukunft angeht, so erscheint es mir selbstverständlich, daß kein Buch in Deutschland erscheinen darf, das den neuen Staat verächtlich macht. Je strenger, einheitlicher, unerbittlicher dieser Grundsatz in der Richtung des Politischen von Verlegern und Buchhändlern durchgeführt wird, um so weitherziger wird man im Geistigen sein dürfen. Um so mehr wird man den Künsten jenen inneren Spielraum lassen können, den sie ihrem Wesen nach ja unbedingt brauchen. Die Dichtung braucht eine gewisse Experimentierbreite. Man gesteht der Wissenschaft ohne weiteres zu, daß sie in jahrelangen Experimenten Arbeitskräfte und auch öffentliche Mittel verbraucht, auch wenn von vornherein nicht feststeht, daß ein Resultat dabei herauskommt, ja, man übt keine Kritik daran, wenn sich nach Jahren

herausstellt, daß gar kein wesentliches Resultat aus den
Arbeitsanstrengungen hervorgegangen ist. Dies kann noch
mehr die Kunst verlangen. Sie ist als Erscheinung etwas
Problematisches, sie ist ihrem Wesen nach nicht so zielge-
richtet und zweckbedingt wie die Wissenschaft, sie ist ja
Entfaltung, Durchbruch, schicksalvolles Spiel eben erst be-
ginnender, ungelöster, fragmentarischer Kräfte. Sie ist gewiß auch politisch, ja sogar eminent politisch, aber doch in
anderem Sinne, als alle übrigen kulturellen und politischen
Äußerungen es sind. Sie ist politisch innerhalb jener tiefsten Seinsschichten, in denen die wahren Revolutionen entstehen, dort prägt sie um und macht jeden Rückschritt un-
vollziehbar. Totaler Staat, dieser großartige und neue Begriff, kann daher für sie nicht heißen, daß ihr Inhalt und
Thema nur dieser totale Staat sein dürfe. Der totale Staat
selbst ist ja ein Abglanz jener Welttotalität, jener substantiellen Einheit aller Erscheinungen und Formen, jener
transzendenten Geschlossenheit eines in sich ruhenden Seins,
jenes Logos, jener religiösen Ordnung, zu der die Kunst
aus sich heraus mit ihren konstruktiven Mitteln, also aus
ihrem eigenen aufbauenden, hinreißenden und reinigenden
Prinzip unaufhörlich strebt, die sie verwirklicht, die sie
überhaupt der Menschheit erst in Erscheinung brachte. Ich
gehe also noch weiter wie Edgar J. Jung, der in seinem
Buch „Sinndeutung der deutschen Revolution" über die
Kunst sagt: „Je weiter sich ein Lebensgebiet von der politischen Gesetzmäßigkeit entfernt, je mehr es seiner Eigengesetzlichkeit unterliegt, um so gefährlicher wird die Gleich-
schaltung –", ich vertrete die Ansicht, daß der Kunst für die
Zukunft sehr viel mehr vom Menschen, vom Volk, ja der
ganzen neuen Rasse gehören wird als bisher; sie wird Funktionen sowohl des Religiösen wie des Philosophischen wie
des Politischen übernehmen, sie wird wieder jene primäre

anthropologische Einheit der nordisch-hyperboreischen Welt werden, die sie einst war. Man sollte sie also weniger kontrollieren, als sich ihrer Intuition und Weltgestaltung überlassen.

DORISCHE WELT

Eine Untersuchung über die Beziehung
von Kunst und Macht

I

Eine Welt in einem Licht, das oft beschrieben ist

An das kretische Jahrtausend, das Jahrtausend ohne Schlacht
und ohne Mann, wohl mit jungen Pagen, die hohe Spitz-
krüge, und Prinzchen, die phantastischen Kopfputz tragen,
doch ohne Blut und Jagd und ohne Roß und Waffen, an
dies Voreisenzeitalter im Tal von Knossos, diese ungeschütz-
ten Galerien, illusionistisch aufgelösten Wände, zarten artistischen Stil, farbige Fayencen, lange steife Röcke der
Kreterinnen, enganliegende Taillen, Busenhalter, feminine
Treppen der Paläste mit niederen breiten Stufen, bequem
für Weiberschritte –: grenzt über Mykene die dorische Welt.
An den hettitischen Rassensplitter mit Mutterrecht, weibli-
chen Herrscherinnen, Frauenprozessionen der arische Mann
und die bärtigen Götter, an Blumenstücke und Stuckreliefs
die große Komposition und das Monumentale, grenzt
diese Welt, die in unsere Bewegungen hineinragt und auf
deren Resten unsere gespannten, erschütterten, tragisch-fra-
genden Blicke ruhn: es ist immer das Sein, doch ganz gebannt; alle Vielfalt, doch gebunden; Felsenschreie, äschy-
leischer Gram, doch Vers geworden, in Chöre gegliedert; es
ist immer eine Ordnung da, durch die wir in die Tiefe sehen, eine, die das Leben einfängt auf gegliederten Raum,
es erhämmert, meißelnd ergreift, es als Stierzug auf eine
Vase brennt –, eine Ordnung, in der der Stoff der Erde und

der Geist des Menschen noch verschlungen und gepaart, ja wie in höchstem Maße einander fordernd, das erarbeiteten, was unsere heute so zerstörten Blicke suchen: Kunst, das Vollendete.

Wenn wir, rückblickend, für die Geschichte Europas einmal die Formel wählen, daß sie geschaffen wurde von Völkern, die nur die Natur erweiterten, und solchen, die einen Stil bildeten, steht an ihrem Anfang die Vereinigung beider Prinzipien in einem Volk, das, von Norden kommend, die pelasgischen Burgen stürmte, die Mauern, Werke der Zyklopen, erbaut aus Steinen, von denen jeder eine Größe hatte, deren durchaus auch nicht der kleinste aus seiner Lage durch ein Joch Maulesel weggerückt werden könnte, wie Pausanias schreibt, diese Mauern schleifte, die Kuppelgräber niederstieß und arm, auf uneinheitlichem, größtenteils unfruchtbarem Boden für seinen unermeßlich panischen Besitz die stilistische Entfaltung begann.

Es ist die nachachäische Epoche. Die achtförmigen Rindslederschilde und die Lederkoller der frühen Iliasgesänge weichen den Rundschilden und Panzern aus Metall, Beginn der Eisenzeit: Rhoikos und Theodoros auf Samos entdecken das Verfahren, Erz in Formen zu gießen; ein Mann aus Chios, es zu erweichen, zu härten und aneinanderzuschweißen. Die Schiffe wachsen, man befährt das ganze Mittelmeer, aus den Fünfzigrudern der alten Gedichte werden Galeeren mit zweihundert Riemen. Die Tempel sind noch aus grobkörnigem Kalkstein, aber um 650 macht Melos von Chios die ersten Marmorbilder. Die Olympiaden setzen ein, die Orchestra tritt hinzu, die Gymnasien werden öffentlich geregelte Institutionen; die Musik nimmt neben der lydischen und hypodorischen fünf neue Tonfolgen in Gebrauch; die Kithara, die[1] nur vier Saiten gehabt hatte, erhält sieben; die Leinsaiten aus Flachs und Hanf auf den alten Instru-

menten weichen den Darm- und Sehnensträngen und den
Flechsen großer Tiere. Es sind kleine Staaten, in denen sich
dies vollzieht. Argolis hat eine Länge von acht bis zehn und
eine Breite von vier bis fünf Meilen. Lakonien ist ungefähr
ebenso groß. Achaia ist ein schmaler Erdstreifen auf den
Flanken eines ins Meer abfallenden Gebirges. Ganz Attika
hat nicht die Hälfte einer unserer geringsten Provinzen.
Das Gebiet von Korinth, Sikyon und Megara beschränkt
sich auf eine Wegstunde. Im allgemeinen, und vor allem
auf den Inseln und in den Niederlassungen, ist der Staat
nicht mehr als eine Stadt mit einer Küstenanlage oder einem
Umkreis von Gehöften. Athen hatte zur Zeit seiner größten
Blüte drei Stunden im Umfang, wenn man um neun den
Startplatz der Fackelzüge in der Akademie verließ, kehrte
man um Mittag zu den Platanen zurück und hatte das Theater des Bacchus, die Tempel, den Areopag, die beiden Hä-
fen gestreift und den geisterhaft weißen Wald der Propyläen umschritten.[2]
Eine Welt in einem Licht, das oft beschrieben ist. Es ist
Morgen, der Nordwind hat sich erhoben, der die Barken
Athens nach den Zykladen treibt, und das Meer nimmt, wie
bei Homer, die Farben des Weins und der Veilchen an,
gegen die verrosteten Felsen schlägt es sanft, alles ist durchsichtig, jedenfalls in Attika, alles hat Farben, auch die
Olympischen, Pallas, die Weiße, und Poseidon, der Azur-
gott. Ja durchsichtig, das ist das Wort, was aus der Hand
des Griechen geht, das ist räumlich da, stark belichtet, Plastik, reiner Gegenstand, seine Jahrhunderte bereicherten
den Peloponnes, stellten die Hügel und Inseln voll, lager-
ten etwas über die Weideflächen, erhöhten sie geographisch
über den Meeresspiegel, und zwar mit etwas, was Ausdruck
gewonnen hatte; Gelebtes, gekerbt vom Willen und den
Erfahrungen der Rasse; Porphyr, bearbeitet von Traum,

Kritik und höchster Vernunft; Ton und darauf die Linien
menschlicher Bewegung, seiner Handlungsweisen, seiner
Gesten, seines räumlichen Gefüges.

Eine öffentliche, eine physiologische Welt. Man liest laut,
das wendet sich an die Funktionen der Ohren und des Kehl-
kopfs, eine Periode war ein körperliches Ganzes: was man
in einem Atem sagen konnte. Lesen – das erarbeitete der
ganze Organismus: die Rechte hält die geschlossene Rolle,
die Linke zieht die Textspalten zu sich herüber, eine nach
der anderen, langsam, zart, damit die Charta nicht zerfließt
und die Fasern nicht zersplittern, der Schultergürtel und die
Arme stehen immer in Spannung, und man schreibt auch
auf der Hand. Aber vor allem Reden, das entspricht ihrer
Konstitution! Rede, die ist an den Moment gebunden, duldet keine Übertragung in die Ferne, hier steht einer, will
Wirkung, ist Gegenwart, macht geltend, greift zu jedem
Mittel, um sich hochzubringen und den Gegner zu verderben und durfte auch beim vollen, beim Hörer vorausgesetz-
ten Bewußtsein seines Unrechts rhetorisch geradezu alles
wagen. Erst waren es konkrete Anlässe, Gerichtsreden:
Diebstahl, Leder oder Korn gestohlen; man mußte dem
Publikum, und das hieß feinen Ohren, etwas weismachen,
ihm was beibringen, ihm plausibel machen. Dann waren es
Prunkreden, Reklamereden, Reden gegen Entree. Dann kam
das „Bezaubern" hinzu, symmetrischer Bau der Sätze, gleich-
tönende, beinahe reimende Worte, ähnlich auslaufende Perioden, es bildeten sich Unternehmungen, öffentliche Kreise
und Schulen, um Stil und Figurenschmuck zu lehren, Raffi-
nement, fingierte Debatten: „Lob der Fliege" oder „Herakles am Scheidewege" oder „Die Pest" oder „Das Fieber"
oder „Die Wanzen" – und dies durch drei Jahrhunderte
entwickelte Talent ganz auf Wirkung, Sieg, Hohn, Gelächter, Übermacht eingestellt, vertiefte den Sinn für Disposi-

tion, bewußte Anlage, auch Aufbau und die spielerische und schöne Freiheit geistig vorzutreibender Gebilde.

Eine physiologische Welt: die Glieder des menschlichen Körpers sind die Grundlagen ihrer Maße: der Fuß, das ist vier Handbreit, die Elle sechs Handbreit, der Finger ein Viertel Handbreit, die Spanne das Dreifache der Handbreite, so geht es weiter bis zu Klafter und Stadien. Eine Stadie ist sechshundert Fuß, nebenbei die Länge der Rennbahn. Der „attische Fuß", zur Zeit des Perikles in Athen gesetzlich normiert, an vielen Bauten abzulesen, dreihundertacht Millimeter, geht dann mit Philipp und Alexander durch ganz Asien. Ihr Hohlmaß ist der große Krug, der den Wein und das Öl aufnimmt, das Getränk und die Salbe, zwölfmal geteilt.

Es ist Morgen, sein Licht dringt in das mit Kalk geweißte Haus, die Mauern sind bunt bemalt, dünn, und ein Dieb könnte sie eindrücken. Ein Bett mit einigen Decken, eine Lade, einige schön bemalte Vasen, aufgehängte Waffen, eine Lampe einfachster Art, alles zu ebener Erde, das genügte einem vornehmen Athener. Er erhebt sich früh, legt den ärmellosen dorischen Chiton an, verknüpft das Vorder- und Hinterblatt an der Schulter mit Agraffen, auch rechts, er trägt den Oberarm nicht nackt wie der arbeitende Sklave, wirft darüber den weißen Umhang, drapiert ihn, er ist aus dünner Wolle, es ist Sommer. Einen Siegelring an den vierten Finger der linken Hand als Petschaft, es ist ein entwaldetes, aber bienenreiches Land: Honig in den Wein, Honig in das Brot, und gesiegeltes Wachs zum Schließen der Dokumente. Er geht ohne Hut, ohne Stock, in der Tür wendet er sich um, der Haussklave soll einen neuen Docht aus den wolligen Blättern der bestimmten Pflanzenart in die Delle der Tonlampe tun, und die Amphore, die unten spitz ist, tiefer in die Erde bringen, sie schlug nachts um.

Nun sieht er nach Süden herab, am Strand liegen die Trieren, sie sind heraufgezogen, auch die großen, die überseeischen, im Höchstfall zweihundertsechzig Tonnen groß, sie fahren ohne Kompaß, Seekarten, Leuchttürme, nahe der Küste lang und zwischen Piraten. Es ist die große Handelsflotte des Mittelmeeres, die die Phönizier verdrängte, die kornbringende, und die Salamis und Himera schlug. Nun ist er am Markt. Auf den Bänken, hauptsächlich von Männern umdrängt, Haufen von Kleidungsstücken, goldenen Ketten und Armbändern, Nadeln und Broschen, Wein in Schläuchen, Äpfel, Birnen, Blumen und Kränze. Darüber Stoffe, Gewebe, der beste Flachs wird in der Ebene von Elis erzeugt, die feinste Verarbeitung erfolgt in Paträ, auch bunte Seide ist da von den Inseln. Er will weiter, doch er muß halten, Maulesel ziehen einen Wagen mit Silbererzen aus dem Laureion und mit Tributgeldern. Endlich ist die Straße frei, es ist die, die von Eleusis zurückführt, wie oft sah er sie in der Nacht der Feste im Rauch und Schein der Fackeln, da wohnen die Töpfer, die bäuerlichen, alte Schule, und firnissen ihre Vasen, braun und schwarz auf gelblichem Grund, die unteren Teile bleiben frei, werden nur einfach verziert, doch auf Hals und Schultern kommen die geraden Linien, Zickzack, Dreiecke, Schachbrettmuster, Kreuze und Hakenkreuze, einfache und kunstvolle Mäander. Einige lokale Variationen tut der einzelne hinzu, Mundartliches, in bezug auf Durchbildung und Verknüpfung der Ornamente, bald treten kleine gereihte Tiere zwischen die Linien, keine Löwen, Fabeltiere, wie in der ägäischen Kunst –: Haustiere, Gartentiere, alles in Streifen geordnet: hart, klar, sicher – die dorische Oktave. An der Piräusstraße am Dipylontor wohnen sie und an der heiligen Straße, hier die Töpferstadt.

Und dort wohnen die Purpurhändler, die immer so enormes

Interesse finden, da liegen die Schnecken mit der kleinen
weißen Ader am Mund, die die halbe Nuß Saft entleeren,
weiß, grün, violett, wenn man sie schnell und mit einem
Schlage tötet. Die an den Felsen sind besser als die am
Meeresgrund, noch darf man mit Purpur handeln, später
wird es verboten, es ist dann nur noch die Farbe für die
Könige und die Götter.

Vor der Stadt wird ein Theater errichtet, das ist sein Ziel.
Ein Theater, das ist der Rand eines Hügels, in den man
halbrunde Stufenreihen schlägt, zweiteilige, die vordere zum
Sitzen, die hintere für die Füße der oberen Reihe, dazwischen Treppen: schräge, mit Rillen versehene Platten. Unten in der Mitte steht der Altar, fertig steht auch schon die
große, glattbehauene Mauer, um die Stimme des Darstellers
zurückzuwerfen. Beleuchtung ist die Sonne, die Kulisse das
Meer, oder, entfernter, die mit sammetartigem Schmelz
übergossenen Berge. Er wirft den Blick über alle diese Dinge, es ist keine Sensation, kein Ohren- und Sinnesschmaus,
das Theater. Er denkt an jenen Ort am Alpheios, wo man
so sehr dürstete, tags in der Sonne und nachts im Zelt, fünf
heilige Tage und Vollmondnächte. Der Fluß ist verdörrt,
sein Rinnsal trübe, aber die Hellanodiken hatten zehn Monate in Elis geübt, nun rangen sie, es rangen miteinander
die weitverstreuten Städte, eine ungeheure Spannung, ein
ungeheurer Ernst lag über dieser Männerwelt, und kein
Hellene, der nicht während der Kämpfe und Gesänge mit
seinen Blicken immer wieder den aus Gold und Elfenbein
verfertigten Tisch suchte, auf dem die Kränze des Sieges
lagen, und den Ölbaum zwischen den Tempeln, von dem
man ihre Zweige brach.

II

Sie ruhte auf den Knochen der Sklaven

Die antike Gesellschaft ruhte auf den Knochen der Sklaven, die schleifte sie ab, oben blühte die Stadt. Oben die weißen Viergespanne und die Gutgewachsenen mit den Namen der Halbgötter: Sieg und Gewalt und Zwang und den Namen der großen See, unten klirrte es: Ketten. Sklaven, das waren die Nachkommen der Ureinwohner, Kriegsgefangene, Geraubte und Gekaufte, sie wohnten in Ställen, zusammengepfercht, viele in Eisen. Niemand dachte über sie nach, Platon und Aristoteles sehen in ihnen tiefstehende Wesen, nackten Tatbestand. Starker Import aus Asien, am letzten Monatstag war Markt, die Kadaver standen im Ring zur Besichtigung. Der Preis war zwei bis zehn Minen, immerhin hundert bis sechshundert Mark. Am billigsten waren die Mühlsklaven und die Bergwerksklaven. Demosthenes' Vater hatte eine Stahlfabrik, betrieben mit Sklaven, obigen Preis pro Ankauf zugrunde gelegt, arbeitete sie mit dreiundzwanzig Prozent Nutzen, eine ihm gehörige Bettgestellfabrik mit dreißig Prozent. In Athen war das Verhältnis von Bürgern zu Sklaven eins zu vier, einhunderttausend Hellenen auf vierhunderttausend Sklaven. In Korinth gab es vierhundertsechzigtausend Sklaven, in Ägina vierhundertsiebzigtausend. Sie durften kein langes Haar tragen, hatten keine Namen, man durfte sie verschenken, verpfänden, verkaufen, züchtigen mit Stöcken, Riemen, Peitschen, Fußblöcken, Halskrallen, Brandmarkung. Sklavenmord wurde nicht gerichtlich verfolgt, eventuell religiös milde gesühnt. Sie wurden regelmäßig jährlich durchgeprügelt ohne Ursache, betrunken gemacht, um sie lächerlich zu finden, waren schlechthin ehrlos, wenn einer das sklavenmäßige Aussehen über-

ragte, wurde er getötet und sein Besitzer bestraft, weil er
ihn nicht untengehalten hatte. Wenn ihrer zu viele wurden,
ließ man den nächtlichen Mord gegen sie los, gegen so viele
als zweckmäßig war. In einem kritischen Augenblick des
Peloponnesischen Krieges lockte man in Sparta durch eine
List die zweitausend tüchtigsten und freiheitsbegierigsten
hervor und brachte sie um – ein großes Vermögensopfer.
Dort gehörte es auch zur Erziehung, von Zeit zu Zeit die
heranwachsenden Knaben auf den Wegen vor der Stadt in
Hinterhalte zu legen, von wo aus sie am Abend verspätet
heimkehrende Sklaven und Heloten überfallen und töten
mußten, es war erzieherisch, sich an Blut zu gewöhnen und
von früh an seine Hände geübt zu haben. Durch diese Arbeitsteilung entstand der Raum für Waffengänge und Spiele, für die Schlachten und die Statuen, der griechische Raum.

Betrachtet man diesen Raum mit den Augen der heutigen
Zivilisation, erscheint vieles zweideutig. Themistokles, der
Held der Perserkriege, läßt sich mit dreißig Talenten von
den Euböern bestechen, die Schlacht vor ihrer Insel zu schlagen, mit fünf Talenten davon besticht er einen seiner Un-
terführer weiter. Nach Salamis erpreßt er alle Inseln und
Städte ohne Wissen seiner Mitfeldherrn. Vor Salamis steht
er mit Xerxes in Verbindung, nach Salamis ebenso. Sein
Knecht Sikinnos vermittelte jahrelang hin und her. Bei allen seinen Taten und Reden, sagt Herodot, verfuhr er so,
daß er sich einen Rückhalt schaffte bei den Persern im Fall
ihm von den Athenern was geschehe. Pausanias, Führer der
eidgenössischen Flotte, Sieger von Plataä, spartanischer Regent, verhandelt heimlich mit dem Perserkönig während des
Krieges, um ihm Sparta und ganz Hellas auszuliefern. Leo-
tychidas, König von Sparta, läßt sich während des Feld-
zuges 476 von den Aleuaden bestechen und gibt den gün-

stigstehenden Krieg gegen Thessalien auf. Dies alles sind die Helden des fünften Jahrhunderts, zwei Generationen vor Alkibiades, der dann systematisch überlief, schön und tückisch.

Dort Bestechung, hier Grausamkeit und Rache. Panionios von Chios hatte Hermotimos geraubt, verschnitten und als Sklaven verkauft. Hermotimos kommt später hoch, wird wohlhabend, besucht Panionios und bittet ihn mit seinen Söhnen als Gast in sein Haus. Dort überfällt er sie, erst muß der Vater seine vier Söhne entmannen, dann die vier Söhne den Alten, und dann verkauft er sie alle zusammen. Das wird von Herodot objektiv berichtet. Die sechs Söhne des Königs der Bisalten ziehen ohne Erlaubnis des Vaters in einen Krieg, als sie alle sechs gesund und munter nach Hause kamen, schreibt Herodot ohne weitere Bemerkung, riß ihnen ihr Vater die Augen aus um ihre Schuld, das war ihr Lohn. Bei demselben frommen Gründer der Geschichtsschreibung lesen wir an einer anderen Stelle von einem Regenten, bei dem es sich um Leichenschändung handelte. Wir erfahren das beiläufig, in einem Nebensatz, folgendermaßen: Die Boten kamen aus Delphi zurück und aha, ruft der betreffende Regent interessiert aus, das wird das Orakel gemeint haben, als es von mir sagte: „Brot in einen kalten Ofen schieben". Eine Rasse voll Täuschung und List im Kriegerischen wie im Rituellen. Die Phoker streichen sechshundert ihrer tapfersten Männer weiß an, sie selber und ihre Schilde, und senden sie bei Nacht ins feindliche Lager mit dem Befehl alles niederzustoßen, was nicht weiß ist. Voller Erfolg: gelähmt vor Furcht bebt das Lager, und es gelingt viertausend zu vernichten. Aber dann die Gegenlist: diese, hinter einem Paß, machen einen großen Graben, stellen leere Krüge hinein, tragen Schutt darauf und machen es wieder gleich der Erde. Nun greifen die Phoker an und fal-

len in die Krüge, die Pferde brechen sich die Beine, und die
am Boden sich Wälzenden lassen sich leicht niedermachen.

List bei der Eroberung von Troja, List beim Raub des Bo-
gens des Philoktet, List aber auch als Triumph auf dem
Ostgiebel des Zeustempels in Olympia, er stellt das mythische Urbild des Wagenrennens dar mit Viergespannen, nämlich den Kampf zwischen Eunomaos und Pelops; der König
verhieß dem Sieger seine Tochter, dem Unterliegenden den
Tod. Der Held Pelops gelangt zum Ziel durch den Verrat
des Wagenlenkers Myrtilos, er hatte ihn bestochen, wäch-
serne Pflöcke in den Wagen des Königs zu schlagen, der
Wagen zerschellte; als Myrtilos den Lohn fordert, wird er
von Pelops im Meer ertränkt, – aber, ob Verrat oder Leistung, es war jedenfalls der Sieg, der löschte alles aus, der
war göttlich und es wert, rein auf den Giebel des höchsten
Heiligtums der Griechen zu steigen.
Es gab nur eine einzige Moral, die hieß nach innen gerichtet:
der Staat, und nach außen: der Sieg. Staat ist Stadt, bleibt
Stadt, weiter wird nie gedacht. Betrachten wir ein bestimmtes Jahr in Athen. Nach innen: das Bürgerrecht wird allen
genommen, die nichtathenische Eltern haben, zehn Prozent
werden aus den Listen gestrichen, das Eigentum konfisziert,
um Land und Vermögen zu konzentrieren, also radikaler
Rassismus, Stadtrassismus. Nach außen: der delisch-attische
Bund ist geschlossen, wohlbemerkt mit hellenischen Staaten,
aber Bund! Athen hat die Macht! Nun müssen alle Bundesstädte nach Athen vor Gericht, müssen Tribute zahlen, die
Athen festsetzt, in verdächtige oder unsichere Städte, griechische Städte, Bundesstädte aus den Perserkriegen, kommen athenische Garnisonen und Kommandanten, Trieren
kontrollieren das Meer, Flotten blockieren hellenische Hä-
fen, Mauern werden geschleift[3], Waffen abgenommen, die

Gefangenen wie Barbaren gebrandmarkt, Nachbarstädte, Nachbarinseln vernichtet. Bei den Dionysien müssen die Abgeordneten der Städte an den Athenern vorbeiziehen mit Tafeln, auf denen die Höhe ihrer Tribute steht. Diese Tribute werden als Gold und Silber in natura den athenischen Bürgern und ihren Gästen vorgeführt. Das alles im zivilisierten Zeitalter der griechischen Geschichte. Aber nun stoßen wir auch gleich wieder auf die Gegenbewegung: bei dem gleichen Festzug erhebt sich alles vor den auf Staatskosten ausgestatteten Waisen der für Athen gefallenen Bürger.

Ungemein interessant für die Psychologie dieser Oberschicht ist folgender Vorfall: Nach dem Sieg von Salamis und nach der Teilung der Beute fuhren die Hellenen nach dem Isthmus, um dort den Preis auszuteilen dem Hellenen, der sich desselben am würdigsten gezeigt hätte während des Krieges. Und wie die Obersten ankamen, wurden die Stimmen unter sie verteilt an dem Altar des Poseidon, um den Ersten und den Zweiten von allen zu bestimmen. Da gab ein jeder sich selber seine Stimme, denn jeder glaubte, er wäre der Beste. Besser als Themistokles, besser als Eurybiades, besser als Leonidas! Und wir wollen auch erwähnen, daß sie während der Schlacht, wenn ihre Schiffe aneinander vorbeifuhren, sich gegenseitig schmähten, herabsetzten, verdächtigten –: aus solchen Zügen entstanden ihre großen Siege.

Wie man gegen schädliche Raubtiere und Schlangen Gesetze erlassen hat, so sollte man es auch hinsichtlich staatsfeindlicher Menschen machen, schrieb Demokrit, und Protagoras läßt den Gottvater sprechen: Gib in meinem Namen das Gesetz, daß man einen Menschen ohne sittliches Bewußtsein und ohne Rechtsgefühl als einen Krebsschaden des Gemeinwesens vernichten soll –: hieraus entstand das fünfte Jahrhundert, der größte Glanz der weißen Rasse, der prägende, der absolute, nicht nur der mittelmeerisch begrenzte, in diesen fünfzig Jahren nach Salamis, alles gruppiert sich um diese Seeschlacht: Äschylos kämpft mit, Euripides wird während ihrer und auf der Insel geboren, Sophokles tanzt mit den schönsten Jünglingen den Siegespän. Hier vollendet sich der „Sieg des Griechen": Macht und Kunst, hier vollendet sich Perikles, bevor die Pest kam und die Tyrannen, und beide Generationen, aus denen immer, auf allen Dokumenten, zwei Dinge hervorbrechen, beide zum Tragen und Schwingen: Fackeln und Kränze.

III

Die graue Säule ohne Fuß[4]

Hinter dieser Silhouette Griechenlands, panhellenisch gemischt, steht die graue Säule ohne Fuß, der Tempel aus Quadern, steht das Männerlager am rechten Ufer des Eurotas, seine dunklen Chöre –: die dorische Welt. Die Dorer lieben das Gebirge, Apollon ist ihr Nationalgott, Herakles ihr erster König, Delphi das Heiligtum, sie verwerfen die Windeln und baden die Kinder in Wein. Sie sind die Träger des hohen Altertums, der alten Sprache, der dorische Dialekt war der einzige, der noch in der römischen Kaiserzeit erhalten war. Ihr Traum ist Züchtung und ewige Jugend, Göttergleichheit, großer Wille, stärkster aristokratischer Rassenglaube, Sorge über sich hinaus für das ganze Geschlecht. Sie sind der Träger der alten Musik, der alten Instrumente: dem Kitharöden Thimoteus von Milet wurde sein Instrument, weil er die Saiten von sieben auf elf erhöht hatte, weggenommen, er wurde erhängt. Einem andern schlagen sie von einem neunsaitigen Instrument zwei Saiten

mit dem Beil herunter, es sollen die alten sieben nur sein.
„Ins Feuer das speichelvergeudende Rohr", ruft Pratinas
der Flöte nach, weil sie neumodischerweise den Chor führen wollte, statt, wie bisher, sich ihm zu fügen.
In die Tempel hängen sie Ketten und Fesseln für die Feinde,
zu den Göttern beten sie um des Nachbarn ganzes Land.
Ihr Königtum ist Machtausübung über alle Maßen, Krieg
können sie führen wider welches Land sie wollen, hundert auserlesene Männer wechseln Tag und Nacht in ihrer
Wache, von allem, was geschlachtet wird, bekommen sie die
Haut und den Rücken, beim Mahl wird ihnen zuerst ge-
reicht, und sie bekommen von allem noch einmal soviel wie
die andern. Es ist erbliches Königtum, neunhundert Jahre herrschten die Herakliden, auch Feinde wagten in der
Schlacht nicht mehr, die Hand an sie zu legen aus Furcht
und Scheu vor der Götter Rache. Ihren Todesfall berichten
Reiter durch das ganze lakonische Land, in der Stadt aber
laufen Weiber und schlagen an einen Kessel.
Dorische Welt, das sind die gemeinsamen Mahle, um immer gerüstet zu sein, fünfzehn Mann, und jeder bringt ein
Stück mit: Gerstenmehl, Käse, Feigen, Jagdbeute und keinen Wein. Die Erziehung geht nur auf dieses Ziel: Schlachten und Unterwerfung. Die Knaben schlafen nackt auf dem
Schilf, das sie sich ohne Messer aus dem Eurotas reißen
müssen, essen wenig und schnell; wenn sie der mageren
Kost etwas hinzufügen wollen, müssen sie es aus den Häusern und Gehöften rauben, denn Soldaten leben vom Plündern. Das Land aufgeteilt in neuntausend Lose, Erbgüter,
aber kein Privatbesitz, unveräußerlich, alle gleich groß. Kein
Geld, nur Eisengeld, das bei der großen Schwere und Masse
einen so geringen Wert gab, daß schon eine Summe von
zehn Minen (sechshundert Mark) zum Aufbewahren im
Haus eine eigene Kammer und zum Fortbewegen einen

zweispännigen Wagen erforderte. Alle übrigen Staaten
ringsum hatten Silber- und Goldgeld. Und auch dies Eisen
noch unverwertbar gemacht: glühend in Essig getaucht und
dadurch enthärtet. Neunhundert Jahre herrschte das Königs-
geschlecht, ebensolange hielten sich die gleichen Rezepte für
die Köche und die Bäcker. Verbot von Auslandsreisen, Ein-
reiseverbot für Fremde, Greisenehrung. Das Heer war in
der Königszeit nur Infanterie von höchster Wucht: Hopliten, schwergeharnischtes Linienfußvolk mit Lanzenstoß.
Neuntausend Spartaner herrschten über die zehnfache Macht
der Ureinwohner, später noch über die immer aufständi-
schen Messener. Bei Todesstrafe mußte es ein Spartaner mit
zehn Heloten aufnehmen. Das Ganze war ein Lager, ein
schnellbewegliches Heer, wenn die Schilde aufeinanderstie-
ßen und die Helme von den Schleudersteinen dröhnten, das
war ihr Marsch. Nie wurde die Zahl der Gefallenen angegeben, auch nach den Siegen nicht[5]. Wehe denen, die „gezittert" hatten! Aristodemos, der „gezittert hatte", der einzige, der die Thermopylenschlacht überlebte, legte dann bei
Plataä die höchsten Taten der Tapferkeit ab, er fiel und
blieb doch verachtet, weil er „aus Gründen" den Tod gesucht hatte.
Dorisch ist jede Art von Antifeminismus. Dorisch ist der
Mann, der die Vorräte im Haus verschließt und den Frauen
verbietet, den Wettspielen zuzuschauen: die[6] den Alpheios
überschreitet, wird vom Felsen gestürzt. Dorisch ist die Kna-
benliebe, damit der Held beim Mann bleibt, die Liebe der
Kriegszüge, solche Paare standen wie ein Wall und fielen.
Es war erotische Mystik: der Ritter umarmte den Knaben
wie der Gatte das Weib und übertrug ihm seine Arete, ver-
mischte ihn mit seiner Tugend. Dorisch war auch der Kna-
benraub: der Ritter entführt den Knaben der Familie, wi-
dersetzt sie sich ihm, ist das Entehrung, und er rächt sich

blutig. Für einen Knaben aber ist es eine Schande, keinen
Liebhaber zu finden, das heißt nicht zum Helden berufen
zu sein. Am heiligen Ort findet die Vereinigung statt, ein
Opfer wird dargebracht, mit Rüstung und Becher beschenkt
ihn der Ritter, und bis zum dreißigsten Jahr hütet er ihn,
verrichtet für ihn die Rechtsgeschäfte; tut der Schützling Un-
ehrenhaftes, wird der Ritter bestraft, nicht der Knabe.
Die Dorer arbeiten am Stein, er bleibt unbemalt. Ihre Figuren sind nackt. Dorisch, das ist die Haut, aber die bewegte, die über Muskeln, männliches Fleisch, der Körper.
Der Körper, gebräunt von der Sonne, dem Öl, dem Staub,
der Striegel und den kalten Bädern, luftgewöhnt, reif, schön
getönt. Jeder Muskel, die Kniescheibe, die Gelenkansätze
behandelt, angeglichen, ineinandergearbeitet, das Ganze
kriegerisch, doch sehr erwählt. Die Gymnasien waren die
Schulen, in denen es entstand, die dann über Griechenland
gingen. Platon, Chrysippos, der Dichter Timokreon waren
zuerst Ringkämpfer gewesen, Pythagoras stand im Rufe,
den Preis im Faustkampf davongetragen zu haben, Euripides wurde in Eleusis als Ringkämpfer bekränzt. Der Körper
bewies es: Knechtstum oder Rang. Agesilaos, der große
Spartaner, ließ eines Tages, um seine Mannschaft zu er-
mutigen, die gefangenen Perser entkleiden. Beim Anblick
des blassen, schlaffen Fleisches fingen die Griechen an zu
lachen und marschierten voller Verachtung für ihre Feinde
vorwärts. Über ganz Hellas die dorische Saat: *schöne* Körper: alle Götterfeste, alle großen Feierlichkeiten führten
einen Schönheitswettbewerb herbei. Man erwählte die schönsten Greise, um in den Panathenäen die Zweige zu tragen,
in Elis die schönsten Männer, um der Göttin die Weihge-
schenke zu überbringen. *Große* Körper: in Sparta mußten
in den Gymnopädien die Feldherren und berühmten Männer, die an Wuchs und äußerem Adel nicht groß genug

waren, in den nebensächlichen Reihen verteilt, im Zug des
Chores gehen. Die Lakedämonier verurteilten, nach Aussage des Theophrast, ihren König Archidamos zu einer
Buße, weil er eine kleine Frau geheiratet hatte und diese
ihm Puppenkönige und nicht Könige gebären würde. Einem
Perser, einem Verwandten des Xerxes, welcher an Gestalt
der größte im Heere gewesen war und der in Griechenland
starb, opferten die Einwohner wie einem Halbgott. Unter
den Ringkämpfern, die Pindar besang, gab es Riesen; der
trug einen Stier auf seinen Schultern, der hielt einen be-
spannten Wagen von hinten an, der warf einen Diskus von
acht Pfund fünfundneunzig Fuß weit, das schrieben die
Heimatgemeinden den Starken auf die Stand- und Ruhmes-
bilder, Körper *zur Zucht*: das Gesetz bestimmte das heirats-
fähige Alter und wählte den günstigsten Zeitpunkt und die
günstigsten Umstände für eine Schwängerung aus. Man
ging wie in Gestüten vor, man vernichtete die schlechtge-
lungene Frucht. Der Körper zum Krieg, der Körper zum
Fest, der Körper zum Laster und der Körper endlich dann
zur Kunst, das war die dorische Saat und die hellenische
Geschichte.

Dorisch ist der hellenische Schicksalsbegriff: das Leben ist
tragisch und doch durch Maße gestillt. Dorisch ist in der
Haltung Sophokles: „es ist gut, wenn der Sterbliche nicht
über das hinaus will, was Menschen gemäß ist." Dorisch ist
Äschylos: Prometheus ist titanisch, trennt sich mit Flüchen
und Schwüren vom All und vom Äther, raubt den Göttern
und bleibt doch überall der Raub der Moira, des Schicksals,
des Maßes, das *Ausgleichende* hält und schmiedet ihn, nirgends läßt ihn die Parze. Bei Euripides beginnt der Mensch,
der Hellenismus, die Humanität. Bei Euripides beginnt die
Krise, es ist sinkende Zeit. Der Mythos ist verbraucht, Thema wird das Leben und die Geschichte. Die dorische Welt

war männlich, nun wird sie erotisch, es beginnen Liebesfra-
gen, Weiberstücke, Weibertitel: Medea, Helena, Alkestis,
Iphigenie, Elektra, diese Serie endet in Nora und Hedda
Gabler. Es beginnt die Psychologie. Es beginnt, daß die
Götter klein werden und die Großen schwach, alles wird
alltäglich, die Shawsche Mediokrität. Geschwätz hast du ge-
lehrt und Zungengewandtheit, sagt in den „Fröschen" des
Aristophanes Äschylos gegen ihn, den Ringhof hast du öde
gemacht, zungengenudelte Herren zum Ungehorsam ver-
führt und das Schiffsvolk; als ich noch lebte, beim Himmel,
da wußten sie nichts wie nach Zwieback zu schreien und ihr
Ahoi zur Arbeit! Doch heute und dank dir, Euripides: „die
Fackel zu tragen im Lauf, wer genügt dem noch bei dem
Sinken der Turnzucht?"

Das Sinken der Turnzucht – mit ihr sank die dorische Welt,
Olympia, die graue Säule ohne Fuß und die der Herren-
schicht günstigen Orakel. Euripides ist skeptisch, einsam
und atheistisch, es steigen bei ihm bereits die Allgemein-
begriffe isoliert auf: „das Gute", „das Rechte", „die Tugend", „die Bildung"; er ist pazifistisch und antiheroisch:
vor allem Frieden und keine sizilische Expedition, er ist
zerrissen und genialisch, durchaus pessimistisch und zweifellos dämonisch, identisch mit der Größe und dem Geist des
tiefen hellenischen Nihilismus, der am Ende der Perikles-
zeit begann, der schweren Krise vor dem Ende des Grie-
chentums: aus dem pentelischen Marmor auf der Burg, unter den Schlägen des Phidias, im Weiß und im Schmelz der
Kallablüte entsteigt als Pallas der noch nie erreichte, der
vollkommene, der hohe klassische Stil, aber in den kosmo-
politisch gewordenen Bürgerhäusern hält man sich Affen,
kolossische Fasane und persische Pfauen locken die Lakedämonier zu den Vogelhändlern und Wachtelkämpfe statt
der Mysterien die Freien und Metöken in die Theater.

Dorische Welt war die größte griechische Sittlichkeit, antike Sittlichkeit, also siegende Ordnung und von Göttern stammende Macht. Nichts wissen ihre Sagen von Horten, Schätzen, hohlen Bergen, ihre Begehrlichkeit geht nicht auf Gold, sondern auf heilige Dinge, magische Waffen aus Hephaistos' Hand, auf das Goldene Vlies, das Halsband der Harmonia, das Zepter des Zeus. Sparta, das war auch ein unentrinnbares Geschick. Menschen, die[7] bei den übrigen Griechen abstachen und kaum mit ihnen verkehren konnten, geistig ihnen sehr fern. Überall erglomm dies Harte: ihr Kriegsgott war gefesselt dargestellt, damit er ihnen treu bliebe, Athen drückte das gleiche darin aus, daß es die Nike flügellos bildete. Die Feldherren über nahezu alle griechischen Heere waren wohl Spartaner, aber ein Spartiat befand sich draußen auch überall sehr schlecht, wo er nicht als siegreicher Krieger auftrat. Er war der Mittelalterliche, der „lykurgisch Erzogene", dem es untersagt war, die Gesetze zu prüfen, er war der Mann aus der Wachtstube, der Mitturner, daher: Spartam nactus es hanc orna: Sparta ist deine Heimat, kröne du sie, kümmere du dich um sie, du und Sparta, ihr seid beide allein in der Griechenwelt.

Hören wir noch eine Geschichte aus Herodot von dieser dorischen Tugend, die dem Orient, der ganzen Vorwelt so fremd und unheimlich war: Es kamen nach Thermopylä einige Überläufer, einige Männer aus Arkadien, zu den Persern. Die Perser führten sie vor den König und erkundigten sich, was die Hellenen jetzt täten; die Männer antworteten, jene feierten das olympische Fest und sähen dem Kampfspiel zu Fuß und zu Wagen zu; da fragte sie der Perser, was denn dabei für ein Kampfpreis ausgesetzt wäre; sie antworteten, der Sieger bekäme einen Kranz vom Ölzweig; da sprach ein persischer Großer ein Wort, das ihm der König als Feigheit auslegte; nämlich, da er hörte, der

Kampfpreis wäre ein Kranz und keine Schätze, konnte er nicht länger schweigen, sondern sprach also vor aller Ohren: „Wehe Mardonius, wider was für Männer führtest du uns in den Streit, die nicht um Geld ihre Kampfspiele halten, sondern um die Trefflichkeit." Diese Trefflichkeit, dieser Kranz, dieses Kampffest zwischen den großen Schlachten, das war hinter der panhellenischen Silhouette die dorische Welt.

IV

Die Geburt der Kunst aus der Macht

Wir leben seit einem Jahrhundert im Zeitalter der Geschichtsphilosophie, wenn man ihr Fazit zieht[8], ist sie nichts als eine feminine Fortdeutung von Machtbeständen. Wir leben seit einiger Zeit im Zeitalter der Kulturmorphologie, hochkapitalistische Blüte, Romantik, um Expeditionen zu wilden Völkern zu finanzieren. Das liberale Zeitalter konnte Völker und Menschen nicht ins Auge fassen – „fassen", das klang ihm schon viel zu violant –, es konnte die Macht nicht sehen. Hinsichtlich Griechenlands lehrte es: Sparta war eine traurige Kriegerhorde, Soldatenkaste, ohne kulturelle Sendung, Hemmschuh Griechenlands, „alles entstand gegen die Macht". Die moderne anthropologische Prinzipienlehre, die sich als neue Wissenschaft bildet, erblickt gerade in der Macht und der Kunst verschwistert die beiden großen Spontangewalten der antiken Gemeinschaft.

Das Griechentum lehrt jedenfalls folgendes: Die Statuenkunst entfaltet sich in dem gleichen Augenblick wie die öffentlichen Einrichtungen, durch die[9] der vollkommene Körper gestaltet wird, diese entstehen in Sparta. Es ist der Augenblick, in dem der Kopf noch keine größere Bezeich-

nung hatte als der Rumpf und die Glieder, das Antlitz noch
nicht verzogen, verfeinert, durchgearbeitet ist, seine Linien
und Flächen nur die anderen Linien und Flächen vervoll-
ständigen, sein Ausdruck nicht gedankenvoll, sondern un-
bewegt, fast erloschen erscheint. Die allgemeine Haltung
und gesamte Bewegung, also die Natur, das ist der Sinn der
Figuren, es sind die Statuen reiner Glieder, sie enthalten
noch kaum das geistige Element, es sind die Glieder des
Gymnasten, des Kriegers, des Ringers. Eine solche Bildsäule
ist fest, ihre Glieder und ihr Rumpf haben ein Gewicht,
man kann um sie herumgehen, und der Beschauer wird sich
ihrer stofflichen Maße bewußt, sie sind nackt, dort kommt
eine Schar vom Baden und vom Lauf, auch nackt, man
vergleicht –: das bildet.

Es ist der Augenblick, in dem die Orchestra, eine bis dahin
unbestimmte Art von Aufführung bei Begräbnissen, Ju-
gendmärschen, bestehend aus Stegreifgesängen, Festgesän-
gen, Rachegesängen, sich mit der Gymnastik, die Keimzelle
der Wettkämpfe sowie der lyrisch-musikalischen Dichtung
vereint: es geschieht bei den Dorern in Sparta. Hier wächst
es zusammen, das Soldatentum prägt es, schließt es aneinander. Von hier aus geht es mit den Feldherrn auf das übrige Griechenland über. Die Chöre, die Statuen, aber auch
die Musik. Die Dorer waren von Haus aus sehr musikalisch,
hatten ungeheuer empfindliche Ohren, sangen frei und bewegten sich dabei. Im Volk waren bestimmte konstante
Melodientypen vorhanden, die sogenannten Nomoi, uralte
Lieder, Gesänge beim Mahlen, Gesang der Weberinnen,
der Wollspinner, der Schnitter, der Säugenden, der Feld-
tagelöhner, der Kornstampferinnen, der Rinderhirtenge-
sang. Dazu kamen uralte Tänze, einer hieß „Kornausschüt-
ten", einer „Schildaufhebung", einer „Eule". Das meiste der
alten Musik, in der Worte und Töne eine metrisch-metho-

dische Verbindung eingingen, können wir heute nicht mehr
ganz erfassen, nicht mehr nacherleben, es war eine sonderbare Vereinigung von Musik und Gymnastik, von Tanz und
mimischer Aktion, die man Gymnopädien nannte und die
von Thaletos aus Sparta bei der Olympiade 28 ins pan-
hellenische Dasein gehoben wurden. Es waren Poesien für
Chöre, die von Bewegungen begleitet waren und die der
Ausgangspunkt der höheren Lyrik und der Tragödie wurden, und wenn wir auch das einzelne nicht mehr voll verstehen, ist es für uns doch sehr bedeutungsvoll, daß es in
Sparta entstand. Sparta hieß „die gesangreichste der hellenischen Städte", es war durchaus das musikalische Zentrum, hier wurde die Musik als musischer Agon 676 den
Wettspielen eingefügt, hier wurden die verschiedenen volks-
tümlichen Sangesweisen der einzelnen dorischen Landschaften gesammelt und nach Kunstregeln geordnet, hier wurde
ein allgültiges Tonsystem festgelegt. Hier gab es von 645
an einen Gesetzgeber der Musik, Musik war gesetzliches
Lehrfach und mußte von allen Bewohnern bis zum dreißigsten Lebensjahr betrieben werden, alle mußten die Flöte
spielen, durch Poesie und Gesang wurden die Gesetze den
Nachkommen überliefert, und man zog zum Kampf aus
unter dem Klang von Flöten, Lyren und Kitharen, „treff-
liches Kitharenspiel geht dem Schwert voran", sang Alk-
man.

Und die Soldatenstadt trug es mit ihren Heeren über ganz
Griechenland: die dorische Harmonie, die hohe Chordich-
tung, die Tanzweisen, der Baustil, die straffe soldatische
Ordnung, die vollständige Nacktheit des Ringers und die
zum System erhobene Gymnastik. Im neunten Jahrhundert
begann die Bewegung sich auszubreiten, die unterbrochenen
Spiele wurden wiederhergestellt, vom Jahre 776 an diente
Olympia als Ära und fester Punkt, um die Kette der Jahre

daran zu knüpfen. Sport, Musik, Dichtung, Stadien, Wettkämpfe und die Statuen der Sieger im einzelnen nicht zu
trennen, das war die spartanische Sendung, und die lake-
dämonischen Gebräuche verdrängten die homerischen. Bald
gibt es keine Stadt mehr ohne ein Gymnasium, es ist eines
der Zeichen, an denen man eine griechische Stadt erkennt.
Aus einem solchen Viereck mit Säulenhallen und Platanenalleen, gewöhnlich neben einer Quelle oder neben einem
Bach, ging auch die Akademie hervor, und die große Philosophie entstand darin. In der späten Griechenzeit hieß es
sogar, die Spartaner hätten die gesunkene griechische Musik
dreimal gerettet, und man stellte Sparta allegorisch als
Weib mit einer Lyra dar. Es ist auch Sparta, in der das
erste Gebäude für musikalische und dramatische Aufführ-
rungen entstand, ein Rundgebäude mit zeltförmigem Dach,
seit der Olympiade 26 an den Karneen im Gebrauch. Später
folgten andere Städte, aber dies blieb das Vorbild, auch in
Athen für die beiden nächsten: das Odeion und das Thea-
tron.

Aber am bedeutungsvollsten wird das Spartanisch-Apolli-
nische in[10] der Plastik. Die Statuenkunst, erst am Holz,
dann am Erz, Elfenbein und Marmor, begleitet langsam,
schrittweise und aus der Entfernung die Züchtung des schönen Körpers, das ist die Entwicklung der dorisch-helleni-
schen Welt. Anfangs rein naturalistisch, entstanden aus
Auftrag und Befehl. Dann immer mehr die Gesetze aus dem
Material entnehmend, dem ewigen Material, dem Stein.
Die Anatomie des Nackten, in Gymnasien und Ringplätzen
studiert, ist längst der genaueste Besitz des Auges, nun
lockert das innere Gesicht die Realität von allem Gelegentlichen, und es entsteigt der Umriß der Sieger und Götter
frei. Immer mächtiger wird das Griechentum, immer heroischer, aber auch gefährlicher seine Geschichte, „das tragi-

sche Zeitalter", immer tiefer, zufallsloser wird die Fügung der plastischen Gestalt. Es arbeitet nicht mehr das Auge, es arbeitet das Gesetz, der Geist. Hier entwickelt sich wirklich eine Beziehung, die geschichtlich vierhundert Jahre dauerte, von der öffentlichen Gewalt ganz unmittelbar zur Kunst, vom Heroentum der äußeren Haltung und der Tat, von den Schlachtfeldern von Marathon und Salamis zur Formfindung des letzten Parthenonstils, hier kann man wirklich von einer Geburt der Kunst aus der Macht sprechen, in der Geschichte der Statue und an dieser Stelle jedenfalls.

Dies also war Sparta, so sehr war es der Ausgangspunkt, die Keimzelle des griechischen Geistes; und es steht damit die obenangeführte Tatsache nicht im Widerspruch, daß der Spartiate als Mensch fremd war in der griechischen Welt. Sparta war immer das geblieben, als was es sich gegründet hatte, eine Kriegerstadt, während die anderen Städte längst panhellenisch, sizilisch oder asiatisch geworden waren. Immer wieder die Grenzen abstecken und überwachen, das ist wohl eines der Mysterien der Macht, und da Sparta danach handelte, gelang es ihr, den letzten Sieg davonzutragen und Griechenland in der Stadt enden zu lassen, in der es begann. Ein Gefühl für die Größe des Dorertums zieht sich übrigens durch alle Jahrhunderte in allen politischen Gemeinschaften hin, eine Art Wehmut nach Sparta blieb immer in Griechenland vorhanden! „Lakonizonten", das heißt Spartaanhänger und Bewunderer des spartanischen Stils, gab es immer in Athen, in schwierigen Zeiten wurden sie auch immer wieder „der Erzieher" genannt, und sehr interessant ist, wie Platon, geistig der letzte Dorer, der während der Auflösung noch einmal den Kampf gegen den Individualismus, das Schwermütig-Reizvolle der Kunst, die „süßliche Muse", die „Schattierkunst" aufnimmt, um für die

„Gemeinde" und die „vernünftigen Gedanken", „das mittlere Leben", die „Stadt mit der untadeligen Verfassung" zu kämpfen, diese Wehmut nach Sparta ausdrückt, im „Theages" sagt er von einem tugendhaften Mann, der über die Tugend Vorträge hält: „In der wunderbaren Harmonie seiner Handlungen und seiner Worte erkennt man die dorische Weise wieder, die einzige, welche wirklich griechisch ist." Das war fünfhundert Jahre nach Lykurg. Und von hier aus versteht man nun auch seine wahrhaft spartanischen Worte gegen die Kunst, die fast unbegreiflichen Worte im Munde des Schöpfers des extremen idealistischen Weltbildes: „Wenn du, o Glaukon, Lobredner des Homer antriffst, welche behaupten, dieser Dichter habe Hellas gebildet, so wisse denn, er war zwar der dichterischste und erste aller Tragödiendichter, aber in den Staat soll man nur den Teil von der Dichtkunst aufnehmen, der Gesänge an die Götter und Loblieder auf treffliche Männer hervorbringt." So spricht dieser hohe Intellektualist, großer Künstler und erster Träger der lastenden psychophysischen Spaltung, die zwei Jahrtausende nicht wieder schließen konnten, so spricht über alle Erkenntniskritik und dialogisch-artistische Finessen hinweg aus diesem tiefen und transzendenten Spätling noch einmal das Männerlager am rechten Ufer des Eurotas, spricht Sparta, die Macht.

Wir leiten also aus Sparta Griechenland ab, und aus dem Dorisch-Apollinischen die griechische Welt. Dionysos steht hier wieder in den Grenzen, in denen er vor 1871 („Geburt der Tragödie aus dem Geiste der Musik") stand. Die Griechen waren ein primitives, das heißt rauschnahes Volk, ihr Zeusdienst hatte orgiastische Züge; große, rauschhafte Erregungswellen traten periodisch bei ihnen auf, auch in Sparta, viel Kathartisches hatten sie aus den kretischen Kulten übernommen. Aber wir haben inzwischen primitive

Völker aus Reiseschilderungen und Filmen kennengelernt, namentlich Negerrassen, deren Existenz eine einzige Folge von Rauschanfällen zu sein schien, ohne daß Kunst daraus entstand. Zwischen Rausch und Kunst muß Sparta treten, Apollo, die große züchtende Kraft. Und da wir heute nicht mehr so wagnerisch erregt sind, um das Bedürfnis zu haben, Tristan schon in Thrazien nachzuweisen, blicken wir nach Dorien, nicht nach Dion, fragen wir uns nach der griechischen Welt.

V

Kunst als die progressive Anthropologie

Fassen wir zusammen und versuchen wir, zu einer Perspektive zu gelangen. Wir sehen das vielfältige Reich des Hellenentums, aufgebaut aus einzelnen Städten und Staaten, und in jedem von ihnen sehen wir das Unsäglichste an Machtgier, Grausamkeit, Bestechung, Kamorra, Ruchlosigkeit, Verwilderung, Mord, Verschwörung, Ausbeutung, Erpressung. Wir sehen unter den Größten die frevelhaftesten Typen wie Alkibiades, Lysander, Pausanias; die schauderhaftesten wie Klearchos; Lügner als Retter des Staats auf einem Wagen bekränzt ins Prytaneion gefahren und dort gespeist, wie Diokleides, den Denunzianten der Hermenfrevel, gleich darauf gesteht er, gelogen zu haben. Wir sehen Betrug, beschönigten: man hat die Marke an den Säkken mit Staatsgeldern nicht bemerkt und dreihundert Talente entwendet; – unbeschönigten: glatter Griff in die Kassen; öffentlich legalisierten, kapitalistischen: „eine goldene Ernte ist die Rednerbühne", das war ein Spruch, das „Stillkaufen von Staatsrednern" war damit bezeichnet. Wir sehen bestechliche Richter: Freispruch, wenn man die Griffe von

Dolchen sieht, Abkauf von Prozessen. Sykophanten (berufs-
mäßige und offiziöse Denunzianten) und Gegensykophan-
ten, die „wie Skorpione mit erhobenem Stachel auf der
Agora hin und her huschen", ganze Generationen, ganze
Systeme –: „ich bin ein Zeuge in Inselprozessen, ein Syko-
phant und Sachenaufspürer, graben mag ich nicht, mein
Großvater hat schon vom Angeben gelebt", sagt eine Figur
bei Aristophanes. Wir sehen die Zeichen der modernen
Öffentlichkeit, des modernen Staates, der modernen Macht.

Man kann nicht sagen, das ist weitab, Antike. Keineswegs!
Die Antike ist sehr nah, ist völlig in uns, der Kulturkreis
ist noch nicht abgeschlossen. Das idealistische System eines
heutigen Philosophen steht Platon näher als dem Weltbild
des modernen Empirikers; der moderne, relativistische Nihilismus ist völlig identisch als Affekthaltung mit der sogenannten pyrrhonischen Skepsis im dritten vorchristlichen
Jahrhundert. Anaximanders Pessimismus, jener oft ge-
nannte Satz: „woher die Dinge ihre Entstehung haben, dahin müssen sie auch zugrunde gehen nach der Notwendigkeit, denn sie müssen Buße zahlen und für ihre Ungerech-
tigkeit gerichtet werden gemäß der Ordnung der Zeit" –:
das knüpft Nietzsche in einem Aufsatz unmittelbar an Schopenhauer an. Das Problem des Dinges an sich steigt auf und
ist bis heute unerledigt. Das Entwicklungsproblem beginnt
seine Geschichte und wird bei uns immer nur verwirrter.
Das Ignorabimus Du Bois-Reymonds zieht über das Quoad
nihil scitur des französischen sechzehnten Jahrhunderts herab zum Leitmotiv der ganzen hellenistisch-römischen Epoche. Oder nehmen wir das Politische, die ganze regierungs-
mäßige Ausdrucksweise ist im fünften Jahrhundert schon
da: „der öffentliche Nutzen", „die bürgerliche Gleichheit",
das „Parteiwesen"; sachlich der Gegensatz von Arm und

Reich, von Pöbel und Aristokratie, von demokratischer und oligarchischer Regierung, von Königtum und Volksherrschaft. Man kannte Volksfeste, Nationalfeiertage, Feste für das Auslandshellenentum. Man spricht von Auslandsfronten: nach Norden gingen die mutigen und freien, aber barbarischen Staaten, nach Asien gingen die gebildeten, aber feigen und geknechteten, – wir sind mitten drin in unseren eigenen politischen Prinzipien.

Betrachtet man dies alles nicht unter moralischen, sentimentalen, geschichtsphilosophischen Gesichtspunkten, sondern nach anthropologischen Grundsätzen, so sehen wir auf der einen Seite die Macht und neben ihr den andern Ausbruch der hellenischen Volkheit: die Kunst. Wie verhalten sich diese beiden nun zueinander, welches waren ihre Beziehungen? Sehen wir davon ab, daß viele Künstler ihre Heimat verließen, verbittert, feindlich, enttäuscht, das sind individuelle Züge. Vergessen wir auch, daß Phidias angeblich im Gefängnis starb, da er Elfenbein entwendet haben sollte. Fassen wir auch nicht die inneren Krisen und Katastrophen ins Auge, die Rivalitäten der einzelnen Schulen und Konstruktionen, sondern fassen wir das allmähliche, jahrhundertelange Sichausrichten auf den entscheidenden letzten, den klassischen Stil ins Auge, sein Erscheinen während der Auflösung und dann das Ende. Fassen wir das ins Auge, so sehen wir das Dorertum unter dem Schutz seines Soldatentums die griechische Kunstausübung einordnen in den Staat und ihre Prinzipien über ganz Griechenland tragen –, und dieser Beitrag der Macht ist ungeheuer –, aber daß sie überhaupt da war, daß sie diese Entwicklung nehmen konnte, das war natürlich eine Tatsache der Rasse, der Art, der freispielenden Gene, das war als Ganzes der so ungeheuerliche Ausbruch eines neuen menschlichen Elementes, daß man es nur als absolut, eigengesetzlich, selbstentzündet ansehen kann, durch nichts hervorgerufen, durch keine Götter und durch keine Macht. Man kann sie nebeneinander sehen, die Macht und die Kunst, wahrscheinlich ist es für beide gut, es einmal durchzuführen: die *Macht* als die eiserne Klammer, die den Gesellschaftsprozeß erzwingt, während ohne Staat im natürlichen Bellum omnium contra omnes die Gesellschaft überhaupt nicht in größerem Maße und über den Bereich der Familie hinaus Wurzeln schlagen kann (Nietzsche). Oder, nach Burckhardt: „Nur an ihr, auf dem von ihr gesicherten Boden können Kulturen des höchsten Ranges emporwachsen." Über Sparta finden wir bei ihm noch einen besonders großartigen Satz: „Es ist noch niemals gelinde zugegangen, wenn sich eine neue Macht bildete, und Sparta ist wenigstens wirklich eine solche geworden im Verhältnis zu allem was ringsum lebte; es hat es aber auch der ganzen gebildeten Welt auferlegen können, daß sie Kenntnis nehmen muß von ihm bis an den Abend ihrer Tage, so groß ist der Zauber eines mächtigen Willens, selbst über späte Jahrtausende, auch wenn keine Sympathie dazu mithilft."

Man kann es also vielleicht so ausdrücken: der Staat, die Macht reinigt das Individuum, filtert seine Reizbarkeit, macht es kubisch, schafft ihm Fläche, macht es kunstfähig. Ja, das ist vielleicht der Ausdruck: der Staat macht das Individuum kunstfähig, aber übergehen in die Kunst, das kann die Macht nie. Sie können beide gemeinsame Erlebnisse mythischen, volkhaften, politischen Inhalts haben, aber die Kunst bleibt für sich die einsame hohe Welt. Sie bleibt eigengesetzlich und drückt nichts als sich selber aus. Denn wenn wir uns jetzt einmal dem Wesen der griechischen Kunst zuwenden, so drückt der dorische Tempel ja nichts aus, er ist nicht verständlich, und die Säule ist nicht natürlich, sie nehmen nicht einen konkreten politischen oder kul-

tischen Willen in sich auf, sie sind überhaupt mit nichts
parallel, sondern das Ganze ist ein *Stil*, das heißt, es ist von
innen gesehen ein bestimmtes Raumgefühl, eine bestimmte
Raumpanik, und von außen gesehen sind es bestimmte Anlagen und Prinzipien, um das darzustellen, es auszudrücken,
also es zu beschwören. Dieses Darstellungsprinzip stammt
nicht mehr unmittelbar aus der Natur wie das Politische
oder die Macht, sondern aus dem anthropologischen Prinzip, das später in Erscheinung trat, erst, als die naturhafte
Basis der Schöpfung schon vorlag. Man kann auch sagen,
es erlangte in einem neuen schöpferischen Akt als Prinzip
Bewußtsein, wurde zur menschlichen Entelechie, nachdem
es schon vorher als Potenz und Aktivität die Bildung und
Gliederung der Natur betrieben hatte. Die Antike, das ist
dann die neue Wendung, der Beginn dieses Prinzips, Gegenbewegung zu werden, „unnatürlich" zu werden, Gegenbewegung gegen reine Geologie und Vegetation, grundsätzlich *Stil* zu werden, Kunst, Kampf, Einarbeitung ideellen
Seins in das Material, tiefes Studium und dann Auflösung
des Materials, Vereinsamung der Form als Aufstufung und
Erhöhung der Erde.

Es wird *Ausdruck*, und in diesem Sinne faßten auch alle,
die den abendländischen Kulturkreis geschaffen und gedeutet haben, die Antike auf und ließen sich von ihr bestimmen:
Nietzsche als Ganzes: das titanische Hinaufstemmen der
schweren naturhaften Blöcke Wissenschaft, Moral, Gesinnung, Trieb, Soziologie, aller dieser „deutschen Krankheiten des Geschmacks", in die Reiche der Helle, der Gaia, in
die Schule der Genesung im Geistigsten und Sinnlichsten;
der nationalen Introversion, des politisch „Weltanschaulichen" ins Raumhafte und Imperiale, man kann auch sagen
ins Machtmäßige, ins Dorische; des Religiösen aus der puri-
tanischen und passiven Ideologie in die geordnete und ord-

nend ästhetische, man kann es auch geographisch sagen: aus dem Nazarenischen in seine Lieblingsdeutungen: das Provenzalische und Ligurische; die reine rassenbiologische Utopie als Spätling der untergehenden moralischen Welt in die formbewußte, geistig geprägte, die disziplinäre. Und dabei Form nie als Ermüdung, Verdünnung, Leere im deutschbürgerlichen Sinne, sondern als die enorme menschliche Macht, die Macht schlechthin, der Sieg über nackten Tatbestand und zivilisatorische Sachverhalte, eben als das Abendländische, die Überhöhung, der reale eigenkategoriale Geist, der Ausgleich und die Sammlung der Fragmente. Nietzsche als Ganzes in einem einzigen Satz, das könnte nur sein tiefster und zukünftigster sein: „Nur als ästhetisches Phänomen ist das Dasein und die Welt ewig gerechtfertigt." Das aber ist hellenisch.

Aber auch Goethe sehen wir hier stehen. Seine Iphigenie ist sachlich und politisch absolut unnatürlich. Daß jemand in Weimar sitzt zwischen den Hof- und Biedermeierleuten und die eminenten Verse an den Weg des Todes dichtet, Parzenlied und unheimliche Beschwörung der Tantaliden, für diesen Grad des Unnatürlichen gibt es gar kein Wort. Nichts Bodenständiges weist auf sie hin, kein gefragtes Problem reicht in sie hinein, keine naive Kausalität steht hinter ihr, hier wirken weitabliegende[11], innere, erhabene, eben seit der Antike arthafte ästhetische Gesetze. Daß sie es sind, die dann siegen und leuchten und die Zeiten überdauern, hat seinen Grund in ihrer zentralen Lage im anthropologischen Prinzip, ihrem Schwerpunktscharakter, ihrem Charakter als Achse, Spindel der Notwendigkeit: der Mensch, das ist die Rasse mit Stil. Stil ist der Wahrheit überlegen, er trägt in sich den Beweis der Existenz. Wahrheit muß nachgeprüft werden, Fortschrittsinstrumentarium. „Der Gedanke ist immer der Abkömmling der Not", sagt Schiller, bei dem wir ja ein sehr bewußtes Umlegen der Achse vom moralischen zum ästhetischen Weltbild wahrnehmen, er meint, der Gedanke steht immer nahe bei den Zweckmäßigkeiten und der Triebbefriedigung, bei Äxten und Morgenstern, er ist Natur, aber in der Form ist Ferne, ist Dauer. Wo der Baum der Erkenntnis steht, ist immer Sündenfall, meint dies Weltbild, Zwiespalt, Aufhebung, Vertreibung –: Kunst ist die Arterhaltung eines Volkes, seine definitive Vererbbarkeit. Das Auslöschen aller ideologischen Spannungen bis auf die eine: Kunst und Geschichte, das sahen auch die Romantiker, von Novalis stammt die außerordentliche Formulierung: „Kunst als die progressive Anthropologie."

Die Zeitalter enden mit Kunst, und das Menschengeschlecht wird mit Kunst enden. Erst die Saurier, die Echsen, dann die Art mit Kunst. Hunger und Liebe, das ist Paläontologie, auch jede Art von Herrschaft und Arbeitsteilung gibt es bei den Insekten, hier *diese* machten Götter und Kunst, dann nur Kunst. Eine späte Welt, untermauert von Vorstufen, Frühformen des Daseins, alles reift in ihr. Alle Dinge wenden sich um, alle Begriffe und Kategorien verändern ihren Charakter in dem Augenblick, wo sie unter Kunst betrachtet werden, wo sie sie stellt, wo sie sich ihr stellen. Der Mensch, die Mischgestalt, der Minotauros, als Natur ewig im Labyrinth und in feiner Fassung kannibalisch, hier ist er akkordisch rein und in Höhen monolithisch und windet die Schöpfung jenem anderen aus der Hand.

Wir sehen der dorischen Welt nach, den Völkern mit Stil, wir hören ihnen nach, und wenn sie auch dahin sind, ihre Zeit erfüllt, die Geschlechter hernieder und die Sonne der Säulen, hernieder, um neue Erden zu bescheinen, während auf den alten nur die Wiesen der Asphodelen blühen, rufen sie noch einmal aus der Tiefe, aus Scherben, Mauergeflecht, muschelbedeckten Bronzen, von Schlammfischern aus dem Meeresgrund versenkten Entführungsschiffen entwunden, ein Gesetz den Späteren zu, das Gesetz des Umrisses, ein Gesetz, das hinreißender nirgends als von der Stele des sterbenden Läufers, Ende des sechsten Jahrhunderts, attisch, Athen, Theseion, aus seinen biologisch unausführbaren, nur parisch stilisierbaren Bewegungen zu uns spricht. Ein Gesetz gegen das Leben, ein Gesetz nur für Helden, nur für den, der am Marmor arbeitet und der die Köpfe mit Helmen gießt: „die Kunst ist mehr als die Natur, und der Läufer ist weniger als das Leben", das heißt, alles Leben will mehr als Leben, will Umriß, Stil, Abstraktion, vertieftes Leben, Geist.

Alle Lust will Ewigkeit, sagte das vorige Jahrhundert, das neue fährt fort: Alle Ewigkeit will Kunst. Die absolute Kunst, die Form. Doch „alles Schöne ist schwer, und wer sich ihm naht, muß nackt und einsam mit seinen Gestalten ringen" – das ist der erste, er muß auch untergehen: das ist der zweite dorische Vers. Es bleiben nur die Gesetze, die aber überdauern die Epochen. Und wir erinnern uns des großen Dichters eines fremden nachgriechischen Volkes, der an die Normen der Schönheit glaubte, die wie die Gebote eines Gottes sind, die im Geschaffenen das Ewige bewahren. Der Anblick einiger Säulen der Akropolis, sagte er, ließ ihn ahnen, was mit der Anordnung von Sätzen, Worten, Vokalen an unvergänglicher Schönheit erreichbar wäre. In Wahrheit nämlich glaubte er nicht, daß es in der Kunst ein Äußeres gibt.

ZÜCHTUNG II

Was die Lage des Menschen von 1940, der auf geistige Fragen und Folgerungen angewiesen ist, von der Nietzsches kennzeichnend unterscheidet, ist vor allem das, daß er die Beziehungen zum Öffentlichen und Pädagogisch-Politischen abgebrochen hat, die die Werke Nietzsches, namentlich der achtziger Jahre, leidenschaftlich pflegten. Es ist die öffentliche und pädagogisch-politische Verarbeitung, die Nietzsches Werk in Deutschland fand, sie, die Nietzsche selbst heraufbeschwor, zu sich herniederschrie, Gottheiten, wo immer er sie witterte, darum beschwörend, alle dialektischen Instinkte an sie verhaftend, die in ihm brannten. Nietzsche trug seine verfeinerten Forderungen der Allgemeinheit vor und rechnete auf deren öffentlich erklärtes Einvernehmen. Er rechnete mit dem Anpassungsvorgang der Erbmasse an den Organisator, ihn den Wählerischen, den Höheren, die höhere Rasse. Dies Einvernehmen blieb aus. Und nun begann bei ihm die Tonsteigerung in das Laute, Schrille, Agorale. Immer heftiger wird die Antithese variiert: hier der seltene Mensch und dort die geringen Naturen; hier der Hohe, zum Befehlen geboren; „wir", die Künstler; „wir", die Wanderer auf den Höhen; „wir", die Ausnahmen; „wir", die Gefahr – und dort die geschwächten, dünnen, ausgelöschten Persönlichkeiten, die Erkrankten des Willens, der niedere Mensch, der Prügel zu erwarten hat und hinzunehmen bereit ist, wenn der gnädige Herr mit dem Erfolg seiner Leistung nicht zufrieden ist, hier der Verschwender und dort die kleinen Leute. Aber diese kleinen Leute will er aufrütteln, heben, züchten, zerstören, erziehen. Eine unendliche Bedeutung legt er ihnen bei, immer sind sie in seinem Blick, ein Blick, der

sucht, trennt, Strahlen des Hasses sendet, straft, rächt. Es
gilt: unterwerfen, rauben – auf die Schiffe! – se briser ou
se broncer! Es gilt: Böses wollen; daraus folgt: zukünftig
handeln; das Ganze heißt: züchten. Nietzsche will züchten.
Zarathustra, die riesige Züchtungsvision! – Die „Erkenntnis" durchdringt das „Leben". Die Wahrheit „einverleibt"
sich dem menschlichen Typ. Die Idee *verwirklicht* sich. *Verwirklichen* soll sich: Nietzsches Erkenntnis, Nietzsches Wahrheit, Nietzsches Idee! Das war die Lage der Züchtungs-
philosophie bei Nietzsches Tod.

Dann sahen wir einen anderen Züchter kommen, nämlich
fünfzig Jahre der Zeit und der vaterländischen Geschichte
mit dem Ausgang in den totalen Staat. Der berief sich auf
Nietzsche. Hier siegte Nietzsche. Wenn die Reaktion oder
die Verwandlung, wenn 1940 sich selbst ausdrücken könnte,
würde es dazu folgende Feststellungen treffen: Geschmack-
liche und moralische Verfeinerung, jedenfalls bei den Deutschen, ist rassewidrig. Wer sie öffentlich fordert, ist neurotisch oder d'outre-mer. Ein tiefgreifendes Experiment,
für das sich die Halluzination des Einsiedlers durch die
Konzentrationslager und die Genickschüsse der Staatsver-
waltung ergänzte, endet damit, dies klarzustellen und endet
damit, daß die Worte, die auf Taubenfüßen kommen,
weiter die Mächtigeren sind. Beim Ausmendeln zwischen
Wahn und Rache erwies sich etwas anderes als dominant
als das Wahrscheinliche und das Urgesunde: dominant ist
der Rang. Man ist oder man ist nicht – nämlich angelegt,
um in die Tiefe zu gelangen oder gar, um Objekte zu
schaffen, durch Geburt und Schicksal. Das Hohe ist die
Sache eines Kreises. Dieser ist abgezeichnet, eingezeichnet.
Bei allen Völkern; die Generationen ergänzen ihn. Es bedarf keiner Lehre. Niemand bewegt sich in diesen Kreis
infolge Bekehrung. Rassenzüchtung als Politik ist die Kin-

derliebe von Kidnappern; „Ideen" „verwirklichen": eine
sich sichernde Selbstbegegnung im Milieu von Gangstern.
In dem Widerstreit, das Leben zu bejahen oder das Urteil
auszusetzen – eine Formulierung von Nietzsche –, hat das
Urteil gesiegt. Das Bewußtsein, nach Nietzsche tierischer
Natur und Herdenmerkzeichen, ist wacher und sublimer als
je. Nichts hat das Leben zurückerobert, keine Züchtung
auch nur einen Fußbreit der Ausdruckswelt zerstört. Wir
erblicken Nietzsche heute nicht im Halbdunkel seiner pa-
thetischen Wirklichkeitszüchtung, sondern im unfaßbar tiefen Glanz seiner Prosa als Verklärung der Verneinung.
Wir sehen, daß Nietzsche in bezug auf die Idee der Züchtung naturalistisch dem Biologisch-Darwinistischen seines
Lebenszeitalters verhaftet war, dessen Ergänzungsbedürf-
tigkeit und dessen der Kritik zugänglichen Perspektiven.
Verkündungspathetik, Religionsstifterembleme – Adler und
Schlange –: unser Erstaunen wächst, wenn wir bei Nietzsche selber davon reden hören, daß Religionsstifter diejenigen seien, die um eine bestimmte Durchschnittsart von
Seelen wissen, die sich selber als zusammengehörig noch
nicht erkannt haben und nun im Verkünder, der sie zusam-
menführt, einander erkennen. Was wollte er denn, daß die
Deutschen an sich, aneinander und an ihm selber zu praktischen Folgerungen erkennten? Eine seiner Hauptlehren
ist doch: „Wir sind stets nur in unserer Gesellschaft" –:
also der Durchschnitt in seiner, die Höheren in ihrer. Der
Mittlere, das kranke, kränkliche krüppelhafte Tier, die
Mißgeburt, das Halbe, das Schwache, das Linkische in seiner, der Spätgeborene, der Verschwender, der einsiedleri-
sche und raubtierhafte Mensch in seiner. Eine hierarchische
Welt. Warum also das ungeheuer Pathetische seiner sich
steigernden Aufrufung, Anklage, Aggressivität in dieser
durch ein Jahrzehnt sich erneuernden Wiederkehr des Glei-

chen? Nach Goethe das größte weiße Genie, ein psychologischer Voyeur nie erreichten Ranges, und alles, was er sah,
war in ihm, war wirklich, erlitt er so sehr. Die Räusche, die
Träume wirklich in ihm, aber, sagen wir heute, nur in ihm,
denn kein Außerhalb der Räusche und der Träume. Die
große Ruhe im Versprechen, das glückliche Hineinschauen
in eine Zukunft –: allein in ihm, bei seinem Ende, und nur
in ihm. Fünfzig Jahre brennen und strahlen, das ist ungeheuer, das ist kometenhaft: in ihm, doch nur in ihm. Der
Rest ist persönliche Reizbarkeit und Überspielung. Was
objektiv bleibt, ist nicht die Prophetie von Zukünften, sondern es sind die abgeschlossenen hinterlassungsfähigen Gebilde. Was bleibt, ist das zu Bildern verarbeitete Sein. Der
Erfolg der Dynamik: Klassik! Hier halten wir, es ist 1940.

KUNST UND DRITTES REICH

I. Allgemeine Lage

Das Leben hängt zweifellos unzertrennlich mit der Not zusammen und gibt auch seinen Flüchtling, den Menschen, von der Kette nicht frei, aber nicht bei jedem seiner Schritte muß sie klirren, nicht auf jeden Atemzug ihre Lasten werfen. Ein solcher Augenblick der zeitweilig gelockerten Kette war das Ende des vorigen Jahrhunderts, als zum Beispiel das diamantene Regierungsjubiläum der Queen, 1897, den unermeßlichen Reichtum der Ökumene der Beobachtung der Mitwelt zugängig machte. Die beiden Kontinente der weißen Rasse hatten eine Prosperity von hohen Graden; neue Naphtha-Gebiete, Tiefbohrungen in Pennsylvanien, geschonte Wälder, widerstandsfähig gemachter Weizen hatten sie zusammengebracht. Ihre Veranlasser und Genießer trafen sich seit Jahren in der Season in London, der Grande-Semaine in Paris, zum Lachsfang in Kanada oder in den Herbstwochen im Tale der Oos. Einige Kalender liefen nebeneinander her: am 1. September begann das Badeleben in Biarritz und dauerte genau bis zum 30. des gleichen Monats, dann kam die Nachkur in Pau in den riesigen Hotels am Boulevard des Pyrénées mit dem unvergleichlichen Blick auf das Panorama der Monts Maudits oder unter den sechzehnreihigen Platanenalleen von Perpignan. In England ging es am 12. August nach Norden, um in Schottland Birkhühner zu schießen, am 1. September fuhr man wieder dem Süden zu, um das gleiche mit Rebhühnern zu tun. In Deutschland war es die große Zeit von Baden-Baden, die in Turgenjews „Dunst" und in merkwürdig zahlreichen anderen russischen Büchern lebte. Es waren bestimmte Fa-

milien der alten Völker und die Eindringlinge aus den
neuen. Der Ritz-Konzern hatte eine eigene Kartothek für
sie geschaffen. Nachrichten wie: Herr X. schläft ohne Keil-
kissen, Madame Y. ißt den Toast immer ohne Butter, Lord
G. verlangt täglich schwarze Kirschen-Konfitüre, gingen
zwischen London, Luzern und Palermo telegrafisch hin
und her.

Der moderne Nomade war geboren. Um 1500 eroberte die
Malerei die Landschaft, das Wandern und das Reisen. Die
Weltumseglungen hatten begonnen, mit ihnen der Blick für
Entfernungen und weite Räume. Die religiöse und eschato-
logische Färbung des Unendlichkeitsgefühls verlor sich in
die geographische und deskriptive. Jetzt um 1900 kam die
luxuriöse hinzu und aus Notbehelfen wurden Quellen des
Empfindens und Genießens. Wieviel Geschichte in den
Trains bleus und den Flèches d'or! Die Lunchkörbe, eine
Spezialität von Drews im Piccadilly-Circus, mit ihren Spi-
ritusflämmchen, Flakons für destilliertes Wasser, Fleisch-
und Butterdosen flochten sich um in die Dinner-Waggons;
die Gepäcknetze, in denen mehrere Jahrzehnte lang die
Kinder schliefen, in die Pullman-Cars und Waggon-Lits.
Die Hotels überstiegen an Bedeutung weit die Rathäuser
und Dome und übernahmen die Identität mit ihrem Jahrhundert wie jene einst. Bei der Grundsteinlegung des Cla-
ridge in den Champs-Elysées vollzog Lady de Grey den
symbolischen Taufakt mit der silbernen Pflasterkelle. Bei
der Einrichtung des Ritz wurde das künstlerische Ver-
mächtnis des Meisters Mansard und seiner Bauleute, das
die Place Vendôme so einzigartig unversehrt aus dem achtzehnten Jahrhundert weitertrug, von einem Stab von Architekten, Inneneinrichtern, Installateuren, dazu Kunstge-
lehrten und Experten in monatelangem Prüfen und Erfinden treu bewahrt. Die Unterschiede zwischen Petit-Point

und Gobelin, zwischen Porzellan und Fayence, die Tren-
nungen im Stil der Sung- und Tang-Dynastie forderten
beachtet zu werden, nicht weniger als die subtilen Nuancen
zwischen der italienischen und der spanischen Renaissance.
Das Haus für Silber, für Glas, für Teppiche, Brokat und
Seidenstoffe, für Tischwäsche, Leintücher und Kissenüber-
züge wollte gesucht und bestimmt werden. In Rom gab es
eine ausgezeichnete Bezugsquelle für venezianische Spitzen
und Stickereien, und in der Beleuchtung war das Neue das
schattenlose, indirekte Licht; wieviel Töne wurden verglichen, bis es sich ergab: das matte Aprikosengelb, gestrahlt
aus Alabasterampeln an die warmgetönten Decken. Ein
Porträt van Dycks im Louvre, in dem leuchtende braune
Farben mit einem matten Türkisblau kontrastierten, gab die
Vorlage, um die Stores, Teppiche und Tapeten aufeinander
abzustimmen. Gas ließ Escoffier, der Chef der Anrichtungen,
in der Kochküche nicht zu: „nur mit der Hitze und Flamme
jener altbewährten Brennstoffe gehen die Pasteten tadellos
auf", Kohle und Holz waren seiner Ansicht nach der Gas-
feuerung meilenweit überlegen – Escoffier, mit dem als
alleinigem Gast Sarah Bernhardt einen Geburtstag im Carl-
ton in London feierte, und der nach Coquelin und Melba
seine Creationen taufte.
Es war die Zeit der großen Diners, der Mahlzeiten mit
vierzehn Gängen, die Weine kunstgerecht aus den Erfahrungen einer vierhundertjährigen Tradition auf die Reihenfolge der einzelnen Speisen abgestimmt in Weiterent-
wicklung der Fasanenbanketts der burgundischen Zeit der
Lilienprinzen. Ein Bankier, dem eine ganz besondere Trans-
aktion gelungen war, gab den Paladinen des Ritz einen
Scheck über zehntausend Francs für ein Essen mit einem Dutzend Freunden. Es war im Winter, frische Erbschen, Spargel
und Früchte waren schwer aufzutreiben, aber es gelang.

Den Jeroboam de Château Lafitte 1870 und den Château Yquem 1869 hatte man durch einen eigenen Boten von Bordeaux kommen lassen, der während der ganzen Nachtfahrt die ihm anvertraute unbezahlbare Kiste hatte auf den Knien halten müssen, damit der alte empfindliche Wein vor jeder Erschütterung verschont bliebe. Unter dem Bestand von hundertachtzigtausend Flaschen des Hauses selbst, von denen abendlich fünfhundert verschiedene Sorten nach der Weinkarte zu haben waren, fand sich nichts Geeignetes für die Bekassinen und die Trüffeln en Papillotes.

Das Gasthausgewerbe wird ein ausgesprochen aristokratisches und industrielles. Die Inauguratoren und Kapitalträger der „Ritz-Idee" sind der Oberst Pfyffer von Altishofen in Luzern, Baron Pierre de Gunzburg in Paris, Lord Lathom in London, letzterer Senior des Verwaltungsrats der Savoy-Compagnie. Der Großindustrielle Marnier Lapostolle in St. Cloud mixte einen Likör, der als „Le Grand Marnier" seinen Siegeszug vollbrachte und das Vermögen des Erfinders verdoppelte. Das Apollinaris sollte seinen Weg beginnen. Feier an der neuen Quelle, dem Johannisbrunn. Eingeladen waren der Prinz von Wales, der in Homburg weilte, russische Großfürsten, preußische Prinzen, im ganzen zwanzig an der Zahl. Ein eigener Güterzug aus Frankfurt am Main hatte Lebensmittel, Teller, Tassen, Gläser, Topfpflanzen, Klubsessel, Eis und einen Küchenherd in das abgelegene Ahrtal hinschaffen müssen. Die zwanzig Gedecke kosteten fünftausend Schweizer Franken, aber der kürzliche Derbysieg seines Pferdes Persimmon sowie die Nachbarschaft reizender Frauen hatten den Prinzen in die charmanteste Laune versetzt. Ein gesellschaftlicher und, wie der Konzern voraussah, ein großer geschäftlicher Erfolg.

Das zweite Drittel des letzten Jahrhunderts hatte die großen Spielbanken gesehn, für immer mit dem Namen der Brüder Blanc aus Bordeaux verknüpft, vor allem die in Homburg und Monaco. „Grands Joueurs" wie Garcia, Lucien Napoleon, Bugeja, Mustapha Fazil Pascha verloren oder gewannen innerhalb weniger Stunden eine halbe Million; gefährliche Leute, der Schrecken der Direktion, die während ihrer Anwesenheit mit drei Großbanken in ständiger telegrafischer Verbindung stehen mußte, Trente et Quarante war das Spiel der hohen Summen, sie spielten mit Bargeldmassen von einer blanken Million vor sich auf dem Tisch. Aber es spielte auch die Patti, verehelichte Marquise de Caux, die Lucca, die Grassi, Jules Verne. Rubinstein verbeugte sich nach den letzten Takten seiner Abende kaum vor dem Publikum, so trieb es ihn zum Spiel zurück. Paganini verspielte zwei Millionen. Dostojewskij am Roulette, wohl der berühmteste und unbegreiflichste Spieler, Spieler bis zur Erniedrigung. Spieler aus einer echten Sucht. In Homburg spielten die Rothschilds, der Sohn Bismarcks, Gortschakoff, Gladstone. Dann mußte Homburg aus politischen Gründen schließen, das letzte Spiel wurde angesagt: „Messieurs, à la dernière for ever."

Am 1. 7. 1869 erschien ein Erlaß, daß auf der vorgeschobenen Landzunge von Monaco, „Les Speluges", das Gebiet von Saint-Devote den Namen „Le Quartier de Monte Carlo" annehmen sollte. Ein Kai wurde angelegt, der Hafen von Condamine erweitert, das Hotel de Paris in Blüten erstickt, Eisenbahn und Straße von Nizza fertiggestellt, die Säle erbaut. 1869 wurden bereits alle Steuern im Lande abgeschafft, die Spieler brachten sie ein, 1874 mußte die vierte Roulette aufgestellt werden. Als auch Saxon-les Bains in der Schweiz geschlossen war, gab es in ganz Südeuropa nur noch dieses Kasino auf der Spelunke, les Spe-

luges, an der Côte d'Azur. Seines Monopols sicher konnte
es sich nun leisten, Spieler nur noch mit Eintrittskarten auf
den Namen lautend einzulassen, nur noch das Spiel mit
ganzem Refait zu gewähren, Presseleute mit Grundstücken
zu beschenken, Selbstmordverdächtigen namhafte Summen
zuzustecken und eine Fahrkarte. Die Environs wurden organisiert: Golfmatch in Cannes, Rennen in Nizza, Tauben-
schießen. Ein Blanc war tot, der andere, François, war der
Hauptaktionär, er lieh aus seinem Privatvermögen der
Stadt Paris fünf Millionen, um die Grande Opéra zu re-
staurieren, und erhielt vom Eisenbahnminister dafür schnel-
lere Züge an das Mittelländische Meer. Seine eine Tochter
heiratete einen Prinzen Radziwill, die andere einen Bona-
parte, deren Tochter einen Sohn des Königs von Griechenland. Blancs Taufpaten in Bordeaux waren ein Strumpf-
wirker und ein Schuhmacher gewesen. Er hinterließ seiner
Familie achtundachtzig Millionen, Homburger und Monte-
Carloer Millionen. Sie verstreuten sich bald in Rennställe,
Jachten, Schlösser, Orchideenhäuser, Bijoux. Bemerkenswert
ist, wie wenig Personen und Institutionen dieser Kreise von
den geschichtlichen Ereignissen berührt wurden. Es ist bekannt, daß sich der letzte Zar in seinem Tennisspiel nicht
unterbrechen ließ durch die Meldung an ihn, daß Port
Arthur gefallen sei. Am Tage nach Königgrätz war im
Prater ein Sommermaskenfest mit venezianischem Korso;
Biergärten und Heurigenschenken waren gesteckt voll, im
Volksgarten, wo Strauß dirigierte, war kein Platz zu kriegen. Die Spielbank von Monaco hatte während des Krieges 70/71 offengehalten und hatte nur zwei Millionen Franken weniger verdient als im letzten Friedensjahr, sie zahlte
wie immer noch fünf Prozent Dividende. Auch in Homburg
war wohl der Gewinn etwas niedriger, aber er war selbst
im Kriegsjahr immer noch über eine halbe Million.

Man kann die Weltgeschichte von innen und von außen sehen, leidend oder betrachtend. Kunst ist Ausdruck, und nach ihrer letzten stilistischen Verwandlung ist sie es immer mehr. Sie braucht Ausdrucksmittel, sie sucht sie, mit Kartoffelschalen läßt sich nicht viel ausdrücken, jedenfalls nicht so viel wie ein ganzes Leben auszudrücken sich bestrebt. Mit Goldhelmen, Pfauen, Granatäpfeln läßt sich mehr ausdrücken; an Rosen, Balkone, Floretts mehr anknüpfen; Prinzen kann man anders sprechen lassen als Faßbinder, die Königin der Amazonen anders als eine Arbeitsmaid; Menschen mit dem Erlebnis der Antike, mit Jahren der Beobachtung an Formen und Stilen, Menschen, die reisen, Menschen mit Reizbarkeiten und Hang zum Spiel werden vielfältiger und gebrochener sein als Wilde und werden mit ihren Ausdrucksmitteln der Zeit gerechter werden als die Liebhaber der Bodenständigkeit, die dem Totemismus noch nahestehn. Je strenger der Künstler, um so tiefer sein Hang zu Finessen und Licht. Seine Einbettung in ein Zeitalter der Verschwendung und des Genusses ist existentiell moralisch; Balzac konnte nur schreiben innerhalb der Dämonien der Hochfinanz; Carusos Stimme war erst vollkommen, als er in der Metropolitan-Oper vor dem Hufeisen des Diamantenen Ringes sang. So sehen wir die Künstler an der in Frage stehenden Epoche teilnehmen, und ihrerseits vermerkte die Öffentlichkeit die Dinge der Kunst, auch ihre Eigentümlichkeiten, ihre Interieurs.

II. Die Kunst in Europa

Es sind die Jahrzehnte der Duse als Kameliendame, der Bernhardt als l'Aiglon, der Lilly Langtry als Rosalinde, und die Völker nehmen bis in weite Schichten daran teil.

Man erinnere sich, es gibt Presse, Kritik, Essays. Der Kapitalismus kann sich eine Öffentlichkeit leisten, er zwingt nicht wertvolle Bestandteile des Volkes zur Emigration, sein Lebensraum erschöpfte sich nicht in Folter und Vernichtung. Wenn Zola den Speisesaal im Grand-Hotel in Rom betrat und eine puritanische Engländerin aufspringt unter Verwünschungen, daß das Haus ihr zumute, mit dem Autor der „Nana" in einem Raum zu lunchen, nimmt die Öffentlichkeit, ihre Aufmerksamkeit, ihre Wärme, ihr den Flair der Zeit mit erschaffendes Fluidum den Vorfall auf; zweifellos auch gelegentlich nichtige Dinge, aber wieviel Relief legte sie um Können und Rang, wieviel Glanz zum Beispiel um Kainz, nicht weil ein König mit ihm Brüderschaft geschlossen hatte, sondern weil er mit dem richtig betonten Wort Mächte der Tiefe fühlbar machte, Menschen, Masken, Larven erbleichen ließ, wenn er eine Treppe herunterstieg oder eine Säule umschlang. Eine Nation gab es, in der die Literatur seit langem eine öffentliche Macht darstellte, mit der auch die Regierung zu rechnen hatte: Frankreich. Jetzt hatte es einen neuen Grad geschaffen, den Grand écrivain, Nachfolger der großen Savants universels des siebzehnten bis neunzehnten Jahrhunderts und gesellschaftlich des Gentilhomme – eine Vereinigung von Journalismus, Gesellschaftskritik und autochthoner Kunst; Grandseigneure, Marschälle der Literatur: Balzac, die Goncourts, France; in England Kipling. Eine neue Form des modernen Schöpfertums; in Deutschland als Typ weitgehend abgelehnt, das Musikalisch-Metaphysische blieb der Kern seiner „unrealen" Bestrebungen. In Norwegen demgegenüber war Björnson nahe daran gewesen, König zu werden.

Eine Zeit in Bewegung: Anschwellen von Themen, Chaos von Stilgebärden. Die Bauten: Glas und Eisen verdrängen

Holz und Ziegel, Beton den Stein. Die uralte Aufgabe, die ein Fluß stellt, löst die Hängebrücke; Krankenhäuser treten aus der Palastform in den Barackenstil. Grünanlagen, Boyscouts, Tanzschulen.

Höhepunkt der Macht des dritten Standes: Vordringen des Bürgertums in Adel, Fürstentum, in Kommandostellen des Heeres und der Marine. Die Großstädte: von Proletariern mitbewohnt, doch nicht von ihnen erbaut. Das moderne Staatsrecht, die mathematischen Naturwissenschaften, Biologie, Positivismus – alles bürgerlich; ebenso die Gegenbewegung: der moderne Irrationalismus, Perspektivismus, Existentialphilosophie. Der weiße Bürger kolonisiert, schickt den Sahib über das gelbe, braune und schwarze Gesindel. Die europäische Kunst schlägt eine Gegenkurve ein, sie regeneriert sich in den Tropen: Gauguin auf Tahiti, Nolde in Rabaul, Dauthendey in Java, Pierre Loti in Japan, Matisse in Marokko. Asien wird mythen- und sprachwissenschaftlich erschlossen: Wilhelm widmet sich China, Lafcadio Hearn Japan, Zimmer Indien.

Eine geistige Intensität liegt über dem Kontinent, eine spirituelle Spannung von hohen Graden drängt aus dem kleinen Erdteil Unaussprechliches, noch nie Geahntes in Gestalt. Man weiß nicht, was beachtenswerter ist, das Mitgehn und die Teilnahme der Zuschauer, oder die Härte, die, wenn es sein muß, bis zur Brutalität durchgeführte Wahrheitssicherung der Werkgestalter, der großen, jener Gehirne, in deren Verantwortlichkeit das Schicksal der Rasse ruht. Ungeheuer ernste, tragische tiefsinnige Worte über das Werk: „wer Dichtung sagt, sagt Leid" (Balzac); „wer Werk sagt, sagt Opfer" (Valéry); „lieber ein Werk verderben und weltunbrauchbar machen, als nicht an jeder Stelle bis zum Äußersten gehen" (Th. Mann); „oft ward ich müde, wenn ich rang mit Dir" – das Wort, das ein

Galeerensklave in sein Ruder geschnitten hatte, kerbte
Kipling in seinen Tisch, an dem er in Indien arbeitete;
„nichts ist heiliger als das Werk, das im Entstehen ist"
(D'Annunzio); „ich ziehe es vor zu schweigen, statt mich
schwach auszudrücken" (van Gogh).
Risse im positivistischen Weltbild; Einströmen von Krisen
und Gefahren. Aufstellung des Begriffs des Bionegativen
(Rausch, Psychotisches, Kunst). Zweifel an den Worten:
zersetzend und destruktiv, Ersatz: schöpferisch und werk-
erregend. Analyse der Schizophrenie: in den stammesgeschichtlich ältesten Zentren des Gehirns halten sich Erinnerungen an kollektive Vorstufen, die realisierbar sind in
Psychosen und im Traum (Ethnophrenie), Vorstufen! Der
Vormondmensch tritt in das Blickfeld, mit ihm die Zeiten
geologischer Kataklysmen, Weltkrisenzeiten und Sint-
brand, Mondauflösung, Gürtelfluten; Geheimnisse aus dem
Beginn des Quartär: rätselhafte Götterähnlichkeiten, Gemeinsamkeit der Sintflutsage, Verwandtschaft alt- und
neuweltlicher Sprachgruppen – Fragen der Kulturen, Vor-
kulturen, präatlantischer Zusammenhänge; die Problematik der Negerplastiken, der Felszeichnungen von Rhodesien,
der Steinbilder der Osterinsel, der leeren Großstädte im
Urwald bei Saigon.
Entzifferung der assyrischen Tonzylinder; neue Ausgra-
bungen in Babylon, Ur, Samara; die ägyptische Plastik
wird zum ersten Male zusammenhängend dargestellt, die
Analyse der Kompositionsmethoden der Reliefbilder ergibt
die überraschende Erkenntnis einer absoluten Übereinstimmung mit den Theorien des Kubismus: „die Kunst der
Zeichnung besteht darin, Verhältnisse zwischen Kurven und
Geraden festzulegen." Promiskuität der Bilder und Systeme. Gestaltung, Umgestaltung. Europa ist auf dem Wege
zu einem neuen Glanz, das grandiose fünfzehnte, das er-

füllte achtzehnte Jahrhundert leuchten vor; Deutschland
zögert, intellektuelle Talente sind hier spärlich, doch eine
Elite antwortet hinüber, ergriffen von der Wahrheit eines
sich abzeichnenden Ethos, das sich in der Betonung von
Klarheit, artistischer Delikatesse, Helligkeit, Wurf und
Glanz – „Olymp des Scheins" – erstmalig äußert; inner-
deutsch gesehn heißt es: Absetzen des Faustischen in einem
umgrenzten Werk.

Immer neue Gedankenmassen dringen ein, die Probleme
füllen sich, Fernen rücken näher und entfalten ihr Elend
und ihren Glanz, verschollene Welten treten vor den Blick,
darunter dämmernde, fragwürdige, gestörte. Was in diesen fünfzig Jahren an tatsächlichen geistigen Entdeckungen vor sich geht, ist ohnegleichen, und im wesentlichen
bringt es eine echte Erweiterung des Gefüges. Rembrandt,
Grünewald, el Greco, Verschollene, wurden wiederent-
deckt, van Gogh in seiner seltsamen und beunruhigenden
Erscheinung der geistigen Öffentlichkeit eingefügt; Marées'
arkadischer Traum enträtselt, der unerkannte Hölderlin
wird jenem Kreis erobert, für den seine bionegative Problematik (– „wenn ich sterbe mit Schmach, wenn an dem
Frechen nicht meine Seele sich rächt" –) verständlich war.
Das Buch von Bertram erschien, und Nietzsche wird in
einer Folge unzähliger, in eigener Dialektik sich verwan-
delnder, analytischer Werke in die Reihe der allergrößten
Deutschen gebracht. Conrads faszinierende Romane werden übersetzt. Hamsun wird „der größte Lebende". Der
Norden hatte sein Primat mit Ibsen, Björnson, Strindberg
längst geltend gemacht, Thisted, die kleine jütische Pro-
vinzstadt, hatte durch Niels Lyhne am Geschmack zum
mindesten einer unserer Generationen mit gebildet. Die
Neue Welt tritt an: Walt Whitman gewann großen Einfluß durch seine Art von lyrischem Monismus; sie erobert:

über die heutige Lage weiß jeder Bescheid: Europas letzte große Literaturform, der Roman, ist wesentlich an amerikanische Kräfte übergegangen.

Diaghilew erscheint, der eigentliche Begründer der neuen Bühne. Komponisten für sein Ballett sind Strawinsky, den er entdeckt, Debussy, Milhaud, Respighi. Für ihn tanzen: die Pawlowa, die Karsawina, Nijinsky. Seine Bühnenkünstler sind: Picasso, Matisse, Utrillo, Braque. Er zieht durch Europa und revolutioniert. Das geistig Neue an seiner Idee ist die Zusammenfassung aller Künste und die Härtung aller Künste. Cocteau drückte es so aus: „ein Kunstwerk muß allen neun Musen genügen."

Das Slawische und das Romanische vereinigten sich hier mit einer ganz klar erkennbaren Richtung: gegen das nur Gefühlte, das Dumpfe, das Romantische, das Amorphe, gegen offengelassene Flächen, gegen andeutende Interpunktion; für: völlig Durchgearbeitetes, Klargestelltes, Hartgemachtes, hartgemacht durch Arbeit, äußerste Präzision in der Materialverwertung, Anordnung, strengste geistige Durchdringung. Es ist eine Wendung gegen Innenleben, guten Willen, pädagogische oder rassische Nebentendenzen zugunsten des Gestaltannehmenden und dadurch anderen Gestalt Aufzwingenden: zum Ausdruck.

Es ist bekannt, wie dieser neue Stil plötzlich in allen Ländern der weißen Rasse gleichzeitig dawar unter den verschiedensten Benennungen. Seine Deutung ist heute völlig klar: Kunst machen heißt, das dumpfe völkische Innenleben säubern, die letzten nachantiken Substanzreste auflösen, die Säkularisation des mittelalterlichen Menschen vollenden. Also antifamiliär, antiidealistisch, antiautoritär. Autoritär ist allein der Wille zum Ausdruck, die Sucht zur Form, die innere Ruhelosigkeit, bis die Gestalt zu den Proportionen durchgearbeitet ist, die ihr zukommen. Um das zu erreichen,

bedarf es des rücksichtslosen Griffs in Geliebtes, Bewähr-
tes, Heiligtümer. Aber was dann h
erniedersteigen könnte,
ist ein neues, die Ängste des Lebens weit überstrahlendes
Bild des mit so viel Hoffnungslosigkeit, ja Untröstlichkeit
beladenen menschlichen Geschicks.

Es waren keine „Talentkünstler", die sich zugeblinzelt hatten, einander hochzubringen; es war keine Verschwörung
zwischen Montmartre, Chelsea-Bohème, Getto und Scheu-
nenviertel; es war eine rassenbiologisch fundierte säkulare
Lebensbewegung, eine Stilwendung unter dem Zwang
einer mutativen Ananke. Scheler spricht an einer Stelle von
„Gefühlen, die heute jeder in sich wahrnimmt und die doch
einst durch eine Art von Dichtern erst der fürchterlichen
Stummheit unseres inneren Lebens abgezwungen werden
mußten", solche Abzwinger traten hier vor. Das ganze
neunzehnte Jahrhundert ist ja schon heute deutbar als eine
Erschütterung innerhalb der Gene, die diese neue Artab-
wandlung vor sich sah. Die Dinge hatten ihren alten Zusammenhang verloren, nicht nur den moralischen, auch den
physikalischen, selbst aus dem seit Kepler für unantastbar
gehaltenen mechanischen Weltbild brachen sie heraus. Damit tritt etwas in das Bewußtsein der Öffentlichkeit, was
seit langem im geheimen vor sich gegangen war. Alle großen Männer der weißen Rasse hatten seit Jahrhunderten
nur die eine innere Aufgabe empfunden, ihren Nihilismus
zu verdecken. Einen Nihilismus, der sich aus den verschiedensten Sphären genährt hatte: dem Religiösen bei Dürer,
dem Moralischen bei Tolstoi, dem Erkenntnismäßigen bei
Kant, dem allgemein Menschlichen bei Goethe, dem Gesellschaftlichen bei Balzac. Aber es war das Grundelement
aller ihrer Arbeiten gewesen. Ungeheuer vorsichtig wird
er immer wieder verdeckt, mit Fragen zweideutiger Art,
mit Wendungen höchst abtastenden und doppelsinnigen

Charakters nähern sie sich ihm auf jeder Seite, in jedem
Kapitel, in jeder Figur. Keinen Augenblick sind sie sich im
unklaren über das Wesen ihrer inneren schöpferischen Substanz. Das Abgründige ist es, die Leere, das Kalte, das Unmenschliche. Am längsten naiv hat sich Nietzsche gezeigt.
Noch im Zarathustra welcher inhaltsreiche züchterische
Schwung! Erst im letzten Stadium des Ecce homo und der
lyrischen Bruchstücke läßt er es in seinem Bewußtsein hoch:
„Du hättest singen sollen, oh, meine Seele" –: nicht: glauben, züchten, geschichtlich-pädagogisch denken, nicht so
positiv sein –: und nun kommt der Zusammenbruch. Singen
– das heißt Sätze bilden, Ausdruck finden, Artist sein,
kalte einsame Arbeit machen, dich an niemanden wenden,
keine Gemeinde apostrophieren, vor allen Abgründen nur
die Wände auf ihr Echo prüfen, ihren Klang, ihren Laut,
ihre koloraturistischen Effekte. Dies war ein entscheidendes
Finale. Also doch: Artistik! Es war nun der Öffentlichkeit
nicht mehr länger zu verbergen, nämlich der tiefe substantielle Verfall. Dies verlieh andererseits der neuen Kunst
ein großes Gewicht: hier wurde im Artistischen die Überführung der Dingen in eine neue Wirklichkeit versucht, in
einen neuen echten Zusammenhang, in eine biologische
Realität, erwiesen durch die Gesetze der Proportion, erlebbar als Ausdruck ansetzender geistiger Daseinsbewältigung,
erregend in seiner schöpferischen Spannung zu einem aus
innerem Schicksal sich ergebenden Stil. Kunst als Wirklich-
keitserzeugung; ihr Herstellungsprinzip.

Unbestreitbar: diese Kunst war kapitalistisch, ein Ballett
brauchte Kostüme, eine Tournee mußte finanziert werden.
Die Pawlowa konnte nicht tanzen, wenn sie nicht aus Zim-
mern mit weißem Flieder kam, im Winter wie im Sommer,
in Indien wie im Haag. Die Duse litt viel, alles um sie
mußte schweigend sein, weit von ihr fort und die Fenster

verhangen. Matisse erzielte für manche seiner Bilder Summen mit sechsstelligen Zahlen. Einige badeten auch während der Hauptsaison in Lussin-Pikkolo; eine Opernkomposition brachte einen neuen Wagen ein. Die Überspannungen, die Extraits, die Oszillationen des provozierten Lebens gehörten in diese Ordnung, aber auch die Leiden, die gorgonische Angst um den Verlust der inneren Stimme, des Rufs, der bildanströmenden Gesichte. Der Exhibitionismus und der Zusammenbruch waren von Wahrheit erfüllt und waren souverän. Der denkerische Schmarren von der Volksästhetik war noch nicht hervorgeholt, um Mikrozephale zu idealisieren; der Tauschhandel der Bronzezeit noch nicht als Wirtschaftstraum und Zukunftsträchtigkeit ausgerufen, man konnte reisen, sein Geld ausgeben, sich von vielen Himmeln prägen lassen, wohnen und in vielen Städten sich verwandeln.

Auch das soziale Milieu hatte einige vollendet dargestellte Zusammenfassungen ergeben: die Kartoffelesser von van Gogh, die Weber von Hauptmann, die Bergarbeiterplastiken von Meunier, die Zeichnungen der Kollwitz; auch das bäuerliche: Millets Säer, Leibls Jäger. Aber Mitleid und Heimatgefühl waren nur einige der Spannungsinhalte und Formmotive, die Rückkehr vom Hades war es nicht weniger oder eine Badende oder ein Krug mit Asphodelen. Das Menschliche war nur eine der Strömungen, die zu dem fernen Ufer trugen. Was dort stand und wandelte, waren Göttinnen oder Orangenpflücker oder Pferde, Haitianerinnen, Postboten, Bahnübergänge, auch Flötenbläser und Offiziere, aber alles Süchtige, das Schattendasein zu beginnen. Ein sehr auswählendes, exklusives Beginnen. Eine Berufung. Eine große Eigenart. Die entscheidenden Dinge in die Sprache des Unverständlichen erheben; sich hingeben an Dinge, die verdienten, daß man niemanden von ihnen

überzeugt. Trotzdem sage man nicht, daß die Kunst eso-
terisch gewesen sei in dem Sinne, als schlösse sie aus: jeder
konnte eintreten und hören, öffnen und erblicken, sich nähern, dann sich anschließen oder wieder gehn. Die tragischen Distanzen innerhalb der Menschheit werden doch
durch andere Erscheinungen tausendfach fühlbarer: durch
grausame Machtanhäufung, politisch bestochenes Recht, un-
ausgleichbare Leidenschaften, vernunftlose Kriege. Übrigens wäre hier die Stelle, darauf hinzuweisen, daß es bei
uns Erfolge von im guten Sinne deutschen, ausgezeichneten
Romanen gab, die in riesigen Auflagen ins Volk drangen,
zum Beispiel Ekkehard, Soll und Haben, Effi Briest, Jörn
Uhl, Das Wunschkind. Von irgendeiner Sperrung der deutschen Produktion durch ausländische oder rassefremde
Werke war keine Rede. Es ist eine der zahllosen politischen
Lügen zu behaupten, daß erst jetzt für den deutschen Menschen das deutsche Buch hätte sichergestellt werden können.
Was den Haß der gewissen Kreise gegen die neuen Stil-
fragen hervorrief, war vielmehr das Erregende, Experimen-
telle, Erörterungfordernde, mit einem Wort: das Geistige
des Vorgangs, dem sie begabungsmäßig nicht gewachsen
waren. Daneben der Haß, daß sich überhaupt etwas der
Öffentlichkeit auf publizistischer Basis stellte außerhalb
ihres eigenen politischen und völkischen Geraunzes. Das
Geistige wurde demnach undeutsch, in der besonderen de-
liktuösen Steigerung: europäisch. Das übrige Europa aber
dachte, daß sich vielleicht doch durch eine allgemeine Paga-
nität der Form eine neue Heiligung der götterverwaisten
Rasse ergäbe, von Märchen und Plattdeutsch und von Wo-
tanismen erwartete es das nicht.
Es war unter diesem Gedanken Europa, in dem 1932 der
Gedanke einer Mittelmeerakademie lebendig wurde, der
Académie méditerranéenne, die ihren Sitz in Monaco haben

sollte. Alle Anrainer des „schmächtigen Meeres", die primären und die induzierten, wurden aufgerufen. D'Annunzio, Maréchal Pétain, Pirandello, Milhaud traten an die Spitze. Die Königlich Italienische Akademie, die Gami-el-Azhar-Universität in Kairo, die Sorbonne waren unter den mitarbeitenden Körperschaften. Alles, was erst die heidnischen und dann die monotheistischen Geschlechter ästhetisch und begrifflich erarbeitet hatten, sollte hier von neuem sich erklären, um die heutige Erde zu bereichern und zu erziehen. Alles, was auch uns bis in den Norden hinauf erschuf und bildete: die Rätsel der Etrusker, die klaren Jahrhunderte der Antike, die maurische ausstattende Unerschöpflichkeit, der Glanz Venedigs, die marmornen Schauer von Florenz. Wer wollte leugnen, daß durch die Renaissance und die Reformation, sei es in Hingabe, sei es im Kampf, durch die Mönche, die Ritter und die Trouvers, durch Salamanca, Bologna, Montpellier, botanisch durch die Rosen, die Lilien und den Wein und biographisch durch Genua und Portofino und den Tristanpalast am Canale Grande bis in unsere Lebensstunde atemlos schöpferisch Rom und das Mittelmeer uns mit so unauslöschlichen Zügen prägte, daß auch wir dazugehörten? Aber die Einladungen nach Deutschland verfielen der Geheimen Staatspolizei. Die Kunst wurde geschlossen. „Messieurs, à la dernière for ever!"

III. Kunst und Drittes Reich

Erst auf dem Hintergrund dieser Lage sieht man das Besondere des „Umbruchs" klar. Ein Volk in der Masse ohne bestimmte Form des Geschmacks, im ganzen unberührt von der moralischen und ästhetischen Verfeinerung benachbarter Kulturländer, philosophisch von konfuser idealistischer

Begrifflichkeit, prosaistisch dumpf und unpointiert, ein
Volk der Praxis mit dem – wie seine Entwicklung lehrt –
alleinigen biologischen Ausweg zur Vergeistigung durch
das Mittel der Romanisierung oder der Universalierung,
läßt eine antisemitische Bewegung hoch, die ihm seine nied-
rigsten Ideale phraseologisch vorzaubert, nämlich Klein-
bausiedlungen, darin subventionierten, durch Steuergesetze
vergünstigten Geschlechtsverkehr; in der Küche selbstge-
zogenes Rapsöl, selbstbebrüteten Eierkuchen, Eigengraupen;
am Leibe Heimatkurkeln, Gauflanell und als Kunst und
Innenleben funkisch gegrölte Sturmbannlieder. Darin erkennt sich ein Volk. Ein Turnreck im Garten und auf den
Höhen Johannisfeuer – das ist der Vollgermane. Ein Schüt-
zenplatz und der zinnerne Humpen voll Bock, das sei sein
Element. Und nun blicken sie fragend die gebildeten Nationen an und erwarten mit einer kindlich anmutenden
Naivität deren bewunderndes Erstaunen.

Ein bemerkenswerter Vorgang! Innerhalb eines Europas
von höchstem Glanz und einem gemeinsamen geistigen
Bestreben entwickelt sich das innerdeutsche Versailles, das
teutonische Kollektiv auf der Grundlage krimineller Sozie-
tät und, wo immer sich die Gelegenheit bietet, bearbeiten
sie die Musen. Die großen Wagen genügen ihnen nicht, die
wisentumröhrten Waldschlösser, die ergaunerte Insel im
Wannsee – kulturell soll Europa sie bestaunen! Haben wir
nicht Talente unter uns von der Klangfülle einer Gieß-
kanne und dem Pathos einer Wasserleiche und Maler, denen wir nur die Richtung zu weisen brauchen: der hohe
Herr am Ausgang der Jagd, die Büchse raucht, den Fuß
auf dem geblatteten Sechzehnender, die Morgennebel steigen aus den Gründen und schaffen der Situation das Ur-
tümliche und das Waldesweben? Und dann der Blockwart
hat bunte Untertassen – sie werden Europa aufhorchen

machen; vor allem aber ausrotten muß man: das Ostische, das Südliche, das Westliche, außerdem das Romanische, das Gotische, das Impressionistische, das Expressionistische, die Staufer, die Habsburger, Karl den Großen – dann bleiben sie allein übrig, vielleicht noch Heinrich der Löwe und Schneewittchen. Aus diesen Resten bilden sie ihre Kulturkammern, ihr ästhetisches Sing-Sing.

Der Künstler wird wieder in die Ordnung der Zünfte zurückgewiesen, aus der er sich um 1600 befreit hatte. Er wird als Handwerker angesehn, ein besonders sinnloser und bestechlicher Handwerker, Auftraggeber ist der Zellenobmann oder das Soldatenheim. Handwerker haben keinen seelischen Anteil an politischen oder sozialen Entscheidungen des Zeitalters zu nehmen, das tun Kulturbolschewisten, Landesverräter. Wer behauptet, daß ein gewisses Maß innerer Freiheit zum Kunstschaffen Voraussetzung sei, kommt vor die Kammer; wer Stil sagt, wird verwarnt; zur Frage Spätkunst werden Heil- und Pflegeanstalten gehört. Der Propagandaminister als Tankwart für Lebensinhalt ist wegweisend für Linie und Kontrapunkt. Die Musik sei liedhaft oder sie wird verboten. Für Porträts tragbar sind nur Heerführer oder Parteibeauftragte; die Couleurs seien einfach und klar, gebrochene Töne werden nicht gefördert. Wer einen Brückenkopf im Osten gebildet hat: Umfang des Ölporträts 20 × 30 –: Normierung nach Wehrwert, das heißt Verteidigungswert für die Bonzenexistenzen. Genrebilder mit weniger als fünf Kindern sind von jedem Vertrieb auszuschließen. Tragische, düstere, maßlose Themen gehn zu Händen der Sicherheitspolizei; zarte, hochgezüchtete, müde vor das Erbgesundheitsgericht.

Persönlichkeiten, gegen die man gar nichts einwenden könnte, wenn sie sich mit Schweinemast oder Mehlprodukten beschäftigten, treten hervor, erklären den Menschen als ideal, schreiben Wettgesänge und Preislieder aus und erheben sich ins Allgemeine. Lübzow, Kreis Podejuch, streitet mit Piepenhagen in Pommern um die Stabreimpalme, während die Orte unter zweihundert Einwohnern in der Schwalm um das Jubiläumslied des Sturmbanns Xaver Popiol ringen. „Tänzerisch" sagt der Klumpfuß; „melodiös" das Ohrenschmalz; Stinktiere geben sich als Duftei aus; der Propagandaminister setzt sich zur Lyrik in Beziehung. Kräftiger Umriß – man bekämpfe das Sublime! Naheliegend! Gegenüber Genickschüssen im Freien und Stuhlbeinangriffen im Saal wirkt es unvölkisch und zart. Nur plattdrücken, das ist noch keine Formgebung, aber dem Tankwart entgeht es. Was nicht Ausdruck wird, bleibt Vorwelt; gegenüber dem Bojencharakter der Kunst als Zeichen, wo es tief oder flach ist, erhebt er die Forderung nach Entspannung und Schwung. Kunst ist bei allen begabten Rassen ein tiefsinniges Abgrenzen von Steigern und Übergehn, hier verlangt man viermal Störtebeker und dreimal Schill. Alles was in diesem schwerfälligen und zerrissenen Volk von einigen mit Geringschätzung und Schmutz beworfenen Erleuchteten an Stil und Ausdruck erkämpft wurde, erniedrigen sie und fälschen es um, bis es ihre eigenen Züge trägt: die Fresse von Cäsaren und das Gehirn von Troglodyten, die Moral des Protoplasmas und das Ehrgefühl von Hotelratten. Alle Völker von Rang schaffen sich Eliten; jetzt heißt es, deutsch sein ist differenzierungsfeindlich denken und hinsichtlich des Geschmacks auf das plumpste Pferd setzen; die Sensitiven werden von der Gestapo mit dem dritten Grad betreut. Diese betreut auch die Ateliers: großen Malern wird der Einkauf von Leinwand und Ölfarbe verboten, die Blockwarte kontrollieren nachts die Staffeleien. Kunst fällt unter Schädlingsbekämpfung (Kartoffel-

käfer). Ein Genie hetzen sie im Dunkel schreiend durch
die Wälder; wenn ein altes Akademiemitglied oder ein
Nobelpreisträger endlich an Hunger stirbt, feixen die Kul-
turwalter.

Rachsüchtige Unterdrückte, perspektivistische Formes fru-
stes – aber, obschon der Anlaß es kaum rechtfertigt, muß
man die Dinge noch umfassender sehn. Es ist das jahr-
hundertalte deutsche Problem, das hier unter dem Schutz
seines bewaffneten Sträflingsanteils Gelegenheit hat, so
sehr deutlich zu erscheinen. Es ist die deutsche Substanz,
die außerhalb der Differenzierung und der ästhetischen
Verwandlung steht. In einem geschichtlich nicht uninter-
essanten, stellenweise bedeutenden Werk über die Zustände im Zeitalter vor der Reformation findet sich der
Hinweis, daß Dürer sein Deutschtum gefährdete, als er
sich mit den rechnerischen und zahlenerwägenden Fragen
der Malerei beschäftigte, wie sie die italienische Malerei
unter dem Einfluß der Renaissance entwickelte. Also
Dürer beschäftigte sich mit formalen und anordnenden
Bewußtseinsvorgängen – Proportionsstudien –, das war
schon undeutsch und schon zuviel. Der reine Himmel der
Abstraktion, der über der Latinität steht und da nicht
unmenschlich und auch nicht unfruchtbar wirkt, ist hier
schon etwas Ungesundes, er schädigt die Produktion. Was
hieraus spricht, ist ein Drang zum Analphabetentum, aber
er ist hier echt. Er gehört zu ihrem „Lebensraum“, ihrer
„Entwicklung“, ihrem den Denkformen ausweichenden
Schwung. Die Lösung einer inneren Spannung durch das
Ästhetische ist ihnen fremd. Daß Ausdruck überhaupt
einen kathartischen Charakter hat, werden sie mangels
entsprechender innerer Erfahrung immer bestreiten. Was
ihnen abgeht, sind Eindrücke von der konstruktiven Form
des Sublimen. Durch sehr niedrige Begriffe geistig unten-

gehalten, zum Beispiel den der alleinigen mechanischen
Kausalität, werden sie eine essentiell-produktive Kausalität des Schöpferischen nie empfinden. Erfahrbar ist für
sie Geschichte, ein bakteriologisches Ergebnis, ein Experiment, ein Wirtschaftsprozeß – nicht erfahrbar die suchen-
den und leidvollen Bewegungen einer auch noch der weißen Rasse eingelagerten produktiven Gene und deren Ausweg in ein strukturelles Element. Daher ihre Schriftsteller
selbst kleine Abschnitte, belanglose Sentenzen mit einer
Tonart des Sittlichen abschließen, des Erzieherischen und
womöglich des Absoluten; einen anderen Abgang finden
sie nicht. Ihr Mangel an Wendung zur künstlerischen Abstraktion ist vollkommen. Zu ihr gehört ja Arbeit, Objektivität, Zucht. Objektivität aber erfordert Anstand, Abstand, moralischen persönlichen Anstand, unaufbringbar
für Geschmeiß. Dieses reagiert sich daher ab in Haß gegen
„Artistik", in konfuses Gerede von Formalismus und Intellektualismus, wo es auf Erscheinungen von Bewußtmachung und Selbstdarstellung künstlerischer Produk-
tionsvorgänge stößt. Für dies Volk sind eineiige Zwil-
linge wichtiger als Genies: an ersteren kann man Statistik
treiben, die letzteren enthalten letale Faktoren. Dies Volk
speit seine Genies aus wie das Meer seine Perlen: für die
Bewohner anderer Elemente.

Dies Volk also gerät nun unter den Umbruch, das deutsche
Wunder, die „Genesungsbewegung" nach dem Buch von
Erich Jaensch: „Der Gegentypus". Der Gegentypus sind
nicht die Umgebrochenen, sondern die Unbeirrten, die
weiter nach Verfeinerung streben. Eine Bewegung, die uns
glauben machen möchte, die Völkerwanderung sei eben
beendet, und wir seien nun berufen, die Wälder zu roden.
Ein Wunder, dessen Eigenstes und Ehrlichstes sich dabei
bewegt, wenn die Städte verdunkelt sein müssen, die Men-

schen schweigen, die Nebel brauen und nur sie alleine
reden, reden, reden, bis sich von ihrem stinkenden Atem
die Fladen über die erstickten Fluren wälzen. Eine Er-
hebung, deren Wesen – außerhalb der ihnen natürlichen,
auf Gegenstände gerichteten Bereicherungsaktionen – die
Lüge an sich ist und eine anthropologische Unwirklichkeit,
die es ausschließt, irgendeine Identität mit einer Zeit, einer Rasse oder einem Erdteil zu erlangen. Diese Bewegung
reinigt die Kunst. Sie tut es unter dem gleichen Begriff,
mit dem sie sich selber verklärt und rechtfertigt und der
damit riesengroß programmatisch in das Blickfeld rückt:
Geschichte.

Fünf schwerbewaffnete Hopliten mit Maschinengewehr
überfallen einen Knaben, dem sie vorher versprochen hatten, ihm nichts zu tun, dann ziehen sie irgendwo ein –:
Geschichte. Mohammed begann als Karawanenräuber, später kam das Weltanschauliche hinzu; selbst die Wüsten-
brunnen vergiftete er, ein unvorstellbares Verbrechen
durch Jahrhunderte, nun adelte es das Erfordernis des
Gottes und der Rasse: erst der Diebstahl, dann das Religiöse, schließlich die Geschichte. Unter Nero im Jahre 67
nach Christus hatte in Rom alle Privatkorrespondenz völlig aufgehört, da alle Briefe erbrochen wurden, die Brief-
träger brachten morgens die Meldungen über die neuesten
Hinrichtungen mündlich in die Häuser: Universalgeschichte.

Diese also: beim Morgenfrühstück, auf Bergspitzen, bei
Wohnungseinbrüchen, vor Filmdiven: Colleoni! Vor Ka-
ninchenställen, Kleiderablagen, Sonderzuteilungen von
Kunsthonig: Alexander! Bei Massenmorden, Plünderun-
gen, Erpressungen: werdende Großräume und Vollstrek-
kung! Nun mag die Geschichte ihre eigenen Methoden
haben und eine der für unsere Augen klar erkennbaren

ist zweifellos die der Verwendung von Mikrozephalen,
aber auch die Kunst hat sich durch vier Jahrtausende mit
Ergebnissen erwiesen. Das Vorstehende ist die Gegen-
äußerung der Kunst; es sind ihre Ausdrücke, die sie für
die Epoche findet. Sie findet sie mit der gleichen Natürlichkeit und Schärfe wie die Gestapo ihre Schüsse. Sie sammelt sie und gibt sie weiter an jene, die immer sein werden, während jedes geschichtlichen Sieges und während
jedes geschichtlichen Unterganges, und die nachwirkender
sind als diese beide. Sie legt sie hiermit nieder in dem
Glauben, daß es eines Tages eine europäische Tradition
des Geistigen geben wird, der auch Deutschland sich an-
schließt, von der es lernen wird, um, wenn es gelernt hat,
ihr zu geben.

STRÖMUNGEN

Das achtzehnte Jahrhundert hatte alles in Frage gestellt, das neunzehnte empfand die Notwendigkeit, Schlüsse zu ziehn, das zwanzigste sah, daß die Schlüsse voreilig waren und ging hinter das sowohl, was Fragen stellte, als auch das, was die Schlüsse ergeben hatten, zurück und wurde noch einmal mittelalterlich, es begann mit Existentialphilosophie, Psychoanalyse, Triebpsychologie. Als Ausgangspunkt sehr neuartig, im Gefühl schöpferisch und tief, eine Art Anthropologie, man kann sie Keimanalyse nennen. Von allen Seiten prägte das Jahrhundert an ihr; auf was es abzielte waren die Vorstufen, das Primitive. Die Paläontologie brachte das Material aus unerahnbar fernen Räumen. Die Mythenausdeutung legte die Wurzeln des Bewußtseins bloß, die generativen Schichten der Symbolbildung. Entelechielehre und Typenforschung wendeten sich von den Endergebnissen, den Individuen, ab und verfolgten deren Abgang von der Anlage, dem Arthaften, dem Kerne. Das Endogene sollte es sein, das vor der Desintegration, das vor der Entartung. Die klinische Medizin trat herzu und sagte: Krankheiten sind Existenzkrisen, betrachten wir eher die Substanz als die Symptome. In Deutschland, als Sonderfall, setzten auch noch bestimmte wissenschaftliche Kreise gegen die *Methode* des vergangenen Jahrhunderts an: die kausale Analyse, das Zurückführen der Beobachtungen auf chemisch-physikalische Begriffe, das war die westlerische Ratio, dagegen verfocht man den deutschen Intuitismus, das „Innerlich-Ganze"; selbst das Metermaß war eine rechnerisch-lineare Fiktion, angeblich unkörperlich –: „abgeleitet"; dafür forderte man die an-

geblich natürlichen, in sich selbst zurückkehrenden, ge-
krümmten Begrenzungen. Aber hier wie dort: eine einheitliche Flucht ins Primäre, eine wirkliche Flucht, denn hinter
diesem jähen metaphysischen Bruch mit den psychologisch
induktiven Aspekten stand ein echtes Zittern im zoologischen Ahnungsvermögen wie vor einem Präriebrand und
das Gefühl einer panischen Bedrohung: der europäische
Nihilismus, dessen Zeichen Nietzsche 1884 bis 1888 im
ersten Band seines „Willens zur Macht" dargestellt hatte
– und dazu die Vorbeben der imperialen Erschütterungen:
das Herannahen des Cäsarismus, wie es Spengler später
nannte; man befand sich im Vorfeld des totalen Staats, der
die Hand auf Stile, Perspektiven und Schlüsse legte, der
Vereinzelung strafrechtlich bedrohte, Verfeinerung kriminell, Leidensfähigkeit pathologisch nannte und sich ganz
allein die Bestimmung darüber zusprach, was für Fragen,
was für Schlüsse im dialektischen und ästhetischen Betrieb
zu gestatten seien. Nun mußte der Geist sich wenden, er
wurde unterirdisch, nächtlich, er raschelte im Laube.

Bis 1800 herrschte die Komödie, französisch in Ursprung
und Anlage, kalt, mathematisch, analytisch und immer gesellschaftlich. Um 1800 begann der Roman, er spannte das
Tatsächliche und das Gedankliche gleichmäßig ein, verlangte den Geist La Bruyères und seine scharfe Moral, die
deutlichen Charaktere Molières, die großen Aufregungen
Shakespeares und die Ausmalungen der zartesten Stufun-
gen der Leidenschaft, er war „die einzige Mine, die unser
Vorgänger uns zur Ausbeutung gelassen hatte", wie Balzac sagte. Er selbst der größte Ausbeuter, der 1850 starb;
dann kam Flaubert, der von 1850 bis 1880 seine sechs Bücher
schrieb, „der Heilige des Romans", der sein Menschenglück
darbrachte als „eine Verpflichtung gegen das Übersinn-

liche". Bei den Slawen: Tolstoi und Dostojewskij; und um
1900, fast auf den Glockenschlag, war die europäische Mine
ausgebeutet. Selbst was von Conrad und Hamsun nachher
noch zutage gefördert wurde, war von ihnen um 1900 oder
wenig später angelegt und schon in Arbeit und wurde nur
noch innerhalb ihres Schachtes vorgetrieben.

Deutschland, das vor den europäischen Völkern und ihrem
einstimmigen Urteil die bis heute unvergleichliche und un-
erreichte geistige Offenbarung der weißen Rasse 1832 am
Frauenplan in Weimar abgeschlossen hatte, schrieb an diesem Kapitel nicht mit, erst auf seine letzten Blätter trug es
die tragischen Namen der Brüder Mann, sie bald wieder
verlöschend, ein. Deutschland stieg auf und murmelte vor
sich hin. Goethe ist ein Zeichen dafür, daß die letzte geistige Größe nicht traditionsbildend in einer Nation zu
wirken braucht, daß sie vielmehr unfruchtbar sein kann als
eines Volkes reines, in sich abgeschlossenes Glück. Deutschland murmelte einige herrliche Gedichte, ejakulierte drei
bis vier dramatische Genialitäten, pflegte seine Lokallieb-
linge Raabe, Reuter, Fontane, Busch und schuf sich aus
einer speziellen Leidenschaft, die sowohl seiner Bildung
wie seiner Empfindsamkeit entsprach – anderthalb Jahrhunderte nach Scott –, den historischen Roman, diese ganz
umschriebene Hineinknetungstätigkeit, Kulissenreffung, die
verstanden sein will, diese ganz besondere kleinbürgerliche
Blüte, lange grün, bei Familienanlässen auflebend und als
Geschenkwerk stark gefragt. Was von der deutschen Literatur des neunzehnten Jahrhunderts über das Historische
und Mundartliche hinausragt, geht in einen Band, und da
Dichten nichts weiter heißt, als sich eine Methode schaffen,
um die Erfahrungen des tiefen Menschen zur Sprache zu
bringen, lagen hier offenbar Erfahrungen in dieser Dimension nicht vor oder sie äußerten sich in der Musik und

in der Philosophie. Nietzsche jedenfalls blickte immer nur
auf Goethe, wenn er das literarische Deutschland seines
Jahrhunderts in einem seiner Aphorismen streifte.

FRANZOSEN

Certitude! Certitude! rief *Pascal*, preßte den Arm an seinen Rock, an das eingenähte Zettelamulett: „Dieu d'Abra-
ham, Dieu d'Isaac, Dieu de Jacob – non des philosophes et
savants" – so begann das siebzehnte Jahrhundert, sein Ringen um eine neue Gewißheit, nachdem die alte, die religiöse, schwankte und die ständische des Hofes bereits in
Frage stand. Aber sie stieg nicht aus Abrahams Schoß und
führte nicht in das Mystère, das Pascal so ersehnte; was
kam, war die Sicherheit durch Intellekt, durch das klare,
sich selbst durchdringende Denken, das seit Descartes Maßstab der Realität alles Seienden wurde.
Blaise Pascal, geboren 1623, fühlte Sachverhalte und Gedanken, die uns Heutigen sehr nahestehn. „Nous ne vivons
jamais, mais nous espérons de vivre." Man müßte es übersetzen: „Wir leben gar nicht, wir hoffen nur immer und
reden uns ein, morgen oder übermorgen zu leben." Man
findet bei ihm Sätze wirklicher Erkenntnis, Sätze, die in
ihrer Endgültigkeit den Fluß der Dinge aufzuhalten scheinen: „Ich weiß etwas von der Ordnung und wie wenige
Menschen etwas davon wissen. Die Mathematik hält sie,
aber die Mathematik ist im tiefsten nutzlos." Oder: „Kaum
verzichtet der Mensch auf die Zerstreuung, auf die Jagd
nach Erfolg, nach Ansehn, nach Macht, nach Geld, so steigt
in seiner Seele die Langeweile auf, eine schwarze Traurig-
keit, der Kummer, die Verzweiflung." Es ist Schwermut,
eine existentielle, geistbestimmte Schwermut, die zu einer
Selbstverwirklichung im Leben und Handeln nicht mehr
herabzusteigen sich entschließen kann und den Schritt zu
dem später aufgestiegenen Gedanken der *Form und Ausdruckswelt* noch nicht vollzog. „Moi haïssable" – das Ich

ist das Hassenswerte – und: „Der Mensch hat sich offensichtlich verirrt und ist aus seinem wahren Ort gefallen,
ohne ihn wiederfinden zu können, er sucht ihn allenthalben
unruhig und erfolglos in undurchdringlichen Finsternis-
sen", also eine tiefe, zwiespältige Schwermut, und es ist
interessant zu sehn, wie die Wendung zum Religiösen, die
Pascal, die zweihundert Jahre später Kierkegaard vornahm,
sie nicht zu stillen vermochte – während die zum Ästhetischen, auf die Nietzsche hinwies, uns der Zeit entsprechend und sie erfüllend erscheint.

Äußerst seltsam! Hier beginnt der Stil des siebzehnten
Jahrhunderts, der große französische Stil! Zu Ende der
Latinismus der Schulen, die scholastische Rhetorik, ebenso
wie die Allegorien und Konventionen der Trouvères, an
ihre Stelle tritt die Ausdrucksweise des honnête homme,
des Mannes von Welt: gelassen, aufrichtig, antineurotisch
und vor allem klar, die moderne Sprache, das Mot juste,
unser Jargon! Und dahinter steht diese Fin-de-siècle-
Schwermut, die, wo sie ganz ehrlich ist, durchaus den Charakter des Nihilismus trägt, der sich damals der Lage entsprechend als Atheismus bewegte. Aber noch mehr: hier
beginnt auch innerhalb Europas das Artistische, die Wort-
kunst des Absoluten – schon hier! Schönheit schaffen durch
Abstand, Rhythmus und Tonfall, durch Wiederkehr von
Vokal und Konsonant – „die Schwingungszahl der Schönheit", sagt Pascal; „Vollkommenheit durch die Anordnung
von Worten", diese Problematik, die dann durch Flaubert
so stark ins europäische Bewußtsein trat; *Prosa als Kunst*,
deren Erörterung bis heute nicht ruht und deren Durchführung von neuem als Inbegriff von Entartung, Desintegration und Zerstörung der Substanzen gilt: – hier ist der
Ausgang.

So weit zurück also geht diese Bewegung. Oder sagt man besser, so großartig durch alle Jahrhunderte geht ihre Spur? Schließlich gehören ja auch Platons Begriffe zu ihr: sie entleeren die Gegenstände ihres physikalischen Gehalts und führen die dingliche Vereinzelung auf „die Bilder" zurück. Was bleibt, ist die Ordnung, die denkerische Welt. Und auch dieses Wortes von Pascal wollen wir gedenken: „Es gibt zwei Arten von Geisteshaltung, die eine ist die geometrische, die andere die der Finesse" – also die Trennung der wissenschaftlichen von der sublimen Welt, der geschichtlich verwertbaren von der transzendent-konstruktiven, die Welt der Nachprüfbarkeit bis zum Grad von Bestätigungsneurose und die der Vereinzelung und der Sicherung durch Nichts.

Zweihundert Jahre später *Balzac*, der trug kein Amulett und sehnte sich nicht nach Abrahams Schoß, trank dafür fünfzig Tassen Kaffee an seinem Arbeitstag, denn er mußte liefern, Vorschuß abdecken, drei Romane im Jahr war das Mittel, der Redaktionsbote stand neben ihm am Schreibtisch wegen der Fortsetzung für das Abendblatt. Von da auf jeder Seite das fast planmäßige Gemisch von Kolportage und Genie, von geradezu systematisch vorgebrachtem Feuilletonismus und hinreißender Kaprice. Gleicherweise Zeilenschinderei wie sprachlich wachsende Visionen, Geschwätz und Unwiderstehlichkeit, Kino und Erkenntnis. Die einzelnen Sätze seiner Prosa glänzen für sich: „Ein Wort wiegt schwerer als ein Sieg", „Der Ruhm hat keine weißen Flügel", „Es gibt Existenzen, in die greift der Zufall nicht ein", „Wer Dichtung sagt, sagt Leid" – Sätze außerordentlicher Erfahrung, und hinter dem Ganzen Folgerungen, die weit gehen, nämlich: Kunst ist inhaltsreicher und erfinderischer als das Leben und hat überraschendere Methoden als die Natur. Kein menschliches Leben zeigt so viel Wen-

dungen, entwickelt so viel Beziehungen, führt sich und seine
Umgebung in so überraschende Tiefen wie vierhundert
Seiten dieses unerschöpflichen Werks!

Der Staat ist die Sicherung des Durchschnitts auf der Grundlage der Beschränkung. Die Natur ist die ewige Wiederholung der Instinkte auf Kosten des Ausdrucks und der
Begriffe. Das Leben hat unübersehbare Züge, doch es man-
gelt ihm an Bewußtsein, nämlich an Gaben, sich zu objek-
tivieren. Der Roman jedoch vertritt alle diese Begriffe und
sammelt ihre Funktionen, er ist persönlicher Einfall und
dokumentarische Geschichte, fortschreitende Verwandlung
und umkehrende Dialektik, vor allem er vertritt den Menschen, seine Unerwartbarkeiten, seine Unnatur.

Balzac könnte man vielleicht den größten Franzosen nennen, Pascal den genialischen, diese beiden und dann der
düstere Flaubert, die Lyriker des neunzehnten Jahrhunderts und die Impressionisten: das ist Frankreich. Und
wenn man diese Gesichter überblickt, sie haben alle ungeheuer strenge Züge, moralische Züge nach den beiden
Richtungen der menschlichen wie der dialektischen Zucht,
der Ausdruckszucht, der formalen Unerbittlichkeit; nichts
Lottriges und Lockeres, was der Durchschnittsdeutsche als
französisch ansieht, ist bei ihnen zu finden, sie sind hart
und sie haben ihre Abgründe, Krisen, unauflösliche Antinomien, sie sind durchaus metaphysisch, das ist kein Vorrecht der Deutschen, nur machen die anderen nicht so viel
Gewäsch und Unsauberkeit daraus wie die nie fertigwerdenden, vielmehr immer vorzeitig fertigwerdenden Ejacu-
latio-praecox-Nachbarn, sie verfertigen sich aus Strichen
und Sätzen mühselig, aber *raumsicher*, Leitern und Stricke
und gelangen hinüber. Sie sind die gewissenhafteste Nation, diese Franzosen, sie gleichen, ohne sich was zu schenken, Inhalt und Ausdruck einander an, sie sind größere

geistige Arbeiter als die Deutschen, die sich aus Gesinnung und Schwung ihre literarischen Schmalzstullen schmieren. Ein Blick in diesem Zusammenhang noch auf den honnête homme, den Mann von Welt. Der Mann von Welt ist nicht blasé. Dieser Begriff hat nichts zu tun mit erotischen Abenteuern und den Ausstattungsprodukten der Schneider, er ist ganz geistig. Die vollkommene Honnêteté zu erlangen, ist eine Lebensaufgabe, die strengste Übung und Opfer erfordert. Sie zu erreichen, bedeutet eine Art Schönheit, als Art platonisch. Sie ist das Produkt eines Systems der Laienmoral, die durch persönliche Ehrenhaftigkeit und gesellschaftliche Unantastbarkeit garantiert wird. Dieser Homme du monde, der im siebzehnten Jahrhundert Figur wird und den Ritter ablöst, hat Beziehung zum englischen Gentleman, aber er ist spiritueller. Ein galant homme hat soviel Esprit wie Honnêteté. Auch hier blicken wir auf das Beieinander von menschlicher und dialektischer Zucht, die mir für Frankreich so charakteristisch zu sein scheint. Dies also ist der Feind, dessen geistige Entwicklung sich nicht darin darlegt, daß er seine Vergangenheit zerstört, sondern daß er sie bindet. Tradition schaffen heißt, enorm gespannte Leitungen berühren können und sie weiterführen; diese Art haben sie drüben, während sie hier immer von neuem Felle und Harz gegeneinanderreiben und rauschhaft anschwellen, wenn sie ein Knistern erzeugen.

PROVOZIERTES LEBEN

I

Vor Jahren lief in Berlin ein Film, ein Negerfilm „Hosianna", in dem sah man Schwarze dadurch, daß sie gemeinsam sangen, in Rausch geraten. Die Anlage dazu lag in ihrer besonderen Natur, der Vorgang selbst geschah sinnlich wie bewußt. Von den Indianern wird ähnliches erzählt, der „Große Nachtgesang" ist eines ihrer Hauptfeste, die Männer fassen sich an, bewegen sich rhythmisch und geraten in Trance. Primitiv ist offenbar die Nähe von Rausch und einem nahen Übergang in ein kollektiv gesteigertes Existenzgefühl. Die Versammlung provoziert den Übergang durch Riten, Bewegungen, bestimmte uralte Lieder. Es ist ein Ruf der Rasse. Sein Wesen ist religiös und mythisch, eine erregende, das Einzelwesen steigernde Kommunion mit dem All.

Den Riten- und Bewegungs-, den Rhythmus-Trancen stehen die pflanzenentbundenen Steigerer und Rauscherzeuger gegenüber, ihre Verbreitung ist weit universaler. Mehrere Millionen Erdbewohner trinken oder rauchen indischen Hanf, unzählige Geschlechter, durch zweitausend Jahre. Dreihundert Millionen kauen Betel, die großen Reisvölker würden eher auf diesen als auf die Arekanuß verzichten, mit Kauen aufhören heißt für sie sterben. Die drei größten Weltteile erregen sich durch Koffein; in Tibet rechnet man die Zeit nach einer Tasse Tee und ihrer Wirkung; Tee fand man bei den Überresten prähistorischer Menschen. Chemische Stoffe mit Gehirnwirkung, Verwandler des Bewußtseins – erste Wendung des Primitiven zum Nervensystem. Wie er die Wirkung entdeckte, ist rätselhaft. Ein Urtrieb und ein Geheimnis liegt hier vor. Unter tausend Wurzeln, Sträuchern, Bäumen, Pilzen, Blüten – diese eine! Wahrscheinlich starben unzählige den Gifttod, ehe die Rasse am Ziel war: Steigerung, Ausweitung – provoziertes Leben. Karawanen mit Opium durchziehen die Wüste, Sykone wird umgetauft in Mekone, das heißt Mohnstadt. Auf dem Sarg der schlafenden Ariadne neigt sich über sie der bärtige Gott, der Schlafgott, der Mohnköpfe und das Mohnhorn trägt. Die Königin der Inkas nannte sich nach der wunderbaren Pflanze Erythroxylon coca: Mama Cuca; den Götzenbildern wird als Zeichen ihrer Göttlichkeit die eine Backe mit Cocablättern gefüllt; überall stehen die flaschenförmigen Kürbisse, in denen das Blatt, gemischt mit Kalk und Pflanzenasche, als fertiger Bissen verwahrt wird, die Spitze der langen Nadel wird mit dem Munde angefeuchtet, mit der man sie entnimmt. Die Wirkung eines Cocabissens dauert vierzig Minuten = drei Kilometer auf ebenem Terrain, zwei Kilometer beim Bergsteigen, das ist der Maßstab des Dosierens.

Im Träumer-Rancho von Ekuador, in Zelten, während der Zauberer die Trommel schlägt, in leeren Kellern, die an den Wänden steinerne Vorsprünge als Sitze der Gäste haben, auf besonderen Festen oder täglich, unter Ausschluß der Weiber oder an ihrer Seite erfolgt die Einverleibung: der „schwarze Trank", das „weiße Wasser", die „Fröhlichkeitspillen" oder das „Kraut der Gräber", das die Vereinigung mit den Geistern bringt. Stadien der Erregung, Stadien des Traums – man ist außer sich, aber man fühlt, man lernt aus Zuckungen und Atemstörungen, man erhält Apathie und Beweglichkeit, wie man es wünscht. Aus verdeckten Zentren, aus der Tiefe steigt es auf: ruhen, nie mehr sich bewegen –: Rückenlage, Regression, Aphasie. Stunden erfüllen sich mit gestillten Begierden, als wesenloses Leben hinzudämmern. Wer das tierisch nennt, verkennt die Lage: es ist unter dem Tier, weit unter den Reflexen, hin zu Wurzel, Kalk und Stein. Nicht Überdruß am Ende einer Rasse, nicht Entartung kann hier vorliegen, es sind ja frühe Völker, sondern etwas Primäres: Abwehr gegen das beginnende Bewußtsein, seine sinnlosen imperativen Projekte – verändern also die Raumverhältnisse, verlöschen die Zeit, auswehen das grauenvolle Rinnen ihrer Stunden.

Soweit schon durch das Gehirn, als Aufreihungsorgan, Erinnerungsbestände dasind, Zivilisationen –: Vergessen! Vor dem Bistro diese liniierten Typen, Eigenheimidealisten, abgewetzte Kinderreiche, Kurven ohne Ausschläge, genormter Müll – ah – Garçon, noch ein Glas Cocain-Pulque oder auf der Bequemlichkeit eine Prise Schnupfpulver an die Schleimhaut des Afters oder eine getränkte Pfropfplombe in einen kariösen, eigens dafür gepflegten Zahn – ah – schon beginnen die Perspektiven, unaufhörlich quillt es heraus aus Kreuzlinien, schlängelnd verläuft es und züngelnd – Nepenthes gab Helena den Helden beim Mahl, sicher ein Opiumpräparat, wenn die Stimmung sank, oder den Kriegern vor der Schlacht – ah, auch meine Schlacht beginnt – erst kommen Felder, bunt wie Edelsteine, dann rote Vögel – *eine Wirklichkeit rein aus Gehirnrinde* –, Kreuzmuster sind besonders häufig – „das müßten Juweliere und Künstler sehen, die könnten daraus Muster nehmen", die Farben werden feiner, von den Flächen hängen Schnüre, aus den Dingen blicken Wunder her.

Das Ich zerfällt, die Zerfallstellen sind die frühen Anlagerungsflächen. Weltallhafte Kälte, erhaben und eisig, entsteht im Gefüge, bei Glut in der Mittelachse; Empfinden von Gliederverlängerung und -verkürzung, Schwellungs- und Keulengefühle; gleichzeitig Schwellenverfeinerung: Eindrucksansturm, Fremdanregbarkeit, gerichtet auf etwas

Universales, ein Allgefühl –: „Gefühl des Mittags". Die
Sinne verwechseln ihre Kompetenzen: „mit dem Schlag der
Uhr taucht purpurne Farbe auf" – abwechselnd Verschmel-
zungs- und Abstandserleben; Durchkreuzungen der Ichhal-
tung, affektfremdes Lächeln, objektlose Tränen. Fähig-
keitsgefühle: „die Lösung unklar geahnter Probleme scheint
bevorzustehen" – „überall der unerhörte Jubel einer starken Harmonie" – „Herr, laß mich blühen" – (die „cosmic
emotion" Buckes).
Ein anderer: „Eine große Spannung kam über mich. Es
mußte sich mir Großes enthüllen. Ich würde das Wesen
aller Dinge sehen, alle Probleme des Weltgeschehens würden sich enthüllen. Ich war entsinnlicht." Spaziergang eines
Gottes am Po entlang. „Goldenes Spätnachmittagslicht."
Dann: „Nur Schönheit im ewigen Umgestalten von Formen
und Farben. Ein zunehmendes Gefühl der Befreiung kam
über mich. Hierin mußte sich alles lösen, *im Rhythmus lag
letzten Endes das Weltgeschehen.*" (Zu diesem Schluß
kommt auch Klages, nur nicht so eruptiv, sondern am Ende
eines langen Lebens und mit Hilfe vieler Bücher. Und die
Quantentheorie sagt auch nichts anderes.)
Seltsame Grunddurchdringung, Magmaosmose: „Ich brauche
Zeit, um mit meiner Weltanschauung fertig zu werden, die
sich bereits im Rohbau auf dem einzigen Satz erhebt: *Gott
ist eine Substanz.*" Gott ist eine Substanz, eine Droge! Eine
Rauschsubstanz mit verwandtschaftlicher Relation zu den
menschlichen Gehirnen. Durchaus möglich, jedenfalls wahr-
scheinlicher, als daß er eine Elektrisiermaschine ist oder
eine durch Pfropfung von Kaulquappengewebe in die
Mundgegend entstandene Spemannsche Tritonlarve . . .
Das Komplexe wird brüchig, man sieht durch die Risse:
„Ich hatte ein ganz eigenartiges Muskelgefühl. *Ich hätte
jeden einzelnen Muskel getrennt aus dem Körper heraus-*

nehmen können." (Long, long ago! Die „Muskelseele"
steigt auf, ihr Beitrag zur Entstehung des Bewußtseins.)
Die Rinde verliert den späterworbenen Besitz von Sinnes-
qualitäten spezifischer Art (sehen, hören, riechen, schmek-
ken) und antwortet in Formen allgemeiner Resonanz. Das
„Äußere" ist noch nicht da; Gründe wohl, aber Jagd- und
Fischgründe –: die Prähistorie der „Wirklichkeit".

II

Mit der Bildung des Begriffs „Wirklichkeit" begann die
Krise, das prämorbide Stadium, seine Tiefe, seine nihilistische Existenz. Die indisch-javanische Kunst (der Sockel von
Borobudur) zeigte noch um 800 nach Christus das andere
Stadium. Aus seinen fast unflätigen Überladungen, Wucherungen von Gliedern und Formen, aus den endlosen Reliefs
von Tieren, Pflanzen, Menschengewächsen, Bären, Blumen,
Bajaderen, Einsiedlern, Schildkröten, Schakalen, Affenfür-
sten, alles ohne Zuspitzung dargestellt, ungetrennt und unerschöpflich – die Menschen alle von der gleichen rund-
lichen glatten vollen Körperbildung mit verhältnismäßig
kleinen Köpfen, alle von der gleichen Gestalt, alle nackt –:
spricht das Tat twam asi, „auch das bist du", der indischen
Lehre, spricht die ethische und physiologische Promiskuität,
die einstige Eingeschlechtigkeit des primitiven Lebewesens,
das Samenbildung, Vermischung und Frucht in sich selber
vollzog, spricht aber auch eine noch jedem zugängliche
innere Welt, heiter, sanft und reigenverschlungen, die einen
Zusammenhalt noch kennt, einen der sich in steter Erneuerung um einen geistigen Wesenskern bildet. Aus ihm steigt
er auf, der Große Nacht- oder Taggesang, der Große Sockel-
gesang prälogischer, aber noch erfüllungsfähiger Welten.

Dreizehnhundert Jahre vor diesem Sockel, im Süden unseres
Erdteils, begann sich der Begriff der Wirklichkeit zu bilden.
Das hellenisch-europäische Prinzip des Agonalen, der Überwindung durch Leistung, List, Tücke, Gaben, Gewalt, griechisch in der Gestalt der Arena, späteuropäisch in der des Darwinismus und des Übermenschen, formte ihn bestimmend.
Das Ich trat hervor, trat nieder, kämpfte, dazu brauchte es
Mittel, Materie, Macht. Es stellte sich der Materie anders
gegenüber, es entfernte sich von ihr sinnlich, trat ihr aber
formal näher. Es zergliederte sie, prüfte sie und sonderte
aus: Waffe, Tauschobjekt, Lösegeld. Es klärte sie durch
Isolierung, brachte sie auf Formeln, riß Stücke aus ihr hervor, teilte sie auf. Gegenüber dem sanften javanischen Wo-
gengefühl liegt das Brutale und Niedrige dieses inneren
Verhaltens klar auf der Hand. Es wurde gebüßt durch die
Trennung von Ich und Welt, die schizoide Katastrophe, die
abendländische Schicksalsneurose: Wirklichkeit. Ein quä-
lender Begriff und er quälte alle, die Intelligenz unzähliger
Geschlechter spaltete sich an ihm. Ein Begriff, der als Verhängnis über dem Abendland lastete, mit dem es rang,
ohne ihn zu fassen, dem es Opfer brachte in Hekatomben
von Blut und Glück, und dessen Spannungen und Brechun-
gen kein natürlicher Blick und keine methodische Erkenntnis mehr in die wesenhafte Einheitsruhe prälogischer Seins-
formen abzuklären vermochte. Kant versuchte, an einem
bestimmten kritischen Punkt gewisse formale Sicherungen
einzusetzen, trieb ihn jedoch dadurch nur noch weiter vor,
er umschloß nunmehr nur noch die kausalanalytischen Ergebnisse, einschließlich die der biologischen Experimente,
alles andere war Traumwerk, Animismus, psychogene Arabeske. Eine Überwindung, durch mehrere Jahrzehnte, öffentlich nachprüfbar, gab es allein bei Goethe, hier lag eine
Dauerheilung vor, sie war jedoch rein persönlicher Natur.

Außer ihm hat ihn niemand überwunden und niemand kann ihn überwinden, vielmehr trat der kataklysmatische Charakter dieses Begriffs immer deutlicher zutage, so zum Beispiel bei Nietzsche. Der nahm diese Wirklichkeit so sehr als bare Münze, daß er sie mit Ideen und Züchtungsgedanken in höchst foudroyanter Weise „durchdringen" wollte und er sandte Zarathustra aus, „den Schaffenden zu schaffen", was diesem alten Ormuzd- und Ahriman-Dualisten zweifellos ganz fern lag, der hätte vermutlich nach einem Blick auf die undurchdringliche Sonne den zwischen die Rosenfelder von Schiras gesäten Mohn betrachtet und dann den Boden leicht mit der Stirn berührt: du gabst den Schire-Teriak und ich nehme! Ein Staat vollends, eine Gesellschaftsordnung, eine öffentliche Moral, für die Leben allein wirtschaftlich verwertbares Leben ist und die die Welt des provozierten Lebens nicht gelten läßt, kann seinen Zerstörungen nicht begegnen. Eine Gemeinschaft, deren Hygiene und Rassenpflege als modernes Ritual auf den hohlen biologisch-statistischen Erfahrungen beruht, kann immer nur den äußerlichen Massenstandpunkt vertreten, für den kann sie Kriege führen, unaufhörliche, denn Wirklichkeit ist für sie Rohstoffe, aber ihr metaphysischer Hintergrund bleibt ihr verschlossen. Das Vorstehende aber handelt von diesem Hintergrund und verbindet ihn mit dem Problem der Sublimierung, den „Emotions sublimes" Janets, nämlich mit Steigerungsphänomenen und Ausdruckswerten.

III

Es handelt sich um das mythische Kollektiv als Lebensgrund, als unreflektiertes Existenzgefühl, seine in uns noch verbliebenen Reste und die sie realisierenden Prozesse.

Gegenüber dem aus innerem Besitz sich verwirklichenden
Stammesleben der Primitiven, gegenüber dem bildergesät-
tigten Glauben der Asiaten kann es keinem Zweifel unterliegen, daß das, was die denaturierten europäischen Gehirne in ihren Berufsübungen, Interessenverbänden, Sip-
penzusammenrottungen, Sommerausflügen und sogenannten Festen an Lebensinhalt realisieren, das Platteste an
Konvention und Verbrauchtheit darstellt, das die geschichtliche Überlieferung kennt, die wenigen elementaren Verbrechen, die ein Jahrzehnt etwa mit sich bringt, genügen
nicht, um den Glauben an einen moralischen Besitz der
Rasse wachzuerhalten. Vor allem fehlt jede systematische
Erziehungsarbeit in der Richtung bewußter Vitalsteige-
rung, weil es ja eben der Epoche überhaupt an wahren
Grundsätzen fehlt. Sonst käme sie darauf, durch den Aus-
bau visionärer Zustände, etwa durch Meskalin oder Haschisch, der Rasse einen Zustrom von Erkenntnissen und
von Geist zu vermitteln, der eine neue schöpferische Periode
aus sich entbinden könnte. Oder sie fände die Idee, die
Hypnose – heute ausschließlich in den Händen kausal-
analytischer, auf Normbegriffe gedrillter Ärzte – nicht weiter allein auf Lebensbejahung im Sinne von Betriebsver-
wendbarkeit auszurichten, sondern die Freimachung un-
bewußter, das heißt eindruckslos gewordener Organfunk-
tionen sowie archaischer Mechanismen durch sie zu versuchen – überraschende Erlebnisresultate würden das Ergebnis sein. Pervitin könnte, statt es Bomberpiloten und
Bunkerpionieren einzupumpen, zielbewußt für Zerebral-
oszillationen in höheren Schulen angesetzt werden. Das
klingt wahrscheinlich manchem abwegig, ist aber nur die
natürliche Fortführung einer Menschheitsidee. Ob Rhythmus, ob Droge, ob das moderne autogene Training – es
ist das uralte Menschheitsverlangen nach Überwindung

unerträglich gewordener Spannungen, solcher zwischen
Außen und Innen, zwischen Gott und Nicht-Gott, zwischen
Ich und Wirklichkeit – und die alte und neue Menschheits-
erfahrung, über diese Überwindung zu verfügen. Das systematische „Atembeten" Buddhas, die rituellen Gebets-
haltungen der altchristlichen Hesychasten, Loyolas Atem-
holen mit je einem Wort des Vaterunsers, die Derwische,
die Jogas, die Dionysien, die Mysterien – es ist alles aus
einer Familie und die Verwandtschaft heißt Religions-
physiologie. Die deutsche Mystik, nach Jakob Böhme „das
Anheimfallen der natürlichen Ichheit an das Nichts" (be-
merkenswerterweise: an das Nichts, nicht an Gott), diese
Mystik, die ein moderner Forscher „eine fast experimen-
telle Religionspsychologie rücksichtslosester Art" nannte,
war nichts anderes – hier läge also vor: provozierte Religion.
Alles dies sind geschichtliche Tatsachen, weitverbreitete
Erfahrbarkeiten, selbst biologisch beurteilt: psychologische
Fakten. Gleichwohl steht der heutige Staat dem völlig
fremd gegenüber. Vielmehr gründete er kürzlich eine
Rauschgiftbekämpfungszentrale, und seine Biologen fühlen
sich auf der Höhe der Zeit. Es würde schwierig sein, ihm
zu bedeuten, daß sich diese Zentrale zum Menschheits-
problem verhält wie der Postbote zum Kosmopolitismus.
Ferner unterläßt er es nicht, die Möglichkeiten einer Steigerung der menschlichen Höhenfestigkeit für Bergsteiger
unter dem Einfluß von Medikamenten in großem Umfang
durch beauftragte Physiologen prüfen zu lassen, aber die
Möglichkeit einer Steigerung der formal-ästhetischen Funktionen beachtet er nicht. Er pflegt seine Muttermilchsam-
melstellen, in deren einer, wie kürzlich berichtet wurde,
von Frankfurt am Main zwölfhundert Mütter in zwei Jahren beispielhaft zehntausend Liter gaben, eine einzige

davon siebenhundertdreiundfünfzig Liter, eine andere bei
der Geburt ihres sechsten Kindes vierhundertsechzig Liter.
Potente Gehirne aber stärken sich nicht durch Milch, sondern durch Alkaloide. Ein so kleines Organ von dieser
Verletzlichkeit, das es fertigbrachte, die Pyramiden und
die Gammastrahlen, die Löwen und die Eisberge nicht
nur anzugehen, sondern sie zu erzeugen und zu denken,
kann man nicht wie ein Vergißmeinnicht mit Grundwasser
begießen, Abgestandenes findet es schon genug. *Existenz
heißt Nervenexistenz*, das heißt Reizbarkeit, Zucht, enormes Tatsachenwissen, Kunst. Leiden heißt am Bewußtsein
leiden, nicht an Todesfällen. Arbeiten heißt Steigerung zu
geistigen Formen. Mit einem Wort: *Leben heißt provoziertes Leben.*

Hier tritt natürlich sofort der Einwand der *Schädigung*
auf, des einzelnen wie der Rasse. Drogen, Räusche, Ekstasen, seelische Exhibitionismen, das klingt der Volksgemein-
schaft infernalisch. Aber dieser Begriff Schädigung gehört
zunächst in das Bezugssystem „Kausalanalyse" und „Biologie" und hat nur die sehr bedingte Geltung dieser. Aber
selbst innerhalb ihrer steht die Vorhaltung dieses Begriffs
einem Staat nicht zu, solange er Kriege führt, bei denen
innerhalb von drei Jahren drei Millionen Männer getötet
werden, dies ist ganz zweifellos eine stärkere Schädigung
einzelner und gemeinschaftlicher Interessen, als es Experimente sein könnten, die die steigernden Wirkungen von
Drogen prüften. Es handelt sich also gar nicht um Schädigung, sondern um Grundsätze und was man darunter verstanden wissen möchte. Wenn man dann den Begriff Schädigung noch allgemeiner betrachtet, so ist es äußerst interessant festzustellen, daß Schädigungen universaler Art, die
eine Rasse treffen, ihr Kompensationen bringen können,
die das Verlorene weit an Lebenswert übertreffen. So war

zum Beispiel der Verlust des Hautpigments, der die weiße
Rasse aussonderte, zunächst durch Ausfall der Schutzreak-
tionen gegen die unvorstellbare Wucht der Strahlung eine
Lebensschwächung gefährlichster Art, aber dann trat ein
anderer Abkömmling des gemeinsamen primären Keim-
blattes, des Ektoderms, ausgleichend hervor und entwik-
kelte das überragende, der Gefahr begegnende Nervensystem, das in uns mündet. Auf Grund, jedenfalls in zeit-
licher Nachfolge dieser Schädigung entstand das weiße
menschliche Gehirn. Man muß also, wenn man das Wort
Schädigung anwendet, immer die näheren Beziehungen
angeben. Ob und wieso man in dieser Beziehung das ver-
sackende mitteleuropäische Gehirn überhaupt schädigen
kann, bedürfte der weiteren Bestimmung.

Niemand wird auf diesem Gebiet zu Erkenntnissen kommen, der es nicht unterläßt, in der Nähe des Gehirns zu
zweckmäßig und zu kurzfristig zu meditieren. Das Gehirn
ist das Schulbeispiel für den Pygmäencharakter der kausalen Theorien, es hat seinen Weg mit höchst akausalen
Schritten zurückgelegt, vor ihm versagen alle biologischen
Hypothesen. Es scheint nach den Arbeiten von Versluys,
Poetzl und Lorenz festzustehen, daß es sich durch sprung-
weise Verdoppelung der Neuronen bei gleichzeitiger Neu-
gliederung der Rindenregionen entwickelte. „Zwischenfor-
men fehlen." Hier ist nichts von Anpassung, Summierung
kleinster Reize, allmählichem Faul- und Reifwerden bis
zu einer Zweckmäßigkeitsumstellung, *hier waren immer
Schöpfungskrisen.* Es ist das mutative, das heißt revolutio-
näre Organ schlechthin. Sein Wesen war nie Inhalt, sondern immer Form, seine Mittel Steigerung, sein Verlangen
Reize. Diese Herberge von Rudimenten und Katakomben
brachte von Anfang an alles mit, es war nicht auf Eindrücke angewiesen, es produzierte sich selbst, wenn man es

rief. Es wendete sich keineswegs bevorzugt an „das Leben", sondern ebenso an Letalfaktoren, Hunger, Fasten, Auf-Nägel-Treten, Schlangen-Vorsingen, Zauberei, Bionegatives, Tod.

Mens sana in corpore sano war eine Redeblüte der römischen Kriegerkaste, die im Turnvater Jahn und in den bayerischen Lodenjoppen ihre moderne Auferstehung fand. Nach geistigen Maßstäben hat der extravagante Körper mehr geleistet als der normale, seine bionegativen Eigenschaften schufen und tragen die menschliche Welt. Vor diesen Maßstäben gibt es überhaupt keine Wirklichkeit, auch keine Geschichte, sondern gewisse Gehirne realisieren in gewissen Zeitabständen ihre Träume, die Bilder des großen Urtraums sind, in rückerinnerndem Wissen. Diese Realisation vollzieht sich in „Stein, Vers, Flötenlied", dann entsteht Kunst; manchmal nur in Gedanken und Ekstasen. Ein wundervoller Satz aus einem Roman von Thornton Wilder kennzeichnet die Lage: „Wir kommen aus einer Welt, in der wir unglaubliche Maßstäbe der Vollkommenheit gekannt haben und erinnern uns undeutlich der Schönheiten, die wir nie festzuhalten vermochten, und kehren wieder in jene Welt zurück." Deutlich neigt sich Platon herüber; endogene Bilder sind die letzte uns gebliebene Erfahrbarkeit des Glücks.

BEZUGSSYSTEME

Die griechische Philosophie begann im Jahre 585 vor Christus, als Thales von Milet eine Sonnenfinsternis voraussagte, und endete im Jahre 529 nach Christus, als der christliche Kaiser Justinian die Schule von Athen schloß. Innerhalb dieser elf Jahrhunderte liegen drei, während der sich ein Gebiet besonders entwickelte, das die Griechen Physik oder die Erforschung der Dinge nannten, es sind die von 600 bis 300 vor Christus, dies war die Epoche der ersten europäischen Naturwissenschaften. Nach dem Tod des Aristoteles (322 vor Christus) geriet die Physik in den Hintergrund und die Suche nach einem ethischen und religiösen Glauben trat herrschend hervor.

Die Epoche der zweiten europäischen Naturwissenschaften begann um 1600, ihr Bannkreis umschlingt uns. Im allgemeinen läßt man sie mit Leonardo da Vinci beginnen, jedoch zu Unrecht, das Charakteristische trat erst in Kepler und Galilei hervor, nämlich die neue werbende Grundhaltung zur Natur als zu einer Quelle mechanischer Kraft. Es war ein veränderter konstitutioneller Typ, der diese Naturwissenschaften aufbaute.

Vergleicht man diese beiden Perioden, so treten folgende Unterschiede deutlich hervor. Das affektive Element, das die erste Periode produktiv machte, war *mythische Kosmogonie,* das heißt erzählende Beschreibung von der Entstehung und Entwicklung eines geordneten Universums. Innerhalb dieser Beschreibungen lassen sich zwei Richtungen erkennen: das Entwicklungssystem (Schule von Milet) und das Schöpfungssystem, das Platon bevorzugte. Das Schöpfungssystem hat den bedeutungsvollen Kern, daß der Kosmos weder einen zeitlichen Anfang noch je ein

Ende habe. Die Darstellung beschränkt sich auf ein Zer-
gliedern der komplexen Welt in einfachere Faktoren, nirgendwo die Annahme einer Entwicklung aus einem ungeordneten Zustand heraus, der einst wirklich existiert hätte.
Beiden griechischen Systemen gemeinsam ist, daß sie sich
mit Dingen beschäftigen, die völlig jenseits aller unmittelbaren Beobachtung liegen, niemand kam darauf, daß man
Feuer oder Wasser oder Urluft oder Urnebel, die doch
den Anfang aller Dinge bilden sollten, durch Experimente
überprüfen könnte. Die physikalischen Theorien, an denen
es ja nicht mangelte, waren nicht abgeleitete Erfahrungen,
nicht Induktion, sondern sie waren Geschichte, die in der
fernsten Vergangenheit geschehen war. Anaximenes aus
der milesischen Schule, der annahm, Erde und Steine seien
dadurch entstanden, daß der Urnebel vom gasförmigen in
den flüssigen Zustand überging, er kälter und dichter und
kompakter wurde, stellte niemals einen Krug mit Wasser
in die kalte Nacht hinaus, um festzustellen, in welchem
Maße sich Wasser beim Gefrieren zusammenzöge. Das Ergebnis würde ihn überrascht haben. Die antiken Systeme
befaßten sich nicht mit dem Verhalten der Dinge, sondern
mit ihrem Wesen: was sind die Dinge in ihrem Wesen?
Und ihre Antwort lautete: Ordnung, Form. J. M. Cornford, dem ich das Vorstehende verdanke, schreibt hierüber:
„Ein Töpfer ist dabei, Ton zu kneten. Frage: was für ein
Ding macht er da? Eine Teekanne. Was ist eine Teekanne?
Ein Gefäß mit einer Schnaupe, um den Tee hindurch-
gießen, mit einem Deckel, um ihn warmhalten, und einem
Henkel, um die Kanne anfassen zu können, ohne sich die
Finger zu verbrennen. In diesem Fall begriffe man das
Wesen des Gegenstandes im Hinblick auf seinen Zweck,
der ihm sein charakteristisches Gepräge gibt. Das Material
spielt dabei keine Rolle: man kann die Teekanne aus Ton,

Silber oder sonst einem festen Stoff machen, in dem sich
Flüssigkeiten bewahren lassen. Das Wesen aber, das wirkliche Sein, die Substanz des Gegenstandes ist seine Form.
Man stelle sich nun vor, die Welt sei, insofern sie planvoll
geschaffen ist, nach Art der Teekanne geschaffen. Der
Stoff wird dann um der Form willen dasein, die verwirklicht werden soll. Das Wesen alles Lebendigen wird
in der vollendeten Form bestehen, in die es hineinwächst.
Es offenbart sich im ausgewachsenen Baum, nicht im Samen. Das wahre Wesen muß also am Ende, nicht am Anfang gesucht werden, da das Ende unwiderlegbar den Sinn
einer bewußt oder unbewußt wirksamen Absicht aufzwingt.
Diese Art der Weltschau erreichte in wohlbedachtem Gegensatz zum Materialismus ihren Höhepunkt in Platon und
Aristoteles." Man kann demnach auch sagen: *die griechische Physik hatte ästhetischen Charakter.*

Die modernen Naturwissenschaften fragen nicht nach dem
Wesen der Dinge, sondern nach ihrem *Verhalten.* Sie beschreiben nicht Geschichte, sondern sie fassen Geschehnisfolgen ins Auge und variieren diese Geschehnisfolgen
willkürlich. Dieser Typ will beobachten, und was er beobachten will, ist die Aufeinanderfolge von Ursache und
Wirkung. Hier liegt nach seinem Gefühl ein unveränderliches Gesetz vor, das er *Kausalität* nennt und deren Anfang, erste Ursache, er offenläßt. Also eine Einengung der
Natur auf das Schema von Ursache und Wirkung, auf das
laufende Band chemisch-physikalischer Bedingungen. Er
setzt voraus, daß hier eine Determinierung allgemeinster
Art vorliegt, und er will sie finden. Primär ist hier also
eine konstitutionelle Wendung nach außen, ins Extrover-
tierte: nicht das Wesen der Dinge steht zur Frage, nicht
ihre Herkunft, nicht ihre Bedeutsamkeit, sondern ihr Ver-

halten, ihr äußerer Ablauf innerhalb dieser bestimmten experimentell-maschinellen Methode. Aus deren Ergebnissen baut er die Welt auf, einschließlich des Menschen, es wäre untragbar, mit ihm eine neue absehbare Reihe von Geschehnisfolgen beginnen zu lassen, sofern das einem nicht genügt, mag er sich auf gewisse Goethe-Sentenzen und einige Abschiedsfloskeln alternder Physiker zurückziehen, aber die Methode darf er nicht irritieren.

Beschrieben werden die in Frage stehenden Vorgänge allein mit den Worten und Begriffen aus dem nunmehr während dreier Jahrhunderte erwachsenen Bezugssystem, ein System, zu dem Begriff und Wort „Form" ebensowenig gehören wie die des Seienden und des Sinnhaften; gelegentlich taucht der Begriff „Gestalt" auf, ein unheimlicher Begriff, an ihm bewegt sich nichts unmittelbar genug zwischen Ursache und Wirkung. Wer hier beobachtet, will Veränderungen wahrnehmen, Differenzen, Quanten, keinen Olymp, keine Schöpfung – das optische System, das hier arbeitet, ist ein Elefantenauge, das kann Ruhendes nicht sehen.

Das affektive Bezugssystem, innerhalb dessen sich die antike Physik bewegte, war eine Art innerer Ordnung, Anschauung, Harmonie, das entsprach der griechischen Welt. Die neue Physik wäre von vornherein nicht genügend charakterisiert, wenn man nicht sofort auf ihre andersartige affektive Lage verwiese: ihr klares Streben nach *praktischer* Verwertung ihrer Beobachtungen, nach Herrschaft über die Natur, nach Macht. Cornford sagt: „Im Gegensatz zu unserer Zeit ist festzustellen, daß zwischen antiker Wissenschaft und antiker Industrie keine Beziehung bestand." Macaulay, in seinem berühmten Essay über Bacon, greift die griechische Philosophie heftig an „wegen ihres mangelnden Interesses für die Produktionsmittel";

Bacons Ziel demgegenüber war: „Frucht". Frucht heißt:
Nützlichkeit, Fortschritt, Verbesserungen – „wir wissen,
daß heute Kanonen, Stahlwaren, Ferngläser, Uhren besser
sind als in den Tagen unserer Väter und daß sie in den
Tagen unserer Väter besser waren als zur Zeit unserer
Großväter". Dieser Drang, wissenschaftlich gesehen, zur
Bestätigung der Hypothesen durch die gegenwärtige Natur, gesellschaftlich gesprochen, zur Verwertbarkeit des
Erforschten, lag vom ersten Augenblick an im Wesen der
neuen naturwissenschaftlichen Bewegung. Mit ihr begann
die Technik, die Welterschließung und das neue historische
und geographische Lustgefühl.

Dieses induktive Prinzip strebte also über die chemisch-
pyhsikalischen Zusammenhänge weit hinaus und kam zu
seiner Bestimmung. Es prägte den äußeren Verlauf des
Lebens, lieferte affektives Bezugssystem für die gesamte
Gesellschaft, experimentell erhärteten Denkinhalt für den
Wehr- und Nährstand, schuf den Satz vom Grund für die
Industriemagnaten, die die Forschungsinstitute finanzier-
ten, und die Generale, die mit Hilfe der besseren Kanonen
die Kohlenbecken überfielen. Es formte den modernen
Staat, seine ausschließlich gewerblichen und turnerischen
Maßstäbe: Rohstoffe und die körperliche Behendigkeit,
sie zu fassen und zu transportieren. Er nahm ihm den
letzten Rest eines idealen Schimmers, der seit Plato noch
um ihn, den Staat, lag – und von der geheimnisvollen
Hieroglyphe zwischen ihm und dem Genius, von der
Nietzsche sprach, blieb nichts mehr übrig. Ausbeutung und
Keimfreiheit in Orient und Okzident – ja, diese chemisch-
physikalische Kausalität, diese partielle Funktion, dieses
Elefantenauge hat tatsächlich eine Totalität über vier Erdteile geschlagen, die über die des Christentums weit hinausgeht, auch über die der Haschischraucher und Betel-

kauer, welche beiden letzteren nur etwa fünfhundert Millionen der Erdbewohner ausmachen.

Ist es nur ein neuer Betelbissen, den der depigmentierte Enkel der Schneebraunen, der Vor-Weißen als Ersatz für die verlorengegangene Hautfähigkeit des Gilbens und Rötens in seinen zerebralen Kompensationszentren noch eine Weile kaut? Eine Euphorie aus dynamischen Theorien und kausalistischen Vollzügen – wie weit aber geht seine Identität mit dem anthropologischen Sein? „Kausalbeziehungen sind oberflächlicher Natur", sagt Hume (1711 bis 1776), trotzdem ging die Bewegung weiter. Also zum mindesten eine zeitlich-geographische Identität mit dem Jahrhunderttyp der europäischen Rasse ist evident. Diese kausalen Kräfte traten zwischen gewissen Breitengraden auf und dies mit einer geradezu extravaganten organisatorischen Potenz. Eine Expansion von deletärem Charakter – deletär, verglichen mit der Antike in bezug auf Substanz, Sein, ordnendes Gefühl. Als Erkenntnisprinzip sich zwischen anderen haltend: der griechische Kosmos war auch ein Erkenntnisprinzip und das Tabu der Melanesier wie der Zauber der Inkas nicht weniger und beides sogar ein solches hoher Rassen. Expansion da wie dort: das gesamte Stammesleben mit öffentlichen Gebräuchen und Rechtsprechungen wird durch die Tabu-Regeln bestimmt, und der griechische Kosmos schuf durch den Hellenismus die innere Lebensform für die halbe Erde. Auch liegt es nahe, auf das mittelalterliche Weltbild zu verweisen in seiner völligen Geschlossenheit zum symbolischen Ausdruck, jede Einzelheit bezogen auf den Grundriß, den Grundgedanken, die Kirche, außerhalb derer ein Heil nicht ist. Formal gesehen: alles Bezugssysteme, Ordnungsgrundsätze axiomatischen Charakters – und damit erweitert sich unsere Umschreibung der beiden naturwissenschaftlichen Epochen: die modernen Disziplinen, die Paläontologie, die Ethnologie, die Primitiven-Psychologie, die Aufdeckung der Göttersysteme, die Gräberforschung, das Studium der Felsbilder, die Kritik der Formwerdung von Schild und Bogen, die Analyse der Stilkreise, das Studium ferner versunkener Kulturen, alles dies führt zu einer globalen synchronen Perspektive. Ihre Folgerung kann nur die sein von der *Relativität der Bezugssysteme,* ihrer Erkenntnismittel und ihrer Realisationsmethoden, bestimmt durch ihre zeitlich-abschnittliche und geographische Begrenzung. Auf uns angewendet würde es heißen, daß zum Beispiel Kant innerhalb des induktiven Bezugssystems als Fertiger und Verfestiger der kausalanalytischen Sicherungsverwahrung Verbindliches verrichtete, daß er aber außerhalb dieses Kulturkreises eine etwas seltsame jogihafte Figur in einer klimatisch ungünstigen Stadt ist, abwegig für jene anderen wie für uns der Trance-Tänzer von Bali oder der Regen-Zauberer bei den Makonis. Bezugssysteme –: Verhaltungen und Mittagsstunden des Verhüllten, Erscheinungsformen, lange Launen des „Endgültig Realen", das hier wie dort in immer neuen ethnischen Wesenheiten Bezugssysteme auflöst und eröffnet, Kausalreihen abschließt, Entropien umkehrt und in fortgesetzter Zeugung und Vermehrung des Unwahrscheinlichen und Kompliziert-Geordneten weiter das Äußerste leistet.

Die klassische Mechanik wird der Optik, allgemeiner gesagt, der Elektrodynamik eingegliedert, die zweiundneun-
zig Elemente der alten Physik, die es bis 1900 gab, werden
auf zwei, nämlich Elektron und Proton[1], zurückgeführt. Die
Elemente sind austauschbar. Die Zeit ist nur ein Faktor
der Messung. Alle sind Erscheinungsformen dessen, was
die moderne Physik das „Endgültig Reale" und das „Absolut Reale" nennt –: ein X, das immer rätselhafter wird,
je mehr man sich ihm methodisch nähert. Immer klarer
treten sich die beiden Reiche gegenüber: die Ausdruckswelt, als Summe der Begriffe, die die Generationen geistig
erarbeiteten und vorsichbrachten, und dann dieser Hintergrund, einst die Substanz, dann das Ens realissimum des
Descartes, heute also das „Endgültig Reale".

Die Ausdruckswelt und das Wirkliche! Anzunehmen, daß
zwischen ihnen keine Zwangsbeziehungen beständen, zwischen ihnen keine Ananke waltete, wäre Mangel an Tiefe,
selbst dann, wenn nicht vor unseren Augen *die tatsächliche
Umgestaltung des Wirklichen durch den Geist* bestünde.
Die Atomumwandlungen sagen alles. Das Uranatom, dessen Aufspaltung den Physikern gelang, läßt die Möglichkeit ins Auge fassen, durch fortgesetztes Aufprallen von
Neutronen auf Uranatome in sich multiplizierenden Wirkungen so viel Energiebeträge freizumachen, daß die
Planeten in Katastrophen verwickelt werden könnten.
Der formenbildende Geist ist bestimmt in der Lage, an
einem Prozeß, der die Materie auflöst, mitzuwirken. Das
„Endgültig Reale" sandte ihn in einer späten Schöpfungs-
stunde hervor, um sich mit ihm zu befruchten und zu zerstören.

Befruchten und zerstören – Begriffe der Konvention, der
menschlichen Konvention; und mit „Zwangsbeziehung"
kann natürlich in keiner Weise gemeint sein, daß sich aus
ihr irgendeine Erkenntnis im allgemeineren Sinne ergäbe
oder gar etwas anderes als eine nur lokale Identität. Wenn
man sich einen Augenblick vergegenwärtigt, daß das, was
wir Zeit nennen und die wir doch schmecken und atmen,
die unser Denken begleitet wie unsere Schmerzen und
unsere Liebe, vermutlich doch nur ein Splitter ist von etwas
ganz Wesensfremdem, ein Bruchstück aus verhangen trei-
benden Welten, nur ein Reflex von Spiegeln und Spiegel-
bildern, und wenn wir uns dann sagen, daß wir aus lauter
solchen Bruchstücken und Fragmenten unsere Menschenumwelt, unsere erdgeschichtliche und rassische Spezialpar-
titur abgreifen und spielen, so wird zusammenschrumpfen,
daß auf Grund unseres Zeitempfindens und auf Grund
unserer Zeitwahrheit aus Gestern für uns nie Heute wird,
und die zahllosen anderen Lebensumwelten und Vor-Le-
bens- und Nach-Lebensumwelten und alle jene Vorzeitens-
und Vergessenswelten werden stärker hervortreten, die
von den Äonen verschenkt werden, die wechselnd sinken
und thronen.

Innerhalb dieser Menschenumwelt gibt es eine Ameisenart, ihr Zeichen ist Emsigkeit und stiller Fleiß. Die Gelehrten. Im einzelnen könnten sie in Erstaunen versetzen.
An einer Stelle steht die Kommission für Sonnenstrahlung
und Sonnenspektroskopie und veröffentlicht sich folgendermaßen: „Während die Aufzählung der verschiedenen Gebiete unserer Arbeit verhältnismäßig vollständig erscheint,
haben wir von einem allgemeinen Gesichtspunkt aus zu
betrachten, ob wir schon fähig sind, die einfachsten funda-
mentalen Fragen über die Sonne zu beantworten, die der
eigentliche Zweck sonnenphysikalischer Untersuchungen

sind. Man wird sehen, wie wenig wirkliche Kenntnisse wir
besitzen und wie schwer es ist, Fortschritte zu machen." Aus
dem Bericht für die Internationale Astronomentagung in
Stockholm, 1938. Die Geschichte dieses vorläufigen Denkens, dem es schwerwird, Fortschritte zu machen, ist, wie
sich leicht feststellen läßt, über hundert Jahre alt. 1814
entdeckte Fraunhofer die nach ihm genannten Linien im
Spektrum, 1851 wurden die Protuberanzen entdeckt, 1900
die Temperatur der Sonne auf 7 000° abgeleitet. Trotzdem
weiß man 1938 in Stockholm nach vier Forschergenerationen über die Sonne nichts . . . An anderer Stelle die Biologen. Sie denken konditional: unter welchen Bedingungen
entsteht, wächst, verändert sich „Leben", unter welchen
chemisch-physikalischen Bedingungen, so fragt ihr besonderer Termitenblick. Noch mehr Forschergenerationen als
bei den Astronomen, mehr Arbeitshypothesen, Ordnungs-
theorien, Beobachtungsprinzipien, auch Experimente – See-
igeleier lassen sich natürlich leichter variieren als Sonnen
–, Institute, Laboratorien, Meerschweinchen- und Ratten-
farmen über die ganze Ökumene, Mäuse im Bombardement
von Kleinstkörperstrahlen, Lurche, denen man die Gene
buchstäblich zerschießt – aber hinsichtlich des Lebens und
was es eigentlich sei, wurde kürzlich verkündet, würden
vielleicht in hundert Jahren die Vorarbeiten so weit abgeschlossen sein, um in die Prüfung eintreten zu können, nach
welchen Prinzipien eine organismische Schau zu begründen
sei. – Erstaunlich! Ameisen! Wer also innerhalb der nächsten hundert Jahre etwas über das Leben wissen will, muß
bei anderen Tieren des Waldes fragen . . .
Aber was werden die anderen Tiere antworten, selbst die
besten, die gefleckten, auch die sanften, auch die Tauben?
Werden sie darauf hinweisen, daß diese Frage schon durch
Hegel beantwortet sei, der es für den Eigensinn erklärte,

der dem Menschen Ehre macht, nichts in der Gesinnung anzuerkennen, was nicht durch den Gedanken gerechtfertigt
ist? Was ist Gedanke, wann wird etwas Gedanke? Welche
Breite muß eine Basis, welche Schwere ein Fond haben, um
eine aufsteigende Idee oder eine Beobachtung als Gedanken zu legitimieren? In der modernen Strahlenforschung
ist ein Gedanke aufgetaucht, der die Sonne verdunkelt.
Die Mikroskope verlassen schon das sichtbare Licht, sie
machen sich frei von dessen begrenzter Wellenlänge und
arbeiten mit der tausendmal kleineren des künstlich erzeug-
ten Elektronenstrahls. Auf die Sonne fallen Schatten. Sie
war leuchtend und ist vierhundert Millionen Jahre alt, aber
1895 fand man die Röntgen- und Gammastrahlen, 1900
die radioaktiven Strahlen, 1930 die Höhenstrahlen – davon die beiden erstgenannten künstlich erzeugte Strahlen,
und sie alle drei in ihrer Gesamtheit unvergleichlich um-
fang- und folgenreicher als das Licht. Die Gamma- und die
radioaktiven Strahlen bewirken die künstliche Atomum-
wandlung; die Höhenstrahlen werden nicht von den aller-
obersten Bodenschichten der Erde verschluckt, sie dringen
dreihundert Meter in festes Erdreich und siebenhundert Meter in Wasser ein, es durchschießen den Menschen hundert
Millionen von ihnen pro Tag; an Herkunft sind sie uner-
fahrbar, vermutlich stammen sie aus sagenhaften Fernen
neuentspringender Sterne, ihre Wirkung ist kaum von Theorien bisher gestreift. Immer ungeheurer werden die Räume,
die die neuen Hypothesen in ihre Beurteilung ziehen, selt-
samerweise immer kleiner und ausdrucksloser die verwende-
ten Apparate. Keine Laboratorien mehr, die lauten Maschinen schweigen, die großen Funken werden leer und stumm.
In gasdicht abgeschlossenen Gefäßen von Form und Größe
einer Konservenbüchse beobachtet man die Explosion von
Gestirnen und die Feldstärke von mit menschlichen Zahlen-

ordnungen gar nicht mehr ausdrückbaren Massen der Novasysteme. Im Ballonkorb, durch die Stratosphäre geschleift, mit einer Kapsel von Apfelsinengröße erzeugt man und mißt man die von – vor zehn Jahren noch völlig unbekannten – Strahlen ausgelöste Ionenlawine. Die Materialisierung der Strahlung und die Zerstrahlung der Materie. Die Natur geht über in eine Verflechtung von Begriffen und Symbolen und diese erzeugen wiederum Materie und Natur. Die Einheit von Materie und Energie ist ebenso vollzogen, wie die Einheit von Gedanke und bewegter Natur. Einst war wohl Gott der Schöpfer der Welten, und zweifellos gibt es Älteres als Blut, aber seit einiger Zeit treiben die Gehirne die Erde weiter und die Entwicklung der Welt nimmt ihren Weg durch die menschlichen Begriffe, und offenbar ist es zur Zeit ihr Haupt- und Lieblingsweg. Demnach antworteten die Tiere des Waldes tatsächlich mit der Hegelschen Apotheose, daß Gott in der Natur seinen Leib und im Menschen sein Selbstbewußtsein habe und daß der Gedanke die zweite Welt bedeute, die Überwelt, die Formelwelt einer sich bewußtwerdenden, vorher dumpfen und gebundenen, aber unstillbar sich verwandelnden Bewegung?

PESSIMISMUS

Der Mensch ist nicht einsam, aber denken ist einsam. Der Mensch ist sicher von Trauervollem dicht umhüllt, aber viele nehmen teil an dieser Trauer und bei allen ist sie populär. Das Denken aber ist ichgebunden und solitär. Vielleicht dachten die Primitiven kollektiv, die Indianer, die Melanesier, am deutlichsten die Neger, hier könnte manches als Steigerung durch Massenteilnahme gedeutet werden, aber andererseits weisen die Gestalten der Zauberer, Medizinmänner, Heilbringer schon auf dieser Stufe auf das Individuell-Isolierte der geistigen Äußerung hin. Was die weiße Rasse angeht, so weiß ich nicht, ob ihr Leben Glück ist, aber jedenfalls ihr Denken ist pessimistisch.

Der Pessimismus ist das Element ihres Schöpferischen. Wir leben allerdings in einer Epoche, in der er als entartet gilt. Es hat Zeiten gegeben, zum Beispiel im vierten und fünften Jahrhundert, in denen, noch ohne alle Einwirkungen der Völkerwanderung, der Pessimismus eine fast allgemein, wenigstens theoretisch zugegebene Gesinnung war. Die Entstehung der Klöster, in Ägypten und Palästina, war ihr Werk. Übrigens eine Massenbewegung: das Osterfest in Tabenna feierten zur Zeit des Hieronymus fünfzigtausend Mönche und Nonnen, alle aus der Gegend des Nils. Sie hausten in Felsverstecken, Grabmälern zwischen Meer und Sümpfen, Rohrhütten, verlassenen Kastellen, Schlangen um die Knienden, die Reflexe der Wüste um die Verzückten – Wölfe und Füchse sprangen vorbei, während der Heilige betet. Was sie trieb, war die Verneinung der Welt, des Säkulums. Ihre Folgen sind bis heute um uns: die reinste monotheistische Religion, die Literatur der Antike, die

Philosophie der Ideen und Bilder, kurz: das Abendland gäbe es nicht ohne sie.

Der Pessimismus ist kein christliches Motiv. In den Chören des Sophokles heißt es, daß nie geboren zu werden das beste sei, doch wenn du lebst, ist das andere, schnell dahinzugehn, woher du kamst. Daß wir solcher Stoff sind wie der von Träumen, lehrte zweitausend Jahre vor dem Schwan vom Avon der Buddhismus, die Inkarnation alles dessen, was je der Pessimismus an Ausdruck und Inhalt fand. Der moderne Nihilismus geht über Schopenhauer unmittelbar auf ihn zurück. „Verlöschen" –, „Auswehen", „Spiele eines Gauklers" –, „sternenloses Nichts". Es ist höchst auffallend festzustellen, daß dieser erste echte, man könnte sagen volkhafte Pessimismus, der sich als System und Massenüberzeugung in der Weltgeschichte zeigte, nicht in den unterdrückten unteren Ständen Indiens auftrat, sondern innerhalb des mächtigen Brahmanismus. Aus dem an Genuß und Besitz tropisch reichen Fürstentum trat Shakyamuni, der Einsiedler aus dem Geschlecht der Sakya, hervor (geboren 623 vor Christus). Noch merkwürdiger aber ist, daß eine Lehre nicht Übel irgendwelcher Art, soziale moralische, physische Leidenszustände aufheben wollte, sondern *die Existenz selbst,* die Substanz des Daseins überhaupt. Das Leben als solches wirft jene Handvoll Staub in die Luft, in den Kreislauf des Werdens, vor Sansaras Rad – also auslöschen es – auswehen jeden Durst des Verlangens – keine Götter – das Nichts. Am Anfang steht eine Form des Pessimismus, der jede geschichtliche Arbeit verneint, den Staat, jede Gemeinschaft – ein *existentieller* Pessimismus mit erklärter Richtung auf Keimzerstörung. Und in der Richtung auf Keimzerstörung gipfelt er dann in *Schopenhauer*: „Die Päderastie ist ein Strategem der infolge ihrer eigenen Gesetze in die Enge getriebenen

Natur, eine Eselsbrücke, die sie gebaut hat, um von zwei
Übeln das geringere zu wählen." „Das Leben ist fortgesetzter Betrug, hat es versprochen, so hält es nicht, hat es
gegeben, so war es nur, um zu nehmen." Hier gibt es weder
Bewußtes noch Unbewußtes, weder Substanz noch Kausalität, weder Realität noch Traum, nur grundlosen, blinden,
erkenntnisunfähigen Willen. Dahinter steht *Schelling,* für
den das Menschenhaupt nur „das Schwanzstück der Schöpfung" ist, der Mensch „eine spaßhafte Bestie", Totenköpfe
hinter den liebäugelnden Larven, auch die Sterne voll
Knochen und Würmern; er sagt: „Es ist alles nichts und
würgt sich selbst auf und schlingt sich gierig hinunter, und
eben dieses Sichverschlingen ist die tückische Spiegelfech-
terei, als gäbe es etwas, da doch, wenn das Würgen einmal
innehalten wollte, eben das Nichts recht deutlich zur Erscheinung käme, daß sie davor erschrecken müßten." Dahinter *Byron:* „Fluch dem, der Leben schuf"; „die Taten
von Athens großen Männern sind das Märchen einer
Stunde, die Erzählung eines Schulknaben." *Pierre Bayle:*
„die Geschichte ist eine Sammlung von Untaten, auf tausend Verbrechen kommt kaum eine tugendhafte Tat."
Diderot: „geboren werden in der Unmündigkeit unter
Schmerz und Geschrei; das Spielwerk der Unwissenheit,
des Irrtums, des Bedürfnisses, der Krankheit, der Schlech-
tigkeiten und der Leidenschaften zu sein; Schritt vor Schritt
von dem Augenblick an, wo man stammelt, bis zu dem
Fortgehn, wo man faselt; zwischen Schelmen und Scharla-
tanen aller Art leben; auslöschen zwischen jemand, der uns
den Puls fühlt, und einem anderen, der uns bestürzt macht,
nicht wissen, woher man kommt, warum man gekommen
ist, wohin man geht – das nennt man das wichtigste Geschenk unserer Eltern und der Natur: das Leben." Stehn
die Römer: *Plinius:* „die Natur hat demnach den Menschen

nichts Besseres gegeben als die Kürze des Lebens." *Marc Aurel:* „das Wesen des Menschen ist flüssig, sein Empfinden trübe, die Substanz seines Leibes leicht verweslich, seine Seele einem Kreisel vergleichbar, sein Schicksal schwer zu bestimmen, sein Ruf eine ungewisse Sache." – „Traum und Rausch – – Krieg und Wanderung – – sein Nachruhm die Vergessenheit." „Eintagsfliegen beide: der, welcher gedenkt und jener, dessen gedacht wird." „Das Gestern eine Seifenblase, das Morgen erst eine einbalsamierte Leiche, dann ein Haufen Asche." „Das Leben wird in schlechter Gesellschaft, in zerbrechlichem Körper zurückgelegt; was bei dem Schmutz und der Verkommenheit der Zustände, bei dem ewigen Wechsel von Wesen und Form, bei der Unberechenbarkeit der Richtung, die die Dinge nehmen, was da der Liebe und des Strebens noch wert sein soll, ist nicht einzusehn." „Der einzige Trost, der allgemeinen Auflösung entgegenzugehn." *Septimus Severus* zurückblickend auf den Weg, den er aus einer niedrigen Stellung bis zu kaiserlicher Größe gegangen war, die Summe ziehend: „omnia fui et nihil expedit"; ich bin alles gewesen, und es hat nichts geholfen. *Karl V.* auf dem Weg nach St. Just: daß die größten Glückseligkeiten, die er genossen, immer mit so vielfachem Unglück verbunden waren, daß er in Wahrheit sagen müsse, es sei ihm nie ein reiner Genuß, nie eine ungemischte Freude zuteil geworden.

Die drei letzten waren Kaiser, sie trugen den Stirnreif und Gewalt der Welt. Offenbar: wer wirken will, verkennt die Tat, jedenfalls die Tat verläuft anders als ihr Traum: omnia fui et nihil expedit. Verlöschen – Auswehn – hispanische Mönche, schließt mir auf die Tür! Wie aber ist jenes Wort aus den „Wanderjahren" zu deuten: „Wenn man einmal weiß, worauf alles ankommt, hört man auf,

gesprächig zu sein" – auch dies eine Wendung in das
Schweigen, fort von Teilnahme und Gemeinschaft, ein
äußerst ablehnendes Wort, sollte auch der, der es schrieb
und der zu Eckermann bekannte, daß ihm das Leben das
ewige Wälzen eines Steines war, der immer von neuem gehoben werden sollte, und daß er in fünfundsiebzig Jahren
keine vier Wochen eigentlichen Behagens verlebt habe –
sollte auch er –: *prae-nihilistisch* gewesen sein? Oder was
hatte den angestrengtesten Verklärer des Daseins betroffen, den großen Nierenprüfer und Schlußabrechner, was
hatte Nietzsche verloren, daß die Welt ein Tor wurde „zu
tausend Wüsten stumm und kalt", gibt es eine andere
Auslegung für diese schwerwiegenden Verse mit ihrem
Titel „Vereinsamt" als die Annahme des Verlustes von
jedem Glauben an Gemeinschaft, an Höherwollen und
Höherkönnen des Starken, an Biologie, an Rasse, an blonde
Bestie („Cäsar mit der Seele Christi") – kam vielleicht von
hier aus der Zusammenbruch, der Fall in das zehnjährige
Krankenbett-Nirwana nach so viel gigantischen Züchtungs-
visionen?

Omnia fui et nihil expedit. Das Spiel ist die Kerzen nicht
wert. Vulnerant omnes, ultima necat: „Alle verwunden,
die letzte tötet", gemeint sind die Stunden – Inschrift auf
dem Zifferblatt einer mittelalterlichen Sonnenuhr. Und
die antike Wasseruhr im Deutschen Museum in München,
die Nymphe, die die Stunden, die Minuten mit ihren Tränen weint – alles Präludien des europäischen Nihilismus.
Mit einem Wort, *der Pessimismus ist ein legitimes Prinzip
der Seele*, ein uraltes, das in der weißen Rasse echte Formen fand, und das durch sie in die Zukunft verflochten
werden wird, falls ihr noch die metaphysische Macht der
Einverleibung und Einverwandlung, der Integration und
Gestaltung zu eigen ist. In diese Richtung wird man auch

die merkwürdige Stelle aus einem Burckhardt-Brief des
Jahres 1875 rechnen können, die davon spricht, daß die
Weltschlacht zwischen Optimismus und Pessimismus noch
wird geschlagen werden müssen. Der Sieg, setzen wir heute
hinzu, kann nur im Zeichen des Pessimismus erfolgen, nur
die Verneinung wird jene neue Welt mit erschaffen helfen,
zu der nicht nur der Mensch, sondern nicht weniger die
Natur selbst drängt, in der sie ihre Verwandlung fühlt:
die Ausdruckswelt.

PALLAS

I

Athene, der Schläfe des Zeus entsprungen, blauäugig, mit glänzenden Waffen, der mutterlose Gott. Pallas – ein Ergötzen an Schlachten und Zerstörung, das Haupt der Medusa auf dem Schild vor der Brust, den düsteren freudlosen Nachtvogel über dem Haupt; – sie tritt ein wenig zurück und hebt mit einem Griff den ungeheuren Grenzstein vom Feld gegen Mars, der zu Troja, der zu Helena hält; – Venus klagt über ihre von Diomed verwundete Hand: Gelächter über dies Blut, sie wird sich an einer goldenen Schnalle geritzt haben beim Liebkosen unten, in der Nähe irgendeines Panzers; – Pallas, jenseits von Sappho und Maria, einmal fast überwältigt im Dunkel einer Grotte, immer im Helm, nie befruchtet, kinderlose Göttin, kalt und allein.

Pallas schützt Muttermörder! Bei der Abstimmung erzwingt ihre Stimme gegen die Erinnyen den Freispruch des Orest. (Äschylos, Die Eumeniden, 458 vor Christus, Theater des Bacchus.) Athene sagt:

> Nicht ist die Mutter ihres Kindes Zeugerin,
> sie trägt und hegt das aufgeweckte Leben nur.

Mit diesen Versen beginnt das Kataklysma. Entthronung der Frau als primäres und supremes Geschlecht. Erniedrigung der Frau zu besambarer Hetäre. Fluchzeit beginnt. Platon, Äschylos, Augustin, Michelangelo – alles Fluchzeit, zum Teil sogar Päderasten. Der moderne Propagator des Muttergeistes äußert sich: „Ein herrlicher Sieg, fürwahr! Klytämnestra erschlug den lasterhaften Agamemnon, der

ihre, der Mutter Tochter Iphigenia am Opferaltar hinge-
schlachtet hatte und der bei seiner Heimkehr nach Mykene
seine neuen Weiber mitbrachte. Orest, ihr Sohn, erschlug
darauf Klytämnestra, seine Mutter, die ihm den Vater
getötet hatte. Die Erinnyen traten als Klägerinnen gegen
den Muttermörder auf, Apollon und Athene verteidigen
ihn vor Gericht und erzwingen seinen Freispruch. Beider
Plädoyer für die Vateridee und die Erlaubtheit des Mut-
termordes kennzeichnen hinlänglich den Verfall der Sit-
ten, der sich unter dem Durchbruch des apollinischen Son-
nensystems, der Paternitätsidee im klassischen Griechenland, verbirgt." „Eine widernatürliche dichterische Idee."
„Den Dichterphilosophen (Äschylos) mag immerhin seine
Unkenntnis biologischer Tatsachen entschuldigen." „Der
unsittliche und gewalttätige Geist der Vaterrechtsethik."
„Einer der folgenschwersten Fehltritte des Kulturmen-
schen." Denn: „Muttermord ist weit unsühnbarer als Gattenmord durch das Weib, der sich in der Natur, zum
Beispiel bei der Biene, oft genug findet."
Bei der Biene! Die Biene ist des Muttergeistlers liebstes
Tier. „Das religiös-soziale Wunder des Bienenlebens."
„Tausend Meter über der Erde, wo die Lerchen singen und
die Wolken ziehn, findet die Begattung statt. Dort holt
der stärkste Drohn die Königin ein, klammert sich an ihren
melissenduftenden Leib und macht ihren Schoß lebendig,
um gleich darauf zu sterben. Es ist gleichsam der Himmel
selbst, der die Königin befruchtet in der Einsamkeit des
blauen Raums." So plädiert unser moderner Mutterrechtler. Nach den Bienen kommen die Ameisen. „Männliche
Geschlechtstiere befinden sich nur kurze Zeit im Ameisen-
staat. An den sozialen Arbeiten beteiligen sie sich nicht."
Schließlich die Blattläuse: „Man könnte als Gesetz aufstel-
len, daß alle nicht vom Muttergeist konstituierten Staats·

verbände über das Prinzip von Blattlausansammlungen nicht hinauskommen." Die Insekten gegen Pallas!

Isis, Demeter – das waren Zeiten! Ischtar-Madonna, Unsere Liebe Frau, mit der Kuh, dem säugenden Wesen, als Muttersymbol; ferner die Vaterlosigkeit aller vorderasiatischen Erlöser, gewisse Gottmenschen wurden fünfmal in den Mutterleib zurückverlegt; doch auch Diotima frisierte sich zunächst sich spiegelnd noch im kahlen Schädel des Sokrates und, was er auch darin erwog, er hielt ihn jedenfalls hin – aber dann das Kataklysma! Pallas! Jetzt steht ihr großes ehernes Standbild auf dem freien Platz zwischen den beiden Tempeln. Und was trieb dann Sokrates gleich darauf mit Phaidros am Illissos? Dies ist der Allmutter nicht wohlgefällig! Die Flut zeugenden Lebens, allein für ihren Schoß bestimmt, unter den Händen philosophierender Greise pockennarbigen Antlitzes dialektisch erkaltet! (Unser Mutterrechtler!)

Pallas, die den Mann beschützt, die Klare, wo doch alles Urgrund, Urschoß, Urdunkel und Urmunkel bleiben sollte! Pallas, die Achill, Theseus, Herakles hochbrachte, die die Kraft mit dem Löwengesicht hochbrachte, den brüllenden Weltstier, wenn er die Färse nicht gleich bekommt, dann denkt er aus List und Rache mit Hörnern und Hoden! Erst denkt er als Duftzerstäuber und Verführer mit Aromen, Verdampfer zerebraler Riechstoffe – in Ehren –! Wenn er doch Stier geblieben wäre, Riechstoff, Pfau, Äffchen, josephischer Stallwächter, aber er ward dies transzendentale Männersubjekt, androkratischer Irrdenker, Tempelpäderast, widernatürlich, sittenverderbt und die Ursache aller Verbrechen! Cherchez l'homme! Warum läßt die Gesellschaft ihn frei gewähren? Im Brunstkoller das kindlichste und gefährlichste Wesen, noch schnalzt und pfeift er, dreht sich als der balzende Hahn, gleich darauf

ist er besinnungslos und mordet. Sein Denken, primär
reines Spektakel, Girren, Anpeilung der Schwellkörper,
Staffage eines ausmerzbaren Geschlechts, zu nichts bestimmt als zum Mitöffner der Pforte der Geburten –
dieser düstere Büchsenöffner, nun machte er sich selbstän-
dig mit seinen Systemen, lauter negativen, und konträren
Wahnen – alle diese Lamas, Buddhas, Gottmenschen,
Gottkönige, Heilande und Erlöser und keiner hat die Welt
wirklich erlöst – alle diese tragischen männlichen Zöliba-
täre, fremd dem stofflichen Urboden der Natur, abge-
wandt dem geheimen Muttersinn der Dinge, unbeabsich-
tigte Spaltungen der Formkraft, unreine Vernunft, trübe
Gäste, denen die gemeinsamen musikalischen Werbeaktio-
nen der Zikaden und Frösche weit über sind und die in den
höchsten und sozialen Tierstaaten, den Hautflüglerstaaten,
wo alles normal im Paarungsakt endet, für Staatsfeinde
erklärt und nur für Zeit geduldet würden –, alles dies
führte Pallas herauf, von Pallas zur Schizophrenie ist nur
ein Schritt – Pallas und der Nihilismus, Pallas und die
progressive Zerebralisation – unter jenen Platanen begann
sie in dem dicken widerlichen Schädel des Sokrates, in ihm
die ersten Spiegelungen und Projektionen – ach, und einst
spiegelte er deine Haare und deine Lippen, o Diotima!

II

Das, was lebt, ist etwas anderes als das, was denkt. Dies
ist eine fundamentale Tatsache von heute, wir müssen uns
mit ihr abfinden. Ob es einmal anders war, ob aus Nach-
welten eine siderische Vereinigung heranschimmert, in dieser Stunde ist sie jedenfalls nicht da. Nicht nur abfinden:
anerkennen, verteidigen die oresteische Epoche, die Welt

als spirituelle Konstruktion, als transzendentale Apperzeption, die Existenz als geistigen Aufbau, das Sein als einen Traum von Form. Es ist schwer erkämpft dies alles, sehr durchlitten, dies und anderes dazu. Pallas erfand die Flöte – Rohr und Wachs –, ein kleines Ding. Auch unser Gehirn findet sich vor einer Raumbegrenzung. Wir können nur wenig umfangreiche Teilzentren bilden; horizontal und zeitlich lange Perspektiven zu entwickeln, ist uns nicht gegeben. Kleine Räume beschicken, meißeln auf Handflächengröße, enge Zusammenfassungen, knappe Thesen –: alles Weitere liegt außerhalb der Epoche.

Eine Feier dem Dionysos, dem Wein gegen die Ähre, Bacchus gegen Demeter, der phallischen Kongestion gegen den Neunmonatszauber, dem Aphorismus gegen den historischen Roman! Man hat ein Stück erarbeitet, Papier mit Schreibmaschine, Gedanken, Sätze, es lagert auf dem Tisch. Man kommt zurück aus anderen Bereichen, Menschenkreisen, Berufssphären, Beladungen des Gehirns mit Sachverhalten, Überspülungen, Verdrängungen jedes Flugs und jedes Traums – nach Stunden zurück und sieht auf dem Tisch den weißen Streifen. Was ist das? Lebloses Etwas, vage Welten, qualvoll und unter Anstrengungen Zusammengebrachtes, Zusammengedachtes, Gruppiertes, Geprüftes, Verbessertes, erbärmlich Gebliebenes, Loses, Unbewiesenes, Schwaches – Zunder, dekadentes Nichts. Eine Abwegigkeit das Ganze, ein Leiden der Rasse, ein dunkles Mal, eine Verirrung der Zusammenhänge? Da nähert sich Pallas, nie beirrt, immer im Helm, nie befruchtet, schmale kinderlose Göttin, vom Vater geboren ohne das Geschlecht.

Es nähert sich das Gesetz der Kälte, der geringen Gemeinschaft. Aus dem Blut erneuern sich die Tiere, an den Lenden erschöpft sich die Natur; nach ihr – vor ihr im

Zyklus der Stunden erschien der Geist, brach hervor zum ersten Mal in einem geschaffenen Wesen und erfüllte es mit dem Traum des Absoluten. Auch Träume zeugen, Bilder weben, Begriffe brennen Sache und Ding – Asche die Erde, Schlacke wir. Nietzsche sagt, die Griechen regenerierten und berichtigten sich immer wieder an ihren physiologischen Bedürfnissen, das erhielt ihr Leben – es mag so gewesen sein, aber seine eigenen physiologischen Bedürfnisse hießen Erkenntnis, das war die neue Biologie, die der Geist verlangte und schuf. Aus der Sinnlosigkeit des materiellen und geschichtlichen Prozesses erhob sich eine neue Realität, geschaffen von den Beauftragten der Formvernunft, die zweite Realität, erarbeitet von den langsamen Sammlern und Herbeiführern gedanklicher Entscheidungen. Es gibt kein Zurück. Keine Anrufung Ischtars, kein Retournons à la grand'mère, keine Beschwörung der Mutterreiche, keine Inthronisierung Gretchens über Nietzsche kann daran etwas ändern, daß es einen Naturzustand für uns überhaupt nicht mehr gibt. Wo Mensch im Naturzustand vorhanden, hat er paläontologischen und musealen Charakter. Der weiße letzte ist nicht mehr Natur, er ist den Weg gegangen, den ihn jenes „Absolut Reale", Götter, Vor-Götter, Ur, Vor-Ure, Ens realissimum, Natura naturans, mit einem Wort: das Herz der Finsternis getrieben hat – er trat heraus aus der Natur. Sein Ziel, mag sein nur sein Übergang, jedenfalls sein existentieller Auftrag lautet nicht mehr natürliche Natur, sondern bearbeitete Natur, gedankliche Natur, stilisierte Natur – Kunst.

Die Ausdruckswelt! Vor ihr steht Pallas, kinderlose Göttin, schweigt der Enkel Demeters und aller embryonalen Gallerte, das mag ruhn im Urdunkel, in den Knien der Götter. Diese, ewige Odembläser und Lehmkneter, Tausendfüßler und Tausendfärber, die Zeit und Raum wieder einholen

werden und die Spaltpilze und die Spektren, diese werden
auch die Enkel nicht allzuwenig spielen und leiden lassen
– dereinst! Ich aber sehe um mich die Achäer. Achill, in die
Scheide das Schwert: *noch nicht* – oder ich reiße dich an
deinem gelben Haar; – Odysseus, Verschlagener, da liegt die
Insel, du holst den Bogen des Philoktet. *Heute! Dies!* Nicht
Okeanos, nicht die wüste Masse der Flut; wo die Schiffe
segeln, die Ägäis und das Tyrrhenische Meer – *dort*! Enkel!
Schon gibt es Nährquellen aus dem Golfstrom, die Meteore
liefern schmackhafte und gepflegte Aufbaustoffe – die
Milch der Mollusken ist gesichert – Du wende dich – hole
den Bogen – du allein!

Pallas verhält, es ist Abend, sie löst den Panzer, die Brünne
mit dem Haupt der Gorgo abwärtsnehmend, dies Haupt,
in dem der babylonische Drache Tiamat und die Schlange
Apophis aus Ägypten weiterleben, aber geschlagen und besiegt. Es ist Abend, dort liegt ihre Stadt, steiniges Land,
der Marmorberg und die zwei Flüsse. Überall der Ölbaum,
ihr Werk, große Haine. Sie steht auf der Richtstätte von
damals, dem Areshügel, der alten Amazonenburg, die Theseus, der Steinaufheber, zerstörte. Vor ihr die Stufen des
Altars, auf dem der Richtspruch sich entschied. Sie sieht die
Furien, sie sieht Orest. Sie sieht Apollon, den Gefährten
der Szene, und ihr fällt die Bemerkung des Proteus ein,
des Beherrschers der Meerkälber, daß an dieser Stelle nicht
weit vor, nach Götterstunden gerechnet, ein anderer stehen
würde, um die Auferstehung der Toten zu verkünden.
Klytämnestra – Agamemnon; Gattenmord – Muttermord;
Vateridee – Mutteridee –; Erschlagene und Auferstandene:
alles nur Gemurmel, alles Ideen – auch Ideen sind sinnlos
wie Fakten, genau so chaotisch, da auch sie nur einen geringen Teil des Äon ordnen und beleuchten; – es gelten
nur die abgeschlossenen Gebilde, die Statuen, die Friese,

der Schild des Achill, diese sind ohne Ideen, sagen nur sich
selbst und sind vollendet.

Da unter den Sternen erblickte sie das Horn der Amalthea,
der kretischen Ziege, die den Vater als Knaben säugte,
Tauben brachten ihm Nahrung, goldgefärbte Immen führten ihm Honig zu. Das Unförmliche, Ungebildete, Unbegrenzte vertilgte er dann, dazu die Titanen und Giganten,
das Grenzenlose. Dieser Stern hatte ein helles grünes Licht,
er war reiner als Ariadne, daneben, die Bacchus im Reiz
der Liebe emporgeschleudert hatte. Sie gedachte des Vaters.
Durch einen mit Ziegenhaar umwickelten Stein rettete Rhea,
seine Mutter, sein Leben. Sie gab ihn dem Saturn zum Ver-
schlingen statt des neugeborenen Götterkindes. Dieser oft
erwähnte Stein! Das Lebende und Gebildete hatte Zeit
gewonnen, sich verstohlenerweise an das Licht zu bringen!
Dann begann seine Herrschaft, und der Lauf der Dinge
kam in sein Gleis. Dies Land, in dem die Armut zu Hause
war und die von den Vätern ererbte Sitte, nur durch Arbeit
und Einsicht Vorzüge zu erringen – nun dort die Götter-
bilder aus Elfenbein und Gold, nun dort der geisterhaft
weiße Zug der Propyläen. Darin erkannte, darin erschuf
sich ein Volk. Wie lange war es her, daß die Strahlen des
Helios nicht mehr nur Rücken und Flossen unterwärts Blik-
kender, sondern ein erwiderndes Feuer trafen, seit im auf-
rechten Gang ein Sterblicher zum Anschauen von sich selber gelangte, sich selbst bedeutete und dachte und innerlich
in sich gekehrt sein eigenes Wesen an sich selber zurück-
gab in Äußerungen und Werken: jetzt – hier! Pallas wandte
sich und schritt zur Stadt. Die schimmerte von Olivenzwei-
gen und roten Distelköpfen; die Spieler von morgen wog-
ten durch die Straßen, Scharen von Wallfahrern und die
Masse der Schauer. Es war der Abend vor den Panathenäen. Die von den Quellen, die von den Terrassen der

Berge, die von den Grabhügeln in den Sümpfen um Marathon; die von der See kamen, waren nach der blitzenden
Lanze der Athene Promachos gesegelt, das war das Leucht-
feuer gewesen. Morgen traten sie vor die Bilder und die
Statuen und die für das Spiel verfertigten Masken. Alle
die Hellenen! Die Hellenen von den Platanen, die meißel-
führenden, die oresteischen Hellenen! Zwischen ihnen nun
verschwand Pallas, mutterlose Göttin, wieder gerüstet und
allein.

ZUM THEMA GESCHICHTE

I

Fürst Talleyrand hat das sehr einfache Geheimnis seiner
sehr komplizierten Politik mit den Worten enthüllt: „nur
kein Übereifer." Wir pflücken allzu unreife Früchte und
hemmen mit unserer Ungeduld die Entwicklung der Dinge.
Kein Wort findet sich häufiger unter Napoleons Aus-
sprüchen über politische und strategische Lagen als das
etwas vulgäre: „die Birne ist noch nicht reif." „Überwach-
sen, nicht überwältigen", sagt Laotse, das ist die Stimmung der tiefsten Schicht; oder sein anderer Satz: „Das
Abwartende pflegen und das Auswirkenlassen des Seins."
Alles meint das gleiche, Reifsein ist alles. Wer stillsteht,
auf den kommen die Dinge zu. Die Männer großer äußerer
Erfolge wie die Männer großer innerer Erfahrung vereinen sich darin, ihren eigenen Willen zu überwachen und
das Bereitwerden der Objekte zu empfinden.
In dieselbe Richtung ist die Tatsache zu deuten, daß die
Geschichte Methoden anwendet, die den geistig Wachen
und Aufmerksamen übergehn. Einer ihrer eklatantesten
Züge an ihren Wendepunkten ist die Verwendung von
Mikrozephalen. Der denkerische Typ ist bereits zu trieb-
entfremdet und muskelentwöhnt, um ihrer geologischen
Bewegung zu genügen. Auch Napoleon ist innerhalb seines
Jahrhunderts ein mikrozephaler Artillerist, Hauptmann
mit der Fahne, ein Dutzend Pferde, auf denen er mit seinen prallen Schenkeln saß und kommandierte, fielen unter
seinem Leib. Beweglichkeit („Vitesse! Vitesse!"), solange
es vorwärtsging; nach Fehlschlägen schleunigste Flucht
(Beresina, Leipzig, Waterloo) –; Beweglichkeit und Feuer-
werk, Beschwörungen und Knallfrösche. Was er hinterließ,

was übrigblieb, sind Militärstraßen, die die Städte umgehen, und die Gesellschaft im Chaos als Material für die
Balzacschen Romane. Alexander und Alkibiades werden
nichts anderes gewesen sein, motorische Typen, Rossebän-
diger, Freischwimmer, Furtenüberquerer – Legenden durch
einige Geschlechter, Fetische, Bilder. In Formen von Dauer
gehn sie nicht ein durch das, was sie marschierten und liefen, proklamierten und transpirierten; am Leben gehalten
werden sie und die Völker von den Friesen der meißel-
führenden Bildner, den Chören der Eumeniden, die mit
des Opfers stillem Blut des Landes Unheil wehren, von
den Worten orphisch und den „Verlorenen Illusionen".
Die ganze Geschichte, die Geschichte der weißen Rasse, ist
der Weg der verlorenen Illusionen von der Glorie des
Helden und der Mythe der Macht. Diese Birne wird jetzt
reif, es gilbt ihre Schale, ihr Saft wird süß, es rüstet sich ihr
Fest.

Der Held und der Durchschnitt –, ein affektives Begegnen!
„Wo du nicht bist, kann ich nicht sein" – Lehársche Melo-
dik, und dies Land des Lächelns heißt Geschichte – ein
Lächeln allerdings auf den Zügen von Leichen und eine
Geschichte, erhellt allein vom Gold und Purpurrot geistig
einfacher, gutbezahlter, moralisch undifferenzierter Generale. Die Qualität einer Armee beruht auf der Eitelkeit
und der Armut ihrer unteren Offiziere. Dies treibt sie vor
und als Drittes, daß sie einen Beruf höherer Art nicht erlernten. „Sie lesen wohl Bücher" – sagte eine höhere
Charge –, „habe ich nie gemacht; Zigarre, Schnaps und
Zungenkuß und sonntags natürlich in den Gottesdienst,
aber Bücher, – doch, über die Königin Luise habe ich eins
gelesen" –: diese Charge war unter anderen menschlich
anständig und moralisch solide. Man trifft auch Generale
von geistigem Rang, aber sie sind selten, sie bestimmen

die Klasse nicht, sie sind eher verdächtig. Kaum einer sah
im Frieden ein anderes Land, spricht eine fremde Sprache,
auch der Adel stirbt aus, man läßt ihn fallen – auf den
Schlachtfeldern; jetzt sind die „Zwölfender" aristokratisch,
orthographische Fehler empfehlen den Avantageur. Sprengen, Bunkerstürmen, Brückenköpfevortreiben, niederbren-
nen, versenken, zerstören –: vernichten, vernichten, vernichten –: dafür das Eichenlaub und die Brillanten, das
ist die Werbung des Staates um die Jugend. Erziehung
heißt: geschickt zum Mord; Führer: heimtückisch und ge-
rissen. Es ist völlig unerfindlich, warum die Natur die
Aasgeier und Hyänen verließ und am sechsten Schöp-
fungstag nicht weiter in Schakalen machte, sondern das Antlitz schuf, über das Tränen rannen und das sich erhob.
Und es ward ausgeworfen der große Drache –: Dschingis-
Khan, der sieben Millionen mordete, die Spanier in Mexiko, unsere „Genesungsbewegung" im Osten – die Frage
ist unbeantwortet, wer mehr menschliches Gut zerstörte:
die Elemente oder die Geschichte. Selbst nimmt man den
natürlichen Tod hinzu, bleibt doch der willentliche Anteil
des Menschen wesentlich und sehr beachtlich. Der ungebro-
chene und offenbar unbrechbare Wille im Namen Baals,
im Namen von Lokalgöttern, mythologisierten Gauwäch-
tern, idealisierten Stammräubern, Halluzinationen, Fetischen, Phrasen – dies alles setzt die anthropologische Zer-
störungsgeologie in hohem Prozentsatz neben die elementare. Die erwachten Deutschen haben den Ehrgeiz, wenigstens in diesem Sinne, anthropologisch führend zu sein:
„das Reich"! Der Maßstab für den deutschen Menschen ist
der tote Ostsoldat. Wer ißt, dient dem Feind; wer lebt, ist
dadurch schon ein Landesverräter. Am Tatarengraben bei
Kertsch verstümmelt ruhen –: dann ist der Sinn erfüllt,
dann ist es „beispielhaft", dann küren ihn die Asen und

das Grab am Busento rauscht durch die Jahrhunderte seine Herzogsfanfare, sein Gotenlied.

Es handelt sich nicht um Ansichten, Meinungen, Weltanschauungen, es handelt sich um einen bestimmten Konstitutionstyp. Der Nationalsozialismus hatte darin recht, einen bestimmten Typ ausrotten zu wollen und darin vorbildlich zu werden, soweit es ihm gelang. Wir bestrafen nicht Fehler und Vergehn, lehrte seine Rechtsphilosophie, wir verfolgen Typen. Welcher Typ es ist, schildert der Universitätsprofessor Erich Jaensch in seinem Buch: „Der Gegentypus". Der Gegentyp ist der „Auflösungstyp", nämlich alles, was sich der „prallen Jugendform" entgegenstellt, und der Charaktererziehung zum „reifenden Wir". Die „gefühlsbeseelte Pyknika" (kurzbeinig, breithüftig, „totale Schwangerschaft") ist die Idealgestalt. Es gibt eine Venus aus Wöllersdorf, eine Venus aus der Steinzeit, unproportioniert, aber riesig in bezug auf Gesäß und Genital, das ist die biologisch hochwertige Stilform, die hat den richtigen Integrationskern. Alles andere ist Desintegration, Auflösung, Unterwertigkeit, finalbetontes Ausgangsarrangement. Bei Jaensch heißt dies der „S-Typ". Jaensch war der Leiter des Instituts für psychologische Anthropologie an der Universität Marburg. Er vertritt die Wissenschaft des Dritten Reichs. Von ihm stammt der eminente Ausdruck für den Nationalsozialismus als *„Genesungsbewegung"*. Den Auflösungstyp führt Jaensch ohne jede wissenschaftliche Begründung auf die Durchseuchung der modernen Menschheit mit Tuberkolose zurück. Der Kochsche Bazillus – aus ihm Niedergang, Dolchstoß, Systemzeit. Sofern das keine Reklame für den Janningsfilm war, ist es nur erklärlich aus dem Haß des Jaensch gegen Thomas Mann, in seinen Augen die Inkarnation des S-Typs, und seinen „Zauberberg". Der Typ, den aufzulösen entgegen Jaensch anderen die ganze Zeit über am Herzen lag, stand den George Groszschen Figuren wesentlich näher als der empfängnisbereiten Pyknika.

II

Die Genesungsbewegung! „Für ein Auge – zwei, für einen Zahn – den ganzen Kiefer", das war ihr Genesungsmotiv, gegen moralische Beurteilungen erhob sich ihr Gefühl. Anbetung der Macht, ganz gleich, ob sie die gemeinste, dümmste, schakalhafteste Gesinnung vertrat, wenn es nur die Macht war: Führer befiel, wir folgen! Geborene Lumpen und trainierte Mörder, – alles, was an ihnen nicht unter diese beiden Begriffe fällt, ist Blattpflanze, dekorative Arabeske. Mit diesen Dekorationen umgeben sie sich gern, zum Beispiel Goebbels spricht unaufhörlich über Kunst, es wirkt so, als wenn die Regenwürmer sagten, was sind wir doch für ein rapides Geschlecht, ich sah erst gestern einen Vogel, der mußte die Flügel bewegen, um vorwärtszukommen. Der dicke Reichsmarschall mit Orden und Medaillen von der Schilddrüse bis zur Milz, wenn er in seinen Reden nicht weiterkam, flicht er immer ein: – „wie ist das doch gewaltig, meine Freunde" – in der Tat, es ist gewaltig, was diese Bewegung dem einzelnen brachte: Jagdschlösser, Gamsreviere, Inseln im Wannsee, sogar Umlegungen von Autobahnen für die Kühlwagen der Lieferanten –, eine wahre Gesundmachung ging für einige von dieser Genesungsbewegung aus!

Deutschland hat seine Bestien hochgelassen, schrieb Heinrich Mann bald nach seiner Emigration, aber alles, was die Emigranten schrieben, genügte uns hier nicht. Waren es die Bestien oder waren es die Deutschen, fragten wir uns im-

mer wieder, die hier genasen? Sehr verdächtig in dieser
Richtung ist der Erlösungsgedanke, der ihre Musik- und
Bühnendramen durchzieht. Tannhäuser und seine Variationen, Fliegender Holländer, Parsifal, nicht „Faust",
aber die faustischen Motive –: erst benehmen sie sich wie
die Schweine, dann wollen sie erlöst werden. Von irgendeiner „höheren" Macht, die ihnen ihr tumbes, stures Weben und Wabern vergibt. Sie kommen gar nicht darauf,
sich selber durch einen Gedanken innerer Erziehung, durch
Einfügen in ein Moralprinzip oder eine prophylaktische
Vernunft in Ordnung zu halten oder wieder in Form zu
bringen, sie haben ihre „Dränge", das ist faustisch – und
dann wollen sie erlöst werden.

Auch die Haltung ihrer führenden Männer, noch in Frie-
densjahren, bekräftigt Heinrich Mann. Da sitzen sie in der
Festsitzung der Deutschen Akademie, zu der Goebbels ge-
laden hat. Die großen Dirigenten, die ordentlichen Professoren für Philosophie oder Physik, Ehrensenatoren noch
aus den alten anständigen Zeiten, Pour-le-mérite-Träger
der Friedensklasse, Reichsgerichtspräsidenten, kaiserliche
Exzellenzen, Verleger, „erwünschte" Romanschreiber,
Goethe-Forscher, Denkmalspfleger, Staatsschauspieler, Ge-
neralintendanten, der ehrbare Kaufmann und alle ausnahmslos lassen das antisemitische Geschwätz des Ministers
ruhig über sich ergehen. Sie rücken interessiert hin und her,
sie rühren die Arme, – erst vor kurzem hat die philosophische Fakultät Thomas Mann aus der Reihe der Ehren-
doktoren ausgestoßen, die naturwissenschaftliche einen
Rasseforscher, der die idiotischen Teutonismen nicht mitmachte, ins Lager gebracht; jeder der Anwesenden weiß,
einer der edelsten Geistlichen, ehemaliger U-Bootskom-
mandant mit zwölf Feindfahrten, wird im Lager gefoltert,
weil er lehrte, daß Gott größer sei als dieser Hitler; jeder

der zuhörenden Wissenschaftler ist darüber orientiert, daß die Portiers und Blockwalter gehört werden, ob ein in ihrem Bezirk wohnender Gelehrter einen Lehrstuhl bekommen darf; sie alle ausnahmslos sehen die Lastwagen, auf die jüdische Kinder, vor aller Augen aus den Häusern geholt, geworfen werden, um für immer zu verschwinden: dieses Ministers Werk –: sie alle rühren die Arme und klatschen diesem Goebbels zu. Da sitzen sie: Die Agnaten der alten Familien, aus denen Novalis, Kleist, Platen, die Droste-Hülshoff kamen, Seite an Seite mit den Abkömmlingen der zahlreichen großen Pfarrergeschlechter, von denen vierhundert Jahre lang zweiundfünfzig Mal im Jahr das Gebot der Liebe gepredigt war, Schulter an Schulter mit dem ehrbaren Kaufmann, dessen Gesetz Worthalten und Vertragstreue sein sollte, schlagen mit die Juden tot und bereichern sich an ihren Beständen, überfallen kleine Völker und plündern sie mit der größten Selbstverständlichkeit bis aufs Letzte aus – und nun „zutiefst" und „letzten Endes" und „voll und ganz" reinigen sie kulturell mit. Keiner fühlt sich verpflichtet durch irgendeine Tradition, irgendeine Herkunft familiärer oder gedanklicher Natur, irgendeine Ahnenhaltung, ein Ahnenerbe –, aber das Ganze nennen sie *Rasse*. Die Deutsche Akademie! Nicht einer erhebt sich, speit auf die Blattpflanzen, tritt die Kübel mit Palmen ein und erklärt, es ist unstatthaft zu behaupten, daß sich in diesen üblen völkischen Pöbeleien irgendeine dumpfe nationale Substanz etwa ans Licht ringt, hier betätigen sich ganz allein die völkischen Ausscheidungsorgane, durch dieses Sprachrohr läßt die Nation unter sich –: Keiner rührt sich, die großen Dirigenten, die Pour-le-mérite-Träger der Friedensklasse, die internationalen Gelehrten, der ehrbare Kaufmann, – alle klatschen.

Eine besondere Rolle spielen wieder die Naturwissenschaften. Die Konstitutionslehre befaßt sich eingehend mit
dem Heldentyp, sie weist darauf hin, daß alle den athleti-
schen oder leptosomen Körperbau besaßen (nur Napoleon
war Pykniker), und daß sie alle einen zu hohen Bludruck
hatten. Sie fügt harmlos – aber im Hintergrund schimmert
die Goethe-Medaille oder der Adlerschild – hinzu, daß auffallend viel a- oder homosexuelle Typen unter ihnen seien.
Die Medizin durchforscht die Zusammenhänge (Moltkes
Gallenleiden und die verlorene Marne-Schlacht); alles
drängt mit Arbeiten herbei, alle möchten sich dem Helden-
leben nähern, an ihm teilhaben, zum mindesten in seine
Ausdünstungen treten, offenbar umwittert diese etwas von
dem tellurischen Reiz des Sexuellen. Die moderne Biologie
vollends, selbst völlig unfähig, einen metaphysischen Gedanken aus ihrem Schoß zu entbinden, dafür aber um so
begieriger, sich in unauffälliger Weise anzuschließen und
hinzugeben, fügt hinsichtlich der Helden hinzu: „auf jeden
Fall ist ihr Ziel wahrhaft kosmisch" (Medizinische Klinik
1943, Heft 4). Der Gynäkologe will nicht fehlen, er hilft
den Helden züchten. Bei kinderlosen Ehen soll es nach
Prüfung von seiten der Parteidienststellen durch die
künstliche Befruchtung („k. B.") geschehn. Der „Wasser-
weg" soll ersetzt werden durch den „Lufttransport". Alle
Mann an die Petrischale und die trocken sterilisierte Sprit-
ze mit langer stumpfer Kanüle! Der „Zeugungshelfer" der
alten Germanen in Gestalt eines Dritten, der das Sperma
liefert, soll wieder in das Brauchtum eingeführt werden;
die geistige Anregung hierzu entnahm die Gynäkologie
dem Darréschen Buch über den Lebensgrund der germanischen Rasse.
Der Komponist eines Oratoriums „Ruth" tritt mit einer
zeitgerechten Textbearbeitung hervor, aus Ruth hat er Li

gemacht und die Handlung läßt er nicht mehr auf den moabitischen Äckern Boas' spielen, sondern auf den Reisfeldern Chinas – witzigerweise hat er dem Werk nunmehr den Titel „Das Lied der Treue" gegeben. Ein Balladendichter erbittet vom Propagandaministerium die Erlaubnis, die Heine-Texte der Schubert-Lieder durch dem Volksempfinden näherstehende eigene zu ersetzen – die Presse findet es angebracht. „Die Juden" – sagen die Militärs, wenn die Amerikaner in Nordafrika landen. Die Schlafmittel, sagen die volksbewußt gewordenen Apotheker, sind unrassisch, die Blase soll schuften, bis sie absackt, dann steigt Morpheus schon hernieder. Nein, es ist ganz Deutschland, alles eint sich in dieser Genesungsbewegung, dieser großen geistigen Bewegung, die nach Lodz den „Graf von Luxemburg" und nach Stavanger „Kollege kommt gleich" trägt, an das Parthenon die Marschklänge „Panzer rollen nach Afrika" schmettert und an den Strand von Syrakus eine Führer-Büste spült. Was die Deutschen Idealismus nannten und den sie sich so besonders zusprachen, war immer nur ein Mangel an Formbildung und Gliederungsvermögen. Nun aber wurde er eine Verschlammungsorgie, ein wahres Sumpffieber, an dem die Goebbels und Fritsche groß verdienten, aber auch für die Jaensch und Blunck fiel noch genug ab. Hier wuchs weniger aus der Not eine Tugend als aus moralischer Verwahrlosung hohes Einkommen, aus Erpressung Landhäuser, darin der Wandbehang aus Museumsdiebstählen – das Ganze nannten sie nordisch.

Nein, man muß bekennen, es waren nicht die Bestien, es war Deutschland, das in dieser Bewegung seine Identität zur Darstellung brachte, und nun fällt unser Blick, mit Bedauern, aber unausweichlich noch auf eine besondere Gruppe, eine Gruppe lebhafter Gestalten, selekte Haltung in der

Wespentaille, kein Kanonenfutter, exzellent equipierte Herren in Purpur und Gold. Wo immer es galt einen Überfall zu arrangieren, einen Rechtsbruch zu stabilisieren, eine politische Felonie massiv zu untermauern oder einen Offizier alter Gesinnung und alter Qualität erst hinauszusetzen und dann an seine Stelle zu treten oder die alte Kriegsflagge zu verraten, die alte Ehrenauffassung zu sabotieren, wo immer für einen Tresoreinbruch größeren Stils Experten in Sprengungen und Aufknacken fällig waren – überall stand ein General und sagte: Jawohl!

Die deutsche Armee war bis 1938 innerhalb des Nazideutschland die letzte Elite und der letzte Kern von Fond. Der Eintritt in die Armee war, wie ich damals sagte, die aristokratische Form der Emigration. Mit dem Ausstoßen des Generalobersten Freiherrn von Fritsch begann das Ende. Was sich jetzt noch hielt oder hochkam, war Kreatur. Schließlich erschien jener Erlaß, der anordnete, daß bei den Qualifikationsberichten über Offiziere angegeben werden mußte, nicht nur, ob der Betreffende die Weltanschauung des Nationalsozialismus verträte, sondern ob er sie *hinreißend zu übertragen* vermöchte. Das wurde die Vorbedingung zur Beförderung –: stand ein General und sagte: Jawohl!

Ein General will schwören, wem ist nebensächlich, dann ist er glücklich, das Weitere vollzieht sich dann mechanisch. Es ist Befehlsausgabe im Hohen Haus. Er nähert sich: Pharao und seine Günstlinge, sein Gesicht ist fett, braun, behaglich, er könnte in Pantoffeln mit einem Dackel durch Schrebergärten gehn.

Die Flügeltüren öffnen sich. „Meine Herren –"

Die Angeredeten nehmen Haltung an, ziehen die vorgestreckten Körperteile zurück, ordnen die Bäuche.

„Meine Herren Generale, wir werden demnächst wieder

ein neues Volk überfallen, es ist klein und nahezu ohne
Waffen, mit unseren Fahnen wird der Sieg sein –"
Genugtuung bei den Generalen.
„– sollte wider Erwarten ein bewaffneter Gegner zu Hilfe
kommen, – einige taktische Erwägungen! Der Materialwert
der Angrenzerländer ist Reichsmark zehntausend für den
Morgen, in der Avenue de l'Opéra und auf den Docks von
Bône wesentlich höher: demnach Viertonnenbomber nur
auf Produktionszentren!"
Volkswirtschaft, denken die Generale, enormer Kopf!
„Einbrechen! Lost auf das angesiedelte Ungeziefer! Sauer-
stoff an die Tresors! – Die Leere des Schlachtfeldes, dieser
bedeutende Begriff, heißt: Schablonen hüben wie drüben,
es gibt keine Gegenstände! Feuerleitung! Feuerleitung –
Brunnenstube der Haubitzen – Zirbeldrüse der Schlacht –
lautlos kriechen die Termiten! –"
Ichverlust, Selbstaufgabe bei den Generalen, alle saughaft
am Sprecher.
„Berufen sowohl wie auserwählt! Das Harakiri wurde
bereits durch Kopfabschlagen verweichlicht, und bei den
Kannibalen haben höchstens noch die Großväter Menschen-
fleisch gefressen –: Unser Idealismus heißt Einkesseln,
unsere Metaphysik zehntausend Kopfschüsse! Eisern! Mit-
schreiben! Stichwort Reginald: 13.25 Uhr fünfzig Batterien
Steilfeuer auf Bunker Germinal –:"
Die Generale taumeln: Wachen und schanzen! Bilder, Visionen auf dem Schlachtfeld melden! Dem Feldherrn melden: Fall einer Festung! Hunderttausend Gefangene! Melde
gehorsamst: unaufhaltsame Verfolgung – – melde: völlige
Vernichtung – –: Cannä –! – melde, melde gehorsamst – –
„Sieg, meine Herren! Pylone, wenn Sie heimkehren und
ein ewiges Feuer den Toten! Vernichtung! Ein Rausch die
Gräben – vorher doppelte Rumportion und die letzten drei-

hundert Meter, wenn die Maschinen schweigen müssen, die
Infanterie – – die Infanterie – –!"

Traumhaft die Generale. Völlig verschleiert. Im Dunst
Halsorden, Beinamen wie „Löwe von", Kranzschleifen bei
späterem Todesfall, – Lorbeer und Mythen –

Von diesen Generalen sind viele gefallen, mehr als je in
einem anderen Feldzug, und kein Zweifel, sie sind aufs
tapferste gefallen, ohne zu zaudern und ohne Tränen. „Der
kommandierende General greift an, das Korps folgt" –
berühmtgewordenes Wort aus dem Krieg. Sie sind
nicht zu Hause geblieben wie die Bonzen, die uk-gestellten
Genesungswanzen. Aber überblickt man das Ganze, so gehören sie alle zusammen; wo immer die Genesungsbewegung eine infame Großplanung tätigte, stand ein General
und sagte: Jawohl!

III

„Geschichte war immer so." Seit wann? Seit die Geschichtsschreibung nur von Kriegen handelt, also bei uns, entgegen
Schiller und seinen Ideen über Universalgeschichte, etwa
seit Friedrich dem Großen. Kriege waren früher erweiterte
Arenen, verlängerte Fünfkämpfe (bei den Griechen), dann
sich hinziehende Turniere, immer die Angelegenheit von
Berufsheeren; tragisch wurden sie erst, seit das Volksheer
begann, Vorstufe der Totalität. Man macht viel Wesens
von gewissen hessischen Landgrafen, die ihre Untertanen
an fremde Feldherren verkauften – aber was machen 1942
die Sizilianer im Donezbecken (um Hitlers Prestige zu
sichern), oder eine brandenburgische Panzerbrigade hundertfünfzig Kilometer vorm Nil (um Mussolinis Imperium
zu schützen) – freiwillig sind sie bestimmt nicht da. Erst
die griechisch-römischen Städte, dann die europäischen

Dynastien, dann die völkischen Phraseologien –: Bezugssysteme, siehe diese.

Der Inhalt der Geschichte. Um mich zu belehren, schlage ich ein altes Schulbuch auf, den sogenannten kleinen Ploetz: Auszug aus der alten, mittleren und neuen Geschichte, Berlin 1891, Verlag A. G. Ploetz. Ich schlage eine beliebige Seite auf, es ist Seite 337, sie handelt vom Jahre 1805. Da findet sich: einmal Seesieg, zweimal Waffenstillstand, dreimal Bündnis, zweimal Koalition, einer marschiert, einer verbündet sich, einer vereinigt seine Truppen, einer verstärkt etwas, einer rückt heran, einer nimmt ein, einer zieht sich zurück, einer erobert ein Lager, einer tritt ab, einer erhält etwas, einer eröffnet etwas glänzend, einer wird kriegsgefangen, einer entschädigt einen, einer bedroht einen, einer marschiert auf den Rhein zu, einer durch ansbachisches Gebiet, einer auf Wien, einer wird zurückgedrängt, einer wird hingerichtet, einer tötet sich – alles dies auf einer einzigen Seite, das Ganze ist zweifellos die Krankengeschichte von Irren.

Seite 369, das Jahr 1849: einer wird abgesetzt, einer wird Gouverneur, einer wird zum Haupt ernannt, einer hält einen pomphaften Einzug, einer verabredet etwas, einige stellen gemeinsam etwas fest, einer überschreitet etwas, einer legt etwas nieder, einer entschließt sich zu etwas, einer verhängt etwas, einer hebt wieder etwas auf, einer trennt, einer vereint, einer schreibt einen offenen Brief, einer spricht etwas aus, einer kommt zu Hilfe, einer dringt vor, einer verfügt einseitig, einer fordert etwas, einer besteigt etwas, überschritten wird in diesem Jahr überhaupt sehr viel – im ganzen ergibt sich auf dieser Seite dreimal Waffenstillstand, einmal Intervention, zweimal Einverleibung, dreimal Aufstand, zweimal Abfall, zweimal Niederwerfung, dreimal Erzwingung – man kann sich über-

haupt keine Tierart vorstellen, in der so viel Unordnung
und Widersinn möglich wäre, die Art wäre längst aus der
Fauna ausgeschieden. Der Ploetz hat aber vierhundert Seiten. Auf jeder Seite ereignen sich dieselben Verba und
Substantiva – von Menes bis Wilhelm, von Memphis bis
Versailles. Vermutlich hat aber jeder einzelne der Handelnden sich als geschichtlich einmalig empfunden.

Der gedankliche Hintergrund. Kriege waren Fehden oder
Raubzüge, bei denen fern in der Türkei die Haufen auf-
einanderschlugen ohne innere Beteiligung der höheren
Schichten der Völker. Sie wurden dämonisch erst als der
deutsche Idealismus vordrang, nach dem alles Wirkliche
vernünftig war, also auch Kriege Erscheinungen und Ausdruck des Weltgeistes wurden. „Den Staat als ein in sich
Vernünftiges zu begreifen und darzustellen", lautete einer
seiner Sätze. „Wenn die Reflexion, das Gefühl oder welche
Gestalt das subjektive Bewußtsein haben möge, die Gegenwart für ein Eitles ansieht, über sie hinaus ist, so befindet
sie sich im Eitlen, und weil es Wirklichkeit nur in der
Gegenwart hat, ist es selbst zur Eitelkeit", lautet eine weitere seiner gigantischen Thesen. Kritik wurde Blasphemie
am Weltgeist, Wertung verging sich an der sich selbst er-
fassenden Idee, „denn das, was ist, ist die Vernunft". Das
waren die Jahrzehnte der glatten Geschützrohre, wegen der
die Österreicher gegen die gezogenen Vorderladekanonen
der Franzosen bei Solferino und Magenta verloren: 1859,
das Jahr, in dem dann die Motorisierung der Idee erfolgte:
es erschien das Werk über die Entstehung der Arten. Darwin verlieh den kämpfenden Haufen naturwissenschaftliche
Fahnenbänder und Embleme: Kampf ums Dasein – Auslese der Starken – Überleben des Passenden – nun trat der
Parademarsch neben den Satz vom Grunde. „Das Leben",
„Die Wirklichkeit", „Der Starke" – identisch gesetzt mit

der Vernunft, in Durchdringung miteinander als „Züchtung", „Gesetz", „Geschichte" zu idealistischer Philosophie,
naturwissenschaftlichem Axiom, dithyrambischer Gletscher-
und Sonnenvision erhoben: Hegel, Darwin, Nietzsche –:
sie wurden die tatsächliche Todesursache von vielen Millionen. Gedanken töten, Worte sind verbrecherischer als
irgendein Mord, Gedanken rächen sich an Helden und
Herden.

Der Darwinismus. Ich persönlich glaube nicht an den Darwinismus, ich glaube noch nicht einmal, daß er auch nur
einen Teilausschnitt des Lebens sachlich befriedigend erklärt. Ich sehe vielmehr, daß sich in der Natur genauso-
viel Zeichen finden, die für Friedenhalten und Dauerzu-
stände sprechen und für Ausgleichen durch Anpassungs-
maßnahmen nichtkriegerischer Art zwischen Individuum
und Umwelt. Dieser Gedanke ist keineswegs neu oder hier
spontan entstanden. Im Buche des Fürsten Peter Krapotkin
(1904): „Von der gegenseitigen Hilfe in der Entwicklung"
ist er dargestellt. Oskar Hertwig, ehemaliger Direktor
des Anatomisch-Biologischen Instituts der Universität Berlin, ein weltberühmter Embryologe, hatte diesen Gedankengängen ein Buch gewidmet: „Zur Abwehr des ethischen,
des sozialen, des politischen Darwinismus", ein Buch, das
hätte Epoche machen müssen, leider mit einem vernunftwid-
rigen Nachwort: Zum Gebot der Stunde – 1917. Jakob von
Uexküll in seiner „Umweltlehre" huldigt übereinstimmen-
den Ideen. Der Darwinismus ist eine Beleuchtung, eine Perspektive; und Darwin selbst hatte hervorgehoben, daß er
manche der von ihm gebrauchten Redewendungen in einem
bildlichen oder metaphorischen Sinne in seiner Theorie an-
wende. Mit Kampf ums Dasein zum Beispiel meine er
vielfach nur die Abhängigkeit der Lebewesen voneinander
und von ihrer Umwelt. Er sagt: „eine Pflanze kämpft am

Rande der Wüste um ihr Dasein gegen die Trocknis, obwohl es angemessener wäre zu sagen, sie hänge von der Feuchtigkeit ab." Hertwig bemerkt hierzu: „auf diese Weise läßt sich jede Tätigkeit, ja schließlich jedes Verhältnis von Ursache und Wirkung in das Bild des Kampfes kleiden. Wenn der Mensch atmet, wenn er seinen Durst stillt oder Nahrung zu sich nimmt, so kämpft er – beim Gebrauch von Darwins metaphorischer Sprechweise – gegen das Ersticken, gegen das Verdursten oder gegen das Verhungern." Also eine Frage der Wortverwendung! Also eine der vielen „Erklärungen" gegenüber Sachverhalten, die gar nicht zu „erklären" sind! Das Buch von Hertwig enthält vieles Weitere hierzu.

Daran ändert sich auch dadurch nichts, daß Spengler von neuem sagt: „der Mensch ist ein Raubtier", und Lange-Eichbaum definiert: „der Mensch ist das tragische Tier." Jede Definition, die in der Begriffsbestimmung des Menschen das Tierische hervortreten läßt, beobachtet das Charakteristische und Wesentliche dieser Existenz nicht. Der Mensch ist ein Wesen, das selber und dessen Begriffe genau überwacht werden müssen, aber gerade, weil er ein Tier nicht ist. Diese Überwachung geschieht nicht durch biologische, sondern durch intellektuelle Prinzipien, nur wo der Geist der sozialen und moralischen Umwelt dessen nicht fähig ist, wo er die mögliche Höhe der anthropologischen Existenz nicht erreicht, treten die für Bestien angebrachten Methoden hervor. Nicht Züchtung, sondern Erziehung hieße das Gesetz, das dem Rechnung trüge.

Auch Heraklits berühmtes Wort, der Krieg sei der Vater aller Dinge, das ihn in den Augen aller Militaristen zum größten aller Philosophen nach Clausewitz und Bernhardi machte, hatte den ihm untergelegten Sinn niemals. Er war nämlich einer, der das Sein überhaupt leugnete; die von ihm erblickte Welt zeigte nirgends ein Verharren, eine Unzerstörbarkeit, eine Andeutung von Dauer. Das war sein Grundgesicht: alles hat jederzeit das Entgegengesetzte an sich, in sich. Er sagte es so ungescheut, daß Aristoteles ihn des höchsten Verbrechens vor dem Tribunal der Vernunft zieh, gegen das Gesetz vom Widerspruch verstoßen zu haben. Dieser Satz zielte nicht auf Anordnungen der Wirklichkeit, sondern auf das Nebeneinander vieler wahrer, ungewordener unzerstörbarer Realitäten im Wesen der Dinge. Es war eine logische Intuition, die sich hier aussprach, und es war ein Bild im Munde dessen, für den die Welt nur ein Spiel des schönen unschuldigen Äon war.

Persönliche Bemerkung: Wir wissen nicht im entferntesten, was gespielt wird, universal gesehen, wer oder was wir überhaupt sind, woher und wohin, Arbeit und Erfolg ist in keinen Zusammenhang zu bringen, auch Leben und Tod nicht. Wir wissen nicht, wer oder was Cäsar ermordete, Napoleon das Magenkarzinom erst auf St. Helena schickte, den Nebel sandte, als die Nivellesche Offensive beginnen sollte, wer manche Winter so hart machte oder die Winde so stellte, daß die Armada zerschellte. Was sich abhebt, ist immer nur das durcheinandergehende Spiel verdeckter Kräfte. Ihnen nachzusinnen, sie zu fassen in einem Material, das die Erde uns an die Hand gibt, in „Stein, Vers, Flötenlied", in hinterlassungsfähigen abgeschlossenen Gebilden –: diese Arbeit an der Ausdruckswelt, ohne Erwarten, aber auch nicht ohne Hoffnung –: etwas anderes hat die Stunde für uns nicht.

Ein Spiel des Äon, ein Spiel der Parzen und der Träume! Welche Haufen in der Geschichte auch siegten, diese Lehre haben sie nie zerstört! Die Lehre von der Ausdruckswelt als Überwinderin des Nationalismus, des Rassismus, der Geschichte, aber auch der menschheitlichen und individu-

ellen Trauer, die unser eingeborenes Erbteil ist. In irgendeinem inneren Auftrag arbeiten oder in irgendeinem inneren Auftrag schweigen, allein und handlungslos, bis
wieder die Stunde der Erschließung kommt. Ich habe Größeres nicht gesehen als den, der sagen konnte: Trauer und
Licht, und beides angebetet; und dessen Sein sich auf der
Waage maß, deren Schalen sich gegeneinander wohl bewegen, sinken und steigen, aber sie selber wiegt sich nicht.

Womöglich sind die abgelegensten Dinge die allerwichtig-
sten gewesen und die vergessensten die bleibenden, aber
irgend etwas Bestimmendes liegt vor, darin gibt es eine
Beirrung nicht. Nihilismus als Verneinung von Geschichte,
Wirklichkeit, Lebensbejahung ist eine große Qualität, als
Realitätsleugnung schlechthin bedeutet er eine Verringerung
des Ich. Nihilismus ist eine innere Realität, nämlich eine
Bestimmung, sich in der Richtung auf ästhetische Deutung
in Bewegung zu bringen, in ihm endet das Ergebnis und
die Möglichkeit der Geschichte. In diese Richtung zielt der
Satz aus den „Verlorenen Illusionen": „ein Wort wiegt
schwerer als ein Sieg."
Wünsche für Deutschland: Neue Begriffsbestimmung für
Held und Ehre. Ausmerzung jeder Person, die innerhalb
der nächsten hundert Jahre Preußentum oder das Reich
sagt. Geschichte als Verwaltung mittleren Beamten des ge-
hobenen Dienstes überlassen, aber als Richtung und Prinzip einer europäischen Exekutive öffentlich unterstellen.
Die Kinder vom sechsten bis sechzehnten Jahr nach Wahl
der Eltern in der Schweiz, in England, Frankreich, Amerika, Dänemark auf Staatskosten erziehen.

MARGINALIEN

Lyrik. Es gibt Stimmungen und Erkenntnisse, die kann man in Worten ausdrücken, die es schon gibt. Es gibt Stimmungen und Erkenntnisse, die kann man nur in Worten ausdrücken, die es noch nicht gibt. Tut man das letztere, gerät man in Konflikte. Studienräte, Irrenärzte, Sprachreiniger, Politiker treten an. Es soll daher nur der es unternehmen, dem es gegeben ist. Mehr wollen als man kann, ist immer ein Zeichen von Regulationsdefekten. Kunst hat zur Voraussetzung, daß der Hersteller weiß, was er kann und was er nicht kann. Glückliche Zufallswürfe gibt es, aber sie sprechen nicht gegen das Vorstehende als Maxime. Genialität, die von etwas anderem ausgeht als den Mitteln, die ihr sich auszudrücken zur Verfügung stehen, ist Dilettantismus. Am Mittelmeer ist dies bekannt, dem Teutonen wird es nie geläufig sein, der verlangt immer „zutiefst" das „heiße Herz", und wenn er gar nichts Eigenes besitzt und wenn ihm gar nichts Interessantes einfällt, dann dichtet oder komponiert er von „deutscher Seele".

*

Es ist ein Laboratorium, ein Laboratorium für Worte, in dem der Lyriker sich bewegt. Hier modelliert, fabriziert er Worte, öffnet sie, sprengt, zertrümmert sie, um sie mit Spannungen zu laden, deren Wesen dann durch einige Jahrzehnte geht. Der Troubadour kehrt zurück: trobaire oder trobador = Finden, das heißt Erfinden von Worten (elftes Jahrhundert, zwischen Loire und Pyrenäen), also: Artist. Wer den Reigen kennt, geht ins Labor. Gauguin schreibt an einer Stelle über van Gogh: „In Arles wurde alles – Quais, Brücken und Schiffe, der ganze Süden –

Holland für ihn." In diesem Sinne wird für den Lyriker
alles, was geschieht, Holland, nämlich: Wort; Wortwurzel,
Wortfolge, Verbindung von Worten; Silben werden psycho-
analysiert, Diphthonge umgeschult, Konsonanten transplan-
tiert. Für ihn ist das Wort real und magisch, ein moderner
Totem.

*

Wenn der Romancier Lyrik macht, braucht er Vorwände
dafür, Stoffe, Themen, das Wort als solches genügt ihm
nicht, er sucht Motive. Das Wort nimmt nicht die unmittelbare Bewegung seiner Existenz auf, er beschreibt
mit dem Wort. Das Wort des Lyrikers vertritt keine Idee,
vertritt keinen Gedanken und kein Ideal, es ist Existenz
an sich, Ausdruck, Miene, Hauch. Es ist eine Art Realisie-
rung aus animalischer Natur; auf ihrer Schattenseite steht
ihre Seltenheit und ein selbst bei hohen Leistungen vielfach
zu beobachtender Mangel an Umfassung.

*

Schriftsteller, die ihrem Weltbild sprachlich nicht gewachsen sind, nennt man in Deutschland Seher.

*

Enkel. Die reinste Form von Nihilismus ist die in Europa
zur Weltanschauung erhobene Kindererzeugung unter
Staatsdruck und à tout prix, nämlich die darin zum Ausdruck gebrachte Selbstaufgabe und Verschiebung geistiger
Verantwortung in unbestimmte Epochen. Die Enkel! Gesagt wie: das große Kommende, der kosmische Auftrag,
Hinaufpflanzung, der heilige Urgrund –; gehandelt jedoch
als eigene Bequemlichkeit und gemeinsames Hinhocken
zum botanischen Idyll. Keine schöpferische Epoche dachte

an die Enkel, sie schuf vielmehr Ausdruck und Form für den eigenen Gehalt. Nur wo dieser fehlt, werden die Enkel kreiert in ihrem Urschleim, blind wie junge Hunde, nichtswürdige Quallen – die große Ablenkung der Ahnen von ihrem eigenen Tun und Tran. Segen der Erde – schön und gut! Aber Fluch des Lebens, von jeder Generation im Geist zu tragen, das geht nicht über die Enkel, sondern über sich selbst allein.

*

Die Zeitalter. Die Zeitalter werden durch Kunst bestimmt, die Zeitalter rechnen nach den Perioden der Stile. Das Zeitalter vor den Weltkriegen war bestimmt durch „Feuer" von D'Annunzio, „Dorian Gray" von Wilde, „Die Göttinnen" von Heinrich Mann, die frühen Verse von Hofmannsthal, die Bilder der französischen Impressionisten, die Musik der Salome, den Marmor Rodins. Von hier aus drangen die Probleme in die Zeit, von hier aus ergaben sich die Probleme in die Zeit – sie waren keineswegs Ausdruck der Zeit, sondern deren Schöpfer. Geschichtsbildend sind nicht die Kriege, sondern die Kunst. Ein Krieg endet nach unsäglichen Zerstörungen am Stammtisch eines Regimentsvereins und in den altmodischen Phrasen von Festrednern. Nach Zerstörungen, die zu nichts führen. Auch die Kunst ist Entsagung, aber eine Entsagung, die alles empfängt.

*

Ausdruckswelt. Die Ausdruckswelt steht zwischen der geschichtlichen und der nihilistischen als eine gegen beide geistig erkämpfte menschliche Oberwelt, ist also eine Art Niemandsland, zurückgelassenes Handeln und herausgelöstes Gesicht. An Realität ist sie das Konkreteste; in der

Kunst, zum Beispiel, muß man immer dasein, sofort, ohne Einleitung, ohne Erklärungen, ohne Vorworte: ansetzen und dasein – reine Existenz. In der Dichtung, zum Beispiel, muß man allein sein, in die Weite sehen, womöglich über Wasser, und Worte heranziehen, Worte, dicht von Sachverhalten, geschichtlich beschwerte, tragische Worte, real wie Lebewesen.

*

Wiederkehr des Gleichen. Wo immer im Mittelalter innerhalb der von Deutschen besiedelten Landstriche sich Züge feinerer Gesittung und Geselligkeit zeigten, stammten sie aus dem Morgenland oder aus dem Erbe der römischen Kultur. Wo immer zum Beispiel in Süd- oder Mitteldeutschland in den freien Städten und in der Adelswelt etwas Geistiges und Haltungsmäßiges sich entband, wurde es abgerungen dem volkhaften germanischen Hinterwäldlertum. Als der erste internationale Zusammenschluß Europas sich bildete, das erste Paneuropa, das des elften bis dreizehnten Jahrhunderts, nämlich das päpstliche, dem die slawischen Völker alle (mit Ausnahme der Böhmen), dem Litauen, Norwegen, Portugal, Sizilien, Aragon, die Insel Man, Schottland, England, Ungarn, kaukasische Staaten angehörten, also der erste Weltstaatenbund hervortrat und Einheit und Zusammenschluß und überstaatliche Planung versuchte, schloß sich aus das Römische Reich Deutscher Nation. Fünfzehn Königreiche nahmen die Kronen vom Papst als oberstem Lehnsherrn entgegen und beugten sich ihm als einem höheren und ausgleichenden System, nur die deutschen Stämme rauften abseits in ihrem Lebensraum. 1302 erschien die Bulle Unam sanctam, die der geistlichen Gewalt feierlich die Weltherrschaft als Recht und Pflicht zusprach und das irdische Schwert nur im

Dienst einer höheren Idee zu schwingen vorschrieb – allein die Deutschen brodelten und überfielen weiter. Päpstliche Würdenträger vertrugen sich mit maurischen Fürsten; die Araber legten um die Küsten Frankreichs und Italiens einen schönen Flor. Durch die kaukasische Pforte trat die elegante Feudalwelt Asiens ins Bewußtsein und trug Falkenlieder, Blumen und Instrumente nach Venedig und in die Provence. Die Rose kehrte zurück, Indien sandte das Schachbrett; syrische Gefäße führten sich ein für den Wein von den griechischen Inseln, ebenso die Silberschüsseln, jene wundervollen Aquamanile, die das wohlriechende Waschwasser trugen, auf deren Seiten Löwen und Sphinxe kämpften und grasten. Dies alles wuchs in die Gesellschaft von Cordoba bis Kiew, nur der norddeutsche Ritter reinigte von diesem „Kram" „schlauer Händler" sein reisiges Schloß und hielt damit die Kultur dreihundert Jahre hintenan.
Ähnliches war schon einmal geschehen. Schon einmal, um 800, hatte in einer gewissermaßen nordischen Stadt der Orient seine Stoffe, seinen Schmuck, seine Schönheitsmittel, die Gaben Afrikas und des Kalifats in ihren Gewölben ausgelegt, in Aachen, und etwas Deutsches versuchte sich und wirkte, italienisch-romanisch diffundiert, als Gegenspieler der beiden Kulturmächte, derer von Bagdad und Byzanz – aber Karl starb und die Wälder siegten von neuem, siegten immer wieder, siegen bis heute, wieder feiern sie Widukind, wallen zu den Externsteinen, bekleiden sich zu Festzügen mit Hörnern und Fell, wabern in ihrem Lebensraum: Siegfrieds Wald und Brünhildes Lohe, und verherrlichen das Ganze rückblickend unter Erbschauern als ihre wunderträchtige Idee vom *Reich*.

(Vor Kugeln tapfer, vor Worten dumm –
das ist das deutsche Panoptikum.)

*

Natur und Kunst. Für das organische Wachstum gibt es
einen Formbildungsbefehl: erst einen technischen Mittelpunkt bilden, dann Zuordnung der einzelnen Zellen zu
ihm, davon hängt ihr weiteres Schicksal ab, Größe, Inhalt,
Ziel. Ihre ursprüngliche Lage und Herkunft wird durch
dieses Prinzip nahezu aufgehoben, nun bestimmt die Anordnung, die Platzzuweisung zum Mittelpunkt ihre endgültige Bedeutung. Dies zeigten die berühmtgewordenen
Experimente von Spemann (Freiburg), der Teilchen eines
Keimlings auf einen zweiten übertrug, und zwar auf eine
andere Stelle als die Herkunftsstelle im Ausgangskeim-
ling war. Es erwies sich, das eingesetzte neue Stückchen
wurde nicht herkunftsgemäß, sondern ortsgemäß verwendet, zum Beispiel: Etwas vom ersten Keimling aus der
Hautanlage entnommen, im zweiten Keimling in die Ge-
hirnanlage eingepflanzt, wurde Gehirn. Also ein klar erkennbares lokalformales Prinzip setzte sich durch. Träger
und Durchsetzer dieses Prinzips ist der Erbschatz, die Art,
die Entelechie, der Ichton des gestaltenden Wirts.
Von diesem Prinzip erhält die Kunst ihr Leben mit. Der
Plan des Ganzen bildet Einzelheiten um, Einzelheiten werden Träger einer anderen Art. Oberstes Gesetz wird die
Anordnung, das Inhaltliche der Fakten bleibt am Rande.
Aus einem Bild: ein Kind steht abseits, zwar nicht im
warmen Rock, doch nicht raumvergessen; ein Gesicht wird
gerötet und verzogen, ein Mund hängt über einem Teller
für ein Bohnenfest. „Götter im letzten Vers sind etwas
anderes als Götter im ersten Vers." Das Verfahren: Teilzentren bilden, gruppieren und wiederauflösen, wenn das
Innere sich erweitern will, vorübergehende Anlagen machen als Umweg zur Gestalt. Drauflosarbeiten, stürmen –
dieser germanische Wesenszug äußert sich hier nicht; zu-
rücktreten und überlegen, fortnehmen und neuansetzen,

dort beschleunigen und dort abwarten: regional denken –
also ein mittelmeerisches Prinzip –, das heißt formensi-
chernd denken, führt hier die Hand. Hineinnehmen einer
Reihe, die zwanzig Jahre ruhte und bisher nie ihre Umgebung fand, endlich in einen ganzen Vers, also den Keimling Eins einsetzen in den Keimling Zwei und sie sich zu
einem neuen Gemeinsamen zusammenschließen lassen, ist
die dem körperlichen wie dem Ausdrucks-Wachstum gemeinsame Methode. Nach diesen Gedankengängen steht
die Gewinnung von Kunst unter einem sehr allgemeinen
Gesetz, es ist das Gesetz eines Aufbaues des Seins vom
Formalen aus. Entstehung von Wirklichkeit aus einer öko-
nomisch verfahrenden Transzendenz. Sekundäre Entstehung von Wirklichkeit. Ein Verfahren, das auch dem reinen Denken eignet, gewissermaßen sein Handverkauf als
Idee + Experiment. Und unter dieser Voraussetzung wäre
der Erkenntnisgeist kein Fuseldestillat aus des Mannes
„sinistrem Dekokt, dem Samen", wie sich Bergmann ausdrückt, sondern er besäße außerhalb der Balzzeit einen
übergeschlechtlichen und überarthaften Hintergrund.

*

Die geschichtliche Welt bewegt sich innerhalb eines sehr
einfachen Systems: sie muß Massen aufbringen können
und sie muß Erfolg haben, ihr Glanz und ihr Elend ergibt
sich aus dieser Bestimmung. Wo sie klug gehandhabt wird,
steht die Mathematik ihr nahe und die Geographie, ganz
fern das Moralische und das Sublime. Das Höchste, das
ihrer Handhabung zugängig ist, ist das Geschickte; auch
muß sie dem Zufall zu begegnen wissen; trotzdem spielt
neben den Wetterverhältnissen der Todesfall die größte
Rolle. Von Kausalität kann man bei ihr nur insofern sprechen, als Kausalität ein sehr dürftiges Zuordnungsver-

fahren ist, im übrigen kann man sie nur beschreiben unter
Zuhilfenahme von anekdotischen Reflexen – einst als Epos
mitkämpfender Götter, heute als Wochenschau reanimali-
sierter Welten.

Trotzdem bin ich durchaus nicht sicher, daß die geschichtliche Welt der Welt der Ideen folgen soll, sich ihr anschließen, sie überhaupt beachten. Dagegen bin ich völlig
sicher, daß die Ideenwelt ihre Maßstäbe an die geschichtliche Welt anlegen soll, anlegen heißt: sie zu Ausdruck
bringen, formulieren, beleuchten, gruppieren. Ihr Ausdruck schaffen, bestimmt eine Erscheinung, verflicht sie in
die Überwelt. Es ist ein transzendentaler Akt, es steht
jedem frei, sich ihm zu erschließen. Doch damit endet die
aktuelle Aufgabe der Ausdruckswelt.

✳

Zyklen. Sich wiederholende Bedingungen eines Geschehens
werden seit einigen Generationen als Ursache bezeichnet
(„experimentell erhärtet", „Beweis"), für die Primitiven
bestand dies Kriterium des Wiederholens nicht, sie griffen
zu, wo zeitlich-sinnlich zwei Vorgänge zusammenfielen
(Tier und Regen, Vogelflügel und Tod). Das genügte
ihnen, das entsprach ihrer Verknüpfungstendenz, ihrem
Bindungsbedürfnis, hieraus bildete sich der Schatz ihrer
Erfahrung. Das prälogische Denken und die Kausalanalyse
heute in Triebpsychologie sehr angenähert beziehungsweise gemeinsam symbolisiert beziehungsweise verwandt-
schaftlich betreut – anders ausgedrückt: die Entdeckung
des „häßlichsten Menschen" (Nietzsche, Freud), das heißt
der archaischen Züge gegenüber dem klassisch-ästhetischen
Typ der Schillerschen Essayistik stellt sich immer deutlicher
als das Präludium der neuen anthropologischen Lage heraus. Es gibt nicht Geist und Trieb, Bewußtsein und Stoff,

Sentimentalitäten und Naivitäten, es gibt Stufen und Neigungen der Weltordnung, darin gewisse Rangverhältnisse, kleinere Zyklen werden von größeren umfaßt, kleinere Rhythmen fügen sich in größere ein; das Bild würde sein: Kerne mit Anlagerungen, Zuordnungen, Impulse zu Kreisen und als deren bestimmendes Prinzip tritt die Periodizität hervor. (Das Längenwachstum des Embryos steht im Verhältnis zum Gesetz des freien Falls: im Anfang minimale Steigerung, zum Ende eine enorme, ein Stein fällt in der ersten Sekunde fünf Meter, bis zur neunten: vierhundertfünf Meter; die Größenzunahme des Embryos ist, wenn man monatlich seine Länge mißt, ungefähr dem proportional –: also Zuordnung, Zyklen, kleinere in größeren Kreisen.)

*

Eine Kammfirma. Hofmannsthal kämmt sich mit Heimann über einen Kamm, wenn er ihn beifällig zitiert: „Ein Mann, der mit fünfunddreißig stirbt, ist auf jedem Punkt seines Lebens ein Mann, der mit fünfunddreißig stirbt. Das ist das, was Goethe die Entelechie nannte." Ja, diese Kammfirma heißt historisch-publizistisch „Novellen"goethe und wird heute vertreten von gewissen modernen Verlagen und gewissen modernen literarischen Preisträgern, größere Einlagen hatte man von Stifter bezogen. Die Firma signiert: Alles ist eins und alles west im Allgemeinen, und wenn ich eine Tomate auf mein Schmalzbrot schneide – nein, diese ewige purpurne Fülle, dies letzlich Schöne –!– und diese Tomate ist gar keine Tomate, sondern ein Granatenes, so ründet sich alles und der größte Gott fährt immer im Kreise.
Ja, also dieser fünfunddreißigjährige Mann – eine kommunizierende Röhre im physikalischen Sinne; womit er,

über die Entelechie, kommunizieren soll, ist offenbar das All – alles durchflutet alles, ein ewiges Steigen und Fallen, wenn er mit vierunddreißig atmet, so ründet sich das im Brustkorb, und wenn er mit fünfunddreißig leblos ist, so strafft sich das ins Allgemeine. Denn alles ist sinnvoll, und dieser Sinn wirft sogar seine Schatten voraus, auf fünfunddreißig Jahre, alles ist notwendig. Diese deutsche Notwendigkeit! Diese deutsche Sinnhaftigkeit! Erst ist es gemäß und bequem loszufahren, wo es eine gute Forelle gibt und einen Steinwein, und wenn dann die Kalesche zerbricht, so war es Sternenstaub und ein Hemmnis von höherer Warte. Bevor die Vitamine entdeckt wurden, galt die Rubnersche Kalorienlehre und man starb an Skorbut, auch mit fünfunddreißig Jahren, das war notwendig. Als die Guillotine aufkam, war das ein großer menschlicher Fortschritt gegenüber dem Rad, und es wurde sinnvoll. Man muß alles recht deuten, dann verwischen sich die den Deutschen so lästigen Konturen, man muß nur recht schauen, dann kommen die Zusammenhänge, nämlich die Zusammenhänge des bürgerlichen Alls, von dem man in der Tat sagen kann, es west alles in allem: die Tomate in der Schmalzstulle und der Registrator in der Klapperschlange. Aber außerhalb der Kammfirma führt das zu nichts, höchstens zu gewissen Grundgefühlen in der Dämmerstunde. Das ganze Zitat hat keine Realität, es ist genauso sinnvoll, als wenn man sagte, von einem Hecht, der einen halben Meter lang ist, enthält jeder fünfzigste Teil einen Zentimeter Fisch. Und Goethe (wie nach ihm Driesch) hat mit Entelechie ganz etwas anderes gemeint, er gibt durch sie über Notwendigkeit und Zufall keinerlei Deutung, sondern meint mit ihr höchstens die Möglichkeit und die Anlage zum Ausdruck für sie beide.

*

Nihilistisch oder positiv? (Über die Lage des heutigen Menschen) Das Wort „nihilistisch" wollen wir vielleicht lieber fortlassen. Nihilismus ist ja seit zwei Jahrzehnten ein nahezu inhaltsloser Begriff. Wir haben diesen Begriff – um einen anderen modernen Ausdruck zu gebrauchen – wir haben ihn integriert, das heißt in uns aufgenommen und verarbeitet. Ein moderner Mann denkt nicht nihilistisch; er bringt Ordnung in seine Gedanken und schafft sich eine Grundlage für seine Existenz. Diese Grundlage beruht für viele der Heutigen auf Resignation, aber Resignation ist kein Nihilismus; Resignation führt ihre Perspektiven bis an den Rand des Dunkels, aber sie bewahrt Haltung auch vor diesem Dunkel.

Etwas anderes ist es mit dem Pessimismus. Der scheint ein unauslöschlicher Affekt der denkenden Menschheit zu sein. Ich stand in einem Pyrenäendorf vor einer Sonnenuhr, auf ihrem großen Ziffernblatt las ich einen lateinischen Spruch: vulnerant omnes, ultima necat – zu deutsch: Alle verwunden, die letzte tötet; gemeint sind die Stunden – ein bitterer Spruch, er stammt aus dem Mittelalter. Und im Deutschen Museum in München befindet sich eine Wasseruhr, eine Nymphe, die die Stunden, die Minuten mit ihren Tränen weint; man liest die Zeit aus ihren Tränen ab – dies stammt aus der Antike. Oder denken wir an Asien, an den Buddhismus, der die Inkarnation alles dessen war, was je der Pessimismus an Ausdruck und Inhalt fand: Verlöschen – Auswehen – sternenloses Nichts – ein Pessimismus existentieller Art mit erklärter Richtung auf Keimzerstörung. Auf diesem Hintergrund wird man mir zugeben, daß ein wirklicher Pessimismus heute bei der Allgemeinheit gar nicht vorliegt, diese Allgemeinheit ist, man muß es aussprechen, positiv. Trotz Krieg und Schlachten, trotz gedanklicher Zerstörung und politischer Ausweglosigkeit ist die Menschheit heute als Ganzes euphorisch. Es steigt von vielen Seiten das Bild einer Menschheit auf, die glaubt, im Grunde gar nichts verlieren zu können, und dieser Glaube ist nicht etwa religiös, aber auch nicht zynisch; er trägt vielmehr Züge einer vitalen Sicherheit, die überraschend ist.

So weit das Allgemeine. Aber zur Frage nach der Stimmung oder der Affektlage des schreibenden, fassen wir es etwas weiter: des schöpferischen Menschen. Da scheint es mir auf der Hand zu liegen, daß ein solcher, selbst wenn er persönlich und privat von einem geradezu lethargischen Pessimismus befallen sein sollte, durch die Tatsache, daß er arbeitet, aus dem Abgrund steigt. Das angefertigte Werk ist eine Absage gegen Zerfall und Untergang. Selbst wenn dieser schöpferische Mensch sich sagt, selbst wenn er weiß, auch die Kulturkreise enden, auch der, zu dem er gehört – der eine endet und der andere tritt in den Zenit, und darüber steht das Unaufhörliche reglos und wahrscheinlich im Wesen nicht menschlich –, der schöpferische Mensch sieht dem ins Auge und sagt sich, in dieser Stunde liegt auf mir das unbekannte und tödliche Gesetz, dem muß ich folgen, in dieser Lage muß ich mich behaupten, ihr mit meiner Arbeit entgegentreten und ihr Ausdruck verleihen.

Ich meine, hier spielt sich etwas ab, das außerhalb des Persönlichen liegt, und man muß, um der Transzendenz dieses Vorgangs gerecht zu werden, das wunderbare Wort von Malraux aus seiner „Psychologie der Kunst" zitieren, daß nämlich am Tage des Gerichts nicht die einstigen Formen des Lebens, sondern die Statuen die Menschheit vor den Göttern vertreten.

*

Mein Name ist Monroe. Ich habe leider keine Ahnung, was modern ist. Wußte aber auch vor fünfzig Jahren nicht, was damals modern war. Das sind doch alles Allgemeinheiten. Ich war neulich dabei, als man über l'art pour l'art sprach. Ich konnte nicht mitreden. Ich wußte weder, was l'art ist, geschweige l'art pour l'art. Wenn man alt wird, beschäftigt man sich nicht mehr mit Allgemeinheiten; diese laufen nebenher, nässen sich ein paar Jahrzehnte durch die Diskussionen, dann trocknen sie aus.

Tatsächlich: Zum Schluß weiß man über[1] nichts mehr ordentlich Bescheid; zum Beispiel das Unbewußte – was ist das – ein Einteilungsprinzip für die Sprechstunde, ein therapeutisches Hilfsmittel wie Aspirin. An sich gibt es das Unbewußte überhaupt nicht; entweder ist das ganze Leben unbewußt oder gar nichts. Das bißchen Grips des zwanzigsten Jahrhunderts lohnt wohl seine Isolierung als Bewußtsein kaum. So ist es auch mit dem Modernen – ein Begriff des Rückblicks, etwas für Karteien, ein propagandistischer Adnex; man sollte Künstler wahrscheinlich gar nicht danach fragen. Für den, der sich bemüht, seinem Inneren Ausdruck zu verschaffen, ist Kunst nicht etwas Geisteswissenschaftliches, sondern etwas Körperliches wie der Fingerabdruck. Ich bewege mich, wenn ich ein Dichter sein will, mit meinen Worten; wenn ich ein Maler bin, mit Gelb und Rot; ich schwelge mich, wenn ich ein Musiker bin, in meinen Akkorden. Man läßt sich eher fallen, als daß man sich aufrichtet und um sich blickt. Picasso antwortete neulich, las ich, einem Interviewer: „Unterhaltungen mit dem Piloten sind verboten." Ich meinerseits könnte hinzufügen: ich bin Isolationist, mein Name ist Monroe. Was modern war, sieht man meistens, wie jetzt der Fall Kierkegaard zeigt, erst nach hundert Jahren – und dann ist es schon wieder unmodern.

REDEN
UND
VORTRÄGE

TOTENREDE FÜR KLABUND

*Ist nicht alles nur Ton, darin wir spielend
nach Göttern suchen.*   *H. Mann*

Bei dieser Feier, die die Stadt Krossen ihrem verstorbenen
Sohne weiht, habe ich als des Toten ältester Freund und
märkischer Landsmann unter den schriftstellernden Kollegen die Aufgabe und die Ehre, einige Worte zu sprechen.

Ich sehe hier versammelt in erster Linie die landschaftliche
und genealogische Verwandtschaft des Verstorbenen, die
Eltern, an denen er so hing, die Gattin, die er so sehr
liebte, die Stadt, zu der er zählte, und wir wollen dies alles
in uns aufnehmen und verehren, da es Klabunds Heimat
war. Aber eine andere Verwandtschaft drängt herbei, eine
andere Vater- und Bruderschaft macht ihr Recht geltend,
heute hier zu sein, eine große Gemeinschaft aus vielen
Städten, aus Berlin, aus München und über Deutschlands
Grenzen hinaus aus vielen Zentren des abendländischen
Lebens bekundet ihr Verlangen in dieser[1] Stunde – ich meine
die Gemeinschaft derer, die der Menschheit zu dienen glauben, indem sie dem *Worte* dienen, ich meine die Gemeinschaft der Künstler, Dichter, Schriftsteller und Literaten,
die den Härten des Lebens nichts anderes entgegenzuset-
zen haben als ihren Glauben, ihr Talent und ihr Leiden,
und zu denen der Verstorbene sich bekannte in den Jahren
der Bedürftigkeit wie in den Jahren des Ruhms. Im Namen
dieser will ich sprechen.
Da habe ich zunächst das Bedürfnis, der Stadt Krossen
einen Dank abzustatten. Es ist schön, daß sie es ermöglichte,
daß Klabund auf diesem Friedhof ruht. In Norddeutschland, von wo er hergekommen ist, in dieser Stadt, die er

oft besungen hat, am bewegendsten heute für uns in jener
Ode an Krossen, in deren Schlußversen er diese jetzige
Stunde beschreibt und sieht, die Stunde: „in der auf seinen
kleinen, kindlich-kümmerlichen Leib die Erde fällt, die ihn
gebar, an der Grenze Schlesiens und der Mark, wo der Bo-
ber in die Oder, wo die Zeit mündet in die Ewigkeit –“ ich
sage, ich möchte mir die Freiheit erlauben, der Stadt zu danken, daß sie es sich nicht hat nehmen lassen, ihren Sohn,
diesen, unseren Kameraden, der nur ein Künstler war –
nur Narr, nur Dichter, wie es im „Zarathustra“ heißt –,
mit allen Ehren des Lebens und der Öffentlichkeit zu sich
zurückzuholen. Die Dichter sind die Tränen der Nation –
es ist vielleicht für Deutschland nicht schlecht, wenn die
anderen hören, daß eine Stadt die Zeit und die Innerlichkeit besaß, diesen Tränen der Nation ihre Aufmerksamkeit
und ihre Ehrfurcht zu bezeugen.

Aus diesem Tal also, das wir heute durchfuhren, stammte
Klabund. Diese Hügel, dieser Strom. Als er sie zum ersten
Male verließ, als Junge, um auf eine andere Schule zu kommen, begegneten sich unsere Wege. Wir waren beide auf
derselben Schule, dem Friedrichs-Gymnasium zu Frankfurt
an der Oder, auch in derselben Pension in der Gubener
Straße, und wir dachten oft daran zurück. Wir trafen uns
immer wieder in München und Berlin, unser letztes Weih-
nachten feierten wir zusammen, und als Klabund am
30. Mai dieses Jahres Deutschland zum letzten Mal und für
immer verließ, trat er die Reise mit seiner Frau von meiner Wohnung aus an. Ich kannte ihn in den Zeiten, wo er
noch nichts war, und in den Zeiten des Glanzes seines Namens. Die schönsten Jahre waren wohl die, als er, bald nach
dem Krieg, in Berlin in einer kleinen Straße des Südwe-
stens wohnte, in einem kleinen Zimmer, das nur ein Fenster hatte und kein Bett; er schlief auf einem Sofa und,

wenn man vormittags ihn besuchte, lag er auf diesem Sofa ganz bedeckt von Manuskripten, Zeitungen, Briefen und Journalen und arbeitete rastlos und fieberhaft, wie er sein ganzes Leben lang tat. Es waren die Jahre der zweiten Periode seiner Gedichte, seiner Romane und die Jahre, in denen ihm der Gedanke an den „Kreidekreis" kam. Es waren auch Jahre der Krankheit, und ich ging oft zu ihm als Arzt. Manchmal nannte ich ihn in Freundschaft Jens Peter, das waren die Vornamen des großen dänischen Romanschriftstellers Jens Peter Jacobsen, dem er äußerlich ähnelte, und der an der gleichen Krankheit litt und starb. Oft auch sah ich Veilchen in seinem Zimmer, die Lieblingsblumen Chopins, seines anderen Krankheitskameraden. Einmal lasen wir zusammen die letzten Worte Chopins, die er an seinem Todestage schrieb, sie lauteten: „Meine Versuche sind nach Maßgabe dessen vollendet, was mir zu erreichen möglich war" – das Abschiedswort eines wahren Künstlers, der das Fragmentarische des Individuellen erlebt hatte, ein Wort von Stille und Zurückhaltung, wie es auch Klabund hätte geschrieben haben können, dessen Wesensgrundzug alle die Jahre hindurch der einer tiefen brüderlichen Bescheidenheit war.

Die zarte, nie zu einer völligen Reife erwachsene Gestalt unseres toten Freundes tritt vor unseren Blick. Der schmächtige Mann, und auf seinen Schultern trug er eine Last, die schwer zu tragen war. Ich meine nicht die Krankheit, ich meine die Berufung. Gegen eine Welt der Nützlichkeit und des Opportunismus, gegen eine Welt der gesicherten Existenzen, der Ämter und der Würden und der festen Stellungen, trug er nichts als seinen Glauben und sein Herz. Es gibt den Wahlspruch eines alten französischen Geschlechts, der Beaumanoire, der im Grunde der Wahlspruch aller Künstler ist: „Bois ton sang, Beaumanoire" – trinke

dein Blut, Beaumanoire; das heißt für den Künstler, du lei-
dest, hilf dir selbst, du bist deine eigene Erlösung und dein
Gott; du bist durstig, du mußt dein Blut trinken, trinke
dein Blut, Beaumanoire! Und dieser hier trank sein Blut
jede Stunde seines Daseins, wie es das innere Gesetz seines
Lebens und seines Sterbens ihm befahl.

Diese schmächtige Gestalt – und die Unendlichkeit der
Welt. Das Aufgestiegene und das Versunkene, Dinge, die
wir erleben, und Dinge, die wir ahnend erschließen, zusammenzufassen, zusammenzuströmen zu einem Wort, zu einer
Wahrheit jenseits jeder Empirie. Durch die Geschichte aller
Zeiten und Völker gehen diese Figuren, auf deren oft kranken Schultern eine geheime Sendung liegt. Es ist schwierig,
darüber zu reden in einer Stunde des Heute, die durchklun-
gen ist vom Sausen der Propeller und vom Arenageheul
einer Boxerzivilisation, daß es einst eine andere Menschheit gab und wieder geben wird und eine andere Menschheitsstunde. Ich weiß nicht, ob Ihnen gegenwärtig ist, wie
die Forschung dabei ist, die viertausend Jahre Menschheitsgeschichte, die wir bis heute übersahen und an deren
Ende wir gehören, zurückzustellen vor jenen zehntausend
Jahren, die vorher waren, da eine andere Art Menschheit
mit anderen Kräften der Seele sich gestaltete und wuchs.

Diese Zeitspanne, die wir als die geschichtliche bezeichnen,
als die geistige Bewußtwerdung, als den sogenannten Aufstieg aus der primitiven Gemeinschaft, scheint zu verblas-
sen und klein zu werden vor den weiteren Zeiträumen,
die die eigentliche produktive Periode des humanen Geschlechts zu umschließen scheinen, eines Geschlechts unter
heiligen Zeichen und mit einem magischen Gesicht. Die
Forschung spricht in diesem Zusammenhang von jenen
rätselhaften „Leuten vom Fremdboottypus", deren Schiffe

noch in den Darstellungen der ältesten mesopotamischen Kulturdenkmäler gefunden sind, um dann für immer spurlos zu verschwinden. Aber sie sind nicht verschwunden, meine ich, sie gingen weiter durch die Jahrtausende und durch die Völker, diese rätselhaften „Leute vom Fremdboottypus", bis in unsere Tage, und retteten die Erbmasse des Urgesichts.

Er, dessen Asche in dieser Urne ruht, hatte das Fragwürdige und das Vage des Gesandten. Keine Sicherheit, keine Beweisbarkeit der Existenz. Die Realität, von einer zivilisatorischen Menschheit geschaffen und behauptet, keines Blickes, keines Lächelns wert. Immer nur gegen sie angehen, immer nur sie umbiegen zu einem Zug von Masken, zu einem Wurf von Formen, ein Spiel in Fiebern, sinnlos und das Ende um jeden Saum. Ach, diese ewige Entwicklung, welch eine kommerzielle Kontinuität! Die Seele hat andere Tendenzen, sie hat eine Schichtungs- und Rückkehrtendenz zu jener Erbmasse, zu jenen Träumen, zu jenen Tränken aus ihrem alten Blut: die Wirklichkeit und die Entwicklung, die Kausalität und die Geschichte, alles nur Masse, alles nur Ton, darin sie spielend nach Göttern sucht.

Unser Freund hier suchte nach Göttern in allem Ton. Nichts konnte ihn beirren in der Freiheit dieses Drangs. Und wenn ich an seine Urne etwas zu schreiben hätte, wäre es ein Satz aus einem der großen Romane von Joseph Conrad, über die ich oft in der letzten Zeit mit dem Verstorbenen sprach. Ein Wort, das die Verwirrungen des Menschenherzens und der Menschheitsgeschichte raunend erhellt: „dem Traum folgen und nochmals dem Traum folgen und so ewig – usque ad finem." Mit diesem Satz nehme ich Abschied von unserer fünfundzwanzigjährigen Freundschaft und im Raunen dieses Satzes ruhe ewig Klabund.

REDE AUF HEINRICH MANN

Nihilismus ist ein Glücksgefühl

Die große Ehre, im Namen der deutschen Schriftsteller in diesem Augenblick zu sprechen, lege ich nicht anders aus, legen Sie gewiß nicht anders aus, als daß das Wort an einen Vertreter *der*jenigen Generation gehen sollte, über deren Jugend diese Morgenröte aufging, in deren eindruckbereiteste und entwicklungsfähigste Jahre die Werke hereinbrachen, deren Glanz bis in diese Stunde leuchtet.

Aber es sind von jeher, es sind besonders in diesen Tagen so viel interessante und bedeutende Aufsätze über Heinrich Mann erschienen, daß ich mir nicht herausnehmen dürfte, eine weitere Analyse literarhistorischer oder biographischer Art ihnen einfach hier hinzuzufügen. Ich gehe daher direkt auf die Hauptfrage zu, die Heinrich Mann, seine Erscheinung und sein Werk mir der Zeit vorzulegen scheinen, und ich werde versuchen, diese Frage zu diskutieren. Diese Frage finden Sie am klarsten dargestellt und am erregendsten entwickelt in seinem berühmten Aufsatz über Flaubert und George Sand, der, vor einigen Jahren in einer Zeitschrift erschienen, sofort die Bewunderung aller Leser erweckte, und der, jetzt in einem Essayband „Geist und Tat", den Heinrich Mann uns zu seinem Geburtstag schenkte, in Buchform vorliegend, immer das Unvergleichliche blieb. Streichen Sie über diesem Aufsatz die Namen, setzen Sie an ihre Stelle als Titel „Die Kunst", so haben Sie das Thema des Aufsatzes, der ein einziger großer dramatischer Monolog Heinrich Manns über sich und seine inneren Gewalten ist; der Name Flauberts hängt über diesen Seiten nur wie jener Papagei, mit dem vielleicht schon ausgestopften, aber dem smaragdenen, aber dem purpurnen Gefieder,

die Seiten selber aber handeln von dem, der den Speer
dort aufnahm, wo Flaubert ihn liegen ließ, und der das
Phänomen der Kunst in ein anderes Volk und in ein ver-
wandeltes Zeitalter brachte.

Die Kunst nach Deutschland, die Kunst in unsere Zeit. Die
Kunst, in Deutschland immer etwas Unzeitgemäßes, heute
aber, wie Thomas Mann in seiner Rede kürzlich sagte, für
viele Kreise nahe bei der Kategorie des Verbrecherischen.
Die Kunst bei dem Deutschen im vergangenen Jahrhundert
bekanntlich nur in der Musik, bei diesem Narren der Erde,
wie Hebbel schrieb, diesem Adam, aber in Ketten, im Kreis
der Tiere. Die Kunst in Deutschland, immer nur achtzehntes Jahrhundert: Vorstufe der Wissenschaft, Erkenntnis-
möglichkeit zweiten Ranges, niedere sinnliche Anschauung
des reinen Begriffs. Hier ist man ja nicht für Formen, für
Konturen, für Plastizität, hier muß ja alles fließen: πάντα ρεῖ,
die Philosophie der Flußpferde, Heraklit der erste Deutsche, Platon der zweite Deutsche, alles Hegelianer, auch wenn
es Hegel nie gegeben hätte, Sie wissen ja von dieser weit-
gehenden Parallelität des hellenischen und deutschen Geistes, wir sind ja alle nur existent durch diese Verflechtung:
nur daß wir den *Sieg des Griechen* nicht errangen, seinen
marmornen, über das Ägäische Meer nach Osten erkämpften Sieg.

Aber es war verbreitet bei uns die Bildung im Gewande
der Kunst, das Dichterische mit der Neigung zu fördern, die
humanistische Idealität, der sich das neunzehnte Jahrhundert zugewogen hatte mit seinem ganzen Gewicht an intellektuellem und sozialem Resultat, nun mochten Heyse und
Dahn, nun mochten Ranke und Haeckel, nun mochten Kunst
und Wissenschaft die Blüte sein der perikleischen Prosperi-
tät. Da kamen um 1900 die Brüder Mann und phosphoreszierten. Lehrten eine literarische Generation das Gefähr-

liche, das Rauschnahe, den Verfall, der notorisch zu den Dingen der Kunst gehört, brachten aus ihrem gemischten Blut – „Ihr Negerknaben meines Vaters", sang Lola und sah nun alles, was sie sang, sah die Heimat, Heimat aber auch der kalte Ort mit dem feuchten Nordostwind, der den Geruch brachte von einem nordischen Meer –, brachten die Kunst als die hohe geistige Korruption, zu fühlen, was keiner fühlte, die erst zu erfindenden Verfeinerungen, brachten – Sie sind vorbereitet auf das Wort – brachten die Artistik, ein für Deutschland nie wieder zum Erlöschen zu bringendes Phänomen. Ahnen hatten sie hierzulande nur einen, der aber geistig geschlagen war und nichts galt: *Nietzsche:* die Delikatesse in allen fünf Kunstsinnen, die Finger für Nuancen, die psychologische Morbidität, der Ernst in der Mise en scène, dieser Pariser Ernst par excellence, das Artistenevangelium: „die Kunst als die eigentliche Aufgabe des Lebens, die Kunst als dessen metaphysische Tätigkeit", das finden wir in seiner Theorie – und ihre Verwirklichung im Werk einige Jahrzehnte später in der Art dessen, den wir heute feiern.

Der Einbruch der Artistik, die neue Kunst! Vom Westen den Geist: Fanatismus des Ausdrucks, analytischen Instinkt, hormonbewandert und röntgentief; vom Norden die Eruptivität großen Stoffs, die dunklen tragischen Träume.

Die Kunst an sich: ich frage mich, heißt es in unserem Aufsatz, ob ein Buch unabhängig von dem, was es sagt, nicht dieselbe Wirkung hervorbringen kann. Liegt nicht in der Genauigkeit der Wortgefüge, der Seltenheit der Bestandteile, der Glätte der Oberfläche, der Übereinstimmung des Ganzen, liegt darin nicht eine *innere* Tugend, eine Art *göttlicher* Kraft, etwas *Ewiges* wie ein Prinzip?

Die absolute Kunst: Flaubert, sagt Mann, glaubte an Gesetze der Schönheit, die wie Gebote eines Gottes sind und

im Geschaffenen das Ewige bewahren. Der Anblick einiger
Säulen der Akropolis ließ ihn ahnen, was mit der Anordnung von Sätzen, Worten, Vokalen an unvergänglicher
Schönheit erreichbar wäre. *In Wahrheit nämlich glaubte er
nicht, daß es in der Kunst ein Äußeres gibt.*
Der Einbruch der Artistik –: Worte, Vokale! Also wohl eine
Kunst ohne sittliche Kraft, ohne nationalen Hintergrund,
stark intellektuell, sagen wir es ruhig: leichte Ware, rein
technisch und dabei nicht einmal aufs Vergnügen aus! Was
birgst du für ein Mysterium, o Kunst, sagte Violante, aber
in Deutschland fand man das nicht. Die Allgemeinheit hatte den Zusammenhang noch nicht erfühlt zwischen dem
europäischen Nihilismus und der dionysischen Gestaltung,
der skeptischen Relativierung und dem artistischen Mysterium, zwischen dem Verklärten, Verschwärmten, Schwammigen des deutschen Geistes und dieser Oberflächlichkeit
aus Tiefe, diesem Olymp des Scheins; die Allgemeinheit
sah noch nicht, aus welchen Wogen Violante eigentlich stieg,
über welche Art von Leben ihr weißes Gesicht hinwegsah,
im Verscheiden, über welche großen Träume von Jahrhunderten.
Noch nicht. Aber klingt uns nicht heute der Satz aus dem
Willen zur Macht: „eine antimetaphysische Weltanschauung – gut, aber dann eine artistische", sehr viel vertrauter?
Steht er nicht mit über dem Kampf, den der Deutsche von
heute kämpft, dem Kampf um eine antiideologische Weltanschauung, eine irdische, eine ausdruckshafte, gegen seine
metaphorischen Laster, seine Verschwommenheit, sein
Waldesweben, sollte hinter diesem Begriff der Artistik
also nicht doch noch etwas anderes stehen als ästhetischer
Idealismus oder gallischer Esprit? Sah vielleicht Nietzsche,
sahen vielleicht die großen Schriftsteller, von denen wir
ausgingen, sich von ihm aus eine Bewegung ableiten, die

philosophisch begann, aber politisch endete, möglicherweise
in der Richtung auf ein neues europäisches Ethos und darin
eine verwandelte deutsche Moral? Wenn das Wesen des
Deutschen immer nur das Werden ist, ewige Ungegenwart
und maßloses Wachstum, widrige Unzulänglichkeit und
ungeheure Hoffnung, wenn es *das* ist, was ihn bei allen
Völkern der Erde so gefährlich, so verdächtig, so irräsonabel
erscheinen läßt – wenn der Deutsche, nach Nietzsche, da
jegliches Ding sein Gleichnis liebt, die Wolken liebt und
alles, was unklar, werdend, dämmernd, feucht und verhängt ist, und das Ungewisse, Unausgestaltete, sich Ver-
schiebende, Wachsende jeder Art, das fühlt er als tief –,
setzt dann nicht vielleicht von *hier* ein Gegenzug ein, ein
von uns nur nicht oft genug erreichter, nicht der Kranichzug
der Geistigen über dem Volk, sondern ein Zug der Hilfe
gegen dies schlimme deutsche Gefühl, daß auf dem
Gierigen, dem Unersättlichen, dem Mörderischen der
Mensch ruht, ein Gegenzug der Ordnung, der räumlich-
geistigen Ordnung, der erarbeiteten Formen, der Gestalt,
der Diesseitigkeit, der Latinität? Wenn der Deutsche
gern in Gängen und Zwischengängen haust, in Höhlen,
Verstecken, Burgverliesen, immer in Unordnung und auf
Schleichwegen zum Chaos – wenn er nach Luther die ver-
achtetste, nach Hebbel die verhaßteste unter den Nationen
ist, wenn sie nach Goethe die ist, bei der überhaupt das
Gemeine weit mehr überhandzunehmen Gelegenheit findet
als bei anderen Nationen –, wächst dann nicht, wo die Gefahr ist, das Rettende auch, wenn in ihre Sprache, diese
Sprache der Weissagung und des Prophetischen im Halb-
licht, die klaren Meister des Wortes greifen, die nicht nur
venezianisch tief sind, sondern auch genuesisch hell, vielleicht die zwischen den Rassen, vielleicht die Westlichen,
vielleicht die auf dem hohen Joch zwischen zwei Meeren,

wenn sie uns lehren, eine Handbreit Prosa in tagelanger
Arbeit wie eine Statue zu meißeln, lückenlos die Seite, kühl
der Satz – wenn sie dem Schweifenden und Wilden des
deutschen Geistes mit jenen Augenblicken und Wundern
begegnen, wo eine große Kraft freiwillig vor dem Maßlosen und Unbegrenzten stehenblieb, wo sie in einem Über-
fluß an feiner Lust in der plötzlichen Bändigung und Ver-
steinerung, im Feststehen und sich Feststellen auf einem
noch zitternden Boden die Ordnung weisen, das große Gesetz? Könnte sich nicht vielleicht an ihnen ein Volk zur
Klarheit erziehen, an dem Goldenen und Kalten, das um
die Dinge liegt, die sich vollendet haben, könnte nicht ein
Volk beginnen, zu diesem Positivismus der erarbeiteten,
harten und absoluten Dinge aufzublicken mehr als zu jenem
Positivismus der anonymen Wahrheit, des amorphen Wissens, der fluktuierenden Formeln der wissenschaftlichen Relativität? Könnte dann nicht ein perspektivistisch so ver-
ändertes Volk, dachte wohl Nietzsche, auch die Kunst anders sehn, die Kunst, die eigentliche Aufgabe des Lebens,
die letzte Transzendenz innerhalb des großen europäischen
Nichts, die artistische, die dionysische Kunst, die vielleicht
auch sinnlos ist wie der Raum und die Zeit, und das Gedachte und das Ungedachte und doch allein von jenem Reflex der Immortalität, der über versunkenen Metropolen
und zerfallenden Imperien von einer Vase oder einem geretteten Vers aus der *Form* sich hebt, unantastbar und vollendet –, würde dann nicht bei einem artistisch so verwan-
delten Land, träumte vielleicht dieser schon umflorte Deutsche, in die Hölderlin-Frage: „wann erscheinest du ganz,
Seele des Vaterlands?" – seine eigene Antwort klingen: daß
ich dich singen hieß, meine Seele, siehe das war mein
Letztes?
Das Letzte also war die Kunst. Die neue Kunst, die Artistik,

die nachnietzschesche Epoche, wo immer sie groß wurde, wurde es erkämpft aus der Antithese aus Rausch und Zucht. Auf der einen Seite immer der tiefe Nihilismus der Werte, aber über ihm die Transzendenz der schöpferischen Lust. Hierüber hat uns nichts hinausgeführt, keine politische, keine mythische, keine rassische, keine kollektive Ideologie bis heute nicht: auf den Ecce-Homo-Schauern, auf den Romanen der Herzogin von Assy liegt weiter unser Blick. Die Ecce-Homo-Schauer: *Nihilismus ist ein Glücksgefühl,* und der Mensch hat in der Erkenntnis ein schönes Mittel zum Untergang; die Kunst der Assy: als Anlage und Methode das Mysterium und das Monomane, dazu das unheimliche Wort Flauberts: je suis mystique et je ne crois à rien. So sehe ich die Lage, so sehe ich das Jahrhundert, durchwoben von den Träumen der Assy, doch wann das neue beginnt – das sehe ich nicht.

Sie könnten vielleicht meinen, daß ich für eine Geburtstagsrede sehr weit abgeschweift wäre und von fernliegenden Dingen spräche, aber nichts war wohl mehr meine Pflicht, als bei der Feier, die die deutsche Schriftstellerschaft nicht nur einem ihrer glanzvollsten, folgenreichsten und großartigsten Mitglieder, sondern dem umfassendsten dichterischen Ingenium unter uns widmet, sein Wesen bis dahin zu verfolgen, wo es sich auflöst in das Allgemeinste des deutschen und des europäischen Geschicks. Ich bin mir natürlich völlig klar darüber, daß man eine so große Erscheinung wie Heinrich Mann noch nach vielen anderen Seiten auslegen kann, jeder nach seiner Neigung: als Fortschritt, als Bildung, als Pädagogik, als Partei, aber ich sehe ihn am tiefsten beleuchtet, für Jahrhunderte beleuchtet, in diesem Flaubert-Nietzscheschen Licht. Ich feiere also in ihm die Kunst, das Ja über diesen Abgründen, seine strömende, ordnende, schöpferische Lust. Ich feiere in ihm die erre-

gendste Dichtung der Zeit, lyrisch phänomenal und episch
von der gleichen primären Evidenz wie bei Conrad und
Hamsun, die entfaltetste deutsche Sprachschöpfung, die wir
seit Aufgang des Jahrhunderts sahen. Ich feiere den Meister, der uns alle schuf. Ihn, zu dem die Kunst heute sagen
würde, was in seiner Novelle „Die Rückkehr vom Hades"
zu Helena Menelaus sagt, unerlahmt von all den Schlachten, traumhaft fortgewendet von Waffen und Blut: „Auf
deinen Lidern, o Helena, trägst du den ganzen Trojanischen
Krieg." Auf seinen Lidern – was seit dreißig Jahren aus
unserem Geschlecht die Sterne sahen. Was zu ihnen aufstieg
aus einem Volk, rassenmäßig schwer und selten innerlich
voll zu lösen, nach Nietzsche aufstieg an Schönheit des
Worts, heller Vollkommenheit des Stils, Schimmer schöpferischen Glanzes –: auf diesen Lidern. Anemonen und Hyazinthen, Dolden der Mythe aus Asche und Blut senkt Hellas
auf Deutschland zu diesem Fest im Monat der Adoniden.
Dem Sieg des Griechen Blumen und Wein! Herr Heinrich
Mann, wir feiern Ihre Kunst, wir danken Ihnen, daß Sie
Ihr Herz den Räuschen der Lust wie den Katarakten der
Bitterkeit und den hochgehenden Leiden überließen, mit
tiefer Rührung vergegenwärtigen wir uns noch einmal eine
Stelle aus dem Aufsatz, von dem wir ausgingen, sie lautet:
„Man ahnt zuweilen, hellseherisch aus Sehnsucht, wie leicht,
wie frei man sich mit Hilfe gewisser Anlagen bewegt haben
würde, die ganz sicher irgendwann in uns lagen – man
glaubt, den leeren Fleck zu spüren –, und die uns auf nicht
mehr erinnerliche Art verlorengingen" – wir segnen es,
daß Ihnen diese gewissen Anlagen verlorengingen, dafür
schenkten Sie uns Ihr Werk. Seien Sie versichert, wir hüten
Ihr Werk, wo immer wir es aufschlagen, erblicken wir den
Satz, mit dem Sie kürzlich eine Ihrer Studien schlossen, wo

immer wir Ihr Werk aufschlagen, erblicken wir das Meer, seinen tiefen Atem, seine purpurne Bläue und den Glanz, unseren Glanz, der über ihm untergeht.

DIE NEUE LITERARISCHE SAISON

Die Formulierung, unter der der folgende Vortrag angekündigt ist, ist[1] nicht ganz glücklich. Ich kann mich über die
neue literarische Saison natürlich gar nicht äußern, ich bin
kein[2] Kritiker, ich habe mit Verlagsprospekten nichts zu
tun, ich lese überhaupt nicht viele literarische Bücher. Wenn
ich aber einmal einen von den neuen deutschen Romanen zu
lesen anfange, finde ich, daß er sich sehr wenig von denen
vor dreißig Jahren unterscheidet. Damals hießen die Helden Hans und Grete, heute heißen sie Evelyn und Kay,
damals boten sie sich auf Seite 200 hinter einer Rosen-
hecke das Du an und versprachen sich fürs Leben, heute
bei einem Reifenwechsel oder einem Propellerbruch nehmen
sie Pupille auf ihre sportgebräunten Züge, besprechen das
Geschäftliche, eröffnen sich ihre Komplexe und beschließen
für die nächsten vierzehn Tage in den Clinch der Küsse zu
gehen. Das scheint mir kein großer Unterschied zu
sein, die Liebe ist es damals wie heute, die die Seitenzah-
len vermehrt und den Autor zu ausgreifender Entwicklung
treibt: – „Liebe denkt in süßen Tönen und Gedanken stehn
ihr fern", sagt Tieck, namentlich von der zweiten Hälfte
wird wieder ausgiebig Gebrauch gemacht werden, und ich
bin überzeugt, daß auch in der neuen Saison diese Art Bücher führen werden und in großem Ansehen stehen. Daneben werden wieder die zwei oder drei anderen Bücher erscheinen, die die Epoche und was sie treibt, etwas kälter,
entfernter, sprachlich schwieriger darstellen, und sie werden
auch in der kommenden Saison genauso ungelesen bleiben,
wie sie es in den frühern waren. Und in diesem Zusammenhang und da heute der 28. August, nämlich Goethes Geburtstag ist, worauf Sie die Funkstunde ja schon bei andrer

Gelegenheit heute hingewiesen hat, möchte ich Sie, auch von
der literarischen Seite aus, daran erinnern, daß der fünfzig-
jährige Goethe während des Xenienkampfes ein Literat
von zweifelhafter Begabung genannt wurde, die Haupt-
broschüre gegen ihn von den beiden Sudelköchen in Weimar
und Jena sprach, ein preußischer Stabsoffizier, der 1806 bei
Goethe in Einquartierung lag, niemals vorher dessen Namen gehört hatte, und als die Gesamtausgabe von Goethes
Schriften unternommen wurde, der Verleger in seinen Briefen bitter über den geringen Absatz klagte, der von dem
Werk, das von Goethes illegitimem Schwager Vulpius verfaßt war, nämlich: „Rinaldo Rinaldini" ganz bedeutend
übertroffen wurde. Auch war es die Zeit, in der sich die
Damen der Weimarer Gesellschaft von Goethe weg und
Kotzebue zuwandten, da dieser, wie es schon damals so bemerkenswert[3] hieß, „dem Leben näher stand" und „die
Wirklichkeit" brachte. Man muß also wohl prinzipiell und
für alle Zeiten eine Vordergrundsliteratur unterscheiden,
die vom Feuilleton umrankt wird und der die Damenwelt
zuneigt, und eine Hintergrundsliteratur, ausschließlich dazu
berufen, von niemandem als dem Gesetz der Persönlichkeit
dazu berufen, die wenigen großen Geister der folgenden
Generation zu befruchten und zu erziehen.
Was die Gedichtbücher der neuen Saison angeht, so werden
gewiß weiter die Sonnenuntergänge von der Lüneburger
Heide bis zum Ötztaler Alpenmassiv den Stoff liefern mit
der Einteilung: Liebe zur Natur, Liebe zu Gott und Liebe
zu den Menschen. Nicht weniger wird der Bahnbau in Wol-
hynien, sowie die Hochöfen der Ruhr mit aktivem Pathos
besungen werden, negativ oder positiv, je nachdem, ob der
Sänger den[4] arbeitgebenden oder arbeitnehmenden Schichten nähersteht. Stimmung und Gesinnung sind ja nun einmal die Eckpfeiler der kleinbürgerlichen Poesie. Dazu der

nötige reale Gehalt. Die konstruktive Glut, die Leidenschaft
zur Form, die innere Verzehrung, das ist ja kein Gehalt.
Nie wird der Deutsche erfassen, niemand wird ihm gegen-
ständlich machen können (und es ist ja auch gar nicht nötig,
daß es geschieht), daß zum Beispiel die Verse Hölderlins
substanzlos sind, nahezu ein Nichts, um ein Geheimnis geschmiedet, das nie ausgesprochen wird und das sich nie
enthüllt.[5]

Was unsere Bühnenkunst angeht, so durften wir eben aus
einer einzigen Zeitungsnummer erfahren, daß eine drei-
aktige Komödie „Die Brustwarze" herauskommt und ein
Schauspiel „Schlanke Rotblondinen gesucht". Daneben aber
brauchen wir nicht unruhig zu sein, daß auch der muntere
Backfisch weiter den alten Onkel verwirrt und die hoch-
busige Vierzigerin sich dem unverbrauchten Konfirmanden
nähert, ganz wie in „Sodoms Ende", genau wie im „Schlaraffenland", genau wie vor vierzig Jahren. Die neue Nuance
wird sich ausschließlich im Lokalkolorit äußern: es gilt in
der neuen Bühnenkunst als smart, an der Bar, während der
Boy den Olivencocktail schüttelt, in drei Aperçus zwischen
Ratschlägen an den Mixer das Fazit von Lebensausgängen
zu glossieren, und es gehört zum Stil, die geistigen Vorwände für die Kulissenverschiebung sowie den Toiletten-
wechsel der Diva aus fernen Zonen zu beziehen. Steht gar
in einem Blockhaus auf einem Holztisch eine Whiskyflasche
und der[6] rauhen Goldsucherkehle entsteigt der Wollustsong,
steht die neue Synthese aus Büchner und Kleist vor uns da.
Ob diese Produkte auf dem Broadway, in Paris oder innerhalb der einheimischen Industrie entstehen, ist ohne Belang,
wir haben das schöne Beispiel, daß während wir alle vergeblich nach der Internationale der Politik, des Zolls und
der Wirtschaft verlangen, die Internationale des literarischen Tinnefs in hoher Blüte unter uns steht.

Hinter dieser reinen Vordergrundsliteratur, die auch in der
jetzt beginnenden Saison allen zum Trotz den Markt, das
Geschäft, die Zeitungen und die Gesellschaft beherrschen
wird, spielt sich jedoch ein echter literarischer und weltanschaulicher Kampf ab, steht eine Problematik, die namentlich die junge Literatur stark beschäftigt, die ernsthafte
junge Literatur, und sie zweifellos auch im kommenden
Winter in Anbetracht der Zeitlage noch mehr beschäftigen
wird. Bringen wir dieses Problem auf eine kurze Formulierung, so ist sein Inhalt der Gegensatz zwischen der kollek-
tivistischen und der artistischen Kunst. Die Frage, die diskutiert wird, lautet: hat der Mensch bei unsrer heutigen
sozialen und gesellschaftlichen Lage überhaupt noch das
Recht, eigne individuelle Probleme zu empfinden und darzustellen oder hat es nur noch kollektive Probleme zu geben? Hat der Schriftsteller noch das Recht, seine Individualität als Ausgangspunkt zu nehmen, ihr Ausdruck zu verleihen, darf er für sie noch auf Gehör rechnen oder ist er
völlig zurückgeführt auf seine kollektiven Schichten, nur
noch beachtenswert, ja interessant als Sozialwesen? Lösen
sich – haben sich zu lösen – alle seine innern Schwierigkeiten
in dem Augenblick, wo er mitarbeitet am Aufbau des gesellschaftlichen Kollektivs?
Dieser Problemkreis wurde in einem raffinierten[7] und polemisch fesselnden Vortrag diskutiert, den im Frühjahr dieses Jahres hier bei uns der russische Schriftsteller Tretjakow
hielt und dem das ganze literarische Berlin zuhörte. Tretjakow, auch bei uns als Dramatiker bekannt, nach seinem
Äußern und der Art seiner Schilderung ein literarischer
Tschekatyp, der alle Andersgläubigen in Rußland verhört,
vernimmt, verurteilt und bestraft.[8] Tretjakow schilderte,
wie in Rußland während der ersten zwei Jahre des Fünfjahresplans immerhin noch einige psychologische Romane

erschienen, denen das Schriftstellerkollektiv auf folgende
Weise zu Leibe ging. Ein Roman zum Beispiel stellte dar,
wie in einem Haus, das einem Bürger enteignet und für
einen höhern Sowjetbeamten requiriert worden war, dieser
Sowjetbeamte zu trinken anfing, seinen Dienst vernachläs-
sigte, herunterkam und der alte Hauseigentümer allmählich
wieder seine Zimmer okkupierte. Dies war in abendländischer, psychologischer Manier, in herkömmlicher Roman-
weise, etwas imaginär und gänzlich unpolitisch geschildert.
Tretjakow ließ den Autor bei sich erscheinen. „Wo hast du
das erlebt, Genosse?" fragte er ihn. „In welcher Stadt, in
welcher Straße?" „Ich habe es gar nicht erlebt", antwortete
der Autor, „das ist doch ein Roman." „Das gilt nicht", antwortete Tretjakow, „du hast das irgendwo aus der Realität
in dich aufgenommen. Warum hast du das nicht der zu-
ständigen Sowjetbehörde gemeldet, daß einer ihrer Beamten infolge Trunkes seinen Dienst unordentlich versah und
der Bürger Hausbesitzer wieder seine Räume beziehen
konnte?" Wiederum antwortete der Autor: „Ich habe das
ja nicht in der Wirklichkeit gesehen, ich habe mir das zu-
sammengeträumt, zusammengereimt, gedichtet, eben einen
Roman geschrieben." Darauf Tretjakow: „Das sind westeu-
ropäische ‚Individualidiotismen'. Du hast verantwortungs-
los gehandelt, eitel und konterrevolutionär. Dein Buch wird
eingestampft und du wanderst in die Fabrik." Auf diese
Weise, schilderte Tretjakow, ist in Rußland jede indivi-
dualpsychologische Literatur verschwunden, jeder schöngei-
stige Versuch als lächerlich und bourgeois erledigt, der
Schriftsteller als Beruf ist verschwunden, er arbeitet mit in
der Fabrik, er arbeitet mit für den sozialen Aufbau, er arbeitet mit am Fünfjahresplan. Und eine ganz neue Art von
Literatur ist im Entstehen, von der Tretjakow einige Beispiele mitbrachte und mit großem Stolz vorzeigte. Es waren

Bücher, mehr Hefte, jedes von einem Dutzend Fabrikarbei-
tern unter Führung eines früheren Schriftstellers verfaßt,
ihre Titel lauteten zum Beispiel: „Anlage einer Obstplan-
tage in der Nähe der Fabrik", ferner: „Die Durchlüftung
des Eßraumes in der Fabrik", ferner als besonders wichtig
von einigen Werkmeistern verfaßt: „Wie schaffen wir das
Material noch schneller an die Arbeitsstätten?" Das also ist
die neue russische Literatur, die neue Kollektivliteratur, die
Literatur des Fünfjahresplans. Die deutsche Literatur saß
zu Tretjakows Füßen und klatschte begeistert und enthu-
siasmiert. Tretjakow wird sich über diesen Beifall sehr ge-
freut, wahrscheinlich aber auch amüsiert haben, dieser kluge
Russe wußte natürlich ganz genau, daß er hier nur einen
propagandistischen Abschnitt aus dem neuen russischen Imperialismus entwickelte, während die biedern deutschen
Kollegen es als absolute Wahrheit nahmen. Als welche
Wahrheit? frage ich mich nun. Welche Psychologie, frage
ich mich, steht hinter dieser russischen Theorie, die in
Deutschland so viele Jünger findet?
Diese russische Kunsttheorie, wenn man sie sich einmal ganz
klarmacht, behauptet nicht mehr und nicht weniger, als daß
alles, was in uns, dem abendländischen Menschen, an Innenleben vorhanden ist, also unsre Krisen, Tragödien, unsre
Spaltung, unsre Reize und unser Genuß, das sei reine kapitalistische Verfallserscheinung, kapitalistischer Trick. Und
der Künstler verarbeite aus Eitelkeit und Ruhmsucht, ja
Tretjakow fügte in wahrhaft kindlicher Unkenntnis der Verhältnisse hinzu: vor allem aus Geldgier diese seine „Individualidiotismen", wie er es immer nannte, zu Büchern und
Dramen. In dem Augenblick aber, wo der Mensch zur russischen Revolution erwacht, so behauptet diese Theorie, fällt
das alles vom Menschen ab, verraucht wie Tau vor der Sonne und es steht da das zwar ärmliche, aber saubere, das ge-

glättete heitere Kollektivwesen, der Normalmensch ohne
Dämon und Trieb, beweglich vor Lust, endlich mitarbeiten
zu dürfen am sozialen Aufbau, an der Fabrik, vor allem an
der Festigung der Roten Armee, Jubel in der Brust: in den
Staub mit allen Feinden nicht mehr Brandenburgs, sondern
Moskaus.

Ich frage nun, ist das psychologisch wahrscheinlich oder ist
das primitiv? Ist der Mensch in seinem Wesen, in seiner
substantiellen Anlage, im letzten Grundriß seines Ich naturalistisch, materialistisch, also wirtschaftlich begründet, wirtschaftlich geprägt, nur von Hunger und Kleidung in der
Struktur bestimmt oder ist er das große unwillkürliche Wesen, wie Goethe sagte, der Unsichtbare, der Unerrechenbare,
der trotz aller sozialen und psychologischen Analyse Un-
auflösbare, der auch durch diese Epoche materialistischer
Geschichtsphilosophie und atomisierender Biologie seinen
schicksalhaften Weg: eng angehalten an die Erde, aber doch
über die Erde geht?

Ich las in diesen Tagen von einem der Häupter der jungen
deutschen Literatur, das in der vorigen Saison eine Rolle
spielte und wahrscheinlich auch in der kommenden sich bemerkbar zu machen versuchen wird, den Satz: „Das Ewig-
Menschliche widert uns an." Er sprach, da er „uns" sagte,
also wohl im Namen einer Gruppe, einer Gesinnungsschicht,
wohl der wahren neuen deutschen Literatur. Er meinte dann
weiter: wir sind für Realitäten, „organisieren wir das Leben", rief er aus, „überlassen wir", fügte er höhnisch hinzu,
„den ‚tiefen Schriftstellern' die tragischen Probleme; wir
unsrerseits wollen leben!" Das ist also nun wohl die Tret-
jakowgruppe in Berlin, und sie ist es, der gegenüber ich altmodisch und abendländisch die These aufrechtzuerhalten
habe, daß durch Organisation seiner Wohnungs- und Nah-
rungsverhältnisse der Mensch in seinen entscheidenden, das

heißt nicht etwa nur kunst-, sondern auch lebensproduktiven Schichten nicht bestimmend verändert wird. Mit „bestimmend" meine ich: erbmäßig formändernd, anlagemäßig wesenhaft nicht verändert wird. Auch wer nicht weniger radikal als die patentierten Sozialliteraten das nahezu Unfaßbare, fast Vernichtende unsrer jetzigen Wirtschaftslage, vielleicht unsres Wirtschaftssystems empfindet, muß sich meiner Meinung nach doch zu der Erkenntnis halten, daß der Mensch in allen Wirtschaftssystemen das tragische Wesen bleibt, das gespaltene Ich, dessen Abgründe sich nicht durch Streuselkuchen und Wollwesten auffüllen lassen, dessen Dissonanzen nicht sich auflösen im Rhythmus einer Internationale, der das Wesen bleibt, das leidet; das Hunderttausende von Jahren ein Haarkleid trug und in dem nicht weniger tief und schmerzhaft um sein Menschentum kämpfte als heute in Buckskin und Cheviot. Und selbst wenn man die ganze Epoche des Individualismus auslöschen könnte, die ganze Geschichte der Seele von der Antike bis zum Expressionismus: eine Erfahrung bliebe gegenüber der innern Raumlosigkeit dieser Tretjakow-Vorstellung als große Wahrheit durch alle Saisons, durch alle geschichtlichen Epochen bestehn: wer das Leben organisieren will, wird nie Kunst machen, der darf sich auch nicht zu ihr rechnen; Kunst machen, ob es die Falken von Ägypten sind oder die Romane von Hamsun, heißt vom Standpunkt der Künstler aus, das Leben ausschließen, es verengen, ja es bekämpfen, um es zu stilisieren. Und noch eins würde ich hinzufügen, etwas Historisches, da dessen Kenntnis in diesen Kreisen offenbar so mangelhaft ist: der Kampf gegen die Kunst entstand nicht in Rußland und nicht in Berlin. Er geht von Platon bis Tolstoi. Er ging immer von den mittleren Kräften außerhalb, aber auch innerhalb des Künstlers gegen die selteneren[9]. Alle Kämpfe, mit denen die heutige Saison beginnt, alles,

was die Tretjakowleute gegen die „tiefen Schriftsteller"
sagen, schrieb vor hundert Jahren Börne gegen Heine, Heine gegen Goethe. (Vergleiche Ludwig Marcuse: Das Leben
Ludwig Börnes. List-Verlag.) Goethe: „Das Zeitablehnungs-
genie", wie Heine ihn nannte. Goethe: „Der Stabilitäts-
narr", wie Börne von ihm schrieb. Goethe, der Feind des
Werdens; Goethe, das träge Herz, das nie ein armes Wört-
chen für sein Volk gesprochen; Goethe, der am 2. August
1831 einen Besucher fragte, was er von dem mächtigen Zeit-
ereignis halte, alles sei in Gärung, der Besucher antwortete
mit Ausführungen über die Julirevolution, die gerade alles
in Atem hielt, woraufhin Goethe sich indigniert und un-
interessiert abwandte, denn er hatte an einen wissenschaftlichen Streit über die Entwicklungslehre gedacht. Das war
also Goethe, der Mann der Zurückhaltung, des Maßes, des
Selbstschutzes, nämlich der Mann der Kunst, dem man es
verdachte, daß er nicht der Mann des Stammtisches war.
Aber Heine ging es dann nicht anders. Heine ficht mit
Blumen, schreibt Börne, Heinen ist es einerlei, ob er schreibt
die Monarchie oder die Republik ist die bessere Staatsform,
er wird immer das wählen, was in dem Satz, den er eben
schreibt, gerade den besten Tonfall macht. Heine, der mit
dem Ästhetenkitzel, der immer nur die Frage bereithatte:
„Aber ist es nicht schön ausgedrückt?" Heine, der den
Tabaksqualm der Volksversammlungen scheut und den
Schweißgeruch der Subskriptionslisten: Heine war damals
der Feind, der „tiefe Schriftsteller" und Börne der Tret-
jakowjünger, der junge Mann, den das Ewig-Menschliche
anwidert. Und nach weiteren hundert Jahren, wenn einer
an einem unwahrscheinlich imaginären Hertzwellen-Appa-
rat steht und dann die Saison einleitet, wird es wahrscheinlich nochmals so sein. Aber vielleicht wird er an unsre Saison dann doch eine Frage richten. Vielleicht wird er dann

doch sagen, wo war eigentlich in der damaligen Krisenzeit innerhalb der jungen literarischen Generation Jener, der nicht mit Theorien und Redensarten vorging, sondern mit Substanz und Werken? Wo war eigentlich das Gehirn, das alle diese Stimmungen, Möglichkeiten, Zuckungen, Wehen aufnahm und nicht in Geschwätz und Feuilletons reportierte, sondern die Zeit durch seine Existenz zeugend legitimierte, der nicht überall mitlief, den Rummel mitmachte, dabeiwar, sondern die Trächtigkeit zu der Erkenntnis hatte: wer mit der Zeit mitläuft, wird von ihr überrannt, aber wer stillsteht, auf den kommen die Dinge zu? Vielleicht wird er dann einen sehn, ich heute sehe ihn nicht. Es müßte ja auch ein riesiges Gehirn sein, schon wegen der Wucht des Imstichlassens alles dessen, was bewährt und gültig in unsrer Öffentlichkeit steht. Nicht bloß Honorare müßte es im Stich lassen und die Gegenseitigkeit der Literaten und das Sich-bereit-Stellen für die Saison, auch langes Schweigen müßte es haben und langes Warten und Hinwegsehen über alle Stätten alten Spiels und alten Traums. Salzburg, Wien, der Kurfürstendamm, der ganze Erholungs- und Amüsierimpressionismus erotisierter Schiebergeschichten der letzten fünfzig Jahre müßten vor ihm versinken, ja – so melancholisch es ist, es auszusprechen, so sehr das Wort zögert, es zu tun, so sehr es fürchtet, mißverstanden zu werden: es müßte auch Paris verlassen. Nie zu vergessen, nie dankbar genug sich zu erinnern: die wahrhaft große abendländische Haltung der Latinität, die Frankreich in jahrhundertlanger strengster dialektischer Arbeit vor uns entwickelte und uns hinterließ; der einzige geschlossene geistige Raum, in den Europa seit dem Hellenentum blickte, Nietzsche und die literarische Generation um 1900 hat es uns als unvergleichlichen Besitz für immer gerettet, aber wir sind weiter gegangen, haben mehr erlebt, mehr aus uns her-

vorgegraben, mehr in uns herabbeschworen, als daß wir uns
einen Ausdruck bei der gesicherten und traditionell gebundenen Form des klassisch-antikisierenden Geistes leihen
dürften. Es müßte weiter gehen dies große Gehirn: ganz
gestimmt auf die Fuge des neuen sich ankündigenden Welt-
gefühls: der Mensch nicht mehr der dicke hochgekämpfte
Affe der Darwinschen Ära, sondern ursprünglich und primär in seinen Elementen als metaphysisches Wesen angelegt, nicht der Zuchtstier, nicht der Sieghafte, sondern der
von Anfang an Seiende, der tragisch Seiende, dabei immer
der Mächtige über den Tieren und der Bebauer der Natur.

Aus diesem neuen Menschheitsgefühl wird die kommende
Saison sich bilden, die vielleicht nicht in diesem Winter an-
bricht und, soweit ich sehe, noch gar nicht in der literarischen Literatur. Aber die Forschung führt unsern Blick immer weiter zurück auf Menschengeschlechter, die vor Millionen Jahren auf der Erde wohnten, Geschlechter, die einmal mehr Fisch waren, einmal mehr Beuteltier, einmal mehr
Affe, aber immer Menschen: Wohnraum schaffend, Handwerk schaffend, Götter schaffend, hunderttausendjährige
Kulturzusammenhänge schaffend, die wieder vergingen in
Katastrophen unter noch ungestirntem Himmel und in vor-
mondalter Zeit. Von diesem Blick aus, glaube ich, wird sich
das neue Menschheitsgefühl entwickeln, von diesem Blick
aus wird der Individualismus abgebaut, der psychologische
und intellektualistische unsrer Tage, nicht durch das Ge-
kräusel von Literaten und nicht durch soziale Theorien.
Der uralte, der ewige Mensch! Das Menschengeschlecht!
Unsterblichkeit innerhalb eines schöpferischen Systems, das
selber wieder Erweiterungen und Verwandlungen unausdenkbar unterworfen ist. Welch langes Epos! Luna, die
Busch und Tal füllte, ist der vierte Mond, in den wir sehn!

Nicht Entwicklung: Unaufhörlichkeit wird das Menschheitsgefühl des kommenden Jahrhunderts sein, – warten Sie in
Ruhe ab, daß es sich nähert, eines Tages, wahrscheinlich
außerhalb der literarischen Saison, werden Sie es sehn.

AKADEMIE-REDE

Da der Auftrag der Akademie an ihre neugewählten Mitglieder dahin lautet, nicht aus den eigenen Arbeiten vorzulesen, sondern sich über diese Arbeiten selbst zu äußern, also ihren Hintergrund darzustellen, ihr produktives Milieu, unterstelle ich mich diesem Auftrag in dem Sinn, über das produktive Milieu an sich zu sprechen, über gewisse Vor- und Grundfragen der produktiven Variante, über die Produktivität als Ganzes im Rahmen der heutigen Affekt- und Erkenntnislage. Und da die Zeit für den einzelnen Redner sehr knapp bemessen ist, will ich mit einem Satz aus einem meiner Bücher beginnen, der zwar äußerst gewagt ist und die Herkunft aus der expressionistischen Sphäre meiner literarischen Generation nicht verleugnet, der aber ganz unmittelbar in die spezielle Problematik einführt, die ich im Auge habe. Daß *Produktivität* von vornherein, *kein reines Zivilisations- und Bildungsphänomen* ist, *sondern eine radikal extravagante Nuance* enthält und eine unrepräsentative, dessen werden Sie sich beim folgenden gewiß erinnern. Mein Satz beschwört Kanaan, das Land, in dem Milch und Honig fleußt, beschwört das Zeitalter der ungetrennten Existenz, in der Anschauung und Begriff, Farbe und Zahl, Instinkt und Rinde in einer Art Unschuld aneinanderlagen, das Zeitalter, das etwa bis Leibniz reichte, der noch einmal von der besten aller möglichen Welten sprach, bis Goethe, in dessen Seele sich das ungeheure Reich noch einmal simplifizierte; das Zeitalter, an das dann Kleist grenzte: Küsse, Bisse mit Blitzen in die Nacht geschrieben; an das immer gefährlicher eine Spannung schlug, immer zerstörerischer ein Funken: die progressive Zerebration, mit welchem Begriff die Anthropologie die unaufhaltsam fortschreitende

Verhirnung der menschlichen Rasse bezeichnet; meine These beschwört das Wort des Psalmisten, das Wort eines alten Glücks, daß das Leben siebzig Jahre währe, und wenn es hoch kommt, ist es Mühe und Arbeit gewesen –: und lautet in ihrer ganzen nackten Entblößtheit, in ihrer durch nichts mehr zu beeinflussenden Ablehnung aller ideologischen Weiterungen: *„Das Leben währet vierundzwanzig Stunden, und wenn es hoch kommt, war es eine Kongestion."*

Dieser Satz enthält zunächst eine scharf antiindividualistische Tendenz. Die psychologische Kontinuität des Einzel-Ich ist unterbrochen. Sturm und Drang, Vatermord, Schreie gegen den Tyrannen, alle diese voluminösen Unfälle von der Wiege bis zur Bahre sind als zu typisch in ihrer rein generellen Evolution mit den Mitteln einer extremen, ewig zu Exzessen geneigten Synthese nicht mehr zu erfassen. Das psychologische Interieur eines zum Erlebnis strebenden und dann dies Erlebnis im Entwicklungssinne verarbeitenden Ich tritt in den Schatten, und hervor tritt ein Erkenntnis forderndes, Begriffe bildendes, Worte schaffendes Ich, das den biographischen Ablauf nur noch auf seine Virulenz hin sondiert, unter deren Reiz begrifflich oder perspektivistisch zu summieren. Aber dahinter steht noch eine viel allgemeinere antihistorische Tendenz. Die Generation vor uns erblickte noch ethisch-thematisch: 1789, einer ihrer mächtigsten Geister schrieb: „dies Jahr war da, sein Gedanke ist mein Trost." Mit diesem Trost ist es für uns zu Ende. Mit diesem Trost, der jener Generation geistige Macht, produktiven Elan, innere Weiträumigkeit wahrscheinlich für lange Zeiträume letztmalig verlieh, ist es für uns aus Erkenntnisgründen zu Ende. Nach der Erkenntnis des Typischen des revolutionären Schocks, des rein Phänomenalen der sozialen Vorstöße, des reinen Umschichtungscharakters der Macht bei gleichbleibender imperialistischer Grundlage

aller historischen Organisationen, verliert die heutige radikale Gesellschaftstheorie ihre innere Wahrheit: Arbeit ist
ein Zwang der Schöpfung und Ausbeutung eine Funktion
des Lebendigen, das lehrte, an der sie sich großzog, die
moderne Biologie. Verfall des Logos in der Geschichte; die
Verwirklichung einer Weltvernunft –: wieder eine Größe
des neunzehnten Jahrhunderts ist dahin –: Gustav Adolf
fährt über das Kattegat, so schildert Döblin die Ausgangs-
vision zu seinem „Wallenstein", graugrünes Wasser, Schiffe,
Koggen und Fregatten –, „Alexanderzüge mittels Wallun-
gen", so versuchte ich dasselbe methodologisch zu formulieren in einer meiner experimentellen Studien –: auch die
Geschichte nur noch vorhanden als kongestive Synthese, als
Impression von großen Massen, von Dreadnoughts heute
und von weißen Segeln einst.

Eine neue Zerebralisationsstufe scheint sich vorzubereiten,
eine frigidere, kältere: die eigene Existenz, die Geschichte,
das Universum nur noch in zwei Kategorien zu erfassen:
dem Begriff und der Halluzination. Der *Realitätszerfall*
seit Goethe geht so über alles Maß, daß selbst die Stelz-
vögel, wenn sie ihn bemerkten, ins Wasser müßten: der
Erdboden ist zerrüttet von purer Dynamik und von reiner
Relation. *Funktionalismus*, wissen Sie, heißt die Stunde,
trägerlose Bewegung, unexistentes Sein. Um eine verschlei-
erte und irre Utopie der Prozeß an sich, die Wirtschaft als
solche, eine Flora und Fauna von Betriebsmonaden und alle
verkrochen hinter Funktionen und Begriff. Die alten Realitäten Raum und Zeit Funktionen von Formeln; Gesundheit
und Krankheit Funktion von Bewußtsein; überall imagi-
näre Größen, überall dynamische Phantome, selbst die konkretesten Mächte wie Staat und Gesellschaft substantiell
gar nicht mehr zu fassen, immer nur der Prozeß an sich,
immer nur die Dynamik als solche –; frappante Sentenz von

Ford, gleich glänzend als Philosophie wie als Geschäftsmaxime: erst die Autos ins Land, dann entstehen auch
Straßen; das heißt: erst die Bedürfnisse wecken, dann befriedigen sie sich von selber; erst den Prozeß in Gang setzen,
dann läuft er von alleine – ja er läuft von alleine, geniale
Psychologie der weißen Rasse: verarmt, aber maniakalisch;
unterernährt, aber hochgestimmt; mit zwanzig Mark in der
Hosentasche gewinnen sie Distanz zu Sils-Maria und Golgatha und kaufen sich Formeln im Funktionsprozeß –: und
gegen sie nur die Utopisten von der anderen Seite, mit der
alten Seele und dem stimmungsvollen Gemüt –: aussichts-
loser Kampf, radikale Ananke: der Prozeß und seine Folgen, sind die Kohlen erschöpft, dann die Raumaggregate
Schappelers – sind Öle und Metalle resorbiert, dann die
Transmutatio maxima der Elemente, und so abwärts den
Tierkreis 'rum, bis der Mond abstürzt auf die geformelten
Dynamiker und die genormten Pharaonen.

Dies der Realitätszerfall auf einer so breiten Basis, wie ihn
frühere Perioden nicht kannten. Dazu kommen gewisse Bedrängungen, die richten sich gegen diesen ganzen vom
Drang des Mannes entfesselten Bann. Sie wissen, es ist
fünfzig Jahre her, daß Nietzsche den Mann das unfrucht-
bare Tier nannte, jetzt aber stoßen ganze Schichten nach
ihm vor, nach dieser Chimäre, dem Gerippe der Sphären –:
die Mutterreiche fordern ihn an. Fausts große Stunde war
einzig bei den Müttern, Don Juan erstickt in Fruchtwasser,
die Kurve des Mannes sinkt zurück. Von Anfang an nur
Beigeschlecht, Hirnblase mit Suchtrieb, Augenfleck mit Genitale, beleibte Spermatozoen phänomenale Welten hoch-
balzend, aber nie den Zwitter verdrängend, die Urform,
das Doppelgeschlecht –: Lingam, die Selbstlust unter Früchten und Blättern, strömt immer wieder über: bei gewissen
zoologischen Typen kommt auf tausend Weibchen nur noch

ein Männchen, gewisse Ringelkäfer sind nur noch als Weibchen bekannt –: im Prinzip herrscht in der Natur Parthe-
nogenesis, mit aller Wucht untermauert sie das Primat der
Mutter, immer von neuem ruft sie das Beigeschlecht zurück:
genug der Antinomien, genug der gebalzten Phänomene,
Augenfleck mit Triller, relatives Ornament erdgeschichtlich
gebundener Luststunden – retournons à la nature! Also hier
kann man die Erkenntnis nicht basieren, Hirnblase mit
Suchtrieb, das ist nicht viel, beleibte Spermatozoen auf Wi-
derruf mit Begriffsparoxysmen, das kann die ewigen Welten wohl nicht tragen, aber der Rückweg, die Regression, ist
auch versperrt, der organischen Masse fällt die Bewegung
schwer. Entstanden einmal neue Arten, wie die Fossilien
beweisen, seit dem Auftreten des Homo sapiens jedenfalls
nicht mehr. Das ganze vorige Jahrhundert bebte von dieser
Frage, in tausend Brutschränken, auf tausend Zuchtfarmen
suchte man Varianten zu züchten, die sich hielten, aber die
organische Substanz gibt nichts mehr her. Alterung, Nachlassen der schöpferischen Spannung, Verfall der produktiven Impulse, gesamtorganisch wie individuell: die physiologische Insolvenz des Mannes ist klinische Diskussion von
Wladiwostok bis Frisko, dafür schwellen seit einigen Jahrhunderten die Schädel an, das Gehirnvolumen wächst: die
progressive Zerebralisation und ihre Folgen, niemand wandelt ungestraft unter Begriffen, die Rassenforscher sehen
voraus, daß die Früchte infolge der Schädelvergrößerung
nicht mehr passieren können, sie werden die Becken demo-
lieren oder sterben ab –: Überspezialisierung des Leitorgans
häufiger Ausgangspunkt beim Untergang von Arten –: also
der reine Funktionalismus des Mannes ist hier zum zweitenmal vollendet, er ist völlig im Fluß, völlig in Auflösung:
hin und her bewegte phallische Relation des Muttergeistes;
Prozeß der organischen Ermattung, Formel Endglied; Über-

spezialisierung des Begriffsorgans, Perspektive Schädel-
bruch –, das sind die Bedrängungen des Mannes jedenfalls
dort, wo es in die Tiefe geht, wo er sein Gedankenwerk
noch einmal verankern möchte – gibt es für ihn noch eine
andere Verankerung?

Der Begriff und die Halluzination, sagte ich, seien die Aus-
drucksmechanismen der neuen Zerebralisationsstufe, die
reine epische Anschauung, die apollinische Monotonie ebenso wie die Entwicklungsarabeske seien es nicht mehr. Was
mit diesem Halluzinatorischen gemeint ist, ist ja heute jedem bekannt. Der Expressionismus, der Surrealismus gehört hierher, van Goghs Formel: „ich rechne nur mit der
Erregung gewisser Augenblicke" – Violante von Assys
Rauschreich wird für immer am Anfang stehen – Klee,
Kandinsky, Léger, der ganze Südsee-Einbruch beruht ja
nicht auf logisch-empirischen, sondern auf halluzinatorisch-
kongestiven Mechanismen, wie steht es also nun mit diesen,
sind sie organisch tiefer basiert, können sie auf eine ältere
und verläßlichere Realität hinweisen, eine überindividuelle
Sphäre, aus der es transzendiert?

Eine der klassischen Erkenntnisse der nachnietzscheschen Epoche stammt von Thomas Mann und lautet: „alles Transzendente ist tierisch, alles Tierische transzendiert –" ein höchst
seltsames Wort, es gehört hierher. Wenn es nämlich noch
eine Transzendenz gibt, muß sie tierisch sein, wenn es noch
irgendwo eine Verankerung im Überindividuellen gibt,
kann es nur im Organischen sein. Dies Ich, das auf Verlust
lebt, Frigidität, Vereinsamung der Zentren, ohne psychologische Kontinuität, ohne Biographie, ohne zentral gese-
hene Geschichte findet, will es sich seiner Existenz versi-
chern, von einer bestimmten Organisationsstufe an keine
andere Realität mehr als seine Triebe; sie allein, die organische Masse allein trägt eine Transzendenz, die Transzen-

denz der frühen Schicht. Die primitiven Völker erheben sich noch einmal in den späten. Die mystische Partizipation, durch die in früheren Menschheitsstadien saughaft und getränkeartig die Wirklichkeit genommen und in Räuschen und Ekstasen wieder abgegeben wurde, durchstößt die Bewußtseinsepoche und stellt neben die Begriffsexazerbationen eines formalistischen Späthirns die prälogische Substanz des Halluzinatorischen und gibt sowohl gestaltende Bewegung wie Realitätsandrang und auch Gewicht. Also der Körper, plötzlich, ist das Schöpferische, welche Wendung, der Leib transzendiert die Seele – welche gegen Jahrtausende gerichtete Paradoxie, jedoch kein Zweifel, hier wäre eine Verankerung für unsere Variante, eine Konkretisierung ihres Vagen und sowohl Inhalt wie Rhythmus für ihren Stil. Aber wir kommen um die Frage nicht herum, was erleben wir denn nun in diesen Räuschen, was erhebt sich denn in dieser schöpferischen Lust, was gestaltet sich in ihrer Stunde, was erblickt sie, auf welche Sphinx blickt denn ihr erweitertes Gesicht? Und die Antwort kann nicht anders lauten, sie erblickt auch hier am Grunde nur Strömendes hin und her, eine Ambivalenz zwischen Bilden und Entformen, Stundengötter, die auflösen und gestalten, sie erblickt etwas Blindes, die Natur, erblickt das Nichts. Dies Nichts, das wir hinter allen Gestalten sehen, allen Wendungen der Geschichte, den Begriffen, hinter Stein und Bein. Das wäre die Lage des Ich, ich habe sie nicht beschönigt, Sie sollten an ihr teilnehmen, aber nun stehen wir vor der Entscheidung: *ist das Nihilismus?* Vom Standpunkt jeder materiellen, selektiven, historischen Idee des Menschen aus wohl, von den alten Wahrheiten, den alten Inhalten ist nichts zu retten, aber vom Standpunkt unserer Untersuchung des Produktiven aus meine ich: nein. Gerade weil die Lage so über alles gespannt ist, so unausweichlich, geradezu heraus-

fordernd, stellt sich von selbst der Gedanke ein, daß dies
gar keine besondere Lage ist, daß es nie eine andere Lage
gab, daß der Geist nie etwas anderes atmete als diese Ambivalenz zwischen Bilden und Entgleiten, sich nie anders
erlebte als in der Differenzierung zwischen den Formen und
dem Nichts, sehen wir das Produktive *gegen* dies naturalistische Chaos im Mühen um einen Grund, ein Sein, ein
ordnendes Gesicht, stehen wir plötzlich vor einer Art von
Gesetz, dem Gesetz von einer formfordernden Gewalt des
Nichts, und hier hält unsere Untersuchung inne: dies scheint
das Gesetz des Produktiven zu sein. Die formfordernde
Gewalt des Nichts; also vor allem etwas Formales, seine
Wucht bestimmt durch die Tiefe, sein Inhalt durch die zeit-
geschichtlich wechselnden Gründe dieses Nichts. Keineswegs
logizistisch, keineswegs in der Luft schwebend, im Spekulativen, vielmehr eingebettet in das Ursprünglichste der
anthropologischen Substanz eröffnet uns dies hier gefun-
dene und entwickelte formale Prinzip im Verein mit dem
ihm heute als Inhalt zuströmenden Erlebnis der *progressiven Zerebration*, diesem beherrschenden Ausdruck der
neuen Stufe, diesem grundlegenden Begriff für die ganze
beginnende Epoche nun zum Schluß in bezug auf den kommenden Stil eine bestimmt begründete Perspektive: nämlich daß unter dem nicht mehr aufzuhaltenden Realitätszerfall, der Frigidisierung und der immer wachsenden Be-
griffsbedrängung sich ein radikaler Vorstoß der alten noch
substantiellen Schichten vorbereiten wird und daß die zivilisatorische Endepoche der Menschheit, aus der ja allerdings wohl ganz ohne Zweifel alle ideologischen und theistischen Motive völlig verschwunden sein werden, gleichzeitig die Epoche eines großartig halluzinatorisch-konstruktiven Stils sein wird, in dem sich das Herkunftsmäßige, das
Schöpfungsfrühe noch einmal ins Bewußtsein wendet, in

dem sich noch einmal mit einer letzten Vehemenz das einzige, unter allen physischen Gestalten, *metaphysische* Wesen darstellt: der sich durch Formung an Bildern und Gesichten vom Chaos differenzierende Mensch.

DER NEUE STAAT
UND DIE INTELLEKTUELLEN

Ich las kürzlich in einer Zeitung, im Besuchszimmer eines der neuen preußischen Ministerien sei ein Schild folgenden Inhalts angeschlagen: „Man kommt nicht in eigener Sache dorthin, wo ein neuer Staat aufgebaut wird." Ausgezeichnet! Das soll heißen, wo die Geschichte spricht, haben die Personen zu schweigen. Es ist die konkrete Formel der neuen Staatsidee. Wendet man diese Formel auf unser Thema an, kann man berechtigterweise fragen, wieso konfrontieren sich jetzt die Intellektuellen mit dem neuen Staat? Er ist gegen sie entstanden. Der neue Staat ist gegen die Intellektuellen entstanden. Alles, was sich im letzten Jahrzehnt zu den Intellektuellen rechnete, bekämpfte das Entstehen dieses neuen Staates. Sie, die jeden revolutionären Stoß von seiten des Marxismus begeistert begrüßten, ihm neue Offenbarungswerte zusprachen, ihm jeden inneren Kredit einzuräumen bereit waren, betrachteten es als ihre intellektuelle Ehre, die Revolution vom Nationalen her als unmoralisch, wüst, gegen den Sinn der Geschichte gerichtet anzusehen. Welch sonderbarer Sinn und welche sonderbare Geschichte, Lohnfragen als den Inhalt aller menschlichen Kämpfe anzusehen. Welch intellektueller Defekt, welch moralisches Manko, kann man schon an dieser Stelle hinzufügen, nicht in dem Blick der Gegenseite über die kulturelle Leistung hinaus, nicht in ihrem großen Gefühl für Opferbereitschaft und Verlust des Ich an das Totale, den Staat, die Rasse, das Immanente, nicht in ihrer Wendung vom ökonomischen zum mythischen Kollektiv, in diesem allem *nicht* das anthropologisch Tiefere zu sehen! Von diesen Intellektuellen und in ihrem Namen spreche ich nicht.

Ich spreche im Namen des Gedankens und derer, die sich ihm beugen. Wie sieht der Gedanke die heutige Lage an? Nicht der klägliche Gedanke, der lange genug im geschichtlichen Erbe als dem Nährgut der Nation herumschnüffelte, wo er einen Helden schwach und ein Opfer niedrig zeichnen könnte, sondern der notwendige Gedanke, diese überirdischste Macht der Welt, mächtiger als das Eisen, mächtiger als das Licht, immer in der Rufweite der Größe und im Flügelschlagen einer transzendenten Tat, wie sieht er die heutige Geschichte an? Kann er sie denn schon sehen?

Ja, denn so gewiß es historische Augenblicke gegeben haben mag, in denen auch der von politischen Leidenschaften unbewegte, der grundsätzlich denkende Geist es nicht vermochte, die Züge seiner Zeit zu erkennen, das Wesen seiner Epoche zum Gedanken zu erheben, in denen wirklich die Stunde der Dämmerung beginnen mußte und das Schattenwerfen der Dinge, um aus der Entfernung erst den Umriß des Vergehenden zu sehen, so gewiß scheint mir unsere Gegenwart eine so klare geschichtliche Lage aufzuweisen, daß der Geist frei über den Augenblick in die Zukunft hinein seinen Blick und seine Berechnungen werfen kann fast schon in einer Art von Erkenntnis, die das Gesetzmäßige nährt. Wir sehen, daß der Sinn und die Propaganda für das Internationale, und zwar sowohl für die sozialistische wie industrielle Internationale, keine Vorstellung in uns erwecken, kein Gefühl in uns wachrufen konnte, das auf irgendeiner breiten Basis den Begriff des Staates hätte verdrängen können, und Staat ist Machtstaat, ist nationaler Staat. Wer geschichtlich denkt, wer politisch arbeitet, denkt und arbeitet mit dem Begriff des Staates. Alle Utopien, die über ihn hinauslangten, alle Theorien, die seine Auflösung voraussahen, haben politische Formen von Dauer nicht gefunden, ja, wir sehen exemplarisch, wie der europäische Staat, der sich vor sechzehn Jahren aufmachte, um prinzipiell den nationen- und klassenlosen Verband der Völker wachzurufen, der Machtstaat schlechthin geworden ist, der Tyrannenstaat; wie seine Moral, deren Ausgang die humanitäre Emphase von Gewerkschaftswerten und urchristlichen Phantasien war, als militärische und industrielle Expansion, als Imperialismus schärfster nationaler Prägung endet.

Wir sehen, wie dieses riesige, eben aktivierte Reich wider seinen Willen einbezogen wird in ein geschichtliches Gesetz, nach dem sich vor unseren Augen überall autoritäre Staaten bilden, sowohl in Asien wie in Europa, in der alten wie in der neuen Welt, ein neuer Fall des höchst seltsamen wirklichen Zusammenpulsierens der Menschheit (ein Ausdruck Burckhardts), für die es in der abendländischen Geschichte schon einige Vorgänge gibt: im sechsten Jahrhundert vor Christus die religiöse Bewegung von China bis Ionien, zur Zeit Luthers die religiöse Bewegung in Deutschland und Indien, im frühen Mittelalter das Einsetzen der Feudal- und Turnierzeit gleichzeitig in China, Persien, Rußland und der Languedoc; hier und heute ist also ein neuer Fall jener simultanen geschichtlichen Bewegung; ihre Formel heißt heute: intranationale Sammlung, Rückzug auf die gemeinsam von einem Volk geschichtlich durchlebte Landschaft, auf die sprachliche und kulturelle Tradition, und wir empfinden in dieser geschichtlichen Bewegung durchaus die vorwärtsgerichtete, ordnende, positive, die moderne Staatstendenz, die moderne Staatsidee, die den unfruchtbar gewordenen marxistischen Gegensatz von Arbeitnehmer und Arbeitgeber auflösen will in eine höhere Gemeinsamkeit, mag man sie wie Jünger „Der Arbeiter" nennen oder nationalen Sozialismus. Und so gewiß einmal in einer anderen historischen Stunde ein hohes Ethos darin lag, die Aus-

gebeuteten gegen die Ausbeuter zu führen, und das Bebel-
pathos jener Stunde echt war, so klingt doch die noch kürzlich so aktuell gewesene Maxime: „Alle Macht dem internationalen Proletariat" uns heute schon wie: „Stell auf den
Tisch die duftenden Reseden", nämlich märchenhaft fern,
schwärmerisch und vom europäischen Gesellschaftsstand-
punkt aus neurotisch.

Die internationale Idee, einer langen Zeitspanne zur Entwicklung, einem bedeutenden geistigen Milieu zur Durchdringung gegenübergestellt, hat die politische Form ihres
Wollens nicht gefunden. Sie beginnt ja nicht erst mit den
zehn Tagen, die die Welt erschütterten, oder dem Kommu-
nistischen Manifest, sie durchzieht ja das neunzehnte, das
achtzehnte Jahrhundert. Wir finden zum Beispiel in den
Aufsätzen von Schiller die bemerkenswertesten Äußerungen darüber, daß man seit Ablauf des Mittelalters in Europa sich anschickte, einem höheren Vernunftidol auch das
Vaterland zu opfern, und trotz der bei ihm und seitdem
immer wieder ausgesprochenen Einsicht, daß es sich dabei
vielleicht um ein zukünftiges größeres Idol handele, stehen
wir heute vor der Tatsache eines vollkommenen, geschichtlich logischen, von echten menschlichen Substanzen ernähr-
ten Sieges der nationalen Idee.

Die Intellektuellen sagen nun, dies sei der Sieg des Niederen, die edleren Geister seien immer auf der anderen, der
Schillerschen Seite, zu sehen. Was sollten aber da die Maßstäbe für edel und niedrig sein? Für den Denkenden gibt es
seit Nietzsche nur *einen* Maßstab für das geschichtlich Echte:
sein Erscheinen als die neue typologische Variante, als die
reale konstitutionelle Novität, also kurz gesagt als der neue
Typ, und der, muß man sagen, ist da. Die typologische
Majorität – wer könnte bezweifeln, daß sie vorhanden, auf
seiten des neuen Staates vorhanden ist? Negativ wie positiv

vorhanden: in dem, was sie bekämpft, und in dem, was sie
errichtet. Eine echte neue geschichtliche Bewegung ist vorhanden, ihr Ausdruck, ihre Sprache, ihr Recht beginnt sich
zu entfalten, sie ist typologisch weder gut noch böse, sie beginnt ihr Sein. Sie beginnt ihr Sein, und es tritt ein in ihr
Sein die Diffamierung von seiten aller sich zu Ende neigen-
der Geschlechter, *die* Kultur ist bedroht, *die* Ideale sind
bedroht, *das* Recht, *die* Menschheit ist bedroht, es klingt wie
Echo: aus der Lombardei, aus Ungarn, aus Versailles, als
die Gallier kamen, die Goten, die Sansculotten, klang es
schon so. Sie beginnt ihr Sein, und alles Feine, Abgestimmte,
zu was Gelangte wirft sich ihr entgegen; aber es ist die
Geschichte selber, die diese Angriffe entkräftet, ihr Wesen,
das nicht abgestimmt und demokratisch verfährt. Die Geschichte verfährt nicht demokratisch, sondern elementar, an
ihren Wendepunkten immer elementar. Sie läßt nicht ab-
stimmen, sondern sie schickt den neuen biologischen Typ
vor, sie hat keine andere Methode, hier ist er, nun handele
und leide, baue die Idee deiner Generation und deiner
Art in den Stoff der Zeit, weiche nicht, handele
und leide, wie das Gesetz des Lebens es befiehlt. Und dann
handelt dieser neue biologische Typ, und natürlich werden
dabei zunächst gewisse Gesellschaftsverhältnisse verschoben,
gewisse erste Ränge leergefegt, gewisse Geistesgüter weniger in Schwung gehalten; aber meistens richten sich derartige Bewegungen doch auch gegen eine Gesellschaft, die
überhaupt keine Maßstäbe mehr schafft, kein transzendentes Recht mehr errichtet, und verdient denn eine solche Gesellschaft etwas anderes als Joch und neues Gesetz?

Joch und neues Gesetz – da krümmt sich der Liberale, daß
die Weltgeschichte nicht der Boden des Glückes sei, das
geht ihm nicht ein; Freiheit – das ist sein Begriff oder was
er darunter versteht: Unumschränktheit in Geschäften und

Genuß. Zwei Vorwürfe oder zwei Forderungen erhebt er nun aus seinem Liberalismus gegen den neuen Staat, soweit dieser Liberalismus überhaupt noch Kraft hat, irgend etwas zu erheben, und nicht längst gerichtet ist durch eine neue Art von Intelligenz. Die erste Forderung heißt: der Staat solle verpflichtet sein, die Qualität als solche zu schützen, intellektuelle und künstlerische Qualität. Plötzlich nämlich gibt es für den Liberalen absolute Qualität, plötzlich sieht er Gut und Böse, plötzlich stellt er sich, als ob er Wurzel und Substanz besäße, die reine Gesetzestafel. Unser Gedanke antwortet ihm aber sofort, es gab niemals eine Qualität, die außerhalb des Historischen stand. Es gibt im Menschen, soweit wir seine Geschichte übersehen, gewisse formale Grundlagen von Dauer, gewisse Anordnungsforderungen seiner ästhetischen Anschauung, gewisse Wirkungsfolgen in ihm bei bestimmter quantitativer Gliederung, aber eine absolute inhaltliche Qualität gab es nie. Die inhaltliche Qualität schuf immer die Geschichte. Ja, es wäre eine schwächliche geschichtliche Macht, die sich nicht unterfinge, die Qualität zu bestimmen, die Qualität zu bilden, sie überzuleiten in neue inhaltliche Bindungen, sie zu prägen, sie zu richten. Im Grunde hat immer nur die Geschichte gedacht. Gedacht wurde auf dem Sinai, als der Dekalog herniederbrach und die Posaune ertönte und der Berg rauchte; gedacht haben die Meilensteine, die nach Rom und Byzanz die Wege wiesen; gedacht hat das jetzige neue Jahrhundert, als es das werdende Gesetz formte: der totale Staat. Immer prägte die Geschichte den Stil, immer war dieser Stil die Verwirklichung eines neuen historischen Seins. Beispiele dafür wären gewisse bekannte Tatsachen zum Beispiel aus der Kunstgeschichte: Das attische Reichsgefühl zerbrach die Mauer, die den ägyptischen Hof umschloß, entwickelte das Fernbild, den perspektivistischen Stil;

aus der neuen Dynamik des Geistigen, die der Orient nicht kannte, brachen in Hellas die großen heroischen Götter, aus dem politischen Grundbegriff seines fünften Jahrhunderts, dem des Sieges, der dorische Tempel, die Nike und die Statue des Polyklet hervor. Wie sollte man also von einer neuen revolutionären Bewegung fordern können, daß sie alte Qualitäten schütze, die Bewegung tritt ja auf, sie erscheint ja, um eine neue anthropologische Qualität und einen neuen menschlichen Stil zu bringen, um aus ihrem politischen Grundbegriff heraus neue intelligible und ästhetische Formen zu entwickeln, sie selber in dem unendlichen Zug geschichtlicher Verwirklichungen.

Die zweite Forderung, mit der der liberale Intellektuelle an den Staat herantritt, heißt Geistesfreiheit. Er, der berauscht zu Füßen jedes russischen Agenten saß, der über die Ausrottung der bürgerlichen Psychologie methodisch vortrug, verlangt jetzt für sich vom nationalen Staat Gedankenfreiheit. Es kann nicht ausbleiben, daß der politische Gedanke auch dieser Forderung heute anders gegenübersteht. Gedankenfreiheit, Pressefreiheit, Lehrfreiheit in einem Sechzigmillionenvolk, von dem jeder einzelne den Staat für seine Unbeschädigtheit sittlich und rechtlich verantwortlich macht, – ist da der Staat nicht aus Rechtsbewußtsein verpflichtet, diese Freiheit aufs speziellste zu überwachen? Das Wort ist aber der stärkste physiologische Reiz, sagt Pawlow, den das Organische kennt, auch der unabsehbarste, muß man hinzufügen. Läßt sich da überhaupt ein Argument gegen einen Staat finden, der erklärt, die öffentliche Meinungsäußerung nur denen zu gestatten, die auch die öffentliche Staatsverantwortung tragen? Geistesfreiheit –: weil 1841 die Massenherstellung von Druckerschwärze begann und im Laufe des Jahrhunderts die Rotations- und Setzmaschinen hinzukamen, das wäre bei 3812 Tageszeitungen in Deutschland und 4309 Wochenschriften zuviel historischer Sinn. Geistesfreiheit –: daß an sie überhaupt die Entstehung von Kultur gebunden sei, daß diese Entstehung überhaupt an eine bestimmte Staatsform, eine bestimmte soziale Staatsstruktur gebunden sei, ist eine gänzlich erkenntnislose Betrachtung: alles, was das Abendland berühmt gemacht hat, seine Entwicklung bestimmte, bis heute in ihm wirkt, entstand, um es einmal ganz klar auszudrükken, in Sklavenstaaten. Säule, Tragödie, kubischer Raum, Geschichtsschreibung, erste Selbstbegegnung des Ich: Ägypten, Hellas, Rom: es handelte sich um eine Oberschicht, oft eine sehr geringe, und dann die Heloten. Man könnte mit Beispielen fortfahren; die Geschichte ist reich an Kombinationen von pharaonischer Machtausübung und Kultur; das Lied darüber ist drehend wie das Sterngewölbe; der Vers von heute lautet: Geistesfreiheit, um sie für wen aufzugeben? Antwort: für den Staat!

Wir sehen die beiden großen Phantome der bürgerlichen Ära, die geschichtslose Qualität und die wertindifferente Geistesfreiheit, in ihrem sinkenden Zauber über der zerfallenden europäischen Demokratie. Der Verfall dieser beiden objektiven Größen einer nahezu zweihundertjährigen Menschheitsgeschichte von teilweise glanzvollem Charakter deutet auf die ungeheure Schwere der Verwandlung, die sich in unserem Innern vollzieht. Man kann sie in ihren Folgen wohl gar nicht für unabsehbar genug halten, auch sich nicht darüber täuschen, daß hier ein echter Verfall vorliegt, irreparabel und von tiefen Erschütterungen umrahmt. Wir sehen die beiden Hauptpositionen der liberalen Intelligenz auf breiter Front durchbrochen, durchbrochen von einer neuen Intelligenz, einem ganz neuen kompositorischen Weltgefühl, das einer Jugend angehört von verwandelter geschichtlicher Art. Einer Jugend, die aus dem Dunkel kam

wie kaum eine zuvor: das Land geschlagen, die Väter gefallen, der Besitz verpfändet, die Berufe überfüllt, nur
Wissen verhältnismäßig billig: Damenfriseure verlangten
für ihre Novizen abgeschlossene Oberlyzealbildung, Detail-
geschäfte für die Volontäre das Abitur zum Abmessen der
Kattunstreifen. Betrat sie einmal das Theater, erblickte sie
von geistesfreien Kritikern hochgerühmte Schmarren; stiegen die geistigen Heroen, die Wappentiere der Republik,
einmal aus ihren Landhäusern hernieder zu einem Vortrag,
gewährten sie Einblicke in gepflegte Abgründe und schlossen: was wollt ihr denn, seid doch ruhig, wir haben ja die
völkerverklärende Demokratie. Eine feine Demokratie
aber, sagte sich diese Jugend, die den meisten nichts zu
fressen gibt, um sie dann auch noch gedanklich im Stich zu
lassen; eine wahre Heldenschaft des Volkes, die sich im
Augenblick des Angriffs nach unbemerkten Grenzübergän-
gen umsieht und nach Grundstücken in Ascona, statt die
Lenden zu gürten und die Wurfschaufel in die Hand zu
nehmen und sich in Gefahr zu begeben, in die biologische
Gefahr, ohne die Führung nicht möglich und auch vom
Schicksal nicht bestimmt ist. Lange genug haben wir das
jetzt mitangehört –: Helden, Opfer –, das ist ja alles irreal,
wir wollen die Landhäuser behalten und alles das Erraffte;
gepflegte Abgründe – gut, aber doch nicht gleich etwas
Eisiges. Lange genug, sagte sich diese Jugend, haben wir
das mitangehört, Geistesfreiheit: Zersetzungsfreiheit – antiheroische Ideologie! Aber der Mensch will groß sein, das
ist seine Größe; dem Absoluten gilt unausweichlich sein
ganzes inneres Bemühen. Und so erhob sich diese Jugend
von den gepflegten Abgründen und den Fetischen einer de-
faitistisch gewordenen Intelligenz und trieb in einem ungeheuren, den Sechzigjährigen nicht mehr verständlichen
neuen Generationsglück vorwärts in das Wirkende, den

Trieb, in das formal noch nicht Zerdachte, das Irrationale, und rüstete sich: „der gekrümmte Bogen ist meine Lust", und opfert sich, wie das innere Gesetz es befahl, und wenn das historische Symbol der liberalen Ära ein Schloß mit Nippessachen war, die Tuilerien, und ein Ballspielhaus, das sie stürmten, für diese wurde es ein Paß: Thermopylai.

Große, innerlich geführte Jugend, der Gedanke, der notwendige Gedanke, die überirdischste Macht der Welt, mächtiger als das Eisen, mächtiger als das Licht, gibt dir recht: die Intelligenz, die dir schmähend nachsieht, war am Ende; was sollte sie dir denn vererben; sie lebte ja nur noch von Bruchstücken und Erbrechen über sich selbst. Ermüdete Substanzen, ausdifferenzierte Formen, und darüber ein kläglicher, bürgerlich-kapitalistischer Behang. Eine Villa, damit endete für sie das Visionäre, ein Mercedes, das stillte ihren wertesetzenden Drang. Halte dich nicht auf mit Widerlegungen und Worten, habe Mangel an Versöhnung, schließe die Tore, baue den Staat!

TOTENREDE AUF MAX VON SCHILLINGS

Da ich von den ordentlichen Mitgliedern der Preußischen Akademie der Künste derjenige bin, der die schmerzliche Ehre hat, als letzter mit unserem verstorbenen Präsidenten zusammengewesen zu sein, nämlich noch vor wenigen Tagen eine unvergeßlich lebendige Stunde lang im Austausch von Hoffnungen und Gedanken, fühle ich eine innere Pflicht, in dieser Trennungsstunde nicht zu schweigen. Am Tage vor seiner Operation hatte der Verstorbene die Güte, mich wissen zu lassen, daß er mich noch einmal zu sehen wünsche; ich war um die Mittagszeit bei ihm, und ich erlebte wohl dieses Daseins letzte schöpferische Stunde. Es waren keine privaten und persönlichen Dinge, die zwischen uns zur Sprache kamen, sondern immer nur jene geistigen und welt-anschaulichen Fragen, die uns alle seit Beginn des Jahres so tief durchwühlten und die es mit sich gebracht hatten, daß wir gewisse Fragen der Akademie gemeinsam zu bearbeiten begonnen hatten. Das Thema, das den Verstorbenen so be-wegte, das ihn auch selbst in Voraussicht auf die schwere Operation noch einmal so tief erregte, war immer das glei-che: Deutschland, seine Kunst und hier das Haus der Aka-demie an der alten preußischen Stätte. Wie wendete er sich ihrer Zukunft zu! Was für eine grandiose, was für eine rätselhafte deutsche Bewegung hatte sich hochgekämpft und trug uns nun alle, eine politische Bewegung, aber eine, die von einem neuen deutschen Menschen sprach, eine Bewe-gung, die nach Macht strebte, aber um diese Macht zu innerer Züchtung und moralischer Restauration anzusetzen, – nein, noch rätselhafter: eine Revolution, deren Thesen die Probleme der Kunst, die feinsten formalen Vibrationen des

Dichterischen mit der gleichen Wucht, mit dem gleichen
Ernst umschloß, wie die Probleme des Wirtschaftlichen und
des Materiellen, ja es schien jene geheimnisvolle Beziehung
zwischen dem Staat und dem Genius, von der die Geburt
der Tragödie spricht, sichtbar zu werden, diese wunderbare
große Hieroglyphe, *sie* erblickte der Verstorbene und fühlte
sie am deutschen Himmel angekündigt und erklingen.

Es war nicht der Präsident, der in solchen Stunden sprach,
nicht der mit so viel Ehren Bedachte, um dessen Namen noch
der Glanz des kaiserlichen Zeitalters lag wie nun die stür-
mischeren Reflexe der neuen geschichtlichen Ära. Es war
eine andere Stimme, die sprach, die ewig ringende und
ruhelose Stimme des schöpferischen Menschen, des gezeich-
neten Menschen, für den es kein Halten gibt am Rand der
sichtbaren Welt, der in sie einbrechen muß, ihren Kern enthüllen, ihre letzte Bitterkeit und ihr letztes Labsal trinken,
bis er mit ihr zu Ende ist und sie weitergibt als Form, geist-
gewordenes weiterwirkendes Gesetz, sie zurückgibt dem
mütterlichen Stamm, dem Volk, der großen menschlichen
Gemeinschaft. Es war der Künstler, der in solchen Stunden
sprach, der solche Stunden sah, es war die Kunst selbst, die
ja immer die letzte Entscheidung verlangt über Zeitalter
und Völker, deren innere Weite, deren göttlichen Traum.
Da also sie es ist, vor der wir hier stehen, sie, vor der wir
an diesem Sarg mit unserer Trauer halten, sie, deren großes
bindendes Prinzip immer noch von neuem das Universum
verlangt, – füge ich diesem Lorbeer, der hier steht, und
diesen Kränzen, die hier ruhn, und diesen Tönen, die wir
hörten, *seinen* Tönen, *seinem* Reich, füge ich das dichterische
Sein hinzu, das beschwörende Wort, die zauberhafte Silben-
fügung einer Strophe. Mit einem Vers aus den makellose-
sten Reichen des deutschen Leidens und Seins weihe ich
diese Stunde, schmücke ich diesen Sarg, mit einem Nietz-

schevers, aus dem aller Glanz und alle Trauer menschlicher
Größe klingt:

> „er flog zuhöchst, nun hebt
> der Himmel selbst den siegreich Fliegenden,
> er aber ruht und schwebt,
> den Sieg vergessend und den Siegenden –"

den Sieg vergessend und den Siegenden –: wir sind bei dem
Toten in der Stunde, wo er seine Siege vergaß und einzieht
in die Mythe und das Schweigen. Wie aber werden wir
Zurückbleibenden ihm danken, was schreiben wir in dieser
Stunde auf seinen Stein?
Da erinnere ich mich der Musik, die der Tote zur Orestie
geschrieben hat, und Äschylos steigt vor mir auf. Äschylos,
Gigant des Dichterischen durch zwei Jahrtausende, Mara-
thonkämpfer, Olympiadichter, was schrieb ihm sein tiefes
und kunstbedürftiges Volk auf seinen Stein? Nichts von
dem Dichterischen, keinen Vers aus den Tragödien – –:
„Marathons Hain noch spricht von der Kraft des ruhmrei-
chen Streiters" –, das schrieb es auf sein Grab, sein Ruhm
war der Ruhm des athenischen Kriegers. Marathons Hain,
fünftes griechisches Jahrhundert, ein Schwung von Schlachten über Asien und dem Ägäischen Meer –: Geburt der
Epoche, die vielleicht mit unserem Geschlecht endet. Wieder
ist Marathon, wieder Thermopylai, wieder Gesetz, das das
Vaterland befahl. Wollen wir, solange wir noch irdisch hier
zurückbleiben, unseren Dank in jenes Erinnern legen, daß
der Tote sich dem Vaterland beugte, ihm auf der Höhe
seiner Jahre und seiner künstlerischen Vollendung von
neuem diente, wollen wir, welche Geburten auch beginnen,
welche Welten auch um uns aufsteigen werden, wollen wir
an der Pforte zu den neuen Reichen immer diesen großen
und gütigen Toten sehen.

ZUCHT UND ZUKUNFT

Die Musik, die eben beendet ist, stammt von Johann Sebastian Bach, dem großen Bach, der die vierte Generation der Familie darstellt; in der, also von seinem Urgroßvater an, überragende musikalische Begabung aufgetreten war. Seine Söhne waren die fünfte Generation von Komponisten, dann erlosch dieses Talent innerhalb der Familie, die in Johann Sebastian nicht nur dem Deutschland des siebzehnten und achtzehnten Jahrhunderts, sondern der ganzen Welt eines der größten musikalischen Genies geschenkt hatte.

Es sind in der Geschichte der Kunst noch einige Familien bekannt, die in paralleler Weise durch mehrere Generationen Hochbegabungen desselben Fachs hervorgebracht haben, also eine Erbmasse in sich trugen, die mehrere Generationen lang in weithinstrahlenden Geisteswerken sich verwirklichte. Da ist zum Beispiel die Familie Strauß, Johann, Joseph, Eduard Strauß, die auch durch drei Geschlechter musikalische Begabungen hervorbrachte, die weltberühmt wurden. Richard Strauß gehört bekanntlich nicht in diese Familie. In Frankreich gab es die Familie Couperin, deren Söhne nahezu zweihundert Jahre lang als Organisten und Clavecinisten Frankreich mit ihrem Ruhm erfüllten. Das Organistenamt in der Kirche Saint Gervais in Paris war bei ihnen erblich und eines ihrer Glieder, François, genannt der Große, ist einer der allerbedeutendsten europäischen Komponisten, einer, den man neben Bach stellt.

Dies sind bisher drei Familien, in denen die musikalische Begabung durch mehrere Generationen erblich war. Es ist auch eine Mathematikerfamilie in der europäischen

Geistesgeschichte bekannt, die vier oder fünf Generationen lang mehr als berühmte, geradezu geniale Mathematiker hervorgebracht hat, es ist die Familie der Bernoulli in der Schweiz.

In diesen Fällen liegt also das genealogische Bild vor, daß eine bedeutende Begabung in einer Familie auftritt, vom Vater auf den Sohn weitergegeben, vererbt wird, dann in einigen Generationen gepflegt, gesteigert, gezüchtet wird, um in einem Repräsentanten zu kulminieren und dann wieder zu verklingen. François Couperin und Johann Sebastian Bach wären diese Kulminationspunkte innerhalb solcher familiären Talentbewegung. Wenn wir aber in unserem Thema davon sprechen, daß man Begabung züchten könne, ist noch etwas anderes gemeint. Es ist damit gemeint, daß ganz allgemein und offenbar aus einem weitreichenden menschlichen Entwicklungsgesetz heraus Talent, geistiges Streben, seelisch-produktive Erfahrungen, die eine Generation in sich sammelt und verankert, nicht verlorengeht, sondern als Erbmasse weitergegeben werden kann. Daß also nicht nur Wohlstand und materieller Besitz, sondern auch geistig erarbeitetes Wesen weitergegeben wird und weiterwirkt. Das ist eine fundamentale wichtige Erkenntnis für ein Volk und seine Erziehung.

Betrachten wir in diesem Zusammenhang zunächst einige biologisch und physiologisch höchst interessante Erscheinungen, die durch die Analyse der vergangenen Jahrhunderte uns nähergetreten sind, dieser Jahrhunderte, die die Zivilisierung der abendländischen Menschheit mit sich brachten. Wir können nämlich gewisse *Folgen der Intellektualisierung* im Verlauf dieser Jahrhunderte feststellen, die sich körperlich ausprägen und erbmäßig weiterwirken. Man weiß, daß die spezielle intellektuelle Tätigkeit physiologisch als die Funktion des Großhirns angesehen werden muß und es läßt sich nun feststellen, daß dies Großhirn im Lauf der letzten Jahrhunderte in steigendem Maße an Umfang zugenommen hat. Broca, ein französischer Gehirnforscher, hat zum Beispiel festgestellt, daß sich die Schädelkapazität der Pariser Bevölkerung innerhalb der letzten siebenhundert Jahre um fünfunddreißig Kubikzentimeter vergrößert hat. Es sind die Jahrhunderte des Erwachens des europäischen Intellekts, der Verhirnlichung der Seele, der Zivilisation des Abendlandes. Biologisch ist der Vorgang nicht unerklärlich, da die stärkere Inanspruchnahme eines Organs immer auch ein Wachstum, eine Volumenvergrößerung mit sich bringt. Andere Beobachtungen gehen in dieselbe Richtung. An einer süddeutschen Schule hat man Schädelmessungen an den Schülern vorgenommen und festgestellt, daß der Schädelumfang und damit die Gehirngröße bei Schülern der höheren Schulen größer war als bei denen auf niederen Schulen. Man kann das nicht anders als erbmäßig auslegen, denn die höheren Schulen wurden, jedenfalls zur Zeit als man die Messungen vornahm, von Kindern der sogenannten höheren, das heißt also der bereits intellektualisierten Stände besucht, die Volksschule mehr von Sprößlingen körperlich arbeitender, also noch nicht intellektualisierter Volksgenossen. Auch hier also sehen wir, daß die geistige Beschäftigung der Ahnen körperliche Erbfolgen für die Kinder nach sich zieht. Man könnte nun vielleicht diese Feststellungen und Messungen noch als unverbindlich, vielleicht auch zu materialistisch ausgelegt betrachten, wenn sie nicht durch folgende Untersuchung ergänzt würden. Ein Rassenforscher sammelte die Schulzeugnisse von über tausend Kindern und verglich sie mit denen ihrer Eltern und Großeltern. Die Zeugnisse der Kinder wichen im Durchschnitt regelmäßig in der gleichen Richtung vom Mittel ab, wie die der Eltern, so daß also die

Kinder höherbegabter Eltern ebenfalls durchschnittlich
höher begabt, die Kinder minderbegabter Eltern ebenfalls
durchschnittlich minder begabt sich zeigten. Und zwar betrug die Abweichung im Durchschnitt etwa ein Drittel von
der der Eltern. Zwischen den Durchschnittsnoten der Großeltern und Eltern wiederholte sich dann dieses Verhältnis
nochmals. Hier kann es sich also keinesfalls mehr um Zufälligkeiten handeln, sondern hier scheint sich eine Gesetzmäßigkeit auszudrücken, die man vielleicht so formulieren
kann, daß sich die geistigen Anlagen und Möglichkeiten
einer Generation in der nächsten steigern oder weiter absinken, je nachdem ob die Familie noch steigerungsfähige
Erbwerte besitzt oder nicht.

In diesem Je-nachdem klingt natürlich ein gewisses Moment von *Schicksalhaftigkeit* auf, das außerhalb von Erfahrung und Erziehung steht, und das natürlich die Dinge
der Vererbung alle umspielt. Aber andererseits muß mit
aller Deutlichkeit gesagt werden, daß sowohl die geistige
Lage einer Familie wie ihr geistiges Fortschreiten in den
Kindern nicht etwa den Sinn haben kann, den das Abendland heutigen Tages mit dem engen und rein gesellschaftlichen Begriff der Bildung verbindet. Es handelt sich bei
dem Geist, den wir bei Züchtungsfragen im Auge haben,
nicht um die Zivilisation mit ihrem möglichst gesteigerten
Spezialwissen, nicht um die Begabung zu spitzfindiger
Zergliederung des inneren Menschen, die Verteilung, man
könnte besser sagen: Vereitelung der menschlichen Substanz
durch wissenschaftliche und psychologische Begriffe, sondern es handelt sich im Gegenteil um das innere Sein, um
die Anlage zu bedeutender menschlicher Erfahrung, um
die weltanschauliche Kraft und die moralische Möglichkeit,
das Ich hinzugeben an etwas Allgemeines, eine Gemeinschaft oder eine Idee, es handelt sich nicht um den In-

tellektualismus mit Schul- und Universitätsbildung, sondern es ist der Wille, das Streben, die Richtung auf ein Ziel, was einer Familie das Gepräge der höheren oder der niederen Schicht, das Zeichen der fallenden oder steigenden Linien gibt. Mit einem Wort, *Züchtung ist weniger ein intellektuelles als ein moralisches Problem.*

Aber wenden wir uns zunächst noch einmal vom Moralischen zum Eugenischen, nämlich zu Statistik und Erfahrung, aus ihr lernen wir für die Züchtungsmoral sehr viel. Die Erblehre, die die deutsche Vergangenheit durchforscht hat, zeigt uns nämlich in Deutschland mehrere genealogisch so geschlossene Erbmilieus, daß ihre Betrachtung für die Frage der Begabungszüchtung außerordentlich aufschlußreich wird. Es handelt sich um drei Kreise von Erbmilieu, die uns das gleiche lehren, daß nämlich in gewissen Grenzen und unter bestimmten Voraussetzungen Talent, geistige Anlage, geistige Konstitution, ja Höchstbegabung bis zum Grad letzter Einmaligkeit erbmäßig vorbereitet und gezüchtet werden können.

Da ist zunächst das Erbmilieu des *evangelischen Pfarrhauses.* Aus diesem Pfarrhausmilieu sind, wie bekannt, statistisch nachweisbar über fünfzig Prozent aller großen deutschen Männer hervorgegangen. Aber nicht diese statistische Tatsache an sich ist so interessant, sondern für unser Thema viel bedeutungsvoller ist, daß in diesem Milieu eine ganz spezielle Art von Begabung sich herausbildete, die den engsten ursächlichen Zusammenhang zur geistigen Atmosphäre des alten Pfarrhauses in sich trägt. Es entstand dort jener Typ des Denkers, der zugleich Dichter oder der des Dichters. der zugleich Philosoph und Gelehrter ist. Dies ist eine Kombination. die für Deutschland nahezu spezifisch ist, in den anderen europäischen Ländern kommt diese Prägung so rein nicht vor. Wollen Sie Namen hören, so hören Sie Nietzsche, Schelling, Lessing, Wieland, Gebrüder Schlegel, Jean Paul, aber auch Hölderlin, Schiller und Uhland gehören hierher. Das Entscheidende für diese Züchtung war wohl die erbmäßige Geschlossenheit dieses Milieus, die ohnegleichen ist. Es gibt wohl in der ganzen Geschichte der abendländischen Zivilisation keinen Stand, der so bestimmte Kräfte ansprach und ausbildete und so konservativ und traditionsgebunden durch die Jahrhunderte zog wie das protestantische Pfarrhaus. Seelisch ganz auf Sammlung, Schließung, Verdichtung einer inneren Lage eingestellt und nach der intellektuellen Seite hin eine durch die Jahrhunderte fortgesetzte, beständige Begabungsauslese vollziehend, die fast lediglich unter humanistischen Gesichtspunkten erfolgte, und die die sprachlichen und logisch-abstraktiven Fähigkeiten selektiv entwickelte. Unterstützt wurde die Herausarbeitung dieses Typs durch die nachweisliche Inzucht, die in diesem Pfarrhausmilieu vor sich ging, über fünfzig Prozent aller evangelischen Pfarrer stammten wieder aus Pfarrhäusern, eine Statistik aus der Mark Brandenburg vom Jahre 1900 gibt an, daß ein Viertel aller brandenburgischen Pfarrer bereits in der dritten Generation diese norddeutschen Pfarren innehatte. Wollen Sie sich den ganzen Glanz dieser moralischen und intellektuellen Züchtung noch einmal klar vor Augen stellen, so lassen Sie die letzte Jahrhundertwende vor sich erstehen, bei der die Namen Burckhardt, Nietzsche, van Gogh, Herman Bang, Björnson, Selma Lagerlöf zu unserem Milieu gehören, bei dem also das evangelische Pfarrhaus Deutschlands und der protestantischen Nordstaaten einen großen Teil des genialen Europas um 1900 stellte.

Diesem Erbmilieu des Pfarrhauses stehen in Deutschland noch einige andere zur Seite, aus denen sich ebenfalls ersehen läßt, wie ein bestimmter Erbstock, an dem Arbeit,

Neigung und innere Erfahrung mehrerer Generationen modellierte, die deutschen Hochbegabungen hervorgetrieben hat. Man kann von Talentstämmen sprechen, die von ständischer und familiärer Züchtung gestählt, dann die großen Sprossen hervortrieben. Ich beziehe mich im folgenden in erster Linie auf Kretschmer, der grundlegend für diese Untersuchungen ist. Es sind vor allem zwei Kunsthandwerkergruppen, die in der Abstammung der großen Musiker und der großen Maler eine nachweisbare erhebliche Rolle spielen. So stammen die berühmten deutschen Musiker zu einem großen Teil aus Vererbungslinien, in deren Aszendenz die Kantoren und Dorfschullehrer, dann die einfachen Berufsmusiker, Orchesterspieler, Kapellmeister, ferner auch begabte Dilettanten eine maßgebliche Rolle spielen. Hierher gehören Beethoven, Bruckner, Brahms, Mozart, Offenbach, Reger, Schubert, Vivaldi, d'Albert. Bei den Malern liegt ein Erbmilieu vor, in dem sich zum Teil unbekanntere Kunstmaler, dann aber auch eigentliche Kunsthandwerker zusammenfinden, Dürer, Cranach, Holbein, Menzel gehören hierher, bei Hans Thoma sind es die Schwarzwälder Uhrenmaler, die sich in seiner Aszendenz finden. Wir haben also hier drei verschiedene Erbmilieus kennengelernt, aus denen durch allmähliche Züchtung, das heißt Pflege, Weitergabe und Steigerung von bestimmten Anlagen, Neigungen und Erfahrungen die stärksten Talente, ja die entscheidenden Hochbegabungen einer Nation hervorgegangen sind.

Wir müssen ein Wort einflechten über den letzten Grad der Hochbegabung, den Typ, von dem ich es bisher vermieden habe zu sprechen, über das Genie. Dieses nimmt bei allen diesen Züchtungsproblemen eine ganz besondere Stellung ein. Einerseits kann man es wohl auch, wie sich aus dem Vorhergehenden ergibt, bis zu einem gewissen

Grade hervorbringen, aber sein Erscheinen wird sich dann doch immer dem Hinzutritt jenes unfaßbaren Begriffs verdanken, der Schicksal heißt.

Das Genie wird immer der Ausnahmefall bleiben, der durch Züchtung und Anreicherung von Talent allein nicht einem Volk beschieden wird. Überblickt man die hundert Namen, die das Europa von heute als Genie bezeichnet, so kann man allerdings auch von ihnen sagen, daß die meisten von ihnen aus alten hochgezüchteten Talentfamilien stammen. Aber wenn man in einer Zeit wie heute und im Zustand der Gefahren eines Volkes von Begabungssteigerung, von Züchtung aus geistigem Erbe zu nationalem Ziel spricht, wird man nicht die Züchtung des Genies als letzten Sinn ins Auge fassen dürfen. Im Zeitalter Nietzsches wurden die Formulierungen geprägt, daß Völker nur dazu daseien, hin und wieder einen großen Mann, ein Genie hervorzubringen. Das Volk, der Bürger, der einfache Mann, das sei alles nur ein Weg, vielmehr ein Umweg zu ihm. Auch bei Hebbel finden wir diese Auffassung sehr schroff formuliert. Wir heute sind nicht geneigt, diese Formulierungen anzunehmen. Die Genies werden kommen, wenn überhaupt der Züchtungswille eines Volkes da ist, der wird dann die latente Genialität lebendigmachen. Aber der Sinn der Züchtung kann nur das Volk selber sein, das Ziel aller Begabung ist wiederum nur das Volk. Talente – was sollen sie denn ausdrücken –, doch wohl etwas, was die Allgemeinheit will und fühlt. Die Kunst – wer soll sie denn aufnehmen, doch nicht allein jener Kreis international-neurotischer Ästheten, der zweifellos an der Entstehung von Kunst einen ganz bedeutenden soziologisch und geschichtlich nachweisbaren Anteil hat, aufnehmen soll sie doch vor allem die kulturelle und geistige Gemeinschaft, aus deren Leben der einzelne, auch der Kunstschaffende,

auch das Genie, und wäre es das esoterischste, entstand.
Diese Fragen führen vor die tiefsten weltanschaulichen
Schwierigkeiten, die es heute gibt. Auch wir können sie an
dieser Stelle nicht entscheiden. Wir wollen uns damit begnügen, festzuhalten, daß das Genie wohl individuell Züge
und Zeichen trägt, die auf Auflösung aller menschlichen
Bindungen, aller kollektiven Ordnung, ja jeder züchterischen Moral hindeuten, daß aber auch noch über das Genie
und seinen Zerfall und seine Leiden die große volkhafte
Perspektive sich spannt, daß es dennoch mit seinem Werk
und mit seiner Erbschaft, sei es die geistige oder die körperliche, sei es die Norm gebliebene oder die erkrankte, in
den Kreislauf des Volkes zurückkehrt, sich in ihm verteilt
und weiter in ihm kreist als Ferment zu neuer produktiver
Schöpfung und Gestaltung.

Das Entscheidende bei allen Züchtungsperspektiven ist
der moralische Züchtungswille eines Volkes, sein Glaube
an einen Vervollkommnungstrieb, der keine muckerische
Utopie, sondern ein realer, geschichtlich nachweisbarer
Grundtrieb des menschlichen Seins ist. Die Erbforschung,
der wir die in vorstehendem dargestellten Erkenntnisse
verdanken, eine junge Wissenschaft, eigentlich erst dreißig
Jahre alt, hat uns in merkwürdiger Übereinstimmung mit
dem erwachten politischen Wollen für diese Dinge einen
neuen Blick gegeben. *Sie ist dabei, die nationale Moral-*
wissenschaft zu werden, der eine neue idealistische Anthro-
pologie entsteigt. Überblicken wir mit ihren Augen die
Zeiten und Völker, so mag wohl jede Epoche in sich mor-
phologisch abgeschlossen und vollendet dastehen, aber unser heute so geschichtsempfindlich gewordener Sinn sieht
durchaus eine steigende Linie der inneren Bereicherung
und moralischen Verfeinerung, die sich von dem naturalistischen Verlauf der einander ablösenden Hochkulturen

abhebt. Sie wäre nicht möglich, wenn jede Generation von vorne begänne, wenn sie nicht die Erlebnisse und die Arbeit der Vorfahren summarisch in sich trüge und handelnd und prüfend aus diesem großen Anreicherungsfonds der Art vor neuen Aufgaben entfaltete. Die ungeheure Ahnenverehrung früher Religionen lebt in den Lehrsätzen der modernen Eugenik wieder auf, wenn sie zeigt, daß zwar das Gen, die Erbmasse, da ist: tragend und fundamental, naturhaft und wohl unausweichlich, aber auch wohl verhüllt von Gesetzen viel weiter reichender und fernerer Art, als daß sie unsere Erfahrung gliedern und umspannen könnte. Aber dennoch: der Geist als ein anderes und höheres Prinzip, ist auch da und er und seine Erlebnisse prägen die Erbmasse tief. Prägen die nächste Folge der Geschlechter, prägen in Zucht oder Schwäche, mit Bildern der Höhe oder Fratzen der Verminderung, prägen unbestimmbar aber real in unausdenkbar ferne Formen und Verflechtungen das Kollektive und das Individuelle, das Visionäre und die Tat. Jeder einzelne bedenke diese fremden menschlich-geistigen Neuentstehungen, die aus seinen Vereinigungen hervorgehen, denen wir körperlich nicht mehr zur Verantwortung stehen, aber es dennoch tief ahnenhaft sind. Begabung läßt sich züchten –: welche enorme erzieherische und prägende Funktion des Geistes spricht sich in dieser Erkenntnis aus, auch welche Umwertung alles nur reizvoll Individuellen, genußhaft Nahen in Richtung auf die weiteren Forderungen des Überdauernden und der Rasse. Wie lückenhaft wird der einzelne, wie brückenhaft das Ich, wenn die Urform aufsteigt, die Entelechie. Welche Spannung müßte eine Nation durchziehen, die geschlossen in das Gewissen dieser Erkenntnis träte, welche Jahrhunderte erkämpfbaren Ruhmes und heranzubildenden Glanzes täten sich auf, näherten sich, wenn in allen deutschen Gehirnen das Wort Leben gewönne, das von je über allem Menschentum stand, wo es groß wurde, sei es in Leiden, Taten oder im Werk, – das Wort heißt: Zucht.

REDE AUF STEFAN GEORGE

Die Gestalt, zu deren Erinnerung die Akademie[1] Sie heute abend eingeladen und gleichzeitig mich beauftragt hat, Sie feierlich zu begrüßen, diese Gestalt, Stefan Anton *George*, wurde am 12. Juli 1868 in Büdesheim, Großherzogtum Hessen, geboren und starb am 4. Dezember 1933 in Locarno, sie wurde beigesetzt auf dem Friedhof zu Minusio am Nordufer des Lago Maggiore, man sah ein Bild des Hügels, ein einsames Grab, ganz bedeckt von einem Kranz des Deutschen Reichs.

Das ganze Volk hielt bei der Nachricht dieses Todes in Trauer inne, aufgelöst hatte sich eine seiner stärksten Bannungen, dahingegangen war einer seiner rätselhaftesten Söhne. Fünfzig Jahre hatte er innerhalb der europäischen Dichtung gelebt, aber nur wenige hatten ihn leiblich gesehen, nie hatte er öffentlich vorgetragen, nie in einer Zeitung sich geäußert, er besaß keine ständige Wohnung, keine Adresse, kaum etwas Biographisches war über ihn zu erfahren, wie ein Schild standen immer gewisse Namen vor ihm, hüteten ihn, waren sein Kreis, erhöhten und verdunkelten ihn zugleich.

Diese Gestalt begann mit Schalmeien und schloß mit Hörnern, stieg auf als Idyll und endete als Revolution. Um uns diesem deutschen Schicksal und seinem europäischen Sinn in einer kurzen Rede zu nähern, muß ich es mit einigen Zeichen umziehen, es weniger schildern als deuten, und vielleicht wird einer sagen, ich deutete es kühn. Aber mir scheint nichts zu kühn, um es in diese Zeit zu deuten. Es gibt Augenblicke bei den Völkern, wo sie ihre Stadt aufgeben müssen und die Tempel der Götter und die Grabmäler der Vorfahren und sich an die Schiffe halten: das war die Voraussetzung für Salamis, und die fünfzig Jahre, die dann folgten, rechtfertigen den Entschluß noch heute vor der ganzen Welt. So sehe ich diese Gestalt am Ende ihres Weges die Fähre besteigen und der Grieche sein, der seine Stange festschnallt am Ruderstift, wie es in den „Persern" des Äschylos von den Salamiskriegern heißt, ich sehe sie kämpfen zwischen den Inseln und dann mit einem Kranz und einem Zweig den hyperboreischen Fernen zu entschwinden.

Diese Gestalt also – wenn in den letzten Jahrzehnten in einem der europäischen Länder die fünf größten Dichter der Zeit genannt wurden, nannte man sie. Ihr Werk ist den Titeln und auch den Erscheinungsjahren nach so bekannt, daß ich es kaum zu nennen brauche. Dies Werk begann etwa 1890 und endete 1919. Es besteht aus Gedichtbänden, einigen Prosastücken, zahlreichen Übersetzungen. Die Grundlage des Werkes war das Gedicht. Sie wissen, es wurde mit einer bestimmten Orthographie geschrieben: nahezu ohne Interpunktion, das hatte er von Mallarmé übernommen, und mit kleinen Anfangsbuchstaben, das entsprach einer alten Forderung von Jacob Grimm, dazu hatte man eine eigene Buchdrucktype erfunden, eine besondere Schrift, die St-G-Schrift, entworfen von Melchior Lechter, nie ist eine Zeile anders als nach diesen formalen Prinzipien hergestellt erschienen, das alles will sagen: die Strophe als solche hat Gestalt, ist Ausdruck und Beziehung, sie ist Morphologie, und hier stoßen wir zum erstenmal auf die starke Betonung des Visuellen und Ornamentalen, das auch geistig das ganze Werk Georges durchzieht, auf das Typisierende und Normbildende, man kann auch sagen das Disziplinäre, das, wie

wir sehen werden, für unsere Gedankengänge so bedeutungsvoll wird.

Ich sagte, wir finden in seinem Werk zahlreiche Über-
setzungen, ja, in der Tat ganz ungewöhnlich viel. Er übersetzte aus dem Spanischen, Italienischen, Französischen,
Englischen, Norwegischen, Holländischen, Polnischen, er
übersetzte Verlaine, D'Annunzio, Jacobsen, Rosetti, Shelley,
Ibsen, Swinburne, Kloos, Verwey, Verhaeren, Rimbaud,
Rolicz. Es finden sich in seinen Dichtungen erstaunlich viel
Andichtungen und Lobreden, etwa auf Nietzsche, Hölderlin, Jean Paul, Goethe, Dante, Leo XIII., Ludwig von
Hofmann, Böcklin und zahlreiche Widmungen an Berühmte und Unberühmte. Dies und Mallarmé und Jacob Grimm,
die eben erwähnten, sollen uns eine vorläufige Formel
bieten, die uns weiterhelfen soll, das ganze Wesen zu erfassen, sie lautet: George war das großartigste Durch-
kreuzungs- und Ausstrahlungsphänomen, das die deutsche
Geistesgeschichte je gesehen hat.

Die Ströme, die sich in ihm vereinigten, waren etwa folgende: Das neue Gefühl für die Sprache, das Ende des
Jahrhunderts erwacht war, sie war ja plötzlich etwas ganz
anderes geworden, sie war aus den Händen der Philologen
in die der Völkerpsychologen und Anthropologen, auch
der Erkenntnistheoretiker gelangt, war plötzlich nicht mehr
Abbild und Ausdruck des Lebens, entsprach nicht der Wirklichkeit, diente nicht der Wirklichkeit, sondern sie war eine
metaphorische Überspannung des Seins, eine Schöpfung in
sich und ohnegleichen, geistige Mächte radikaler, metaphysischer Art standen hinter den Lettern und Lauten,
schaffende, rufende, beschwörende Mächte, und nur an
diese wandte sich das Gedicht. Worte schon, aber nur
als anthropologische Laut- und Lastträger, weitausge-

schweifte Primitive, zaubervoll und immer totemistisch, diese trugen seine Welt. Ewig unerklärliches Sein der Strophe –: das große Geschlecht der französischen Symbolisten hatte ja gerade sein Werk in diese Richtung vorgetragen, George hatte bei ihnen verkehrt, einiges war in ihn eingedrungen, und als Ausdruck davon sehen wir ihn in seinem frühesten Gedichtband sich eine eigene, dem Spanischen angeähnelte Lingua romana erfinden, und am Schluß des Gedichtes „Ursprünge" im „Siebenten Ring" Verse einer künstlich geschaffenen Sprache der Kindheitsstufe anwenden, und diese Laute sollen keineswegs dionysisch wirken, melodiös oder musikalisch – George war programmatisch antimusikalisch, auch das wollen wir festhalten –, sondern hier sollten Worte auftreten nur als Kunstingredienzien, absolute Sprache, vokaler Urlaut, vor der Zivilisierung des Wortes zum Inhalts- und Verständnisträger, sie sollten eine Welt ausschließen und an ihrer Stelle eine neue Ordnung bauen.

Auch das Aristokratische, Strenge, das George von vornherein eignete, war eine aufkommende Stimmung der Zeit. Das Plausible, Fixe, Massenhafte, das die Naturwissenschaften und der Sozialismus heraufgebracht hatten, war am Ende. Etwas Zögernd-Weihevolles drang in die Epoche vor: aus Goethe, auch aus Baader: „Alles Lebendige hat eine Atmosphäre", und „Jede Kultur beginnt mit Bedecken des Samens mit Erde"; Richard Wagner setzte hinzu: „Sehen und Schweigen, dieses wären die Elemente einer würdigen Errettung aus dieser Welt, nur wer aus solchem Schweigen seine Stimme erhebt, darf endlich auch gehört werden", er erklärte, daß in der Kunst nichts, was der Öffentlichkeit entgegenkomme, auch nur den allergeringsten Wert habe, und auf diese Stimme aus Bayreuth antwortete die andere aus Turin, daß es niemandem frei-

stände, für sie Ohren zu haben, daß es ein Vorrecht ohnegleichen sei, ihr Hörer zu sein. Dies alles strömt durch die
Verse Georges: „Zu meinen Träumen floh ich vor dem
Volke", oder: „Des Sehers Wort ist wenigen gemeinsam",
oder: „Mit wenig Brüdern flieh die laute Horde" –, und
dieses Fliehen und Fremdling bleiben und „Siedler auf
dem Fels" und „scheues Auge", das blieb wohl in der Tat
einer der Grundzüge und eines der Grundgesetze seines
ganzen Lebens.

Aber noch etwas Seltsameres gibt es in den Entsprechungen
von George und der Zeit. In die Gedankengänge der
Epoche reicht auch jenes Georgesche Erlebnis hinein, das
als sein geheimnisvollstes gilt, das, von dem die Jünger
sagen, daß man nur mit apokalyptischen Tönen von ihm
reden dürfe, ich meine: Maximin. Es ist die neue Feier
des Jünglings, die begann. Nietzsche, Burckhardt, Bachofen
hatten die Griechen des fünften und sechsten Jahrhunderts
so gedeutet, nie sind wahrscheinlich junge Leute wieder so
behutsam, so liebevoll, so durchaus mit Hinsicht auf ihr
Bestes behandelt worden und, fügte Wagner hinzu, hat
man je von einem englischen oder französischen Jüngling
gehört? Nur die Deutschen kannten nach den Griechen
den Epheben, den Griechen, deren Geschichte, wie Hegel
sagt, mit einem Jüngling beginnt: Achill, und mit einem
Jüngling endet: Alexander, und die Deutschen, in deren
Siegfried und Konradin so viele Elemente ihrer tiefsten
Geschichte ruhen. Dies stand nun hinter dem Kreis, der
Platen mehr liebte als Schiller und Goethe, in dem die
Neugeburt griechischer Leibhaftigkeit, Regeneration der
Ratio an der Physis Erlebnis und Lehre wurde, in dem die
Sokratische Tiefe, das höchste Geistige an leiblichen Spuren
zu entdecken, zu neuen Prägungen führte; aus Georges
Vision „Der Christ im Tanz" hören wir dieses Ideal von

christlicher Leidverfeinung und hellenischen Maßen reden, und in seinem Vers „Apollon lehnt geheim an Baldur" lehnt er zwei Götter aneinander, aber auch zwei Länder, und Griechenland, das ist ja immer der griechische Mann.

Dies wären einige Beziehungen der Zeit zu ihm, aber was von ihm in sie ausströmte, war von vornherein noch universaler; und zwar gingen diese Ausstrahlungen nicht allein in die Literatur, sondern vor allem in die Geisteswissenschaften, man kann geradezu sagen, diese verfielen ihm, sie fielen ihm zu. 1898 waren seine Gedichte zum erstenmal in der Öffentlichkeit erschienen, und es war gleich darauf, daß ein so großer Mann wie der Geschichts- und Kulturphilosoph Breysig sie in seinem Kreis zelebrierte, der Literarhistoriker der Berliner Universität sie in den Preußischen Jahrbüchern besprach, der Philosoph Simmel dem Dichter seine Geschichtsphilosophie widmete. 1902 erschien das Buch von Klages über George, es folgten die von Gundolf und von Wolters. In Büchern über Hölderlin, Plato, Pindar, Napoleon, in Arbeiten über Musik, Plastik, Staats- und Geschichtslehre, über Norm und Entartung, über Heldensagen bezog man sich auf George, in Philologie, Ästhetik und Ideenlehre nannte man ihn. Mir scheint seit je dieser Einbruch Georges in die deutsche Wissenschaft eines der rätselhaftesten Phänomene der europäischen Geistesgeschichte zu sein, wohl nicht allein erklärbar aus dem Werk Georges, sondern auch dadurch, daß man sich der Verfassung der Wissenschaften um 1900 erinnert, ihres völligen substantiellen und moralischen Kernschwunds, ihrer weltanschaulichen Zerrüttung und methodischen Verwirrung durch die Naturwissenschaften, nun übergab sich so viel eigene Subjektlosigkeit sofort dem Einen, der Gestalt war und forderte, dem innerlich Gesicherten als dem in-

tuitiven und unableitbaren Typ, nun vollzog sich in seinem
Namen der Sieg der Transzendenz über die Natur, der
in Europa bereitlag, und wenn ich Ihnen jetzt noch zu den
vorhin genannten Namen die von Troeltsch und Frobenius,
Worringer und Scheler, Spengler und Curtius, Keyserling,
Bertram und Schuler nenne, so werden Sie mit mir sagen,
daß sich der deutsche Idealismus in seinem vollen Glanz
wie niemals vorher in diesen Jahren um einen einzigen
Kern zu lagern scheint.

Welches ist nun dieser Kern? Wenn wir George einmal
nicht durch die Nebelschicht seines Kreises betrachten, der
hinter jedem Wort das Dröhnen heiliger Stimmen und
einen Durchbruch auf Ebenen jenseits der Personalität
und den Einbruch prästabilierter Welten erblickt, wenn
wir uns ihm nähern mit der unendlichen Ehrfurcht, die ihm
gebührt, aber doch methodisch, da wir von seiner Person
zu großen Dingen weiterwollen, so gewinnen wir ungefähr
folgendes Bild. Betrachten wir seine wunderbarsten Gedichte, auch seine berühmtesten, nehmen wir jenes:

> Komm in den totgesagten park und schau:
> Der schimmer ferner lächelnder gestade –

Es handelt sich also um einen Park, einen herbstlichen,
der schon totgesagt ist, und nun entdeckt der Dichter un-
verhofftes Blau, späte Rosen, welke Astern und schließt:

> Verwinde leicht im herbstlichen gesicht ·

Es ist ein unendlich zartes, stilles Landschaftsgedicht, etwas
japanisch, weggewendet von Verfall und Bösem, ganz eingestellt zu stiller Sammlung und innerem Genügen.

Dies Gedicht hat drei Strophen zu je vier Reihen, so sind
die meisten gebaut, nehmen wir ein anderes ebensolches
dazu, es ist ein unvergleichlich schönes, vielleicht das wun-

derbarste Gedicht der zwanzig Jahre von 1890 bis 1910,
es ist auch eines seiner berühmtesten, es ist dies:

> Gemahnt dich noch das schöne bildnis dessen
> Der nach den schluchten-rosen kühn gehascht ·

Auch dies ein Parkgedicht, von einem Park handelt es,
darin ein Weiher, tiefe Heimlichkeit, ein Schwan löst sich
vom Spiel des Wasserfalls und legt den Hals in eine Kin-
derhand. Wieder haben wir etwas Zauberhaftes, tiefes
Idyll, reines Bild, über alles fein und zärtlich in der inneren
Haltung wie im Versfall. Nehmen wir nun noch ein drittes
hinzu, den Schlußvers eines anderen Gedichtes, er lautet:

> Ich frage noch: wer kommt wenn sanft
> Die gelbe primel nickt am ranft
> Und sich das wasser grün umschilft
> Der mir den mai beginnen hilft?

Oben sagte ich japanisch, dies ist altdeutsch, von Walther
von der Vogelweide bis zur Barocklyrik könnten solche
Schlußverse stehen. „Den Mai beginnen", wieder haben
wir das bukolische Motiv, stilles, dörfliches Sein, einfache,
fast einfältige Reime grenzen das Ich in seinem sicheren
Hort ab, gegen eine ebenfalls sichere Erde, eine „Erde,
gabenfrisch". Denken Sie nun einen Augenblick an Nietzsche oder Hölderlin, wieviel Zerstörung ist in ihnen, gegen
wieviel unsägliche Qualen erkämpfen sie ihre Verse, aus
wieviel Schatten tritt bei ihnen das Bild, bei George ist
alles zart, klar, apollinisch, alles erscheint gesetzlich, und
das ist an sich schon unendlich eindrucksvoll in einem
Land, aus dessen Dichtern so leicht etwas hervorstürzt,
das nicht vom Wort eingeholt, nicht vom Wort eingehüllt
wird, sondern nackte Substanz bleibt, schäumendes Gefühl.
Aber nun wollen Sie noch einen Augenblick mit mir an

Nietzsche und George, diese beiden zusammen, denken,
an die Verse nämlich, die George diesem Nietzsche in
einem Gedicht zuruft, die Schlußverse, es scheint mir so
ungemein bedeutungsvoll, das Bild dieser beiden großen
Geister antithetisch zu vertiefen, er ruft ihm, dem rettungs-
los am Gedanken und Wort Zugrundegehenden, zu:

> Dort ist kein weg mehr über eisige felsen
> Und horste grauser vögel – nun ist not:
> Sich bannen in den kreis den liebe schließt . . .

Was für ein merkwürdiger Ruf nach dort oben: den Kreis,
den Liebe schließt, den ruft George zwischen die Gletscher,
als ob sie Organe besäßen, um Ratschläge entgegenzunehmen, und Rückwege bereithätten, um herabzuführen –,
dort oben sehen Sie das unendliche Weitermüssen aus des
Lebens Mittag in des Lebens Nacht, und hier die Möglichkeit heimzukehren, sich zu bannen, einen, der alles
mit einem Kreis umschließt und der das Dämonische mit
dem Menschlichen besiegt.
Was ist nun aber dies Menschliche? Und jetzt berühren
wir Georges Kern, seine Größe, bis hierher waren es die
Schalmeien, jetzt beginnen die Hörner. Ist es das Weiche,
Lyrische, Mondsucht, die Parkstimmung oder ist es das,
was über den Park hinausführt, ihm eine Anordnung
gibt, ihn bindet, ihn gesetzlich macht, ihn geistig prägt,
mit einem Wort ihn stilisiert? Anders gefragt: Womit besiegt das Menschliche das Dämonische, nicht der absolute
Mensch, sondern der heutige, der geschichtliche Mensch,
der nicht mehr im Zeitalter monotheistischer Beschwörungen lebt, sondern im Zeitalter nach Nietzsche, nicht mehr
im Zeitalter pazifistischer Entschränkungen und individua-
listischer Verfeinerungsräusche, sondern im Zeitalter der
Stahlgewitter und der imperialen Horizonte? Die Antwort

lautet: Der abendländische Mensch unseres Zeitalters besiegt das Dämonische durch die Form, seine Dämonie ist
die Form, seine Magie ist das Technisch-Konstruktive,
seine Welt-Eislehre lautet: die Schöpfung ist das Verlangen
nach Form, der Mensch ist der Schrei nach Ausdruck, der
Staat ist der erste Schritt dahin, die Kunst der zweite,
weitere Schritte kennen wir nicht.

Immerhin: Form! Wir betreten vulkanisches Gebiet, die
deutsche Gefahrenzone! Form, das ist für weite Kreise
Dekadenz, Ermüdung, substantielles Nachlassen, Leerlauf,
für George ist es Sieg, Herrschaft, Idealismus, Glaube.
Für weite Kreise tritt die Form „hinzu“, ein gehaltvolles
Kunstwerk und nun „auch noch eine schöne Form“ –; für
George gilt: die Form ist Schöpfung; Prinzip, Voraussetzung, tiefstes Wesen der Schöpfung; Form schafft Schöpfung. Sagen Sie für Form immer Zucht oder Ordnung oder
Disziplin oder Norm oder Anordnungsnotwendigkeit, alle
diese Worte, die uns so geläufig wurden, weil in ihrem
Namen auch die geschichtliche Bewegung sich zu prägen
versucht[2], das ist Georgesches Gebiet.

Nicht also weil George einen Park besingt, sondern weil
er sein Parkgefühl in logisch stilisierte Formen bannt und
wir diese Formen als verbindlich, dauernd und überliefer-
bar empfinden, darum sprechen wir von ihm. Nicht also
weil George in seinem letzten Werk „Das Neue Reich“
von 1919 den unsäglichen Haß des Zeitalters gegen den
Liberalismus sachlich so sah, wie ihn viele sahen als „be-
worfen mit Speichel niedrigster Umwerbung“, „Geifer ge-
meinsten Schimpfs“ – nicht weil er die frühe Rassenvision
hatte: „Verwildert zerfallene weiße Art –: Blutschmach!
Stämme, die sie begehen, sind wahllos auszurotten“; nicht
weil er den großen alten Mann sah, bevor er kam, hören
Sie die Prophetie:

.. da entstieg gestützt
Auf seinen stock farblosem vororthaus
Der fahlsten unsrer städte ein vergessner
Schmuckloser greis .. der fand den rat der stunde
Und rettete was die gebärdig lauten
Schließlich zum abgrundsrand gebracht: das reich ..

Nicht weil er 1919 einen[3] jungen Führer sah, „das keusche,
klare Barbarenaug", „der Mann, der vertritt": „Ich bin
gesandt mit Fackeln und mit Stahl, daß ich euch härte",
ihn hebbelsch hart und felsenhaft sah: „Was heut mich
umbiegt, wird mich morgen brechen" –, das alles ist es
nicht! Die Kunst wird nicht tiefer, wenn die Geschichte
sie bestätigt, die Idee nicht reiner, wenn eine Wirklichkeit
sie deckt. Es ist vielmehr die unerbittliche Härte des Formalen, die über seinem Werk liegt, durch die er sein Werk
schuf, ihm Einheit und Norm erkämpfte, und der er sein
Leben zum Opfer brachte; es ist der „ästhetische Wille",
dieser deutsche Wille[4], der im Kunstwerk eine Welt aufrichtet und eine überwindet, *formend* überwindet, das ist
es, was George in die große abendländische Perspektive
der Zukunft stellt.

Dies Formproblem wird nämlich, der Meinung bin ich,
das Problem der kommenden Jahrhunderte sein. Wollen
wir es daher nochmals in seiner ganzen Schärfe erfassen.
George also, auch wo er scheinbar politisch, scheinbar
prophetisch, scheinbar aktuell und legislativ auftritt, verläßt niemals den formalen Standpunkt, er bleibt immer
und allein und in uneingeschränktem Umfang der absolute
Gestalter, bleibt der Artist, betreibt l'art pour l'art, das
heißt eine Kunst, die keiner Ergänzung von der moralischen
oder soziologischen Seite her bedarf. Er hat nie zurückge-
nommen, was er in einem seiner Aufsätze schrieb: „In der
Dichtung – wie in aller Kunstbetätigung – ist jeder, der

noch von der Sucht ergriffen ist, etwas ‚sagen', etwas ‚wirken' zu wollen, nicht einmal wert, in den Vorhof der Kunst
einzutreten." Ein andermal, in jedem Ereignis, in jedem
Zeitalter erblicke er nur ein Mittel künstlerischer Erregung.
Ein drittes Mal: „In der Dichtung entscheidet nicht der
Sinn, sondern die Form –": dies also liegt vor, dies ist
George, wir kommen über diese Ausschließlichkeit nicht
hinweg, aber gerade sie ist es ja, die uns aufklärt und die
uns die ganze Zukunft bedeutet: dieser Wille zur Form,
dieses neue Formgefühl, das ist nicht Ästhetizismus, nicht
Intellektualismus, nicht Formalismus, sondern höchster
Glaube: entweder es gibt ein geistiges Weltbild, und dann
steht es über der Natur und der Geschichte, oder es gibt
keines, dann sind die Opfer, die Kleist, Hölderlin, Nietzsche brachten, umsonst gebracht.
Es ist das Formgefühl, das die große Transzendenz der
neuen Epoche sein wird, die Fuge des zweiten Zeitalters,
das erste schuf Gott nach seinem Bilde, das zweite der
Mensch nach seinen Formen, das Zwischenreich des Nihilismus ist zu Ende. Im ersten herrschten Kausalität, Erbsünde,
Abstammungsseufzer, Psychoanalyse, Ressentiment und
Reaktion, im neuen plastische Prinzipien, Konstruktionen[5]
innerhalb gesetzter Horizonte. Man kann auch sagen, es
geht von der Deszendenz zur Aszendenz –: auch der Züch-
tungsgedanke fällt unter dies Formproblem. Es wird also
ein Zeitalter des Geistes sein, nicht des unfruchtbaren
Geistes, sondern des realen Geistes, der nirgends die Wirklichkeit verläßt, sondern im Gegenteil ihr Stimme gibt,
sie fruchtbar, sie erbfähig macht, sie kultiviert, sie mit
Blüten überzieht. Ein Geist, der der Natur nirgends aus-
weicht, sondern ihr überall ins Auge sieht, in ihr Sphinxauge, in ihr gefährliches, schönes, zweideutiges Sphinxauge,
vielleicht einen Augenblick auch von[6] ihr träumt, aber

doch für den Menschen auf Ordnung sieht. Dieser Geist
ist ungeheuer allgemein, produktiv und pädagogisch, nur
so ist es zu erklären, daß sein Axiom in der Kunst Georges
als *ein* Kommando lebt[7]. Es ist der Geist des *imperativen
Weltbildes*, das man an vielen geschichtlichen Stellen kommen sieht[8].

L'art pour l'art – das ist also gar kein esoterisches und
mystisches Prinzip, l'art, Kunst, es ist das Höchste, und
jeder kann sich herankämpfen. Und dies Sichheran-
kämpfen an schwere Dinge: in Mühen, auf Wegen und
Umwegen, mit Rückschlägen, in immer härterem und ge-
stählterem Elan, dies Georgesche Prinzip, dies Volks- und
Erziehungsprinzip, das ist die großartigste und heroischste
Realisation des abendländischen Geistes, der Asiate arbeitet sich nicht heran, er nimmt auf andere Weise auf.
Natürlich kann man auch geschlagen werden, erfahren,
daß man nicht alles vermag, substantielle Rangtragödien
werden kommen, aber eine Moral, die nur an das Volk
heranträgt, ihm ins Haus trägt und sagt, daß jeder alles
kann, das ist überhaupt kein politisches Prinzip, kein Erziehungsprinzip, das ist Fellachengeist.

Abendländischer Geist, der neue, der wird sprechen aus
jener Welt der ungeheuersten Klarheit, die sich vorbereitet,
die sich nähert, ihre Linien sind Verachtung jedes Ge-
schöpfes der Furcht, des Hoffens und des Sehnens, feste
bezwingende Gesetze, objektive Machtverhältnisse, Klarheit, Unterschied, Tat. Eine Welt, die sich gegen das
Mütterliche richtet, das Faustische, das Christliche, gegen
alles Allzufrühe und Allzuspäte, es ist dorische Welt.
Form und Schicksal. Moira –: der jedem zugewiesene Teil,
der Raum des Lebens, den die Arbeit füllt am Staat und
am Marmor. Zucht und Kunst – die beiden Symbole des
neuen Europas, wenn es noch ein neues geben soll, da

steht George und es gibt kein Zurück. Es gibt kein Zurück
in eine vielleicht sehr schön gewesene deutsche Innerlichkeit, zu blauen Blumen und Idyll[9], aber auch kein Zurück zu einem geschwächten, einfältigen, begriffslosen, un-
distinkten Denken. Es gibt nur das Weiter im Ausprägen
neuer Herrschaftsgrenzen, dort, wohin andere nicht gelangten oder wo sie stürzten, es gibt nur das Weiter in
die Fügungen jener männlich solaren Kultur, die in Ägypten immer wieder die Unterworfenen mit Tier- und Hun-
degöttern niederhielt, die in Griechenland und dem heidnischen Rom über den Mutter- und Erdsymbolen verbundenen Völkern zum Siege gelangte und die in den
sagenhaften Hyperboreern, denen das Abendland die Urform seiner Zivilisation verdankt, als so mächtiges Feuer
brannte, daß von ihm noch ein Abglanz auf dem unvergänglichen Satz Nietzsches ruht: „Jenseits des Eises, des
Nordens, des Todes *unser* Leben, *unser* Glück." Es gibt
nur den Geist und das Schicksal, die Religion ohne Götter,
oder die neuen Götter: Form und Zucht. Es gibt nur die
Kunst, so endet die Epoche, die imperative Kunst, die
Raum setzt, Grenzen setzt, anordnet, das Maßlose gliedert,
in der der Staat und der Genius sich erkennt und sich ver-
mählt. Damit nehmen wir Abschied von George –χαῖρε wir
müssen die Stadt verlassen und die Grabmäler und die
Tempel der Götter, uns an die Schiffe halten, die Giganto-
machie hebt an. Vier gebrochene Weinreben, wie in Athen,
von den Hängen des Rheins auf seinen Hügel, und unter
dem Fries, auf dem die neuen Dorer mit den Zentauren
ringen, soll eine seiner Zeilen stehen, von der nun jeder
weiß, was sie bedeutet: „Die Jugend ruft die Götter auf."

REDE AUF MARINETTI

Exzellenz Marinetti!

In Vertretung von Hanns Johst, der augenblicklich nicht in Deutschland ist, und im Namen der Union Nationaler Schriftsteller habe ich die Ehre, Sie zu begrüßen. Ich begrüße in Ihnen das Mitglied der Königlich Italienischen Akademie, den Präsidenten des italienischen Schriftstellerverbandes und den Führer der Futuristen. Wir freuen uns, Sie unter uns zu sehen, aus mehreren, genau zu umschreibenden Gründen. Erstens haben Ihnen die deutschen Schriftsteller zu danken für eine zurückliegende kameradschaftliche Hilfe, die Sie während einer sich im Ausland abspielenden Episode uns gewährten. Wir danken Ihnen nicht allein, weil Sie der deutschen Delegation in Ragusa zur Seite standen, sondern weil Sie mit Ihrem autoritären Namen eine Sache, eine Weltanschauung, eine Gesinnung unterstützten, für die wir kämpfen, die uns allen am Herzen liegt und die allein wir für zukunftsvoll halten.

Wir freuen uns zweitens, daß Sie nach Deutschland gekommen sind in einer Zeit, in der das neue Reich entsteht, an dem mitzuarbeiten der Führer, den wir alle ausnahmslos bewundern, auch die Schriftsteller berufen hat. Sie kennen Berlin von früheren Reisen her, ich bin sicher, daß Sie Verständnis haben für seine zwischen Wäldern sich hinziehende Monotonie, für seine Arbeitsanonymität, ich bin sicher, daß Ihr für alle Dinge des Tapferen und des Ernsten so empfänglicher und schöpferischer Sinn den preußischen Stil in sich aufnehmen wird, erlauben Sie mir, Ihnen dessen aristokratischen und moralischen Rang noch einmal in der unvergleichlichen Maxime des Grafen Schlieffen vor Augen zu führen, sie lautet: „Viel leisten, wenig hervortreten, mehr sein als scheinen", – eine Maxime, die sich neben allen Männermaximen romanischer und slawischer Völker wird behaupten können. Wir alle hoffen, daß Sie von Berlin den Eindruck mitnehmen und in Rom verkünden werden, daß die neue deutsche Gesinnung die beste alte in sich aufgenommen hat und unter der bedeutenden Führung berufen ist, an dem untheatralischen, an dem großartig kalten Stil mitzuarbeiten, in den Europa hineinwächst.

Und damit komme ich zum dritten Punkt meiner Begrüßung, er betrifft die Literatur. Sie sind der Prophet, der Autor, die schöpferische Macht, vielleicht komme ich Ihrer gespannten Jugendstimmung am nächsten, wenn ich sage: Sie waren der Hersteller und Direktor des Futurismus. Sie und die von Ihnen geschaffene Kunstrichtung war es, die die stupide Psychologie des Naturalismus hinter sich warf, das faul und zäh gewordene Massiv des bürgerlichen Romans durchstieß und mit der funkelnden und rapiden Strophik Ihrer Hymnen auf das Grundgesetz der Kunst zurückging: Schöpfung und Stil. Welche ungeheuren Folgen hatte Ihr berühmtes Manifest, das 1910 bei uns bekannt wurde, welche ungeheure Verwandlung des europäischen Geschlechts drückte es aus! Mitten in einem Zeitalter stumpfgewordener, feiger und überladener Instinkte verlangten und gründeten Sie eine Kunst, die dem Feuer der Schlachten und dem Angriff der Helden nicht widersprach. Ihr Manifest wirkte verblüffend, als es erschien, es wirkt heute noch verblüffender, da alle Ihre Formulierungen Geschichte wurden. Sie forderten die „Liebe zur Gefahr", die „Gewöhnung an Energie und Verwegenheit", „den Mut", „die Unerschrockenheit", „die Rebellion", „den Angriffspunkt", „den Laufschritt", „den Todessprung", und dies nannten Sie „die schönen Ideen, für die

man stirbt". Sie hatten, Herr Marinetti, das ungeheure
Glück, das vielleicht seit den hellenischen Architekten kei-
nem Künstler mehr zuteil ward, zu erleben, wie die Gesetze
Ihres inneren Gesichts in Ihrem Volk das Ideal der Ge-
schichte wurden. Wir haben von hier aus verfolgt, wie Ihr
Futurismus den Faschismus miterschuf, wie Sie die *Roma
Futurista* gründeten, wie Ihre *Arditi,* was soviel heißt
wie dreimal Soldaten, Ihre Stoßtrupps für die Erneuerung
Ihres Vaterlands kämpften, kämpften und fielen, und wir
haben mit äußerster Spannung wahrgenommen, wie aus
Ihrem futuristischen Gedankenkreis, seinem Willen, seinen
Kampfstaffeln drei grundlegende Werte des Faschismus
aufstiegen: das Schwarzhemd in der Farbe des Schreckens
und des Todes, der Kampfruf „*a noi*" und das Schlachtenlied, die Giovinezza –: wie ein moderner Künstler in den
politischen Gesetzen seines Landes geschichtlich unsterblich
wurde, das erblicken wir in Ihnen, unserem Gast aus
Rom.

Wir hier, die wir Ihre Gedanken aufnahmen, die wir
diese europäischen Stimmungen und diese europäischen
Formzwänge in uns trugen, hatten nicht das Glück, den
Schritt von der Kunst in den Rausch der Geschichte zu tun.
Erdrückt von der Übermacht großer Epiker einer älteren
Generation, durch Krieg und Frieden zu Verlusten in unseren Reihen gebracht, viel tiefer zerrissen von Form- und
Unformproblemen, als es die romanischen Völker kennen,
erreichte meine Generation in keinem den Glanz, der über
Ihrem Namen liegt. Aber eine historische Leistung hat
auch hier diese seltsame Bewegung vollbracht: sie hat in
einer stumpfen Zeit den Blick der Öffentlichkeit von den
gefälligen Floskeln der Epigonen und den ausgelaugten
literarischen Fertigfabrikaten auf die Gefahren und die
Härte des schöpferischen Lebens gelenkt, auf das Strenge,

Resolute, auf das Gerüsthafte des Geistes, der an seinen
Welten arbeitet und für den Kunst immer die definitive
moralische Entscheidung gegen reinen Stoff, Natur, Chaos,
Rücksinken, Ungeformtes ist. Sie hatte das Problem der
Form aufgeworfen, und wir sehen heute, was das be-
deutet.

Form –: in ihrem Namen wurde alles erkämpft, was Sie
im neuen Deutschland um sich sehen; Form und Zucht:
die beiden Symbole der neuen Reiche; Zucht und Stil im
Staat und in der Kunst: die Grundlage des imperativen
Weltbildes, das ich kommen sehe. Die ganze Zukunft, die
wir haben, ist dies: der Staat und die Kunst –, die Geburt
des Zentauren hatten Sie in Ihrem Manifest verkündet:
dies ist sie.

Der 20. Februar 1909, an dem Ihr Manifest erschien,
und der 29. März 1934, an dem wir hier stehen –: ein
Vierteljahrhundert! Ein Vierteljahrhundert steigt hier um
uns auf, um Sie als einen Mann, auf dessen Schultern,
dessen „*Testa di ferro*": Kopf aus Eisen, Genialität, Verantwortung und Schicksal der italienischen Rasse lag, und
mich, der ich den Zusammenbruch, das tiefe Leiden und
jetzt die Erneuerung meines Vaterlandes als Soldat, Arzt
und Schriftsteller Ihrer Richtung miterlebte und nun im
Namen der nationalen deutschen Literatur Ihnen, dem
Römer, Gruß und Freundschaft entbiete. Ein Vierteljahrhundert Bewunderung für Sie spricht aus meinen Worten,
mit denen ich schließe: Willkommen unter uns, großer
Marinetti!

NIETZSCHE – NACH FÜNFZIG JAHREN

Die erste Erinnerung daran, daß Nietzsche ein halbes Jahrhundert tot ist, war für mich ein Schreiben aus Paris vom Januar dieses Jahres. Die „Révue littéraire 84" wollte ein Nietzsche-Heft herausgeben und forderte mich zu einem Beitrag auf. Mein Beitrag lautete:

„Eigentlich hat alles, was meine Generation diskutierte, innerlich sich auseinanderdachte, man kann sagen: erlitt, man kann auch sagen: breittrat – alles das hatte sich bereits bei Nietzsche ausgesprochen und erschöpft, definitive Formulierung gefunden, alles Weitere war Exegese. Seine gefährliche stürmische blitzende Art, seine ruhelose Diktion, sein Sichversagen jeden Idylls und jeden allgemeinen Grundes, seine Aufstellung der Triebpsychologie, des Konstitutionellen als Motiv, der Physiologie als Dialektik – ‚Erkenntnis als Affekt', die ganze Psychoanalyse, der ganze Existentialismus, alles dies ist seine Tat. Er ist, wie sich immer deutlicher zeigt, der weitreichende Gigant der nachgoetheschen Epoche.

Nun kommen einige und sagen, Nietzsche ist politisch gefährlich. Unter diesem Gesichtspunkt muß man sich nun allerdings einmal die Politiker betrachten. Das sind Leute, die, wenn sie rhetorisch werden, sich immer hinter den Thesen von Geistern[1] verstecken, die sie nicht verstehen, von geistigen Menschen. Was kann Nietzsche dafür, daß die Politiker nachträglich bei ihm ihr Bild bestellten? Nietzsche sah das kommen, er schrieb im Juni 84 an seine Schwester, daß ihm der Gedanke Schrecken mache, was für Unberechtigte und gänzlich Ungeeignete sich einmal auf seine Autorität berufen würden. Er sagte ferner, er wolle Zäune um seine Gedanken haben – ‚daß mir nicht in meine Gärten die Schweine und Schwärmer brechen'. Trotzdem bleibt es bemerkenswert, daß er in einer gewissen Periode seines Schaffens (Zarathustra) unter der Führung darwinistischer Ideen stand, an die Auswahl der Tüchtigen, den Kampf ums Dasein, den nur die Härtesten bestehen, glaubte, aber er übernahm diese Begriffe zur Färbung seiner Vision, ihm war nicht gegeben, seine Vision an den Bildern von Heiligenlegenden zu entzünden. Die blonde Bestie, die sich dann personifizierte, hätte er bestimmt nicht begrüßt. Er als Mensch war arm, makellos, rein – ein großer Märtyrer und Mann. Ich könnte hinzufügen, für meine Generation war er das Erdbeben der Epoche und seit Luther das größte deutsche Sprachgenie."

So weit meine Bemerkungen nach Frankreich. Im Anschluß an sie begann ich mich mit der Nietzsche-Literatur zu beschäftigen und stellte fest, daß es eine solche Fülle glänzender, ausgezeichneter Bücher über Nietzsche gibt, sowohl aus Deutschland wie aus anderen Ländern, daß es unmöglich ist, auch nur die wichtigsten zu studieren. Ich persönlich finde immer noch am großartigsten das Buch von Ernst Bertram, Nietzsche, Versuch einer Mythologie, erschienen 1918 bei Georg Bondi. Am belehrendsten und aufschlußreichsten das von Jaspers, erschienen bei de Gruyter 1936. Die psychologischen Errungenschaften Nietzsches, von Ludwig Klages (2. Auflage 1930 Leipzig), ist ein bedeutendes Werk, aber Nietzsche unter dem Gesichtspunkt der Psychologie zu betrachten, erscheint mir etwas obsolet. Von neueren Werken fiel mir das von Friedrich Georg Jünger auf durch seine von allem Biographischen und Psychologischen absehende allein problemgeschichtliche Art (Verlag Vittorio Klostermann). Die Bücher von Podach sind biographisch und klinisch belehrend, die neueren Werke über Nietzsche und Burckhardt (Salin, Martin) geben über vieles Aufschluß, aber innerhalb meiner Gedankengänge ist das Verhältnis zwischen Nietzsche und Burckhardt ein peripheres Problem.

Wenn ein Leben fünfzig Jahre beendet ist und das Werk sechzig Jahre abgeschlossen vorliegt, darf man vielleicht zu der Methode übergehen, die Gestalt als Traum zu sehen – der Efeu ihres Grabes, das Meer von Nizza, das Eis des Engadins mischen die Figuren und die Widersprüche dieses Traums. Im Rahmen dieses Traums erscheint Hölderlin wie ein Herbarium und Novalis innerhalb der Redaktion der Urworte wie ein Lokalreporter, Goethe allein überflutet auch diesen Traum, trägt weiter, überbrückt auch diesen Abgrund – er allein. Aber auch ihm gegenüber erhebt sich Nietzsche als das größte Ausstrahlungsphänomen der Geistesgeschichte, alles an ihm, jeder Satz ist zweideutiger, faszinierender, beunruhigender, weniger gelassen als bei Goethe. Er ist „der vierte Mensch", von dem man jetzt so viel spricht, der Mensch ohne Inhalt, der die Grundlagen der Ausdruckswelt schuf. Ich werde das erklären. Zunächst aber wende ich mich drei rückblickenden Fragen zu.

Erstens frage ich mich, was von Nietzsche wirkt heute altertümlich, gewissermaßen beschränkt. Da würde ich sagen: a) Er kannte noch nicht die These von der Morphologie der Kulturkreise, diese neue und zusätzliche Relativierung und Atomisierung unseres Lebensgefühls, durch die erstmalig ins Bewußtsein und die historische Thematik gelangten paläontologischen und vorgeschichtlichen Entdeckungen, er dachte im wesentlichen europäisch. b) Ihm fehlte weitgehend das Gefühl für das Situationäre seiner eigenen Physiologie, Philosophie, seine spezifischen Idiosynkrasien, er denkt sich und seine Erkenntnisse erstaunlich absolut, daher immer wieder und immer schriller der Hinweis auf seine eigene Originalität, Schicksalhaftigkeit und Exorbität, die er sach-

lich sieht, inhaltlich (Gottzertrümmerung, Züchtung, Übermensch), ihm fehlt daher eigentlich auch jede Malaise gegen
sich selbst, er ist ohne Mißtrauen gegen seine eigene Präpotenz. c) Seine Verherrlichung des Griechischen ist uns fern-
gerückt. Bemerkungen wie „Die Griechen – der Mensch, der
es am weitesten brachte" oder „das griechische Volk, das
einzig geniale Volk der Weltgeschichte" oder „die Griechen
sind gewiß nie überschätzt worden" oder „die griechische
Welt als die einzige und tiefste Lebensmöglichkeit" oder
„höchste Bildung erkenne ich bis jetzt nur als Wiedererweckung des Hellenentums" – diese seine existentielle Verbundenheit mit den Griechen lebt in uns nicht mehr. Zusammenfassend: Nietzsche denkt wesentlich stärker als Goethe im Zusammenhang mit und an einem bestimmten Punkt
einer historischen Situation, die er als solche kaum in Frage
stellt. Insofern ist er persönlich eigentlich überraschend
stabil und zeitgebunden.

Meine zweite Frage betrifft: Nietzsche und die Zeitgenossen. Ich verschaffte mir die Kritik von Wilamowitz-Moel-
lendorff, damals Privatdozent für Altphilologie an der
Berliner Universität gegen Die Geburt der Tragödie aus
dem Jahr 1872/73. Darin finden sich Ausdrücke wie Frech-
heit, kindische Unwissenheit – welche Schande machen Sie,
Herr Nietzsche, der Mutter Pforta – welches Nest von Blöd-
sinn – er wird sich natürlich herausreden – „mit der Schmä-
hung gegen Otto Jahn brauche ich mich nicht zu beschmutzen,
von selbst fällt der Kot, der gegen die Sonne geworfen wird,
auf das werfende Haupt zurück" – (wer war diese Sonne,
Herr Jahn, fragen wir heute). In dem zweiten Stück der
Kritik, gegen die Verteidigung Rohdes gerichtet: Niemand
achtete sein und das wurmte ihn – die Offenbarungen sind
so gründlich abgefallen – und schließlich: „ich will meine

Zeit und Kraft nicht an die Albernheiten von ein paar ver-
rotteten Hirnen verschwenden, mich ekelt's." Bemerkenswert, daß Wilamowitz um 1900 der berühmteste Vertreter
der Altphilologie in Deutschland war, Ordinarius an der
Berliner Universität. Vom Standpunkt der Altphilologie
hatte er sicher recht, seine Kritik war zweifellos daran beteiligt, daß Nietzsche sein Ordinariat in Basel aufgab oder
verlor, also schon hier trennten sich die beiden Welten: die
historisch-wissenschaftliche und die Expressions- und Ausdruckswelt, deren erste Erscheinung Flammenwerfer und
Grundlagendeponent Nietzsche war – diese Welt, deren Wesen die Faszination, eine sowohl tiefe wie suggestive Grup-
pierung, das blendende Arrangement war und das Fragment.
Die akademische Welt blieb sich treu: als Nietzsche 1885
die Leipziger Fakultät bat, bei ihr Gastvorlesungen halten
zu dürfen, lehnte sie es ab. Aber auch Rohde, wenn wir ihn
weiter beobachten, tritt bald anders auf, 1886 schreibt er
über Jenseits von Gut und Böse: „Das Philosophische darin
ist dürftig und fast kindisch, das Politische albern und welt-
unkundig – voll einer widerlichen Verekelung von allem
und jedem", „die Sterilität bei diesem auch nur nach- und
zusammenfindenden Geist" –: „Zur Abkühlung lese ich
Ludwig Richters Selbstbiographie." Immerhin war Nietzsche
um 1900 schon mausoleumsreif. Ein bekannter Architekt
und Städtegestalter druckt in seiner Lebensbeschreibung das
Bild eines Nietzsche-Mausoleums ab, das er 1898 entworfen
hatte: ein riesiges, bombastisches Mammutmonument, „oben
breitet ein Menschheitsgenius die Arme sehnend in die Höhe, unten recken sich finstere Giganten in ihren Fesseln",
schreibt der Architekt dazu, auf uns wirkt es wie ein monströses Marmorkonglomerat etwa aus dem Film Das indi-
sche Grabmal oder wie das Bonzenpalais eines Mormonen-

häuptlings. Aber es ist interessant, sich dadurch zu vergegenwärtigen, wie Nietzsche um die Jahrhundertwende empfunden wurde.

Die dritte Frage heißt: Nietzsche und seine Krankheit. Diese Krankheit, ihre Herkunft und ihr Wesen erscheint uns heute nicht mehr so wichtig. Wenn Nietzsche 1890 an einem Herzanfall oder einer Blutvergiftung gestorben wäre, bliebe sein Werk unverändert bestehen. Diese angeblich luetische Erkrankung ist bis heute sehr umstritten. Das Krankenblatt aus der Binswangerschen Klinik ist nach heutigen Begriffen recht unvollkommen, es gab noch keine Lumbalpunktion, keine Wassermannsche Reaktion, der Augenhintergrund ist nicht gespiegelt. Nietzsches eigene Angaben darin, er habe sich zweimal mit Lues infiziert, stimmen nachdenklich, denn eine zweimalige Infektion gab es vor der Salvarsan-Ära kaum, die erste immunisierte den Körper für immer (wie die Masern); erst jetzt, wo man die Lues primär durch Salvarsan heilen kann, gibt es mehrfache Infektionen. Eine normale Paralyse dauerte vier bis fünf Jahre, diese angebliche zehn Jahre. Wenn auch heute noch schriftstellernde Ärzte[2] den ganzen Nietzsche und sein Werk nach den Stadien der Lues einteilen: Lues I, II, III, Meta-Lues und ihn damit triumphierend abgetan glauben, wirkt das äußerst ungebildet. Aber auch auf höherer Ebene: wenn Thomas Mann aus dieser Krankheit so viel Kapital schlagen zu können glaubt, wie er es in seinem jüngsten Vortrag über Nietzsche und im Doktor Faustus tut, erscheint mir das nicht ganz standesgemäß – zwischen Potentaten. Manchmal hat man den Eindruck, diese Krankheit wird in den Vordergrund gerückt, von solchen, die es vermeiden möchten, der ganzen Erscheinung und ihren Konsequenzen voll ins Auge zu sehen. Vorbildlich hinsichtlich dieses Themas verhält sich Jaspers, der von „Sprüngen des Gesamtzustandes des kör-

perlich-seelischen Daseins" spricht, durch die solche Veränderungen entstehen, „die nicht mehr völlig rückgängig
werden", und der sich auf den Ausdruck „Abbruch des
Werks durch die Natur" beschränkt. Mir persönlich erscheint es wesentlicher, sich zu fragen, ob Nietzsche von
einer solchen Erkrankung zu seinen schöpferischen Zeiten
wußte, insofern nämlich, als die meisten Luetiker weniger
unter ihrer Krankheit leiden, deren Symptome ja meistens
schnell zu beseitigen sind, als vielmehr unter dem Bewußtsein dieser Erkrankung. Dieses Bewußtsein der Erkrankung
ist so tief in ihrer Persönlichkeit verankert und so wesens-
bestimmend, daß es sehr wohl auf Produktion und innere
Entwicklung Einfluß haben kann. Nichts von alledem findet
sich in Nietzsches Schriften oder Briefen. Seine Augenlei-
den, seine Migräneanfälle – weder er selbst noch die be-
handelnden Ärzte kamen ätiologisch auf diese doch nahe-
liegende Genese. Mir scheint also das Problem dieses Leidens für Nietzsches Erscheinung nicht wesentlich zu sein.
Nietzsche also, dessen Beginn, wie wir hörten, eine Frech-
heit genannt wurde und der Wurf von Kot gegen die Sonne
und dessen Ende die Vorführung vor Jenaer Studenten als
Fall von Paralyse eines abwegigen Dozenten zu Studien-
zwecken war – was spielte sich in diesen fünfundzwanzig
Jahren ab? Schuf er ein System, ein moralisches oder amo-
ralisches? Nein. Verkündete er eine Philosophie? Keineswegs. Er sagt „der Glaube an die Vernunftkategorien ist die
Ursache des Nichts" und „die Unvernunft einer Sache ist
kein Grund gegen ihr Dasein, vielmehr eine Bedingung
derselben." Gründete er eine Schule, suchte und fand er
Jünger? Zu seinem Leidwesen nicht, „unruhig Glück im
Stehn und Spähn und Warten" schrieb er und: Freunde:
„O welkes Wort, das einst wie Rosen roch." Fünfundzwanzig Jahre blieb er nichts als wahrhaftig: „wahrhaftig

– so heiße ich den, der in götterloser Wüste geht und sein verehrendes Herz zerbrochen hat." Was hatte dieses Herz alles zerbrochen?

Was hatte dieses Herz verehrt und was hatte es zerbrochen? Wir nähern uns unserem Hauptthema. Dies Herz hatte alles zerbrochen, was ihm begegnete: Philosophie, Philologie, Theologie, Biologie, Kausalität, Politik, Erotik, Wahrheit, Schlüsseziehn, Sein, Identität – alles hatte es zerrissen, die Inhalte zerstört, die Substanzen vernichtet, sich selbst verwundet und verstümmelt zu dem einen Ziel: die Bruchflächen funkeln zu lassen auf jede Gefahr und ohne Rücksicht auf die Ergebnisse – das war sein Weg. Und dies Herz pries sein Zerbrechen: „Alles ist Lüge an mir", sagt der Zauberer im Zarathustra, „aber daß ich zerbreche – dies mein Zerbrechen ist echt." Die Inhalte ohne Sinn, aber *sein inneres Wesen mit Worten zu zerreißen,* der Drang, sich auszudrücken, zu formulieren, zu blenden, zu funkeln – das war seine Existenz. Der Weg vom Inhalt zum Ausdruck, das Verlöschen der Substanz zugunsten der Expression, das war elementar. „Alles nur versuchend wagen" – „das Zusammensinken des Zirkels" – das war der transzendentale Durchbruch, der sich hier vollzog. Des jahrtausendealten Zirkels von Wahr und Unwahr, vom Satz des Widerspruchs, von A ist nur A – o nein, A kann vielerlei sein – „was gedacht werden kann, muß sicher eine Fiktion sein", A ist in einem Aphorismus 1878 etwas ganz anderes als 1880 in einem Vers –: wir stehn vor dem Problem der Artistik, dem „Olymp des Scheins".

Die Ausdruckswelt – diese Vermittlung zwischen dem Rationalismus und dem Nichts! Alles, was Inhalt, Substanz, Gedanke war, vielmehr schien, riß er mit seinem Krakengehirn, seiner Polypennatur an sich, spülte etwas Meerwasser, tiefblaues, mittelländisches darüber, fuhr ihm unter die

Haut, zerriß es und siehe, es war nur Haut, zeigte seine
Bruch- und Wundflächen und trieb weiter, wurde weiter-
getrieben zu neuen Meeren, rings nur Welle und Spiel. Aus
dem Buch von Jaspers tritt klar zutage, daß alles, was bei
Nietzsche Philosophie war, eben nur Philosophie war – ein
Fischen und Netzeauswerfen, aber die Netze blieben leer.
Den archimedischen Punkt, von dem die denkerischen Dinge
transzendent und bindend werden, konnte auch er nicht
finden, er ist nicht zu finden, er ist nicht da – nicht mehr da.
Betrachten wir hierzu einen Augenblick einen konkreten
Fall, die Kausalität, den Zentralbegriff des neunzehnten
Jahrhunderts. Naturgesetze, sagt Nietzsche, das sind „lange
Launen", Erkenntnis, lehrt er, ist „ein schönes Mittel zum
Untergang". Vergessen wir nicht, dieser Begriff der Kausalität war ein Begriff von hoher Moral. Er verlangte ein
verbindliches, nachprüfbares Denken, eine offen zutage liegende Methode, ihm wohnte eine Transzendenz inne, die
Transzendenz einer chemisch-physikalischen Objektivität.
Diese moderne Wissenschaft trug – so paradox es klingt,
die hohe Gesinnung, die menschliche Reinheit des Katholi-
zismus nach dessen Auflösung und Säkularisation weiter bis
an die Schwelle unserer Tage: erst in uns begann das Böse
und Zerrissene, das Luziferische, das keine Objektivität
mehr kennt. Hier steht Nietzsche an unserem Beginn. Die
heutigen Diskussionen über den Zufall, das ursachlose Geschehn, die Fehlerstreuung, die jetzt bei allen wissenschaftlichen Kollektivuntersuchungen eine so große Rolle spielen
– bei Nietzsche sind diese Gedanken gang und gäbe. „Hüten
wir uns, etwas so Formvolles wie die zyklischen Bewegungen unserer Nachbarsterne überhaupt und überall voraus-
zusetzen, schon ein Blick in die Milchstraße läßt Zweifel
auftauchen, ob es dort nicht viel rohere und widersprechen-
dere Bewegungen gibt, ebenfalls Sterne mit gradlinigen

Fallbahnen und dergleichen." „Die astrale Ordnung, in der wir leben, ist eine Ausnahme. Der Gesamtcharakter der Welt ist dagegen in alle Ewigkeit Chaos." „Von unserer Vernunft aus geurteilt sind die verunglückten Würfe weitaus die Regel." „Hüten wir uns zu sagen, daß der Tod dem Leben entgegengesetzt sei, das Lebende ist nur eine Art des Toten und eine sehr seltene Art." „Es gibt keine dauerhaften Substanzen, die Materie ist ein ebensolcher Irrtum wie der Gott der Eleaten." Methodisches Denken – das ist „das wurmartige Herumkriechen und Herumtasten niederer Erkenntnisgrade" – „der enge Menschen- und Tierkopf", sagt er – „was in uns will eigentlich zur Wahrheit? Warum nicht lieber Unwahrheit? Und Ungewißheit? Selbst Unwissenheit?" Und er mußte sich „im Unwahren ab und zu erholen".

Dies Werk ist die Geschichte von Begegnungen und deren Zerbrechen, schließlich blieb nichts übrig als die Kunst und – Peter Gast. „Ein Jauchzen der Erkenntnis – dein letzter Laut" und: „du hättest singen sollen, o meine Seele" – zwischen diesen beiden Polen gingen diese fünfundzwanzig Jahre unter ungeheuren Eruptionen hin und her. Lionardo hat sich in Dunkel gehüllt, Goethe hat viel von sich verschwiegen, Nietzsche redet viel vom Schweigen, vom vornehmen aristokratischen Schweigen, aber er selber verschwieg nichts, er opferte sich auch hier dem gegenspielerischen Motiv des Exhibitionistischen, das zur Ausdruckswelt gehört. Goethe kann man politisch und als Mensch und Menschenfreund und positives Staatswesen darstellen, er pflegte bewußt diese Züge an sich und stellte sie aus bestimmten Gründen heraus, bei Nietzsche wirkte ein solches Unterfangen tragikomisch, er erlebte in der Tat nur sein Denken, zerbrach es, warf es hoch und schliff es aus. Bei Jaspers finden wir das Wort: „Nietzsche ist nicht zu erschöpfen. Er ist

als Ganzes nicht ein Problem, das zu lösen wäre" – ein
sehr bemerkenswertes Wort! Mit einer modern-europä-
ischen Art ist er in der Tat nicht zu lösen, er gehört zu den
Urworten, dem pythischen Reich. Er selber nennt sich ein
Verhängnis und er war eins – aber wo kommen die Ver-
hängnisse her? Daher, wo einzelne andere Fußstapfen haben und weitergreifende Schritte als die meisten. Auf dem
Mond, sagen die Physiker, sei jeder Schritt zwanzig Meter
lang – veränderte Schwerkraft oder dergleichen. Hinter-
gründige Kräfte treten hier ins Spiel, deren Ausgangsposi-
tionen wir nicht kennen, die spielen plötzlich mit einem
Menschen auf der Erde anders als mit dem Rest. Nietzsche
ist der Verlust des Ichs im lebensbiographischen Sinne, er
hatte Stationen, er hatte Ansichten, nämlich die, über die er
gerade seine Aphorismen schrieb, er hatte fortgesetzt Erkenntnisse und Stimmungen, überstürzend frappierende,
soweit sie ihn zu Psalmen oder Versen trugen.

Nietzsche, sehen wir heute, inaugurierte den „vierten Menschen", von dem man jetzt so viel spricht, den Menschen
mit dem „Verlust der Mitte", die man romantisch wieder
zu erwecken sucht. Der Mensch ohne moralischen und philosophischen Inhalt, der den Form- und Ausdrucksprinzipien
lebt. Es ist ein Irrtum, anzunehmen, der Mensch habe noch
einen Inhalt oder müsse einen haben. Der Mensch hat Nah-
rungssorgen, Familiensorgen, Fortkommensorgen, Ehrgeiz,
Neurosen, aber das ist kein Inhalt im metaphysischen Sinne
mehr. Das ist nicht mehr der Animismus der frühen Stufen,
der in magischer Verbundenheit mit der Natur und ihren
bildenden Kräften im Menschen selber noch Kräfte und
Verwandlungen bewog. Dieser beschwörende Mensch ist
nicht mehr da. Es ist überhaupt kein Mensch mehr da, nur
noch seine Symptome. Nietzsches Vers: „wer das verlor,
was du verlorst, macht nirgends Halt" ist nur in diesem

Sinne zu deuten, er verlor den Inhalt – nur so gewinnen wir eine ebenbürtige Erklärung für diesen rätselhaften Vers. Zu weitgehende Perspektiven, wird man sagen, auch willkürliche oder schiefe. Aber in diesen fünfzig Jahren sahn wir seltsame Bewegungen, das Absterben und das Aufglimmen neuer Dinge, vor allem: die Erledigung der Wahrheit und die Fundamentierung des Stils. Mit Deutungen kommt man nicht mehr weiter, das Verhängnis arbeitet, die Verwandlung wendet sich her. Bengalische Krisenbeleuchtungen und Grundlagenfeuilletonismus werden bald nur eine Weide für Strauße sein oder eine Steppe, über die die Füchse laufen. Optimismus-Pessimismus werden sich umarmen wie zwei Jünglinge im feurigen Ofen und ihre Asche streut ein mongolischer Wind rechts in den Atlantik und links ins Mittelmeer – ich meine das nicht politisch, sondern okzidental-dialektisch – und dieser mongolische Wind wird von Nietzsche sein – sein Mistral. Ausflüchte wird es dann nicht mehr geben, die Wiederherstellungsversuche der verlorenen Mitte werden wie eine Reformbewegung wirken, wie Mazdaznan. „Wie ferne mag solche ‚Ferne' sein – was geht's mich an", sagte er, aber er wußte, diese Ferne kommt. Und dann sagte er: „Traum ist die Welt und Rauch vor den Augen eines ewig Unzufriedenen" – nun wurde er, der es sagte, für uns selbst zum Traum, und wir gehn keinen Schritt unseres Weges mehr ohne die Anbetung dieses Traums.

PROBLEME DER LYRIK

Meine Damen und Herren,
wenn Sie am Sonntagmorgen Ihre Zeitung aufschlagen,
und manchmal sogar auch mitten in der Woche, finden
Sie in einer Beilage meistens rechts oben oder links unten
etwas, das durch gesperrten Druck und besondere Um-
rahmung auffällt, es ist ein Gedicht. Es ist meistens kein
langes Gedicht, und sein Thema nimmt die Fragen der
Jahreszeit auf, im Herbst werden die Novembernebel in
die Verse verwoben, im Frühling die Krokusse als Bringer
des Lichts begrüßt, im Sommer die mohndurchschossene
Wiese im Nacken besungen, zur Zeit der kirchlichen Feste
werden Motive des Ritus und der Legenden in Reime gebracht – kurz, bei der Regelmäßigkeit, mit der sich dieser
Vorgang abspielt, jahraus, jahrein, wöchentlich erwartbar
und pünktlich, muß man annehmen, daß zu jeder Zeit eine
ganze Reihe von Menschen in unserem Vaterland dasitzen
und Gedichte machen, die sie an die Zeitungen schicken, und
die Zeitungen scheinen überzeugt zu sein, daß das Lese-
publikum diese Gedichte wünscht, sonst würden die Blätter
den Raum anders verwenden. Die Namen dieser Gedicht-
hersteller sind meistens keine sehr bekannten Namen, sie
verschwinden dann wieder aus den Feuilletons, und es wird
so sein, wie mir Professor Ernst Robert Curtius, mit dem
ich in freundschaftlichem Briefwechsel stehe, schrieb, als
ich ihm einen seiner Studenten als recht begabt empfahl.
Er schrieb: „Ach, diese jungen Leute, sie sind wie die
Vögel, im Frühling singen sie, und im Sommer sind sie
dann schon wieder still." Mit diesen Gedichten der Gelegenheit und der Jahreszeiten wollen wir uns nicht be-
fassen, obschon es durchaus möglich ist, daß sich gelegent-

lich ein hübsches Poem darunter befindet. Aber ich gehe hiervon aus, weil dieser Vorgang einen kollektiven Hintergrund hat, die Öffentlichkeit lebt nämlich vielfach der Meinung: da ist eine Heidelandschaft oder ein Sonnenuntergang, und da steht ein junger Mann oder ein Fräulein, hat eine melancholische Stimmung, und nun entsteht ein Gedicht. Nein, so entsteht kein Gedicht. Ein Gedicht entsteht überhaupt sehr selten – ein Gedicht wird gemacht. Wenn Sie vom Gereimten das Stimmungsmäßige abziehen, was dann übrigbleibt, wenn dann noch etwas übrigbleibt, das ist dann vielleicht ein Gedicht.

Ich habe mein Thema „Probleme der Lyrik" genannt, nicht Probleme des Dichterischen oder des Poetischen. Mit Absicht. Mit dem Begriff Lyrik haben sich seit einigen Jahrzehnten bestimmte Vorstellungen verbunden. Welcher Art sie sind, will ich Ihnen zunächst durch eine Anekdote nahebringen. Eine mir befreundete Dame, eine sehr bekannte politische Journalistin, schrieb mir vor einiger Zeit, „ich mache mir nichts aus Gedichten, aber schon gar nichts aus Lyrik". Sie unterschied also diese beiden Typen. Diese Dame war, wie ich wußte, eine große Musikerin, sie spielt vor allem klassische Musik. Ich antwortete ihr, „ich verstehe Sie durchaus, mir zum Beispiel sagt Tosca mehr als die Kunst der Fuge". Das soll heißen, auf der einen Seite steht das Emotionelle, das Stimmungsmäßige, das Thematisch-Melodiöse, und auf der anderen Seite steht das Kunstprodukt. Das neue Gedicht, die Lyrik, ist ein Kunstprodukt. Damit verbindet sich die Vorstellung von Bewußtheit, kritischer Kontrolle, und, um gleich einen gefährlichen Ausdruck zu gebrauchen, auf den ich noch zurückkomme, die Vorstellung von „Artistik". Bei der Herstellung eines Gedichtes beobachtet man nicht nur das Gedicht, sondern auch sich selber. Die Herstellung des Gedichtes selbst ist ein Thema, nicht das einzige Thema, aber in gewisser Weise klingt es überall an. Ganz besonders aufschlußreich ist in dieser Hinsicht Valéry, bei dem die Gleichzeitigkeit der dichterischen mit der introspektiv-kritischen Tätigkeit an die Grenze gelangt, wo sich beide durchdringen. Er sagt: „Warum sollte man nicht die Hervorbringung eines Kunstwerks ihrerseits als Kunstwerk auffassen."

Wir stoßen hier auf eine einschneidende Eigentümlichkeit des modernen lyrischen Ich. Wir finden in der modernen Literatur Beispiele von Gleichrangigkeit in einem Autor von Lyrik und Essay. Fast scheinen sie sich zu bedingen. Außer Valéry nenne ich Eliot, Mallarmé, Baudelaire, Ezra Pound, auch Poe, und dann die Surrealisten. Sie waren und sind alle an dem Prozeß des Dichtens ebenso interessiert wie an dem Opus selbst. Einer von ihnen schreibt: „Ich gestehe, ich bin viel mehr an der Gestaltung oder Verfertigung von Werken interessiert als an den Werken selbst." Dies, ich bitte es zu beachten, ist ein moderner Zug. Von Platen oder Mörike ist mir nicht bekannt, daß sie diese Doppelsichtigkeit kannten oder pflegten, auch nicht von Storm oder Dehmel, auch nicht von Swinburne oder Keats. Die modernen Lyriker bieten uns geradezu eine Philosophie der Komposition und eine Systematik des Schöpferischen. Und auf eine weitere Eigentümlichkeit möchte ich auch gleich verweisen, die sehr auffallend ist: keiner der großen Romanciers der letzten hundert Jahre war auch ein Lyriker, vom Autor des Werther und der Wahlverwandtschaften sehe ich natürlich ab. Aber weder Tolstoi noch Flaubert, weder Balzac noch Dostojewskij, weder Hamsun noch Joseph Conrad schrieben ein beachtliches Gedicht. Von den ganz Modernen versuchte es James Joyce, aber, wie Thornton Wilder darüber schreibt: „wenn man den unvergleichlichen rhythmischen Reichtum seiner

Prosa kennt, ist man von seinen Versen befremdet, von ihrer verwaschenen Musikalität, ihrem schütteren Bauchrednerton." Hier müssen also grundsätzliche typologische Unterschiede vorliegen. Und wir wollen gleich feststellen, welche das sind. Wenn nämlich Romanciers Gedichte produzieren, sind das hauptsächlich Balladen, Handlungsverläufe, Anekdotisches und dergleichen. Der Romancier braucht auch für seine Gedichte Stoffe, Themen. Das Wort als solches genügt ihm nicht. Er sucht Motive. Das Wort nimmt nicht wie beim primären Lyriker die unmittelbare Bewegung seiner Existenz auf, der Romancier beschreibt mit dem Wort. Wir werden später sehen, welche existentiellen Hintergründe hier vorliegen oder fehlen.

Die neue Lyrik begann in Frankreich. Bisher sah man als Mittelpunkt Mallarmé an, wie ich jedoch aus heutigen französischen Veröffentlichungen ersehe, rückt neuerdings Gérard de Nerval sehr in den Vordergrund, der 1855 starb, bei uns nur als Goethe-Übersetzer bekannt, in Frankreich jedoch als der Autor der „Chimères" heute die Quelle der modernen Dichtung genannt. Nach ihm kam Baudelaire, gestorben 1867 – beide also eine Generation vor Mallarmé und diesen beeinflussend. Allerdings bleibt Mallarmé der erste, der eine Theorie und Definition seiner Gedichte entwickelte und damit die Phänomenologie der Komposition begann, von der ich sprach. Weitere Namen sind Ihnen bekannt, Verlaine, Rimbaud, dann Valéry, Apollinaire und die Surrealisten, geführt von Breton und Aragon. Dies die Zentrale der lyrischen Renaissance, die nach Deutschland und dem anglo-amerikanischen Raum ausstrahlte. In England muß man wohl Swinburne, der 1909 starb, und William Morris, verstorben 1896, beide also Zeitgenossen der großen Franzosen, noch zur idealistischen romantischen Schule rechnen, aber mit Eliot, Auden, Henry Miller, Ezra

Pound tritt der neue Stil in den anglo-atlantischen Raum, und ich möchte gleich erwähnen, daß in USA eine große lyrische Bewegung im Gange ist. Noch einige Namen möchte ich anfügen: O. V. de Milosz, aus Litauen stammend, in Paris 1940 gestorben; Saint-John Perse, Franzose, in USA lebend. Aus Rußland muß man Majakowski, aus der Tschechoslowakei Vitezslav Nezval nennen, beide bevor sie bolschewistisch wurden und Oden auf Väterchen Stalin dichteten. Aus Deutschland gehören die berühmten Namen George, Rilke, Hofmannsthal zum mindesten begrenzt hierher. Ihre schönsten Gedichte sind reiner Ausdruck, bewußte artistische Gliederung innerhalb der gesetzten Form, ihr Innenleben allerdings, subjektiv und in seinen emotionellen Strömungen, verweilt noch in jener edlen nationalen und religiösen Sphäre, in der Sphäre der gültigen Bindungen und der Ganzheitsvorstellungen, die die heutige Lyrik kaum noch kennt.

Dann kamen Heym, Trakl, Werfel – die Avantgardisten. Den Beginn der expressionistischen Lyrik in Deutschland rechnet man von dem Erscheinen des Gedichts „Dämmerung" von Alfred Lichtenstein, das 1911 im „Simplizissimus" stand, und dem Gedicht „Weltende" von Jacob van Hoddis, das im gleichen Jahr erschien. Das Gründungsereignis der modernen Kunst in Europa war die Herausgabe des futuristischen Manifestes von Marinetti, das am 20. Februar 1909 in Paris im „Figaro" erschien. „Nous allons assister à la naissance du Centaure – wir werden der Geburt des Zentauren beiwohnen" –, schrieb er und: „Ein brüllendes Automobil ist schöner als die Nike von Samothrake." Dies waren die Avantgardisten, sie waren aber im einzelnen auch schon die Vollender.

In der allerletzten Zeit stößt man bei uns auf verlegerische und redaktionelle Versuche, eine Art Neutönerei in der

Lyrik durchzusetzen, eine Art rezidivierenden Dadaismus, bei dem in einem Gedicht etwa sechzehnmal das Wort „wirksam" am Anfang der Zeile steht, dem aber auch nichts Eindrucksvolles folgt, kombiniert mit den letzten Lauten der Pygmäen und Andamanesen – das soll wohl sehr global sein, aber für den, der vierzig Jahre Lyrik übersieht, wirkt es wie die Wiederaufnahme der Methode von August Stramm und dem Sturmkreis, oder wie eine Repetition der Merz-Gedichte von Schwitters („Anna, du bist von vorne wie von hinten"). In Frankreich macht sich eine ähnliche Strömung geltend, die sich Lettrismus nennt. Der Name wird von seinem Führer so ausgelegt, daß das Wort von jedem extrapoetischen Wert gereinigt werden muß, und die *in Freiheit gesetzten Buchstaben* eine musikalische Einheit bilden sollen, die auch das Röcheln, das Echo, das Zungenschnalzen, das Rülpsen, den Husten und das laute Lachen zur Geltung bringen kann. Was daraus wird, weiß man heute noch nicht. Einiges klingt bestimmt lächerlich, aber es ist doch nicht ganz unmöglich, daß aus einem wieder veränderten Wortgefühl, weitergetriebenen Selbstanalysen und sich sprachkritisch originell erschließenden Theorien eine neue lyrische Diktion entsteht, die, wenn sie in die Hände jenes Einen kommt, der sie mit seinem großen Inneren erfüllt, strahlende Schöpfungen bringen könnte. Im Augenblick wird man jedoch sagen müssen, daß das abendländische Gedicht immer noch von einem Formgedanken zusammengehalten wird und sich durch Worte gestaltet, nicht durch Rülpsen und Husten.

Wer sich für den experimentellen, aber noch ernsthaften Teil der modernen Lyrik interessiert, sei auf die Zeitschrift „Das Lot" verwiesen, von der fünf Hefte vorliegen, und das ausgezeichnete Buch von Alain Bosquet „Surrealismus"

– beide Publikationen sind im Karl-Henssel-Verlag in
Berlin erschienen.

Ich gebrauchte vorhin zur Charakterisierung des modernen
Gedichts den Ausdruck Artistik und sagte, das sei ein um-
strittener Begriff – in der Tat, er wird in Deutschland nicht
gern gehört. Der durchschnittliche Ästhet verbindet mit
ihm die Vorstellung von Oberflächlichkeit, Gaudium, leichter Muse, auch von Spielerei und Fehlen jeder Transzendenz. In Wirklichkeit ist es ein ungeheuer ernster Begriff
und ein zentraler. Artistik ist der Versuch der Kunst, innerhalb des allgemeinen Verfalls der Inhalte sich selber als
Inhalt zu erleben und aus diesem Erlebnis einen neuen
Stil zu bilden, es ist der Versuch, gegen den allgemeinen
Nihilismus der Werte eine neue Transzendenz zu setzen:
die Transzendenz der schöpferischen Lust. So gesehen, umschließt dieser Begriff die ganze Problematik des Expressionismus, des Abstrakten, des Anti-Humanistischen,
des Atheistischen, des Anti-Geschichtlichen, des Zyklizis-
mus, des „hohlen Menschen" – mit einem Wort die ganze
Problematik der Ausdruckswelt.

In unser Bewußtsein eingedrungen war dieser Begriff durch
Nietzsche, der ihn aus Frankreich übernahm. Er sagte:
die Delikatesse in allen fünf Kunstsinnen, die Finger für
Nuancen, die psychologische Morbidität, der Ernst der Mise
en scène, dieser Pariser Ernst par excellence – und: die
Kunst als die eigentliche Aufgabe des Lebens, die Kunst
als dessen metaphysische Tätigkeit. Das alles nannte er
Artistik.

Helligkeit, Wurf, Gaya – diese seine ligurischen Begriffe
– rings nur Welle und Spiel, und zum Schluß: du hättest
singen sollen, o meine Seele – alle diese seine Ausrufe aus
Nizza und Portofino –: über dem allen ließ er seine drei

rätselhaften Worte schweben: „Olymp des Scheins", Olymp,
wo die großen Götter gewohnt hatten, Zeus zweitausend
Jahre geherrscht hatte, die Moiren das Steuer der Notwendigkeit geführt und nun –: des Scheins! Das ist eine Wendung. Das ist kein Ästhetizismus, wie er das neunzehnte Jahrhundert durchzuckte in Pater, Ruskin, genialer in Wilde –
das war etwas anderes, dafür gibt es nur ein Wort von
antikem Klang: Verhängnis. Sein inneres Wesen mit Worten zu zerreißen, der Drang sich auszudrücken, zu formulieren, zu blenden, zu funkeln auf jede Gefahr und ohne
Rücksicht auf die Ergebnisse – das war eine neue Existenz.
Sie hatte ihren Keim in jenem Flaubert, den der Anblick
einiger Säulen der Akropolis ahnen ließ, was mit der Anordnung von Sätzen, Worten, Vokalen an unvergänglicher
Schönheit erreichbar wäre – in Novalis, der von der Kunst
als von der progressiven Anthropologie sprach, ja selbst in
Schiller, bei dem sich die merkwürdige Hervorhebung eines
ästhetischen Scheins findet, der es nicht nur ist, *sondern
auch sein will*. Und wer immer noch zweifelt, daß hier
eine Entwicklung zum Abschluß kam, gedenke des Wortes
aus Wilhelm Meisters Wanderjahren: „Auf ihrem höchsten Gipfel scheint die Poesie ganz äußerlich, je mehr sie
sich ins Innere zurückzieht, ist sie auf dem Wege zu sinken."
Das alles lag vor, aber der Zwang zur Integration vollzog
sich erst hier.
Das ist ein langes Kapitel und ich habe es in meinen
Büchern oft zu durchleuchten gesucht. Heute beschränke ich
mich auf das Gedicht, und ich kann es, denn im Gedicht
spielen sich alle diese Seinskämpfe wie auf einem Schau-
platz ab, hinter einem modernen Gedicht stehen die Probleme der Zeit, der Kunst, der inneren Grundlagen unserer
Existenz weit gedrängter und radikaler als hinter einem
Roman oder gar einem Bühnenstück. Ein Gedicht ist immer

die Frage nach dem Ich, und alle Sphinxe und Bilder von
Sais mischen sich in die Antwort ein. Doch ich will alles
Tiefsinnige vermeiden und empirisch bleiben, darum werfe
ich die Frage auf, welches sind nun also die besonderen
Themen der Lyrik von heute? Hören Sie bitte: Wort, Form,
Reim, langes oder kurzes Gedicht, an wen ist das Gedicht
gerichtet, Bedeutungsebene, Themenwahl, Metaphorik –
wissen Sie, woraus die eben von mir genannten Begriffe
sind? Sie sind aus einem amerikanischen Fragebogen an
Lyriker, in USA versucht man auch die Lyrik durch
Fragebogen zu fördern. Ich finde das interessant, es zeigt,
daß bei den Lyrikern drüben die gleichen Überlegungen
angestellt werden wie bei uns. Zum Beispiel die Frage, ob
langes oder kurzes Gedicht, hatte schon Poe aufgeworfen,
und Eliot greift sie wieder auf, sie ist eine äußerst persönliche Frage. Vor allem aber hat es mir die Frage: an
wen ist ein Gedicht gerichtet, angetan – es ist tatsächlich
ein Krisenpunkt, und es ist eine bemerkenswerte Antwort,
die ein gewisser Richard Wilbur darauf gibt: Ein Gedicht,
sagt er, ist an die Muse gerichtet, und diese ist unter anderem dazu da, die Tatsache zu verschleiern, daß Gedichte
an niemanden gerichtet sind. Man sieht daraus, daß auch
drüben der monologische Charakter der Lyrik empfunden
wird, sie ist in der Tat eine anachoretische Kunst. Aber
ich möchte Ihnen nichts vortragen, was Sie auch aus Büchern
lesen können, ich möchte Ihnen etwas Handgreifliches bieten auch auf die Gefahr hin, das Banale zu streifen, statt
das Grundsätzliche zu erörtern – denn Sie wissen ja, der
geht zugrunde, der immer zu den Gründen geht, und Sie
lernten von Flaubert, daß es in der Kunst nichts Äußeres
gibt. Ich stelle mir also vor, Sie richteten jetzt an mich die
Frage, was ist eigentlich ein modernes Gedicht, wie sieht
es aus, und darauf antworten werde ich mit negativen

Ausführungen, nämlich, wie sieht ein modernes Gedicht *nicht* aus.

Ich nenne Ihnen vier diagnostische Symptome, mit deren Hilfe Sie selber in Zukunft unterscheiden können, ob ein Gedicht von 1950 identisch mit der Zeit ist oder nicht. Meine Beispiele nehme ich aus bekannten Anthologien. Diese vier Symptome sind:

erstens das Andichten. Beispiel: Überschrift „Das Stoppelfeld".

Erster Vers: „Ein kahles Feld vor meinem Fenster liegt
jüngst haben sich dort schwere Weizenähren
im Sommerwinde hin- und hergewiegt
vom Ausfall heute sich die Spatzen nähren."

So geht es drei Strophen weiter, dann in der vierten und letzten kommt die Wendung zum Ich, sie beginnt:

„Schwebt mir nicht hier mein eigenes Leben
vor"

und so weiter.

Wir haben also zwei Objekte. Erstens die unbelebte Natur, die angedichtet wird, und am Schluß die Wendung zum Autor, der jetzt innerlich wird oder es zu werden glaubt. Also ein Gedicht mit Trennung und Gegenüberstellung von angedichtetem Gegenstand und dichtendem Ich, von äußerer Staffage und innerem Bezug. Das, sage ich, ist für heute eine primitive Art, seine lyrische Substanz zu dokumentieren. Selbst wenn sich der Autor dem von Marinetti geprägten Satz: détruire le Je dans la littérature (das Ich in der Literatur zerstören) nicht anschließen will, er wirkt mit dieser Methode heute veraltet. Ich will allerdings gleich hinzufügen, daß es herrliche deutsche Gedichte gibt, die nach diesem Modell gearbeitet sind, zum

Beispiel Eichendorffs Mondnacht, aber das ist über hundert
Jahre her.

Das *zweite Symptom* ist das WIE. Bitte beachten Sie, wie
oft in einem Gedicht „wie" vorkommt. Wie, oder wie
wenn, oder es ist, als ob, das sind Hilfskonstruktionen,
meistens Leerlauf. Mein Lied rollt wie Sonnengold – Die
Sonne liegt auf dem Kupferdach wie Bronzegeschmeid –
Mein Lied zittert wie gebändigte Flut – Wie eine Blume
in stiller Nacht – Bleich wie Seide – Die Liebe blüht wie
eine Lilie –. Dies Wie ist immer ein Bruch in der Vision,
es holt heran, es vergleicht, es ist keine primäre Setzung.
Aber auch hier muß ich einfügen, es gibt großartige Gedichte mit WIE. Rilke war ein großer WIE-Dichter. In
einem seiner schönsten Gedichte „Archaischer Torso Apol-
los" steht in vier Strophen dreimal WIE, und zwar sogar
recht banale „Wies": wie ein Kandelaber, wie Raubtier-
felle, wie ein Stern – und in seinem Gedicht „Blaue
Hortensie" finden wir in vier Strophen viermal WIE:
Darunter: wie in einer Kinderschürze – wie in alten blauen
Briefpapieren – nun gut, Rilke konnte das, aber als Grundsatz können Sie sich daran halten, daß ein WIE immer
ein Einbruch des Erzählerischen, Feuilletonistischen in die
Lyrik ist, ein Nachlassen der sprachlichen Spannung, eine
Schwäche der schöpferischen Transformation.

Das *dritte* ist harmloser. Beachten Sie, wie oft in den
Versen Farben vorkommen. Rot, purpurn, opalen, silbern
mit der Abwandlung silberlich, braun, grün, orangefarben,
grau, golden – hiermit glaubt der Autor vermutlich besonders üppig und phantasievoll zu wirken, übersieht aber,
daß diese Farben ja reine Wortklischees sind, die besser
beim Optiker und Augenarzt ihr Unterkommen finden. In
bezug auf eine Farbe allerdings muß ich mich an die Brust
schlagen, es ist: Blau – ich komme darauf zurück.

Das *vierte* ist der seraphische Ton. Wenn es gleich losgeht oder schnell anlangt bei Brunnenrauschen und Harfen und schöner Nacht und Stille und Ketten ohne Anbeginn, Kugelründung, Vollbringen, siegt sich zum Stern, Neugottesgründung und ähnlichen Allgefühlen, ist das meistens eine billige Spekulation auf die Sentimentalität und Weichlichkeit des Lesers. Dieser seraphische Ton ist keine Überwindung des Irdischen, sondern eine Flucht vor dem Irdischen. Der große Dichter aber ist ein großer Realist, sehr nahe allen Wirklichkeiten – er belädt sich mit Wirklichkeiten, er ist sehr irdisch, eine Zikade, nach der Sage aus der Erde geboren, das athenische Insekt. Er wird das Esoterische und Seraphische ungeheuer vorsichtig auf harte realistische Unterlagen verteilen. – Und dann achten Sie bitte auf das Wort: „steilen" – da will einer hoch und kommt nicht 'rauf.

Wenn Sie also in Zukunft auf ein Gedicht stoßen, nehmen Sie bitte einen Bleistift wie beim Kreuzworträtsel und beobachten Sie: Andichten, WIE, Farbenskala, seraphischer Ton, und Sie werden schnell zu einem eigenen Urteil gelangen.

Darf ich an diese Stelle die Bemerkung anknüpfen, daß in der Lyrik das Mittelmäßige schlechthin unerlaubt und unerträglich ist, ihr Feld ist schmal, ihre Mittel sehr subtil, ihre Substanz das Ens realissimum der Substanzen, demnach müssen auch die Maßstäbe extrem sein. Mittelmäßige Romane sind nicht so unerträglich, sie können unterhalten, belehren, spannend sein, aber Lyrik muß entweder exorbitant sein oder gar nicht. Das gehört zu ihrem Wesen.

Und zu ihrem Wesen gehört auch noch etwas anderes, eine tragische Erfahrung der Dichter an sich selbst: keiner auch der großen Lyriker unserer Zeit hat mehr als sechs bis acht vollendete Gedichte hinterlassen, die übrigen mögen interessant sein unter dem Gesichtspunkt des Biographischen und Entwicklungsmäßigen des Autors, aber in sich ruhend, aus sich leuchtend, voll langer Faszination sind nur wenige – also um diese sechs Gedichte die dreißig bis fünfzig Jahre Askese, Leiden und Kampf.

Als *nächstes* möchte ich Ihnen einen Vorgang etwas direkter schildern, als es im allgemeinen geschieht. Es ist der Vorgang beim Entstehen eines Gedichts. Was liegt im Autor vor? Welche Lage ist vorhanden? Die Lage ist folgende: Der Autor besitzt:

Erstens einen dumpfen schöpferischen Keim, eine psychische Materie.

Zweitens Worte, die in seiner Hand liegen, zu seiner Verfügung stehen, mit denen er umgehen kann, die er bewegen kann, er kennt sozusagen seine Worte. Es gibt nämlich etwas, was man die Zuordnung der Worte zu einem Autor nennen kann. Vielleicht ist er auch an diesem Tag auf ein bestimmtes Wort gestoßen, das ihn beschäftigt, erregt, das er leitmotivisch glaubt verwenden zu können.

Drittens besitzt er einen Ariadnefaden, der ihn aus dieser bipolaren Spannung herausführt, mit absoluter Sicherheit herausführt, denn – und nun kommt das Rätselhafte: das Gedicht ist schon fertig, ehe es begonnen hat, er weiß nur seinen Text noch nicht. Das Gedicht kann gar nicht anders lauten, als es eben lautet, wenn es fertig ist. Sie wissen ganz genau, wann es fertig ist, das kann natürlich lange dauern, wochenlang, jahrelang, aber bevor es nicht fertig ist, geben Sie es nicht aus der Hand. Immer wieder fühlen Sie an ihm herum, am einzelnen Wort, am einzelnen Vers, Sie nehmen die zweite Strophe gesondert heraus, betrachten sie, bei der dritten Strophe fragen Sie sich, ob sie das missing link zwischen der zweiten und vierten Strophe ist, und so werden Sie bei aller Kontrolle, bei aller Selbstbeobachtung, bei

aller Kritik die ganzen Strophen hindurch innerlich geführt – ein Schulfall jener Freiheit am Bande der Notwendigkeit, von der Schiller spricht. Sie können auch sagen,
ein Gedicht ist wie das Schiff der Phäaken, von dem Homer
erzählt, daß es ohne Steuermann geradeaus in den Hafen
fährt. Von einem jungen Schriftsteller, den ich nicht kenne,
und von dem ich nicht weiß, ob er lyrische Werke schafft,
von einem gewissen Albrecht Fabri las ich kürzlich im
„Lot" eine Bemerkung, die genau diesen Sachverhalt schildert, er sagt: „die Frage, von wem ein Gedicht sei, ist auf
jeden Fall eine müßige. Ein in keiner Weise zu reduzieren-
des X hat teil an der Autorschaft des Gedichtes, mit anderen Worten, jedes Gedicht hat seine homerische Frage,
jedes Gedicht ist von mehreren, das heißt von einem unbekannten Verfasser."
Dieser Sachverhalt ist so merkwürdig, daß ich ihn noch-
mal anders ausdrücken möchte. Irgend etwas in Ihnen
schleudert ein paar Verse heraus oder tastet sich mit ein
paar Versen hervor, irgend etwas anderes in Ihnen nimmt
diese Verse sofort in die Hand, legt sie in eine Art Be-
obachtungsapparat, ein Mikroskop, prüft sie, färbt sie, sucht
nach pathologischen Stellen. Ist das erste vielleicht naiv,
ist das zweite ganz etwas anderes: raffiniert und skeptisch.
Ist das erste vielleicht subjektiv, bringt das zweite die objektive Welt heran, es ist das formale, das geistige Prinzip.

Ich verspreche mir nichts davon, tiefsinnig und langwierig
über die Form zu sprechen. Form, isoliert, ist ein schwieriger Begriff. Aber die Form *ist* ja das Gedicht. Die Inhalte
eines Gedichtes, sagen wir Trauer, panisches Gefühl, finale
Strömungen, die hat ja jeder, das ist der menschliche Bestand, sein Besitz in mehr oder weniger vielfältigem und
sublimem Ausmaß, aber Lyrik wird daraus nur, wenn es in

eine Form gerät, die diesen Inhalt autochthon macht, ihn trägt, aus ihm mit Worten Faszination macht. Eine isolierte Form, eine Form an sich, gibt es ja gar nicht. Sie ist das Sein, der existentielle Auftrag des Künstlers, sein Ziel. In diesem Sinne ist wohl auch der Satz von Staiger aufzufassen: Form ist der höchste Inhalt.

Nehmen wir ein Beispiel: jeder ist schon durch einen Garten, einen Park gegangen, es ist Herbst, blauer Himmel, weiße Wolken, etwas Wehmut über den Triften, ein Abschiedstag. Das macht Sie melancholisch, nachdenklich, Sie sinnen. Das ist schön, das ist gut, aber es ist kein Gedicht. Nun kommt Stefan George und sieht das alles genau wie Sie, aber er ist sich seiner Gefühle bewußt, beobachtet sie und schreibt auf:

> Komm in den totgesagten park und schau:
> Der schimmer ferner lächelnder gestade ·
> Der reinen wolken unverhofftes blau
> Erhellt die weiher und die bunten pfade.

Er kennt seine Worte, er weiß mit ihnen etwas anzufangen, er kennt die ihm gemäße Zuordnung der Worte, formt mit ihnen, sucht Reime, ruhige, stille Strophen, ausdrucksvolle Strophen, und nun entsteht eines der schönsten Herbst- und Gartengedichte unseres Zeitalters – drei Strophen zu vier Reihen, diese faszinieren kraft ihrer Form das Jahrhundert.

Vielleicht meinen einige von Ihnen, ich verwende das Wort „Faszination" etwas reichlich. Ich muß sagen, ich halte Begriffe wie Faszination, interessant, erregend für viel zu wenig beachtet in der deutschen Ästhetik und Literaturkritik. Es soll hierzulande immer alles sofort tiefsinnig und dunkel und allhaft sein – bei den Müttern, diesem beliebten deutschen Aufenthaltsort –, demgegenüber glaube ich, daß die inneren Wandlungen, die die Kunst, die das Gedicht hervorzubringen imstande ist, die wirkliche Wandlungen und Verwandlungen sind, und deren Wirkung weitergetragen wird von den Generationen, viel eher und viel folgenreicher aus dem Erregenden, dem Faszinativen hervorgehen als aus dem Gefaßten und Gestillten.

Ein Wort noch zu Punkt eins meines letzten Themas. Ich sagte, der Autor besitzt einen dumpfen schöpferischen Keim, eine psychische Materie. Das wäre, anders ausgedrückt, also der Gegenstand, der zu einem Gedicht gemacht werden soll. Auch hierzu gibt es interessante Erörterungen namentlich aus der französischen Schule einschließlich Poe, die Eliot kürzlich in einem Aufsatz wieder aufgriff. Der eine sagt, der Gegenstand ist nur Mittel zum Zweck, der Zweck ist das Gedicht. Ein anderer sagt: ein Gedicht soll nichts im Auge haben als sich selbst. Ein dritter: ein Gedicht drückt gar nichts aus, ein Gedicht *ist*. Bei Hofmannsthal, der doch zumindest in seiner letzten Periode bewußt die Verbindung zu Kult, Bildung und Nation aufnahm, fand ich eine sehr radikale Äußerung: „es führt von der Poesie kein direkter Weg ins Leben, aus dem Leben keiner in die Poesie" – das kann nichts anderes heißen, als daß die Poesie, also das Gedicht, autonom ist, ein Leben für sich, und das bestätigt uns sein nächstes Wort: „die Worte sind alles." Am berühmtesten ist die Maxime von Mallarmé: ein Gedicht entsteht nicht aus Gefühlen, sondern aus Worten. Eliot nimmt den bemerkenswerten Standpunkt ein, ein gewisses Maß von *Unreinheit* müsse selbst die Poésie pure bewahren, der Gegenstand müsse um seiner selbst willen in gewissem Sinne gewertet werden, wenn ein Gedicht als Poesie empfunden werden solle. Ich würde sagen, daß hinter jedem Gedicht ja immer wieder unübersehbar der Autor steht, sein Wesen, sein Sein, seine innere Lage, auch die Gegenstände treten ja nur im Gedicht hervor, weil sie vorher *seine* Gegenstände waren, er bleibt also in jedem Fall jene Unreinheit im Sinne Eliots. Im Grunde also meine ich, es gibt keinen anderen Gegenstand für die Lyrik als den Lyriker selbst.

Ich wende mich jetzt einem *dritten* Spezialthema zu und nehme Ihnen wahrscheinlich damit eine Frage aus dem Mund. Nämlich, werden Sie fragen, was ist denn nun eigentlich mit dem Wort, die Theoretiker der Lyrik und die Lyriker sprechen immer von dem Wort, wir haben doch auch Worte, haben Sie denn besondere Worte – also was ist mit dem Wort? Eine sehr schwierige Frage, aber ich will versuchen, sie Ihnen zu beantworten, allerdings muß ich dabei auf persönliche Erfahrungen zurückgreifen, auf Erlebnisse besonderer Art.

Farben und Klänge gibt es in der Natur, Worte nicht. Wir lesen bei Goethe: „aus Farbenreibern sind schon treffliche Maler hervorgegangen", wir müssen hinzufügen, das Verhältnis zum Wort ist primär, diese Beziehung kann man nicht lernen. Sie können Äquilibristik lernen, Seiltanzen, Balanceakte, auf Nägeln laufen, aber das Wort faszinierend ansetzen, das können Sie, oder das können Sie nicht. Das Wort ist der Phallus des Geistes, zentral verwurzelt. Dabei national verwurzelt. Bilder, Statuen, Sonaten, Symphonien sind international – Gedichte nie. Man kann das Gedicht als das Unübersetzbare definieren. Das Bewußtsein wächst in die Worte hinein, das Bewußtsein transzendiert in die Worte. Vergessen – was heißen diese Buchstaben? Nichts, nicht zu verstehen. Aber mit ihnen ist das Bewußtsein in bestimmter Richtung verbunden, es schlägt in diesen Buchstaben an, und diese Buchstaben nebeneinander gesetzt schlagen akustisch und emotionell in unserem Bewußtsein an. Darum ist oublier nie Vergessen. Oder nevermore mit seinen zwei kurzen verschlossenen Anfangssilben und dann dem dunklen strömenden more, in dem für uns das Moor aufklingt und la mort, ist nicht nimmermehr – nevermore ist schöner. Worte schlagen mehr an als die Nachricht und den Inhalt, sie sind einerseits Geist, aber haben andererseits das Wesenhafte und Zweideutige der Dinge der Natur.

Ich muß mich in eine andere Periode meiner Produktion zurückversetzen, um deutlich zu werden. Ich erlaube mir, Ihnen vorzutragen, was ich 1923 über die Beziehung des lyrischen Ich zum Wort schrieb. Bitte hören Sie:

„Es gibt im Meer lebend Organismen des unteren zoologischen Systems, bedeckt mit Flimmerhaaren. Flimmerhaar ist das animale Sinnesorgan vor der Differenzierung in gesonderte sensuelle Energien, das allgemeine Tastorgan, die Beziehung an sich zur Umwelt des Meers. Von solchen Flimmerhaaren bedeckt stelle man sich einen Menschen vor, nicht nur am Gehirn, sondern über den Organismus total. Ihre Funktion ist eine spezifische, ihre Reizbemerkung scharf isoliert: sie gilt dem Wort, ganz besonders dem Substantivum, weniger dem Adjektiv, kaum der verbalen Figur. Sie gilt der Chiffre, ihrem gedruckten Bild, der schwarzen Letter, ihr allein."

Ich unterbreche jetzt für einen Augenblick die alten Sätze und hebe hervor: Flimmerhaare, die tasten etwas heran, nämlich Worte, und diese herangetasteten Worte rinnen sofort zusammen zu einer Chiffre, einer stilistischen Figur. Hier füllt nicht mehr der Mond Busch und Tal wie vor zweihundert Jahren, beachten Sie, diese schwarze Letter ist bereits ein Kunstprodukt, wir sehen also in eine Zwischenschicht zwischen Natur und Geist, wir sehen etwas selber erst vom Geist Geprägtes, technisch Hingebotenes hier mit im Spiel.

Nicht immer sind diese Flimmerhaare tätig, sie haben ihre
Stunde. Das lyrische Ich ist ein durchbrochenes Ich, ein
Gitter-Ich, fluchterfahren, trauergeweiht. Immer wartet es
auf seine Stunde, in der es sich für Augenblicke erwärmt,
wartet auf seine südlichen Komplexe mit ihrem „Wallungs-
wert", nämlich Rauschwert, in dem die Zusammenhangs-
durchstoßung, das heißt die Wirklichkeitszertrümmerung,
vollzogen werden kann, die Freiheit schafft für das Gedicht
– durch Worte.
Nun ist eine solche Stunde – hören wir weiter:
„Nun ist solche Stunde, manchmal ist es dann nicht weit.
Bei der Lektüre eines, nein zahlloser Bücher durcheinander,
Verwirrungen von Ären, Mischung von Stoffen und Aspekten, Eröffnung weiter typologischer Schichten: entrückter,
strömender Beginn. Nun eine Müdigkeit aus schweren
Nächten, Nachgiebigkeit des Strukturellen oft von Nutzen,
für die große Stunde unbedingt. Nun nähern sich vielleicht
schon Worte, Worte durcheinander, dem Klaren noch nicht
bemerkbar, aber die Flimmerhaare tasten es heran. Da
wäre vielleicht eine Befreundung für Blau, welch Glück,
welch reines Erlebnis! Man denke alle die leeren, ent-
kräfteten Bespielungen, die suggestionslosen Präambeln
für dies einzige Kolorit, nun kann man ja den Himmel
von Sansibar über den Blüten der Bougainville und das
Meer der Syrten in sein Herz beschwören, man denke dies
ewige und schöne Wort! Nicht umsonst sage ich Blau. Es
ist das Südwort schlechthin, der Exponent des ,ligurischen
Komplexes', von enormem ,Wallungswert', das Hauptmittel
zur ,Zusammenhangsdurchstoßung', nach der die Selbstent-
zündung beginnt, das ,tödliche Fanal', auf das sie zuströ-
men, die fernen Reiche, um sich einzufügen in die Ordnung jener ,fahlen Hyperämie'. Phäaken, Megalithen, ler-
näische Gebiete – allerdings Namen, allerdings zum Teil

von mir sogar gebildet, aber wenn sie sich nahen, werden sie mehr. Astarte, Geta, Heraklit – allerdings Notizen aus meinen Büchern, aber wenn ihre Stunde naht, ist sie die Stunde der Auleten durch die Wälder, ihre Flügel, ihre Boote, ihre Kronen, die sie tragen, legen sie nieder als Anathemen und als Elemente des Gedichts.

Worte, Worte – Substantive! Sie brauchen nur die Schwingen zu öffnen und Jahrtausende entfallen ihrem Flug. Nehmen Sie Anemonenwald, also zwischen Stämmen feines, kleines Kraut, ja über sie hinaus Narzissenwiesen, aller Kelche Rauch und Qualm, im Ölbaum blüht der Wind und über Marmorstufen steigt, verschlungen, in eine Weite die Erfüllung – oder nehmen Sie Olive oder Theogonien – Jahrtausende entfallen ihrem Flug. Botanisches und Geographisches, Völker und Länder, alle die historisch und systematisch so verlorenen Welten hier ihre Blüte, hier ihr Traum – aller Leichtsinn, alle Wehmut, alle Hoffnungslosigkeit des Geistes werden fühlbar aus den Schichten eines Querschnitts von Begriff."

Und dann schließe ich diese Aussage von 1923 mit folgenden Sätzen:

„Schwer erklärbare Macht des Wortes, das löst und fügt. Fremdartige Macht der Stunde, aus der Gebilde drängen unter der formfordernden Gewalt des Nichts. Transzendente Realität der Strophe voll von Untergang und voll von Wiederkehr: die Hinfälligkeit des Individuellen und das kosmologische Sein, in ihr verklärt sich ihre Antithese, sie trägt die Meere und die Höhe der Nacht und macht die Schöpfung zum stygischen Traum: ‚Niemals und immer‘."

Mehr möchte ich über das Wort nicht sagen. Ich weiß nicht, ob es mir gelungen ist, Ihnen nahezubringen, daß hier etwas Besonderes vorliegt. Wir werden uns damit abfinden müssen, daß Worte eine latente Existenz besitzen, die auf entsprechend Eingestellte als Zauber wirkt und sie befähigt, diesen Zauber weiterzugeben. Dies scheint mir das letzte Mysterium zu sein, vor dem unser immer waches, durchanalysiertes, nur von gelegentlichen Trancen durchbrochenes Bewußtsein seine Grenze fühlt.

Blicken wir einen Augenblick zurück. Ich habe Ihnen im vorhergehenden drei besondere Themen aus dem Gebiet der Lyrik vorgeführt, nämlich erstens wie sieht ein modernes Gedicht nicht aus, zweitens den Vorgang vom Entstehen eines Gedichts, drittens versuchte ich, über das Wort zu sprechen. Es gibt noch viele solche Spezialthemen in unserem Gebiete, zu viele – ein wichtiges wäre zum Beispiel der Reim. Homer, Sappho, Horaz, Vergil kannten ihn nicht, bei Walther von der Vogelweide und bei den Troubadours ist er dann da. Wer sich für die Geschichte des Reims interessiert, findet anregendes Material darüber bei Curtius, in dessen Werk: Europäische Literatur und lateinisches Mittelalter. Bei Goethe stieß ich auf die überraschende Bemerkung: „seit Klopstock uns vom Reim erlöste" – wir heute würden sagen, daß die freien Rhythmen, die Klopstock und Hölderlin uns einprägten, in der Hand von Mittelmäßigkeiten noch unerträglicher sind als der Reim. Der Reim ist auf jeden Fall ein Ordnungsprinzip und eine Kontrolle innerhalb des Gedichts. Daß Verlaine und Rilke, die beide grundsätzlich sich des Reims bedienten, als letzte noch einmal den ganzen Reiz des Reims zum Ausdruck zu bringen vermochten, scheint mir auf der Hand zu liegen, hier wird manchmal das Raffinierte und das Sakrale des Reims zur Wirkung gebracht. Seitdem liegt vielleicht eine gewisse Erschöpfung des Reims vor, man kennt ihn zu sehr aus all den tausend Gedichten, den Reim und die Antwort des nächsten Reims; einige Autoren versuchen ihn durch Einbeziehung von Eigennamen und

Fremdworten aufzufrischen, aber das gibt ihm seine frühere Stellung nicht zurück. Ich ersehe aus Curtius, daß das nicht zum erstenmal in der Literatur vorgekommen ist, er sagt zum Beispiel: „die Provenzalen haben den Reim überanstrengt – –, in der virtuosen Schaustellung seltener Reime verflüchtigt sich die Musik und verliert sich der Sinn." Der lyrische Autor selbst wird wohl immer den Reim als ein Prinzip empfinden, das nicht er selber ist, sondern das ihm von der Sprache nahegelegt wird, er wird ihn immer besonders prüfend betrachten und oft zögernd vor ihm stehen. In dem erwähnten amerikanischen Fragebogen über Lyrik bezieht sich eine Frage auch auf den Reim, und eine Antwort möchte ich Ihnen mitteilen.

Ein gewisser Randall Jarrell antwortet: „Der Reim als ein automatisches strukturelles Hilfsmittel hat für mich einen gewissen Reiz, wenn er automatisch behandelt wird, aber am liebsten ist er mir, wenn er unregelmäßig, lebendig und unhörbar ist."

Dies waren einige Spezialthemen aus dem Gebiet der Lyrik. Jetzt müssen wir dem Veranlasser dieser Dinge ins Auge sehen, dem lyrischen Ich direkt, en face und unter verschärften Bedingungen. Welchen Wesens sind diese Lyriker psychologisch, soziologisch, als Phänomen? Zunächst entgegen der allgemeinen Auffassung, sie sind keine Träumer, die anderen dürfen träumen, diese sind Verwerter von Träumen, auch von Träumen müssen sie sich auf Worte bringen lassen. Sie sind auch eigentlich keine geistigen Menschen, keine Ästheten, sie machen ja Kunst, das heißt sie brauchen ein hartes, massives Gehirn, ein Gehirn mit Eckzähnen, das die Widerstände, auch die eigenen, zermalmt. Sie sind Kleinbürger mit einem besonderen, halb aus Vulkanismus und halb aus Apathie geborenen Drang. Innerhalb des Gesellschaftlichen sind

sie völlig uninteressant – Tasso in Ferrara – damit ist es
vorbei, keine Leonoren mehr, keine Lorbeerkränze, die die
Stirne wechseln. Sie sind aber auch keine Himmelstürmer,
keine Titaniden, sie sind meistens recht still, innerlich still,
sie dürfen ja auch nicht alles gleich fertigmachen wollen,
man muß die Themen weiter in sich tragen, jahrelang,
man muß schweigen können. Valéry schwieg zwanzig Jahre,
Rilke schrieb vierzehn Jahre keine Gedichte, dann erschienen die Duineser Elegien. Denken Sie an eine Parallele
aus der Musik: erst war es das Wesendonk-Lied „Träume",
dann nach Jahren wurde es der zweite Tristan-Akt. Und
nur aus lokalen Gründen, da ich gerade vor Ihnen stehe
und davon rede, füge ich eine persönliche Erinnerung an,
nur um Sie auf die Langsamkeit der Produktion hinzuweisen: in meinem Gedichtband „Statische Gedichte" ist
ein Gedicht, das besteht nur aus zwei Strophen, aber beide
Strophen liegen zwanzig Jahre auseinander, ich hatte die
erste Strophe, sie gefiel mir, aber ich fand keine zweite,
endlich dann, nach zwei Jahrzehnten des Versuchens, Übens,
Prüfens und Verwerfens, gelang mir die zweite, es ist das
Gedicht „Welle der Nacht" – so lange muß man etwas
innerlich tragen, ein so weiter Bogen umspannt manchmal
ein kleines Gedicht. Also, was sind sie? Sonderlinge, Einzimmerbewohner, sie geben die Existenz auf, um zu existieren, gleichgültig, ob die anderen ein Gedicht als eine
Geschichte von Nichtgeschehenem und Meisterschaft als
Egoismus bezeichnen. Eigentlich sind sie nur Erscheinungen,
und sind diese Erscheinungen dann tot und man nimmt
sie vom Kreuz, muß man ehrlicherweise zugeben, daß sie
sich selber an dieses Kreuz geschlagen haben – was zwang
sie dazu? Etwas muß sie doch gezwungen haben.
Um Ihnen diesen Typ noch von einer anderen Seite aus
nahezubringen, möchte ich Sie noch auf folgendes ver-

weisen. Vergegenwärtigen Sie sich, welch ein grundlegender Unterschied zwischen dem Denker und dem Dichter ist, dem Gelehrten und dem Künstler, die doch in der Öffentlichkeit immer zusammen genannt, in einen Topf geworfen werden, als ob da eine große Identität bestände. Weit entfernt! Völlig auf sich angewiesen der Künstler. Ein Dozent arbeitet über die vor zweitausend Jahren in Europa benutzten Kupferlegierungen, ihm stehen Analysen zur Verfügug vom Jahre 1860 bis 1948, an Zahl viertausendsiebenhundertneunundzwanzig, ihm steht eine Literatur zur Verfügung von lauter anerkannten Ordinarien, auf die er sich verlassen kann, alles zusammen etwa dreitausend Seiten. Er fragt durch den internationalen Bibliotheksdienst an, wie man heute in Cambridge über die Fahlerzmetalle denkt, durch vierteljährlich erscheinende Laufzettel der internationalen Universitätskurrende erfährt er, wo und wer in anderen Ländern über das gleiche Thema arbeitet. Meinungsaustausch, Korrespondenzen – er vergewissert sich, sichert sich, geht dann vielleicht einen halben Schritt weiter, belegt diesen halben Schritt mit Unterlagen, er erscheint nie allein und bloß. Nichts von alledem beim Künstler. Er steht allein, der Stummheit und der Lächerlichkeit preisgegeben. Er verantwortet sich selbst. Er beginnt seine Dinge, und er macht sie fertig. Er folgt einer inneren Stimme, die niemand hört. Er weiß nicht, woher diese Stimme kommt, nicht, was sie schließlich sagen will. Er arbeitet allein, der Lyriker arbeitet besonders allein, da in jedem Jahrzehnt immer nur wenige große Lyriker leben, über die Nationen verteilt, in verschiedenen Sprachen dichtend, meistens einander unbekannt – jene „Phares", Leuchttürme, wie sie die Franzosen nennen, jene Gestalten, die das große schöpferische Meer für lange Zeit erhellen, selber aber im Dunkeln bleiben.

Da steht also ein solches Ich, sagt sich: ich heute bin so. Diese Stimmung liegt in mir vor. Diese meine Sprache, sagen wir, meine deutsche Sprache, steht mir zur Verfügung. Diese Sprache mit ihrer jahrhundertealten Tradition, ihren von lyrischen Vorgängern geprägten sinn- und stimmungsgeschwängerten, seltsam geladenen Worten. Aber auch die Slang-Ausdrücke, Argots, Rotwelsch, von zwei Weltkriegen in das Sprachbewußtsein hineingehämmert, ergänzt durch Fremdworte, Zitate, Sportjargon, antike Reminiszenzen, sind in meinem Besitz. Ich von heute, der mehr aus Zeitungen lernt als aus Philosophien, der dem Journalismus nähersteht als der Bibel, dem ein Schlager von Klasse mehr Jahrhundert enthält als eine Motette, der an einen gewissen physikalischen Ablauf der Dinge eher glaubt als an Nain oder Lourdes, der erlebt hat, wie man sich bettet, so liegt man, und keiner deckt einen zu – dies Ich arbeitet an einer Art Wunder, einer kleinen Strophe, der Umspannung zweier Pole, dem Ich und seinem Sprachbestand, arbeitet an einer Ellipse, deren Kurven erst auseinanderstreben, aber dann sich gelassen ineinander senken.

Aber das alles ist noch zu äußerlich, wir müssen noch weiter fragen. Was steckt dahinter, welche Wirklichkeiten und Überwirklichkeiten verbergen sich in diesem lyrischen Ich? Dabei kommen wir auf Probleme. Dieses lyrische Ich steht mit dem Rücken gegen die Wand aus Verteidigung und Aggression. Es verteidigt sich gegen die Mitte, die rückt an. Sie sind krank, sagt diese Mitte, das ist kein gesundes Innenleben. Sie sind ein Dégénéré – wo stammen Sie eigentlich her?
Die großen Dichter der letzten hundert Jahre stammen aus bürgerlichen Schichten, antwortet das lyrische Ich, keiner war süchtig, kriminell oder endete durch Selbstmord, die

französischen Poètes maudits nehme ich aus. Aber Ihr
Gesund und Krank kommen mir vor wie Begriffe aus der
Zoologie, von Veterinären geprägt. Bewußtseinszustände
kommen in ihnen doch gar nicht zur Sprache. Die verschiedenen Arten der Ermüdung, die unmotivierten Stimmungs-
wechsel, die Tagesschwankungen, die optische Sucht nach
Grün plötzlich, die Berauschung durch Melodien, Nicht-
schlafenkönnen, Abstoßungen, Übelkeiten, die hohen Gefühle wie die Zerstörungen – alle diese Krisen des Bewußtseins, diese Stigmatisierungen des späten Quartärs, diese
ganze leidende Innerlichkeit wird nicht von ihnen erfaßt.
Gut, erwidert die Mitte. Aber was Ihre Clique betreibt,
das ist steriler Zerebralismus, leerer Formalismus, das ist
Deshumanisation, das ist nicht das Ewige im Menschen, das
sind Störungen im vitalen Mark. Zurück zur Forstwirt-
schaft, Kultur der Erde! Achten Sie auf das Grundwasser,
begradigen Sie die Forellenteiche! Wie sagte doch Ruskin?
„Alle Künste begründen sich auf die Bebauung des Landes
mit der Hand."
Ich meinerseits, sagt das lyrische Ich, werde im Höchstfall
siebzig Jahre, ich bin auf mich allein angewiesen, ich beziehe ja gar nichts von der Mitte, ich kann auch nicht säen,
ich lebe in einer City, das Neonlicht belebt mich, ich bin
an mich gebunden, also an einen Menschen gebunden, an
seine heutige Stunde bin ich gebunden.
Wie, ruft die Mitte, Sie wollen nicht über sich hinaus?
Sie dichten nicht für die Menschheit? Das ist Transzendenz
des Menschen nach unten, Sie verhöhnen das menschliche
Gesamtbild. Was ist das immer für ein Gerede mit dem
Wort, das ist Primat des Materials, Erniedrigung des
Geistes ins Anorganische, das ist Viertes Zeitalter, selbst-
mörderische Phase – es geht um den Fortbestand des
Höheren überhaupt.

Lassen wir das Höhere, antwortet das lyrische Ich, bleiben
wir empirisch. Sie haben sicher einmal das Wort Moira
gehört: das ist der mir zugemessene Teil, das ist die Parze,
die sagt, dies ist deine Stunde, schreite ihre Grenzen ab,
prüfe ihre Bestände, wabere nicht ins Allgemeine, treibe
keinen Feuerzauber mit dem Fortbestand des Höheren, –
du bist hoch, denn ich spreche mit dir. Natürlich wirst du
nicht befugt sein, in andere Reiche einzudringen, es gibt
viele Moiren, ich spreche auch mit anderen, sehe jeder zu,
wie er meine Rede deutet – aber dies ist dein dir zuge-
messener Kreis: suche deine Worte, zeichne deine Morphologie, drücke dich aus. Übernimm ruhig die Aufgabe einer
Teilfunktion, die aber versorge ernstlich, ich will dir zu-
flüstern, eine voluminöse Allheit ist ein archaischer Traum
und mit der heutigen Stunde nicht verbunden.

Ihre Moira! Eine Figur vor der sittlichen Entscheidung
des Abendlandes, sagt die Mitte! Überhaupt die Parzen –
sehr bequem! Sie holen das alles heran, weil Sie nicht mehr
können. Sie sind gar nicht mehr fähig, ein tiefes und wahres
Bild des Menschen zu geben. Sie mit Ihrer isolierten Kunst,
Hersteller von Zerrbildern und Verwüstungen des Geistigen – anschauliche, ganzweltliche physiognomische und
symbolische Erkenntnis müssen Sie treiben. –

Schön, sagt das lyrische Ich, ich kenne Ihre Leseabende
– „Alles Abstrakte ist unmenschlich" – Sie haben mich befruchtet, Sie haben mich ganz klar sehen gelehrt, nicht wir
nämlich zerstören oder gefährden diese Mitte, sondern diese
Mitte gefährdet uns und damit das, was sie erhalten
möchte. Uns, die letzten Reste eines Menschen, der noch
an das Absolute glaubt und in ihm lebt. Diese Analytiker
der Mitte wollen es uns nehmen. In ihren Augen sind wir
nur eine Erkrankung, die klinischen Bilder der Melancholie
und Schizophrenie werden aufgeboten, um uns wegzues-

kamotieren, wir stehen außerhalb des Kultes der Erde und
außerhalb des Kultes der Toten, wir sind die Dame ohne
Unterleib auf einer Art Oktoberfest, wir sind Grimassen,
abgewirtschaftete halbe Existenzen, jeder Mißkredit, in
den uns diese Mitte bringen kann, ist ihr recht.

Darum müssen wir nun einmal diese Mitte betrachten, wir
müssen mit Verlaub diese Mitte ins Auge fassen, die alles
so viel besser weiß, alles von früher und alles von morgen,
diese sogenannte organische, natürliche, erdhafte Mitte,
Gottes schönste Mitte, stellen wir einmal ein auf diese
Mitte, diese Mitte ist das Abendland, das will sich nicht
mehr verteidigen, aber Angst will es haben, geworfen will
es sein. Zum Frühstück etwas Midgardschlange und abends
eine Schnitte Okeanos, das Unbegrenzte. Keine Angst
haben, das ist schon unreligiös und antihumanitär. Und in
dieser Angst jagen sie durch die Zeit, reißen uns alle mit,
sie haben es so eilig: mit dem Krötentest fängt es an,
nach acht Tagen wollen sie schon wissen, ob sie schwanger
sind, und im zweiten Monat die Galli-Maimoni-Früh-
diagnose ob Junge oder Mädchen. Im Theater wollen sie
zu ihrer Betäubung Stücke sehen, in denen in der ersten
Szene ein Gast eintritt und beim Anblick eines jungen
Mädchens *stutzt*, in der zweiten muß einem Tischge-
nossen der Braten auf den Kopf fallen, weil der Diener
stolpert — das ist ihr erlösender Humor, erdverbunden.
Zu Hause erinnern sie sich dann wieder ihrer Geworfen-
heit und nehmen zur Beruhigung Phanodorm. Diese Mitte
will Ihnen vorschreiben, was Sie dichten und denken dürfen, unter welchem Gesichtspunkt Sie dichten und denken
dürfen, und sie will Ihnen sogar dabei auch helfen, sie liefert Ihnen Psychotherapie, Psychosomatik, die Sie gebrauchs-
fähig machen soll, sanieren, harmonisieren mit Umwelt,
Überwelt, Unterwelt, sie rücken an mit Assoziationsver-

suchen, Meditationsverfahren, fraktionierter Aktivhypnose, Gemeinschaftsübungen, Einzelübungen, Forthauchen von Komplexen, dafür liefert sie Ihnen den konstitutionsgerechten Neuaufbau der neurotischen Persönlichkeit, und wenn Sie das alles auf Kosten der Krankenkassen haben über sich ergehen lassen, dann sind Sie vielleicht wieder verwendungsfähig, sagen wir vierzig Tage in der Textilindustrie. Das also ist die Mitte, kausalanalytisch oder finalsynthetisch – – nein, von dieser Mitte nehme ich keine Belehrung an, meine Mitte ist intakt. Entweder nämlich hat der Mensch heute genauso eine Mitte wie er nur je eine hatte, entweder ist der Mensch auch heute tief, oder er war es nie. Entweder ist Verwandlungsfähigkeit und auch gelegentlich Untergangsfähigkeit sein Gesetz, oder er hat überhaupt kein Gesetz. Entweder ist ihm etwas auferlegt, was er auf jeden Fall und unter jeder Gefahr zum Ausdruck bringen muß, oder ihm ist überhaupt nichts auferlegt. Diese Maßstäbe von tausend Jahren eines einzelnen Kulturkreises sind noch nicht die Maximen des ganzen anthropologischen Gesetzes, dies ist weiter, dies ist mehr. Unter diesem Gesetz standen auch die anderen Kulturkreise, die antihumanitären, die vormonotheistischen, der ägyptische, der minoische, der der Chimu, unter diesem Gesetz werden neue stehen und entstehen, die technischen, die Roboterkulturen, die Radarkulturen. Übrigens, diese Angst der Mitte ist eine ganz besondere Angst, ich las kürzlich in einer vielgelesenen Tageszeitung ein Inserat, breit umrandet: DIE GROSSE LEBENSANGST, bekämpfbar durch Dr. Schieffers Lebenselixier, die Flasche 3,50 DM.

Das lyrische Ich fährt fort: mir scheint die Lage paradox! Diese Mitte verträgt in der Wissenschaft alles, in der Kunst nichts. Sie erträgt die Kybernetik, die neue Schöpfungswissenschaft, die den Roboter schafft. Haben Sie schon ein-

mal darüber nachgedacht, daß das, was die Menschheit
heutigentags noch denkt, noch denken nennt, bereits von
Maschinen gedacht werden kann, und diese Maschinen
übertrumpfen sogar schon den Menschen, die Ventile sind
präziser, die Sicherungen stabiler als in unseren zerklafter-
ten körperlichen Wracks, sie arbeiten Buchstaben in Töne
um und liefern Gedächtnisse für acht Stunden, kranke Teile
werden herausgeschnitten und durch neue ersetzt – also
das Gedankliche geht in die Roboter – und was noch übrigbleibt, wohin geht denn das? Man kann auch sagen, das,
was die Menschheit in den letzten Jahrhunderten denken
nannte, war gar kein Denken, sondern ganz was anderes –
jetzt jedenfalls übernimmt es die Kybernetik, die voraus-
sagt, durch Montage und Apparatur dem Menschen seinen
in Verlust geratenen Animismus, seine magischen Fähigkeiten, die Natursichtigkeit zurückgeben zu können und die
verlorenen Sinne – –, und um die Roboter springen die
triploiden Kaninchen, sechsundsechzig Chromosomen, persönlich noch unfruchtbar, aber bei achtundachtzig Chromosomen geht es wieder aufwärts – Goesta Haegquist und
Dr. A. Bane in Stockholm eröffnen die neue Saison: Riesen-
wuchs, ungeheure Gliedmaßen, titanisches Genitale – eine
neue Tierwelt ist im Entstehn – und da sollen die Maler
mit dem Heiligengold der Madonnenbilder und die Dichter
mit der Pfingstinbrunst von Paul Gerhardt weitermachen
– nein, das erscheint mir absurd!
Aber was hat das alles mit Lyrik zu tun, werden Sie
sagen. Das hat sehr viel mit Lyrik zu tun, das hat Alles
mit Lyrik zu tun! Der Lyriker kann gar nicht genug wissen,
er kann gar nicht genug arbeiten, er muß an allem nahe
dran sein, er muß sich orientieren, wo die Welt heute hält,
welche Stunde an diesem Mittag über der Erde steht. Man
muß dicht am Stier kämpfen, sagen die großen Matadore,

dann vielleicht kommt der Sieg. Es darf nichts zufällig
sein in einem Gedicht. Was Valéry über Moltke schrieb:
„für diesen kalten Helden ist der wahre Feind der Zufall",
gilt für den Lyriker, er muß sein Gedicht abdichten gegen
Einbrüche, Störungsmöglichkeiten, sprachlich abdichten, und
er muß seine Fronten selbst bereinigen. Er muß Nüstern
haben – mein Genie sitzt in meinen Nüstern, sagte Nietzsche –, Nüstern auf allen Start- und Sattelplätzen, auf
dem intellektuellen, da wo die materielle und die ideelle
Dialektik sich voneinander fortbewegen wie zwei Seeun-
geheuer, sich bespeiend mit Geist und Gift, mit Büchern
und Streiks – und da, wo die neueste Schöpfung von
Schiaparelli einen Kurswechsel in der Mode andeutet mit
dem Modell aus aschgrauem Leinen und mit ananasgelbem
Organdy. Aus allem kommen die Farben, die unwägbaren
Nuancen, die Valeurs – aus allem kommt das Gedicht.
Aus all diesem kommt das Gedicht, das vielleicht eine
dieser zerrissenen Stunden sammelt –: das absolute Gedicht,
das Gedicht ohne Glauben, das Gedicht ohne Hoffnung,
das Gedicht an niemanden gerichtet, das Gedicht aus
Worten, die Sie faszinierend montieren. Und, um es nochmals zu sagen, wer auch hinter dieser Formulierung nur
Nihilismus und Laszivität erblicken will, der übersieht, daß
noch hinter Faszination und Wort genügend Dunkelheiten
und Seinsabgründe liegen, um den Tiefsinnigsten zu befriedigen, daß in jeder Form, die fasziniert, genügend Substanzen von Leidenschaft, Natur und tragischer Erfahrung
leben. Aber natürlich ist das eine Entscheidung, Sie verlassen die Religion, Sie verlassen das Kollektiv und gehen
über in unübersehbare Gefilde. Aber was hat denn das
ewige Gerede von Grundlagenkrise und Kulturkreis-Kata-
strophe, das wir so unerträglich über uns ergehen lassen
müssen, für einen Sinn, wenn Sie nicht sehen wollen, um

was es sich eigentlich handelt, und wenn Sie keine Entscheidung treffen?

Aber Sie müssen ja diese Entscheidung treffen! Die Arten, die sich ihrem Gesetz und ihrer inneren Ordnung nicht einfügen, verlieren ihre Formspannung und sinken zurück. Unsere Ordnung ist der Geist, sein Gesetz heißt Ausdruck, Prägung, Stil. Alles andere ist Untergang. Ob abstrakt, ob atonal, ob surrealistisch, es ist das Formgesetz, die Ananke des Ausdrucksschaffens, die über uns liegt. Das ist nicht eine private Meinung, ein Hobby des lyrischen Ich, das haben alle gesagt, die auf diesen Gebieten tätig waren – „ein Wort wiegt schwerer als ein Sieg!" Auch dieses Gedicht ohne Glauben, auch dieses Gedicht ohne Hoffnung, auch dieses Gedicht an niemanden gerichtet ist transzendent, es ist, um einen französischen Denker über diese Fragen zu zitieren: „der Mitvollzug eines auf den Menschen angewiesenen, ihn aber übersteigernden Werdens".

Mir ist bekannt, daß aus den Reihen der modernen Lyriker selber Stimmen einsetzen, die zu einer Rückwendung rufen. Es ist Eliot, der in einem Aufsatz im „Merkur" die Ansicht vertritt, diese Richtung müsse zum Stillstand kommen, nämlich das Fortschreiten des Selbstbewußtseins, diese äußerste Steigerung des Wissens um die Sprache und der Bemühungen um sie seien überspannt – aber Eliot bekämpft auch das Fernsehen und wünscht es zu verhindern. Ich glaube, daß er in beiden Fällen unrecht hat. Ich glaube, daß er sich grundsätzlich täuscht. Ich bin der Meinung, daß die Erscheinungen, von denen wir sprechen, irreversibel sind und eher den Anfang einer Entwicklung ankündigen. Ich erlaube mir daher noch eine kurze Abschweifung in ein anderes Gebiet, sie wird unsere These neu beleuchten. Es ist die Genetik, die Menschenherkunftswissenschaft.

Man kann über ihre so vielfältig wechselnden Theorien
über Art und Ursprung des Menschen, über ihre so varia-
blen und labilen Ausdeutungen der Fossilien und Zwischen-
stufenbefunde gewiß sehr skeptisch denken, aber ihr augen-
blicklicher Haltepunkt ist der, daß der Mensch nicht ab-
stammt, sondern von Anfang an war, und daß er eine neue
Schöpfungssituation darstellt. Das Wesen dieser Situation
ist Bewußtsein und Geist. Die Arbeiten von Gehlen, Port-
mann, Carrel systematisieren diesen Gedanken. Der Mensch,
sagt Gehlen, ist das noch nicht festgerückte Tier, eindrucks-
offen, entfaltungsfähig, erst am Anfang seiner Artbestim-
mung. Das meiste zum Aufbau des Leibes ist vollendet,
jetzt verzweigen sich die immateriellen Dinge, werden
weitergegeben und erhalten sich. Die Plastizität des Werdens wendet sich in eine neue Dimension, die Emanzipation
des Geistes tastet sich in einen neu sich eröffnenden Raum.
Von Verlust der Mitte ist gar nicht die Rede, folgern wir
hieraus hinsichtlich unseres Themas, die Mitte ist voll
Unerschöpflichkeit, erst Andeutungen von ihr haben sich
in den Hochkulturen dargestellt. Aber die Richtung dieser
Mitte wird deutlich, sie geht in die Spannungssphären Bewußtsein und Geist, nicht in die Richtung von Trieb, Ge-
fühlswärme, gepflegtem botanisch-zoologischem Innenidyll,
sondern in die einer Verkettung verschärfter Begriffe, von
Übersteigerung des Animalischen zu intellektuellen Konstruktionen, in produktives Ablenken inneren Mystizismus
zu klaren, irdisch gebundenen Formen – es ist die Richtung
auf eine Bewußtsein und Ausdruck wollende und Bewußtsein und Ausdruck werdende Welt, mit einem Wort: auf
Abstraktion. Das Weitere können wir nicht übersehen. Aber
der Mensch wird voraussichtlich nicht im Sinne der heutigen Kulturmelancholiker enden, wenn er sich dieser seiner
Art gemäß verhält, er verhält sich dann nach schöpferischen

Gesetzen, die über der Atombombe und den Klötzen von Uranerz stehen. Auch der abendländische Mensch wird diesen Gedankengängen zufolge nicht untergehen, er hat gelitten, er ist stabil und könnte aus seiner partiellen Zerstörung ungeahnte formende Kräfte entwickeln. Nicht etwa, weil es einer Stärkung bedürfte, sondern nur angeregt verfolgt das lyrische Ich diese Theorie. Sie deckt sich mit seinen Substanzen, diesen seinen augenblicklichen Moira-Substanzen, und diese führen ihn, da es für ihn kein Mekka mehr gibt und kein Gethsemane, auch das Basrelief des Khmertempels in Angkor Vat nicht in seinen Breiten liegt, weiter den Weg auf den Olymp des Scheins – überall wo Menschen sind, werden auch Götter wohnen.

Noch einige Abschiedsstrahlen des lyrischen Ich, und dann sind wir mit ihm fertig. Ein Richtstrahl geht auf Zeitwende – das Denken in Zeitwenden ist auch schon ein geisteswissenschaftliches Klischee. Sagen Sie nicht apokalyptisch, heißt es in den „Drei alten Männern", sagen Sie nicht apokalyptisch, „das siebenköpfige Tier aus dem Meer und das zweihörnige aus der Erde war immer da". Das absolute Gedicht braucht keine Zeitwende, es ist in der Lage, ohne Zeit zu operieren, wie es die Formeln der modernen Physik seit langem tun. Im Zusammenhang damit ist es allerdings auch der Meinung, daß die planetarische Talmiunität, die die Technik über die Erde legt, ohne existentielle Bedeutung ist. Technik gab es immer, die meisten haben nur nicht genug gelernt, um davon zu wissen. Schließlich reiste schon Cäsar von Rom nach Köln in sechs Tagen in Schlafsänften sehr bequem, und der Leuchtturm von Coruña, vor zweitausend Jahren erbaut, blinkt noch heute über die Biskaya. Wenn sie im Rom der Kaiser den Hahn aufdrehten, strömte das Wasser des vierzig Kilometer entfernten Ligurischen Meeres in ihre Badebecken – so weit haben wir es

heute noch nicht einmal gebracht. Der erste Einbaum, mit
dem einer trocken über ein Wasser konnte, war viel sensationeller für Kultur und Volksgeschichte als alle U-Boote,
und der Augenblick, als zum erstenmal aus einem Blasrohr
ein Pfeil ein Tier tötete, das man also nicht mehr mit der
Hand greifen und schlagen mußte, wendete die Zeit wahrscheinlich ruckartiger als die Isotopen. Es glaubt daher auch
nicht, daß unser Lebensgefühl heute universaler ist als in
den Alexanderstädten, als das Griechentum von Athen bis
Indien reichte, oder als auf den Schiffen, in denen die
Genuesen und Spanier zum erstenmal über den Atlantik
fuhren.

Und noch einen ganz extravaganten Eindruck hat manchmal dieses lyrische Ich. Es gesteht ihn sich selber nur mit
Vorsicht ein. Es kann sich manchmal des Eindrucks nicht
erwehren, als ob es so aussähe, als möchten auch die Philosophen von heute in ihrem Grunde dichten. Sie fühlen,
daß es mit dem diskursiven systematischen Denken im
Augenblick zu Ende ist, das Bewußtsein erträgt im Augenblick nur etwas, das in Bruchstücken denkt, die Betrachtungen von fünfhundert Seiten über die Wahrheit, so treffend
einige Sätze sein mögen, werden aufgewogen von einem
dreistrophigen Gedicht – dies leise Erdbeben fühlen die
Philosophen, aber das Verhältnis zum Wort ist bei ihnen
gestört oder nie lebendig gewesen, darum wurden sie Philosophen, aber im Grunde möchten sie dichten – alles möchte
dichten.

Alles möchte dichten das moderne Gedicht, dessen monologischer Zug außer Zweifel ist. Die monologische Kunst,
die sich abhebt von der geradezu ontologischen Leere, die
über allen Unterhaltungen liegt und die die Frage nahe-
legt, ob die Sprache überhaupt noch einen dialogischen
Charakter in einem metaphysischen Sinne hat. Stellt sie

überhaupt noch Verbindung her, bringt sie Überwindung, bringt sie Verwandlung, oder ist sie nur noch Material für Geschäftsbesprechungen und im übrigen das Sinnbild eines tragischen Verfalls? Gespräche, Diskussionen – es ist alles nur Sesselgemurmel, nichtswürdiges Vorwölben privater Reizzustände, in der Tiefe ist ruhelos das Andere, das uns machte, das wir aber nicht sehen. Die ganze Menschheit zehrt von einigen Selbstbegegnungen, aber wer begegnet sich selbst? Nur wenige und dann allein.

Ich komme zum Schluß. Ich fürchte, ich habe Ihnen nicht viel Neues sagen können. Vor einer Fakultät, die, wie ich im Vorlesungsverzeichnis gesehen habe, selbst Kollegs abhält über deutsche Lyrik von Klopstock bis Weinheber, über Gedichtbehandlung und Ausdrucksbildung, und die Übungen im Vortrag moderner Gedichte veranstaltet, vor einer Fakultät also, die in bezug auf Lyrik so up to date ist, kann ich nichts Interessantes hinzufügen. Ich könnte höchstens eine Bemerkung machen, die mir nicht zusteht, die ich aber der Vollständigkeit halber nicht unterdrücken möchte, nämlich, daß ich persönlich das moderne Gedicht nicht für vortragsfähig halte, weder im Interesse des Gedichts, noch im Interesse des Hörers. Das Gedicht geht gelesen eher ein. Der Aufnehmende nimmt von vornherein eine andere Stellung zu dem Gedicht ein, wenn er sieht, wie lang es ist, und wie die Strophen gebaut sind. Als ich einmal vor Jahren in der ehemaligen Preußischen Akademie der Künste, deren Mitglied ich bin, Verse vortrug, sagte ich vor jeder Lesung: jetzt kommt ein Gedicht von beispielsweise vier Strophen zu acht Reihen – das optische Bild unterstützt meiner Meinung nach die Aufnahmefähigkeit. Ein modernes Gedicht verlangt den Druck auf Papier und verlangt das Lesen, verlangt die schwarze Letter, es wird plastischer durch den Blick auf seine äußere Struktur,

und es wird innerlicher, wenn sich einer schweigend dar-
überbeugt. Dies Darüberbeugen wird notwendig sein, ich
zitiere hierzu einen französischen Essayisten, der kürzlich
über die moderne französische Lyrik schrieb. Er sagt: ich
finde keinen anderen Ausdruck, um diese Autoren in ihrer
Gesamtheit zu charakterisieren als den, daß sie alle schwierige Dichter sind.

Ich habe mich im vorhergehenden vielleicht etwas zu rationalistisch, etwas zu klar über gewisse Verhältnisse ausgedrückt, vielleicht auch etwas zu hart. Allerdings nicht ohne
Absicht. Es gibt, scheint mir, überhaupt kein Gebiet, über
das so viele Mißverständnisse herrschen, wie über Lyrik. Ich habe beobachtet, wie kluge Leute, bedeutende Kritiker in dem einen Feuilleton einem wirklich großen Lyriker Verständnis und aufschlußreiche Betrachtungen wid-
meten und in ihrem nächsten einem noch nicht einmal
mittelmäßigen Epigonen dieselbe Aufmerksamkeit und Bereitschaft entgegenbrachten. Das kommt einem vor, als
wenn jemand Porzellan aus der Ming-Dynastie nicht unterscheiden kann von unzerbrechlichem Geschirr, das jetzt
als Mepal durch kinderreiche Hauswirtschaften geht. Die
Gründe hierfür liegen nicht in Rücksichten äußerer Art,
sondern in einem Mangel an inneren Maßstäben. Dieser
Kritiker tastet immer noch an der Vorstellung herum, ein
Gedicht handle von Gefühlen und solle Wärme verbreiten
– als ob ein Gedanke kein Gefühl ist, als ob die Form nicht
die Wärme ohnegleichen ist. Er reicht noch sehr tief in den
alten Menschen hinein, dieser Kritiker, mit seiner Deuterei
und Zweideuterei auf Kosten des reinen Gedichts. Ein
neues Gedicht heißt für den Autor immer wieder, einen
Löwen bändigen und für den Kritiker, einem Löwen ins
Auge sehen, wo er vielleicht lieber einen Esel träfe. Aber
es gibt auch viele Entlastungen für diese Kritiker, ich gebe

zu, ein Gedicht ist ein so komplexes Gebilde, daß es in allen
seinen Kettenreaktionen zu übersehen wirklich sehr schwierig ist.

Aber auch noch in einer anderen Richtung haben vielleicht
meine Worte zu hart und zu absolut geklungen. Ich stelle
mir vor, hier auf einer der Bänke sitzt ein junger Mensch,
der angefangen hat zu dichten, und dem nun durch meine
Worte ein Reif in seine lyrische Frühlingsnacht fiel. Ihm
möchte ich sagen, daß das nicht meine Absicht war. Nur
wenige beginnen vollendet, und ich will mich von ihm
mit einer persönlichen Anekdote tröstend verabschieden.
Ich war achtzehn Jahre, als ich hier in Marburg zu studieren anfing. Es war im ersten Jahrzehnt dieses Jahrhunderts. Ich studierte damals Philologie und hörte ein
Kolleg bei Professor Ernst Elster, dem Herausgeber der
ersten großen Heine-Ausgabe, sein Kolleg hieß: Poetik
und literarhistorische Methodenlehre. Es war ein anregendes und nach damaligen Maßstäben wohl auch modernes
Kolleg. Heute allerdings sind die Methoden der Literaturwissenschaft sublimer, sie sind sogar äußerst sublim,
namentlich in bezug auf die Prosa in Richtung von Stil-
analyse und Sprachexegese, wenn man persönlich von ihr
betroffen wird, wie es mir gerade in einer Doktorarbeit
aus Bonn geschieht, die meine frühe Prosa analysiert, dann
wirkt sie sogar wie eine Vivisektion. Also ich hörte bei
Elster, bei Professor Wrede über mittelalterliche Lyrik,
und bei vielen anderen hatte ich belegt, und meinen Dank
für die für mich grundlegenden zwei Semester an dieser
Alma mater Philippina wollte ich versuchen durch diesen
heutigen Vortrag abzustatten. Aber zurück zu dem Herrn
auf der Bank! Also ich war hier, wohnte in der Wilhelm-
straße 10, und in Berlin-Lichterfelde gab es eine Zeitschrift
mit dem Titel „Romanzeitung". Die hatte eine Rubrik, in

der anonym eingesandte Gedichte rezensiert wurden. Dorthin schickte ich damals Gedichte und wartete nun zitternd
einige Wochen auf das Urteil. Es kam und lautete: „G. B. –
freundlich in der Gesinnung, schwach im Ausdruck. Senden
Sie gelegentlich wieder ein." Das ist lange her, und nun
sehen Sie, daß ich nach einigen Jahrzehnten Arbeit doch
unter die sogenannten Ausdrucksdichter gerechnet werde,
während im Gegensatz dazu meine Gesinnung jetzt vielfach als unfreundlich bezeichnet wird. Ein Talent kann sich
durch Arbeit ausbreiten, und ein Talent kann enden. Meine
Lehre lautet: Spät ankommen, spät bei sich selbst, spät
beim Ruhm, spät bei den Festivals. Also dichten auch Sie
ruhig weiter, wenn Sie glauben, den neuen unbetretenen
Weg zu den sechs Gedichten gehen zu müssen, von denen
ich sprach. Nehmen Sie den Speer dort auf, wo wir ihn
liegen ließen, um dieses Flaubertsche Bild zu gebrauchen.
Äußere Mißerfolge, innerliche Zerstörungen sind Ihnen
sicher, Tage, wo Sie sich kaum noch kennen, Nächte, wo Sie
nicht weitersehen. Aber gehen Sie den Weg, und nehmen
Sie, und alle, die die Freundlichkeit hatten, mir zuzuhören,
als Abschied und Aufrichtung ein großartiges Hegelwort
entgegen, ein wahrhaft abendländisches Wort, das, vor
hundert Jahren ausgesprochen, die ganzen Komplikationen
unseres Schicksals in dieser Jahrhundertmitte schon umschließt. Es lautet: „Nicht das Leben, das sich vor dem
Tode scheut und vor der Verwüstung rein bewahrt, sondern das ihn erträgt und in ihm sich erhält, ist das Leben
des Geistes."

REDE IN DARMSTADT

Ein Mann aus West-Berlin, ein gebürtiger Norddeutscher zu dieser Stunde in der alten Hauptstadt Hessens, im Begriff, den nach dem Namen des berühmtesten hessischen Dichters genannten Literaturpreis entgegenzunehmen – eine ungewöhnliche Situation. Die Situation wird noch ungewöhnlicher, wenn man sich überlegt, daß der, nach dem der Preis heißt, mit vierundzwanzig Jahren starb und der, der ihn annimmt, in den Sechzigerjahren steht. Der Dorfjunge aus Goddelau, Sohn eines Arztes, und der Dorfjunge aus Mansfeld, Sohn eines Pfarrers – übrigens beide Ärzte –, kommen in diesem Augenblick in Berührung.

Was verbindet sie, was verbindet die Generationen, was hebt die Landesgrenzen auf, was überbrückt die Lebensalter – es ist die Richtung gewisser Figuren, ihr Aufbruch, ihr Inhalt, ihr Ziel – will man dem einen Namen geben, so hieße er Produktion, Bemühung um Ausdruck und Stil, so hieße er Wille, gewisse Besitztümer, schwere lastende innere Besitztümer des Menschen, die nicht überall erkennbar sind, aber fast seinen Rang bestimmen, der Mitwelt darzustellen.

Der Mitwelt darzustellen – hier zögere ich schon. Vielleicht hat diese Wendung die Sonne noch zu lieb und auch die Sterne, und wir müssen, sie verlassend, in ein dunkleres Reich hinab – vielleicht ist es nur der Drang, qualvolle innere Spannungen, Unterdrücktheiten, tiefes Leid in monologischen Versuchen einer kathartischen Befreiung zuzuführen.

Bevor ich hierherreiste, las ich noch einmal den Woyzeck. Schuld, Unschuld, Armseligkeit, Mord, Verwirrung sind

die Geschehnisse. Aber wenn man es heute liest, hat es
die Ruhe eines Kornfeldes und kommt wie ein Volkslied
mit dem Gram der Herzen und der Trauer aller. Welche
Macht ist über dieses dumpfe menschliche Material hin-
übergegangen und hat es so verwandelt und es bis heute
so hinreißend erhalten?

Wir rühren an das Mysterium der Kunst, ihre Herkunft,
ihr Leben unter den Fittichen der Dämonen. Die Dämonen
fragen nicht nach Anstand und Gepflegtheit der Sitte, ihre
schwererbeutete Nahrung ist Tränen, Asphodelen und
Blut. Sie machen Nachtflüge über alle irdischen Geborgen-
heiten, sie zerreißen Herzen, sie zerstören Glück und Gut.
Sie verbinden sich mit dem Wahnsinn, mit der Blind-
heit, mit der Treulosigkeit, mit dem Unerreichbaren, das
einander sucht. Wer ihnen ausgeliefert ist, ob vierundzwanzig oder sechzig Jahre, kennt die Züge ihrer roten
Häupter, fühlt ihre Streiche, rechnet mit Verdammnis. Die
Generationen der Künstler hin und her – solange sie am
Leben sind, die Flüchtigen mit der Reizbarkeit Gestörter
und mit der Empfindlichkeit von Blutern, erst die Toten
haben es gut, ihr Werk ist zur Ruhe gekommen und leuchtet in der Vollendung.

Aber dies Leuchten in der Vollendung und das Glück der
Toten, es täuscht uns nicht. Die Zeiten und Zonen liegen
nahe beieinander, in keiner ist es hell, und erst nachträglich sieht es aus, als ob die Worte auf Taubenfüßen kamen.
Wenn die Epochen sich schließen, wenn die Völker tot sind
und die Könige ruhen in der Kammer, wenn die Reiche
vollendet liegen und zwischen den ewigen Meeren verfallen die Trümmer, dann sieht alles nach Ordnung aus,
als hätten sie alle nur hinaufzulangen gebraucht und hätten
herabgeholt die großen, die leuchtenden, die fertig liegenden Kränze, aber es war einst alles ebenso erkämpft,

behangen mit Blut, mit Opfern gesühnt, der Unterwelt
entrissen und den Schatten bestritten.

Die Lebenden und die Toten, die Generationen hin und
her – erst von weitem sieht man, wie es ineinandergreift.
Wir fahren durch die Städte, sehen die Fenster aufleuchten,
die Bars erstrahlen, die Paare schlängeln sich im Tanz,
und in einem der Häuser wohnt nach hinten einer dieser
Flüchtigen und schlägt die Welt wie einen Mantel um sein
Herz, um es zu stillen. Tragen sie auch nicht alle ihr Werk,
wie Büchner seinen Woyzeck ins Sichere und Reine, mangeln sie auch in vielem der Erfüllung, hausen sie auch, um
mit Jeremias zu reden, in den Felsen und tun wie die
Tauben, die da nisten in den hohlen Löchern – so nisten
sie doch in den Reichen, wo das Unverlöschliche brennt,
das nicht erhellt und nicht erwärmt, das sinnlos ist wie der
Raum und die Zeit und das Gedachte und das Ungedachte
und doch allein von jenem Reflex der Immortalität, der
über versunkenen Metropolen und zerfallenden Imperien
von einer Vase oder einem geretteten Vers aus der *Form*
sich hebt unantastbar und vollendet.

Das waren alte und neue Gedanken von mir, die mir
kamen, als ich den Woyzeck las, bevor ich hierherreiste.
Nun stehe ich in seiner Heimat und erlebe sie und sehe
berühmte und bedeutende Persönlichkeiten vor mir, um
diesen Dichter zu ehren. Aber vom Dichter wenden sich
meine Gedanken nun zu seiner Stadt, für mich persönlich
ist die Tatsache, in Darmstadt zu sein, mit Vorstellungen
verbunden, die weit zurückgehen. Ich möchte daher meine
Erinnerungen damit beginnen, einen Darmstädter zu begrüßen, der mit mir anfing und mit mir durchstand, einen
Generationsgenossen, dessen mit violetter Tinte geschrie-
bene Postkarten mich in den zwanziger Jahren öfter in
Berlin erreichten, der Absender wohnte, soweit ich mich

erinnere, Kiesstraße 114, es ist einer der früheren Preis-
träger, Herr Kasimir Edschmid, den ich bis heute nicht von
Angesicht zu Angesicht kannte, vor dem ich mich hiermit
kameradschaftlich verneige. Dann bewegt es mich, den
Präsidenten der Akademie, Herrn Dr. Pechel, zu sehen,
über dessen persönliches Schicksal im Krieg mich zwei gemeinsame Freundinnen von ihm und mir immer unterrich-
teten, zwei Musikerinnen, von denen die eine in Darmstadt
ihre Heimat hatte. Schließlich war diese Stadt der Hort
der Schule der Weisheit, jener Weisheit, deren wir so sehr
bedürfen, und die wir in Europa allein nicht mehr fanden.
Auch Hartung tritt vor meinen Blick, dessen Theater jetzt
unter Herrn Sellner seinen Ruhm erneuert. Mit einem
Wort, diese Stadt ist in den Gedanken meiner Generation
immer lebendig gewesen, hat sie mitaufgebaut und wird
sie überleben. Sie wird sie, nehme ich an, vor allem in
dieser Akademie überleben, die heute feiert, wenn sie fort-
fährt auf ihrem Weg, die Stätte zu werden, in der das Gesellschaftliche mit dem Genialen, das Überlieferte mit der
Originalität, die Auflockerung, die Fruchtbarkeit und die
Eröffnung sich mit der Kritik und der Philologie verbindet, wenn sie die Dämonen neben den Engeln duldet,
um die Güter des Abendlandes, die Güter des Mittelmeeres
und die Güter des Nordens in die neue atlantische Universalität zu überführen. Dieser Akademie vor allem gelten
meine Wünsche, Ihnen allen gilt mein Dank, und damit
nehme ich in Ehrerbietung den Preis entgegen.

REDE AUF ELSE LASKER-SCHÜLER

Im heutigen Berlin bin ich wahrscheinlich einer der wenigen, die Else Lasker-Schüler persönlich kannten, sicher der einzige, dem sie eine Zeitlang sehr nahestand, vermutlich auch der einzige, der am Grabe ihres Sohnes Paul neben ihr stand, als er auf dem Weißenseer Kirchhof beigesetzt wurde – dieser Sohn, der ihr so viel Leiden brachte, für den sie die wenigen Einkünfte ausgab, für den sie Liebesbriefe austrug und bei seinen Freundinnen um Rendezvous und Zärtlichkeiten warb, Paul, oft von ihr besungen, ein zarter, schöner Junge – sein Vater war angeblich ein spanischer Prinz –, Päulchen, wie sie ihn nannte, der mit einundzwanzig Jahren an Tuberkulose starb.

Es war 1912, als ich sie kennenlernte. Es waren die Jahre des „Sturms" und der „Aktion", deren Erscheinen wir jeden Monat oder jede Woche mit Ungeduld erwarteten. Es waren die Jahre der letzten literarischen Bewegung in Europa und ihres letzten geschlossenen Ausdruckswillens. Else Lasker-Schüler war ein knappes Jahrzehnt älter als wir, 1902 war ihr erster Gedichtband „Styx" bei Axel Juncker erschienen, 1911 erschienen ihre „Hebräischen Balladen" bei Alfred Richard Meyer, der Styx noch jugendlich, die Balladen vollendet in großem Stil. Frau Else Lasker-Schüler wohnte damals in Halensee in einem möblierten Zimmer, und seitdem, bis zu ihrem Tode, hat sie nie mehr eine eigene Wohnung gehabt, immer nur enge Kammern, vollgestopft mit Spielzeug, Puppen, Tieren, lauter Krimskrams. Sie war klein, damals knabenhaft schlank, hatte pechschwarze Haare, kurz geschnitten, was zu der Zeit noch selten war, große rabenschwarze bewegliche Augen mit einem ausweichenden

unerklärlichen Blick. Man konnte weder damals noch später
mit ihr über die Straße gehen, ohne daß alle Welt stillstand und ihr nachsah: extravagante weite Röcke oder
Hosen, unmögliche Obergewänder, Hals und Arme behängt
mit auffallendem, unechtem Schmuck, Ketten, Ohrringen,
Talmiringe an den Fingern, und da sie sich unaufhörlich
die Haarsträhnen aus der Stirn strich, waren diese, man
muß schon sagen: Dienstmädchenringe immer in aller Blick-
punkt. Sie aß nie regelmäßig, sie aß sehr wenig, oft lebte
sie wochenlang von Nüssen und Obst. Sie schlief oft auf
Bänken, und sie war immer arm in allen Lebenslagen und
zu allen Zeiten. Das war der Prinz von Theben, Jussuf,
Tino von Bagdad, der schwarze Schwan.
Und dies war die größte Lyrikerin, die Deutschland je
hatte. Mir persönlich sagte sie immer, sagt sie auch heute
mehr als die Droste, als Sophie Mereau oder Ricarda Huch.
Ihre Themen waren vielfach jüdisch, ihre Phantasie orien-
talisch, aber ihre Sprache war deutsch, ein üppiges, prunk-
volles, zartes Deutsch, eine Sprache reif und süß, in jeder
Wendung dem Kern des Schöpferischen entsprossen. Immer
unbeirrbar sie selbst, fanatisch sich selbst verschworen,
feindlich allem Satten, Sicheren, Netten, vermochte sie in
dieser Sprache ihre leidenschaftlichen Gefühle auszudrükken, ohne das Geheimnisvolle zu entschleiern und zu vergeben, das ihr Wesen war.
Das Jüdische und das Deutsche in einer lyrischen Inkarnation! Und damit berühre ich ein Thema, über das ich oft
nachgedacht und auch oft mit ihr gesprochen habe. Es war
auffallend, daß ihre Glaubensgenossen nicht das in ihr
sahen oder sehen wollten, was sie ihrem Range nach war.
Der Grund hierfür liegt in dem innersten Wesen der Las-
ker-Schülerschen Dichtung. Diese hatte einen exhibitionisti-

schen Zug, daran ist kein Zweifel, sie exponierte ihre
schrankenlose Leidenschaftlichkeit, bürgerlich gesehen, ohne
Moral und ohne Scham. Anders ausgedrückt, sie nahm sich
die großartige und rücksichtslose Freiheit, über sich allein
zu verfügen, ohne die es ja Kunst nicht gibt. Ihre Glaubensgenossen billigten ihr wohl das persönliche Recht zu
diesem Exhibitionismus zu, aber sie wollten sich nicht mit
ihm und ihr identifiziert sehen. Ein seltsamer Vorgang
und ein tragischer auch. Ein Gedicht wie das Gedicht Mein
Volk aus den Hebräischen Balladen ist in seiner Vollkommenheit eine so völlige Verschmelzung des Jüdischen und
des Deutschen, der Ausdruck einer wirklichen Seinsge-
meinschaft auf höchster Stufe, daß es auf beiden Seiten,
sofern die Kunst bei uns überhaupt etwas zu sagen hätte,
auch politische Folgen würde gehabt haben können.
1913 erschien von mir ein kleines Gedichtheft, das ich
Else Lasker-Schüler widmete, die Widmung lautete:
„E. L.-S. – ziellose Hand aus Spiel und Blut." In den Gesammelten Gedichten, die sie 1917 bei Kurt Wolff heraus-
gab, ist ein Zyklus enthalten, der Dr. Benn heißt. Sie
nannte mich Giselheer oder den Nibelungen oder den
Barbar. Ein Gedicht darin gehört zu den schönsten und
leidenschaftlichsten, die sie je geschrieben hat. Sie schrieb
darüber: „Letztes Lied an Giselheer", und der Titel des
Gedichts ist: Höre.

> Ich raube in den Nächten
> Die Rosen deines Mundes,
> Daß keine Weibin Trinken findet.

> Die dich umarmt,
> Stiehlt mir von meinen Schauern,
> Die ich um deine Glieder malte.

Ich bin dein Wegrand.
Die dich streift,
Stürzt ab.

Fühlst du mein Lebtum
Überall
Wie ferner Saum?

Dieses Lebtum als fernen Saum habe ich immer gefühlt,
alle Jahre, bei aller Verschiedenheit der Lebenswege und
Lebensirrungen. Darum stehe ich heute hier, sieben Jahre
nach ihrem Tod. Ich weiß nicht, ob die Gräber in Israel
Hügel haben wie bei uns, oder ob sie flach sind wie in
einigen anderen Ländern. Aber wenn ich an dieses Grab
denke, wünsche ich immer, daß eine Zeder vom Libanon
in seiner Nähe steht, aber auch, daß der Duft von Jaffa-
Orangen die glühende Luft jenes Landstrichs über diesem
deutschen Grab heimatlich lindert und kühlt. Und falls sie
einen Grabstein hat, würde ich neben die hebräischen Lettern in deutscher Schrift einen ihrer Verse setzen aus dem
Gedicht An Gott:

Du wehrst den guten und den bösen Sternen nicht;
All ihre Launen strömen.
In meiner Stirne schmerzt die Furche,
Die tiefe Krone mit dem düsteren Licht.

VORTRAG IN KNOKKE

Im Mittelpunkt meiner Gedanken steht nicht die Poesie, nicht die Dichtkunst, nicht die Gesinnung, sondern das Gedicht. Die Ausstrahlungen des Gedichts ins Soziologische, Pädagogische, Politische, Literarhistorische bewegen mich nicht. Ich halte mich an das Gedicht: ich stelle es her – wie stelle ich es her? Mich beschäftigen also nicht die Strömungen, die vom Gedicht ausgehen, sondern die Strömungen, die zum Gedicht hinführen – mich beschäftigt das lyrische Ich.

Das lyrische Ich ist ein Begriff, der im deutschen Sprachbereich in den letzten Jahren vielfach erörtert wurde, er stammt wahrscheinlich aus einem meiner früheren Bücher, in dem ich unter diesem Titel den Vorgang des Dichtens, meines Dichtens, darstellte, er wurde kürzlich in einem langen Aufsatz des Schweizer Essayisten Max Rychner eingehend untersucht: dieser Begriff ist die Inkarnation alles dessen, was an lyrischem Fluidum in dem Gedichte produzierenden Autor lebt, ihn trennt vom epischen und dramatischen Autor, ihn befähigt und zwingt, in spezifischer Weise Eindrücke, innere und äußere, zu sammeln und sie in Lyrik zu verwandeln, er umfaßt die besonderen Beziehungen des Lyrikers zu den Worten, und es ist, wie sich vielleicht herausstellen wird, ein Ich, das zu dem „le profond aujourd'hui" Beziehungen hat, das Herr Verhesen erwähnt, und zu dem „verzweifelten Geist mit der heiteren Zufriedenheit", die Cendrars schildert in „une nuit dans la forêt".

Ich befinde mich in einer schwierigen Lage. Ich habe das Exposé von Verhesen im Original studiert, dann es ins

Deutsche übersetzen lassen, es dann wieder analysiert, ich
stieß auf Namen, die ich nicht kannte, auf Gesichtspunkte,
die ich nicht teilte, auf Ausdeutungen, denen ich ausweiche,
ich stieß auf innere literarische Erlebnisse, die Ihnen beschieden, uns aber unerreichbar waren, denn um es gleich zu
sagen, ich halte Gedichte nicht für übersetzbar: das Wort
ist keine Vokabel, sondern es hat das Wesenhafte und
Zweideutige der Dinge der Natur, es besitzt eine latente
Existenz, die sich auf das Wort der fremden Sprache nicht
übertragen läßt, kurz, ich stieß auf eine vielfach fremde,
anders aufgebaute, ich stieß auf die lateinisch-romanische
Welt.

Ich vermag daher nichts anderes, als Ihnen in Bruchstücken
anzudeuten, was in der deutschen geistigen Welt an Gedanken über Lyrik erwogen, erörtert, erfahren und auch
bestritten wird. Das, was ich sage, ist dadurch beschränkt,
daß es natürlich auch bei uns verschiedene Richtungen,
Gruppen, Gegnerschaften gibt, und ich will ausdrücklich
betonen, daß meine Ansichten nicht Allgemeingut sind,
legen Sie also das, was ich sagen werde, nicht meinem
Lande als Ganzem zur Last. Und da ich hier fremd bin
und die meisten mich nicht kennen, erlaube ich mir zu erwähnen, daß ich der alten Generation angehöre, jener, die
die expressionistische genannt wird und etwa um 1912 ihre
Produktion begann, also wenige Jahre nach dem Erscheinen des futuristischen Manifestes von Marinetti, das am
20. Februar 1909 im Pariser „Figaro" stand, und das bis
heute eines der eindrucksvollsten Dokumente der modernen
Kunst geblieben ist. Meine Genossen waren Georg Heym,
Franz Werfel, Georg Trakl, Else Lasker-Schüler, sie sind
alle tot.

Ich beginne die Auseinandersetzung über die Lyrik meiner
Generation mit einem Namen, der die größte Erschütte-

rung in Deutschland war, die es je gab – Goethe war nie
eine Erschütterung, Goethe war immer ein Besitz – ich
beginne mit Nietzsche. Wenn ich diesen Namen sage, bitte
ich Sie, an nichts Politisches zu denken. Nietzsche hörte
1890 zu schreiben auf, er ist unschuldig daran, daß sich
fünfzig Jahre später die Diktatoren ihr Bild bei ihm bestellten. Nietzsche führte uns aus dem Bildungsmäßigen,
dem Gebildeten, Wissenschaftlichen, dem Familiären und
Gutmütigen, das der deutschen Literatur im neunzehnten
Jahrhundert vielfach eignete, in das gedanklich Raffinierte,
in die Formulierung um des Ausdrucks willen, er führte
die Vorstellung der Artistik in Deutschland ein, die er aus
Frankreich übernommen hatte, er sagte: die Delikatesse in
allen fünf Kunstsinnen, die Finger für Nuancen, die psychologische Morbidität, der Ernst in der Mise en scène,
dieser Pariser Ernst par excellence, und er krönte alles
dies mit drei rätselhaften Worten: Olymp des Scheins.
Olymp, wo die großen Götter gewohnt hatten, Zeus zweitausend Jahre geherrscht, die Moiren das Steuer der Notwendigkeit geführt hatten und nun: des Scheins. Das war
eine Wendung. Das war kein Ästhetizismus, wie er das
neunzehnte Jahrhundert durchzuckt hatte in Pater, Ruskin,
genialer in Wilde – das war ein Verhängnis. Sein inneres
Wesen mit Worten zu zerreißen, der Drang sich auszudrücken, zu formulieren, zu blenden, zu funkeln, auf jede
Gefahr und ohne Rücksicht auf die Ergebnisse – das war
seine Existenz. Und dann kam seine These: die Kunst sei
die letzte metaphysische Tätigkeit, deren Europa fähig sei,
die eigentliche Aufgabe des Lebens. Nietzsche war das
größte deutsche Sprachgenie seit Luther und der blendend-
ste literarische Erzieher seit Goethe. Er lehrte uns eine
Handbreit Prosa wie eine Statue zu meißeln, lückenlos die
Seite, kühl der Satz – sein Name muß an dieser Stelle

fallen, wenn ich die Wahrheit über meine Generation darstellen will.

Dann gab es noch eine andere Strömung, die in meine
Generation eindrang: D'Annunzio, und von ihm beeinflußt
die frühen Romane von Heinrich Mann: auch hier war
nichts mehr von Gesinnung, Pädagogik, Bildungsgut, hier
war nichts mehr vom Grünen Heinrich und Wilhelm Meister, hier war allein Plastizität, Rausch, Üppigkeit, Geist,
Elan, und alles dies in den hochgezüchteten aber bereits
substantiell zerfallenden, kalten, zerebralisierten Typen
des zwanzigsten Jahrhunderts.

Auf diesem Hintergrund erhebt sich das moderne lyrische
Ich. Es betritt sein Laboratorium, das Laboratorium für
Worte, hier modelliert es, fabriziert es Worte, öffnet sie,
sprengt sie, zertrümmert sie, um sie mit Spannungen zu
laden, deren Wesen dann vielleicht durch einige Jahrzehnte
geht. Dieses moderne lyrische Ich sah alles zerfallen: die
Theologie, die Biologie, die Philosophie, die Soziologie,
den Materialismus und den Idealismus, es klammerte sich
nur an eines: an seine Arbeit am Gedicht. Es schloß sich
ab gegen jeden Gedankengang, der mit Glauben, Fortschritt, Humanismus verbunden war, es beschränkte sich
auf Worte, die es zum Gedicht verband. Dies Ich ist völlig
ungeschichtlich, es fühlt keinen geschichtlichen Auftrag,
weder für ein halbes Jahrhundert noch für ein ganzes, ihm
nützt nichts der Ausblick und das Versprechen auf angebliche Geistzusammenhänge, ideeliche Befruchtungen, Ver-
zweigungen, Integrationen oder Auferstehungen, es schreitet seinen Kreis ab – Moira, den ihm zugewiesenen Teil –
es blickt nicht über sich hinaus, es versagt sich diese Erleichterung, es wird im Höchstfall siebzig Jahre alt, bis
dahin muß es seine Morphologie beschrieben und seine
Worte gefunden haben. Sechs bis acht vollendete Gedichte

– mehr haben selbst die Großen nicht hinterlassen – um dieses halbe Dutzend geht der Kampf.

Eine eigentümliche Erscheinung, dieses lyrische Ich! Sie werden wie ich beobachtet haben, daß keiner der großen Romanciers wertvolle Gedichte geschrieben hat, weder Balzac noch Dostojewskij, weder Flaubert noch Hamsun schrieben ein beachtliches Gedicht. Joyce versuchte es, aber Thornton Wilder urteilt darüber: „welche verwaschene Musikalität, welcher schüttere Bauchrednerton!" Der Romancier, wenn er es versucht, braucht für seine Gedichte Stoffe, Themen. Das Wort als solches genügt ihm nicht. Das Wort nimmt nicht wie beim primären Lyriker die unmittelbare Bewegung seiner Existenz auf – der Romancier *beschreibt* mit dem Wort, für den Lyriker ist das Wort eine körperliche Sache.

Demgegenüber ist es auffallend, in wie vielen modernen Lyrikern eine Gleichrangigkeit der Begabung besteht für Gedicht und Essay. Fast scheinen sie sich zu bedingen. Berühmt dafür ist Valéry, Mallarmé, Eliot, früher Poe, dann die Surrealisten. Sie geben geradezu eine Philosophie der Komposition und eine Systematik des Schöpferischen. Die Herstellung des Gedichts selber ist ein Thema, besonders aufschlußreich ist Valéry, er sagt: „warum sollte man nicht die Hervorbringung eines Kunstwerks ihrerseits als Kunstwerk auffassen?" Also eine Kombination von Dichten und der introspektiv-kritischen Tätigkeit ist ein extrem moderner Zug, bei Victor Hugo oder bei uns bei George, oder in England bei Swinburne finden wir ihn nicht. Die Intellektualität hat einen ausschlaggebenden Anteil an der Herstellung eines heutigen Gedichtes, es entsteht nicht in einem weinerlichen Gemüt bei einer Sonnenuntergangsstimmung, es entsteht durch Bewußtheit, es ist ein Kunstprodukt, es wird gemacht.

Ich muß zugeben, dieses lyrische Ich fühlt auch keine sittliche Aufgabe, sei es, die Menschen besser zu machen oder
die Jugend zu erziehen, sei es die Freizeitgestaltung zu ver-
schönen, diese Perücken trägt es nicht. Keineswegs aus
Amoralität, im Gegenteil, weil es den Prozeß, den die
Kunst in Bewegung setzt, für erzieherischer hält. Es ist
nicht indifferent, aber es ist nicht brüderlich, sondern ego-
zentrisch, nicht kollektiv, sondern anachoretisch, nicht religiös, sondern monoman, es ist eher Kain als Abel, und es
beachtet, daß der Herr nach Moses 4, Vers 15 Kain verzieh,
und daß nach Moses 4, Vers 21, sein Enkel Jubal war, von
dem die Geiger und Pfeifer kamen.

Dafür hat dieses Ich aber auch einige Züge, die es positiv
erscheinen lassen. Es glaubt an keinen Untergang, sei es
des Abendlandes, sei es der Menschheit aller Farben. Es
war immer Krise, es war immer Götterdämmerung, Kulturkreise gingen unter und Kulturkreise kamen, jetzt werden
die Roboterkulturen beginnen, es war immer Apokalypse,
das siebenköpfige Tier aus dem Meer und das zweihörnige
aus der Erde war immer da.

Es braucht auch keine Zeitwende, das Denken in Zeitwenden ist auch schon ein geisteswissenschaftliches Klischee.
Das absolute Gedicht braucht keine Zeitwende, es ist in der
Lage, ohne Zeit zu operieren, wie es die Formeln der
modernen Physik seit langem tun. Darum hat es auch nicht
die Angst, von der jetzt so viel geschrieben wird, die berühmte Lebensangst, es kennt die Periodizität des Kom-
mens und Gehens, es macht seine Gedichte, schreitet seinen Kreis ab, dann ist es zu Ende.

Dieses Ich wird auch nicht beeindruckt von der planetari-
schen Talmitotalität, die die moderne Technik über den
Erdball wirft, die ist für sein Wesen ohne existentielle
Bedeutung. Technik gab es immer, die meisten haben nur

nicht genug gelernt, um davon zu wissen. Schließlich reiste schon Cäsar von Rom nach Köln in sechs Tagen in Schlafsänften sehr bequem, und der Leuchtturm von Coruña, vor zweitausend Jahren erbaut, blinkt noch heute über die Biskaya. Der erste Einbaum, mit dem einer trocken über ein Wasser konnte, war viel sensationeller für Kultur und Volksgeschichte als alle U-Boote, und der Augenblick, als zum erstenmal aus einem Blasrohr ein Pfeil ein Tier tötete, das man also nicht mehr mit der Hand greifen und schlagen mußte, wendete die Zeit wahrscheinlich ruckartiger als die Isotopen. Dies Ich glaubt daher auch nicht, daß unser Lebensgefühl heute universaler ist als in den Alexanderstädten, als das Griechentum von Athen bis Indien reichte, oder als auf den Schiffen, in denen die Genuesen und Spanier zum erstenmal über den Atlantik fuhren. Bürgerlich gesehen sind diese Ichs völlig uninteressant, es sind Sonderlinge, Einzimmerbewohner, sie geben die Existenz auf, um zu existieren, gleichgültig, ob die anderen ein Gedicht als eine Geschichte von Nichtgeschehenem und Meisterschaft als Egoismus bezeichnen.

Kein Zweifel, das moderne Gedicht ist monologisch, es ist ein Gedicht ohne Glauben, ein Gedicht ohne Hoffnung, ein Gedicht aus Worten, die Sie faszinierend montieren. Das ist kein moralischer Defekt des deutschen lyrischen Ich, diese Situation wird in anderen Ländern ebenso empfunden. In USA versucht man, auch die Lyrik durch Fragebogen zu fördern. Man sandte einen Fragebogen an fünfzehn namhafte Lyriker der USA, und eine Frage lautete: an wen ist ein Gedicht gerichtet? Ein gewisser Richard Wilbur antwortet: ein Gedicht ist an die Muse gerichtet, und diese ist unter anderem dazu da, die Tatsache zu verschleiern, daß Gedichte an niemanden gerichtet sind.

Das Gedicht ist also absolut – gerichtet an das Nichts.

In meinem Lande wird nun vielfach gegen mich gesagt
und viele von Ihnen werden wahrscheinlich das gleiche
sagen: Das ist ja das alte l'art pour l'art, der Ästhetizismus Mallarmés und der Zynismus von Oscar Wilde. Nein,
antworte ich, das Gegenteil ist der Fall, das ist nicht l'art
pour l'art, sondern l'art pour tous. Jeder kann sich an die
Werke der Kunst heranarbeiten, sie stehen ja da. Wir,
die wir sie herzustellen versuchten, haben alles erarbeiten
müssen, was wir schrieben, in schmerzlichen Stunden, mit
bitteren Rückschlägen, immer mit Ernst. Auch unter großen
sozialen und wirtschaftlichen Schwierigkeiten haben wir es
durchhalten müssen, daß wir wurden. Also sollte man auch
nicht dulden, daß die Öffentlichkeit die Kunst für einen
Automaten hält, in den man oben einen Groschen steckt,
und unten kommt eine Zigarette heraus oder ein Bonbon.
Sich beugen über die Werke der Kunst, sie langsam in sich
aufnehmen, sich aufschließen für die schwierigen und dunklen Dinge, die dahinterstehen – das ist der Prozeß, den die
Kunst der Menschheit bietet und durch den sie sich verwandelt, das ist im Zerfall der Welten ihre Größe.

Überall der tiefe Nihilismus der Werte, aber darüber die
Transzendenz der schöpferischen Lust. Das Wort Kunst
ist erst in den letzten Jahrzehnten zu einem metaphysischen Begriff geworden, bis dahin rangierte er neben Bildung, Wissenschaft, Unterhaltung, Entspannung, Erziehung, Philologie. Jetzt ist er der kritische Begriff Europas,
man muß sich ihm stellen. Ich sagte im Anfang, mit Nietzsche begann für uns diese Situation. Aber schließen möchte
ich mit dem Satz eines Franzosen, den ich für einen großen
und sublimen europäischen Geist halte, nämlich André
Malraux, aus seiner „Psychologie der Kunst". Der Satz

lautet: „Mögen die Götter am Tage des Gerichts den einstigen Formen des Lebens das Volk der Statuen gegenüber-
stellen! Dann wird von der Gegenwart der Götter nicht
die von ihnen geschaffene Welt der Menschen Zeugnis
ablegen, die Welt der Künstler wird es tun."

ANSPRACHE BEI DER VERLEIHUNG
DES EUROPÄISCHEN LITERATURPREISES

Meine Damen und Herren!

Ich zeige Ihnen hier das Manuskript, das von der Internationalen Jury am meisten diskutiert worden ist: „Kimmerische Fahrt." Kimmerien ist das Land der dunklen Gestalten, lichtloses Land, am Anfang des Hades nach der griechischen Sage und nach Homer. Es ist ein Buch des Zwiespalts, der Abgründe, der Krankheit und der menschlichen Zerstörung. Kann man ein solches Buch mit einem Preis krönen? Wenn es ein Buch der Vision ist, der inneren Bilder, innerer dunkler Zusammenhänge, die ihre großartige Realisation im Wort fanden, wenn es das Buch eines faszinierenden Geistes ist, dann: ja!
Die Internationale Jury befand sich in einer schwierigen Lage: soll man lieber etwas Warmes, Gemütliches, Bequemes, Historisches krönen, ist es nicht genug der Qualen, der Zersetzung, der Absage an Glück, die wir alle seit Jahrzehnten in uns aufnehmen mußten? Ja, vielleicht ist es genug. Aber eine internationale Jury, in der ein Mann aus London sitzt, einer aus Paris, einer aus Kopenhagen, einer aus Rom, einer aus Zürich, einer aus Genf und einer aus Berlin – können diese Männer, die alle ihre Namen einsetzen für dieses Urteil, auf der einen Seite täglich in ihren Ländern von der Krise des Abendlandes lesen und selber darüber schreiben, von der Grundlagenkrise unserer ganzen europäischen Existenz – können diese Männer dann plötzlich ein Buch übersehen, zurücksenden und ablehnen, das aus dieser Krise geboren ist, ihr begegnet, ihr zwar auch

erliegt, aber ihr einen unvergleichlichen, ja ganz unvergleichlichen Ausdruck gibt? Nein, das können sie nicht!

Ich kenne den Autor nicht, ich habe nie seinen Namen gehört. Er ist ein Deutscher – gut. Aber ich möchte hervorheben,
daß alle Mitglieder der Internationalen Jury, auch die, die
aus weltanschaulichen Gründen gegen das Buch Einwände
hatten, sich der überragenden Suggestionskraft des Buches
nicht verschließen konnten, sie alle, vor allem der berühmte
Romancier Herr Silone, traten für es ein. Dieses Buch ist ein
großer tragischer Wurf. Ich wünsche ihm Glück und schließe
mit dem Ausdruck meiner Bewunderung für die Internationale Jury, für ihre wahrhaft europäische Entscheidung.

ALTERN ALS PROBLEM FÜR KÜNSTLER

Das Thema meines Vortrages ist vielleicht etwas weiter gefaßt, als ich mit meinem Wissen füllen kann. Falls Sie das zum Schluß sagen werden, bitte ich Sie zu bedenken, daß dieses Thema, soweit ich habe feststellen können, kaum je als Einzelfrage ins Auge gefaßt ist, jedenfalls ist die Literatur darüber sehr gering, ich habe daher den Versuch machen müssen, das Bild zum Teil durch meine eigenen Erfahrungen und Erkenntnisse zu ergänzen.

Ich bin auf dieses Thema durch mehrere Anlässe gekommen, äußere und innere. Ich war im letzten Winter in Berlin in einem Vortrag der Kant-Gesellschaft, in dem ein Kant-Experte über das nachgelassene Werk Kants sprach, das Opus postumum, dessen Original im letzten Weltkrieg in Norddeutschland verlorenging, wovon Abschriften aber vor etwa zwei Jahrzehnten mit Anmerkungen und textkritischen Bemerkungen der philosophischen Öffentlichkeit zugänglich gemacht waren, allerdings bis ins Letzte durchgearbeitet war es offenbar noch nicht. Das Opus postumum wurde geschrieben in den Jahren von 1797 bis 1803, die ersten, die großen Werke Kants waren etwa zwanzig Jahre früher erschienen. Es stellte sich nun heraus, daß in dem nachgelassenen Werk manches von seinen Grundthesen sich anders ausnahm, daß Widersprüche zu bemerken waren zu der Kritik der reinen Vernunft, und der Vortragende warf die Frage auf, was Geltung hätte, die früheren oder die postumen Sätze, beide vertrügen sich kaum zusammen. Der Vortragende beantwortete die Frage nicht, aber er ließ durchblicken, daß die späteren die früheren Thesen gelegentlich aufhöben. Hinter dieser Deduktion erhob sich also das Problem von dem Verhältnis von frühen und späten Werken, von der Kontinuität des produktiven Ichs, von seinen Wandlungen und seinen Brüchen. Hier handelte es sich um einen Philosophen, aber dieses Problem taucht auch bei den Künstlern auf.

Ich las ungefähr um dieselbe Zeit in einer Zeitung eine Besprechung über eine Ausstellung des vorigen Sommers in Venedig von den Werken Lorenzo Lottos. In dieser Besprechung stand der Satz: „An den Arbeiten der letzten Jahrzehnte fühlt man eine deutliche Unsicherheit, ähnlich wie man sie bei den Deutschen Baldung und Cranach wahrnimmt." Diese Großen wurden also während ihrer letzten Schaffenszeit unsicher in ihrer Produktion. Während mich dies beschäftigte, stieß ich in einem kunstgeschichtlichen Werk auf den folgenden Ausspruch von Edward Burne-Jones: „Unsere ersten fünfzig Jahre vergehen in großen Irrtümern, dann werden wir ängstlich und können kaum den rechten Fuß vor den linken setzen, so genau kennen wir unsere eigene Schwäche. Dann zwanzig Jahre voll Mühe, und jetzt fangen wir an zu verstehen, was wir tun können und ungetan lassen müssen. Und dann kommt ein Hoffnungsstrahl und ein Trompetenstoß und weg müssen wir von der Erde." Hier also das Umgekehrte wie bei Lotto, hier in der Jugend unsicher und im Alter, wenn es zu spät ist, gewiß. Dies erinnert an die Szene aus dem „Tod des Tizian" des zwanzigjährigen Hofmannsthal: Tizian liegt im Sterben, malt aber noch an einem Bild, ich glaube, es war die Danae, und plötzlich fährt er auf und läßt seine früheren Bilder holen:

> „Er sagt, er muß sie sehen,
> die alten, die erbärmlichen, die bleichen,
> mit seinen neuen, die er malt, vergleichen,

sehr schwere Dinge seien ihm jetzt klar,
es komme ihm ein unerhört Verstehen,
daß er bis jetzt ein matter Stümper war."

Also auch hier, vom Künstler selber aus gesehen, das Einst
und das Heute: erst in seinem neunundneunzigsten Jahr
hört er auf, ein matter Stümper zu sein.
Zu meiner Überraschung fand ich ähnliche Gedankengänge
auch, als ich nach dem Osten blickte. Bei Hokusai (1760–
1849) fand ich dies: „Seit ich sechs Jahre alt bin, habe ich
die Manie zu zeichnen gehabt. Gegen fünfzig Jahre hatte
ich eine unendliche Menge von Zeichnungen veröffentlicht,
aber alles, was ich vor dem dreiundsiebzigsten Jahre geschaffen hatte, ist nicht der Rede wert. Gegen das Alter
von dreiundsiebzig Jahren ungefähr habe ich etwas von der
wahren Natur der Tiere, der Kräuter, der Fische und Insekten begriffen. Folglich werde ich mit achtzig Jahren
nochmals Fortschritte gemacht haben, mit neunzig Jahren
werde ich das Geheimnis der Dinge durchschauen, und
wenn ich hundertundzehn Jahre zähle, wird alles von mir,
sei es auch nur ein Strich oder ein Punkt, lebendig sein."
Hier drängt sich uns die auch in der Literatur gelegentlich
erörterte Frage entgegen, was wäre aus gewissen Leuten
geworden, wenn sie früher gestorben wären, in diesem
Fall also, was wäre von Hokusai übriggeblieben, wenn
er vor seinem dreiundsiebzigsten Jahre gestorben wäre?

Ost- und westliches Gelände ruhn im Frieden seiner Hände –
und so suchte ich mir Rat zu holen bei unserem olympischen
Urgroßvater und studierte seine „Maximen und Reflexio-
nen", ein Buch, in dem jeder, der Sorgen hat, alle Woche
einige Stunden lesen sollte. Da fand ich folgende Aphorismen:

1. Altwerden heißt, selbst ein neues Geschäft antreten, alle Verhältnisse verändern sich und man muß entweder zu handeln ganz aufhören oder mit Willen und Bewußtsein das neue Rollenfach übernehmen.

2. Wenn man ält ist, muß man mehr tun, als da man jung war.

3. Madame Roland auf dem Blutgerüst verlangte Schreibzeug, um die ganz besonderen Gedanken aufzuschreiben, die ihr auf dem letzten Weg vorgeschwebt. Schade, daß man's ihr versagte: Denn am Ende des Lebens gehen dem gefaßten Geist Gedanken auf, bisher undenkbare, sie sind wie selige Dämonen, die sich auf den Gipfeln der Vergangenheit glänzend niederlassen.

Selige Dämonen – auf dem Wege zum Schafott! Sehr olympisch, sehr gigantisch, und dieser Urgroßvater besaß ja allerdings genug Ein- und Anlagen, um jederzeit ein neues Geschäft zu beginnen, aber eine allgemeine Aufklärung war das wohl auch nicht. Doch in demselben Band war das Fragment „Pandora", und ich stieß auf die seltsame Figur des Epimetheus:

„Denn Epimetheus nannten mich die Zeugenden
Vergangenem nachzusinnen, Raschgeschehenes
zurückzuführen, mühsamen Gedankenspiels
zum trüben Reich Gestalten-mischender Möglichkeit."

– Nachsinnen, zurückführen, mühsamen Gedankenspiels, zum trüben Reich Gestalten-mischender Möglichkeit – vielleicht war dieser Epimetheus der Patron des Alters, zwielichtig, düster, rückgewandt, in der Hand schon die gesenkte Fackel.

An dieser Stelle werden Sie vielleicht sagen, dieser Vortragende bringt reichlich viel Zitate, er horcht herum, er sucht Rat und Auskunft wie ein alleinreisendes junges Mädchen, was will er eigentlich, was soll das Ganze – steckt etwa etwas Persönliches dahinter? Jawohl, das ist der Fall, auch etwas Persönliches steckt dahinter, aber es nimmt keinen ungebührlichen Raum im folgenden ein. Aber einen Augenblick bitte stellen Sie sich einen Autor vor mit bewegter Vergangenheit, in bewegten Zeiten, angetreten mit einem Kreis Gleichaltriger aus allen Ländern, in dem sich die gleiche Stilwendung vollzog, die unter den verschiedensten Namen als Futurismus, Expressionismus, Surrealismus bis heute die Diskussionen belebt, eine Stilwendung entschieden revolutionären Charakters – allerdings, um es gleich zu sagen, nach Meinung unseres Autors nicht revolutionärer als es auch frühere Stilwendungen wie der Impressionismus oder das Barock oder der Manierismus waren – aber jedenfalls für dieses Jahrhundert war sie revolutionär. Dieser Autor hat seine Lebensfahrt mit den verschiedensten Patenten verbracht: als Lyriker und als Essayist, als Bürger und als Soldat, als Einsiedler vom Lande und als Homme du monde in den Citys der Welt – meistens bestritten, meistens bekämpft, also dieser Autor ist nun in die Jahre gekommen und veröffentlicht weiter. Hat er das Vulkanische in sich nicht ganz gedämpft, hat er den Elan der Jugend nicht ganz verloren, dann sagen seine Kritiker heute: „Mein Gott, kann denn dieser Mann nicht endlich Ruhe geben, kann er denn nicht endlich etwas klassisch und womöglich etwas christlich schreiben, kann er denn nun nicht endlich reif und milde werden, wie es sich für seine Jahre ziemt?" Schreibt dieser Autor aber gelegentlich etwas milde und abgeklärt und, soweit es ihm möglich ist, auch etwas klassisch, dann heißt es: „Der ist ja vollkommen senil, in seiner Jugend war er vielleicht ganz interessant, als er seinen Sturm und Drang hatte, aber heute ist er doch ein reiner Nachzügler von sich selbst, hat uns gar nichts zu sagen, kann er denn nicht so viel Anstand aufbringen, endlich zu schweigen?"

So weit schön und gut. Wenn ein einzelnes Buch eines Autors besprochen wird, schlecht oder freundlich, so kann er darüber stolz sein oder sich ärgern, je nach seiner Stimmung. Aber die Lage wird anders, wenn der Autor so sehr in die Jahre gekommen ist, so senil geworden ist, daß über ihn selber Bücher erscheinen, Arbeiten, mit denen die folgende Generation promoviert, Doktorarbeiten im In- und Ausland, in denen er analysiert, systematisiert, katalogisiert wird, Arbeiten, in denen ein Komma, das er vor dreißig Jahren machte, oder ein Diphthong, den er an einem Sonntagnachmittag nach dem Ersten Weltkrieg in die Länge zog, als grundsätzliche Stilprobleme behandelt werden. Interessante Studien, sublimste Sprach- und Stilanalysen, aber für diesen Autor ist es seine Vivisektion, der er beiwohnt, er ist erkannt und nun erkennt er sich selbst, zum ersten Male erkennt er sich selbst, bisher war er sich völlig unbekannt, so alt mußte er werden, um sich zu erkennen.

Hat dieser Autor nun auch noch zu einer gewissen Zeit seines Lebens Ansichten geäußert, die später als unpassabel gelten, läßt man diese Ansichten hinter ihm herschleifen und ist glücklich, wenn sie ihm, wie die Egge einem Ackergaul, immer wieder an die Hacken schlagen. Nun, das gehört dazu, sagt sich der Autor, das kann nicht anders sein. Wenn man immer nur das schriebe, was fünfzehn Jahre später opportun wäre, daß man es geschrieben hätte, würde man vermutlich überhaupt nichts schreiben. Ein kurzes Beispiel hierzu, aber dann verlasse ich unseren Autor für längere Zeit. Unser Autor hatte in einem Gespräch, einem sehr ernsten Gespräch zwischen drei alten Männern,

den Satz geschrieben: „Sich irren und doch seinem Inneren
weiter Glauben schenken müssen, das ist der Mensch und
jenseits von Sieg und Niederlage beginnt sein Ruhm." Von
dem Gesichtspunkt des Autors aus war dieser Satz eine
Art anthropologische Elegie, eine chiffrierte Melancholie,
aber seine Kritiker dachten anders. Sie fanden diesen Satz
horrend: das ist ja ein Blankoscheck für jedes politische
Verbrechen, schrieben sie. Der Autor verstand erst nicht,
was diese Kritiker meinten, aber dann sagte er sich, nun
schön, im neunzehnten Jahrhundert bekämpften die Naturwissenschaften die Poesie, Nietzsche wurde von der Theologie bestritten, heute mischt sich die Politik in alles ein,
gut, in Ordnung – trübes Reich Gestalten-mischender Möglichkeit – aber alles dieses zusammen, das Theoretische
und das Praktische, veranlaßten den Autor, sich umzusehen,
wie es anderen Alten und Uralten ergangen war und was
überhaupt Alter und Altern für den Künstler bedeutet.

Um damit zu beginnen, meine Untersuchung richtet sich
nicht auf die Physiologie des Alterns. Was die Medizin zu
diesem Thema zu sagen hat, ist recht dürftig. Ihre augenblickliche Formel lautet: Altern sei kein Abnutzungs-,
sondern ein Anpassungsvorgang, ich muß sagen, daß ich
mir dabei gar nichts denken kann. Ferner bedauert sie, wie
ich in ihrem Schrifttum angegeben fand, den Mangel vor-
urteilsloser, systematischer psychologischer Untersuchungen
an nicht in psychiatrischen Anstalten befindlichen Alten –
ich weiß nicht, ob viele unter Ihnen diesen Mangel ebenso
bedauern. Auch über Verjüngungskuren werde ich nicht
sprechen, auch nicht über das berühmte Bogomoletz-Serum.
Dagegen frage ich mich, wann, in welchen Jahren eigentlich
das Altern beginnt.

Die sechsundvierzig Jahre, nach denen Schiller starb, die
sechsundvierzig Jahre, nach denen Nietzsche schwieg, die

nochmals sechsundvierzig Jahre, nach denen Shakespeare
seine Arbeit beendete, um dann noch fünf Jahre als Privat-
mann zu leben, die sechsunddreißig Jahre, nach denen
Hölderlin erkrankte, sind kein Alter. Aber mit Arithmetik
allein kommt man unserer Frage natürlich nicht näher.
Es ist wohl nicht zu bezweifeln, daß das Wissen um ein
baldiges Ende Jahrzehnte des Alterns innerlich kompen-
siert, das wird bei den Tuberkulösen der Fall gewesen sein,
also bei Schiller, Novalis, Chopin, Jens Peter Jacobsen,
Mozart und anderen. Was die Todesdaten der vielen früh-
verstorbenen Genies angeht, mit denen die bürgerlich-
romantische Ideologie so gern die Vorstellung vom Ver-
zehrungscharakter der Kunst verbindet, so wird man die
Einzelfälle etwas genauer ins Auge fassen müssen. Einige
dieser Jungen starben an akuten Krankheiten, an Typhus:
Schubert, Büchner; Raffael, wenn man die Darstellung von
Vasari zugrunde legt, mit siebenunddreißig Jahren an
Grippe; durch Unfall oder Krieg: Shelley, Byron, Franz
Marc, Macke, Apollinaire, Heym, Lautréamont, Puschkin,
Petöfi; durch Selbstmord: Kleist, Schumann, van Gogh –
kurz, diese Reihen lichten sich in bezug auf einen unmittelbaren ursächlichen Zusammenhang von Kunst und Tod
und eine ganz andere, sehr merkwürdige Beobachtung ergibt sich bei dieser Betrachtung der Todesdaten. Ich teile
Ihnen diese Beobachtung nicht als Tiefsinn oder Metaphysik mit, sondern einfach deswegen, weil sie interessant
ist. Diese Beobachtung lautet: Es ist ganz erstaunlich, es
ist im höchsten Maße überraschend, wieviel Alte und Uralte es unter den großen Berühmtheiten gibt. Legen wir
die Zahlen zugrunde, die Kretschmer und Lange-Eichbaum
für diejenigen angeben, die man innerhalb der letzten vierhundert Jahre des Abendlandes als Genies oder Hochbegabungen bezeichnet, so sind dies etwa hundertfünfzig bis

zweihundert. Es stellt sich nun heraus, daß von diesen Genies beinahe die Hälfte überaus alt geworden ist. Unser Leben währet siebenzig Jahre, also damit wollen wir erst gar nicht beginnen, aber dem, was über fünfundsiebzig Jahre ist, bitte ich einen Augenblick Ihre Aufmerksamkeit zu schenken. Ich denke, Sie werden ebenso überrascht sein wie ich. Ich nenne Ihnen jetzt ganz kurz, nur mit Namen und Lebensalter dahinter, zunächst Maler und Bildhauer: Tizian 99, Michelangelo 89, Frans Hals 86, Goya 82, Hans Thoma 85, Liebermann 88, Munch 81, Degas 83, Bonnard 80, Maillol 83, Donatello 80, Tintoretto 76, Rodin 77, Käthe Kollwitz 78, Renoir 78, Monet 86, James Ensor 89, Menzel 90 – von den Lebenden: Matisse 84, Nolde 86, Gulbransson 81, Hofer, Scheibe über 75, Klimsch 84.

Von Dichtern und Schriftstellern: Goethe 83, Shaw 94, Hamsun 93, Maeterlinck 87, Tolstoi 82, Voltaire 84, Heinrich Mann 80, Ebner-Eschenbach 86, Pontoppidan 86, Heidenstam 81, Swift, Ibsen, Björnson, Rolland 78, Victor Hugo 83, Tennyson 83, Ricarda Huch 83, Gerhart Hauptmann 84, Lagerlöf 82, Gide 82, Heyse 84, D'Annunzio 75, Spitteler, Fontane, Gustav Freytag 79, Frenssen 82 – unter den Lebenden: Claudel 85, Thomas Mann, Hesse, Schröder, Döblin, Carossa, Dörffler über 75, Emil Strauß 87.

Große Musiker gibt es ja weniger. Ich nenne Verdi 88, Richard Strauß 85, Pfitzner 80, Heinrich Schütz 87, Monteverdi 76, Gluck, Händel 74, Bruckner 72, Palestrina 71, Buxtehude, Wagner 70, Georg Schumann 81, Reznicek 85, Auber 84, Cherubini 82 – unter den Lebenden: Sibelius 89.

Meine Statistik ist keineswegs vollständig, ich bin nicht systematisch vorgegangen, ich habe nur das gesammelt, was mir aus Anlaß dieser Untersuchung vor Augen kam, ich bin überzeugt, man könnte diese Liste noch weiterführen. Wenn man diese Erscheinung erklären wollte, könnte man zwei Gesichtspunkte anführen, nämlich erstens einen soziologischen, daß nämlich in erster Linie diejenigen groß und sehr berühmt werden, die lange leben, das heißt lange produzieren können. Zweitens: Aber auch eine biologische Erklärung erscheint mir nicht ganz abwegig. Die Kunst ist ja nach der einen Seite ihrer Phänomenologie hin ein Befreiungs- und Entspannungsphänomen, ein kathartisches Phänomen, und diese haben die engsten Beziehungen zu den Organen. Diese Annahme ließe sich in Einklang bringen mit der Speranskischen Theorie, die jetzt in die Pathologie eindringt, daß nämlich Krankheitszustände und Krankheitsdrohungen weit mehr von zentralen Impulsen reguliert und abgewehrt werden, als man bisher annahm, und daß die Kunst ein zentraler und primärer Impuls ist, daran ist wohl kein Zweifel. Ich will hiermit keineswegs etwas sehr Weittragendes behaupten, aber mir scheint dies hohe Alter besonders bemerkenswert, da es sich um Persönlichkeiten handelt, die in Zeitaltern lebten, in denen die Lebenserwartung viel geringer war als heute. Sie wissen, daß sich die Lebenserwartung des Neugeborenen von 1870 bis heute nahezu verdoppelt hat.

Die Frage nun, was Altern für den Künstler bedeutet, ist eine komplexe Frage, es durchkreuzen sich in ihr Subjektives und Objektives, Stimmungen und Krisen auf der einen Seite, auf der anderen Seite Historie und Deskription. Nie wieder erreichen können, was man einmal war, auch wenn man jahrzehntelang darum kämpft, zum Beispiel Swinburne: mit neunundzwanzig Jahren war er ein betäubendes Ereignis, dann schrieb er unentwegt weiter, und als er mit zweiundsiebzig Jahren starb, war er ein fruchtbarer, anregend dichtender Mann. Von Hofmannsthal könnte man etwas Ähnliches sagen: Der Weg von den

Gedichten des zwanzigjährigen Loris zu den politischen Ver-
worrenheiten des Turms des Fünfzigjährigen war der Weg
der Speisung der Fünftausend zum Einsammeln der Brocken.
Bei George, bei Dehmel wird sich etwas Ähnliches ab-
gespielt haben. Alles dies sind Lyriker, an die Stelle des
Schimmers und der Ahnung der Jugend trat bei ihnen
der Fleiß und der Wille, aber, wie wir von Platen wissen:
„Der Läufer wird es nicht erjagen." Von diesen intro-
spektiven Andeutungen wende ich mich aber jetzt einer
ganz konkreten Frage zu, die zu den objektiven Inhalten
unseres Themas gehört, nämlich was versteht eigentlich die
Kunst- und Literaturwissenschaft, die Kunstanalyse unter
Alterswerk, wie charakterisieren sie den Formwandel vom
Frühwerk zum späten Stil?
Versucht man sich darüber zu orientieren, bekommt man
keinen einheitlichen Eindruck. Einige Autoren bringen das
Problem in die Richtung von: Milde, Heiterkeit, Nachsicht,
Edelreife, Befreiung von eitler Liebe und Leidenschaftlichkeit – andere in die von: schwerelos, schwebend, schon ein
Darüberhinaus und dann kommt das Wort: klassisch. Wie-
der andere erblicken die Altersstimmung in großer Scho-
nungslosigkeit, wobei man an Shaws Wort denkt: Alte
Männer sind gefährlich, ihnen ist die Zukunft gänzlich
gleich. Pinder in seinen Bemerkungen über ein Gemälde
von Frans Hals führt einen neuen Begriff ein, er sagt:
Es ist zugleich erkennbar der Lebensaltersstil eines Vier-
undachtzigjährigen, nur ein solcher konnte dieses *versteinte*
Übermaß von Erfahrung und Geschichte, von gewußter
Todesnähe darstellen – also: Versteint – das steht nun
wieder in einem großen Gegensatz zu schwerelos und
schwebend. Ein anderer schreibt über Dürer: er starb zu
früh, da man bei ihm eine Lösung seiner formalen Macht
durch weite milde Geistigkeit geradezu wünscht. – Hier

wird also die Kunstanalyse schon geradezu zu einem Wunschkonzert, in dem man die weite milde Geistigkeit als Altersstil bestätigt zu sehen wünscht. Anders äußert sich Hausenstein über den späten Kubin, wenn er sagt: „Er gehört zu jenen, die im Alter nicht bloß die Überlegenheit, sondern dazu eine fast rauschhafte Fülle innehaben, in welcher auch noch der brausende Aufstand der Jugend nachlebt"; er sieht also hier Jugend und Alter vereint.

Ein Beispiel noch aus der Literatur. In der Literatur ist ja das Wort spät ein ungemein beliebtes Modewort: Der späte Rilke, der späte Hofmannsthal, der späte Eliot, der späte Gide, das sind ja die Aufsätze, die man jetzt immerzu liest. Ich spreche vom Buch eines namhaften Literarhistorikers, der sich mit dem späten Rilke beschäftigt. In dem Buch finden sich ausgezeichnete und tiefsinnige Bemerkungen, aber die Tendenz ist deutlich folgende: Phase 1) Stadium der Versuche, der Bemühungen, der Ansätze und dann kam Stadium 2) das „ganze Sein" und die „eigentliche Form". Erst in Phase 2) ist Rilke das geworden, „was er anfangs zu sein meinte, aber nicht war". Also: Das Eigentliche – aber was ist das? Mir steckt hinter diesem Eigentlich zuviel Eschatologie, zuviel Ideologie, zuviel altmodischer Entwicklungsgedanke. Unser Literarhistoriker will Rilke einem Idealzustand zustreben sehen, seinem, des Autors Idealzustand, was mir aber bei Rilke ganz besonders unangebracht erscheint, da aus seinem Frühstadium Gedichte von so vollkommener Schönheit vorliegen, daß kein Eigentlich sie zu überstrahlen vermöchte. Ich denke manchmal, der Drang der Forscher, den Künstler in Phasen zu sehen und darzustellen, scheint ein spezifischer deutsch-idealistischer Drang zu sein.

Eins der wichtigsten Bücher zu unserem Thema ist das von Brinckmann, „Spätwerke großer Meister". Brinckmann versucht, den geistigen Strukturveränderungen schöpferischer Persönlichkeiten mit der von ihm aufgestellten Antithese: Relation und Verschmolzenheit näherzukommen, das sind seine Steigeisen. Relation, das ist die erste Phase, nämlich das Erblicken und Darstellen von Beziehungen zwischen Menschen, Aktionen, den Gegenständen im Raum, den Farben – dann kommt die spätere Phase der Verschmolzenheit: hier werden die Farben in einen Gesamtton verschmolzen, die Elemente, früher einzeln gegeneinandergestellt, werden auf eine Gesamtrelation hin ausgerichtet und weichen vielfach ins Unbestimmte, und dann spricht Brinckmann vom „Aufgeben eines Spannungszustandes zugunsten einer höheren Freiheit" – wo immer das Wort Freiheit auftaucht, wird es unklar, und ich kann ihm an diesem Punkt nur zögernd folgen. Aber in überaus fesselnder Weise führt Brinckmann seine Analyse bei einigen Malern durch, die das gleiche Thema in ihrer Jugend und dann noch einmal in ihrem Alter malten. Er setzt die Wechseljahre der produktiven Struktur in das fünfunddreißigste und sechzigste Jahr, er gibt an, dabei Freud zu folgen. Und in der Gefolgschaft Freuds schlägt Brinckmann auch als einziger das Thema an, ob und welche Beziehungen zwischen Sexualität und künstlerischer Produktivität bestehen. Obschon dies Thema im Augenblick an dieser Stelle eine Art Abschweifung ist, möchte ich es erwähnen. Die eben genannten Beziehungen sind wohl vorhanden, aber sie sind völlig undurchsichtig. Sie alle kennen die große Zahl homoerotischer Künstler großen Namens, ohne daß diese Triebvariante in ihren Werken deutlich wird. Wenn Sie die vier größten Geister der abendländischen Kultur nennen, sagen wir Plato, Michelangelo, Shakespeare und Goethe, so waren zwei davon notorisch homoerotisch, einer fraglich, frei von Triebvarianten scheint nur Goethe gewesen zu sein. Aber auf der anderen Seite gibt es asexuelle Genies, Sie erinnern sich vielleicht an das berühmte Testament von Adolf Menzel, aus dem es sich ergibt, daß er niemals, auch nicht ein einziges Mal während seiner neunzig Jahre, mit einer Frau zusammen war. Die Frage nach einer Beziehung zwischen Nachlassen der Sexualität und Nachlassen der Produktivität ist vorläufig nicht zu beantworten. Sie wissen, Goethe liebte mit fünfundsiebzig Jahren Ulrike und wollte sie heiraten, und bei Gide finden wir in seinen Tagebüchern eine fast groteske Situation: er verliebt sich mit zweiundsiebzig Jahren in Tunis in einen fünfzehnjährigen Araberknaben und schildert die rauschhaften Nächte, die ihn an seine schönsten Jugendjahre erinnern. Fast fatal wirkt seine schwärmerische Bemerkung: als er den Knaben das erstemal als Pagen in seinem Hotel sah, war dieser so zart und schüchtern, daß er ihn gar nicht anzusprechen wagte – also Gide mit zweiundsiebzig Jahren in Gretchen-Stimmung. Dies Thema ist interessant, aber ob das Zurückgehen der Triebimpulse die Geistigkeit lähmt oder, wie auch manche sagen, beflügelt, ist mit unseren bisherigen Methoden nicht zu erhellen.

Ein Sonderfall, der bei der Beschäftigung mit meinem Thema immer wieder meine Aufmerksamkeit erregte, ist Michelangelo, seine Pietà Rondanini, die er mit neunundachtzig Jahren schuf, aber nicht vollendete. Über diese Pietà liest man so verschiedene Urteile bedeutender Kunsthistoriker, daß nichts übrigbleibt als anzunehmen, hier muß wirklich eine ganz einschneidende Strukturveränderung im Künstler vorgelegen haben. Der eine Autor sagt darüber: Höchste Verinnerlichung und Vergeistigung. Der zweite: Es strömt von diesem Werk eine Ergriffenheit aus, die keine Einwände gelten läßt, etwas vergeistigt Ätherisches, ein Emporschweben, dem sich ein letztes Seufzen

mit der ersten Ahnung von Erlöstheit verschwistert. Die
andere Seite aber sagt, daß er sich mit diesem Werk im
Alter von dem abgewendet hat, was der Ruhm seiner
Jugend war, ja Simmel behauptet: „Mit ihr hat Michelangelo das Lebensprinzip seiner Kunst verleugnet, sie ist
sein verräterischstes und tragischstes Werk, das Siegel seiner
Unfähigkeit, auf dem Wege des Künstlerischen in der
sinnlichen Anschauung zentrierten Schaffens zur Erlösung
zu gelangen – das letzte erschütternde Verhängnis seines
Lebens." Hier also, scheint man annehmen zu müssen, liegt
ein Fall davon vor, daß ein großer Mann seine bisher
geübte Methode und Technik, seiner Inhalte Herr zu werden, nicht mehr weiter verwenden konnte, vermutlich weil
sie ihm selber überlebt und konventionell geworden vor-
kamen, daß er aber für seine neuen Inhalte keine neuen
Ausdrucksmittel mehr besaß und nun abbrach und die
Hände sinken ließ. Vielleicht ist dies ein Beispiel für
die inhaltschweren Worte, die sich bei Malraux in dessen
„Psychologie der Kunst" finden: „Zuerst erfinden sie ihre
Sprache, dann lernen sie diese zu sprechen und erfinden
oft noch eine weitere dazu. Wenn der Stil des Todes sie
anrührt, erinnern sie sich, wie sie in ihrer Jugend mit ihren
Lehrern gebrochen, um dann mit ihrem eigenen Werk zu
brechen." Und weiter sagt Malraux: „Die höchste Ver-
körperung eines Künstlers gründet sich gleichermaßen auf
die Absage an seine Meister wie auf die Vernichtung alles
dessen, was er selbst einst gewesen war." Dies sind wirklich schwerwiegende Worte und wir beziehen sie auf einen
Mann, dessen Schultern ein Jahrhundert trugen und dessen
Ruhm zu den Meridianen unserer Erde gehört.
Zum Schluß dieses Teils muß ich noch auf ein Buch zu
sprechen kommen, das mir im Rahmen meiner Untersuchungen eine neue Frage vorlegte. Es ist das Buch von

Riezler über Beethoven, dessen abschließendes Kapitel „Der letzte Stil" heißt. Die Darstellung dieses letzten Stils ist hinreißend, ist überzeugend und von ganz überlegenem Wissen diktiert. Aber, sagte ich mir, zunächst muß der Autor seine musikalischen Eindrücke und kompositorischen Analysen in das Medium der Sprache übertragen und da mit Worten etwas ausdrücken, was die Musik ihrem Wesen nach eben nicht enthält. Sehe ich mir diese Worte an, die die Inkarnation des letzten Stils ausdrücken sollen, so sind es etwa folgende: Wucht, Monumentalität, Gigantisches, tektonische Festigkeit, dann aber auch: schwerelos, frei-schwebend, Durchseeltheit, letzte Vergeistigung – also Worte aus dem emotionellen Vokabular, das wir auch bei den Analysen der Malerspätwerke feststellten und die man vermutlich auch bei der Betrachtung großer Werke Jüngerer gelegentlich finden könnte. Riezler stellt am Anfang dieses letzten Kapitels die These auf, die Schilderung eines charakteristischen Altersstils sei für alle Künste durch alle Jahrhunderte möglich, da „die den Ausdrucksmitteln der verschiedenen Künste übergeordnete Tatsache das All-gemein-Künstlerische" sei. Was soll man sich nun aber unter diesem Allgemein-Künstlerischen als letzter Hiero-glyphe vorstellen? Könnte man nicht genausogut sagen, daß es außerhalb von Musik, Malerei und Dichtung ein sprachliches Medium gibt, das der Wissenschaft dient und aus dem die Systematiker ihre Charakterisierungswendun-gen schöpfen?

Bei dieser Sachlage fragte ich mich, wie sieht das Alt-werden und das Altsein vom Inneren der Künstler selber aus? Da ist Flaubert – er sitzt in seinem hochgelegenen Haus in Rouen, in seinem Zimmer, das er tagelang nicht verläßt, seine Fenster leuchten Nacht für Nacht über den Strom, so daß die Schiffer auf der Seine sich nach diesem

Lichte orientieren. Er ist nicht alt, neunundfünfzig, aber
verbraucht, Säcke unter den Augen, die Lider in Falten
vor Hohn, vor Hohn auf diesen Gent épicière, Krämer,
Mittelstand – gewiß, das Gericht hat seine Schilderungen
in der Bovary nicht für unsittlich erklärt, aber ihm an-
empfohlen, seine Beobachtungsgabe an sympathischeren
Menschen zu üben, bessere Herzen vorzuzeigen, – hat er
bessere Herzen dann vorgezeigt – als die Education senti-
mentale erschien, schrieben sie: Ein Kretin, ein Zuhälter,
der das Wasser der Gosse beschmutzt, in der er sich wäscht.

In seiner Jugend hatte er geschrieben: um Dauerhaftes
schaffen zu können, darf man über den Ruhm nicht lachen –
aber wie ist es dann gegangen, über was lachte er nicht,
über sich selbst am meisten, er konnte sich beim Rasieren
nicht im Spiegel sehen, ohne aufzulachen – nun legte er
eine Liste der Dummheiten an jener Verstorbenen, deren
Namen die Menschheit vertreten. Noch eine Platte auf-
legen? Noch einmal im Bistro sitzen unten in der Stadt,
in dieser dauernden Konzentration, in dieser ewigen visuellen und akustischen Spannung, um einzudringen in das
Objekt, hinter diese Visagen, von neuem eintreten in diese
in jedem Augenblick tragische übermenschliche Anstrengung, zu beobachten, Ausdruck zu finden, Sätze zu sammeln, die vertretbar wären – da sitzen sie an der Theke,
sie wollen alle 'ran an das Geld, sie wollen alle 'ran an die
Liebe und er will an den Ausdruck 'ran, an eine Folge von
Sätzen, diese beiden Welten müssen sich umschlingen –
noch eine Platte? – Realismus, Artismus, Psychologismus –
sie sagen, ich sei kalt, nun kalt ist keine schlechte Eigen-
schaft, ich bin lieber kalt, als daß ich singe und deute,
für wen, für was – glaubst du eigentlich irgend etwas, Flaubert, sage ja oder nein – ja, ich glaube, auch Glauben heißt

nur, so und so gebaut zu sein, um dies und jenes anzunehmen – nein, ich glaube nicht, je suis mystique et je ne
crois à rien. Das ist der alte Flaubert.

Und da ist Lionardo in dem kleinen Schloß Cloux an
der Loire, in Italien war seines Bleibens nicht mehr, seine
Gönner tot oder gefangen. Was denkt er abends, der
König ist zur Jagd, Stille, nichts zu hören als das metallene
Schlagen der Uhr auf dem Turm de l'horloge und das Geschrei der wilden Schwäne auf dem Wasser, am Fluß sind
Pappeln, wie einst in der Lombardei. Der König bietet ihm
viertausend Gulden für die Gioconda, aber er kann sich
nicht von ihr trennen, der König will sie trotzdem haben,
der Alte wirft sich ihm zu Füßen, weint, macht sich lächerlich vor den Gästen, er bietet ihm sein letztes Bild an,
einen Johannes der Täufer, aber die Gioconda, nein, die
ist sein Leben. Fünf Jahre hat er daran gemalt, fünf Jahre
war er über sie gebeugt, schweigend, alternd, sie niemandem zeigend. In dem Zimmer, wo er sie malte, waren
Torsos hellenischer Statuen, hundsköpfige ägyptische Götter aus schwarzem Granit, Gemmen der Gnostiker mit
Zauberinschriften, byzantinische elfenbeinharte Pergamente
mit Bruchstücken ewig verlorengeglaubter griechischer
Dichtungen, Tonscherben mit assyrischer Keilschrift, Schriften der persischen Magier in Eisen gebunden, memphische
Papyri, durchsichtig und fein wie Blumenblätter –: darin
mußte er sich verwandeln, dem nachhängen, vielleicht sogar
unterliegen – da lebte er fünf Jahre seinem einen inneren
Gesicht. Der König und sein Gefolge fanden ihn erbärmlich, aber so behielt er das Bild in seinem Zimmer. Die
Wendeltreppe zu seiner Schlafkammer war eng und steil,
er stieg sie unter Anfällen von Schwindel und Atemnot
empor, dann wurde die rechte Seite gelähmt, er konnte mit
der linken Hand zeichnen, aber nicht malen, dann spielte er

die Abende mit einem Mönch Hölzchenspiele und Karten,
dann wurde er auch links gelähmt, eben hatte er noch gesagt, hebe dich auf und wirf dich ins Meer, dann starb er
und nun ruhte er, wie das Gewicht, das gefallen ist. Ein in
seiner Nähe wohnender russischer Ikonenmaler trat nach
seinem Tode an die Staffelei des Johannes und äußerte:
Unerhörte Schamlosigkeit, soll denn dieser liederliche Ge-
selle, der wie eine Dirne entblößt ist und weder Bart noch
Schnurrbart hat, der Vorläufer Christi sein? Teufelsspuk,
verunreinige meine Augen nicht!
Das war der alte da Vinci.

Lebensabende, diese Lebensabende! Die meisten mit Armut, Husten, krummen Rücken, Süchtige, Trinker, auch
einige Kriminelle, fast alle ehelos, fast alle kinderlos, diese
ganze bionegative Olympiade, eine europäische Olympiade,
eine zisatlantische, die den Glanz und die Trauer des nachantiken Menschen durch vier Jahrhunderte trug. Wer
glücklich geboren war, bekam vielleicht ein Haus, wie
Goethe und Rubens, wer schmal gestellt war, malte
lebenslänglich, ohne einen Sou in der Tasche, seine welligen
Oliven, wer im Zeitalter lebt, das den Weltraum erobert,
blickt aus seinem Hinterzimmer auf einen Kaninchenstall
und zwei Hortensien. Übersieht man sie, kann man eigentlich nur eines entdecken: Sie standen alle unter Zwang:
„Wenn ich nicht zittere, wie die Natter in der Hand des
Schlangenbändigers, bin ich kalt. Alles was ich Brauchbares
geschaffen habe, ist so entstanden", sagte Delacroix und
Beckmann schrieb: „Ich würde in Abzugskanälen wohnen
und durch alle Gullys kriechen, wenn ich mir nur dadurch die
Möglichkeit rettete, zu malen." Nattern, Gullys, Abzugs-
kanäle – das ist das Vorspiel zu den Lebensabenden.
Sagen Sie, bitte, hierzu nicht, ich wühlte im Makabren und

ich störte Sie mit überholten Perspektiven aus der Zeit der Poètes maudits. Die psychopathologischen und soziologischen Studien über den Lebenslauf und den Lebensabend der Hochbegabten stammen nicht von mir, sondern von anderen. Diese Gedankengänge sind heute vielleicht etwas befremdend, wo der Künstler äußerlich etwas Bürgerliches angenommen hat und sich als Funktionär gibt, vielleicht sogar fühlt, als Funktionär einer bestimmten Lage, die ihn zu äußerer Sicherheit und Staatsaufträgen drängt. Die routinemäßige Kritik, die von Zeitungen und Verlagen honorierte Auftragsbesprechung von Ausstellungen und Büchern hat ihn für die Öffentlichkeit in den allgemeinen Mischmasch hineingezogen, in dem der Individualismus der Epoche endet. Aber täuschen Sie sich nicht, das kollektive Korrektiv berührt den unter Zwang Stehenden innerlich nicht, er steigt weiter in giftgrünen Hubschraubern in sein esoterisches Atelier. Es ist noch nicht lange her, daß der dreiundachtzigjährige Degas sagte: „Ein Bild ist etwas, das ebensoviel Geriebenheit und Lasterhaftigkeit verlangt wie ein Verbrechen – Fälschung und fügt einen Schuß Natur hinzu."

Der giftgrüne Hubschrauber, vielleicht ein etwas banales Bild, aber besteigen wir ihn einen Augenblick, um herunterzusehen auf das, was nicht mitgenommen werden kann von der Menschheit, von der Erde.

Sehr viel Liebe zu den Menschen kommt nicht mit herauf. Erinnern Sie sich an ein Selbstporträt von Tintoretto, Alterswerk, ich weiß nicht, wo es hängt, ich sah es nur auf einer Abbildung, aber die kann man nicht vergessen, dafür gibt es nur eine Vokabel: ranzig. Oder Rembrandts Spätbild: verschlossen, vorsichtig, ein kaltes: ohne mich. Keiner der großen Alten war Idealist, sie kamen ohne Idealismus aus, sie konnten und wollten das Mögliche – Dilettanten schwärmen.

Die Kunst *muß* – sagen diese Leute – die Kunst muß den
Weltbezug des Absoluten ins Bild bringen. – Die Kunst
muß die Mitte wiederherstellen, aber sie muß dabei auch
die Tiefe nicht verlieren – die Kunst muß den Menschen
als das Ebenbild Gottes darstellen – ja, gibt es denn etwas
anderes als das Ebenbild Gottes, das wäre mir neu, ich
nehme sogar den Tiger nicht aus – die Kunst muß nämlich
gar nichts. Im Hubschrauber ist ein Radio einmontiert, es
spielt gerade einen Schlager aus dem Film „Moulin Rouge“,
ich zittere bei dieser Melodie: – ein Schlager von Klasse
enthält unter Umständen mehr Jahrhundert als eine
Motette, und ein Wort wiegt schwerer als ein Sieg.
Diese Alten! Was ich sehe, ist weniger etwas Hochfliegen-
des, es ist das Jahrhundert und der Zwang. Ein rosiges
Jahrhundert – gut, malen wir Schäferszenen, vor allem die
Mitte, aber ein schwarzes Jahrhundert – was malen wir
dann? Vielleicht etwas Technisches, um den Tagungen zu
genügen? Die Technik ist ja das beliebte Rundgespräch,
und die Leute sagen, man muß sie integrieren. Es muß
alles in Einklang stehen: Die Lyrik mit dem Geigergerät,
die Impfstoffe mit den Kirchenvätern, nur nichts auslassen,
sonst ist der globale Koalitionismus gefährdet. Auch die
Sprache muß sich ihr assimilieren – auf diese Idee wäre ich
allerdings nie gekommen. Es trägt, wächst und wirkt nur
eine Sprache, die aus sich selbst lebt, aus sich selbst zeugt,
sie nimmt auf, aber integriert nach ihrem immanenten
Gesetz, die paar Ausdrücke aus der Physik und der
Motorenbranche, diese kläglichen Splitter, sie heilen in den
Sprachkörper ein, ohne seine Transzendenz zu irritieren.

Aber höher im Hubschrauber – die Erde schwindet hin,
doch immer noch deutlich die kolossalen Komplexe, die
Sammelstätten, sogenannte Institute. Auch ich bin durch

sie gewandert, würde heute einer der Alten sagen. Ich litt
an Depressionen, ich betrat ein Institut und wandte mich
an einen Psychoanalytiker. Der sagte, Ihnen fehlen oral-
narzißtische Zufuhren, libidinöse Zufuhren seitens äußerer
Objekte – Sie sind introvertiert, Sie verstehen, was ich damit meine! Ich erwiderte, introvertiert – extrovertiert
schienen mir sehr präliminarische Begriffe, es gibt Belastete
und Unbelastete, Gefesselte und Ungefesselte, und die
ersteren sind fesselnder. Kontaktinsuffizienz, sagte der
Therapeut, drückte mir eine Broschüre in die Hand: „Du
und die Libido" und verfiel in Trance.

Dann hatte ich gehört, würde heute einer der Alten sagen,
Denken befreit, Denken macht glücklich, also betrat ich
andere Institute und wendete mich den Denkern zu. Aber
Soziologie, Phänomenologie, Grundlagentheorie – das
klingt doch alles wie Puccini. Ontologie – wo ist denn ein
Sein, außer in meinen Bildern, und was ist das immer mit
den Dingen – Dinge entstehen dadurch, daß man sie zugibt, also formuliert, malt, wenn man sie nicht zugibt, verschwinden sie ins Wesenlose. Diese Denker mit ihrem
Seinsgrund, den niemand sieht, völlig gestaltlos, alles nur
Beiträge, Beiträgler – sie drehen die Leitung auf, meistens
kommt dann etwas Platon heraus, dann duschen sie ein bißchen herum, und dann tritt der Nächste in die Wanne.
Keiner macht etwas fertig, ich muß meine Sachen fertigmachen. Alles Idealisten, mit ihnen fängt die Sache nun
erst richtig an, alles Optimisten, mit fünfundsiebzig lassen
sie sich noch eine neue Joppe machen – Schopenhauer war,
soweit ich weiß, ein wohlhabender Mann, unabhängig und
dachte trotzdem, er dachte interessant, sublim und weittragend, aber heute denkt doch eigentlich kein Herr mehr –
der einzige wäre vielleicht Wittgenstein, der sagte: „Die
Grenze der Sprache ist die Grenze meiner Welt" und:

„Was das Bild darstellt, ist sein Sinn." – Das ist gesundes Denken, konkretes Denken, da hängt nichts herunter, das ist eine planmäßige Beschränkung auf die Verknüpfung von Protokollsätzen – das ist malerisches Denken, das ist Lethe, hier endet die Mythe.

Also wie ist die Lage? Zum Verzweifeln! Man gebe mir libidinöse Zufuhren, einen gesicherten vorspenglerischen Kulturkreis, und die Weltraumforschung ist auch noch nicht so weit, daß man sich bei den Sternen wieder was denken könnte. Ach, warum bin ich nicht Landschaftsschilderer geworden, beruflich, vom Teutoburger Wald bis Astrachan, hauptberuflich, heute schon alles mit Volkswagen, Waldboden unter den Füßen.

Die Nationen sind seltsam, denkt der Alte weiter. Sie wollen interessante Köpfe, aber sie wollen auch noch bestimmen, worin sie interessant sein dürfen. Sie wollen internationale Namen, aber wer etwas gegen ihre Hobbies schreibt, wird gestrichen. Sie wollen universelle Werke aus ihrem Schoß entbinden, aber die Hebammen organisieren *sie* und geben ihnen Lehrbücher für das Accouchement. Penthesilea wäre nie geschrieben, wenn darüber abgestimmt wäre; Strindberg, Nietzsche, Greco nie erschienen. Aber der Konformismus wäre immer erschienen und er war immer da, nur diese vierhundert Jahre Abendland hätte er nicht geschaffen. Wer Schriftsteller ist, hat sicher oft die Maler beneidet, sie können Orangen malen und Asphodelen, Krüge, sogar Hummern und Schalentiere, und niemand wirft ihnen vor, daß sie das soziale Wohnungsproblem nicht hineinverweben, aber an allem Schriftlichen hat offenbar die Gewerkschaft Rechte –: asozial, das ist das Wort: „Die Kunst muß." Es ist wohl vergeblich, darauf hinzuweisen, daß Flaubert die schmerzliche Lage der Künstler schilderte, die durchaus nicht alles machen können, was sie fühlen und möchten, sondern allein das, was ihnen innerhalb ihres Sprach- und Stilvermögens verliehen war.

Siebentausenddreihundert Meter über dem Meer – das ist die Todesgrenze –, noch einen Kilometer, dann sind wir oben. Der Fahrende sieht hinab. Als der Diamantenhändler Salomon Rossbach vom Empire State Building sprang, hinterließ er eine geheimnisvolle Botschaft: „Kein Oben, kein Unten mehr, so springe ich ab." Eine gute Botschaft, sagt der Fahrende, kein Unten, kein Oben, die Mitte lädiert, Magnetnadel und Windrose außer Kurs, aber die Art wuchert und stärkt sich durch Tabletten. Der Körper ist morbider geworden, die moderne Medizin weist ihn ja geradezu auf tausend Krankheiten hin, sie brechen mit wissenschaftlicher Gewalt aus ihm hervor – nichts gegen die Ärzte, großartige Leute, früher bei einem Mückenstich kratzte man sich, heute können sie Ihnen zwölf Salben verschreiben und keine nützt, aber das ist doch Leben und Bewegung. Die Körper sind morbider geworden, aber sie leben länger. Ein Römer der Kaiserzeit wurde fünfundzwanzig Jahre, aber ihn trug die römische Virtus, heute erweichen sie vor Prophylaxe und kommen vor Reihenuntersuchungen kaum noch nach Hause.

Die Gehirne leben länger, aber wo einmal Halt und Widerstand war, entwickeln sich leere Stellen – oder können Sie sich, wenn Sie auf der Erde aus Ihrem Fenster sehen, noch in einen Gott hineindenken, der etwas so Sanftes wie die Pflanzen und die Bäume geschaffen hat? Ratten, Pest, Lärm, Verzweiflung – ja, aber Blumen? Es gibt ein Bild aus dem vierzehnten Jahrhundert: „Erschaffung der Pflanzen", da steht ein kleiner krummer, schwarzbärtiger Gott und hebt eine zu große rechte Hand, als zöge er damit die beiden Bäume aus der Erde, die dann neben ihm stehen, sonst ist alles noch ziemlich leer – können Sie sich heute diesen freundlichen Schöpfer vorstellen? Laster, Würmer, Maden, Faul- und Stinktiere – das ja, in Massen, in Fortsetzungen, in Lieferungen, hundertprozentig, immer neue Auflagen – aber ein kleiner zärtlicher Gott, der zwei Bäume hochzieht? Keine Bäume, keine Blumen, aber Robotergehirne, künstliche Befruchtungen bei Kühen und Frauen, Chickenfarmen mit legefördernder Musik, künstliche Verdoppelung der Chromosomen mit dem Erfolg von Riesenbastarden – Unterkühlung, Überheizung – Sie pflanzen einen Samen ein – schnell fort, sonst schießt er Ihnen gleich ins Bein.

Angelangt. Der Alte betritt sein Atelier, kahler Raum, großer Tisch, bedeckt mit Zetteln und Notizen. Er tritt heran: Wie soll ich das verwenden – Essay, Lyrik, Dialog – daß die Form mit dem Inhalt geboren wird, ist auch eine kunstphilosophische Illusion, ich kann dies dort verwenden oder hier, ich färbe, ich verstricke, ich installiere, es geschieht alles wie ich es will, ich durchschritt meinen Anfang und ich durchschreite mein Ende, Moira, den mir zugemessenen Teil – nur eins steht fest: Wenn etwas fertig ist, muß es vollendet sein – allerdings: was dann?

Nimm sie noch einmal vor, die berühmtesten Alterswerke – wes Zeichens sind sie? Zum Beispiel die „Novelle": Eine Menagerie fängt Feuer, die Buden brennen ab, die Tiger brechen aus, die Löwen sind los, und alles verläuft harmonisch – nein, diese Erde ist abgebrannt, von Blitzen enthäutet, heute beißen die Tiger. Oder wie ist es mit diesem zweiten Teil des Faust? Sicher das geheimnisvollste Geschenk Deutschlands an die Völker der Erde, aber alle diese Chöre, Greifen, Lamien, Pulcinellen, Imsen, Kraniche und Empusen, alles summt und brummelt vor sich hin und flötet in die Elfenkreise und Sternenkränze und selige

Knaben. Wo kommt das alles eigentlich her, das schwebt doch völlig im Imaginären, das ist ja Tischrücken, Telepathie, Schrulligkeiten, da steht einer auf einem Balkon, irreal und unbeweglich, und bläst hell oder dunkel gefärbte Seifenblasen, immer neue Tonpfeifen und Strohhalme zaubert er hervor, die bunten Kugeln abzublasen – ein großartiger Balkongott, Antike und Barock noch implantiert, Wunder und Geheimnisse um seine Schöße, aber heute sieht man doch nur noch hin mit etwas Feuchtigkeit im Auge. Des Zeichens sind sie.

Um die Größten kreisen noch ein paar Jahrhunderte die Übersetzer und Deuter, aber bald versteht man ihre Sprache nicht mehr – was dann? Primitive, Archaische, Klassische, Manierierte, Abstrakte, mit einem Wort: das Quartär, aber was dann? Man hat uns zu weite Räume eröffnet, zuviel Kreise, zu schwere Gefühle – ist vielleicht Kunstmachen überhaupt eine untiefe Reaktion, ist nicht vielleicht schweigend an der menschlichen Substanz leiden – tiefer? Was legte der Lord Jehova in unser Wesen, worauf verwies er uns: Auf die schaffende Erlösung oder auf die unbewegliche Stelle, den Bo-Baum, unter dem wir reglos Kama-Mara begegnen, dem Gott der Liebe und des Todes? Wie viele Stunden meines Lebens habe ich vor dem Satz des Balkongotts verbracht, ihn gedreht und gewendet, hören Sie den Satz: „Auf ihrem höchsten Gipfel scheint die Poesie ganz äußerlich. Je mehr sie sich ins Innere zurückzieht, ist sie auf dem Wege zu sinken." – Was soll das heißen? Ich muß also mein Inneres verleugnen, düpieren, Farcen mit ihm treiben, dies ist die Voraussetzung für Poesie, was ist diese dann eigentlich noch? Zaubern, Seiltrick, Nichts und darüber Glasur? Und aus dem Osten hörte ich dieselbe Melodie, Meister Kung Dsi sagt über die Maler: „Bei wem die Bedeutung die Linien überwiegt, der ist roh" – also auch für ihn ist das Höhere, das Manipulierte, das Angefertigte der Stil. Aber wenn nun Guardini sagt: „Hinter jedem Kunstwerk öffnet es sich gleichsam" – was öffnet sich denn nun gleichsam, da wir unsererseits doch eher alles zupinseln und verdecken sollen –, oder wenn ein großer Philosoph schreibt, Kunst sei „Das Sich-ins-Werk-Setzen der Wahrheit" – welche Wahrheit ist denn das nun wieder – eine Wahrheit aus Skizzen und Entwürfen, aus Manufaktur, oder wird die Wahrheit vielleicht nur erwähnt, um die Initialen der Philosophie zu präsentieren, denn in der Kunst geht es ja nicht um Wahrheit, sondern um Expression. Aber, als letzte Frage, wie verhält es sich mit dieser Expression, die sich vor die Tiefe drängt – ist Ausdruck Schuld? Er könnte es sein.

Aber wahrscheinlich bin ich zu alt, um das noch zu entwirren, Müdigkeit, Melancholie, Marasmus umwölkt mein Haupt. Ich habe noch Pablo de Sarasate auf seiner Geige gehört und Caruso in der Metropolitan-Oper, im Diamantenen Hufeisen saßen die Astors. Ich habe noch Bergmann operieren sehen und vor dem letzten Kaiser in Parade gestanden. Ich habe bei einer Petroleumlampe zu lernen begonnen und Haeckels Welträtsel als verbotene Lektüre studiert. Ich bin geritten und geflogen, habe aber auch noch die großen Segelschiffe auf den unüberflogenen Meeren gesehen – vorbei – vergossen. Und, sage ich heute, es war alles viel beladener, als man dachte, alles viel mehr vorherbestimmt, als es schien, und, am seltsamsten, man lag viel mehr in der Luft, als man in seiner Autonomie ahnte. Ein Beispiel hierzu: Es gab Maler, die malten ihr Leben lang in Silber oder ein anderer in Gelb oder ein anderer in Braun, und es gab eine Generation, die dichtete hauptsächlich in Substantiven. Keine literarische Marotte, es lag in der Luft, in der Luft ganz heterogener Dimensionen.

Ich las kürzlich von Clémenceau folgende Geschichte: Er hatte einen neuen Privatsekretär engagiert und wies ihn am ersten Tage in seine Aufgaben ein. Einige Briefe, sagte Clémenceau, werden Sie allein verfassen müssen. Hören Sie zu: „Ein Satz besteht aus einem Hauptwort und einem Verbum – wenn Sie ein Adjektiv verwenden wollen, fragen Sie mich vorher." Fragen Sie mich vorher! Es ist das gleiche, was mir Carl Sternheim mit auf den Weg gab, als wir beide jung waren, er sagte, wenn Sie etwas gemacht haben, nehmen Sie es sich noch einmal vor und streichen Sie die Adjektiva, es wird dann klarer, was Sie meinen. Es stellte sich als richtig heraus, es war ein Zwangsproblem für meine Generation, das Fortlassen der erklärenden, breitmachenden Adjektiva.

Meine Generation! Aber nun steht ja schon die nächste da, die jungen Leute, unsere Jugend! Gott erhalte ihnen ihren Imitationstrieb, dann hört es bald von selber auf. Aber wenn sie einen neuen Stil bringen würden – evoë! Ein neuer Stil, das ist ein neuer Mensch. Die Genetik hat ja auch nicht viel Unverworrenes produziert, aber eines scheint vorzuliegen: Eine neue Generation, das ist ein neues Gehirn und ein neues Gehirn, das ist eine neue Realität und neue Neurosen, und das Ganze heißt Evolution und so wuchert der Kulturkreis weiter. Wenn ich von meiner Alterskanzel herab dieser Jugend etwas mitzugeben hätte, wäre es unter anderem folgendes: Wenn Sie vier gereimte oder ungereimte Gebilde, sogenannte Gedichte, veröffentlicht haben oder eine Ziege naturnahe gezeichnet, erwarten Sie nicht, daß von nun an Ihrem Geburtstag ein Oberbürgermeister bei Ihnen erscheint, schließlich betreiben ja auch Sie nur ein menschliches Werk. Erinnern Sie sich vielleicht lieber gelegentlich daran, daß man Schubert in seinem neunundzwanzigsten Lebensjahr nahelegte, sein Notenpapier ohne Linien zu kaufen und es selbst zu linieren, das fiele billiger aus. – Allerlei, sagt natürlich heute jeder, aber es geschieht natürlich genauso wieder, und nicht jeder ist dann so weit, daß er mit einunddreißig Jahren gar kein Geld mehr auszugeben braucht.

Meine Herren Nachfolger, lassen Sie sich ruhig von mir provozieren, ich hoffe, es macht Sie hart. Härte ist das größte Geschenk für den Künstler, Härte gegen sich selbst und gegen sein Werk. Wie sagte Thomas Mann? „Lieber ein Werk verderben und weltunbrauchbar machen, als nicht an jeder Stelle bis zum Äußersten gehen." Oder wie ich mich vorhin auszudrücken versuchte: Eins steht fest: Wenn etwas fertig ist, muß es vollendet sein. Vergessen Sie dazu nicht einen Augenblick das Fragwürdige und Abwegige Ihres Unterfangens, die Gefahren und den Haß, der Ihre Tätigkeit umgibt. Behalten Sie das Kalte und Egoistische im Auge, das zu Ihrer Aufgabe gehört. Ihre Tätigkeit hat die Tempel und die Opferkrüge und das Bemalen von Säulen verlassen, auch das Bemalen von Kapellen verlor sich aus Ihrer Hand. Sie tapezieren mit sich selbst und nichts kann Sie erlösen. Lassen Sie sich nicht in die „Geborgenheit" verlocken – das Buch, 312 Seiten, Leinen DM 13,80. Es gibt keine Restauration. Die geistigen Dinge sind irreversibel, sie gehen den Weg weiter bis ans Ende, bis ans Ende der Nacht. Mit dem Rücken an der Wand, im Gram der Müdigkeiten, im Grau der Leere lesen Sie Hiob und Jeremias und halten aus. Formulieren Sie Ihre Thesen auf das rücksichtsloseste, denn Sie sind nur nach Maßgabe Ihrer Sätze vertreten, wenn die Epoche zur Rüste geht und dem Gesang ein Ende macht. Was Sie nicht

aussprechen, ist nicht da. Sie machen sich Feinde, Sie werden allein sein, eine Nußschale auf dem Meer, eine Nußschale, aus der es klirrt mit fragwürdigen Lauten, klappert
vor Kälte, zittert vor Ihren eigenen Schauern vor sich
selber, aber geben Sie nicht SOS – erstens hört Sie keiner
und zweitens wird Ihr Ende sanft sein nach so viel Fahrten.

Meine Damen und Herren, das Altersporträt ist beendet,
das Atelier ist wieder verlassen, der Hubschrauber sinkt
zur Erde – es gäbe noch viele Fragen zu unserem Thema,
zum Beispiel diese: soll man seine Jugendwerke verleugnen, sie retuschieren, sie einer neuen inneren Lage an-
passen (sofern man eine hat), soll man aus sich eine alte
Gazelle machen, wenn man ein junger Schakal war, aber
es ist zu spät, darüber nachzudenken, die Gondel landet.
Der Gondel entsteigt ein Homme du monde mit grauer
Krawatte und schwarzem Homburg, er verliert sich auf dem
Flugplatz im Gedränge. Der Flugplatz liegt im Land, der
Herr flaniert an seine Grenze, dort sieht er Pappeln, wie
die an der Loire und wie die einst in der Lombardei,
und dort ist ein Flußband wie die Seine, auf der die
Schiffer nachts nach jenem Lichte blickten. Die Wiederkehr des Gleichen, solange sich noch etwas gleicht. Und
wenn sich nichts mehr gleicht und die großen Regeln sich
vertauschen – an einer Art Ordnung hält es sich fest.
„Sich irren und doch seinem Inneren weiter Glauben schenken müssen, das ist der Mensch und jenseits von Sieg und
Niederlage beginnt sein Ruhm" – ja, er würde diesen Satz
noch einmal schreiben, wenn er noch einmal begönne –
selbst wenn er verführte, selbst wenn er verfälschte – welcher Satz der Erkenntnis wäre ohne Schuld? Ich habe gearbeitet, wie ich das Abendland mir gegenüber sah, ich
lebte, als ob der Tag dawäre, mein Tag. Ich war, der ich

sein werde. Und darum berufe ich mich zum Schluß auf alle Kirchenväter, die Vielhundertjährigen, die Alten: non confundar in aeternum –: auch ich werde nicht in Ewigkeit verworfen werden.

SOLL DIE DICHTUNG DAS LEBEN BESSERN?

Das für den heutigen Abend gestellte Thema ist von beiden Referenten hierzu, von Herrn Dr. Reinhold Schneider und mir, in ihren Büchern wiederholt erörtert worden. Sie brauchen von Herrn Dr. Schneider nur einige Seiten gelesen zu haben, ebenso von mir, und Sie wissen ungefähr, was wir darüber denken. Ich will also meinerseits nicht mit Wiederholungen beginnen, sondern eine andere Methode anwenden, um dem Thema nahezukommen.

Ich will die Methode anwenden, daß ich zunächst das Thema genau betrachte und mir vor Augen führe – Wort für Wort. *Soll*, das ist nicht anders auszulegen, als daß man hier eine Bestimmung für oder über die Dichtung treffen will, die verbindlich ist. In den Zehn Geboten kommt dies Soll in jeder These des Dekalogs vor, entweder Soll oder Du sollst nicht. Es ist ein hartes Wort, dies Soll aus Kapitel 20 von Moses 2. – Und alles Volk sah den Donner und Blitz, lesen wir, und den Ton der Posaune und den Berg rauchen. Da sie aber solches sahen, flohen sie und traten von ferne. Nun, wir wollen nicht von ferne treten, aber etwas apodiktisch steht es vor uns, dies Soll, und es führt uns sofort zu der weiteren Frage: Wer fragt eigentlich, wer stellt die Forderung, über die Dichtung eine Erklärung zu erwarten. Ist es ein Nationalökonom, ein Pädagoge, ein Geistlicher, ein Staatsanwalt; oder soll es die Vox populi sein, der Consensus omnium oder das demokratische Ideal, demzufolge jeder alles wissen und über alles mitreden soll? Man weiß es nicht, und ich lasse die Frage zunächst unbeantwortet.

Die *Dichtung:* Da es keine Rhapsoden mehr gibt und

wir selber keine sind, heißt Dichtung ein Buch, ein Buch mit Dichtung, ein Buch voll Dichtung. Ein solches Buch also soll das Leben bessern oder nicht bessern – das steht noch offen. Nun gibt es viele Bücher, die ganz offensichtlich das Leben bessern wollen, zum Beispiel ökonomische Bücher, in denen die Frage nach einem Ausgleich von Freiheit und Zwang, von individueller Unbeschränktheit und materieller Massengesellschaft erörtert und zum Schluß ein Ausweg gezeigt wird, der bessere Zustände mit sich bringen soll. Oder es gibt ärztliche Bücher über Neurosen, Verdrängung, Managerkrankheit, diese Bücher geben Ratschläge, empfehlen, verbieten, um das Leben zu bessern. In diese Buchreihe müssen wir nun also das Buch voll Dichtung sehen, hinsichtlich dessen uns die Frage auferlegt ist, zu prüfen, ob es bessern soll. Wir können hier das Theater als aufgeblättertes Buch hinnehmen.

Nun kommt das dritte Wort, und das enthält eine Grundfrage: Was ist eigentlich das *Leben* selbst? Was ist gemeint, was davon soll gebessert werden? Seine Physiologie oder seine Affekte, das produktive oder das denkerische Sein. „Leben" ist sehr summarisch, und hiermit beginnt unser Thema heikel zu werden, und es könnte sich hier eine Kritik des Begriffs Leben andeuten, die etwas ungewöhnlich ist, jedenfalls unzeitgemäß, aber wir kommen nicht darum herum, unser Thema auferlegt es uns. Seit langem begann ich darüber nachzudenken, wie seltsam es sei, daß dieser Begriff des Lebens der höchste Begriff unserer Bewußtseins- und Gewissenslage geworden ist. Neben Schillers Vers „Das Leben ist der Güter höchstes nicht" findet man nur wenige kritische Einschränkungen dieser Art. Das Leben: Hier erzittert die weiße Rasse, es ist der letzte Glaubenshalt des augenblicklichen, unseres Kulturkreises. Ist es ein Residuum des biologischen neunzehnten

Jahrhunderts, das das heutige Europa verpflichtet, um
jedes Leben zu kämpfen, auch um seine armseligste Frist,
um jede Stunde mit Spritzen und Sauerstoffgebläse, während wir doch Kulturkreise kennen, in denen das gemeine
Leben, das allgemeine Leben überhaupt keine Rolle spielte,
bei den Ägyptern, den Inkas oder in der dorischen Welt,
und noch heute hören wir von Vorgängen bei gewissen
Nomadenstämmen Asiens: Wenn die Eltern lästig werden,
steckt der älteste Sohn den Speer durch die Zeltwand, und
der Alte wirft sich von innen mit dem Herzen dagegen.
Also eine universale, eine anthropologische Forderung ist
die von uns erwartete Pflege des Lebens nicht. Nur bei uns,
innerhalb gewisser Breitengrade ist es der Ordnungs- und
Grundbegriff geworden, vor dem alles haltmachte, der Abgrund, in den sich alles trotz sonstiger Wertverwahrlosung
blindlings hinabwirft, sich beieinander findet und ergriffen
schweigt. Dies erscheint mir tatsächlich nicht so klar und
selbstverständlich, wie es die Allgemeinheit sieht, und zwar
aus den ernstesten Gründen. Denn anzunehmen, daß sich
der Schöpfer auf das Leben spezialisierte, es hervor-
hob, betonte und etwas anderes als seine üblichen Ge-
staltungs-Umgestaltungs-Spiele mit ihm betrieb, erscheint
mir absurd. Diese Größe hat doch bestimmt noch andere
Betätigungsfelder und wirft das Auge auf dieses und jenes,
das weitab liegt von einem so unklaren Sonderfall, kurz
für einen so pflanzenentfernten Kulturkreis von rein spiri-
tuellem Erlebnismaterial, wie wir es wurden, ist dieser
diktatorische Lebensbegriff doch erstaunlich primitiv, fast
als ob er aus der Veterinärmedizin stammte.

Dies problematische Leben soll also gebessert werden. Immer größer werden die Schwierigkeiten. In welcher Richtung – in *politischer*, aber das tun doch die Abgeordneten
und die Wahlversammlungen? In *technischer?* Aber damit

träten wir ja mit auf die Seite der Ingenieure und Krieger, die die Grenzen verrücken und Drähte über die Erde ziehen. In *sozialer?* Ich las kürzlich bei einem englischen Nationalökonomen, daß der Arbeiter in England heute komfortabler und mondäner lebt als in früheren Jahrhunderten die Großgrundbesitzer und die Herren der Schlösser. Er führte das im einzelnen aus: an den Wohnungen, die früher dunkel und eng waren und nicht zu heizen, an der Nahrung, man mußte alles Vieh zu Martini schlachten, da man es die Wintermonate nicht ernähren konnte, an den Krankheiten, denen man ohne Wehr gegenüberstand. Also heute leben die Arbeiter wie die Reichen vor drei Jahrhunderten, und in drei Jahrhunderten wird wieder das gleiche Verhältnis sein und immer so fort, und immer geht es weiter hinan und empor mit Menschheitsdämmerungen und Morgenröten und mit sursum corda und per aspera ad astra, die Armen wollen 'rauf, und die Reichen wollen nicht herunter, das alles ist doch schon gar nicht mehr individuell erlebbar, das ist doch ein funktioneller Prozeß der Tatsache der menschlichen Gesellschaft. Wo sollte dabei bessernd die Dichtung stehen? Oder soll sie in *kultureller* Hinsicht bessern? Nun berühre ich einen Sachverhalt, hinsichtlich dessen ich mit meiner Meinung wohl allein stehen werde. Ich bin nämlich der Ansicht, daß Kunst und Kultur nicht allzuviel miteinander zu tun haben. Ich habe schon oft dafür plädiert, daß man scharf zwischen zwei Erscheinungen unterscheiden sollte, nämlich der des Kunstträgers und der des Kulturträgers. Kunst ist nicht Kultur, Kunst hat eine Seite nach der Bildung, der Erziehung, der Kultur, aber nur, weil sie eben das alles nicht ist, sondern das andere, eben Kunst. Die Welt des Kulturträgers besteht aus Humus, Gartenerde, er verarbeitet, pflegt, baut aus, wird hinweisen auf Kunst, sie anbringen, einlaufen lassen, Kurse, Lehrgänge

für sie einrichten, er glaubt an die Geschichte, er ist Positi-
vist. Der Kunstträger ist statistisch asozial, weiß kaum etwas von vor ihm und nach ihm, lebt nur seinem inneren
Material, für das sammelt er Eindrücke in sich hinein, zieht
sie nach innen, so tief nach innen, bis es sein Material berührt, unruhig macht, zu Entladungen treibt. Er ist un-
interessiert an Verbreiterung, Flächenwirkung, Aufnahme-
steigerung, an Kultur. Er ist kalt, das Material muß kalt-
gehalten werden, er muß die Gefühle, die Räusche, denen
die anderen sich menschlich überlassen dürfen, formen,
das heißt härten, kalt machen, dem Weichen Stabilität verleihen. Er ist vielfach zynisch und behauptet auch gar nichts
anderes zu sein, während die Idealisten unter den Kultur-
trägern und Erwerbsständen sitzen. Der Kunstträger wird
in Person nirgendwo hervortreten und mitreden wollen,
für Bessern vollends hält er sich in gar keiner Weise für
zuständig – von einigen sentimentalen Ausläufern abgesehen –, „unter Menschen war er als Mensch unmöglich",
das seltsame Wort von Nietzsche über Heraklit – das gilt
für ihn.
Oder schließlich soll die Dichtung in *medizinischer* Richtung vielleicht bessern, trösten, heilen? Es gibt viele, die
das bejahen. Musik für Geisteskranke und Verinnerlichung durch Rilke bei Fastenkuren. Aber wenn wir bei
Kierkegaard lesen: „Die Wahrheit siegt nur durch Leiden",
wenn Goethe schreibt „leidend lernte ich viel", wenn
Schopenhauer und Nietzsche den Grad und die Fähigkeit
zu leiden als den Maßstab für den individuellen Rang ansehen, wenn Reinhold Schneider schreibt: „Am Kranken
soll die Herrlichkeit Gottes offenbart werden, das Wunder,
daß er an ihm tut", und wenn Schneider weiter das Schwinden des Bewußtseins des Tragischen als den Untergang
unserer Kultur bezeichnet, darf dann die Dichtung oder der

Dichter an einer Besserung dieser tragischen Zustände mitarbeiten, müßte er nicht vielmehr aus der Verantwortung
vor einer höheren Wahrheit haltmachen und in sich selber
bleiben? Eine höhere Wahrheit in Ihrem Munde, werden
Sie mir zurufen, was ist denn nun das? Ich antworte, ich
kann mir einen Schöpfer nicht vorstellen, der das, was im
Sinne unseres Themas bessern heißen könnte, als Besserung
betrachtete. Er würde doch sagen: Was denken sich diese
Leute, ich erhalte sie durch Elend und Tod, damit sie men-
schenwürdig werden, und sie weichen schon wieder aus
durch Pillen und Fencheltee und wollen vergnügt sein und
auf Omnibusreisen gehen, und was die Dichtung angeht,
halte ich es mit dem Satz von Reinhold Schneider: „Es gehört zum Wesen der Kunst, Fragen offenzulassen, im Zwielicht zu zögern, zu beharren." Wer die Dichtung so empfindet, der kommt vielleicht weiter. Im Zwielicht – soviel über
den Schöpfer und das Bessern.

Ich habe mich bisher in der Unternehmung einer formalen
Kritik des uns aufgestellten Themas versucht, aber ich
werde dabei nicht stehenbleiben. Ich werde die Essenz
selber prüfen und zu mir sprechen lassen. Vorher aber
möchte ich noch zusammenfassend sagen, unser Thema ist
eine sehr deutsche Frage, eine sehr deutsche Formulierung.
Ich glaube nicht, daß diese Frage in Frankreich, Italien oder
Skandinavien so gestellt werden könnte. Uns liegt sie nahe,
da wir aus unserer Literaturgeschichte meinen könnten, daß
die Dichter selber, sie als Vorbild, Idol, geschlossenes
moralisches Ich, als Vorleben die Jugend und die Zeit
bessern könnten. Es trifft zu, wenn wir die letzten hundert
Jahre unserer Literatur ansehen, so sehen wir in ihr viele
große Männer, aber biedere Gestalten, wie Storm, Fontane,
idyllische, wie Mörike, Stifter, Hesse, bürgerliche wie
Thomas Mann, Gerhart Hauptmann, alles menschlich edle

Figuren, alles Ehrenmänner. Dagegen Dostojewskij spielte Roulette wie ein Maniakalischer. Tolstoi wusch sich wochenlang nicht, um wie ein Kulake zu stinken. Maupassant schrieb, daß ein normaler Mann in seinem Leben dreihundert bis vierhundert Frauen erotisch kennenlerne. Verlaine schoß auf offener Straße auf Rimbaud, verwundete ihn und kam zwei Jahre ins Gefängnis. Von Oscar Wilde wollen wir erst gar nicht reden. Also auch ein vorbildliches, andere besserndes Leben kann man aus den Produzenten der Dichtung nicht herleiten.

Um mich noch mehr in die Probleme unseres Themas zu vertiefen, sah ich mich um, was die Dichter selber von ihrer Tätigkeit halten, ob sie sie in die Richtung, andere zu bessern, deuteten. Ich fand das aber nicht bestätigt. Hebbel schreibt: „Dichten heißt die Welt wie einen Mantel um sich schlagen und sich wärmen." Eine recht egozentrische These. Ibsen sagte: „Dichten heißt, sich selber richten." Dies Wort ist berühmt, aber ich kann mir nicht viel dabei denken. Bei Kafka hören wir: „Alles, was sich nicht auf Literatur bezieht, hasse ich, es langweilt mich." Anatole France schreibt: „Wir müssen zum Schluß doch zugeben, daß wir jedes Mal von uns selbst sprechen, wenn wir nicht schweigen können." Interessant ist eine Bemerkung von Rilke: „Nichts meint ein Gedicht weniger, als in dem Lesenden den möglichen Dichter anzuregen." Wunderbar ist das Wort von Joseph Conrad: „Dichten heißt, im Scheitern das Sein erfahren." Zum Schluß noch Majakowski. Er notiert: „Die Arbeit des Dichters muß zur Steigerung der Meisterschaft und zur Sammlung dichterischer *Vorfabrikate* Tag für Tag fortgesetzt werden. Ein gutes *Notizbuch* ist wichtiger als die Fähigkeit, in überlebten Versmaßen zu schreiben." Beachten Sie an diesem Ausspruch die Worte „Vorfabrikate" und „Notizbuch". Wir befinden uns hiermit bereits im

Vorfeld abstrakter, bewußter, artistischer Kunst. Nirgendwo bei diesem Streifzug erblicken wir oder hören wir
von den Autoren etwas von Besserungsbestrebungen in
bezug auf andere. Aber Goethe, wird man sagen, der war
doch für ein strebendes Bemühen, das allen zugute käme,
der war doch für Bildung, Erziehung, Besserung – aber,
frage ich dagegen, was war Goethe eigentlich nicht? Und
studieren wir seine Gedichte, die vollkommensten, die
schönsten – „Warum gabst du uns die tiefen Blicke" oder
das Parzenlied oder Nachtgesang: „O gib vom weichen
Pfühle träumend ein halb Gehör" –, sie zeigen in der
höchsten Gelungenheit immer wieder nur die Vollendung
des Dichters in sich selbst – daß es eine Vollendung aus sich
selbst ist, das behaupte ich nicht.
Aber jetzt stürze ich mich in die Flut, lasse die Wogen über
mir zusammenschlagen – soll die Dichtung das Leben bessern? –, ich atme diese humane, diese idealistische, hoff-
nungdurchtränkte Essenz in mich ein. Aber, frage ich mich
sofort, wie kann denn einer, der dichtet, noch einen Neben-
sinn damit verbinden? Wer dichtet, steht doch gegen die
ganze Welt. Gegen heißt nicht feindlich. Nur ein Fluidum
von Vertiefung und Lautlosigkeit ist um ihn. An den
Tischen mag geschehen, was will, jeder seine persönlichen
Liebhabereien haben, Karten spielen, essen, trinken, selig
sein, von seinem Hund erzählen, von Riccione – sie stören
ihn nicht, und er stört sie nicht. Er dämmert, er hat Streifen
um sein Haupt, Regenbogen, ihm ist wohl. Er will nicht
verbessern, aber er läßt sich auch nicht verbessern, er
schwebt. Oder er sitzt zu Hause, bescheidene vier Wände, er ist kein Kommunist, aber er will kein Geld
haben, vielleicht etwas Geld, aber nicht im Wohlstand
leben. Also sitzt er zu Hause, er dreht das Radio an, er
greift in die Nacht, eine Stimme ist im Raum, sie bebt,

sie leuchtet und sie dunkelt, dann bricht sie ab, eine Bläue ist erloschen. Aber welche Versöhnung, welche augenblickliche Versöhnung, welche Traumumarmung von Lebendigem und Toten, von Erinnerungen und Nichterinnerbarem, es schlägt ihn völlig aus dem Rahmen, es kommt aus Reichen, denen gegenüber die Sterne und Sonnen Gehbehinderte wären, es kommt von so weit her, es ist: vollendet.

Ein beladener Typ! Sie können wahrscheinlich noch über manches nachdenken: L'art pour l'art, Kausalität, Indochina, er kann das nicht mehr, die Welt mag sein, wie sie will, sie geht vorüber, aber er heute auf diesem Breitengrad, dem dreiundfünfzigsten, Durchschnittstemperatur im Juli 19,8, im Januar 0,5 Grad, muß seinen Weg abschreiten, seine Grenzen erleben – Moira, den ihm zugemessenen Teil. Arbeite, ruft er sich zu, du hast siebzig Jahre, suche deine Worte, zeichne deine Morphologie, drücke dich aus, übernimm ruhig die Aufgabe einer Teilfunktion, die aber versorge ernstlich. Valéry hatte gesagt, der Vollmensch stirbt aus, heute müßte man sagen, der Vollmensch ist ein dilettantischer Traum, eine voluminöse Allheit, eine archaische Erinnerung. Das Zeitalter Goethes hat ausgeleuchtet, von Nietzsche zu Asche verbrannt, von Spengler in die Winde verstreut – glimmend und schwelend ist die Luft, aber nicht von Johannis- oder Kartoffelfeuern, vielmehr von den brandigen Scheiten der Kulturkreislehre, der eine Kreis versinkt, ein anderer steigt auf, und wir sind die Puppen und Chargenspieler in diesen solaren Stücken.

Wie schön wäre es für einen, der Dichtung machen muß, wenn er damit irgendeinen höheren Gedanken verbinden könnte, einen festen, einen religiösen oder auch einen humanen, wie tröstlich wäre das für seinen Geheimsender, der die Todesstrahlen ausschickt, aber ich glaube, daß vielen kein solcher Gedanke tröstend zuwächst, ich glaube, daß sie in einer erbarmungslosen Leere leben, unablenkbar fliegen da die Pfeile, es ist kalt, tiefblau, da gelten nur Strahlen, da gelten nur die höchsten Sphären, und das Menschliche zählt nicht dazu.

In dieser Sphäre entsteht die Dichtung. Und damit treten wir vor das Problem der monologischen Kunst. Das Gedicht ist monologisch. Diese Behauptung ist keine Konstitutions-anomalie von mir, auch jenseits des Atlantiks finden wir sie vertreten. In den USA versucht man auch die Lyrik durch Fragebogen zu fördern, man sandte einen solchen Fragebogen an vierzehn Lyriker in den USA, die eine Frage lautete: An wen ist ein Gedicht gerichtet? Hören Sie, was ein gewisser Richard Wilbur darauf antwortete: Ein Gedicht, sagt er, ist an die Muse gerichtet, und diese ist unter anderem dazu da, die Tatsache zu verschleiern, daß Gedichte an niemanden gerichtet sind. Das Gedicht, die Lyrik ist für unsere Frage der beste Test. Ein Gedicht ist immer die Frage nach dem Ich, und alle Sphinxe und Bilder von Sais mischen sich in die Antwort ein. Also der atlantische Kulturkreis heute und hier: Das moderne Gedicht, das absolute Gedicht ist das Gedicht ohne Glauben, das Gedicht ohne Hoffnung, das Gedicht an niemanden gerichtet, ein Gedicht aus Worten, die Sie faszinierend montieren. Und doch kann es ein überirdisches, ein transzendentes, ein das Leben des einzelnen Menschen nicht verbesserndes, aber ihn übersteigerndes Wesen sein. Wer hinter dieser Behauptung und dieser Formulierung weiter nur Nihilismus und Laszivität erblicken will, der übersieht, daß noch hinter Faszination und Wort genügend Dunkelheiten und Seinsabgründe liegen, um den Tiefsinnigsten zu befriedigen, daß in jeder Form, die fasziniert, genügend Substanzen von Leidenschaft, Natur und tragischer Erfahrung leben. Überblicken Sie Ihren Weg: durch die Jahrtausende

den religiösen Weg und den dichterisch-ästhetischen Weg:
Die ganze Menschheit zehrt von einigen Selbstbegegnungen,
aber wer begegnet sich selbst? Nur wenige und dann
allein.

Also, werden Sie nun vielleicht denken, der Redner beantwortet die an ihn gestellte Frage schlechtweg negativ. Nein,
das tut er nicht. Die Dichtung bessert nicht, aber sie tut
etwas viel Entscheidenderes: sie verändert. Sie hat keine
geschichtlichen Ansatzkräfte, wenn sie reine Kunst ist, keine
therapeutischen und pädagogischen Ansatzkräfte, sie wirkt
anders: Sie hebt die Zeit und die Geschichte auf, ihre Wirkung geht auf die Gene, die Erbmasse, die Substanz – ein
langer innerer Weg. Das Wesen der Dichtung ist unendliche Zurückhaltung, zertrümmernd ihr Kern, aber schmal
ihre Peripherie, sie berührt nicht viel, das aber glühend.
Alle Dinge wenden sich um, alle Begriffe und Kategorien
verändern ihren Charakter in dem Augenblick, wo sie unter
Kunst betrachtet werden, wo sie sie stellt, wo sie sich ihr
stellen. Sie bringt ins Strömen, wo es verhärtet und stumpf
und müde war, in ein Strömen, das verwirrt und nicht zu
verstehen ist, das aber an Wüste gewordene Ufer Keime
streut, Keime des Glücks und Keime der Trauer, das Wesen
der Dichtung ist Vollendung und Faszination.

Und damit Sie sehen, wie ernst die Situation ist, der ich
Ausdruck zu verleihen mich bemühe, schließe ich mit einem
Vers von Hebbel, in dem Sie auch das Wort hören, das
meinem Stil fremd ist, das aber viele von Ihnen vielleicht
erhoffen, es ist ein Vers aus dem Gedicht „An die Jünglinge", er lautet:

> Ja, es werde, spricht auch Gott,
> denn er macht den nicht zum Spott,
> und sein Segen senkt sich still,
> der sich selbst vollenden will.

EDITORISCHER BERICHT

Die Erscheinungsfolge der einzelnen Bände dieser ersten Gesamtausgabe der Werke Gottfried Benns, vor allem aber die Absicht des Verlegers, den Lesern zu ermöglichen, bevorzugte Bände auch einzeln zu erwerben, machen es notwendig, in jedem Band kurz über die editorischen Grundsätze zu berichten, nach denen gearbeitet wurde. Die auf diese Weise unvermeidlichen Wiederholungen sind allerdings keine große Belastung der Ausgabe; und andererseits ergibt sich so die Gelegenheit, die Auskünfte über das Prinzipielle am konkreten und bandweise doch unterschiedlichen Material zu orientieren.

Vollständige und zuverlässige Darbietung des Werkes ist das Ziel, das sich Herausgeber und Verlag gestellt haben. Die Ausgabe enthält außer sämtlichen schon einmal in Buchform erschienenen Texten Gottfried Benns auch die bisher noch in Zeitschriften und Zeitungen verstreuten Texte (von den Stücken dieses Bandes gehören in diese Gruppe: *Paris, Frankreich und wir, Genie und Gesundheit, Heinrich Mann zum sechzigsten Geburtstag, Die Eigengesetzlichkeit der Kunst, Der deutsche Mensch – Erbmasse und Führertum, Geist und Seele künftiger Geschlechter, Die Dichtung braucht inneren Spielraum, Zucht und Zukunft, der Vortrag in Knokke* und die *Ansprache zur Verleihung des Europäischen Literaturpreises*); die Ausgabe enthält ferner den gesamten Nachlaß (hier: *Zum Thema Geschichte*), soweit es sich nicht um Texte handelt, die sich noch im Stadium des Entwurfs, der vorbereitenden Notiz, des noch nicht zu erkennbarer Gestalt gediehenen Fragments befinden. Die Veröffentlichung sämtlicher Textsplitter hätte die Ausgabe ungebührlich belastet und aufgebläht, wäre auch wegen der notwendigen Entzifferungsarbeit im gegenwärtigen Zeitpunkt noch nicht möglich gewesen. Eine willkürliche Auswahl dieses Materials zu veröffentlichen erschien nicht sinnvoll; deshalb wurde ganz darauf verzichtet. Aufgenommen wurden also sämtliche Texte, die Werkcharakter haben, das heißt, die so weit durchgearbeitet sind, daß man sie zumindest als erste vorläufige Fassung ansprechen kann.

Darunter sind auch Texte, die Gottfried Benn nicht zur Veröffentlichung vorgesehen oder zurückgestellt (hier: *Zum Thema Geschichte*) oder an deren Wiederveröffentlichung er nicht gedacht hat (hier vor allem eine Reihe von Arbeiten aus den Jahren 1933/34). Als grobe Orientierungsregel kann gelten, daß die Rangordnung, in der Gottfried Benn seine Texte sah, sich aus der Häufigkeit ihrer Veröffentlichung ergibt.

Das gesamte Textmaterial wurde nach Sachgruppen gegliedert, aus denen sich zunächst die Bandeinteilung, dann aber auch die Gliederung der einzelnen Bände ergab. Einige grundsätzliche Bemerkungen über die Schwierigkeiten der Abgrenzung und Zuordnung der Texte stehen im Nachwort zu Band II. Von den Stücken dieses Bandes wären *Das moderne Ich* und *Pallas* auch unter den Prosastücken (Band II) denkbar gewesen, aber Benn selbst bezeichnete sie als Essays und sie nehmen inhaltlich unter den Essays eine bedeutende Stellung ein. Deshalb stehen sie hier. An Büchern anderer Autoren orientierte Arbeiten wie *Dein Körper gehört dir, Genie und Gesundheit, Das Genieproblem, Gebührt Carleton ein Denkmal?* hätten auch unter die Rezensionen (Band IV) eingeordnet werden können, aber sie sind durch frühere Veröffentlichungen schon

als Essays eingeführt und haben auch einen solchen Grad
von Selbständigkeit gegenüber ihrem Anlaß und Material
erreicht, daß es angemessener erschien, sie in diesem Band
zu bringen. *Nach dem Nihilismus* diente der gleichnamigen
Essaysammlung als Vorwort, ist aber in Form und Inhalt
selber einer der bedeutendsten Essays Gottfried Benns.
Deshalb erschien es sinnvoller, die Arbeit hier einzureihen,
als sie unter die Vorworte zu eigenen Büchern (Band IV)
zu verweisen. Ein Rest von Willkür kann bei der Zuordnung der Texte in manchen Fällen allerdings nicht vermieden werden.

Innerhalb der einzelnen Sachgruppen sind die Texte chronologisch geordnet. Wenn die Entstehungszeit der Texte
nicht mit Sicherheit festzustellen ist, richtet sich die chronologische Ordnung nach dem Zeitpunkt ihrer ersten Veröffentlichung. Der zeitliche Abstand zwischen Entstehung
und Erstveröffentlichung eines Textes dürfte bis 1934 in
der Regel gering sein. Die genaue chronologische Reihenfolge der meisten Arbeiten aus Ausdruckswelt ließ sich
nicht ermitteln. Deshalb wurden sie in der Anordnung,
die Gottfried Benn ihnen gegeben hat, abgedruckt. Die
Datierungen der frühen Stücke in den Bänden Frühe Prosa
und Reden (1950) und Essays (1951) stammen von Benn
selbst, sind aber offenbar nach dem Gedächtnis gemacht
worden. Da sie sich in vielen Fällen als falsch erwiesen
haben, wurde nicht auf sie zurückgegriffen.

Zur Textgestaltung wurden sämtliche Buchausgaben, und
soweit noch greifbar, die zeitlich vor den Büchern liegenden
Veröffentlichungen des Textes in Zeitschriften und Zeitungen herangezogen, nicht dagegen die Abdrucke nach Buchausgaben. In der Regel konnten bei den Texten, die nach
1948 wiederveröffentlicht worden sind, die von Gottfried
Benn selbst korrigierten Druckfahnen und Umbruchbogen

benutzt werden, bei den nach 1948 zum ersten Mal ver-
öffentlichten Texten außerdem das als Druckvorlage an
den Verlag geschickte Typoskript. War noch irgendwo
Anlaß zu der Vermutung, daß es sich um eine verdorbene
Textstelle handele, wurde rückgreifend bis zur ersten Rein-
schrift des Textes der gesamte Typoskriptbestand verglichen.

Maßgebend für die Textgestaltung war der jeweilige Text
letzter Hand. Die letzte Fassung, die Benn seinen Texten
gegeben hat, wurde im Textteil abgedruckt. Mit Hilfe des
Variantenverzeichnisses, das Abweichungen zurück bis zur
Erstveröffentlichung aufführt, kann aber auch die Text-
geschichte genau verfolgt und jedes Stadium rekonstruiert
werden. Von den Stücken dieses Bandes ist einzig *Das
moderne Ich* durch spätere Streichungen stark verändert
worden.

Bei der Herstellung des richtigen Wortlautes mußten zahlreiche Fehler der früheren Ausgaben verbessert werden.
Verdorbene Textstellen, die sich durch den Textvergleich
eindeutig als solche identifizieren ließen, wurden stillschweigend verbessert. Wo Zweifel bestanden, ob es sich
um einen Fehler oder eine bewußte Veränderung handelt,
wurde die frühere Fassung als Variante notiert. Gram-
matische Fehler (zum Beispiel: wie nach dem Komparativ)
und syntaktische Fehler, die sich durch alle Veröffentlichungen des Textes zurückverfolgen ließen und, wo vorhanden, sich auch im Typoskript fanden, wurden nicht korrigiert. Stillschweigend verbessert wurden orthographische
Fehler und falsche Schreibweisen von Namen und Begriffen, die bei Benn, der darin gleichgültig war und offenbar
nach Gehör schrieb, sehr häufig sind. Wenn allerdings
stilistische, klangliche, rhythmische Gründe dabei im Spiele
waren, wurde selbstverständlich nicht korrigiert. Weder

verbessert noch vermerkt wurden sachliche Fehler (der
Nachweis wäre Aufgabe einer kommentierten Ausgabe)
und schließlich sprachliche Eigenheiten Benns (zum Beispiel überzähliges s in Zusammensetzungen wie „Heimats-
ort" oder „Vernunftswesen"). Streichungen und Veränderungen des Textes, die sich aus der Übernahme eines Zeit-
schriftenaufsatzes in einen Essayband notwendig ergaben
(zum Beispiel bei Wendungen wie: „in dieser Zeitschrift",
„an dieser Stelle", „kürzlich hier") wurden nicht unter den
Lesarten aufgeführt.
Die Verweiszahlen stehen hinter dem Wort oder der Text-
passage, zu der es eine Variante gibt, und vor dem ab-
schließenden Satzzeichen. Stehen sie hinter dem abschlie-
ßenden Satzzeichen, dann handelt es sich um einen gestri-
chenen Text, der früher an die markierte Stelle anschloß.

ANMERKUNGEN UND LESARTEN

Das moderne Ich

Erstveröffentlichung in: Tribüne der Kunst und der Zeit,
Heft 12 (1920).
Dort hießen die Abschnitte I und II: „Ekthese" und „Nar-
ziß".
Für die Veröffentlichung des Textes in: Der neue Staat
und die Intellektuellen, 1933, hat Gottfried Benn folgende
Vorbemerkung geschrieben:

*Aus dem Jahr 1920, eine Jugendarbeit, eine Rede an Stu-
denten der naturwissenschaftlichen Fächer. Sie schildert die
innere Lage des damaligen deutschen Ich, dieses Ich in den
politischen Schatten der furchtbaren Nachkriegsjahre, in
den denkerischen und sprachlichen Krisen eines untergehenden Weltzeitalters. Sie ist jugendlich, das heißt individualistisch und extrem. Ihre Formulierungen sind vielfach nicht allein weltanschaulich zu beurteilen, sondern
auch ausdruckshaft anzusehen, sie sind vielfach lauthaft
und dichterisch ersucht und dann geprägt. Ihr Grundzug ist
aber schon damals – und damit stand sie ganz vereinzelt
und isoliert – der Haß gegen das wissenschaftlich Utilitari-
stische, die kaufmännisch gewordene Erkenntnis, den Staat
als reinen Verpfleger, den Menschen als reinen Renten-
empfänger, gegen alles Mechanistische des Lebens, ihre
Sehnsucht ging über das Empirische und Soziale hinaus auf
die schöpferische Substanz, auf die Verwandlungsgefühle,
auf Bilder und Gegenbilder, die ihr aufstiegen aus der
ewigen, von Untergang umkränzten, der ichlos strömenden,
der stygischen Flut.*

Zur Textgestaltung wurden benutzt:
Tribüne der Kunst und der Zeit, Hrsg. Kasimir Edschmid,

Heft 12, Berlin 1920 (= TdK). – Die Gesammelten Schriften, Berlin 1922² (= GesS). – Gesammelte Prosa, Potsdam 1928 (= GesP). – Der neue Staat und die Intellektuellen, Stuttgart-Berlin 1933, 1. und 2. Auflage (= DnSt). – Frühe Prosa und Reden, Wiesbaden 1950 (= FPuR).

1   TdK, GesS: *hergeweht*

2   TdK, GesS folgt mit neuem Absatz:
     Ἐκτίθημι: *ich stelle heraus.* Ἐκτίθημι: *ich wuchte hin.*
     Ἐκτίθημι: *aus meinen Feuern, Stunde um Stunde, alle*
     Erde und Stern. Ich war der Vogel mit der Nickhaut,
     jetzt säubert sich das Auge, jetzt geysert mir die Linse
     über Feld und Au.

3   TdK, GesS: *als Schicksal*

4   Diese Zeile fehlt in TdK und GesS.

5   In TdK, GesS beginnt dieser Absatz:
     Aber jenseits von Sieg und Niederlage steht ein Kampf,
     den der Sieg rechtfertigte, doch nicht geschaffen hat,
     der vielmehr den Krieg, der banalen Methoden seines
     Zeitalters sich bedienend, auf die Leinwand warf als
     einen langweiligen und lehrreichen Kulturfilm für alle,
     die es sonst nicht glauben wollten. Da trat doch nun
     einmal die Blüte des 19. Jahrhunderts an. Was waren
     das für Pneumatiks und Scherenfernrohre . . .

6   TdK, GesS folgt mit neuem Absatz:
     Deutschland träumte noch Schellings Träume, Justinus
     Kerner trieb Geister aus, Kieser lehrte die Blutkörper-
     chen aus der Kugelgestalt der Erde zu begreifen, und
     Hahnemann führte alle Krankheiten auf drei Grund-
     krankheiten zurück: die Lustseuche, die Feigwarzen-
     krankheit und die Krätze, da war die Saat reif für
     Frankreichs gegenständlicheres Tun.
     Die Revolution mit ihrer Entfesselung ungeheuer auf-
     geregter Kräfte, die sich zum erstenmal an der Neu-
     gestaltung einer reicheren Wirklichkeit betätigen wollte,

hatte die Naturforscher des Landes darauf verwiesen,
ihren ganzen Wissenschaftsbetrieb auf die Erwerbung
möglichst handgreiflicher Ergebnisse einzustellen, auf
Untersuchungen mit praktischem Erfolg.

Während in Deutschland das solare Gehirn und das
tellurische Gangliensystem eine große Rolle spielte und
die Cholera aus einer outrierten Dekombustion der or-
ganischen Ursäfte hergeleitet wurde, hatte der Leibarzt
Napoleons das Hörrohr konstruiert und Laennec ein
Stäbchen aus Eiche zum Beklopfen der Brust geschnitzt,
hatte Pinel die Entdeckung der verschiedenen Gewebe
des Körpers gemacht und Bichat auf ihr eine Pathologie
aufgebaut, die sich etwa bis Virchow hielt. Dies alles
brach nach Deutschland ein, und nun arbeitete es mit,
hingenommen von der Sendung des Jahrhunderts.
Wunderbar, ruft hier jeder aus. Wunderbar, sagt der
Patient, wenn man ihm die Harnröhre ableuchtet, wie
weit hat es doch die Wissenschaft b e r e i t s gebracht.
Wunderbar, sagt die Patentante, wieviel Leiden kannst
du lindern, wieviel Schmerzen stillen i n H ü t t e u n d
P a l a s t. Wunderbar, sage ich, wenn nicht nur Deutsch-
land zusammengebrochen wäre, sondern dieser ganze
Kontinent von Island bis zu den Balearen mit sämt-
lichen Röntgenröhren und Termophoren seines blasen-
spülenden Säkulums.

7   TdK, GesS folgt mit neuem Absatz:
Oder hat vielleicht jemand die Nachrufe gelesen, wenn
vielleicht der hochverehrte Herr Geheimrat verschieden
war, der während seines Lebens hohen Ansehens und
großen Vertrauens sich erfreuen durfte, und dessen
unermüdliches Wirken in dieser ernsten Zeit ganz be-
sonders s e g e n s r e i c h gewesen war? Ohne Goethe
geht es da nicht ab, meistens mit den Besten seiner
Zeit, jedenfalls zitiert wird: nationales Geistesniveau,
Gefühlswoge, oft auch Altes Testament mit Mühe und
Arbeit; für Privatdozenten heißt die Formel: Er hätte,

*wäre er hinaufgelangt, unfehlbar sich höchst kläglich
bewährt!*

*Oder hat vielleicht jemand darauf geachtet, wie die
Fakultäten, die doch so vielfach protestierten,* n i c h t
*ihre Stimme erhoben, als während des Krieges die
schamlose Verfolgung der Geschlechtskrankheiten einsetzte, die damit endete, daß über jeden, der sich im
Feld einen Tripper zugezogen hatte, ein Aktenstück von
zwölf Seiten angelegt wurde, zu Händen der Reichs-
versicherungsanstalt, der das Recht verliehen wurde,
jeden dieser Protokollierten mit Nachuntersuchungen,
Postkarten und Kontrollen Zeit seines Lebens zu ka-
naillieren? Wie aber die Akkoucheure der höchsten
Frauen, um in dieser großen Zeit nicht unbekränzt zu
stehen, der Abtreibung ungeahnt zu Leibe rücken wollten bis zur Anzeigepflicht des Hausbesitzers, damit nur
das Gemeinsystem von ein paar Preußenhoden der
Samenfäden nicht verlustig ginge?*

8   TdK, GesS: *katastrophalen*

9   TdK, GesS folgt mit neuem Absatz:
*Jeder weiß, daß der Entwicklungsgedanke die tragende
Idee des 19. Jahrhunderts war. Sie wissen auch, er leitet
sich diesmal her aus dem Anfang des 18. Jahrhunderts,
als in der Embryologie darüber gestritten wurde, ob
das mütterliche Ei ein Miniaturbild der späteren Frucht
darstelle (Haller: Es gibt kein Werden) oder was sonst.
Man kennt auch die weiteren Etappen, daß Goethe
einen Kiefer fand und sich dabei etwas dachte, daß
Schleiden die Zelle als Urelement des organischen Aufbaues beschrieb, was, wie es heißt, befruchtend wirkte
und als Hochgipfel bezeichnet zu werden pflegt. Man
weiß, daß um die Mitte des 19. Jahrhunderts Formeln
wie: Erhaltung der Art, Kampf ums Dasein, Auslese
der Tüchtigsten zu dem Entwicklungsbegriff hinzu-
traten, und daß sich aus den Schriften von Darwin der
Bürger jenen Entwicklungsbegriff schuf, den er den Be-*

*dürfnissen der Gründerjahre funktionell anpaßte. Näm-
lich als Schlafmütze, wenn ihn irgend etwas aus seiner
Ruhe zu treiben sich unterfing, als Jotte doch, nur keine
Aufregung, wir haben doch alle unsere Entwicklung, –
handelte es sich aber um Ausbeutung oder Schiebung,
als Kampf ums Dasein mit dem sittlichen Hintergrund
der Erholtung der Art. Die reinen und angewandten
Naturwissenschaften aber standen dabei und wußten
nichts zu sagen; den schwammigen Begriff des Darwinismus aufzuklären, waren sie nicht in der Lage,
seine Konsequenzen zu übersehen, unvermögend.
Mit der Wendung von dem Kampf um den Platz an
der Sonne stand der Kampf ums Dasein in der europäischen Politik. Wie konnte es auch anders sein, sagt
Hertwig, man glaube doch nicht, daß die menschliche
Gesellschaft ein halbes Jahrhundert lang Redewendungen wie unerbittlicher Kampf ums Dasein, Auslese
des Passenden, des Nützlichen, des Zweckmäßigen,
Vervollkommnung durch Zuchtwahl usw. in ihrer Übertragung auf die verschiedensten Gebiete wie tägliches
Brot gebrauchen kann, ohne in der ganzen Richtung
ihrer Ideenbildung tiefer und nachhaltiger beeinflußt
zu werden!
Ich meine jetzt also nicht Aussprüche allgemeiner Natur über die Notwendigkeit des Krieges, wie etwa den
Moltkes: ohne den Krieg würde die Welt im Materialismus versumpfen, oder als Parallele dazu die Meinung
von Ernest Renand, der das Leben Jesu schrieb, in
seinem Buche „La Réforme Intellectuelle et Morale".
„Wenn die Torheit, Nachlässigkeit und Kurzsichtigkeit
der Staaten nicht gelegentlich einen Zusammenstoß
verursachten, wäre es schwer auszudenken, bis zu welcher Stufe der Verkommenheit die Menschen sinken würden", sondern den speziellen Bezug auf den Darwinismus
bei Begründung der Notwendigkeit von Kriegen.
Als ein Beispiel von vielen ähnlichen aus den verschie-*

densten Ländern führe ich aus dem kürzlich erschienenen Werke des amerikanischen Generals Horner Lea folgenden Abschnitt an: „Volkheiten unterliegen in Entstehung, Entfaltung und Tod denselben Gesetzen wie das ganze organische Leben – sei es Pflanzenleben, Tierleben oder das Leben der Völker –: dem Gesetze des Kampfes ums Dasein, dem Gesetze der Auslese. Diese Gesetze sind in bezug auf Leben und Zeit allgemeingültig, unveränderlich in ihrer Verursachung und in ihrer Wirksamkeit und nur veränderlich innerhalb eines Volkslebens, je nachdem sie richtig oder falsch erkannt und beachtet werden. Nur die Verblendung der Menschen konnte den törichten Plan fassen, sie abzuschaffen, zu überlisten, zu betrügen, zu verleugnen, zu verhöhnen und zu verletzen. Nie ist der Versuch gemacht worden – und die Menschen haben nie von solchen abgelassen –, ohne daß das Ende verderblich und verhängnisvoll gewesen wäre.“

Der Engländer Norman Angell, der in seinem Buch „Die falsche Rechnung“ diese biologische Argumentation zugunsten des Krieges eine europäische Doktrin nennt, die einen Bestandteil des europäischen Geistes bildet und den allgemeinen Charakter der europäischen Kultur mitbestimme, drückt diese Verhältnisse folgendermaßen aus:

„Man behauptet nämlich, daß die Bedingung menschlichen Fortschritts in der Vergangenheit die Auslese der Tüchtigen im Kampf und Krieg gewesen sei, und daß gerade die Kampf- und Kriegslustigen sich behauptet hätten. Die Neigung der Menschen zum Kampf sei also nicht eine bloße Äußerung sittlicher Verdorbenheit, sondern vielmehr ein Ausfluß des in tiefen biologischen Gesetzen – im Daseinskampf der Völker – wurzelnden Selbsterhaltungstriebes.“

Die aufklärende Arbeit der Naturwissenschaften als Ursache zum Weltkrieg, das ist nicht übel. Wie steht es

aber nun mit diesen Gesetzen, die sie aus den Sinais
ihrer Laboratorien und Zuchtanstalten ehern gebar?
Um es kurz zu sagen, sie gelten heute nicht mehr. Der
Weltkrieg ist auf einer falschen naturwissenschaftlichen
Grundlage, sozusagen irrtümlich entstanden.

10 TdK, GesS: *Täfelchen*

11 TdK, GesS folgt mit neuem Absatz:

Oder ist etwas anderes als Unbehagen, als ein Schwan-
ken in den Aggregaten des Komforts, etwas anderes
als immer wieder nur der körperliche Schmerz Gegen-
stand der ewig so ferventen Radomontaden, mit denen
die Utilitarier Sie umgehen? Von ihnen aber wer, die
das Schicksal verfeuilletonierend Ihnen den Geschmack
verdarben, darf sagen, daß er das Exemplar studiert
habe, wer, daß er übergegangen sei, von literarischer
Bedunstung zur Analyse schofelsten Einzelfalles, wer,
daß er induziere vom Material zur Empirie?

Aber der Arzt darf für sich in Anspruch nehmen, daß
er hierüber Erfahrungen gesammelt hat, beruflich, als
Professionist des Emotionellen, er hat den Menschen
durchgeblättert wie einen Katalog, er hat ihn gerochen
und geschmeckt, im Schlafen und im Wachen, in un-
zähligen Exemplaren, den Heilen und den Morschen,
den Herrn ohne Lider, die Dame mit Vorfall, den
Blutschänder und die Abtreiberin, den Herzog und den
Delinquenten, den Irren und den im Akt, es darf Gel-
tung beanspruchen, wenn er Ihnen sagt, der Mensch
leidet: stundenweis, der Mensch ist hoffnungsvoll, der
Schmerz ist relativ zum individuellen System.

Darf ich Ihnen an „Am Wege" von Bang erläutern,
was ich meine: Da tritt Ihnen entgegen der Inbegriff
der Schwermut, der tödlichste, der durch keine Träne
verlöschbare Gram, eine Wehmut ohne Sinn und ein
zermalmendes Verrinnen. Aber die Bahnhofvorstands-
gattin, um die es geht, setzt Blumen in Reihen auf den
Fußboden auch in der letzten schweren Zeit, schneidet

rote Beete und Kartoffeln in kleine Stücke auf einem kleinen Brett, nimmt Flaschen und große Schalen und rührt in den Schüsseln; „nein, ich habe keinen Geschmack mehr", sagt sie eines Tages, – der Schmerz ist organisiert innerhalb dieser sich lösenden psychophysischen Synthese, aber die Wehmut ist kosmisch und gestaltbar in der Aktivität des schöpferischen Ich. Erinnernd an die Stellung der transzendentalen Logiker zum Wahrheitsproblem, die in der Individualitätsleistung nur das logisch implizierte Moment der angeblich sich verwirklichenden Vernunft feststellen, installieren Sie – umgekehrt – die Träne, den Kummer oder den Schrei in die ubiquitären Begriffe aus dem Wertsystem der Mitleidsmoral und überwölben aus diesem Begriffe deduzierend das Phänomen. Analysierten Sie den einzelnen Fall, Sie kämen zu völlig anderen Resultaten und Sie vermöchten der praktischen und exakten Reglementierung der menschlichen Beziehungen, der ich das Wort rede, von jenen Kräften zu leihen, die Sie jetzt geschlossen an die phrasenhaften Vorstellungen der „umschlungenen Millionen" oder des „dunklen, aber grandiosen Menschheitsziels" oder des „unendlichen Zieles des Paradieses" fruchtlos verschwenden. Aber darf überhaupt noch etwas aus dieser Sphäre eine Forderung an Sie stellen, an Ihr Interesse, an Ihr Herz? Darf überhaupt noch etwas Gestalt gewinnen in einer Stunde, die Sie ruft, ganz aus sich selbst zu steigen, ganz aus sich selbst zu schweigen: Entscheidung: Ende oder Absolut? Zurückgekehrte Sie aus einem Grauen, mythisch wie die Kerker der Titanen, Versammelte Sie zum Aufbau von Zerbrochenem wie nie, seit Xerxes um Darius' Schatten rang, berühmte Träger Sie von Glück und Ende eines Volkes durch Hunderte von Schlachten, über Grate, unbesteiglich, und über das ewig winterliche Meer, Sie sollen fordern und verwerfen: Jahrhundert, höre, dem mein Blut verrann –.

12 TdK, GesS, GesP, DnSt, FPuR: *hinten*. – Gottfried Benns Handexemplar der GesP enthält als handschriftliche Korrektur das im Text übernommene *innen*.

13 GesP, DnSt, FPuR: *im*. – Es handelt sich wahrscheinlich um einen Druckfehler: denn „wie im Wind" reden hieße laut reden. Gemeint ist zweifellos vergeblich reden, also „in den Wind" reden. Deshalb wurde hier die frühere Fassung (TdK, GesS): *Wie mit Wind* wieder übernommen.

Paris

Zur Textgestaltung wurde benutzt:
Faust, Jhg. 1924/25, Heft 11/12, S. 1–5 (einzige Veröffentlichung).
Das Handexemplar Gottfried Benns enthält Korrekturen, die hier übernommen wurden.

Medizinische Krise

Erstveröffentlichung in: Der Querschnitt VI, 5 (1926).
Das Motto hat der Text 1928 in der Gesammelten Prosa erhalten.
Zur Textgestaltung wurden benutzt:
Der Querschnitt VI, 5 (1926) S. 340–347 (= Qu). – Gesammelte Prosa, Potsdam 1928.

1 Vermutlich verdorbener Text.

2 In Qu fehlt der Satz.

Kunst und Staat

Erstveröffentlichung in: Die literarische Welt III, 38 (1927) unter dem Titel „Neben dem Schriftstellerberuf".
Die Widmung „Herrn Franz M. Zatzenstein" hat der Text 1928 in der Gesammelten Prosa erhalten.
Zur Textgestaltung wurden benutzt:
Die literarische Welt III, 38 (1927) S. 3–4 (= Lw). – Ge-

sammelte Prosa, Potsdam 1928 unter dem Titel „Kunst und Staat" (= GesP).

1   Lw, GesP: *molekular*. – Die erfolgte Verbesserung in „atomar" war laut Mitteilung von Herrn Dr. F. W. Oelze, Bremen, von Gottfried Benn im Falle einer Neuauflage des Textes vorgesehen.

Dein Körper gehört dir

Erstveröffentlichung in: Der Querschnitt VIII, 3 (1928). Das Motto hat der Text 1928 in der Gesammelten Prosa erhalten.
Zur Textgestaltung wurden benutzt:
Der Querschnitt VIII, 3 (1928) S. 145–149. – Gesammelte Prosa, Potsdam 1928.

1   Gemeint ist das Buch von Victor Margueritte, Dein Körper gehört dir, Berlin 1928.

Frankreich und wir

Zur Textgestaltung wurde benutzt:
Die literarische Welt VI, 1 (1930) S. 4 (einzige Veröffentlichung).

Zur Problematik des Dichterischen

Erstveröffentlichung in: Die neue Rundschau XLI, 4 (1930). Zur Textgestaltung wurden benutzt:
Die neue Rundschau XLI, 4 (1930) S. 485–497 (= NR). – Fazit der Perspektiven, Berlin 1930 (= FdP). – Essays, Wiesbaden 1951.

1   NR, FdP: *grundlegendsten*

2   NR: *Gruppe Literaten*

3   NR, FdP: *Schlachtglück*

4   NR, FdP: *Griff rückwärts*

5   NR, FdP: *von den Müttern*

6   NR, FdP: *der dann noch*

7   NR, FdP: *„daß er nicht enden kann, das macht ihn
    groß, und daß er nie beginnt, das ist sein Los; sein
    Lied ist drehend wie das Sterngewölbe, Anfang und
    Ende immerfort dasselbe."*

Genie und Gesundheit

Zur Textgestaltung wurde benutzt:
Der Querschnitt X, 9 (1930) S. 574–577 (einzige Veröffentlichung).

Der Aufbau der Persönlichkeit

Erstveröffentlichung in: Die neue Rundschau XLI, 11
(1930).
Für die Veröffentlichung des Textes in: Der neue Staat
und die Intellektuellen, 1933, hat Gottfried Benn folgende
Vorbemerkung geschrieben:
Die in den beiden vorhergehenden Reden (Der neue Staat
und die Intellektuellen und Antwort an die literarischen
Emigranten, d. Hrsg.) *zugrunde gelegte Auffassung vom
Naturcharakter der Geschichte hätte keinen Sinn und keine
Begründung, wenn sie nicht den Menschen als Wesen der
Natur umschlösse. In diesem Aufsatz wird aus den Ergebnissen moderner Erfahrungs-Wissenschaft die Perspek-
tive entwickelt, die den Menschen als reines Transzendenz-
produkt zeigt, ihn, ohne darwinistische und lamarckistische,
also intellektualistische Hypothesen anzuerkennen, als mu-
tativ geschichtet, das heißt in immer wieder neuen tran-
szendenten Akten und aus immer wieder neuen Schöpfungs-
impulsen entstanden und ergänzt darstellt.*
Zur Textgestaltung wurden benutzt:
Die neue Rundschau XLI, 11 (1930) S. 693–705 (= NR). –
Fazit der Perspektiven, Berlin 1930 (= FdP). – Der neue
Staat und die Intellektuellen, Stuttgart-Berlin 1933[2]
(= DnSt). – Essays, Wiesbaden 1951 (= E).

1   NR, FdP folgt: *– ich stehe nicht an es auszusprechen –*

2 NR, FdP, DnSt: *schauernd*

3 NR, FdP, DnSt: *weitgehendstem*

4 NR, FdP, E: *„Wenn es Nacht ist, reden lauter alle springenden Brunnen, und auch meine Seele ist ein springender Brunnen."* Richtig ist das Zitat in DnSt wiedergegeben.

5 NR: *Titanische*

6 NR, FdP: *Erschauen*

7 NR: *halb*

Das Genieproblem

Erstveröffentlichung in: Fazit der Perspektiven (1930).
Zur Textgestaltung wurden benutzt:
Fazit der Perspektiven, Berlin 1930 (= FdP). – Essays, Wiesbaden 1951.

1 FdP: *schizoider*

Fazit der Perspektiven

Erstveröffentlichung in: Fazit der Perspektiven, Berlin (1930). Wurde vermutlich als letzter der in dieser Essaysammlung zusammengefaßten Texte geschrieben.
Zur Textgestaltung wurden benutzt:
Fazit der Perspektiven, Berlin 1930 (= FdP). – Essays, Wiesbaden 1951.

1 FdP: *Pappeln*

2 FdP: *Pappelleben*

3 FdP: *Nur noch*

Heinrich Mann zum sechzigsten Geburtstag

Zur Textgestaltung wurde benutzt:
Die literarische Welt VII, 13 (27. 3. 1931) S. 1. 2. 8 (einzige Veröffentlichung).

Irrationalismus und moderne Medizin

Erstveröffentlichung in: Die neue Rundschau XLII, 12 (1931).

Den ersten drei Veröffentlichungen waren folgende Mottos vorangestellt:

Der Mensch hat eine metaphysische Grundlage.

von Krehl

Heilen heißt Einfluß gewinnen auf die Kräfte, welche die Substanz formen.

Goldscheider

Sauerkraut war in Zürich eine der bei jeder Gelegenheit, wo man sich um die Nahrungsaufnahme kümmern konnte, verpönten, weil schwerverdaulichen Speisen; in Bern war es nicht nur an sich leichtverdaulich, sondern es half noch andere Sachen verdauen (gestützt auf gelehrte chemische Übungen, nicht etwa populären Vorstellungen folgend).

Bleuler

Für die Veröffentlichung des Textes in: Der neue Staat und die Intellektuellen, 1933, hat Gottfried Benn folgende Vorbemerkung geschrieben:

Ein Arzt, in dem die Vorahnung der sich vollziehenden anthropologischen Verwandlung seit langem lebt, stellt sich die Frage, kann er es innerlich noch verantworten, den alten menschlichen Typ, den reinen Versorgungs- und Genußtyp, weiterzubehandeln und zu heilen, hat es Sinn, immer neue Heilmethoden zu erfinden und anzuwenden, um diesen Typ einer so niederen Gesellschaftsgesinnung wieder zuzuführen, die im Individuum nichts weiter sieht als Pferdekräfte, Muskulatur, Ware, Schlacke, Geschäft?

Zur Textgestaltung wurden benutzt:

Die neue Rundschau XLII, 12 (1931) S. 811–819 (= NR). – Nach dem Nihilismus, Berlin 1932 (= NdN). – Der neue Staat und die Intellektuellen, Stuttgart-Berlin 1933² (= DnSt). Essays, Wiesbaden 1951.

1   NR, NdN, DnSt: *irgendwie gegen*

Nach dem Nihilismus

Erstveröffentlichung in: Der Vorstoß II, 28, Wochenschrift für die deutsche Zukunft (1932) unter dem Titel „Der Nihilismus und seine Überwindung".
Zur Textgestaltung wurden benutzt:
Nach dem Nihilismus, Berlin 1932 (= NdN). – Essays, Wiesbaden 1951.

1   Der Essay diente ursprünglich dem gleichnamigen Buch als Vorrede.

2   NdN fehlt: *von mir*

3   NdN: *Kraft*

Goethe und die Naturwissenschaften

Erstveröffentlichung in: Die neue Rundschau XLIII, 4 (1932).
Geschrieben Ende 1931. Vergleiche Ausgewählte Briefe, Wiesbaden 1957, S. 50.
Für die Veröffentlichung des Textes in: Der neue Staat und die Intellektuellen, 1933, hat Gottfried Benn folgende Vorbemerkung geschrieben:
Die Ablehnung des europäischen Intellektualismus beginnt bei Goethe. Sein Kampf gegen Newton war der Kampf gegen den Physikalismus, die instrumentell und formelhaft erzeugte Welt. Newton hatte recht insofern, als er nichts hervorbrachte, was nicht andere Wissenschaftler nachprüfen konnten, er schuf jene Vorstellung von „objektiver Welt". Wie wenig es eine solche gibt, wie sehr sie immer wieder der existentiellen und transzendenten unterliegt, zeigt zwar die heutige Stunde der Geschichte, aber in der Wissenschaft lebt sie grundsätzlich fort. Diese objektive, die anti-goethesche Welt wird heute getragen von den sogenannten Realwissenschaften, das sind die naturwissenschaftlichen Einzelfächer. Als die einzige Forderung, die sie zu erfüllen haben, wird neuerdings von ihren Autoritäten hingestellt: Prophezeiungen zu ermög-

lichen. Prophezeiungen ermöglichen, also Erfolge berechnen, Chancen auskalkulieren –: das hat mit Erkenntnis gar nichts mehr zu tun, das sind reine Geschäftsprinzipien. Die Beziehungen zwischen Induktion und Industrie, über deren Anfänge dieser Aufsatz eindringlich spricht, sind damit am Schluß der Epoche jedenfalls ganz eindeutig. Goethe sah die Natur ohne Verwertungsspekulationen, antik, großartig und ohne die späte zivilisatorische Aufteilung in Idee und Realität.

Zur Textgestaltung wurden benutzt:
Die neue Rundschau XLIII, 4 (1932) S. 463–490 (= NR). – Nach dem Nihilismus, Berlin 1932 (= NdN). – Der neue Staat und die Intellektuellen, Stuttgart-Berlin 1933[2]. – Goethe und die Naturwissenschaften, Die kleinen Bücher der Arche Nr. 208, Zürich 1949.

1 NR fehlt dieser Satz.

2 NR, NdN: *ergriff*

3 NR: *perspektivistisches*

Gebührt Carleton ein Denkmal?

Erstveröffentlichung in: Nach dem Nihilismus, Berlin 1932.
Zur Textgestaltung wurden benutzt:
Nach dem Nihilismus, Berlin 1932 (= NdN). – Essays, Wiesbaden 1951.

1 Paul de Kruif, Bezwinger des Hungers, Leipzig und Zürich 1929.
Die von Benn gebrauchte Schreibung de Cruif ist bibliographisch nicht nachzuweisen.

2 NdN fehlt dieser Satz.

Die Eigengesetzlichkeit der Kunst

Zur Textgestaltung wurde benutzt:
Berliner Tageblatt 30. 4. 1933 (einzige Veröffentlichung).

1 Der Aufsatz wurde neben anderen „Stimmen zum 1. Mai" unter dem Gesamttitel „Deutscher Arbeit zur

Ehre" veröffentlicht. Da dieser Titel nicht von Gottfried Benn, sondern vom verantwortlichen Redakteur der Zeitung stammt und außerdem die Argumentationsrichtung des Aufsatzes nicht trifft, wurde hier ein neuer Titel formuliert.

Züchtung I

Zur Textgestaltung wurde benutzt:
Der neue Staat und die Intellektuellen, Stuttgart-Berlin 1933, 1. und 2. Auflage (einzige Veröffentlichung).

Der deutsche Mensch. Erbmasse und Führertum

Zur Textgestaltung wurde benutzt:
Die Woche XXXV, 34 (26. 8. 1933) S. 963–964 (einzige Veröffentlichung).

Geist und Seele künftiger Geschlechter

Zur Textgestaltung wurden benutzt:
Die Woche XXXV, 38 (23. 9. 1933) S. 1094–1096 (einzige Veröffentlichung).

Expressionismus

Erstveröffentlichung in: Deutsche Zukunft, 5. 11. 1933, unter dem Titel: Bekenntnis zum Expressionismus.
Zur Textgestaltung wurden benutzt:
Deutsche Zukunft, 5. 11. 1933, S. 15–17 (= DZ). – Kunst und Macht, Stuttgart-Berlin 1934.

1 DZ: *ich selbst*

2 In DZ fehlen: *Poelzig, Gropius, Kirchner, Schmidt-Rotluff.*

3 In DZ fehlt: *Brecht.*

4 DZ: *es schon*

5 DZ: *utopisch*

6 DZ: *neue glücklichere*

7 DZ: *das Apolitische*

Die Dichtung braucht inneren Spielraum

Antwort auf eine Umfrage des Börsenblattes für den deutschen Buchhandel.
Zur Textgestaltung wurde benutzt:
Börsenblatt für den deutschen Buchhandel Nr. 5, vom 6. 1. 1934 (einzige Veröffentlichung).

Dorische Welt

Erstveröffentlichung in: Europäische Revue X, 6 (1934). Gekürzter Vorabdruck.
Zur Textgestaltung wurden benutzt:
Europäische Revue X, 6 (1934) S. 364–376 (= ER). – Kunst und Macht, Stuttgart-Berlin 1934 (= KM). – Essays, Wiesbaden 1951.

1 ER, KM: *welche*

2 In ER endet hier der erste Abschnitt.

3 ER, KM: *geschliffen*

4 In ER fehlt der ganze Abschnitt III.

5 KM: *nie*

6 KM: *welche*

7 KM: *welche*

8 ER, KM: *sieht*

9 ER, KM: *welche*

10 ER, KM: *doch in*

11 ER, KM: *weitabliegendere*

Züchtung II

Entstanden 1940.
Das als Druckvorlage an den Limes Verlag geschickte Typoskript trägt das Datum 1940. Es ist auf einer Schreibmaschine mit kursiver Type geschrieben, die Gottfried

Benn nach Angabe von Frau Dr. Ilse Benn bei seiner
Flucht im Januar 1945 in Landsberg an der Warthe zu-
rückgelassen hat. Für einige der folgenden Stücke ist die
Kursivschrift und die Papierqualität der einzige Anhalts-
punkt zur Datierung; sie sind spätestens Anfang 1945 und
wohl nicht vor 1940 entstanden.

Im Vorwort (Band IV) des Essaybandes *Ausdruckswelt,*
der die fraglichen Texte zusammen vorlegte, schreibt Gottfried Benn: *Gedankengänge aus den Jahren 1940 bis
1945 –.*

(Vergleiche auch Band II, S. 474, Anmerkung zum *Roman
des Phänotyp.*)

Erstveröffentlichung von Züchtung II unter dem Titel
„Züchtung" in: Ausdruckswelt, Wiesbaden 1949.

Zur Textgestaltung wurden benutzt:

Ausdruckswelt, Wiesbaden 1949 und 1957[3]. – Ferner das
Typoskript des Limes Verlages.

Kunst und Drittes Reich

Entstanden 1941.

Das als Druckvorlage an den Limes Verlag geschickte
Typoskript (kursive Type) im Besitz von Frau Dr. Ilse
Benn ist datiert 23. X. 41 – 3. XI. 41 und signiert mit
Gottfried Benn.

Erstveröffentlichung in: Ausdruckswelt, Wiesbaden 1949.

Zur Textgestaltung wurden benutzt:

Ausdruckswelt, Wiesbaden 1949 und 1957[3]. – Ferner das
Typoskript von Frau Dr. Ilse Benn.

Strömungen

Entstehungsjahr nicht zu ermitteln. Vergleiche Anmerkung
zu *Züchtung II.*

Das als Druckvorlage an den Limes Verlag geschickte
Typoskript (kursive Type) ist weder datiert noch signiert.

Erstveröffentlichung in: Ausdruckswelt, Wiesbaden 1949.

Zur Textgestaltung wurden benutzt:

Ausdruckswelt, Wiesbaden 1949 und 1957[3]. – Ferner das Typoskript des Limes Verlages.

Franzosen

Enstehungsjahr nicht zu ermitteln. Vergleiche Anmerkung zu *Züchtung II.*
Das als Druckvorlage an den Limes Verlag geschickte Typoskript (kursive Type) ist weder datiert noch signiert.
Erstveröffentlichung in: Ausdruckswelt, Wiesbaden 1949.
Zur Textgestaltung wurden benutzt:
Ausdruckswelt, Wiesbaden 1949 und 1957[3]. – Ferner das Typoskript des Limes Verlages.

Provoziertes Leben

Entstanden 1943.
Das als Druckvorlage an den Limes Verlag geschickte Typoskript (kursive Type) ist datiert: (1943).
Erstveröffentlichung in: Ausdruckswelt, Wiesbaden 1949.
Zur Textgestaltung wurden benutzt:
Ausdruckswelt, Wiesbaden 1949 und 1957[3]. – Ferner das Typoskript des Limes Verlages.

Bezugssysteme

Entstehungsjahr nicht zu ermitteln. Vergleiche Anmerkung zu *Züchtung II.*
Das als Druckvorlage an den Limes Verlag geschickte Typoskript (kursive Type) ist weder datiert noch signiert.
Erstveröffentlichung in: Ausdruckswelt, Wiesbaden 1949.
Zur Textgestaltung wurden benutzt:
Ausdruckswelt, Wiesbaden 1949 und 1957[3]. – Ferner das Typoskript des Limes Verlages.

Physik 1943

Entstanden 1943.
Das als Druckvorlage an den Limes Verlag geschickte Typoskript ist datiert: 1943.

Erstveröffentlichung in: Ausdruckswelt, Wiesbaden 1949.
Zur Textgestaltung wurden benutzt:
Ausdruckswelt, Wiesbaden 1949 und 1957[3] (= Aw). –
Ferner das Typoskript des Limes Verlages (= T).

1   T, Aw[1]: *Elektrone und Protone*

Pessimismus

Entstehungsjahr nicht zu ermitteln. Vergleiche Anmerkung
zu *Züchtung II*.
Das als Druckvorlage an den Limes Verlag geschickte
Typoskript (kursive Type) ist weder datiert noch signiert.
Erstveröffentlichung in: Ausdruckswelt, Wiesbaden 1949.
Zur Textgestaltung wurden benutzt:
Ausdruckswelt, Wiesbaden 1949 und 1957[3]. -- Ferner das
Typoskript des Limes Verlages.

Pallas

Entstanden 1943.
Das Typoskript (kursive Type) im Besitz von Herrn Dr.
F. W. Oelze, Bremen, ist datiert 6. XI. 43, aber nicht
signiert.
Erstveröffentlichung in: Ausdruckswelt, Wiesbaden 1949.
Zur Textgestaltung wurden benutzt:
Ausdruckswelt, Wiesbaden 1949 und 1957[3]. – Ferner das
Typoskript von Herrn Dr. F. W. Oelze.

Zum Thema Geschichte (Nachlaß)

Erstveröffentlichung in: Frankfurter Allgemeine Zeitung.
11. 7. 1959.
Entstanden vermutlich 1943.
Das Typoskript (kursive Type) im Besitz von Frau Dr. Ilse
Benn trägt zwar die handschriftliche Eintragung (1942),

aber im Text ist eine Zeitschrift aus dem Jahre 1943 zitiert („Medizinische Klinik" 1943, Heft 4).
Im Nachlaß fand sich ein Einzelblatt mit einer Aufstellung der für den Band *Ausdruckswelt* vorgesehenen Stücke. Dort ist *Zum Thema Geschichte* als zweiter Titel aufgeführt. Der Essay wurde dann (1949) aus Rücksicht auf noch bestehende Empfindlichkeiten nicht veröffentlicht.
Zur Textgestaltung wurde das originale Typoskript benutzt.

Marginalien

Das Entstehungsjahr von: Lyrik, Enkel, Die Zeitalter, Ausdruckswelt, Wiederkehr des Gleichen, Natur und Kunst, Die geschichtliche Welt, Zyklen, Eine Kammfirma ist nicht zu ermitteln (vergleiche Anmerkung zu *Züchtung II*).
Das als Druckvorlage an den Limes Verlag geschickte Typoskript (kursive Type) ist signiert mit G B, aber nicht datiert.
Erstveröffentlichung der obengenannten Texte in:
Ausdruckswelt, Wiesbaden 1949. – Sie sind dort unter dem unzutreffenden Titel *Aphoristisches* zusammengefaßt.
Das Typoskript hat keinen zusammenfassenden Titel.
Zur Textgestaltung wurden benutzt:
Ausdruckswelt, Wiesbaden 1949 und 1957[3]. – Ferner das Typoskript des Limes Verlages.

Nihilistisch oder positiv?

Entstanden 1953.
Antwort auf eine Frage von Radio Zürich.
Das Typoskript im Besitz von Frau Dr. Ilse Benn ist datiert 17/12 53. und signiert G. B.
Erstveröffentlichung in: Neue Deutsche Hefte I (1954).
Zur Textgestaltung wurden benutzt:
Neue Deutsche Hefte I (April 1954) S. 60–61. – Über mich selbst, München 1957[3]. – Ferner das Typoskript von Frau Dr. Ilse Benn.

Mein Name ist Monroe

Entstanden 1955.
Erstveröffentlichung in: Frankfurter Allgemeine Zeitung
24. 12. 1955.
Zur Textgestaltung wurden benutzt:
Frankfurter Allgemeine Zeitung (24. 12. 1955) (= FAZ). –
Über mich selbst, München 1957³.

1   FAZ: *eigentlich über*

Totenrede für Klabund

Die Rede wurde gehalten im August 1928.
Erstveröffentlichung in: Berliner Tageblatt 14. 9. 1928.
Zur Textgestaltung wurden benutzt:
Gesammelte Prosa, Potsdam 1928 (= GesP). – Frühe Prosa
und Reden, Wiesbaden 1950.

1   GesP: *diese*

Rede auf Heinrich Mann

Die Rede wurde gehalten am 23. März 1931 auf dem
Bankett des Schutzverbandes Deutscher Schriftsteller zu
Ehren von H. Manns sechzigstem Geburtstag.
Erstveröffentlichung in: Vossische Zeitung Nr. 75 (29. 3.
1931).
Zur Textgestaltung wurden benutzt:
Vossische Zeitung Nr. 75 (29. 3. 1931). – Heinrich Mann.
Fünf Reden und eine Entgegnung zum 60. Geburtstag,
Berlin 1931. – Nach dem Nihilismus, Berlin 1932. – Frühe
Prosa und Reden, Wiesbaden 1950.
In „Frühe Prosa und Reden" hat Gottfried Benn der Rede
auf Heinrich Mann noch folgende Schlußbemerkung an-
gefügt:
Als Erinnerung daran, wie die heute so umstrittene Figur
von Heinrich Mann in seinen Anfängen wirkte, seien die
folgenden Bemerkungen von Rilke aus dem Jahre 1907

erwähnt, die bis vor kurzem in Deutschland unbekannt waren und aus Anlaß seines Todes in der Wochenzeitung „Les Nouvelles littéraires" veröffentlicht wurden, sie waren an Madame Lou Albert-Lazard in Paris gerichtet.
Die Meldung vom Tode Heinrich Manns gab einem französischen Besitzer von Rilke-Handschriften Anlaß, der Wochenzeitung „Les Nouvelles littéraires" einen bisher unveröffentlichten Brief Rilkes an Madame Lou Albert-Lazard aus dem Jahre 1907 zur Publikation zu überlassen, der sich auf Heinrich Manns damals neuerschienenen Roman „Zwischen den Rassen" bezieht.
Darin heißt es:
„In seinen Romanen begegnet man Abschnitten, die man vielleicht tilgen möchte. Aber das ist gewiß mehr der Form des Romans selbst (als einer unvollkommenen Kunstgattung) zuzuschreiben als der äußerst zuchtvollen und beherrschten Kunst Heinrich Manns. Eine solch wunderbare Fülle, eine solche Sättigung mit Leben, das sich ganz in Sprache ergießt, ist wohl bislang im Deutschen nicht dagewesen.
Wie muß es die Jungen, die sich von der Natur befreien möchten, entzücken, wenn sie in den Büchern von Heinrich Mann alles finden, was seit langem, ja, seit immer gesehen worden ist! Wann hat dieser große Künstler seine Lehrzeit gehabt? Er übertrifft darin noch Flaubert. Während dieser etwas vom Sammler an sich hat, ist Heinrich Mann ein Verschwender.
Wer anders hätte je Landschaften so glänzend entworfen, um sie dann ganz einfach in den Blutkreislauf einer Handlung einfließen zu lassen? Das ist für mich das größte Wunder: daß einer zugleich Schöpfer von Formen und Schöpfer des Stromes sein kann, der sie ihm entführt."
Eine weitere Anmerkung zu dem Text fand sich im Nachlaß. Das Typoskript im Besitz von Frau Dr. Ilse Benn ist signiert G B und datiert 20 IV 50.
Ich habe mit Aufmerksamkeit studiert und durchdacht, was

*Sieburg in Nr. 7 vom 1. 4. 50 der „Gegenwart" über den
verstorbenen H. Mann geschrieben hat. Trotzdem halte ich
die folgende Rede auf H. Mann, die ich zu seinem 60. Geburtstag in Berlin im Namen der deutschen Schriftsteller
in Gegenwart von Th. Mann und vieler anderer Prominenten hielt, aufrecht. Die deutsche Literatur meiner Generation ist in einem Maße von den frühen Romanen und
Novellen von H. Mann abhängig, wie in keinem Land der
Welt je eine Generation von einem Lebenden abhängig
war. Diese Generation, ihr Stil, ihr Rhythmus, ihre Thematik ist nicht denkbar ohne den geradezu sensationellen
Einfluß der ersten Bücher von H. Mann. Insofern kommt
meiner Rede eine gewisse begrenzte historische Bedeutung zu.
Diese Aufrechterhaltung hat einen besonderen aktuellen
Hintergrund. Wir – einzelne von uns, die Erfahrungen
darüber besitzen – wehren uns dagegen, unsere künstlerischen Arbeiten durch politische Bemerkungen oder
Stimmungen oder Stellungnahmen, die man uns nachweisen kann oder glaubt nachweisen zu können, als kom-
promittiert betrachten zu lassen. Wer Kunst macht, ist stig-
matisiert, ist anfällig, ist im bürgerlichen Sinne nicht ernst
zu nehmen. Wer Kunst macht, ist kein Stadtverordneter,
lassen wir seinen Haß sich bewegen, wohin er will, wenn
nur außerhalb dieses Hasses das Unvergängliche steht –
Schönheit ist immer Verrat, Schönheit ist seltener als Uran,
wer will kann ihr aus dem Weg gehn, wer politisch arbeiten will, kann über sie hinwegsehn, wer dem Tode nicht
anheim gegeben sein will, um mit Platen zu reden, kann
den Blick auf sie vermeiden.
Gewisse Typen aber haben nicht die Absicht, diesen Blick
auf sie zu vermeiden. Ebensowenig wie den auf Hamsun,
den auf Nietzsche wegen gewisser Sätze im Ecce Homo,
wie auf Hölderlin wegen einiger Seiten aus Hyperion.
Platen meint: die Schönheit – das ist Gorgo, das tod-
bringende Haupt. Aber wir haben nur die Wahl: Gorgo*

*oder das Nichts, Gorgo oder das Banale, die Gorgonen,
eine von ihnen hieß Medusa und aus ihrem Haupt ent-
sprang, gezeugt von Poseidon, Pegasus, das geflügelte
Pferd. Und sagt der von Sieburg zitierte Vers Mörikes
etwas anderes: „was aber schön ist, ewig erscheint es in
sich selbst". Daß bei H. Mann Schönheit ist, daran ist kein
Zweifel. Daß hinter ihm D'Annunzio steht, ist evident,
aber auch „Feuer" ist eine der unvergänglichen Schönheiten
der Epoche. Daß H. Manns Option für den Osten auch mich
mit Mitleid erfüllte, will ich bekennen. Aber er bleibt
„der Meister, der uns alle schuf".
Übrigens wird, wer die Rede liest, sofort inne werden,
daß sie nur die frühen, die italienischen Werke des Autors
zugrunde legt, als er sie nach Deutschland verlagerte, ver-
legte sich die Schönheit nicht mit. Eine Parallele zu dieser
merkwürdigen Gebundenheit selbst großer Autoren an ein
bestimmtes geographisches Milieu sind Conrad und Kipling, die ihren Rang nicht hielten, wenn sie Romane schrieben, die in London spielen, und Hamsun, wenn er sich in
ein Zivilisationsmilieu begibt wie in „Das letzte Kapitel".*

Die neue literarische Saison

Rundfunkvortrag, gehalten am 28. August 1931 in Berlin.
Erstveröffentlichung in: Die Weltbühne XXVII, 37 (1931).
Zur Textgestaltung wurden benutzt:
Die Weltbühne XXVII, 37 (1931) S. 402–408 (= Wb). –
Nach dem Nihilismus, Berlin 1932 (= NdN). – Essays,
Wiesbaden 1951.

1 Wb: *erscheint mir etwas irreführend und nicht*

2 Wb: *kein Prophet und auch kein*

3 Wb: *herrlich*

4 Wb, NdN: *mehr den*

5 Wb folgt: *Aber das sind Finessen, das will man nicht
    wissen, heutzutage, bei der Kassenlage, alle Mann an*

*Bord, Ihre Sorge möchte ich haben, mein Herr, über die
deutsche Dichtung!*

6 Wb, NdN: *aus der*

7 Wb: *sehr raffinierten*

8 Wb folgt: *Es lohnt sich, auf diese höchst aktuelle Frage,
die die jungen deutschen Schriftsteller so bewegt, einen
Augenblick einzugehen.*

9 Wb: *höheren*

Akademie-Rede

Die Rede wurde gehalten am 5. April 1932 bei der Auf-
nahme in die Preußische Akademie der Künste, Abt. für
Dichtung.
Erstveröffentlichung in: Frankfurter Zeitung 14. 5. 1932.
Zur Textgestaltung wurden benutzt:
Nach dem Nihilismus, Berlin 1932. – Frühe Prosa und
Reden, Wiesbaden 1950.

Der neue Staat und die Intellektuellen

Rundfunkrede, gehalten am 24. April 1933.
Erstveröffentlichung in: Berliner Börsenzeitung 25. 4. 1933.
Zur Textgestaltung wurde benutzt:
Der neue Staat und die Intellektuellen, Stuttgart-Berlin
1933².

Totenrede auf Max von Schillings

Die Rede wurde gehalten bei der Feier der Preußischen
Akademie der Künste am 27. Juli 1933.
Zur Textgestaltung wurde benutzt:
Der neue Staat und die Intellektuellen, Stuttgart-Berlin
1933² (einzige Veröffentlichung).

Zucht und Zukunft

Der Vortrag wurde gehalten im Oktober 1933 in der Berliner Funkstunde.
Erstveröffentlichung in: Eckart X, 1 (1934) S. 27–32 (einzige Veröffentlichung).

Rede auf Stefan George

Die Rede ist nicht gehalten worden. In der „Literatur" findet sich folgende Anmerkung: „Hanns Johst als Präsident hatte Gottfried Benn beauftragt, bei der Trauerfeier der Deutschen Akademie der Dichtung für George die Gedächtnisrede zu halten. Die Feier fand aus äußeren Gründen nicht statt."
Erstveröffentlichung in: Die Literatur (Das literarische Echo) XXXVI, 7 (April 1934).
Zur Textgestaltung wurden benutzt:
Die Literatur XXXVI, 7 (1934) S. 377–382 (= L). – Kunst und Macht, Stuttgart-Berlin 1934 (= KM). – Frühe Prosa und Reden, Wiesbaden 1950.

1 L: *die deutsche Akademie der Dichtung*

2 L, KM: *weil in ihrem Namen die neue geschichtliche Bewegung sich geprägt hat*

3 L, KM: *den*

4 L, KM: *es ist das, was Alfred Rosenberg den „ästhetischen Willen" nennt, diesen deutschen Willen*

5 L: *Konstruktion*

6 L: *vor*

7 L, KM: *daß sein Axiom in der Kunst Georges wie im Kolonnenschritt der braunen Bataillone als e i n Kommando lebt.*

8 L, KM: *das ich kommen sehe*

9 L: *Dekadenz*

Rede auf Marinetti

Die Rede wurde gehalten auf dem Bankett der Union nationaler Schriftsteller in Berlin am 29. März 1934.
Erstveröffentlichung in: Deutsche Allgemeine Zeitung 73, 148/149 (30. 3. 1934) unter dem Titel *Gruß an Marinetti*.
Zur Textgestaltung wurden benutzt:
Deutsche Allgemeine Zeitung 73, 148/149 (30. 3. 1934). –
Kunst und Macht, Stuttgart-Berlin 1934.

Nietzsche – nach fünfzig Jahren

Der Vortrag wurde am 25. August 1950 vom Nordwestdeutschen Rundfunk gesendet.
Das als Druckvorlage an den Limes Verlag geschickte Typoskript ist datiert 3. 8. 50 und signiert G B. (= T1).
Das Typoskript im Besitz von Frau Dr. Ilse Benn ist identisch mit T1, es enthält aber einige spätere handschriftliche Veränderungen Gottfried Benns (= T2).
Erstveröffentlichung in: Das Lot 4 (Oktober 1950) S. 7–14.
Zur Textgestaltung wurden benutzt:
Frühe Prosa und Reden, Wiesbaden 1950 (= FPuR). –
Monologische Kunst –?, Wiesbaden 1953. – Ferner T1 und T2.

1   In T2 hat Gottfried Benn *Geistern* gestrichen und durch *Menschen* ersetzt.

2   T1, T2, FPuR: *noch Ärzte*

Probleme der Lyrik

Der Vortrag wurde am 21. August 1951 in der Universität Marburg gehalten.
Das als Druckvorlage an den Limes Verlag geschickte Typoskript ist datiert 4 VII 51. und signiert G. B.
Erstveröffentlichung in: Probleme der Lyrik, Wiesbaden 1951.

Zur Textgestaltung wurden benutzt:
Probleme der Lyrik, Wiesbaden 1951 und 1958[5]. – Ferner
das Typoskript des Limes Verlages.

Rede in Darmstadt

Die Rede wurde gehalten am 21. Oktober 1951 vor der
Deutschen Akademie für Sprache und Dichtung anläßlich
der Verleihung des Georg-Büchner-Preises.
Das als Druckvorlage an den Limes Verlag geschickte
Typoskript ist datiert IX/51 und signiert G B.
Erstveröffentlichung in: Der Tagesspiegel (21. 10. 1951).
Zur Textgestaltung wurden benutzt:
Das Literarische Deutschland II, 21 (10. 11. 1951) S. 2. –
Essays, Wiesbaden 1951. – Ferner die Typoskripte von
Frau Dr. Ilse Benn.

Rede auf Else Lasker-Schüler

Einführung zu einem Else-Lasker-Schüler-Abend im British
Center, Berlin, am 23. Februar 1952.
Erstveröffentlichung in: Der Tagesspiegel (24. 2. 1952).
Zur Textgestaltung wurde benutzt:
Ausdruckswelt, Wiesbaden 1957[3].

Vortrag in Knokke

Der Vortrag wurde in französischer Sprache am 12. September 1952 in Knokke gehalten.
Das Typoskript der originalen deutschen Fassung im Besitz von Frau Dr. Ilse Benn ist signiert und datiert: Benn
29 VIII 52 und hat folgende handschriftliche Eintragung:
*Correferat für Knokke. Das Thema des Hauptreferats
lautete: „Dichterischer Beitrag für das Halbjahrhundert"
von Fernand Verhesen 12 IX 52.*
Textgestaltung nach dem Typoskript.

Ansprache bei der Verleihung des Europäischen Literaturpreises

Die Ansprache wurde im März 1953 gehalten.
Zur Textgestaltung wurde benutzt:
Der Tagesspiegel Nr. 2298 (31. 3. 1953).

Altern als Problem für Künstler

Der Vortrag wurde gehalten am 7. März 1954 im Süddeutschen Rundfunk (Villa Berg, Stuttgart) und am 8. März 1954 in München in der Bayerischen Akademie der Schönen Künste.
Das als Druckvorlage an den Limes Verlag geschickte Typoskript ist datiert XII/53 und signiert: Gottfried Benn. Erstveröffentlichung in: Merkur VIII, 4 (1951).
Zur Textgestaltung wurden benutzt:
Merkur VIII, 4 (1951) S. 301–319. – Altern als Problem für Künstler, Wiesbaden 1954 und 1957[2]. – Ferner das Typoskript des Limes Verlages.

Soll die Dichtung das Leben bessern?

Der Vortrag wurde gehalten am 15. November 1955 im Kölner Funkhaus im Rahmen einer öffentlichen Diskussion mit Reinhold Schneider.
Zur Textgestaltung wurde benutzt:
Soll die Dichtung das Leben bessern?, Wiesbaden 1956 und 1957[2] (einzige Veröffentlichung).

NACHWORT DES HERAUSGEBERS

Gottfried Benns essayistisches Werk, das dieser Band der Gesamtausgabe zusammen mit den Reden zum ersten Male geschlossen vorlegt und dessen Umfang vielleicht überrascht, hat nicht so einhellig bewundernde Zustimmung gefunden wie seine Lyrik.

Benn hatte Gegner und wird neue Gegner haben, und es waren und werden vor allem die Texte dieses Bandes sein, aus denen sie zitieren. Denn ausdrücklicher als anderswo hat er in ihnen seine gedanklichen Positionen bezeichnet, seine Axiome, Wertungen, Thesen, seine Gründe und Hintergründe. Das alles liegt hier frei sichtbar vor, ist nicht so weit transformiert wie im Gedicht oder in der artistischen Prosa. Man kann auch sagen, und er hat sich selbst in diesem Sinne geäußert: Was er in Lyrik und Prosa voraussetzt, womit er dort arbeitet, das wird hier erarbeitet und ausgeführt. In diesen Texten kann man ihn kontrollieren. Und da das kein einseitig gerichteter Vorgang ist, man sich vielmehr im gleichen Maße, wie man in den anderen eindringt, selber kenntlich wird, entstehen hier die schärfsten Widersprüche. Das ist durchaus legitim. Eine Auseinandersetzung kann an das Herz der Existenz rühren, während umgekehrt das kulinarische Lesen, dem allerdings die Sprache dieses Dichters auch in den Essays viele Möglichkeiten des Entzückens und der Begeisterung bietet, allzu oft eine Begeisterung vor dem Hintergrund der Gleichgültigkeit ist und sich dann weiter außen hält als der leidenschaftliche Widerspruch.

Das mag befremdend klingen bei Gottfried Benn, der zwei-

fellos von sich selbst spricht, wenn er in seinem Vortrag
über Nietzsche *(Nietzsche – nach fünfzig Jahren)* sagt: „Die
Inhalte ohne Sinn, aber sein inneres Wesen mit Worten zu
zerreißen, der Drang, sich auszudrücken, zu formulieren,
zu blenden, zu funkeln – das war seine Existenz." Ganz
unangebracht erscheint das angesichts seines Willens, das
„absolute Gedicht" zu schreiben, das er in seinem Vortrag
über die *Probleme der Lyrik* charakterisiert als „das Gedicht ohne Glauben, das Gedicht ohne Hoffnung, das Gedicht aus Worten, die Sie faszinierend montieren". – Das
sind Stellen, beliebig vermehrbare, auf die sich eine rein
kulinarische Einstellung, die in Benn allein den Form-
künstler, den Arrangeur genießen will, berufen könnte.
Aber dann muß der Nachsatz unterschlagen werden, „daß
in jeder Form, die fasziniert, genügend Substanzen von
Leidenschaft, Natur und tragischer Erfahrung leben".

So beiläufig ist das gesagt, als verstünde es sich von selbst.
Aber es scheint durchaus nicht mehr selbstverständlich zu
sein. Als Abwehrreaktion gegen ideologische Ansprüche und
Interpretationen, aber zweifellos auch unter dem Einfluß
des technischen Denkens, des Glaubens an die Machbarkeit
und beliebige Reproduzierbarkeit aller Dinge, verstärkt sich
die Neigung, das Kunstwerk auf seinen formalen Aspekt
zu reduzieren, Stil mit Machart oder Technik gleichzusetzen
und im fachmännischen Interesse an künstlerischen Ver-
fahrensweisen, ja aus lauter Kennerschaft und Sachver-
ständnis schließlich bei einem Aberglauben an verdinglichte
Rezepte zu enden, nicht mehr wissend, daß künstlerische
Methoden, Verfahren, Techniken einen existentiellen
Hintergrund haben, der sie allein verbürgt, der ihnen
Charakter und Evidenz gibt und ohne den sie, so beim
Nachahmer, sofort zur leeren Manier verkommen. Leidenschaft, Natur und tragische Erfahrung sind das entschei-

dende Plus über allem Kunstverstand und allem Talent,
das Plus, aus dem die Faszination stammt. Benn sagt an
anderer Stelle, „Stil trägt in sich den Beweis der Existenz",
und besser kann Stil nicht von bloßer Manier unterschieden
werden. Er, der sich so gerne als Formalist bezeichnete, ja
sich gelegentlich geradezu als ein Techniker der Sprache,
als ein Monteur von Worten gab, kannte diesen Unterschied
genau. Wenn er im *Doppelleben* (autobiographische Schriften) die Prinzipien seiner Montagekunst erläutert – die Zerstörung der Zusammenhänge, den Fragmentarismus, das
Nebeneinander des Unvereinbaren –, dann könnte man annehmen, da es doch so greifbar, so handlich vor Augen
liegt, dies sei eine sichere Anweisung zur Herstellung
eines modernen Textes. Aber es folgt die Warnung: „Bedarf größten Geistes und größten Griffs, sonst Spielerei
und kindisch. Bedarf größten tragischen Sinns, sonst nicht
überzeugend."
Nur deshalb überzeugt bei Gottfried Benn diese Technik,
weil sie bei ihm nicht bloß und nicht primär eine Technik
ist, sondern der Ausdruck einer existentiellen Erfahrung,
die genaue Entsprechung einer als irrational und chaotisch
erfahrenen Wirklichkeit. Schon Rönne, die Mittelpunktfigur
der frühen Prosatexte (Band II) ist ein „Flagellant der
Einzeldinge", dem alle Zusammenhänge zerfallen sind.
Er hat keine Welt mehr, in der er leben und sich verhalten
kann. Von diesem schockartigen Einsatz bis zu den Medi-
tationen des *Ptolemäers* und des *Radardenkers* (Prosa/Stük-
ke aus dem Nachlaß) vertieft und erweitert sich diese Erfahrung unaufhörlich. Immer mehr Weltstoff wird einbezogen,
immer neue Orientierungsversuche werden unternommen;
und aus diesem Prozeß entsteht schließlich zwingend die
Montagetechnik des Spätwerks als eine letzte sprachliche Erscheinung, als ein Stil, der in sich den Beweis der Existenz

trägt. Aber ohne diesen Ursprung und Hintergrund wäre sie eine snobistische, streckenweise interessante, aber bald ermüdende Manier.

Versuche, den „unvollkommenen Denker" und den „vollkommenen Dichter" Gottfried Benn voneinander abzuheben und das „bloß Ideologische" zugunsten des „eigentlich Künstlerischen" zu verwerfen, müssen also abgewiesen werden, nicht, weil es grundsätzlich solche Rangunterschiede und Brüche innerhalb eines Werkes nicht geben könnte, sondern weil hier, gerade hier der innere Zusammenhang von Denken und Gestalten offensichtlich ist. Es ist eben nicht so, daß Gottfried Benn ein begnadeter Dichter war, der außerdem Ansichten hatte und es nicht unterlassen konnte, sie zu äußern, sondern hier wie dort, im Essay und in der Lyrik, in Rede und monologischer Prosa drückt sich dieselbe vehemente Existenzbewegung aus, und zwar, abgesehen von den schwächeren Stücken, die es aber überall gibt, in allen diesen Ausdrucksformen mit gleicher Eigenart und Kraft.

Allerdings wird auch nicht die Ausdruckskraft des Essayisten bestritten, sondern – so ein prominenter Kritiker – seine „objektive Bedeutung". Das ist unklar, soll aber in Kürze wohl heißen, viele seiner Urteile und Thesen seien zu subjektiv, hielten einer sachlichen Überprüfung nicht stand und könnten deshalb von der Allgemeinheit nicht unterschrieben werden. Aber objektiv und subjektiv, sachlich und unsachlich, richtig und falsch – das sind keine ausreichenden Begriffe für die Auseinandersetzung mit diesem Werk. Es läßt sich nicht in Sachfragen auflösen, auf die es eine objektiv richtige Antwort gibt, vielmehr lösen sich hier, je tiefer man eindringt, alle Sachfragen in existentielle auf. „Nur das Persönliche... ist das ewig Unwiderlegbare", sagt Nietzsche, und man kann

wieder mit Benn hinzufügen: „denn es trägt in sich den
Beweis der Existenz." Wer also auszieht, um Benn zu
widerlegen, wird unvermeidlich in die Situation kommen,
ihm widersprechen zu müssen. Statt neutral über etwas
zu entscheiden, muß er sich selbst entscheiden. Unver-
sehens ist er gestellt und muß sich formulieren, unerkannt
kommt er nicht davon. Denn dieses Denken, mit dem er
sich einläßt, ist nirgends neutral. Es erörtert keine gleichgültigen Gegenstände, sondern verhält sich zur Welt. Es
geht ihm in all seinen Bewegungen und Versuchen um die
Frage „Wie soll man da leben?", die 1921 die Rönne-
Phase beschließt und auf die Benn damals keine andere
Antwort wußte als: „Man soll ja auch nicht." Also keine
Antwort, also für sein Denken ein weiterwirkender Impuls; und erst nach der Rönne-Phase beginnt zögernd, und
dann gegen 1930 immer mächtiger werdend, das essay-
istische Werk.
Aber stellen wir, von den Gelegenheitsaufsätzen ab-
sehend, noch einmal direkt die Frage, weshalb Gottfried
Benn seine Essays geschrieben hat. Als 1951 einige damals schon über zwanzig Jahre zurückliegende Essays
wieder veröffentlicht wurden, schrieb er, distanziert wie
immer, wenn er auf Früheres zurückblickte, in einer Vorbemerkung (Band IV): „Für mich war das Schreiben der
Aufsätze vielfach nur eine Art von Erprobung auf Produktivität und eine Prüfung von Konstellationen, Lagen, Zu-
sammenhangsfindungen, von denen aus sich wieder zum
Gedicht vordringen ließ, es war also eine Art Material-
beschaffung für die Lyrik, die immer mein eigentliches
literarisches Anliegen war."
Nur scheinbar ist damit die Frage beantwortet. Denn was
nötigte ihn zu dieser Anstrengung? Warum, wenn doch
die Lyrik sein eigentliches Anliegen war, hat er nicht nur

Gedichte geschrieben? Grundsätzlich wäre das denkbar. Ein immer erneutes gedankliches Prüfen von Konstellationen, Lagen, Zusammenhängen ist nicht notwendig die Vorbedingung für die Entstehung von Lyrik. Jedenfalls so lange nicht, als sich der Autor sicher und selbstverständlich in der Welt weiß. Daß Gottfried Benn genötigt war, sein In-der-Welt-Sein immer erneut zu klären und zu definieren, daß er diese Anstrengungen machen mußte, um wieder vordringen zu können zur Unmittelbarkeit des Gedichts, ist Zeugnis der weiterwirkenden Beunruhigung und Verstörung, die gleich zu Beginn in der Rönne-Phase sichtbar wird. Nicht zu einem begrenzten arbeitstechnischen Zweck, auch nicht aus einem theoretischen Interesse an seinen Gegenständen, sondern weil er sich in einer befremdenden Wirklichkeit, in einer unglaubwürdig gewordenen Welt vorfand, unter dem Zwang also, sich und seine Lage zu erkennen, schrieb er sein essayistisches Werk.

Ein Prozeß der Selbstklärung, aber keineswegs ein bloß privater Vorgang, denn in der Frage „Wie soll man da leben?", die der Impuls dieses Denkens ist, bedeutet das demonstrative „da": hier und jetzt, in dieser historischen Stunde, in der Welt des zwanzigsten Jahrhunderts; und dieses konkrete Hier und Jetzt ist unverkennbar auch dann der Ausgangspunkt, wenn es in der Frage um das Dasein schlechthin geht. Man ist geneigt zu sagen: Das hat Gottfried Benn zu einer Schlüsselfigur der jüngsten deutschen Geistesgeschichte gemacht. Aber selbstverständlich ist das keine Erklärung. Man steht einfach vor dem Phänomen, daß hier das Individuelle zugleich das Allgemeine ist, daß an einem Menschen, dem es um sein eigenes Sein-können geht, die Probleme seiner Epoche kenntlich werden, daß er sie ausdrückt, indem er sich ausdrückt, man steht vor einer exemplarischen Gestalt. Und das beantwortet neben-

bei die Frage nach der objektiven Bedeutung seines essay-
istischen Werkes.

Aber vielleicht ist hier noch ein Mißverständnis möglich,
und man muß genauer sein. Gottfried Benn war eine exemplarische Gestalt der Epoche, aber zugleich ihr Widerpart, er war exemplarisch als ihr Widerpart. In seinem
Ungenügen an ihr drückte er sie aus. Er faßte alle Strömungen zusammen, die sich in ihr gegen die fortschreitende
Versachlichung und Verzweckung des Lebens richteten,
gegen eine Wissenschaft, die dabei war, die Schöpfung auf
öde Mechanismen herabzubringen, gegen den mit humanitären Phrasen überwölkten Materialismus des Mittelmenschen, der zur Herrschaft gekommen war. „Der Mitmensch, der Mittelmensch, das kleine Format, das Stehaufmännchen des Behagens, der Barrabasschreier, der bon und
propre leben will, auf den Mittagstisch die vergnügten
Säue, die sterbenden Fechter ins Hospital –, der große
Kunde des Utilitaristen –: eines Zeitalters Maß und Ziel."

Das ist eine Stelle aus dem Essay *Das Moderne Ich*, ein
Essay, der die Form einer Rede hat, also beide Ausdrucksformen noch in sich vereint, der aber auch immer wieder
übergeht in rein imaginative Prosa, nah dem gleichzeitigen
Garten von Arles (Prosa) verwandt. Ein maßloses und ge-
nialisches Stück, vor allem in seiner ersten Fassung für einen
sches Stück, vor allem in seiner ersten Fassung für einen
unvorbereiteten Leser sicher verwirrend, zugleich aber eine
mächtige Einstimmung auf das Pathos dieses Denkens,
seinen Haß, seine Verzweiflung, seine Sehnsucht.

Der Mittelmensch, der bon und propre leben will, ist für
Gottfried Benn eine nihilistische Figur. Nietzsche hatte den
heraufkommenden Nihilismus gekennzeichnet als die Ent-

wertung der obersten Werte: „Es fehlt das Ziel, es fehlt die Antwort auf das ‚Warum‘." Diese Situation wird in dem Essay *Irrationalismus und moderne Medizin* verblüffend konkretisiert. Warum, so läßt Benn dort einen Arzt angesichts seiner Patienten fragen, warum soll ich diesen menschlichen Typ, der mich umgibt, noch heilen, wozu sein Leben verlängern? Hat dieses Leben überhaupt noch einen Sinn? Und er verneint diese Frage. Die fortschreitende Profanierung der Welt durch den Aufklärungsprozeß hat dem Dasein seine Tiefe und seinen Ernst genommen, hat den Menschen auf seine ärmlichste Formel gebracht. Nichts weiter macht die Epoche noch aus ihm als „Pferdekräfte, Brauchbarkeiten, Arbeitskalorien, Kaldaunenreflexe, Drüsengenuß". Der materialistische Rückstand des großen Verfalls aller mythischen Gesichte und metaphysischen Inhalte, das Leben als Selbstzweck, gesellschaftlich organisiert und zivilisatorisch bequem gemacht, dieses Resultat des Fortschritts ist sinnlos und seine Sinnlosigkeit wird im Nihilismus bewußt.

Benns Polemik gegen die Naturwissenschaft verschränkt sich mit diesem Motiv. Wissenschaft ist die plausible Gebrauchsanweisung, nach der der Durchschnittsmensch die Welt in den Griff nimmt, ist eine Erfolgskalkulation, die das Schicksal abschafft, der Konformismus der niederen Geister, ihre Gesetzgebung gegen das Außerordentliche, Unberechenbare, gegen spontane Schöpfung, die sich im Chaos jäh ereignen kann, nicht aber in einer determinierten, geregelten, verfügbar gewordenen Welt. Wissenschaft ist der vollkommene Ausdruck des Geistes der modernen Zivilisation, die gegen die Ausnahme, für das Glück der meisten eine bequeme, gesicherte, banal vernünftige Welt errichtet. Diese Polemik ist am kausal-mechanischen Weltbild fixiert und bringt selber wissenschaftliche Argumente vor, so den Begriff der Mutation gegen die Auslesemechanismen des Darwinismus.

Mutation, der irrationale schöpferische Sprung, die spontane Entstehung neuer Lebensformen wird für Benn ein Wort mit utopischer Aura. Unterschwellige Hoffnungen sammeln sich hier und werden sichtbar, als er in der *Totenrede für Klabund* davon spricht, daß es „einst eine andere Menschheit gab und wieder geben wird und eine andere Menschheitsstunde". Eine heimliche Utopie, für die freilich nichts sprach, als eben der Begriff Mutation, ausgeweitet zu Wunder, zu wunderbarer innerer Wendung und dann, 1933, glaubte er es zu sehen. Aber bis dahin sind diese Hoffnungen verdeckt, werden übergriffen vom pessimistischen Geschichtsbild der Klages, Theodor Lessing und Spengler: Die schöpferischen seelischen Kräfte der Menschheit erstarren unter dem Zugriff des Intellekts, der sich aus der kosmischen Lebensganzheit emanzipiert hat, um herrschaftlich über sie zu verfügen. Mit der Entstehung der modernen rationalistischen Zivilisation hat die Todesphase der Menschheit oder doch der abendländischen Kultur schon begonnen. Anatomisch, so fügt Benn hinzu, stellt sich dieser Prozeß in der progressiven Zunahme des Großhirnvolumens, als Verhirnung des Menschen dar.

Aber anatomisch stellte sich noch anderes dar: Der menschliche Körper ist ein archaisches Massiv, beladen mit den Rudimenten einer ungeheuren Vergangenheit. Im Essay *Der Aufbau der Persönlichkeit* untersucht Gottfried Benn dieses dunkle geheimnisvolle Terrain. Er folgt der Spekulation des Paläontologen Edgar Dacqué, der dem Menschenstamm eine phantastische millionenjährige Vergangenheit zuschreibt, ihn als die Arche Noah deutet, die ursprünglich die ganze höhere Tierwelt in sich enthält, durch die Erd-

zeitalter trägt und langsam aus sich entläßt. Er verbindet
diese Spekulation mit der Theorie C. G. Jungs, nach der
die gesamte geistig-seelische Erbmasse der Menschheitsent-
wicklung in einer allen Menschen gemeinsamen Seelen-
schicht, dem kollektiven Unbewußten noch bereitliegt und
in Zuständen herabgesetzter Bewußtseinsintensität in
Rausch und Traum, in gewissen Geisteskrankheiten wieder
aufsteigen kann.

Also dies alles ist noch da, alle Geheimnisse, alle Wunder,
Träume, Monstren der magischen Vorzeit. Man muß es nur
hervorspielen, muß es provozieren, dann versinkt die ver-
rottete Realität und eine blühende Wirklichkeit entsteht,
wirklicher als die phantomhafte Faktenwelt des Positivismus, denn Wirklichkeit beweist sich durch Fülle, Intensität,
Tiefe, es ist eine Frage der anthropologischen Substanz.
Unter den „substantiell gar nicht mehr äußerungsfähigen
Typen" und ihrer „Forderung nach einer auf täglichen Abbruch eingestellten Aktualität" erscheint der Dichter als der
Fremde, Unzeitgemäße. Er ist das Organ des uralten
Phantasiegrundes der Menschheit, der Einsame, „für den
alles Leben nur ein Rufen aus der Tiefe ist, einer alten
und frühen Tiefe, und alles Vergängliche nur ein Gleichnis
eines unbekannten Urerlebnisses, das sich in ihm Erinnerungen sucht". So Gottfried Benn in seinem Essay *Zur
Problematik des Dichterischen*, einer Arbeit, die in das Zentrum seines bis dahin erreichten Selbstverständnisses hin-
einführt. Archaische Erweiterung des Ichs und hyperämische
Entladung seiner inneren Bestände, so sieht er jetzt den
dichterischen Prozeß. Andere Erfahrungen fügen sich in
dieses Bild. Aus Lange-Eichbaums und Kretschmers
Pathographien genialer Menschen erfährt er, wie eng
Genialität mit bionegativen Eigenschaften verbunden ist.
Das Genie also ist der Gezeichnete, steht außerhalb der

hedonistischen, utilitaristischen Gesellschaft, der „Gesundheit ein Wirtschaftsgut" ist und die medizinische Wissenschaft eine „Art objektiver Sicherung der Ablaufsgemütlichkeit des Einzellebens". Das Genie hat den Pfahl im
Fleische. Seine Wundmale, die sichtbaren und unsichtbaren,
sind Reiz, Herausforderung und Zwang sich zu transzen-
dieren. Die Abnormität des Genies ist ein habituell gewordenes Experiment mit Leib und Seele, das die ver-
schüttete anthropologische Substanz aufreißt und aus ihr
eine zweite Wirklichkeit erzeugt.

Um das Jahr 1930 gipfelt der Irrationalismus Benns. Ein-
getaucht in die Nacht des kollektiven Unbewußten sind
der Dichter und der Wahnsinnige vertauschbar geworden.
Der delirierende Schamane ist ihr gemeinsamer Ahn. So
weit mußte Benn ins Gestaltlose vordringen, um in dialektischer Konsequenz sein Bekenntnis zur Form zu formulieren, das die Arbeiten der folgenden Jahre, vor allem
die *Rede auf Heinrich Mann* und die *Akademierede* immer
entschiedener in den Mittelpunkt rücken. Jetzt wird das
Schicksal der fortschreitenden Verhirnung bejaht. Es ist
unabwendbar; man kann ihm nicht ausweichen, sondern
muß eine schöpferische Antwort finden. Jetzt wird der
Geist, der im Zwischenstadium des Nihilismus alle religiösen und ideologischen Inhalte verloren hat, begriffen und
bejaht als Wille zur Form, als reine konstruktive Kraft,
die die aufsteigende archaische Substanz in abgeschlossene
Formen bannt, Formen, in denen die zum „naturalistischen
Chaos" verkommene Realität noch einmal überstiegen und
überglänzt wird. Es öffnet sich die Perspektive, „daß die
zivilisatorische Endepoche der Menschheit ... die Epoche
eines großartig halluzinatorisch-konstruktiven Stils sein
wird, in dem sich das Herkunftsmäßige das Schöpfungsfrühe noch einmal ins Bewußtsein wendet, in dem sich noch

einmal mit einer letzten Vehemenz das einzige, unter allen physischen Gestalten, *metaphysische* Wesen darstellt: der sich durch Formung an Bildern und Geschichten vom Chaos differenzierende Mensch".

Dann kam 1933.

Es wird sicher das Mißfallen mancher Leser erregen, daß die Ausgabe sämtliche Texte der Jahre 1933/34 enthält. Aber eine glättende, beschönigende Auswahl ändert nichts an der Sache selbst; und es gibt Gründe genug, hier nicht fort-, sondern hinzusehen. Eine exemplarische Gestalt wie Gottfried Benn übersteigt die Maße eines bloß individuellen Falles, über dessen anstößige Details man hinweggehen könnte. Ihr Rang verleiht allen ihrer Züge überpersönliche Bedeutung, so daß es fast einer Schonung des Lesers gleichkäme, würde man ihn nicht der vollen Problematik und Fatalität dieser Gestalt aussetzen. Und vielleicht ist der Anspruch, der damit an den Leser gestellt wird, er möge nicht nur leidenschaftlich, sondern auch leidenschaftlich genau sehen, nicht mehr verfrüht.

Nach dem Nihilismus, nach dem Zerfall aller religiösen und humanitären Inhalte entdeckt sich der produktive Geist als Wille zur Form und bannt die uralte anthropologische Substanz, den letzten Vorstoß der substantiellen Schichten noch einmal in einem großen verpflichtenden Stil. Das war die Perspektive, mit der Gottfried Benn in das Jahr 1933 trat und die er nun ungeheuer erweitert und bestätigt fand. Eine anthropologische Wende größten Ausmaßes vollzieht sich, so glaubte er, denn er war durch seine gedankliche Entwicklung disponiert zu diesem Glauben, genauer, er war durch seine Verzweiflung an der schnöden materialistischen Gesinnung des modernen Zivilisationsmenschen zu diesem verzweifelten Glauben disponiert. Er sah die Gewalt und er sah sie nicht ohne Betroffenheit. Aber konnte etwas wirklich Neues ohne Gewalt in Erscheinung treten? Hatte nicht Spengler die Stunde des Cäsarismus prophezeit, Nietzsche nach den Überwindern des Nichts, den Barbaren des zwanzigsten Jahrhunderts Ausschau gehalten, war die Geschichte nicht reich an Beispielen pharaonischer Machtausübung und höchster Kultur? Was war denn in Rußland geschehen? Hatte sich nicht auch dort allen ideologischen Floskeln und humanitären Utopien zum Trotz unter dem Zwang der geschichtlichen Stunde ein totaler Machtstaat entwickelt? Und jetzt sollte er, ausgerechnet er, als Anwalt der liberalen Demokratie und einer Gesellschaftsordnung auftreten, die er als eine Welt des substanzlosen Redens und rangloser Gesinnungen leidenschaftlich bekämpft hatte? War es nicht vielmehr an ihm, seine Vision eines tragischen aristokratischen Menschen in diese geschichtliche Stunde zu stellen? In seinen Augen war das Geschehen legitimiert als anthropologische Wende, weil es gegen das naturalistische Chaos formprägende, konstruktive Prinzipien zur Geltung brachte: Zucht und Ordnung, die Erscheinungsweise schöpferischer Macht. Es waren zugleich die Prinzipien der Kunst, großer tragischer Kunst, die nun, das hoffte er, aus der Macht entstehen würde. Darin gipfelte seine Vision: die Geburt der Kunst aus der Macht, die Vergeistigung der Macht in der Kunst.

Man kann Gottfried Benn nicht als Opportunisten abtun. Er folgte nicht den Gelegenheiten, sondern, verführt durch die Magie des Extrems, seiner Vision. Er versuchte sie zur Geltung zu bringen, versuchte deutlich zu machen, daß Züchtung nicht nur ein biologischer, sondern vor allem ein geistiger Begriff ist, er verteidigte die expressionistische Generation, die jetzt als entartet galt, er sagte, daß die Kunst geistigen Spielraum brauche, verteidigte ihre Eigengesetzlichkeit, versuchte sich und seine Maßstäbe zu behaupten. Aber seine Position war unhaltbar. Er wurde angegriffen und mußte sich verteidigen, er mußte Zugeständnisse und Umwege machen, um zu Wort zu kommen, und dabei verwirrte er sich. Er schrieb Sätze und Passagen, die später mit furchtbarer Realität belastet wurden, und die nur aus einer verzweifelten Realitätsblindheit zu verstehen sind, ja, die durchaus so wirken, als habe sich hier eine geheime, von Hoffnungen und Eigensinn gewaltsam niedergehaltene Panik in rhetorischen Schwung übersetzt. Aber eben weil er sich so ausschweifend utopisch verhalten hatte, kam auch bald die einschneidende endgültige Ernüchterung. Im August 1934 schrieb er an Ina Seidel: „Ich lebe mit vollkommen zusammengekniffenen Lippen, innerlich und äußerlich. Ich kann nicht mehr mit. Gewisse Dinge haben mir den letzten Stoß gegeben. Schauerliche Tragödie! Das Ganze kommt mir allmählich vor wie eine Schmiere, die fortwährend ,Faust' ankündigt, aber die Besetzung langt nur für ,Husarenfieber'. Wie groß fing das an, wie dreckig sieht es heute aus. Aber es ist noch lange nicht zu Ende."

Er hatte keine Illusionen mehr. Anfang 1935 löste er seine Arztpraxis auf, zog sich aus der Öffentlichkeit zurück und trat als Militärarzt in die Armee ein. Seine Vorgesetzten schützten ihn gegen weitere Angriffe, und als 1938, ein verspäteter bürokratischer Akt, noch das offizielle Publikationsverbot kam, war er in der literarischen Öffentlichkeit schon vergessen. Er wurde der radikale Skeptiker, dem die Geschichte als ein sinnloser mörderischer Prozeß erscheint, und der nicht mehr an eine Verwirklichung des Geistes in der Welt glaubt. „Es sind zwei Reiche", sagt er, und aus dieser Erfahrung entsteht das Existenzmodell des Doppellebens, kommt die Stunde des Artisten.

Brechen wir hier ab. Das Nachwort zur Prosa und den Stük-
ken aus dem Nachlaß gibt einige Erläuterungen zum Spät-
werk, und die Essays und Reden aus den Jahren nach 1934
verstehen sich von selbst.

Nur noch soviel. Man darf Gottfried Benn nicht als
Systematiker betrachten, um dann, wie das geschehen ist,
aus den verschiedensten Arbeiten einander widersprechende
Sätze zusammenzustellen, mit dem Akzent, daß in solchen
Unstimmigkeiten geistige Scharlatanerie und moralische
Unzuverlässigkeit zutage trete. Eher ist die Forderung nach
einer einhelligen und stabilen, um nicht zu sagen stationären
Wahrheit und der abstrakt moralische Rigorismus, der sich
ihr zu verbinden pflegt, ein Mangel an Redlichkeit. Benns
Denken ist ein Prozeß, ist ein experimentierendes Denken
mit immer neuen Ansätzen, und der Kritiker muß diesen
Vorgang begleiten, wenn sein Urteil gerecht, sachgerecht
sein soll. Viele vermeintliche Widersprüche lösen sich dabei
auf als Formulierungsvarianten oder Unterschiede der Perspektive, andere bleiben bestehen, erklären sich aber aus
dem Fortschreiten der Denkbewegung. Insgesamt aber zeigt
sich, daß dieses Denken eine konsequente und sinnvolle
Struktur, ja durchaus Charakter hat. Nur die integrierende
Kraft eines Charakters, nur ein mächtiges Pathos konnte
den disparaten Stoff, den ihm die Zeit lieferte, so eigen-
artig und visionär beleben und zusammenfügen, wie es
hier geschehen ist.

INHALT

ESSAYS UND AUFSÄTZE

REDEN UND VORTRÄGE